SFV

ARTHUR SCHNITZLER

MEISTERDRAMEN

1971

S. FISCHER VERLAG

Typographie des Textteiles: Hermann Zapf
Umschlagentwurf: Hans Maier
Druck: Gutmann & Co., Heilbronn
Einband: G. Lachenmaier, Reutlingen
Printed in Germany
ISBN 3 10 373502 2

MEISTERDRAMEN

LIEBELEI

Schauspiel in drei Akten

Personen

HANS WEIRING, *Violinspieler am Josefstädter Theater*

CHRISTINE, *seine Tochter*

MIZI SCHLAGER, *Modistin*

KATHARINA BINDER, *Frau eines Strumpfwirkers*

LINA, *ihre neunjährige Tochter*

FRITZ LOBHEIMER, } *junge Leute*

THEODOR KAISER, }

EIN HERR

Wien – Gegenwart

ERSTER AKT

Zimmer Fritzens. Elegant und behaglich.

FRITZ, THEODOR *Theodor tritt zuerst ein, er hat den Überzieher auf dem Arm, nimmt den Hut erst nach dem Eintritt ab, hat auch den Stock noch in der Hand.*

FRITZ *spricht draußen* Also es war niemand da?

STIMME DES DIENERS Nein, gnädiger Herr.

FRITZ *im Hereintreten* Den Wagen könnten wir eigentlich wegschicken?

THEODOR Natürlich. Ich dachte, du hättest es schon getan.

FRITZ *wieder hinausgehend, in der Tür* Schicken Sie den Wagen fort. Ja ... Sie können übrigens jetzt auch weggehen, ich brauche Sie heute nicht mehr. *Er kommt herein. Zu Theodor* Was legst du denn nicht ab?

THEODOR *ist neben dem Schreibtisch* Da sind ein paar Briefe. *Er wirft Überzieher und Hut auf einen Sessel, behält den Spazierstock in der Hand.*

FRITZ *geht hastig zum Schreibtisch* Ah! ...

THEODOR Na, na! ... Du erschrickst ja förmlich.

FRITZ Von Papa ... *erbricht den anderen* von Lensky ...

THEODOR Laß dich nicht stören.

FRITZ *durchfliegt die Briefe.*

THEODOR Was schreibt denn der Papa?

FRITZ Nichts Besonderes ... Zu Pfingsten soll ich auf acht Tage aufs Gut.

THEODOR Wäre sehr vernünftig. Ich möchte dich auf ein halbes Jahr hinschicken.

FRITZ *der vor dem Schreibtisch steht, wendet sich nach ihm um.*

THEODOR Gewiß! – Reiten, kutschieren, frische Luft, Sennerinnen –

FRITZ Du, Sennhütten gibt's auf Kukuruzfeldern keine!

THEODOR Na ja also, du weißt schon, was ich meine ...

FRITZ Willst du mit mir hinkommen?

THEODOR Kann ja nicht!

FRITZ Warum denn?

THEODOR Mensch, ich hab' ja Rigorosum zu machen! Wenn ich mit dir hinginge, wär' es nur, um dich dort zu halten.

FRITZ Geh, mach' dir um mich keine Sorgen!

THEODOR Du brauchst nämlich – das ist meine Überzeugung –

nichts anderes als frische Luft! – Ich hab's heut gesehen. Da draußen, wo der echte grüne Frühling ist, bist du wieder ein sehr lieber und angenehmer Mensch gewesen.

FRITZ Danke.

THEODOR Und jetzt – jetzt knickst du natürlich zusammen. Wir sind dem gefährlichen Dunstkreis wieder zu nah.

FRITZ *macht eine ärgerliche Bewegung.*

THEODOR Du weißt nämlich gar nicht, wie fidel du da draußen gewesen bist – du warst geradezu bei Verstand – es war wie in den guten alten Tagen ... – Auch neulich, wie wir mit den zwei herzigen Mäderln zusammen waren, bist du ja sehr nett gewesen, aber jetzt – ist es natürlich wieder aus, und du findest es dringend notwendig *mit ironischem Pathos* – an jenes Weib zu denken.

FRITZ *steht auf, ärgerlich.*

THEODOR Du kennst mich nicht, mein Lieber. Ich habe nicht die Absicht, das länger zu dulden.

FRITZ Herrgott, bist du energisch! ...

THEODOR Ich verlang' ja nicht von dir, daß du *wie oben* jenes Weib vergißt ... ich möchte nur, *herzlich* mein lieber Fritz, daß dir diese unglückselige Geschichte, in der man ja immer für dich zittern muß, nicht mehr bedeutet als ein gewöhnliches Abenteuer ... Schau Fritz, wenn du eines Tages »jenes Weib« nicht mehr anbetest, da wirst du dich wundern, wie sympathisch sie dir sein wird. Da wirst du erst drauf kommen, daß sie gar nichts Dämonisches an sich hat, sondern daß sie ein sehr liebes Frauerl ist, mit dem man sich sehr gut amüsieren kann, wie mit allen Weibern, die jung und hübsch sind und ein bißchen Temperament haben.

FRITZ Warum sagst du »für mich zittern«?

THEODOR Du weißt es ... Ich kann dir nicht verhehlen, daß ich eine ewige Angst habe, du gehst eines schönen Tages mit ihr auf und davon.

FRITZ Das meintest du? ...

THEODOR *nach einer kurzen Pause* Es ist nicht die einzige Gefahr.

FRITZ Du hast recht, Theodor, – es gibt auch andere.

THEODOR Man macht eben keine Dummheiten.

FRITZ *vor sich hin* Es gibt andere ...

THEODOR Was hast du? ... Du denkst an was ganz Bestimmtes.

FRITZ Ach nein, ich denke nicht an Bestimmtes ... *Mit einem Blick zum Fenster* Sie hat sich ja schon einmal getäuscht.

THEODOR Wieso? . . . was? . . . ich versteh' dich nicht.

FRITZ Ach nichts.

THEODOR Was ist das ? So red' doch vernünftig.

FRITZ Sie ängstigt sich in der letzten Zeit . . . zuweilen.

THEODOR Warum? – Das muß doch einen Grund haben.

FRITZ Durchaus nicht. Nervosität – *ironisch* schlechtes Gewissen, wenn du willst.

THEODOR Du sagst, sie hat sich schon einmal getäuscht –

FRITZ Nun ja – und heute wohl wieder.

THEODOR Heute – Ja, was heißt denn das alles –?

FRITZ *nach einer kleinen Pause* Sie glaubt, . . . man paßt uns auf.

THEODOR Wie?

FRITZ Sie hat Schreckbilder, wahrhaftig, förmliche Halluzinationen. *Beim Fenster* Sie sieht hier durch den Ritz des Vorhanges irgend einen Menschen, der dort an der Straßenecke steht, und glaubt – *unterbricht sich* Ist es überhaupt möglich, ein Gesicht auf diese Entfernung hin zu erkennen?

THEODOR Kaum.

FRITZ Das sag' ich ja auch. Aber das ist dann schrecklich. Da traut sie sich nicht fort, da bekommt sie alle möglichen Zustände, da hat sie Weinkrämpfe, da möchte sie mit mir sterben –

THEODOR Natürlich.

FRITZ *kleine Pause* Heute mußte ich hinunter, nachsehen. So gemütlich, als wenn ich eben allein von Hause wegginge; – es war natürlich weit und breit kein bekanntes Gesicht zu sehen . . .

THEODOR *schweigt.*

FRITZ Das ist doch vollkommen beruhigend, nicht wahr? Man versinkt ja nicht plötzlich in die Erde, was? . . . So antwort' mir doch!

THEODOR Was willst du denn darauf für eine Antwort? Natürlich versinkt man nicht in die Erde. Aber in Haustore versteckt man sich zuweilen.

FRITZ Ich hab' in jedes hineingesehen.

THEODOR Da mußt du einen sehr harmlosen Eindruck gemacht haben.

FRITZ Niemand war da. Ich sag's ja, Halluzinationen.

THEODOR Gewiß. Aber es sollte dich lehren vorsichtiger sein.

FRITZ Ich hätt' es ja auch merken müssen, wenn e r einen Verdacht hätte. Gestern habe ich ja nach dem Theater mit ihnen soupiert – mit ihm und ihr – und es war so gemütlich, sag' ich dir! . . . lächerlich!

THEODOR Ich bitt' dich, Fritz – tu mir den Gefallen, sei vernünftig. Gib diese ganze verdammte Geschichte auf – schon meinetwegen. Ich hab' ja auch Nerven . . . Ich weiß ja, du bist nicht der Mensch, dich aus einem Abenteuer ins Freie zu retten, drum hab' ich dir's ja so bequem gemacht und dir Gelegenheit gegeben, dich in ein anderes hineinzuretten . . .

FRITZ Du? . . .

THEODOR Nun, hab' ich dich nicht vor ein paar Wochen zu meinem Rendezvous mit Fräulein Mizi mitgenommen? Und hab' ich nicht Fräulein Mizi gebeten, ihre schönste Freundin mitzubringen? Und kannst du es leugnen, daß dir die Kleine sehr gut gefällt? . . .

FRITZ Gewiß ist die lieb! . . . So lieb! Und du hast ja gar keine Ahnung, wie ich mich nach so einer Zärtlichkeit ohne Pathos gesehnt habe, nach so was Süßem, Stillem, das mich umschmeichelt, an dem ich mich von den ewigen Aufregungen und Martern erholen kann.

THEODOR Das ist es, ganz richtig! Erholen! Das ist der tiefere Sinn. Zum Erholen sind sie da. Drum bin ich auch immer gegen die sogenannten interessanten Weiber. Die Weiber haben nicht interessant zu sein, sondern angenehm. Du mußt dein Glück suchen, wo ich es bisher gesucht und gefunden habe, dort, wo es keine großen Szenen, keine Gefahren, keine tragischen Verwicklungen gibt, wo der Beginn keine besonderen Schwierigkeiten und das Ende keine Qualen hat, wo man lächelnd den ersten Kuß empfängt und mit sehr sanfter Rührung scheidet.

FRITZ Ja, das ist es.

THEODOR Die Weiber sind ja so glücklich in ihrer gesunden Menschlichkeit – was zwingt uns denn, sie um jeden Preis zu Dämonen oder zu Engeln zu machen?

FRITZ Sie ist wirklich ein Schatz. So anhänglich, so lieb. Manchmal scheint mir fast, zu lieb für mich.

THEODOR Du bist unverbesserlich, scheint es. Wenn du die Absicht hast, auch die Sache wieder ernst zu nehmen –

FRITZ Aber ich denke nicht daran. Wir sind ja einig: Erholung.

THEODOR Ich würde auch meine Hände von dir abziehen. Ich hab' deine Liebestragödien satt. Du langweilst mich damit. Und wenn du Lust hast, mir mit dem berühmten Gewissen zu kommen, so will ich dir mein einfaches Prinzip für solche Fälle verraten: Besser *ich* als ein anderer. Denn der Andere ist unausbleiblich wie das Schicksal.

Es klingelt.

FRITZ Was ist denn das? ...

THEODOR Sieh nur nach. – Du bist ja schon wieder blaß! Also beruhige dich sofort. Es sind die zwei süßen Mäderln.

FRITZ *angenehm überrascht* Was? ...

THEODOR Ich habe mir die Freiheit genommen, sie für heute zu dir einzuladen.

FRITZ *im Hinausgehen* Geh – warum hast du mir's denn nicht gesagt! Jetzt hab' ich den Diener weggeschickt.

THEODOR Um so gemütlicher.

FRITZENS STIMME *draußen* Grüß' Sie Gott, Mizi! –

THEODOR, FRITZ, MIZI *tritt ein, sie trägt ein Paket in der Hand.*

FRITZ Und wo ist denn die Christin'? –

MIZI Kommt bald nach. Grüß' dich Gott, Dori.

THEODOR *küßt ihr die Hand.*

MIZI Sie müssen schon entschuldigen, Herr Fritz; aber der Theodor hat uns einmal eingeladen –

FRITZ Aber das ist ja eine famose Idee gewesen. Nur hat er eines vergessen, der Theodor –

THEODOR Nichts hat er vergessen, der Theodor! *Nimmt der Mizi das Paket aus der Hand* Hast du alles mitgebracht, was ich dir aufgeschrieben hab'? –

MIZI Freilich! *Zu Fritz* Wo darf ich's denn hinlegen?

FRITZ Geben Sie mir's nur, Mizi, wir legen's indessen da auf die Kredenz.

MIZI Ich hab' noch extra was gekauft, was du nicht aufgeschrieben hast, Dori.

FRITZ Geben Sie mir Ihren Hut, Mizi, so – *legt ihn aufs Klavier, ebenso ihre Boa.*

THEODOR *mißtrauisch* Was denn?

MIZI Eine Mokkacremetorte.

THEODOR Naschkatz'!

FRITZ Ja, aber sagen Sie, warum ist denn die Christin' nicht gleich mitgekommen? –

MIZI Die Christin' begleitet ihren Vater zum Theater hin. Sie fährt dann mit der Tramway her.

THEODOR Das ist eine zärtliche Tochter ...

MIZI Na, und gar in der letzten Zeit, seit der Trauer.

THEODOR Wer ist ihnen denn eigentlich gestorben?

MIZI Die Schwester vom alten Herrn.

THEODOR Ah, die Frau Tant'!

MIZI Nein, das war eine alte Fräul'n, die schon immer bei ihnen gewohnt hat – Na, und da fühlt er sich halt so vereinsamt.

THEODOR Nicht wahr, der Vater von der Christin', das ist so ein kleiner Herr mit kurzem grauen Haar –

MIZI *schüttelt den Kopf* Nein, er hat ja lange Haar'.

FRITZ Woher kennst du ihn denn?

THEODOR Neulich war ich mit dem Lensky in der Josefstadt und da hab' ich mir die Leut' mit den Baßgeigen angeschaut.

MIZI Er spielt ja nicht Baßgeigen, Violin' spielt er.

THEODOR Ach so, ich hab' gemeint, er spielt Baßgeige. *Zu Mizi, die lacht* Das ist ja nicht komisch; das kann ich ja nicht wissen, du Kind.

MIZI Schön haben Sie's, Herr Fritz – wunderschön! Wohin haben Sie denn die Aussicht?

FRITZ Das Fenster da geht in die Strohgasse und im Zimmer daneben –

THEODOR *rasch* Sagt mir nur, warum seid ihr denn so gespreizt miteinander? Ihr könntet euch wirklich du sagen.

MIZI Beim Nachtmahl trinken wir Bruderschaft.

THEODOR Solide Grundsätze! Immerhin beruhigend. – – Wie geht's denn der Frau Mutter?

MIZI *wendet sich zu ihm, plötzlich mit besorgter Miene* Denk' dir, sie hat –

THEODOR Zahnweh – ich weiß, ich weiß. Deine Mutter hat immer Zahnweh. Sie soll endlich einmal zu einem Zahnarzt gehen.

MIZI Aber der Doktor sagt, es ist nur rheumatisch.

THEODOR *lachend* Ja, wenn's rheumatisch ist –

MIZI *ein Album in der Hand* Lauter so schöne Sachen haben Sie da! ... *Im Blättern* Wer ist denn das? ... Das sind ja Sie, Herr Fritz ... In Uniform!? Sie sind beim Militär?

FRITZ Ja.

MIZI Dragoner! – Sind Sie bei den gelben oder bei den schwarzen?

FRITZ *lächelnd* Bei den gelben.

MIZI *wie in Träume versunken* Bei den gelben.

THEODOR Da wird sie ganz träumerisch! Mizi, wach' auf!

MIZI Aber jetzt sind Sie Leutnant der Reserve?

FRITZ Allerdings.

MIZI Sehr gut müssen Sie ausschaun mit dem Pelz.

THEODOR Umfassend ist dieses Wissen! – Du, Mizi, ich bin nämlich auch beim Militär.

MIZI. Bist du auch bei den Dragonern?

THEODOR Ja. –

MIZI Ja, warum sagt Ihr einem denn das nicht ...

THEODOR Ich will um meiner selbst willen geliebt werden.

MIZI Geh, Dori, da mußt du dir nächstens, wenn wir zusammen wohingehen, die Uniform anziehn.

THEODOR Im August hab' ich sowieso Waffenübung.

MIZI Gott, bis zum August –

THEODOR Ja, richtig – so lange währt die ewige Liebe nicht.

MIZI Wer wird denn im Mai an den August denken. Ist's nicht wahr, Herr Fritz? – Sie, Herr Fritz, warum sind denn Sie uns gestern durchgegangen?

FRITZ Wieso ...

MIZI Na ja – nach dem Theater.

FRITZ Hat mich denn der Theodor nicht bei euch entschuldigt?

THEODOR Freilich hab' ich dich entschuldigt.

MIZI Was hab' denn ich – oder vielmehr die Christin' von Ihrer Entschuldigung! Wenn man was verspricht, so halt man's.

FRITZ Ich wär' wahrhaftig lieber mit euch gewesen ...

MIZI Is' wahr? ...

FRITZ Aber, ich konnt' nicht. Sie haben ja gesehen, ich war mit Bekannten in der Loge, und da hab' ich mich nachher nicht losmachen können.

MIZI Ja, von den schönen Damen haben Sie sich nicht losmachen können. Glauben Sie, wir haben Sie nicht gesehen von der Gallerie aus?

FRITZ Ich hab' euch ja auch gesehn ...

MIZI Sie sind rückwärts in der Loge gesessen. –

FRITZ Nicht immer.

MIZI Aber meistens. Hinter einer Dame mit einem schwarzen Samtkleid sind Sie gesessen und haben immer *parodierende Bewegung* so hervorgeguckt.

FRITZ Sie haben mich aber genau beobachtet.

MIZI Mich geht's ja nichts an! Aber wenn ich die Christin' wär' ... Warum hat denn der Theodor nach dem Theater Zeit? Warum muß der nicht mit Bekannten soupieren gehen?

THEODOR *stolz* Warum muß ich nicht mit Bekannten soupieren gehn? . . .

Es klingelt.

MIZI Das ist die Christin'.

FRITZ *eilt hinaus.*

THEODOR Mizi, du könntest mir einen Gefallen tun.

MIZI *fragende Miene.*

THEODOR Vergiß – auf einige Zeit wenigstens – deine militärischen Erinnerungen.

MIZI Ich hab' ja gar keine.

THEODOR Na du, aus dem Schematismus hast du die Sachen nicht gelernt, das merkt man.

THEODOR, MIZI, FRITZ, CHRISTINE *mit Blumen in der Hand.*

CHRISTINE *grüßt mit ganz leichter Befangenheit* Guten Abend. *Begrüßung. Zu Fritz* Freut's dich, daß wir gekommen sind? – Bist nicht bös'?

FRITZ Aber Kind! – Manchmal ist ja der Theodor gescheiter als ich. –

THEODOR Na, geigt er schon, der Herr Papa?

CHRISTINE Freilich; ich hab' ihn zum Theater hinbegleitet.

FRITZ Die Mizi hat's uns erzählt. –

CHRISTINE *zu Mizi* Und die Kathrin' hat mich noch aufgehalten.

MIZI O jeh, die falsche Person.

CHRISTINE Oh, die ist gewiß nicht falsch, die ist sehr gut zu mir.

MIZI Du glaubst auch einer jeden.

CHRISTINE Warum soll denn die gegen mich falsch sein?

FRITZ Wer ist denn die Kathrin'?

MIZI Die Frau von einem Strumpfwirker und ärgert sich alleweil, wenn wer jünger ist wie sie.

CHRISTINE Sie ist ja selbst noch eine junge Person.

FRITZ Lassen wir die Kathrin'. – Was hast du denn da?

CHRISTINE Ein paar Blumen hab' ich dir mitgebracht.

FRITZ *nimmt sie ihr ab und küßt ihr die Hand* Du bist ein Engerl. Wart', die wollen wir da in die Vase . . .

THEODOR Oh nein! Du hast gar kein Talent zum Festarrangeur. Die Blumen werden zwanglos auf den Tisch gestreut . . . Nachher übrigens, wenn aufgedeckt ist. Eigentlich sollte man das so arrangieren, daß sie von der Decke herunterfallen. Das wird aber wieder nicht gehen.

FRITZ *lachend* Kaum.

THEODOR Unterdessen wollen wir sie doch da hineinstecken.
Gibt sie in die Vase.

MIZI Kinder, dunkel wird's!

FRITZ *hat der Christine geholfen, die Überjacke auszuziehen, sie hat auch ihren Hut abgelegt, er gibt die Dinge auf einen Stuhl im Hintergrund* Gleich wollen wir die Lampe anzünden.

THEODOR Lampe! Keine Idee! Lichter werden wir anzünden. Das macht sich viel hübscher. Komm, Mizi, kannst mir helfen.
Er und Mizi zünden die Lichter an; die Kerzen in den zwei Armleuchtern auf dem Trumeau, eine Kerze auf dem Schreibtisch, dann zwei Kerzen auf der Kredenz.
Unterdessen sprechen Fritz und Christine miteinander.

FRITZ Wie geht's dir denn, mein Schatz?

CHRISTINE Jetzt geht's mir gut. –

FRITZ Na, und sonst?

CHRISTINE Ich hab' mich so nach dir gesehnt.

FRITZ Wir haben uns ja gestern erst gesehen.

CHRISTINE Gesehn ... von weitem ... *schüchtern* Du, das war nicht schön, daß du ...

FRITZ Ja, ich weiß schon; die Mizi hat's mir schon gesagt. Aber du bist ein Kind wie gewöhnlich. Ich hab' nicht los können. So was mußt du ja begreifen.

CHRISTINE Ja ... du, Fritz, ... wer waren denn die Leute in der Loge?

FRITZ Bekannte – das ist doch ganz gleichgültig, wie sie heißen.

CHRISTINE Wer war denn die Dame im schwarzen Samtkleid?

FRITZ Kind, ich hab' gar kein Gedächtnis für Toiletten.

CHRISTINE *schmeichelnd* Na!

FRITZ Das heißt, ... ich hab' dafür auch schon ein Gedächtnis – in gewissen Fällen. Zum Beispiel an die dunkelgraue Bluse erinner' ich mich sehr gut, die du angehabt hast, wie wir uns das erste Mal gesehen haben. Und die weiß-schwarze Taille, gestern ... im Theater –

CHRISTINE Die hab' ich ja heut auch an!

FRITZ Richtig ... von weitem sieht die nämlich ganz anders aus – im Ernst! Oh, und das Medaillon, das kenn' ich auch!

CHRISTINE *lächelnd* Wann hab' ich's umgehabt?

FRITZ Vor – na, damals, wie wir in dem Garten bei der Linie spazieren gegangen sind, wo die vielen Kinder gespielt haben ... nicht wahr ...?

CHRISTINE Ja ... Du denkst doch manchmal an mich.

FRITZ Ziemlich häufig, mein Kind ...

CHRISTINE Nicht so oft, wie ich an dich. Ich denke immer an dich ... den ganzen Tag ... und froh kann ich doch nur sein, wenn ich dich seh'!

FRITZ Sehn wir uns denn nicht oft genug? –

CHRISTINE Oft ...

FRITZ Freilich. Im Sommer werden wir uns weniger sehn ... Denk' dir, wenn ich zum Beispiel einmal auf ein paar Wochen verreiste, was möchtest du da sagen?

CHRISTINE *ängstlich* Wie? Du willst verreisen?

FRITZ Nein ... Immerhin wär' es aber möglich, daß ich einmal die Laune hätte, acht Tage ganz allein zu sein ...

CHRISTINE Ja, warum denn?

FRITZ Ich spreche ja nur von der Möglichkeit. Ich kenne mich, ich hab' solche Launen. Und du könntest ja auch einmal Lust haben, mich ein paar Tage nicht zu sehn ... das werd' ich immer verstehn.

CHRISTINE Die Laune werd' ich nie haben, Fritz.

FRITZ Das kann man nie wissen.

CHRISTINE Ich weiß es ... ich hab' dich lieb.

FRITZ Ich hab' dich ja auch sehr lieb.

CHRISTINE Du bist aber mein Alles, Fritz, für dich könnt' ich... *sie unterbricht sich* Nein, ich kann mir nicht denken, daß je eine Stunde käm', wo ich dich nicht sehen wollte. So lang ich leb', Fritz – –

FRITZ *unterbricht* Kind, ich bitt' dich ... so was sag' lieber nicht ... die großen Worte, die hab' ich nicht gern. Von der Ewigkeit reden wir nicht ...

CHRISTINE *traurig lächelnd* Hab' keine Angst, Fritz ... ich weiß ja, daß es nicht für immer ist ...

FRITZ Du verstehst mich falsch, Kind. Es ist ja möglich, *lachend* daß wir einmal überhaupt nicht ohne einander leben können, aber wissen können wir's ja nicht, nicht wahr? Wir sind ja nur Menschen.

THEODOR *auf die Lichter weisend* Bitte sich das gefälligst anzusehen ... Sieht das nicht anders aus, als wenn da eine dumme Lampe stünde?

FRITZ Du bist wirklich der geborene Festarrangeur.

THEODOR Kinder, wie wär's übrigens, wenn wir an das Souper dächten? ...

MIZI Ja! ... Komm Christin'! ...

FRITZ Wartet, ich will euch zeigen, wo ihr alles Notwendige findet.

MIZI Vor allem brauchen wir ein Tischtuch.

THEODOR *mit englischem Akzent, wie ihn die Clowns zu haben pflegen* »Eine Tischentuch.«

FRITZ Was? ...

THEODOR Erinnerst dich nicht an den Clown im Orpheum? »Das ist eine Tischentuch« ... »Das ist eine Blech.« »Das ist eine kleine piccolo.«

MIZI Du, Dori, wann gehst denn mit mir ins Orpheum? Neulich hast du mir's ja versprochen. Da kommt die Christin' aber auch mit, und der Herr Fritz auch. *Sie nimmt eben Fritz das Tischtuch aus der Hand, das dieser aus der Kredenz genommen* Da sind aber dann wir die Bekannten in der Loge ...

FRITZ Ja, ja ...

MIZI Da kann dann die Dame mit dem schwarzen Samtkleid allein nach Haus gehn.

FRITZ Was ihr immer mit der Dame in Schwarz habt, das ist wirklich zu dumm.

MIZI Oh, wir haben nichts mit ihr ... So ... Und das Eßzeug?... *Fritz zeigt ihr alles in der geöffneten Kredenz* Ja ... Und die Teller? ... Ja, danke ... So, jetzt machen wir's schon allein... Gehn Sie, gehn Sie, jetzt stören Sie uns nur.

THEODOR *hat sich unterdessen auf den Diwan der Länge nach hingelegt; wie Fritz zu ihm nach vorne kommt* Du entschuldigst ... *Mizi und Christine decken auf.*

MIZI Hast du schon das Bild von Fritz in der Uniform gesehn?

CHRISTINE Nein.

MIZI Das mußt du dir anschaun. Fesch! ... *Sie reden weiter.*

THEODOR *auf dem Diwan* Siehst du, Fritz, solche Abende sind meine Schwärmerei.

FRITZ Sind auch nett.

THEODOR Da fühl' ich mich behaglich ... Du nicht? ...

FRITZ Oh, ich wollte, es wär' mir immer so wohl.

MIZI Sagen Sie, Herr Fritz, ist Kaffee in der Maschin' drin?

FRITZ Ja ... Ihr könnt auch gleich den Spiritus anzünden – auf der Maschin' dauert's sowieso eine Stund', bis der Kaffee fertig ist ...

THEODOR *zu Fritz* Für so ein süßes Mäderl geb' ich zehn dämonische Weiber her.

FRITZ Das kann man nicht vergleichen.

THEODOR Wir hassen nämlich die Frauen, die wir lieben – und lieben nur die Frauen, die uns gleichgültig sind.

FRITZ *lacht.*

MIZI Was ist denn? Wir möchten auch was hören!

THEODOR Nichts für euch, Kinder. Wir philosophieren. *Zu Fritz* Wenn wir heut mit denen das letzte Mal zusammen wären, wir wären doch nicht weniger fidel, was?

FRITZ Das letzte Mal ... Na, darin liegt jedenfalls etwas Melancholisches. Ein Abschied schmerzt immer, auch wenn man sich schon lange darauf freut!

CHRISTINE Du, Fritz, wo ist denn das kleine Eßzeug?

FRITZ *geht nach hinten, zur Kredenz* Da ist es, mein Schatz.

MIZI *ist nach vorn gekommen, fährt dem Theodor, der auf dem Diwan liegt, durch die Haare.*

THEODOR Du Katz', du!

FRITZ *öffnet das Paket, das Mizi gebracht* Großartig ...

CHRISTINE *zu Fritz* Wie du alles hübsch in Ordnung hast!

FRITZ Ja ... *Ordnet die Sachen, die Mizi mitgebracht, – Sardinenbüchse, kaltes Fleisch, Butter, Käse.*

CHRISTINE Fritz ... willst du mir's nicht sagen?

FRITZ Was denn?

CHRISTINE *sehr schüchtern* Wer die Dame war?

FRITZ Nein; ärger' mich nicht. *Milder* Schau', das haben wir ja so ausdrücklich miteinander ausgemacht: Gefragt wird nichts. Das ist ja gerade das Schöne. Wenn ich mit dir zusammen bin, versinkt die Welt – punktum. Ich frag' dich auch um nichts.

CHRISTINE Mich kannst du um alles fragen.

FRITZ Aber ich tu's nicht. Ich will ja nichts wissen.

MIZI *kommt wieder hin* Herrgott machen Sie da eine Unordnung – *übernimmt die Speisen, legt sie auf die Teller* So ...

THEODOR Du, Fritz, sag', hast du denn irgend was zum Trinken zu Hause?

FRITZ Oh ja, es wird sich schon was finden. *Er geht ins Vorzimmer.*

THEODOR *erhebt sich und besichtigt den Tisch* Gut. –

MIZI So, ich denke, es fehlt nichts mehr! ...

FRITZ *kommt mit einigen Flaschen zurück* So hier wäre auch was zum Trinken.

THEODOR Wo sind denn die Rosen, die von der Decke herunterfallen?

MIZI Ja, richtig, die Rosen haben wir vergessen! *Sie nimmt die Rosen aus der Vase, steigt auf einen Stuhl und läßt die Rosen auf den Tisch fallen* So!

CHRISTINE Gott, ist das Mädel ausgelassen.

THEODOR Na, nicht in die Teller ...

FRITZ Wo willst du sitzen, Christin'?

THEODOR Wo ist denn der Stoppelzieher?

FRITZ *holt einen aus der Kredenz* Hier ist einer.

MIZI *versucht, den Wein aufzumachen.*

FRITZ Aber geben Sie das doch mir.

THEODOR Laßt das mich machen ... *Nimmt ihm Flasche und Stoppelzieher aus der Hand* Du könntest unterdessen ein bißchen ... *Bewegung des Klavierspiels.*

MIZI Ja ja, das ist fesch! ... *Sie läuft zum Klavier, öffnet es, nachdem sie die Sachen, die darauf liegen, auf einen Stuhl gelegt hat.*

FRITZ *zu Christine* Soll ich?

CHRISTINE Ich bitt' dich, ja, so lang schon hab' ich mich danach gesehnt.

FRITZ *am Klavier* Du kannst ja auch ein bissel spielen?

CHRISTINE *abwehrend* Oh Gott.

MIZI Schön kann sie spielen, die Christin', ... sie kann auch singen.

FRITZ Wirklich? Das hast du mir ja nie gesagt! ...

CHRISTINE Hast du mich denn je gefragt?

FRITZ Wo hast du denn singen gelernt?

CHRISTINE Gelernt hab' ich's eigentlich nicht. Der Vater hat mich ein bissel unterrichtet – aber ich hab' nicht viel Stimme. Und weißt du, seit die Tant' gestorben ist, die immer bei uns gewohnt hat, da ist es noch stiller bei uns wie es früher war.

FRITZ Was machst du eigentlich so den ganzen Tag?

CHRISTINE Oh Gott, ich hab' schon zu tun! –

FRITZ So im Haus – wie? –

CHRISTINE Ja. Und dann schreib' ich Noten ab, ziemlich viel. –

THEODOR Musiknoten? –

CHRISTINE Freilich.

THEODOR Das muß ja horrend bezahlt werden. *Wie die andern lachen* Na, ich würde das horrend bezahlen. Ich glaube, Notenschreiben muß eine fürchterliche Arbeit sein! –

MIZI Es ist auch ein Unsinn, daß sie sich so plagt. *Zu Christine* Wenn ich so viel Stimme hätte, wie du, wär' ich längst beim Theater.

THEODOR Du brauchtest nicht einmal Stimme ... Du tust natürlich den ganzen Tag gar nichts, was?

MIZI Na, sei so gut! Ich hab' ja zwei kleine Brüder, die in die Schul' gehn, die zieh' ich an in der Früh'; und dann mach' ich die Aufgaben mit ihnen –

THEODOR Da ist doch kein Wort wahr.

MIZI Na, wennst mir nicht glaubst! – Und bis zum vorigen Herbst bin ich sogar in einem Geschäft gewesen von acht in der Früh' bis acht am Abend –

THEODOR *leicht spottend* Wo denn?

MIZI In einem Modistengeschäft. Die Mutter will, daß ich wieder eintrete.

THEODOR *wie oben* Warum bist du denn ausgetreten?

FRITZ *zu Christine* Du mußt uns dann was vorsingen!

THEODOR Kinder, essen wir jetzt lieber, und du spielst dann, ja? ...

FRITZ *aufstehend, zu Christine* Komm, Schatz! *Führt sie zum Tisch hin.*

MIZI Der Kaffee! Jetzt geht der Kaffee über, und wir haben noch nichts gegessen!

THEODOR Jetzt ist's schon alles eins!

MIZI Aber er geht ja über! *Bläst die Spiritusflamme aus. Man setzt sich zu Tisch.*

THEODOR Was willst du haben, Mizi? Das sag' ich dir gleich: Die Torte kommt zuletzt! ... Zuerst mußt du lauter ganz saure Sachen essen.

FRITZ *schenkt den Wein ein.*

THEODOR Nicht so: Das macht man jetzt anders. Kennst du nicht die neueste Mode? *Steht auf, affektiert Grandezza, die Flasche in der Hand, zu Christine* Vöslauer Ausstich achtzehnhundert ... *spricht die nächsten Zahlen unverständlich. Schenkt ein, zu Mizzi* Vöslauer Ausstich achtzehnhundert ... *wie früher. Schenkt ein, zu Fritz* Vöslauer Ausstich achtzehnhundert ... *wie früher. An seinem eigenen Platz* Vöslauer Ausstich ... *wie früher. Setzt sich.*

MIZI *lachend* Alleweil macht er Dummheiten.

THEODOR *erhebt das Glas, alle stoßen an* Prosit!

MIZI Sollst leben, Theodor! ...

THEODOR *sich erhebend* Meine Damen und Herren ...

FRITZ Na, nicht gleich!

THEODOR *setzt sich* Ich kann ja warten. *Man ißt.*

MIZI Das hab' ich so gern, wenn bei Tisch Reden gehalten werden. Also ich hab' einen Vetter, der redt immer in Reimen.

THEODOR Bei was für einem Regiment ist er? ...

MIZI Geh, hör' auf ... Auswendig redt er und mit Reimen, aber großartig, sag' ich dir, Christin'. Und ist eigentlich schon ein älterer Herr.

THEODOR O, das kommt vor, daß ältere Herren noch in Reimen reden.

FRITZ Aber, ihr trinkt ja gar nicht. Christin'! *Er stößt mit ihr an.*

THEODOR *stößt mit Mizi an* Auf die alten Herren, die in Reimen reden.

MIZI *lustig* Auf die jungen Herren, auch wenn sie gar nichts reden ... zum Beispiel auf den Herrn Fritz ... Sie, Herr Fritz, jetzt trinken wir Bruderschaft, wenn Sie wollen – und die Christin' muß auch mit dem Theodor Bruderschaft trinken.

THEODOR Aber nicht mit dem Wein, das ist kein Bruderschaftswein. *Erhebt sich, nimmt eine andere Flasche – gleiches Spiel wie früher* Xeres de la Frontera mille huit cent cinquante – Xeres de la Frontera – Xeres de la Frontera – Xeres de la Frontera.

MIZI *nippt* Ah –

THEODOR Kannst du nicht warten, bis wir alle trinken? ... Also, Kinder ... bevor wir uns so feierlich verbrüdern, wollen wir auf den glücklichen Zufall trinken, der, der ... und so weiter ...

MIZI Ja, ist schon gut! *Sie trinken.*

Fritz nimmt Mizis, Theodor Christinens Arm, die Gläser in der Hand, wie man Bruderschaft zu trinken pflegt.

FRITZ *küßt Mizi.*

THEODOR *will Christine küssen.*

CHRISTINE *lächelnd* Muß das sein?

THEODOR Unbedingt, sonst gilt's nichts ... *küßt sie* So, und jetzt à place! ...

MIZI Aber schauerlich heiß wird's in dem Zimmer.

FRITZ Das ist von den vielen Lichtern, die der Theodor angezündet hat.

MIZI Und von dem Wein. *Sie lehnt sich in den Fauteuil zurück.*

THEODOR Komm nur daher, jetzt kriegst du ja erst das Beste. *Er schneidet ein Stückchen von der Torte ab und steckt's ihr in den Mund* Da, du Katz' – gut? –

MIZI Sehr! ... *Er gibt ihr noch eins.*

THEODOR Geh, Fritz, jetzt ist der Moment! Jetzt könntest du was spielen!

FRITZ Willst du, Christin'?

CHRISTINE Bitte! –

MIZI Aber was Fesches!

THEODOR *füllt die Gläser.*

MIZI Kann nicht mehr. *Trinkt.*

CHRISTINE *nippend* Der Wein ist so schwer.

THEODOR *auf den Wein weisend* Fritz!

FRITZ *leert das Glas, geht zum Klavier.*

CHRISTINE *setzt sich zu ihm.*

MIZI Herr Fritz, spielen S' den Doppeladler.

FRITZ Den Doppeladler – wie geht der?

MIZI Dori, kannst du nicht den Doppeladler spielen?

THEODOR Ich kann überhaupt nicht Klavier spielen.

FRITZ Ich kenne ihn ja; er fällt mir nur nicht ein.

MIZI Ich werd' ihn Ihnen vorsingen ... La ... la ... lalalala ... la ...

FRITZ Aha, ich weiß schon. *Spielt aber nicht ganz richtig.*

MIZI *geht zum Klavier* Nein, so ... *spielt die Melodie mit einem Finger.*

FRITZ Ja, ja ... *er spielt, Mizi singt mit.*

THEODOR Das sind wieder süße Erinnerungen, was? ...

FRITZ *spielt wieder unrichtig und hält inne* Es geht nicht. Ich hab' gar kein Gehör. *Er phantasiert.*

MIZI *gleich nach dem ersten Takt* Das ist nichts!

FRITZ *lacht* Schimpfen Sie nicht, das ist von mir! –

MIZI Aber zum Tanzen ist es nicht.

FRITZ Probieren Sie nur einmal ...

THEODOR *zu Mizi* Komm, versuchen wir's. *Er nimmt sie um die Taille, sie tanzen.*

CHRISTINE *steht am Klavier und schaut auf die Tasten. Es klingelt.*

FRITZ *hört plötzlich auf zu spielen; Theodor und Mizi tanzen weiter.*

THEODOR UND MIZI *zugleich* Was ist denn das? – Na!

FRITZ Es hat eben geklingelt ... *zu Theodor* Hast du denn noch jemanden eingeladen?

THEODOR Keine Idee – du brauchst ja nicht zu öffnen.

CHRISTINE *zu Fritz* Was hast du denn?

FRITZ Nichts ...

Es klingelt wieder.

FRITZ *steht auf, bleibt stehen.*

THEODOR Du bist einfach nicht zu Hause.

FRITZ Man hört ja das Klavierspielen bis auf den Gang ... Man sieht auch von der Straße her, daß es beleuchtet ist.

THEODOR Was sind denn das für Lächerlichkeiten? Du bist eben nicht zu Haus.

FRITZ Es macht mich aber nervös.

THEODOR Na, was wird's denn sein? Ein Brief! – Oder ein Telegramm – Du wirst ja um *auf die Uhr sehend* um neun keinen Besuch bekommen.

Es klingelt wieder.

FRITZ Ach was, ich muß doch nachsehn – *geht hinaus.*

MIZI Aber ihr seid auch gar nicht fesch – *schlägt ein paar Tasten auf dem Klavier an.*

THEODOR Geh', hör jetzt auf! – *Zu Christine* Was haben Sie denn? Macht Sie das Klingeln auch nervös? –

FRITZ *kommt zurück, mit erkünstelter Ruhe.*

THEODOR UND CHRISTINE *zugleich.* Na, wer war's? – Wer war's?

FRITZ *gezwungen lächelnd* Ihr müßt so gut sein, mich einen Moment zu entschuldigen. Geht unterdessen da hinein.

THEODOR Was gibts denn?

CHRISTINE Wer ist's?!

FRITZ Nichts, Kind, ich habe nur zwei Worte mit einem Herrn zu sprechen ... *Hat die Tür zum Nebenzimmer geöffnet, geleitet die Mädchen hinein, Theodor ist der letzte, sieht Fritz fragend an.*

FRITZ *leise, mit entsetztem Ausdruck* Er! ...

THEODOR Ah! ...

FRITZ Geh hinein, geh hinein. –

THEODOR Ich bitt' dich, mach' keine Dummheiten, es kann eine F a l l e sein ...

FRITZ Geh ... geh ... – *Theodor ins Nebenzimmer. Fritz geht rasch durchs Zimmer auf den Gang, so daß die Bühne einige Augenblicke leer bleibt. Dann tritt er wieder auf, indem er einen elegant gekleideten Herrn von etwa fünfunddreißig Jahren voraus eintreten läßt. – Der Herr ist in gelbem Überzieher, trägt Handschuhe, hält den Hut in der Hand.*

FRITZ, DER HERR

FRITZ *noch im Eintreten* Pardon, daß ich Sie warten ließ ... ich bitte ...

DER HERR *in ganz leichtem Tone* Oh, das tut nichts. Ich bedaure sehr, Sie gestört zu haben.

FRITZ Gewiß nicht. Bitte wollen Sie nicht – *weist ihm einen Stuhl an.*

DER HERR Ich sehe ja, daß ich Sie gestört habe. Kleine Unterhaltung, wie?

FRITZ Ein paar Freunde.

DER HERR *sich setzend, immer freundlich* Maskenscherz wahrscheinlich?

FRITZ *befangen* Wieso?

DER HERR Nun, Ihre Freunde haben Damenhüte und Mantillen.

FRITZ Nun ja ... *lächelnd* Es mögen ja Freundinnen auch dabei sein ... *Schweigen.*

DER HERR Das Leben ist zuweilen ganz lustig ... ja ... *Er sieht den andern starr an.*

FRITZ *hält den Blick eine Weile aus, dann sieht er weg* ... Ich darf mir wohl die Frage erlauben, was mir die Ehre Ihres Besuches verschafft.

DER HERR Gewiß ... *ruhig* Meine Frau hat nämlich ihren Schleier bei Ihnen vergessen.

FRITZ Ihre Frau Gemahlin bei mir? ... ihren ... *lächelnd* Der Scherz ist ein bißchen sonderbar ...

DER HERR *plötzlich aufstehend, sehr stark, fast wild, indem er sich mit der einen Hand auf die Stuhllehne stützt* Sie hat ihn vergessen.

FRITZ *erhebt sich auch, und die beiden stehen einander gegenüber.*

DER HERR *hebt die Faust, als wollte er sie auf Fritz niederfallen lassen; – in Wut und Ekel* Oh ...!

FRITZ *wehrt ab, geht einen kleinen Schritt nach rückwärts.*

DER HERR *nach einer langen Pause* Hier sind Ihre Briefe. *Er wirft ein Paket, das er aus der Tasche des Überziehers nimmt, auf den Schreibtisch* Ich bitte um die, welche Sie erhalten haben ...

FRITZ *abwehrende Bewegung.*

DER HERR *heftig, mit Bedeutung* Ich will nicht, daß man sie – später bei Ihnen findet.

FRITZ *sehr stark* Man wird sie nicht finden.

DER HERR *schaut ihn an. Pause.*

FRITZ Was wünschen Sie noch von mir? ...

DER HERR *höhnisch* Was ich noch wünsche –?

FRITZ Ich stehe zu Ihrer Verfügung ...

DER HERR *verbeugt sich kühl* Gut. – *Er läßt seinen Blick im Zimmer umhergehen; wie er wieder den gedeckten Tisch, die Damenhüte usw.*

sieht, geht eine lebhafte Bewegung über sein Gesicht, als wollte es zu einem neuen Ausbruch seiner Wut kommen.

FRITZ *der das bemerkt, wiederholt* Ich bin ganz zu Ihrer Verfügung. – Ich werde morgen bis zwölf Uhr zu Hause sein.

DER HERR *verbeugt sich und wendet sich zum Gehen.*

FRITZ *begleitet ihn bis zur Türe, was der Herr abwehrt. Wie er weg ist, geht Fritz zum Schreibtisch, bleibt eine Weile stehen. Dann eilt er zum Fenster, sieht durch eine Spalte, die die Rouleaux gelassen, hinaus, und man merkt, wie er den auf dem Trottoir gehenden Herrn mit den Blicken verfolgt. Dann entfernt er sich vom Fenster, bleibt, eine Sekunde lang zur Erde schauend, stehen; dann geht er zur Türe des Nebenzimmers, öffnet sie zur Hälfte und ruft* Theodor ... auf einen Moment.

FRITZ, THEODOR
Sehr rasch diese Szene.

THEODOR *erregt* Nun ...

FRITZ Er weiß es.

THEODOR Nichts weiß er. Du bist ihm sicher hineingefallen. Hast am Ende gestanden. Du bist ein Narr, sag' ich dir ... Du bist –

FRITZ *auf die Briefe weisend* Er hat mir meine Briefe zurückgebracht.

THEODOR *betroffen* Oh ... *nach einer Pause* Ich sag' es immer, man soll nicht Briefe schreiben.

FRITZ Er ist es gewesen, heute Nachmittag, da unten.

THEODOR Also was hat's denn gegeben? – So sprich doch.

FRITZ Du mußt mir nun einen großen Dienst erweisen, Theodor.

THEODOR Ich werde die Sache schon in Ordnung bringen.

FRITZ Davon ist hier nicht mehr die Rede.

THEODOR Also ...

FRITZ Es wird für alle Fälle gut sein ... *sich unterbrechend* – aber wir können doch die armen Mädeln nicht so lange warten lassen.

THEODOR Die können schon warten. Was wolltest du sagen?

FRITZ Es wird gut sein, wenn du heute noch Lensky aufsuchst.

THEODOR Gleich, wenn du willst.

FRITZ Du triffst ihn jetzt nicht ... aber zwischen elf und zwölf kommt er ja sicher ins Kaffeehaus ... vielleicht kommt ihr dann beide noch zu mir ...

THEODOR Geh, so mach' doch kein solches Gesicht ... in neunundneunzig Fällen von hundert geht die Sache gut aus.

FRITZ Es wird dafür gesorgt sein, daß diese Sache nicht gut ausgeht.

THEODOR Aber ich bitt' dich, erinnere dich, im vorigen Jahr, die Affäre zwischen dem Doktor Billinger und dem Herz – das war doch genau dasselbe.

FRITZ Laß das, du weißt es selbst, – er hätte mich einfach hier in dem Zimmer niederschießen sollen, – es wär' aufs Gleiche herausgekommen.

THEODOR *gekünstelt* Ah, das ist famos! Das ist eine großartige Auffassung ... Und wir, der Lensky und ich, wir sind nichts? Du meinst, wir werden es zugeben – –

FRITZ Bitt' dich, laß das! ... Ihr werdet einfach annehmen, was man proponieren wird.

THEODOR Ah, –

FRITZ Wozu das alles, Theodor. Als wenn du's nicht wüßtest.

THEODOR Unsinn. Überhaupt, das Ganze ist Glückssache ... Ebenso gut kannst du ihn ...

FRITZ *ohne darauf zu hören* Sie hat es geahnt. Wir beide haben es geahnt. Wir haben es gewußt ...

THEODOR Geh, Fritz ...

FRITZ *zum Schreibtisch, sperrt die Briefe ein* Was sie in diesem Augenblick nur macht. Ob er sie ... Theodor ... das mußt du morgen in Erfahrung bringen, was dort geschehen ist.

THEODOR Ich werd' es versuchen ...

FRITZ ... Sieh auch, daß kein überflüssiger Aufschub ...

THEODOR Vor übermorgen früh wird's ja doch kaum sein können.

FRITZ *beinahe angstvoll* Theodor!

THEODOR Also ... Kopf hoch. – Nicht wahr, auf innere Überzeugungen ist doch auch etwas zu geben – und ich hab' die feste Überzeugung, daß alles ... gut ausgeht. *Redet sich in Lustigkeit hinein* Ich weiß selbst nicht warum, aber ich hab' einmal die Überzeugung!

FRITZ *lächelnd* Was bist du für ein guter Kerl! – Aber was sagen wir nur den Mädeln?

THEODOR Das ist wohl sehr gleichgültig. Schicken wir sie einfach weg.

FRITZ Oh nein. Wir wollen sogar möglichst lustig sein. Christine darf gar nichts ahnen. Ich will mich wieder zum Klavier setzen; ruf du sie indessen herein. *Theodor wendet sich, unzu-*

friedenen Gesichts, das zu tun Und was wirst du ihnen sagen?

THEODOR Daß sie das gar nichts angeht.

FRITZ *der sich zum Klavier gesetzt hat, sich nach ihm umwendend* Nein, nein –

THEODOR Daß es sich um einen Freund handelt – das wird sich schon finden.

FRITZ *spielt ein paar Töne.*

THEODOR Bitte, meine Damen. *Hat die Tür geöffnet.*

FRITZ, THEODOR, CHRISTINE, MIZI

MIZI Na endlich! Ist der schon fort?

CHRISTINE *zu Fritz eilend* Wer war bei dir, Fritz?

FRITZ *am Klavier, weiterspielend* Ist schon wieder neugierig.

CHRISTINE Ich bitt' dich, Fritz, sag's mir.

FRITZ Schatz, ich kann's dir nicht sagen, es handelt sich wirklich um Leute, die du gar nicht kennst.

CHRISTINE *schmeichelnd* Geh, Fritz, sag' mir die Wahrheit!

THEODOR Sie läßt dich natürlich nicht in Ruh' ... Daß du ihr nichts sagst! Du hast's ihm versprochen!

MIZI Geh, sei doch nicht so fad, Christin', laß ihnen die Freud'! Sie machen sich eh' nur wichtig!

THEODOR Ich muß den Walzer mit Fräulein Mizi zu Ende tanzen. *Mit der Betonung eines Clowns* Bitte, Herr Kapellmeister – eine kleine Musik.

FRITZ *spielt. Theodor und Mizi tanzen; nach wenigen Takten:*

MIZI Ich kann nicht! *Sie fällt in einen Fauteuil zurück.*

THEODOR *küßt sie, setzt sich auf die Lehne des Fauteuils zu ihr.*

FRITZ *bleibt am Klavier, nimmt Christine bei beiden Händen, sieht sie an.*

CHRISTINE *wie erwachend* Warum spielst du nicht weiter?

FRITZ *lächelnd* Genug für heut ...

CHRISTINE Siehst du, so möcht' ich spielen können ...

FRITZ Spielst du viel? ...

CHRISTINE Ich komme nicht viel dazu; im Haus ist immer was zu tun. Und dann, weißt, wir haben ein so schlechtes Pianino.

FRITZ Ich möcht's wohl einmal versuchen. Ich möcht' überhaupt gern dein Zimmer einmal sehen.

CHRISTINE *lächelnd* 'S ist nicht so schön wie bei dir! ...

FRITZ Und noch eins möcht' ich: Daß du mir einmal viel von dir erzählst ... recht viel ... ich weiß eigentlich so wenig von dir.

CHRISTINE Ist wenig zu erzählen. – Ich hab' auch keine Geheimnisse – wie wer anderer ...

FRITZ Du hast noch keinen lieb gehabt?

CHRISTINE *sieht ihn nur an.*

FRITZ *küßt ihr die Hände.*

CHRISTINE Und werd' auch nie wen andern lieb haben ...

FRITZ *mit fast schmerzlichem Ausdruck* Sag' das nicht ... sag's nicht ... was weißt du denn? ... Hat dich dein Vater sehr gern, Christin'? –

CHRISTINE O Gott! ... Es war auch eine Zeit, wo ich ihm alles erzählt hab'. –

FRITZ Na, Kind, mach' dir nur keine Vorwürfe ... Ab und zu hat man halt Geheimnisse – das ist der Lauf der Welt.

CHRISTINE ... Wenn ich nur wüßte, daß du mich gern hast – da wär' ja alles ganz gut.

FRITZ Weißt du's denn nicht?

CHRISTINE Wenn du immer in dem Ton zu mir reden möchtest, ja dann ...

FRITZ Christin'! Du sitzt aber recht unbequem.

CHRISTINE Ach laß mich nur – es ist da ganz gut. *Sie legt den Kopf aufs Klavier.*

FRITZ *steht auf und streichelt ihr die Haare.*

CHRISTINE O, das ist gut.

Stille im Zimmer.

THEODOR Wo sind denn die Zigarren, Fritz? –

FRITZ *kommt zu ihm hin, der bei der Kredenz steht und schon gesucht hat.*

MIZI *ist eingeschlummert.*

FRITZ *reicht ihm ein Zigarrenkistchen* Und der schwarze Kaffee! *Er schenkt zwei Tassen ein.*

THEODOR Kinder, wollt Ihr nicht auch schwarzen Kaffee haben?

FRITZ Mizi, soll ich dir eine Tasse ...

THEODOR Lassen wir sie schlafen ... – Du, trink übrigens keinen Kaffee heut. Du solltest dich möglichst bald zu Bette legen und schauen, daß du ordentlich schläfst.

FRITZ *sieht ihn an und lacht bitter.*

THEODOR Na ja, jetzt stehn die Dinge nun einmal so wie sie stehn ... und es handelt sich jetzt nicht darum, so großartig oder so tiefsinnig, sondern so vernünftig zu sein als möglich ... darauf kommt es an ... in solchen Fällen.

FRITZ Du kommst noch heute Nacht mit Lensky zu mir, ja? ...

THEODOR Das ist ein Unsinn. Morgen früh ist Zeit genug.

FRITZ Ich bitt' dich drum.

THEODOR Also schön ...

FRITZ Begleitest du die Mädeln nach Hause?

THEODOR Ja, und zwar sofort ... Mizi! ... Erhebe dich! –

MIZI Ihr trinkt da schwarzen Kaffee –! Gebt's mir auch einen! –

THEODOR Da hast du, Kind ...

FRITZ *zu Christine hin* Bist müd', mein Schatz? ...

CHRISTINE Wie lieb das ist, wenn du so sprichst.

FRITZ Sehr müd'? –

CHRISTINE *lächelnd* – Der Wein. – Ich hab' auch ein bissel Kopfweh ...

FRITZ Na, in der Luft wird dir das schon vergehn!

CHRISTINE Gehen wir schon? – Begleitest du uns?

FRITZ Nein, Kind. Ich bleib' jetzt schon zu Haus ... Ich hab' noch einiges zu tun.

CHRISTINE *der wieder die Erinnerung kommt* Jetzt ... Was hast du denn jetzt zu tun?

FRITZ *beinahe streng* Du Christin', das mußt du dir abgewöhnen! – *Mild* Ich bin nämlich wie zerschlagen ... wir sind heut, der Theodor und ich, draußen auf dem Land zwei Stunden herumgelaufen –

THEODOR Ah, das war entzückend. Nächstens fahren wir alle zusammen hinaus aufs Land.

MIZI Ja, das ist fesch! Und ihr zieht euch die Uniform dazu an.

THEODOR Das ist doch wenigstens Natursinn!

CHRISTINE Wann sehen wir uns denn wieder?

FRITZ *etwas nervös* Ich schreib's dir schon.

CHRISTINE *traurig* Leb' wohl. *Wendet sich zum Gehen.*

FRITZ *bemerkt ihre Traurigkeit* Morgen sehn wir uns, Christin'.

CHRISTINE *froh* Ja?

FRITZ In dem Garten ... dort bei der Linie wie neulich ... um – sagen wir, um sechs Uhr ... ja? Ist's dir recht?

CHRISTINE *nickt.*

MIZI *zu Fritz* Gehst mit uns, Fritz?

THEODOR Die hat ein Talent zum Dusagen –!

FRITZ Nein, ich bleib' schon zu Haus.

MIZI Der hat's gut! Was wir noch für einen Riesenweg nach Haus haben ...

FRITZ Aber, Mizi, du hast ja beinah' die ganze gute Torte stehen lassen. Wart', ich pack' sie dir ein – ja?

MIZI *zu Theodor* Schickt sich das?

FRITZ *schlägt die Torte ein.*

CHRISTINE Die ist wie ein kleines Kind ...

MIZI *zu Fritz* Wart', dafür helf' ich dir die Lichter auslöschen. *Löscht ein Licht nach dem andern aus, das Licht auf dem Schreibtisch bleibt.*

CHRISTINE Soll ich dir nicht das Fenster aufmachen? – es ist so schwül. *Sie öffnet das Fenster, Blick auf das gegenüberliegende Haus.*

FRITZ So Kinder. Jetzt leucht' ich euch.

MIZI Ist denn schon ausgelöscht auf der Stiege?

THEODOR Na, selbstverständlich.

CHRISTINE Ah, die Luft ist gut, die da hereinkommt! ...

MIZI Mailüfterl ... *bei der Tür, Fritz hat den Leuchter in der Hand* Also, wir danken für die freundliche Aufnahme! –

THEODOR *sie drängend* Geh, geh, geh, geh ...

FRITZ *geleitet die andern hinaus. Die Tür bleibt offen, man hört die Personen draußen reden. Man hört die Wohnungstür aufschließen.*

MIZI Also pah! –

THEODOR Gib acht, da sind Stufen.

MIZI Danke schön für die Torte ...

THEODOR Pst, du weckst ja die Leute auf! –

CHRISTINE Gute Nacht!

THEODOR Gute Nacht!

Man hört, wie Fritz die Tür draußen schließt und versperrt. – Während er hereintritt und das Licht auf den Schreibtisch stellt, hört man das Haustor unten öffnen und schließen.

FRITZ *geht zum Fenster und grüßt hinunter.*

CHRISTINE *von der Straße* Gute Nacht!

MIZI *ebenso, übermütig* Gute Nacht, du mein herziges Kind ...

THEODOR *scheltend* Du Mizi ...

Man hört seine Worte, ihr Lachen, die Schritte verklingen. Theodor pfeift die Melodie des »Doppeladler«, die am spätesten verklingt. Fritz sieht noch ein paar Sekunden hinaus, dann sinkt er auf den Fauteuil neben dem Fenster.

Vorhang

ZWEITER AKT

Zimmer Christinens. Bescheiden und nett.

CHRISTINE *kleidet sich eben zum Weggehen an.* KATHARINA *tritt auf, nachdem sie draußen angeklopft hat.*

KATHARINA Guten Abend, Fräulein Christin'.

CHRISTINE *die vor dem Spiegel steht, wendet sich um* Guten Abend.

KATHARINA Sie wollen grad weggehn?

CHRISTINE Ich hab's nicht so eilig.

KATHARINA Ich komm' nämlich von meinem Mann, ob Sie mit uns nachtmahlen gehen wollen in' Lehnergarten, weil heut dort Musik ist.

CHRISTINE Danke sehr, Frau Binder ... ich kann heut nicht ... ein anderes Mal, ja? – Aber Sie sind nicht bös'?

KATHARINA Keine Spur ... warum denn? Sie werden sich schon besser unterhalten können als mit uns.

CHRISTINE *Blick.*

KATHARINA Der Vater ist schon im Theater? ...

CHRISTINE O nein; er kommt noch früher nach Haus. Jetzt fangt's ja erst um halb acht an!

KATHARINA Richtig, das vergess' ich alleweil. Da werd' ich gleich auf ihn warten, weil ich ihn schon lang bitten möcht' wegen Freikarten zu dem neuen Stück ... Jetzt wird man s' doch schon kriegen? ...

CHRISTINE Freilich ... es geht ja jetzt keiner mehr hinein, wenn einmal die Abende so schön werden.

KATHARINA Unsereins kommt ja sonst gar nicht dazu ... wenn man nicht zufällig Bekannte bei einem Theater hat ... Aber halten Sie sich meinetwegen nicht auf, Fräulein Christin', wenn Sie wegmüssen. Meinem Mann wird's freilich sehr leid sein ... und noch wem andern auch ...

CHRISTINE Wem?

KATHARINA Der Cousin von Binder ist mit, natürlich ... Wissen Sie, Fräulein Christin', daß er jetzt fix angestellt ist?

CHRISTINE *gleichgültig* Ah. –

KATHARINA Und mit einem ganz schönen Gehalt. Und so ein honetter junger Mensch. Und eine Verehrung hat er für Sie –

CHRISTINE Also – auf Wiedersehen, Frau Binder.

KATHARINA Dem könnt' man von Ihnen erzählen, was man will – der möcht' kein Wort glauben ...

CHRISTINE *Blick.*

KATHARINA Es gibt schon solche Männer ...

CHRISTINE Adieu, Frau Binder.

KATHARINA Adieu ... *nicht zu boshaft im Ton* Daß Sie nur zum Rendezvous nicht zu spät kommen, Fräul'n Christin'!

CHRISTINE Was wollen Sie eigentlich von mir? –

KATHARINA Aber nichts, Sie haben ja recht! Man ist ja nur einmal jung.

CHRISTINE Adieu.

KATHARINA Aber einen Rat, Fräulein Christin', möcht' ich Ihnen doch geben: Ein bissel vorsichtiger sollten Sie sein!

CHRISTINE Was heißt denn das?

KATHARINA Schaun Sie – Wien ist ja eine so große Stadt ... Müssen Sie sich Ihre Rendezvous grad hundert Schritt weit vom Haus geben?

CHRISTINE Das geht wohl niemanden was an.

KATHARINA Ich hab's gar nicht glauben wollen, wie mir's der Binder erzählt hat. Der hat Sie nämlich gesehn ... Geh, hab' ich ihm gesagt, du wirst dich verschaut haben. Das Fräulein Christin', die ist keine Person, die mit eleganten jungen Herren am Abend spazieren geht, und wenn schon, so wird 's doch so gescheit sein, und nicht grad in unserer Gassen! Na, sagt er, kannst sie ja selber fragen! Und, sagt er, ein Wunder ist's ja nicht – zu uns kommt sie gar nimmermehr, aber dafür läuft sie in einer Tour mit der Schlager Mizi herum, ist das eine Gesellschaft für ein anständiges junges Mädel? – Die Männer sind ja so ordinär, Fräul'n Christin'! – Und dem Franz hat er's natürlich auch gleich erzählen müssen, aber der ist schön bös' worden, – und für die Fräul'n Christin' legt er die Hand ins Feuer, und wer was über sie sagt, der hat's mit ihm zu tun. Und wie Sie so für's Häusliche sind und wie lieb Sie alleweil mit der alten Fräul'n Tant' gewesen sind – Gott schenk' ihr die ewige Ruh' – und wie bescheiden und wie eingezogen als Sie leben und so weiter ... *Pause* Vielleicht kommen S' doch mit zur Musik?

CHRISTINE Nein ...

KATHARINA, CHRISTINE, WEIRING *tritt auf. Er hat einen Fliederzweig in der Hand.*

WEIRING Guten Abend ... Ah, die Frau Binder. Wie geht's Ihnen denn?

KATHARINA Dank' schön.

WEIRING Und das Linerl? – Und der Herr Gemahl? . . .

KATHARINA Alles gesund, Gott sei Dank.

WEIRING Na, das ist schön. – *Zu Christine* Du bist noch zu Haus bei dem schönen Wetter –?

CHRISTINE Grad hab' ich fortgehn wollen.

WEIRING Das ist gescheit! – Eine Luft ist heut draußen, was, Frau Binder, das ist was Wunderbars. Ich bin jetzt durch den Garten bei der Linie gegangen – da blüht der Flieder – es ist eine Pracht! Ich hab' mich auch einer Übertretung schuldig gemacht! *Gibt den Fliederzweig der Christine.*

CHRISTINE Dank' dir, Vater.

KATHARINA Sein S' froh, daß Sie der Wächter nicht erwischt hat.

WEIRING Gehn S' einmal hin, Frau Binder – es riecht noch genau so gut dort, als wenn ich das Zweigerl nicht abgepflückt hätt'.

KATHARINA Wenn sich das aber alle dächten –

WEIRING Das wär' freilich g'fehlt!

CHRISTINE Adieu, Vater!

WEIRING Wenn du ein paar Minuten warten möchtest, so könntest du mich zum Theater hinbegleiten.

CHRISTINE Ich . . . ich hab' der Mizi versprochen, daß ich sie abhol' . . .

WEIRING Ah so. – Ist auch gescheiter. Jugend gehört zur Jugend. Adieu, Christin' . . .

CHRISTINE *küßt ihn. Dann* Adieu, Frau Binder! – *Ab; Weiring sieht ihr zärtlich nach.*

KATHARINA, WEIRING

KATHARINA Das ist ja jetzt eine sehr intime Freundschaft mit der Fräul'n Mizi.

WEIRING Ja. – Ich bin wirklich froh, daß die Tini eine Ansprach' hat und nicht in einem fort zu Hause sitzt. Was hat denn das Mädel eigentlich von ihrem Leben! . . .

KATHARINA Ja freilich.

WEIRING Ich kann Ihnen gar nicht sagen, Frau Binder, wie weh mir's manchmal tut, wenn ich so nach Haus komm', von der Prob' – und sie sitzt da und näht – und Nachmittag, kaum stehn wir vom Tisch auf, so setzt sie sich schon wieder hin und schreibt ihre Noten . . .

KATHARINA Na ja, die Millionäre haben's freilich besser wie unsereins. Aber was ist denn eigentlich mit ihrem Singen? –

WEIRING Das heißt nicht viel. Für's Zimmer reicht die Stimme ja aus, und für ihren Vater singt sie schön genug – aber leben kann man davon nicht.

KATHARINA Das ist aber schad'.

WEIRING Ich bin froh, daß sie's selber einsieht. Werden ihr wenigstens die Enttäuschungen erspart bleiben. – Zum Chor von unserm Theater könnt' ich sie natürlich bringen –

KATHARINA Freilich, mit der Figur!

WEIRING Aber da sind ja gar keine Aussichten.

KATHARINA Man hat wirklich Sorgen mit einem Mädel! Wenn ich denk', daß meine Linerl in fünf, sechs Jahren auch eine große Fräul'n ist –

WEIRING Aber was setzen Sie sich denn nicht, Frau Binder?

KATHARINA Oh, ich dank' schön, mein Mann holt mich gleich ab – ich bin ja nur heraufgekommen, die Christin' einladen...

WEIRING Einladen –?

KATHARINA Ja, zur Musik im Lehnergarten. Ich hab' mir auch gedacht, daß sie das ein bissel aufheitern wird – sie braucht's ja wirklich.

WEIRING Könnt' ihr wahrhaftig nicht schaden – besonders nach dem traurigen Winter. Warum geht sie denn nicht mit Ihnen –?

KATHARINA Ich weiß nicht . . . Vielleicht weil der Cousin vom Binder mit ist.

WEIRING Ah, schon möglich. Den kann s' nämlich nicht ausstehn. Das hat sie mir selber erzählt.

KATHARINA Ja warum denn nicht? Der Franz ist ein sehr anständiger Mensch – jetzt ist er sogar fix angestellt, das ist doch heutzutag ein Glück für ein . . .

WEIRING Für ein . . . armes Mädel –

KATHARINA Für ein jedes Mädel ist das ein Glück.

WEIRING Ja, sagen Sie mir, Frau Binder, ist denn so ein blühendes Geschöpf wirklich zu nichts anderem da, als für so einen anständigen Menschen, der zufällig eine fixe Anstellung hat?

KATHARINA Ist doch das Gescheiteste! Auf einen Grafen kann man ja doch nicht warten, und wenn einmal einer kommt, so empfiehlt er sich dann gewöhnlich, ohne daß er einen geheiratet hat . . . *Weiring ist beim Fenster. Pause* Na ja . . . Deswegen sag' ich auch immer, man kann bei einem jungen Mädel nicht vorsichtig genug sein – besonders mit dem Umgang –

WEIRING Ob's nur dafür steht, seine jungen Jahre so einfach zum Fenster hinauszuwerfen? – Und was hat denn so ein armes Geschöpf schließlich von ihrer ganzen Bravheit, wenn schon – nach jahrelangem Warten – richtig der Strumpfwirker kommt!

KATHARINA Herr Weiring, wenn mein Mann auch ein Strumpfwirker ist, er ist ein honetter und ein braver Mann, über den ich mich nie zu beklagen gehabt hab' ...

WEIRING *begütigend* Aber, Frau Binder – geht denn das auf Sie! ... Sie haben ja auch Ihre Jugend nicht zum Fenster hinausgeworfen.

KATHARINA Ich weiß von der Zeit nichts mehr.

WEIRING Sagen S' das nicht – Sie können mir jetzt erzählen, was Sie wollen – die Erinnerungen sind doch das Beste, was Sie von Ihrem Leben haben.

KATHARINA Ich hab' gar keine Erinnerungen.

WEIRING Na, na ...

KATHARINA Und was bleibt denn übrig, wenn eine schon solche Erinnerungen hat, wie Sie meinen? ... Die Reu'.

WEIRING Na, und was bleibt denn übrig – wenn sie – nicht einmal was zum Erinnern hat –? Wenn das ganze Leben nur so vorbeigegangen ist *sehr einfach, nicht pathetisch* ein Tag wie der andere, ohne Glück und ohne Liebe – dann ist's vielleicht besser?

KATHARINA Aber, Herr Weiring, denken Sie doch nur an das alte Fräul'n – an Ihre Schwester! ... Aber es tut Ihnen noch weh, wenn man von ihr redt, Herr Weiring ...

WEIRING Es tut mir noch weh, ja ...

KATHARINA Freilich ... wenn zwei Leut' so aneinander gehängt haben ... ich hab's immer gesagt, so einen Bruder wie Sie findt man nicht bald.

WEIRING *abwehrende Bewegung.*

KATHARINA Es ist ja wahr. Sie haben ihr doch als ein ganz junger Mensch Vater und Mutter ersetzen müssen.

WEIRING Ja, ja –

KATHARINA Das muß ja doch wieder eine Art Trost sein. Wenn man so weiß, daß man immer der Wohltäter und Beschützer von so einem armen Geschöpf gewesen ist –

WEIRING Ja, das hab' ich mir früher auch eingebildet, – wie sie noch ein schönes junges Mädel war, – und bin mir selber weiß

Gott wie gescheit und edel vorgekommen. Aber dann, später, wie so langsam die grauen Haar' gekommen sind und die Runzeln, und es ist ein Tag um den andern hingegangen – und die ganze Jugend – und das junge Mädel ist so allmählich – man merkt ja so was kaum – das alte Fräulein geworden, – da hab' ich erst zu spüren angefangen, was ich eigentlich getan hab'!

KATHARINA Aber Herr Weiring –

WEIRING Ich seh' sie ja noch vor mir, wie sie mir oft gegenübergesessen ist am Abend, bei der Lampe, in dem Zimmer da, und hat mich so angeschaut mit ihrem stillen Lächeln, mit dem gewissen gottergebenen, – als wollt' sie mir noch für was danken; – und ich – ich hätt' mich ja am liebsten vor ihr auf die Kniee hingeworfen, sie um Verzeihung bitten, daß ich sie so gut behütet hab' vor allen Gefahren – und vor allem Glück! *Pause.*

KATHARINA Und es wär' doch manche froh, wenn sie immer so einen Bruder an der Seite gehabt hätt' ... und nichts zu bereuen ...

KATHARINA, WEIRING, MIZI *tritt ein.*

MIZI Guten Abend! ... Da ist aber schon ganz dunkel ... man sieht ja gar nicht mehr. – Ah, die Frau Binder. Ihr Mann ist unten, Frau Binder, und wart' auf Sie ... Ist die Christin' nicht zu Haus? ...

WEIRING Sie ist vor einer Viertelstunde weggegangen.

KATHARINA Haben Sie sie denn nicht getroffen? Sie hat ja mit Ihnen ein Rendezvous gehabt?

MIZI Nein ... wir haben uns jedenfalls verfehlt ... Sie gehn mit Ihrem Mann zur Musik, hat er mir gesagt –?

KATHARINA Ja, er schwärmt so viel dafür. Aber hören Sie, Fräulein Mizi, Sie haben ein reizendes Hüterl auf. Neu, was?

MIZI Aber keine Spur. – Kennen Sie denn die Form nimmer? Vom vorigen Frühjahr; nur aufgeputzt ist er neu.

KATHARINA Selber haben Sie sich ihn neu aufgeputzt?

MIZI Na, freilich.

WEIRING So geschickt!

KATHARINA Natürlich – ich vergess' immer, daß Sie ein Jahr lang in einem Modistengeschäft waren.

MIZI Ich werd' wahrscheinlich wieder in eins gehn. Die Mutter will's haben – da kann man nichts machen.

KATHARINA Wie geht's denn der Mutter?

MIZI Na gut – ein bissel Zahnweh hat s' – aber der Doktor sagt, es ist nur rheumatisch ...

WEIRING Ja, jetzt ist es aber für mich die höchste Zeit ...

KATHARINA Ich geh' gleich mit Ihnen hinunter, Herr Weiring...

MIZI Ich geh' auch mit ... Aber nehmen Sie sich doch den Überzieher, Herr Weiring, es wird später noch recht kühl.

WEIRING Glauben Sie?

KATHARINA Freilich ... Wie kann man denn so unvorsichtig sein.

VORIGE – CHRISTINE

MIZI Da ist sie ja ...

KATHARINA Schon zurück vom Spaziergang?

CHRISTINE Ja. Grüß' dich Gott, Mizi ... Ich hab' so Kopfweh ... *Setzt sich.*

WEIRING Wie? ...

KATHARINA Das ist wahrscheinlich von der Luft ...

WEIRING Geh, was hast denn, Christin'! ... Bitt' Sie, Fräulein Mizi, zünden S' die Lampe an.

MIZI *macht sich bereit.*

CHRISTINE Aber das kann ich ja selber.

WEIRING Ich möcht' dein Gesicht sehn, Christin'! ...

CHRISTINE Aber Vater, es ist ja gar nichts, es ist gewiß von der Luft draußen.

KATHARINA Manche Leut' können grad das Frühjahr nicht vertragen.

WEIRING Nicht wahr, Fräulein Mizi, Sie bleiben noch bei der Christin'?

MIZI Freilich bleib' ich da ...

CHRISTINE Aber es ist ja gar nichts, Vater.

MIZI Meine Mutter macht nicht so viel Geschichten mit mir, wenn ich Kopfweh hab' ...

WEIRING *zu Christine, die noch sitzt* Bist du so müd'? ...

CHRISTINE *vom Sessel aufstehend* Ich steh' schon wieder auf. *Lächelnd.*

WEIRING So – jetzt schaust du schon wieder ganz anders aus. – *Zu Katharina* Ganz anders schaut sie aus, wenn sie lacht, was ...? Also Adieu, Christin' ... *Küßt sie.* Und daß das Kopferl nimmer weh tut, wenn ich nach Haus komm'! ... *Ist bei der Tür.*

KATHARINA *leise zu Christine* Habt's Ihr euch gezankt?

Unwillige Bewegung Christinens.

WEIRING *bei der Tür* Frau Binder . . .!

MIZI Adieu! . . .

Weiring und Katharina ab.

MIZI, CHRISTINE

MIZI Weißt, woher die Kopfweh kommen? Von dem süßen Wein gestern. Ich wunder' mich so, daß ich gar nichts davon gespürt hab' . . . Aber lustig ist's gewesen, was . . .?

CHRISTINE *nickt.*

MIZI Sind sehr fesche Leut', beide – kann man gar nichts sagen, was? – Und schön eingerichtet ist der Fritz, wirklich, prachtvoll! Beim Dori . . . *unterbricht sich* Ah nichts . . . – Geh, hast noch immer so starke Kopfschmerzen? Warum redst denn nichts? . . . Was hast denn? . . .

CHRISTINE Denk' dir, – er ist nicht gekommen.

MIZI Er hat dich aufsitzen lassen? Das geschieht dir recht!

CHRISTINE Ja, was heißt denn das? Was hab' ich denn getan? –

MIZI Verwöhnen tust du ihn, zu gut bist du zu ihm. Da muß ja ein Mann arrogant werden.

CHRISTINE Aber du weißt ja nicht, was du sprichst.

MIZI Ich weiß ganz gut, was ich red'. – Schon die ganze Zeit ärger' ich mich über dich. Er kommt zu spät zu den Rendezvous, er begleit' dich nicht nach Haus, er setzt sich zu fremden Leuten in die Log' hinein, er läßt dich einfach aufsitzen – das läßt du dir alles ruhig gefallen und schaust ihn noch dazu *sie parodierend* mit so verliebten Augen an. –

CHRISTINE Geh, sprich nicht so, stell' dich doch nicht schlechter als du bist. Du hast ja den Theodor auch gern.

MIZI Gern – freilich hab' ich ihn gern. Aber das erlebt der Dori nicht, und das erlebt überhaupt kein Mann mehr, daß ich mich um ihn kränken tät' – das sind sie alle zusamm' nicht wert, die Männer.

CHRISTINE Nie hab' ich dich so reden gehört, nie! –

MIZI Ja, Tinerl – früher haben wir doch überhaupt nicht so miteinander geredt. – Ich hab' mich ja gar nicht getraut. Was glaubst denn, was ich für einen Respekt vor dir gehabt hab'! . . . Aber siehst, das hab' ich mir immer gedacht: Wenn's einmal über dich kommt, wird's dich ordentlich haben. Das erste Mal beutelt's einen schon zusammen! – Aber dafür kannst du auch froh sein, daß du bei deiner ersten Liebe gleich eine so gute Freundin zum Beistand hast.

CHRISTINE Mizi!

MIZI Glaubst mir's nicht, daß ich dir eine gute Freundin bin? Wenn ich nicht da bin und dir sag': Kind, er ist ein Mann wie die andern und alle zusammen sind's nicht eine böse Stund' wert, so setzt du dir weiß Gott was für Sachen in den Kopf. Ich sag's aber immer! Den Männern soll man überhaupt kein Wort glauben.

CHRISTINE Was redst du denn – die Männer, die Männer – was gehn mich denn die Männer an! – Ich frag' ja nicht nach den anderen. – In meinem ganzen Leben werd' ich nach keinem andern fragen!

MIZI ... Ja, was glaubst du denn eigentlich ... hat er dir denn ...? Freilich – es ist schon alles vorgekommen; aber da hättest du die Geschichte anders anfangen müssen ...

CHRISTINE Schweig endlich!

MIZI Na, was willst denn von mir? Ich kann ja nichts dafür, – das muß man sich früher überlegen. Da muß man halt warten, bis einer kommt, dem man die ernsten Absichten gleich am Gesicht ankennt ...

CHRISTINE Mizi, ich kann solche Worte heute nicht vertragen, sie tun mir weh. –

MIZI *gutmütig* Na, geh –

CHRISTINE Laß mich lieber ... sei nicht bös' ... laß mich lieber allein!

MIZI Warum soll ich denn bös' sein? Ich geh' schon. Ich hab' dich nicht kränken wollen, Christin', wirklich ... *wie sie sich zum Gehen wendet* Ah, der Herr Fritz.

VORIGE – FRITZ *ist eingetreten.*

FRITZ Guten Abend!

CHRISTINE *aufjubelnd* Fritz, Fritz! *Ihm entgegen, in seine Arme.*

MIZI *schleicht sich hinaus, mit einer Miene, die ausdrückt: Da bin ich überflüssig.*

FRITZ *sich losmachend* Aber –

CHRISTINE Alle sagen, daß du mich verlassen wirst! Nicht wahr, du tust es nicht – jetzt noch nicht – jetzt noch nicht ...

FRITZ Wer sagt denn das? ... Was hast du denn ... *sie streichelnd*

Aber Schatz! ... Ich hab' mir eigentlich gedacht, daß du recht erschrecken wirst, wenn ich plötzlich da hereinkomme. –

CHRISTINE Oh – daß du nur da bist!

FRITZ Geh, so beruhig' dich doch – hast du lang auf mich gewartet?

CHRISTINE Warum bist du denn nicht gekommen?

FRITZ Ich bin aufgehalten worden, hab' mich verspätet. Jetzt bin ich im Garten gewesen und hab' dich nicht gefunden – und hab' wieder nach Haus gehen wollen. Aber plötzlich hat mich eine solche Sehnsucht gepackt, eine solche Sehnsucht nach diesem lieben süßen Gesichtel ...

CHRISTINE *glücklich* Is' wahr?

FRITZ Und dann hab' ich auch plötzlich eine so unbeschreibliche Lust bekommen zu sehen, wo du eigentlich wohnst – ja im Ernst – ich hab' das einmal sehen m ü s s e n – und da hab' ich's nicht ausgehalten und bin da herauf ... es ist dir also nicht unangenehm?

CHRISTINE O Gott!

FRITZ Es hat mich niemand gesehn – und daß dein Vater im Theater ist, hab' ich ja gewußt.

CHRISTINE Was liegt mir an den Leuten!

FRITZ Also da –? *Sieht sich im Zimmer um* Das also ist dein Zimmer? Sehr hübsch ...

CHRISTINE Du siehst ja gar nichts. *Will den Schirm von der Lampe nehmen.*

FRITZ Nein, laß nur, das blendet mich, ist besser so ... Also da? Das ist das Fenster, von dem du mir erzählt hast, an dem du immer arbeitest, was? – Und die schöne Aussicht! *Lächelnd* Über wieviel Dächer man da sieht ... Und da drüben – ja, was ist denn das, das Schwarze, das man da drüben sieht?

CHRISTINE Das ist der Kahlenberg!

FRITZ Richtig! Du hast's eigentlich schöner als ich.

CHRISTINE Oh!

FRITZ Ich möchte gern so hoch wohnen, über alle Dächer sehn, ich finde das sehr schön. Und auch still muß es in der Gasse sein?

CHRISTINE Ach, bei Tag ist Lärm genug.

FRITZ Fährt denn da je ein Wagen vorbei?

CHRISTINE Selten, aber gleich im Haus drüben ist eine Schlosserei.

FRITZ O, das ist sehr unangenehm. *Er hat sich niedergesetzt.*

CHRISTINE Das gewöhnt man! Man hört's gar nicht mehr.

FRITZ *steht rasch wieder auf* Bin ich wirklich zum erstenmal da –? Es kommt mir alles so bekannt vor! . . . Genau so hab' ich mir's eigentlich vorgestellt. *Wie er Miene macht, sich näher im Zimmer umzusehen:*

CHRISTINE Nein, anschaun darfst du dir da nichts. –

FRITZ Was sind denn das für Bilder? . . .

CHRISTINE Geh! . . .

FRITZ Ah, die möcht' ich mir ansehn. *Er nimmt die Lampe und beleuchtet die Bilder.*

CHRISTINE . . . Abschied – und Heimkehr!

FRITZ Richtig – Abschied und Heimkehr!

CHRISTINE Ich weiß schon, daß die Bilder nicht schön sind. – Beim Vater drin hängt eins, das ist viel besser.

FRITZ Was ist das für ein Bild?

CHRISTINE Das ist ein Mädel, die schaut zum Fenster hinaus, und draußen, weißt, ist der Winter – und das heißt »Verlassen«. –

FRITZ So . . . *stellt die Lampe hin* Ah, und da ist deine Bibliothek. *Setzt sich neben die kleine Bücherstellage.*

CHRISTINE Die schau' dir lieber nicht an – –

FRITZ Warum denn? Ah! – Schiller . . . Hauff . . . Das Konversationslexikon . . . Donnerwetter! –

CHRISTINE Geht nur bis zum G . . .

FRITZ *lächelnd* Ach so . . . Das Buch für Alle . . . Da schaust du dir die Bilder drin an, was?

CHRISTINE Natürlich hab' ich mir die Bilder angeschaut.

FRITZ *noch sitzend* – Wer ist denn der Herr da auf dem Ofen?

CHRISTINE *belehrend* Das ist doch der Schubert.

FRITZ *aufstehend* Richtig –

CHRISTINE Weil ihn der Vater so gern hat. Der Vater hat früher auch einmal Lieder komponiert, sehr schöne.

FRITZ Jetzt nimmer?

CHRISTINE Jetzt nimmer. *Pause.*

FRITZ *setzt sich* So gemütlich ist es da! –

CHRISTINE Gefällt's dir wirklich?

FRITZ Sehr . . . Was ist denn das? *Nimmt eine Vase mit Kunstblumen, die auf dem Tisch steht.*

CHRISTINE Er hat schon wieder was gefunden! . . .

FRITZ Nein, Kind, das gehört nicht da herein . . . das sieht verstaubt aus.

CHRISTINE Die sind aber gewiß nicht verstaubt.

FRITZ Künstliche Blumen sehen immer verstaubt aus ... In deinem Zimmer müssen wirkliche Blumen stehn, die duften und frisch sind. Von jetzt an werde ich dir ... *unterbricht sich, wendet sich ab, um seine Bewegung zu verbergen.*

CHRISTINE Was denn? ... Was wolltest du denn sagen?

FRITZ Nichts, nichts ...

CHRISTINE *steht auf, zärtlich* Was? –

FRITZ Daß ich dir morgen frische Blumen schicken werde, hab' ich sagen wollen ...

CHRISTINE Na, und reut's dich schon? – Natürlich! Morgen denkst du ja nicht mehr an mich.

FRITZ *abwehrende Bewegung.*

CHRISTINE Gewiß, wenn du mich nicht siehst, denkst du nicht an mich.

FRITZ Aber was redst du denn?

CHRISTINE O ja, ich weiß es. Ich spür's ja.

FRITZ Wie kannst du dir das nur einbilden.

CHRISTINE Du selbst bist schuld daran. Weil du immer Geheimnisse vor mir hast! ... Weil du mir gar nichts von dir erzählst. – Was tust du so den ganzen Tag?

FRITZ Aber Schatz, das ist ja sehr einfach. Ich geh' in Vorlesungen – zuweilen – dann geh' ich ins Kaffeehaus ... dann les' ich ... manchmal spiel' ich auch Klavier – dann plauder' ich mit dem oder jenem – dann mach' ich Besuche ... das ist doch alles ganz belanglos. Es ist ja langweilig, davon zu reden. – Jetzt muß ich übrigens gehn, Kind ...

CHRISTINE Jetzt schon –

FRITZ Dein Vater wird ja bald da sein.

CHRISTINE Noch lange nicht, Fritz. – Bleib noch – eine Minute – bleib noch –

FRITZ Und dann hab' ich ... der Theodor erwartet mich ... ich hab' mit ihm noch was zu sprechen.

CHRISTINE Heut?

FRITZ Gewiß heut.

CHRISTINE Wirst ihn morgen auch sehn!

FRITZ Ich bin morgen vielleicht gar nicht in Wien.

CHRISTINE Nicht in Wien? –

FRITZ *ihre Ängstlichkeit bemerkend, ruhig – heiter* Nun ja, das kommt ja vor? Ich fahr' übern Tag weg – oder auch über zwei, du Kind. –

CHRISTINE Wohin?

FRITZ Wohin! . . . Irgendwohin – Ach Gott, so mach' doch kein solches Gesicht . . . Aufs Gut fahr' ich zu meinen Eltern . . . na, . . . ist das auch unheimlich?

CHRISTINE Auch von denen, schau', erzählst du mir nie!

FRITZ Nein, was du für ein Kind bist . . . Du verstehst gar nicht, wie schön das ist, daß wir so vollkommen mit uns allein sind. Sag', spürst du denn das nicht?

CHRISTINE Nein, es ist gar nicht schön, daß du mir nie etwas von dir erzählst . . . Schau', mich interessiert ja alles, was dich angeht, ach ja . . . alles, – ich möcht' mehr von dir haben als die eine Stunde am Abend, die wir manchmal beisammen sind. Dann bist du ja wieder fort, und ich weiß gar nichts . . . Da geht dann die ganze Nacht vorüber und ein ganzer Tag mit den vielen Stunden – und nichts weiß ich. Darüber bin ich oft so traurig.

FRITZ Warum bist du denn da traurig?

CHRISTINE Ja, weil ich dann so eine Sehnsucht nach dir hab', als wenn du gar nicht in derselben Stadt, als wenn du ganz wo anders wärst! Wie verschwunden bist du da für mich, so weit weg . . .

FRITZ *etwas ungeduldig* Aber . . .

CHRISTINE Na schau', es ist ja wahr! . . .

FRITZ Komm daher, zu mir *sie ist bei ihm* Du weißt ja doch nur eins, wie ich – daß du mich in diesem Augenblicke liebst . . . *Wie sie reden will* Sprich nicht von Ewigkeit. *Mehr für sich* Es gibt ja vielleicht Augenblicke, die einen Duft von Ewigkeit um sich sprühen. – . . . Das ist die einzige, die wir verstehen können, die einzige, die uns gehört . . . *Er küßt sie. – Pause. – Er steht auf. – Ausbrechend* O, wie schön ist es bei dir, wie schön! . . . *Er steht beim Fenster* So weltfern ist man da, mitten unter den vielen Häusern . . . so einsam komm' ich mir vor, so mit dir allein . . . *leise* so geborgen . . .

CHRISTINE Wenn du immer so sprächst . . . da könnt' ich fast glauben . . .

FRITZ Was denn, Kind?

CHRISTINE Daß du mich so lieb hast, wie ich's mir geträumt hab' – an dem Tag, wo du mir den ersten Kuß gegeben hast . . . erinnerst du dich daran?

FRITZ *leidenschaftlich* Ich hab' dich lieb! – *Er umarmt sie; reißt sich los* Aber jetzt laß mich fort –

CHRISTINE Reut's dich denn schon wieder, daß du mir's gesagt hast? Du bist ja frei, du bist ja frei – du kannst mich ja sitzen lassen, wann du willst, ... Du hast mir nichts versprochen – und ich hab' nichts von dir verlangt ... Was dann aus mir wird – es ist ja ganz einerlei – ich bin doch einmal glücklich gewesen, mehr will ich ja vom Leben nicht. Ich möchte nur, daß du das weißt und mir glaubst: Daß ich keinen lieb gehabt vor dir, und daß ich keinen lieb haben werde – wenn du mich einmal nimmer willst –

FRITZ *mehr für sich* Sag's nicht, sag's nicht – es klingt ... zu schön ...

Es klopft.

FRITZ *schrickt zusammen* Es wird Theodor sein ...

CHRISTINE *betroffen* Er weiß, daß du bei mir bist –?

CHRISTINE, FRITZ, THEODOR *tritt ein.*

THEODOR Guten Abend. – Unverschämt, was?

CHRISTINE Haben Sie so wichtige Dinge mit ihm zu besprechen?

THEODOR Gewiß – und hab' ihn schon überall gesucht.

FRITZ *leise* Warum hast du nicht unten gewartet?

CHRISTINE Was flüsterst du ihm zu?

THEODOR *absichtlich laut* Warum ich nicht unten gewartet habe? ... Ja, wenn ich bestimmt gewußt hätte, daß du da bist ... Aber da ich das nicht habe riskieren können, unten zwei Stunden auf und ab zu spazieren ...

FRITZ *mit Beziehung* Also ... du fährst morgen mit mir?

THEODOR *verstehend* Stimmt ...

FRITZ Das ist gescheit ...

THEODOR Ich bin aber so gerannt, daß ich um die Erlaubnis bitten muß, mich auf zehn Sekunden niederzusetzen.

CHRISTINE Bitte sehr – *macht sich beim Fenster zu schaffen.*

FRITZ *leise* Gibt's was Neues? – Hast du etwas über sie erfahren?

THEODOR *leise zu Fritz* Nein. Ich hol' dich nur da herunter, weil du leichtsinnig bist. Wozu noch diese überflüssigen Aufregungen? Schlafen sollst du dich legen ... Ruhe brauchst du! ... *Christine wieder bei ihnen.*

FRITZ Sag', findest du das Zimmer nicht wunderlieb?

THEODOR Ja, es ist sehr nett ... *Zu Christine* Stecken Sie den ganzen Tag da zu Haus? – Es ist übrigens wirklich sehr wohnlich. Ein bißchen hoch für meinen Geschmack.

FRITZ Das find' ich grad so hübsch.

THEODOR Aber jetzt entführ' ich Ihnen den Fritz, wir müssen morgen früh aufstehn.

CHRISTINE Also du fährst wirklich weg?

THEODOR Er kommt wieder, Fräulein Christin'!

CHRISTINE Wirst du mir schreiben?

THEODOR Aber wenn er morgen wieder zurück ist –

CHRISTINE Ach, ich weiß, er fährt auf länger fort . . .

FRITZ *zuckt zusammen.*

THEODOR *der es bemerkt* Muß man denn da gleich schreiben? Ich hätte Sie gar nicht für so sentimental gehalten . . . Dich will ich sagen – wir sind ja per Du . . . Also . . . gebt euch nur den Abschiedskuß, da ihr auf so lang . . . *unterbricht sich* Na, ich bin nicht da.

Fritz und Christine küssen einander.

THEODOR *nimmt eine Zigarettentasche hervor und steckt eine Zigarette in den Mund, sucht in seiner Überziehertasche nach einem Streichholz. Wie er keines findet* Sagen Sie, liebe Christine, haben Sie kein Zündholz?

CHRISTINE O ja, da sind welche! *Auf ein Feuerzeug auf der Kommode deutend.*

THEODOR Da ist keins mehr. –

CHRISTINE Ich bring' Ihnen eins. *Läuft rasch ins Nebenzimmer.*

FRITZ *ihr nachsehend, zu Theodor* O Gott, wie lügen solche Stunden!

THEODOR Na, was für Stunden denn!

FRITZ Jetzt bin ich nahe dran zu glauben, daß hier mein Glück wäre, daß dieses süße Mädel – *er unterbricht sich* aber diese Stunde ist eine große Lügnerin . . .

THEODOR Abgeschmacktes Zeug . . . Wie wirst du darüber lachen. –

FRITZ Dazu werd' ich wohl keine Zeit mehr haben.

CHRISTINE *kommt zurück mit Zündhölzchen* Hier haben Sie!

THEODOR Danke sehr . . . Also adieu. – *Zu Fritz* Na, was willst du denn noch? –

FRITZ *sieht im Zimmer hin und her, als wollte er noch einmal alles in sich aufnehmen* Da kann man sich kaum trennen.

CHRISTINE Geh, mach' dich nur lustig.

THEODOR *stark* Komm. – Adieu, Christine.

FRITZ Leb' wohl . . .

CHRISTINE Auf Wiedersehn! – *Theodor und Fritz gehen.*

CHRISTINE *bleibt beklommen stehen, dann geht sie bis zur Tür, die offen steht; halblaut* Fritz . . .

FRITZ *kommt noch einmal zurück und drückt sie an sein Herz* Leb' wohl! . . .

Vorhang

DRITTER AKT

Dasselbe Zimmer wie im vorigen. Es ist um die Mittagsstunde.

CHRISTINE *allein. Sie sitzt am Fenster; – näht; legt die Arbeit wieder hin.*
LINA, *die neunjährige Tochter Katharinens, tritt ein.*

LINA Guten Tag, Fräul'n Christin'!

CHRISTINE *sehr zerstreut* Grüß' dich Gott, mein Kind, was willst denn?

LINA Die Mutter schickt mich, ob ich die Karten fürs Theater gleich mitnehmen darf. –

CHRISTINE Der Vater ist noch nicht zu Haus, Kind; willst warten?

LINA Nein, Fräul'n Christin', da komm' ich nach dem Essen wieder her.

CHRISTINE Schön. –

LINA *schon gehend, wendet sich wieder um* Und die Mutter laßt das Fräulein Christin' schön grüßen, und ob's noch Kopfweh hat?

CHRISTINE Nein, mein Kind.

LINA Adieu, Fräul'n Christin'!

CHRISTINE Adieu! –

Wie Lina hinausgeht, ist Mizi an der Tür.

LINA Guten Tag, Fräul'n Mizi.

MIZI Servus, kleiner Fratz!

LINA *ab.*

CHRISTINE, MIZI

CHRISTINE *steht auf, wie Mizi kommt, ihr entgegen* Also sind sie zurück?

MIZI Woher soll ich denn das wissen?

CHRISTINE Und du hast keinen Brief, nichts –?

MIZI Nein.

CHRISTINE Auch du hast keinen Brief?

MIZI Was sollen wir uns denn schreiben?

CHRISTINE Seit vorgestern sind sie fort!

MIZI Na ja, das ist ja nicht so lang! Deswegen muß man ja nicht solche Geschichten machen. Ich versteh' dich gar nicht ... Wie du nur aussiehst. Du bist ja ganz verweint. Dein Vater muß dir ja was anmerken, wenn er nach Haus kommt.

CHRISTINE *einfach* Mein Vater weiß alles. –

MIZI *fast erschrocken* Was? –

CHRISTINE Ich hab' es ihm gesagt.

MIZI Das ist wieder einmal gescheit gewesen. Aber natürlich, dir sieht man ja auch gleich alles am Gesicht an. – Weiß er am End' auch, wer's ist?

CHRISTINE Ja.

MIZI Und hat er geschimpft?

CHRISTINE *schüttelt den Kopf.*

MIZI Also was hat er denn gesagt? –

CHRISTINE Nichts ... Er ist ganz still weggegangen, wie gewöhnlich. –

MIZI Und doch war's dumm, daß du was erzählt hast. Wirst schon sehn ... Weißt, warum dein Vater nichts darüber geredet hat –? Weil er sich denkt, daß der Fritz dich heiraten wird.

CHRISTINE Warum sprichst du denn davon!

MIZI Weißt du, was ich glaub'?

CHRISTINE Was denn?

MIZI Daß die ganze Geschicht' mit der Reise ein Schwindel ist.

CHRISTINE Was?

MIZI Sie sind vielleicht gar nicht fort.

CHRISTINE Sie sind fort – ich weiß es. – Gestern Abend bin ich an seinem Hause vorbei, die Jalousien sind heruntergelassen; er ist nicht da. –

MIZI Das glaub' ich schon. Weg werden sie ja sein. – Aber zurückkommen werden sie halt nicht – zu uns wenigstens nicht. –

CHRISTINE *angstvoll* Du –

MIZI Na, es ist doch möglich! –

CHRISTINE Das sagst du so ruhig –

MIZI Na ja – ob heut oder morgen – oder in einem halben Jahr, das kommt doch schon auf eins heraus.

CHRISTINE Du weißt ja nicht, was du sprichst ... Du kennst den Fritz nicht – er ist ja nicht so, wie du dir denkst, – neulich hab' ich's ja gesehn, wie er hier war, in dem Zimmer. Er stellt sich nur manchmal gleichgültig – aber er hat mich lieb ... *als würde sie Mizis Antwort erraten* – Ja, ja – nicht für immer, ich weiß ja – aber auf einmal hört ja das nicht auf –!

MIZI Ich kenn' ja den Fritz nicht so genau.

CHRISTINE Er kommt zurück, der Theodor kommt auch zurück, gewiß!

MIZI *Geste, die ausdrückt: ist mir ziemlich gleichgültig.*

CHRISTINE Mizi ... Tu mir was zulieb'.

MIZI Sei doch nicht gar so aufgeregt – also was willst denn?

CHRISTINE Geh du zum Theodor, es ist ja ganz nah, schaust halt vorüber ... Du fragst bei ihm im Haus, ob er schon da ist, und wenn er nicht da ist, wird man im Haus vielleicht wissen, wann er kommt.

MIZI Ich werd' doch einem Mann nicht nachlaufen.

CHRISTINE Er braucht's ja gar nicht zu erfahren. Vielleicht triffst ihn zufällig. Jetzt ist bald ein Uhr; – jetzt geht er grad zum Speisen –

MIZI Warum gehst denn du nicht, dich im Haus vom Fritz erkundigen?

CHRISTINE Ich trau' mich nicht – Er kann das so nicht leiden ... Und er ist ja sicher noch nicht da. Aber der Theodor ist vielleicht schon da und weiß, wann der Fritz kommt. Ich bitt' dich, Mizi!

MIZI Du bist manchmal so kindisch –

CHRISTINE Tu's mir zuliebe! Geh hin! Es ist ja doch nichts dabei.–

MIZI Na, wenn dir soviel daran liegt, so geh' ich ja hin. Aber nützen wird's nicht viel. Sie sind sicher noch nicht da.

CHRISTINE Und du kommst gleich zurück ... ja? ...

MIZI Na ja, soll die Mutter halt mit dem Essen ein bissel warten.

CHRISTINE Ich dank' dir, Mizi, du bist so gut ...

MIZI Freilich bin ich gut; – jetzt sei aber du vernünftig ... ja? ... also grüß' dich Gott!

CHRISTINE Ich dank' dir! –

MIZI *geht.*

CHRISTINE, *später* WEIRING

CHRISTINE *allein. Sie macht Ordnung im Zimmer. Sie legt das Nähzeug zusammen usw. Dann geht sie zum Fenster und sieht hinaus. Nach einer Minute kommt Weiring herein, den sie anfangs nicht sieht. Er ist in tiefer Erregung, betrachtet angstvoll seine Tochter, die am Fenster steht.*

WEIRING Sie weiß noch nichts, sie weiß noch nichts ... *Er bleibt an der Tür stehen und wagt keinen Schritt weiter zu machen.*

CHRISTINE *wendet sich um, bemerkt ihn, fährt zusammen.*

WEIRING *versucht zu lächeln. Er tritt weiter ins Zimmer herein* Na Christin' ... *als riefe er sie zu sich.*

CHRISTINE *auf ihn zu, als wollte sie vor ihm niedersinken.*

WEIRING *läßt es nicht zu* Also ... was glaubst du, Christin'? Wir *mit einem Entschluß* wir werden's halt vergessen, was? –

CHRISTINE *erhebt den Kopf.*

WEIRING Na ja ... ich – und du!

CHRISTINE Vater, hast du mich denn heut früh nicht verstanden? ...

WEIRING Ja, was willst denn, Christin'? ... Ich muß dir doch sagen, was ich drüber denk'! Nicht wahr? Na also ...

CHRISTINE Vater, was soll das bedeuten?

WEIRING Komm her, mein Kind ... hör' mir ruhig zu. Schau' ich hab' dir ja auch ruhig zugehört, wie du mir's erzählt hast. – Wir müssen ja –

CHRISTINE Ich bitt' dich, sprich nicht so zu mir, Vater ... wenn du jetzt darüber nachgedacht hast und einsiehst, daß du mir nicht verzeihen kannst, so jag' mich davon – aber sprich nicht so ...

WEIRING Hör' mich nur ruhig an, Christin'! Du kannst ja dann noch immer tun, was du willst ... Schau', du bist ja so jung, Christin'. – Hast denn noch nicht gedacht ... *sehr zögernd* daß das Ganze ein Irrtum sein könnt' –

CHRISTINE Warum sagst du mir das, Vater? – Ich weiß ja, was ich getan hab' – und ich verlang' ja auch nichts – von dir und von keinem Menschen auf der Welt, wenn's ein Irrtum gewesen ist ... Ich hab' dir ja gesagt, jag' mich davon, aber ...

WEIRING *sie unterbrechend* Wie kannst denn so reden ... Wenn's auch ein Irrtum war, ist denn da gleich eine Ursach' zum verzweifelt sein für so ein junges Geschöpf, wie du eins bist? – Denk' doch nur, wie schön, wie wunderschön das Leben ist. Denk' nur, an wie vielen Dingen man sich freuen kann, wie viel Jugend, wie viel Glück noch vor dir liegt ... Schau', ich hab' doch nicht mehr viel von der ganzen Welt, und sogar für mich ist das Leben noch schön – und auf so viel Sachen kann ich mich noch freuen. Wie du und ich zusammen sein werden

– wie wir uns das Leben einrichten wollen – du und ich ... wie du wieder – jetzt, wenn die schöne Zeit kommt, anfangen wirst zu singen, und wie wir dann, wenn die Ferien da sind, aufs Land hinausgehen werden ins Grüne, gleich auf den ganzen Tag – ja – oh, so viele schöne Sachen gibt's ... so viel. – Es ist ja unsinnig, gleich alles aufzugeben, weil man sein erstes Glück hingeben muß oder irgend was, das man dafür gehalten hat –

CHRISTINE *angstvoll* Warum ... muß ich's denn hingeben ...?

WEIRING War's denn eins? Glaubst denn wirklich, Christin', daß du's deinem Vater erst heut hast sagen müssen? Ich hab's längst gewußt! – Und auch, daß du mir's sagen wirst, hab' ich gewußt. Nein, nie war's ein Glück für dich! ... Kenn' ich denn die Augen nicht? Da wären nicht so oft Tränen drin gewesen und die Wangen da wären nicht so blaß geworden, wenn du einen lieb gehabt hättest, der's verdient.

CHRISTINE Wie kannst du das ... Was weißt du ... Was hast du erfahren?

WEIRING Nichts, gar nichts ... aber du hast mir ja selbst erzählt, was er ist ... So ein junger Mensch – Was weiß denn der? – Hat denn der nur eine Ahnung von dem, was ihm so in den Schoß fällt – weiß denn der den Unterschied von echt und unecht – und von deiner ganzen unsinnigen Lieb' – hat er denn von der was verstanden?

CHRISTINE *immer angstvoller* Du hast ihn ... – Du warst bei ihm?

WEIRING Aber was fällt dir denn ein! Er ist ja weggefahren, nicht? Aber Christin', ich hab' doch noch meinen Verstand, ich hab' ja meine Augen im Kopf! Schau', Kind, vergiß drauf! Vergiß drauf! Deine Zukunft liegt ja ganz wo anders! Du kannst, du wirst noch so glücklich werden, als du's verdienst. Du wirst auch einmal einen Menschen finden, der weiß, was er an dir hat –

CHRISTINE *ist zur Kommode geeilt, ihren Hut zu nehmen.*

Sehr rasch

WEIRING Was willst du denn? –

CHRISTINE Laß mich, ich will fort ...

WEIRING Wohin willst du?

CHRISTINE Zu ihm ... zu ihm ...

WEIRING Aber was fällt dir denn ein ...

CHRISTINE Du verschweigst mir irgend was – laß mich hin. –

WEIRING *sie fest zurückhaltend* So komm doch zur Besinnung, Kind. Er ist ja gar nicht da ... Er ist ja vielleicht auf sehr lange fortgereist ... Bleib doch bei mir, was willst du dort ... Morgen oder am Abend schon geh' ich mit dir hin. So kannst du ja nicht auf die Straße ... weißt du denn, wie du ausschaust ...

CHRISTINE Du willst mit mir hingehn –?

WEIRING Ich versprech' dir's. – Nur jetzt bleib schön da, setz' dich nieder und komm wieder zu dir. Man muß ja beinah lachen, wenn man dich so anschaut ... für nichts und wieder nichts. Hältst du's denn bei deinem Vater gar nimmer aus?

CHRISTINE Was weißt du?

WEIRING *immer ratloser* Was soll ich denn wissen ... ich weiß, daß ich dich lieb hab', daß du mein einziges Kind bist, daß du bei mir bleiben sollst – daß du immer bei mir hättest bleiben sollen –

CHRISTINE Genug – – – laß mich – *Sie reißt sich von ihm los, macht die Tür auf, in der Mizi erscheint.*

WEIRING, CHRISTINE, MIZI, *dann* THEODOR

MIZI *schreit leise auf, wie Christine ihr entgegenstürzt* Was erschreckst mich denn so ...

CHRISTINE *weicht zurück, wie sie Theodor sieht.*

THEODOR *in der Tür stehen bleibend, er ist schwarz gekleidet.*

CHRISTINE Was ... was ist denn ... *Sie erhält keine Antwort; sie sieht Theodor ins Gesicht, der ihren Blick vermeiden will.* Wo ist er, wo ist er? ... *In höchster Angst – sie erhält keine Antwort, sieht die verlegenen und traurigen Gesichter* Wo ist er? *Zu Theodor* So sprechen Sie doch!

THEODOR *versucht zu reden.*

CHRISTINE *sieht ihn groß an, sieht um sich, begreift den Ausdruck der Mienen und stößt, nachdem in ihrem Gesicht sich das allmähliche Verstehen der Wahrheit kundgegeben, einen furchtbaren Schrei aus* Theodor! ... Er ist ...

THEODOR *nickt.*

CHRISTINE *sie greift sich an die Stirn, sie begreift es nicht, sie geht auf Theodor zu, nimmt ihn beim Arm – wie wahnsinnig* ... Er ist ... tot ...? ... *als frage sie sich selbst.*

WEIRING Mein Kind –

CHRISTINE *wehrt ihn ab* So sprechen Sie doch, Theodor.

THEODOR Sie wissen alles.

CHRISTINE Ich weiß nichts ... Ich weiß nicht, was geschehen

ist ... glauben Sie ... ich kann jetzt nicht alles hören ... wie ist das gekommen ... Vater ... Theodor ... *zu Mizi* Du weißt's auch ...

THEODOR Ein unglücklicher Zufall –

CHRISTINE Was, was?

THEODOR Er ist gefallen.

CHRISTINE Was heißt das: Er ist ...

THEODOR Er ist im Duell gefallen.

CHRISTINE *Aufschrei* Ah! ... *Sie droht umzusinken, Weiring hält sie auf, gibt dem Theodor ein Zeichen, er möge jetzt gehen.*

CHRISTINE *merkt es, faßt Theodor* Bleiben Sie ... Alles muß ich wissen. Meinen Sie, Sie dürfen mir jetzt noch etwas verschweigen ...

THEODOR Was wollen Sie weiter wissen?

CHRISTINE Warum – warum hat er sich duelliert?

THEODOR Ich kenne den Grund nicht.

CHRISTINE Mit wem, mit wem –? Wer ihn umgebracht hat, das werden Sie ja doch wohl wissen? ... Nun, nun –

THEODOR Niemand, den Sie kennen ...

CHRISTINE Wer, wer?

MIZI Christin'!

CHRISTINE Wer? Sag' du mir's *zu Mizi* ... Du, Vater *keine Antwort. Sie will fort. Weiring hält sie zurück* Ich werde doch erfahren dürfen, wer ihn umgebracht hat, und wofür –!

THEODOR Es war ... ein nichtiger Grund ...

CHRISTINE Sie sagen nicht die Wahrheit ... Warum, warum ...

THEODOR Liebe Christine ...

CHRISTINE, *als wollte sie unterbrechen, geht sie auf ihn zu – spricht anfangs nicht, sieht ihn an und schreit dann plötzlich* Wegen einer Frau?

THEODOR Nein –

CHRISTINE Ja – für eine Frau... *zu Mizi gewendet* für diese Frau – für diese Frau, die er geliebt hat – Und ihr Mann – ja, ja, ihr Mann hat ihn umgebracht ... Und ich ... was bin denn ich? Was bin denn ich ihm gewesen ...? Theodor ... haben Sie denn gar nichts für mich ... hat er nichts niedergeschrieben ...? Hat er Ihnen kein Wort für mich gesagt ...? Haben Sie nichts gefunden ... einen Brief ... einen Zettel ...

THEODOR *schüttelt den Kopf.*

CHRISTINE Und an dem Abend ... wo er da war, wo Sie ihn da abgeholt haben ... da hat er's schon gewußt, da hat er gewußt, daß er mich vielleicht nie mehr ... Und er ist von da weggegangen, um sich für eine andere umbringen zu lassen – Nein, nein – es ist ja nicht möglich ... hat er denn nicht gewußt, was er für mich ist ... hat er ...

THEODOR Er hat es gewußt. – Am letzten Morgen, wie wir hinausgefahren sind ... hat er auch von Ihnen gesprochen.

CHRISTINE Auch von mir hat er gesprochen! Auch von mir! Und von was denn noch? Von wie viel andern Leuten, von wie viel anderen Sachen, die ihm grad so viel gewesen sind wie ich? – Von mir auch! Oh Gott! ... Und von seinem Vater und von seiner Mutter und von seinen Freunden und von seinem Zimmer und vom Frühling und von der Stadt und von allem, von allem, was so mit dazu gehört hat zu seinem Leben und was er grad so hat verlassen müssen wie mich ... von allem hat er mit Ihnen gesprochen ... und auch von mir ...

THEODOR *bewegt* Er hat Sie gewiß lieb gehabt.

CHRISTINE Lieb! – Er? – Ich bin ihm nichts gewesen als ein Zeitvertreib – und für eine andere ist er gestorben –! Und ich – hab' ihn angebetet! – Hat er denn das nicht gewußt? ... Daß ich ihm alles gegeben hab', was ich ihm hab' geben können, daß ich für ihn gestorben wär' – daß er mein Herrgott gewesen ist und meine Seligkeit – hat er das gar nicht bemerkt? Er hat von mir fortgehen können, mit einem Lächeln, fortgehen aus diesem Zimmer und sich für eine andere niederschießen lassen ... Vater, Vater – verstehst du das?

WEIRING Christin'! *Bei ihr.*

THEODOR *zu Mizi* Schau' Kind, das hättest du mir ersparen können ...

MIZI *sieht ihn bös' an.*

THEODOR Ich hab' genug Aufregungen gehabt ... diese letzten Tage ...

CHRISTINE *mit plötzlichem Entschluß* Theodor, führen Sie mich hin ... ich will ihn sehn – noch einmal will ich ihn sehn – das Gesicht – Theodor, führen Sie mich hin.

THEODOR *wehrt ab, zögernd* Nein ...

CHRISTINE Warum denn nein? – Das können Sie mir doch nicht verweigern? – Sehn werd' ich ihn doch noch einmal dürfen –?

THEODOR Es ist zu spät.

CHRISTINE Zu spät? – Seine Leiche zu sehn ... ist es zu spät? Ja ... ja – *sie begreift nicht.*

THEODOR Heut früh hat man ihn begraben.

CHRISTINE *mit dem höchsten Ausdruck des Entsetzens* Begraben ... Und ich hab's nicht gewußt? Erschossen haben sie ihn ... und in den Sarg haben sie ihn gelegt und hinausgetragen haben sie ihn und in die Erde haben sie ihn eingegraben – und ich hab' ihn nicht noch einmal sehen dürfen? – Zwei Tage lang ist er tot – und Sie sind nicht gekommen und haben's mir gesagt –?

THEODOR *sehr bewegt* Ich hab' in diesen zwei Tagen ... Sie können nicht ahnen, was alles in diesen zwei Tagen ... Bedenken Sie, daß ich auch die Verpflichtung hatte, seine Eltern zu benachrichtigen – ich mußte an sehr viel denken – und dazu noch meine Gemütsstimmung ...

CHRISTINE Ihre ...

THEODOR Auch hat das ... es hat in aller Stille stattgefunden ... Nur die allernächsten Verwandten und Freunde ...

CHRISTINE Nur die nächsten –! Und ich –? ... Was bin denn ich? ...

MIZI Das hätten die dort auch gefragt.

CHRISTINE Was bin denn ich –? Weniger als alle andern –? Weniger als seine Verwandten, weniger als ... Sie?

WEIRING Mein Kind, mein Kind. Zu mir komm, zu mir ... *Er umfängt sie. Zu Theodor* Gehen Sie ... lassen Sie mich mit ihr allein!

THEODOR Ich bin sehr ... *mit Tränen in der Stimme* Ich hab' das nicht geahnt ...

CHRISTINE Was nicht geahnt? – Daß ich ihn g e l i e b t habe? – *Weiring zieht sie an sich; Theodor sieht vor sich hin. Mizi steht bei Christine.*

CHRISTINE *sich von Weiring losmachend* Führen Sie mich zu seinem Grab!

WEIRING Nein, nein –

MIZI Geh nicht hin, Christin' –

THEODOR Christine ... später ... morgen ... bis Sie ruhiger geworden sind –

CHRISTINE Morgen? – Wenn ich ruhiger sein werde?! – Und in einem Monat ganz getröstet, wie? – Und in einem halben Jahr kann ich wieder lachen, was –? *Auflachend* Und wann kommt denn der nächste Liebhaber? ...

WEIRING Christin' ...

CHRISTINE Bleiben Sie nur ... ich find' den Weg auch allein ...

{ WEIRING Geh nicht.
{ MIZI Geh nicht.

CHRISTINE Es ist sogar besser ... wenn ich ... Laßt mich, laßt mich.

WEIRING Christin' bleib ...

MIZI Geh nicht hin! – Vielleicht findest du grad die andere dort – beten.

CHRISTINE *vor sich hin, starren Blickes* Ich will dort nicht beten ... nein ... *Sie stürzt ab ... die anderen anfangs sprachlos.*

WEIRING Eilen Sie ihr nach.

Theodor und Mizi ihr nach.

WEIRING Ich kann nicht, ich kann nicht ... *Er geht mühsam von der Tür bis zum Fenster* Was will sie ... was will sie ... *Er sieht durchs Fenster ins Leere.* Sie kommt nicht wieder – sie kommt nicht wieder! *Er sinkt laut schluchzend zu Boden.*

Vorhang

REIGEN

I

Die Dirne und der Soldat

Spät abends. An der Augartenbrücke.

SOLDAT *kommt pfeifend, will nach Hause.*
DIRNE Komm, mein schöner Engel.
SOLDAT *wendet sich um und geht wieder weiter.*
DIRNE Willst du nicht mit mir kommen?
SOLDAT Ah, ich bin der schöne Engel?
DIRNE Freilich, wer denn? Geh, komm zu mir. Ich wohn gleich in der Näh.
SOLDAT Ich hab keine Zeit. Ich muß in die Kasern!
DIRNE In die Kasern kommst immer noch zurecht. Bei mir is besser.
SOLDAT *ihr nahe* Das ist schon möglich.
DIRNE Pst. Jeden Moment kann ein Wachmann kommen.
SOLDAT Lächerlich! Wachmann! Ich hab auch mein Seiteng'wehr!
DIRNE Geh, komm mit.
SOLDAT Laß mich in Ruh, Geld hab ich eh keins.
DIRNE Ich brauch kein Geld.
SOLDAT *bleibt stehen. Sie sind bei einer Laterne* Du brauchst kein Geld? Wer bist denn du nachher?
DIRNE Zahlen tun mir die Zivilisten. So einer wie du kanns immer umsonst bei mir haben.
SOLDAT Du bist am End die, von der mir der Huber erzählt hat.
DIRNE Ich kenn kein Huber nicht.
SOLDAT Du wirst schon die sein. Weißt – in dem Kaffeehaus in der Schiffgassen – von dort ist er mit dir z' Haus gangen.
DIRNE Von dem Kaffeehaus bin ich schon mit gar vielen z' Haus gangen . . . oh! oh! –
SOLDAT Also gehn wir, gehn wir.
DIRNE Was, jetzt hasts eilig?
SOLDAT Na, worauf solln wir noch warten? Und um zehn muß ich in der Kasern sein.

DIRNE Wie lang dienst denn schon?

SOLDAT Was geht denn das dich an? Wohnst weit?

DIRNE Zehn Minuten zum gehn.

SOLDAT Das ist mir zu weit. Gib mir ein Pussel.

DIRNE *küßt ihn* Das ist mir eh das liebste, wenn ich einen gern hab!

SOLDAT Mir nicht. Nein, ich geh nicht mit dir, es ist mir zu weit.

DIRNE Weißt was, komm morgen am Nachmittag.

SOLDAT Gut is. Gib mir deine Adresse.

DIRNE Aber du kommst am End nicht.

SOLDAT Wenn ich dirs sag!

DIRNE Du, weißt was – wenns dir zu weit ist heut abend zu mir – da ... da ... *weist auf die Donau.*

SOLDAT Was ist das?

DIRNE Da ist auch schön ruhig ... jetzt kommt kein Mensch.

SOLDAT Ah, das ist nicht das Rechte.

DIRNE Bei mir is immer das Rechte. Geh, bleib jetzt bei mir. Wer weiß, ob wir morgen nochs Leben haben.

SOLDAT So komm – aber g'schwind!

DIRNE Gib Obacht, da ist so dunkel. Wennst ausrutschst, liegst in der Donau.

SOLDAT Wär eh das beste.

DIRNE Pst, so wart nur ein bissel. Gleich kommen wir zu einer Bank.

SOLDAT Kennst dich da gut aus.

DIRNE So einen wie dich möcht ich zum Geliebten.

SOLDAT Ich tät dir zu viel eifern.

DIRNE Das möcht ich dir schon abgewöhnen.

SOLDAT Ha –

DIRNE Nicht so laut. Manchmal is doch, daß sich ein Wachter her verirrt. Sollt man glauben, daß wir da mitten in der Wienerstadt sind?

SOLDAT Daher komm, daher.

DIRNE Aber was fällt dir denn ein, wenn wir da ausrutschen, liegen wir im Wasser unten.

SOLDAT *hat sie gepackt* Ah, du –

DIRNE Halt dich nur fest an.

SOLDAT Hab kein Angst ...

– –

DIRNE Auf der Bank wärs schon besser gewesen.

SOLDAT Da oder da ... Na, krall aufi.

DIRNE Was laufst denn so –
SOLDAT Ich muß in die Kasern, ich komm eh schon zu spät.
DIRNE Geh, du, wie heißt denn?
SOLDAT Was interessiert dich denn das, wie ich heiß?
DIRNE Ich heiß Leocadia.
SOLDAT Ha! – So an Namen hab ich auch noch nie gehört.
DIRNE Du!
SOLDAT Na, was willst denn?
DIRNE Geh, ein Sechserl fürn Hausmeister gib mir wenigstens! –
SOLDAT Ha! . . . Glaubst, ich bin deine Wurzen. Servus! Leocadia . . .
DIRNE Strizzi! Fallott! –

Er ist verschwunden.

II

Der Soldat und das Stubenmädchen

Prater. Sonntagabend.

Ein Weg, der vom Wurstelprater aus in die dunkeln Alleen führt. Hier hört man noch die wirre Musik aus dem Wurstelprater, auch die Klänge vom Fünfkreuzertanz, eine ordinäre Polka, von Bläsern gespielt. Der Soldat, Das Stubenmädchen.

STUBENMÄDCHEN Jetzt sagen S' mir aber, warum S' durchaus schon haben fortgehen müssen.
SOLDAT *lacht verlegen, dumm.*
STUBENMÄDCHEN Es ist doch so schön gewesen. Ich tanz so gern.
SOLDAT *faßt sie um die Taille.*
STUBENMÄDCHEN *läßts geschehen* Jetzt tanzen wir ja nimmer. Warum halten S' mich so fest?
SOLDAT Wie heißen S'? Kathi?
STUBENMÄDCHEN Ihnen ist immer eine Kathi im Kopf.
SOLDAT Ich weiß, ich weiß schon . . . Marie.
STUBENMÄDCHEN Sie, da ist aber dunkel. Ich krieg so eine Angst.

SOLDAT Wenn ich bei Ihnen bin, brauchen S' Ihnen nicht zu fürchten. Gott sei Dank, mir sein mir!

STUBENMÄDCHEN Aber wohin kommen wir denn da? Da ist ja kein Mensch mehr. Kommen S', gehn wir zurück! – Und so dunkel!

SOLDAT *zieht an seiner Virginierzigarre, daß das rote Ende leuchtet* s' wird schon lichter! Haha! Oh, du Schatzerl!

STUBENMÄDCHEN Ah, was machen S' denn? Wenn ich das gewußt hätt!

SOLDAT Also der Teufel soll mich holen, wenn eine heut beim Swoboda mollerter gewesen ist als Sie, Fräul'n Marie.

STUBENMÄDCHEN Haben S' denn bei allen so probiert?

SOLDAT Was man so merkt, beim Tanzen. Da merkt man gar viel! Ha!

STUBENMÄDCHEN Aber mit der Blonden mit dem schiefen Gesicht haben S' doch mehr tanzt als mit mir.

SOLDAT Das ist eine alte Bekannte von einem meinigen Freund.

STUBENMÄDCHEN Von dem Korporal mit dem aufdrehten Schnurrbart?

SOLDAT Ah nein, das ist der Zivilist gewesen, wissen S', der im Anfang am Tisch mit mir g'sessen ist, der so heisrig redt.

STUBENMÄDCHEN Ah, ich weiß schon. Das ist ein kecker Mensch.

SOLDAT Hat er Ihnen was tan? Dem möcht ichs zeigen! Was hat er Ihnen tan?

STUBENMÄDCHEN Oh, nichts – ich hab nur gesehn, wie er mit die andern ist.

SOLDAT Sagen S', Fräulein Marie ...

STUBENMÄDCHEN Sie werden mich verbrennen mit Ihrer Zigarrn.

SOLDAT Pahdon! – Fräul'n Marie. Sagen wir uns du.

STUBENMÄDCHEN Wir sein noch nicht so gute Bekannte.

SOLDAT Es können sich gar viele nicht leiden und sagen doch du zueinander.

STUBENMÄDCHEN 's nächstemal, wenn wir ... Aber, Herr Franz –

SOLDAT Sie haben sich meinen Namen g'merkt?

STUBENMÄDCHEN Aber, Herr Franz ...

SOLDAT Sagen S' Franz, Fräulein Marie.

STUBENMÄDCHEN So sein S' nicht so keck – aber pst, wenn wer kommen tät!

SOLDAT Und wenn schon einer kommen tät, man sieht ja nicht zwei Schritt weit.

STUBENMÄDCHEN Aber um Gottes willen, wohin kommen wir denn da?

SOLDAT Sehn S', da sind zwei grad wie mir.

STUBENMÄDCHEN Wo denn? Ich seh gar nichts.

SOLDAT Da ... vor uns.

STUBENMÄDCHEN Warum sagen S' den: zwei wie mir? –

SOLDAT Na, ich mein halt, die haben sich auch gern.

STUBENMÄDCHEN Aber geben S' doch acht, was ist denn da, jetzt wär ich beinah g'fallen.

SOLDAT Ah, das ist das Gatter von der Wiesen.

STUBENMÄDCHEN Stoßen S' doch nicht so, ich fall ja um.

SOLDAT Pst, nicht so laut.

STUBENMÄDCHEN Sie, jetzt schrei ich aber wirklich. – Aber was machen S' denn ... aber –

SOLDAT Da ist jetzt weit und breit keine Seel.

STUBENMÄDCHEN So gehn wir zurück, wo Leut sein.

SOLDAT Wir brauchen keine Leut, was, Marie, wir brauchen ... dazu ... haha.

STUBENMÄDCHEN Aber, Herr Franz, bitt Sie, um Gottes willen, schaun S', wenn ich das ... gewußt ... oh ... oh ... komm! ...

- -

SOLDAT *selig* Herrgott noch einmal ... ah ...

STUBENMÄDCHEN ... Ich kann dein G'sicht gar nicht sehn.

SOLDAT A was – G'sicht ...

- -

SOLDAT Ja, Sie, Fräul'n Marie, da im Gras können S' nicht liegenbleiben.

STUBENMÄDCHEN Geh, Franz, hilf mir.

SOLDAT Na, komm zugi.

STUBENMÄDCHEN O Gott, Franz.

SOLDAT Na ja, was ist denn mit dem Franz?

STUBENMÄDCHEN Du bist ein schlechter Mensch, Franz.

SOLDAT Ja, ja. Geh, wart ein bissel.

STUBENMÄDCHEN Was laßt mich denn aus?

SOLDAT Na, die Virginier werd ich mir doch anzünden dürfen.

STUBENMÄDCHEN Es ist so dunkel.

SOLDAT Morgen früh ist schon wieder licht.

STUBENMÄDCHEN Sag wenigstens, hast mich gern?

SOLDAT Na, das mußt doch g'spürt haben, Fräul'n Marie, ha!

STUBENMÄDCHEN Wohin gehn wir denn?

SOLDAT Na, zurück.

STUBENMÄDCHEN Geh, bitt dich, nicht so schnell!

SOLDAT Na, was ist denn? Ich geh nicht gern in der finstern.

STUBENMÄDCHEN Sag, Franz, hast mich gern?

SOLDAT Aber grad hab ichs gsagt, daß ich dich gern hab!

STUBENMÄDCHEN Geh, willst mir nicht ein Pussel geben?

SOLDAT *gnädig* Da ... Hörst – jetzt kann man schon wieder die Musik hören.

STUBENMÄDCHEN Du möchtst am End gar wieder tanzen gehn?

SOLDAT Na freilich, was denn?

STUBENMÄDCHEN Ja, Franz, schau, ich muß zuhaus gehn. Sie werden eh schon schimpfen, mei Frau ist so eine ... die möcht am liebsten, man ging gar nicht fort.

SOLDAT Na ja, geh halt zuhaus.

STUBENMÄDCHEN Ich hab halt dacht, Herr Franz, Sie werden mich z'haus führen.

SOLDAT Z'haus führen? Ah!

STUBENMÄDCHEN Gehn S', es ist so traurig, allein z'haus gehn.

SOLDAT Wo wohnen S' denn?

STUBENMÄDCHEN Es ist gar nicht so weit – in der Porzellangasse.

SOLDAT So? Ja, da haben wir ja einen Weg ... aber jetzt ists mir zu früh ... jetzt wird noch draht, heut hab ich über Zeit ... vor zwölf brauch ich nicht in der Kasern zu sein. I geh noch tanzen.

STUBENMÄDCHEN Freilich, ich weiß schon, jetzt kommt die Blonde mit dem schiefen Gesicht dran!

SOLDAT Ha! – Der ihr G'sicht ist gar nicht so schief.

STUBENMÄDCHEN O Gott, sein die Männer schlecht. Was, Sie machens sicher mit einer jeden so.

SOLDAT Das wär z'viel! –

STUBENMÄDCHEN Franz, bitt schön, heut nimmer – heut bleiben S' mit mir, schaun S' –

SOLDAT Ja, ja, ist schon gut. Aber tanzen werd ich doch noch dürfen.

STUBENMÄDCHEN Ich tanz heut mit kein mehr!

SOLDAT Da ist er ja schon ...

STUBENMÄDCHEN Wer denn?

SOLDAT Der Swoboda! Wie schnell wir wieder da sein. Noch immer spielen s' das ... tadarada tadarada ... *singt mit* ... Also, wanst auf mich warten willst, so führ ich dich z'haus ... wenn nicht ... Servus –

STUBENMÄDCHEN Ja, ich werd warten.

Sie treten in den Tanzsaal ein.

SOLDAT Wissen S', Fräul'n Marie, ein Glas Bier lassens Ihnen geben. *Zu einer Blonden sich wendend, die eben mit einem Burschen vorbeitanzt, sehr hochdeutsch* Mein Fräulein, darf ich bitten? –

III

Das Stubenmädchen und der junge Herr

Heißer Sommernachmittag. – Die Eltern sind schon auf dem Lande. – Die Köchin hat Ausgang. – Das Stubenmädchen schreibt in der Küche einen Brief an den Soldaten, der ihr Geliebter ist. Es klingelt aus dem Zimmer des jungen Herrn. Sie steht auf und geht ins Zimmer des jungen Herrn. Der junge Herr liegt auf dem Diwan, raucht und liest einen französischen Roman.

DAS STUBENMÄDCHEN Bitt schön, junger Herr?

DER JUNGE HERR Ah ja, Marie, ah ja, ich hab geläutet, ja ... was hab ich nur ... ja richtig, die Rouletten lassen S' herunter, Marie ... Es ist kühler, wenn die Rouletten unten sind ... ja ...

Das Stubenmädchen geht zum Fenster und läßt die Rouletten herunter.

DER JUNGE HERR *liest weiter* Was machen S' denn, Marie? Ah ja. Jetzt sieht man aber gar nichts zum Lesen.

DAS STUBENMÄDCHEN Der junge Herr ist halt immer so fleißig.

DER JUNGE HERR *überhört das vornehm* So, ist gut.

Marie geht.

DER JUNGE HERR *versucht weiterzulesen; läßt bald das Buch fallen, klingelt wieder.*

DAS STUBENMÄDCHEN *erscheint.*

DER JUNGE HERR Sie, Marie ... ja, was ich habe sagen wollen ... ja ... ist vielleicht ein Cognac zu Haus?

DAS STUBENMÄDCHEN Ja, der wird eingesperrt sein.

DER JUNGE HERR Na, wer hat denn die Schlüssel?

DAS STUBENMÄDCHEN Die Schlüssel hat die Lini.

DER JUNGE HERR Wer ist die Lini?

DAS STUBENMÄDCHEN Die Köchin, Herr Alfred.

DER JUNGE HERR Na, so sagen S' es halt der Lini.

DAS STUBENMÄDCHEN Ja, die Lini hat heut Ausgang.

DER JUNGE HERR So ...

DAS STUBENMÄDCHEN Soll ich dem jungen Herrn vielleicht aus dem Kaffeehaus ...

DER JUNGE HERR Ah nein ... es ist so heiß genug. Ich brauch keinen Cognac. Wissen S', Marie, bringen Sie mir ein Glas Wasser. Pst, Marie – aber laufen lassen, daß es recht kalt ist. – *Das Stubenmädchen ab.*

Der junge Herr sieht ihr nach, bei der Tür wendet sich das Stubenmädchen nach ihm um; der junge Herr schaut in die Luft. – Das Stubenmädchen dreht den Hahn der Wasserleitung auf, läßt das Wasser laufen. Währenddem geht sie in ihr kleines Kabinett, wäscht sich die Hände, richtet vor dem Spiegel ihre Schneckerln. Dann bringt sie dem jungen Herrn das Glas Wasser. Sie tritt zum Diwan.

DER JUNGE HERR *richtet sich zur Hälfte auf, das Stubenmädchen gibt ihm das Glas in die Hand, ihre Finger berühren sich.*

DER JUNGE HERR So, danke. – Na, was ist denn? – Geben Sie acht; stellen Sie das Glas wieder auf die Tasse ... *Er legt sich hin und streckt sich aus* Wie spät ists denn? –

DAS STUBENMÄDCHEN Fünf Uhr, junger Herr.

DER JUNGE HERR So, fünf Uhr. – Ist gut. –

DAS STUBENMÄDCHEN *geht; bei der Tür wendet sie sich um; der junge Herr hat ihr nachgeschaut; sie merkt es und lächelt.*

DER JUNGE HERR *bleibt eine Weile liegen, dann steht er plötzlich auf. Er geht bis zur Tür, wieder zurück, legt sich auf den Diwan. Er versucht wieder zu lesen. Nach ein paar Minuten klingelt er wieder.*

DAS STUBENMÄDCHEN *erscheint mit einem Lächeln, das sie nicht zu verbergen sucht.*

DER JUNGE HERR Sie, Marie, was ich Sie hab fragen wollen. War heut vormittag nicht der Doktor Schüller da?

DAS STUBENMÄDCHEN Nein, heut vormittag war niemand da.

DER JUNGE HERR So, das ist merkwürdig. Also der Doktor Schüller war nicht da? Kennen Sie überhaupt den Doktor Schüller?

DAS STUBENMÄDCHEN Freilich. Das ist der große Herr mit dem schwarzen Vollbart.

DER JUNGE HERR Ja. War er vielleicht doch da?

DAS STUBENMÄDCHEN Nein, es war niemand da, junger Herr.

DER JUNGE HERR *entschlossen* Kommen Sie her, Marie.

DAS STUBENMÄDCHEN *tritt etwas näher* Bitt schön.

DER JUNGE HERR Näher ... so ... ah ... ich hab nur geglaubt ...

DAS STUBENMÄDCHEN Was haben der junge Herr?

DER JUNGE HERR Geglaubt ... geglaubt hab ich – Nur wegen Ihrer Blusen ... Was ist das für eine ... Na, kommen S' nur näher. Ich beiß Sie ja nicht.

DAS STUBENMÄDCHEN *kommt zu ihm* Was ist mit meiner Blusen? G'fallt sie dem jungen Herrn nicht?

DER JUNGE HERR *faßt die Bluse an, wobei er das Stubenmädchen zu sich herabzieht* Blau? Das ist ganz ein schönes Blau. *Einfach* Sie sind sehr nett angezogen, Marie.

DAS STUBENMÄDCHEN Aber, junger Herr ...

DER JUNGE HERR Na, was ist denn? ... *Er hat ihre Bluse geöffnet. Sachlich* Sie haben eine schöne weiße Haut, Marie.

DAS STUBENMÄDCHEN Der junge Herr tut mir schmeicheln.

DER JUNGE HERR *küßt sie auf die Brust* Das kann doch nicht weh tun.

DAS STUBENMÄDCHEN O nein.

DER JUNGE HERR Weil Sie so seufzen! Warum seufzen Sie denn?

DAS STUBENMÄDCHEN Oh, Herr Alfred ...

DER JUNGE HERR Und was Sie für nette Pantoffeln haben ...

DAS STUBENMÄDCHEN ... Aber ... junger Herr ... wenns draußen läut –

DER JUNGE HERR Wer wird denn jetzt läuten?

DAS STUBENMÄDCHEN Aber junger Herr ... schaun S' ... es ist so licht ...

DER JUNGE HERR Vor mir brauchen Sie sich nicht zu genieren. Sie brauchen sich überhaupt vor niemandem ... wenn man so hübsch ist. Ja, meiner Seel; Marie, Sie sind ... Wissen Sie, Ihre Haare riechen sogar angenehm.

DAS STUBENMÄDCHEN Herr Alfred ...

DER JUNGE HERR Machen Sie keine solchen Geschichten, Marie ... ich hab Sie schon anders auch gesehn. Wie ich neulich in der Nacht nach Haus gekommen bin und mir Wasser geholt hab; da ist die Tür zu Ihrem Zimmer offen gewesen ... na ...

DAS STUBENMÄDCHEN *verbirgt ihr Gesicht* O Gott, aber das hab ich gar nicht gewußt, daß der Herr Alfred so schlimm sein kann.

DER JUNGE HERR Da hab ich sehr viel gesehen ... das ... und das ... und das ... und –

DAS STUBENMÄDCHEN Aber, Herr Alfred!

DER JUNGE HERR Komm, komm ... daher ... so, ja so ...

DAS STUBENMÄDCHEN Aber wenn jetzt wer läutet –

DER JUNGE HERR Jetzt hören Sie schon einmal auf ... macht man höchstens nicht auf ...

– –

Es klingelt.

DER JUNGE HERR Donnerwetter ... Und was der Kerl für einen Lärm macht. – Am End hat der schon früher geläutet, und wir habens nicht gemerkt.

DAS STUBENMÄDCHEN Oh, ich hab alleweil aufgepaßt.

DER JUNGE HERR Na, so schaun S' endlich nach – durchs Gukkerl.

DAS STUBENMÄDCHEN Herr Alfred ... Sie sind aber ... nein ... so schlimm.

DER JUNGE HERR Bitt Sie, schaun S' jetzt nach ...

DAS STUBENMÄDCHEN *geht ab.*

DER JUNGE HERR *öffnet rasch die Rouleaux.*

DAS STUBENMÄDCHEN *erscheint wieder* Der ist jedenfalls schon wieder weggegangen. Jetzt ist niemand mehr da. Vielleicht ist es der Doktor Schüller gewesen.

DER JUNGE HERR *ist unangenehm berührt* Es ist gut.

DAS STUBENMÄDCHEN *nähert sich ihm.*

DER JUNGE HERR *entzieht sich ihr* Sie, Marie, – ich geh jetzt ins Kaffeehaus.

DAS STUBENMÄDCHEN *zärtlich* Schon ... Herr Alfred.

DER JUNGE HERR *streng* Ich geh jetzt ins Kaffeehaus. Wenn der Doktor Schüller kommen sollte –

DAS STUBENMÄDCHEN Der kommt heut nimmer.

DER JUNGE HERR *noch strenger* Wenn der Doktor Schüller kommen sollte, ich, ich ... ich bin – im Kaffeehaus. – *Geht ins andere Zimmer.*

Das Stubenmädchen nimmt eine Zigarre vom Rauchtisch, steckt sie ein und geht ab.

IV

Der junge Herr und die junge Frau

Abend. – Ein mit banaler Eleganz möblierter Salon in einem Hause der Schwindgasse.

Der junge Herr ist eben eingetreten, zündet, während er noch den Hut auf dem Kopf und den Überzieher an hat, die Kerzen an. Dann öffnet er die Tür zum Nebenzimmer und wirft einen Blick hinein. Von den Kerzen des Salons geht der Lichtschein über das Parkett bis zu einem Himmelbett, das an der abschließenden Wand steht. Von dem Kamin in einer Ecke des Schlafzimmers verbreitet sich ein rötlicher Lichtschein auf die Vorhänge des Bettes. – Der junge Herr besichtigt auch das Schlafzimmer. Von dem Trumeau nimmt er einen Sprayapparat und bespritzt die Bettpolster mit feinen Strahlen von Veilchenparfüm. Dann geht er mit dem Sprayapparat durch beide Zimmer und drückt unaufhörlich auf den kleinen Ballon, so daß es bald überall nach Veilchen riecht. Dann legt er Überzieher und Hut ab. Er setzt sich auf den blausamtenen Fauteuil, zündet sich eine Zigarette an und raucht. Nach einer kleinen Weile erhebt er sich wieder und vergewissert sich, daß die grünen Jalousien geschlossen sind. Plötzlich geht er wieder ins Schlafzimmer, öffnet die Lade des Nachtkästchens. Er fühlt hinein und findet eine Schildkrothaarnadel. Er sucht nach einem Ort, sie zu verstecken, gibt sie endlich in die Tasche seines Überziehers. Dann öffnet er einen Schrank, der im Salon steht, nimmt eine silberne Tasse mit einer Flasche Cognac und zwei Likörgläschen heraus, stellt alles auf den Tisch. Er geht wieder zu seinem Überzieher, aus dem er jetzt ein kleines weißes Päckchen nimmt. Er öffnet es und legt es zum Cognac, geht wieder zum Schrank, nimmt zwei kleine Teller und Eßbestecke heraus. Er entnimmt dem kleinen Paket eine glasierte Kastanie und ißt sie. Dann schenkt er sich ein Glas Cognac ein und trinkt es rasch aus. Dann sieht er auf seine Uhr. Er geht im Zimmer auf und ab. – Vor dem großen Wandspiegel bleibt er eine Weile stehen, richtet mit seinem Taschenkamm das Haar und den kleinen Schnurrbart. – Er geht nun zur Vorzimmertür und horcht. Nichts regt sich. Es klingelt. Der junge Herr fährt leicht zusammen. Dann setzt er sich auf den Fauteuil und erhebt sich erst, als die Tür geöffnet wird und die junge Frau eintritt.

DIE JUNGE FRAU *dicht verschleiert, schließt die Tür hinter sich, bleibt einen Augenblick stehen, indem sie die linke Hand aufs Herz legt, als müsse sie eine gewaltige Erregung bemeistern.*

DER JUNGE HERR *tritt auf sie zu, nimmt ihre linke Hand und drückt auf den weißen, schwarz tamburierten Handschuh einen Kuß. Er sagt leise* Ich danke Ihnen.

DIE JUNGE FRAU Alfred – Alfred!

DER JUNGE HERR Kommen Sie, gnädige Frau ... Kommen Sie, Frau Emma ...

DIE JUNGE FRAU Lassen Sie mich noch eine Weile – bitte ... oh bitte sehr, Alfred! *Sie steht noch immer an der Tür.*

DER JUNGE HERR *steht vor ihr, hält ihre Hand.*

DIE JUNGE FRAU Wo bin ich denn eigentlich?

DER JUNGE HERR Bei mir.

DIE JUNGE FRAU Dieses Haus ist schrecklich, Alfred.

DER JUNGE HERR Warum denn? Es ist ein sehr vornehmes Haus.

DIE JUNGE FRAU Ich bin zwei Herren auf der Stiege begegnet.

DER JUNGE HERR Bekannte?

DIE JUNGE FRAU Ich weiß nicht. Es ist möglich.

DER JUNGE HERR Pardon, gnädige Frau – aber Sie kennen doch Ihre Bekannten.

DIE JUNGE FRAU Ich habe ja gar nichts gesehen.

DER JUNGE HERR Aber wenn es selbst Ihre besten Freunde waren, – sie können ja Sie nicht erkannt haben. Ich selbst ... wenn ich nicht wüßte, daß Sie es sind ... dieser Schleier –

DIE JUNGE FRAU Es sind zwei.

DER JUNGE HERR Wollen Sie nicht ein bißchen näher? ... Und Ihren Hut legen Sie doch wenigstens ab!

DIE JUNGE FRAU Was fällt Ihnen ein, Alfred? Ich habe Ihnen gesagt: Fünf Minuten ... Nein, länger nicht ... ich schwöre Ihnen –

DER JUNGE HERR Also den Schleier –

DIE JUNGE FRAU Es sind zwei.

DER JUNGE HERR Nun ja, beide Schleier – ich werde Sie doch wenigstens sehen dürfen.

DIE JUNGE FRAU Haben Sie mich denn lieb, Alfred?

DER JUNGE HERR *tief verletzt* Emma – Sie fragen mich ...

DIE JUNGE FRAU Es ist hier so heiß.

DER JUNGE HERR Aber Sie haben ja Ihre Pelzmantille an – Sie werden sich wahrhaftig verkühlen.

DIE JUNGE FRAU *tritt endlich ins Zimmer, wirft sich auf den Fauteuil* Ich bin todmüd.

DER JUNGE HERR Erlauben Sie. *Er nimmt ihr die Schleier ab; nimmt die Nadel aus ihrem Hut, legt Hut, Nadel, Schleier beiseite.*

DIE JUNGE FRAU *läßt es geschehen.*

DER JUNGE HERR *steht vor ihr, schüttelt den Kopf.*

DIE JUNGE FRAU Was haben Sie?

DER JUNGE HERR So schön waren Sie noch nie.

DIE JUNGE FRAU Wieso?

DER JUNGE HERR Allein ... allein mit Ihnen – Emma – *Er läßt sich neben ihrem Fauteuil nieder, auf ein Knie, nimmt ihre beiden Hände und bedeckt sie mit Küssen.*

DIE JUNGE FRAU Und jetzt ... lassen Sie mich wieder gehen. Was Sie von mir verlangt haben, hab ich getan.

DER JUNGE HERR *läßt seinen Kopf auf ihren Schoß sinken.*

DIE JUNGE FRAU Sie haben mir versprochen, brav zu sein.

DER JUNGE HERR Ja.

DIE JUNGE FRAU Man erstickt in diesem Zimmer.

DER JUNGE HERR *steht auf* Noch haben Sie Ihre Mantille an.

DIE JUNGE FRAU Legen Sie sie zu meinem Hut.

DER JUNGE HERR *nimmt ihr die Mantille ab und legt sie gleichfalls auf den Diwan.*

DIE JUNGE FRAU Und jetzt – adieu –

DER JUNGE HERR Emma –! Emma! –

DIE JUNGE FRAU Die fünf Minuten sind längst vorbei.

DER JUNGE HERR Noch nicht eine! –

DIE JUNGE FRAU Alfred, sagen Sie mir einmal ganz genau, wie spät es ist.

DER JUNGE HERR Es ist Punkt viertel sieben.

DIE JUNGE FRAU Jetzt sollte ich längst bei meiner Schwester sein.

DER JUNGE HERR Ihre Schwester können Sie oft sehen ...

DIE JUNGE FRAU O Gott, Alfred, warum haben Sie mich dazu verleitet.

DER JUNGE HERR Weil ich Sie ... anbete, Emma.

DIE JUNGE FRAU Wie vielen haben Sie das schon gesagt?

DER JUNGE HERR Seit ich Sie gesehen, niemandem.

DIE JUNGE FRAU Was bin ich für eine leichtsinnige Person! Wer mir das vorausgesagt hätte ... noch vor acht Tagen ... noch gestern ...

DER JUNGE HERR Und vorgestern haben Sie mir ja schon versprochen ...

DIE JUNGE FRAU Sie haben mich so gequält. Aber ich habe es nicht tun wollen. Gott ist mein Zeuge – ich habe es nicht tun wollen ... Gestern war ich fest entschlossen ... Wissen Sie, daß ich Ihnen gestern abend sogar einen langen Brief geschrieben habe?

DER JUNGE HERR Ich habe keinen bekommen.

DIE JUNGE FRAU Ich habe ihn wieder zerrissen. Oh, ich hätte Ihnen lieber diesen Brief schicken sollen.

DER JUNGE HERR Es ist doch besser so.

DIE JUNGE FRAU O nein, es ist schändlich ... von mir. Ich begreife mich selber nicht. Adieu, Alfred, lassen Sie mich.

DER JUNGE HERR *umfaßt sie und bedeckt ihr Gesicht mit heißen Küssen.*

DIE JUNGE FRAU So ... halten Sie Ihr Wort ...

DER JUNGE HERR Noch einen Kuß – noch einen.

DIE JUNGE FRAU Den letzten. *Er küßt sie; sie erwidert den Kuß; ihre Lippen bleiben lange aneinandergeschlossen.*

DER JUNGE HERR Soll ich Ihnen etwas sagen, Emma? Ich weiß jetzt erst, was Glück ist.

DIE JUNGE FRAU *sinkt in einen Fauteuil zurück.*

DER JUNGE HERR *setzt sich auf die Lehne, schlingt einen Arm leicht um ihren Nacken* ... oder vielmehr ich weiß jetzt erst, was Glück sein könnte.

DIE JUNGE FRAU *seufzt tief auf.*

DER JUNGE HERR *küßt sie wieder.*

DIE JUNGE FRAU Alfred, Alfred, was machen Sie aus mir!

DER JUNGE HERR Nicht wahr – es ist hier gar nicht so ungemütlich ... Und wir sind ja hier so sicher! Es ist doch tausendmal schöner als diese Rendezvous im Freien ...

DIE JUNGE FRAU Oh, erinnern Sie mich nur nicht daran.

DER JUNGE HERR Ich werde auch daran immer mit tausend Freuden denken. Für mich ist jede Minute, die ich an Ihrer Seite verbringen durfte, eine süße Erinnerung.

DIE JUNGE FRAU Erinnern Sie sich noch an den Industriellenball?

DER JUNGE HERR Ob ich mich daran erinnere ...? Da bin ich ja während des Soupers neben Ihnen gesessen, ganz nahe neben Ihnen. Ihr Mann hat Champagner ...

DIE JUNGE FRAU *sieht ihn klagend an.*

DER JUNGE HERR Ich wollte nur vom Champagner reden. Sagen Sie, Emma, wollen Sie nicht ein Glas Cognac trinken?

DIE JUNGE FRAU Einen Tropfen, aber geben Sie mir vorher ein Glas Wasser.

DER JUNGE HERR Ja ... Wo ist denn nur – ach ja ... *er schlägt die Portiere zurück und geht ins Schlafzimmer.*

DIE JUNGE FRAU *sieht ihm nach.*

DER JUNGE HERR *kommt zurück mit einer Karaffe Wasser und zwei Trinkgläsern.*

DIE JUNGE FRAU Wo waren Sie denn?

DER JUNGE HERR Im ... Nebenzimmer. *Schenkt ein Glas Wasser ein.*

DIE JUNGE FRAU Jetzt werde ich Sie etwas fragen, Alfred – und schwören Sie mir, daß Sie mir die Wahrheit sagen werden.

DER JUNGE HERR Ich schwöre.

DIE JUNGE FRAU War in diesen Räumen schon jemals eine andere Frau?

DER JUNGE HERR Aber Emma – dieses Haus steht schon zwanzig Jahre!

DIE JUNGE FRAU Sie wissen, was ich meine, Alfred ... Mit Ihnen! Bei Ihnen!

DER JUNGE HERR Mit mir – hier – Emma! – Es ist nicht schön, daß Sie an so etwas denken können.

DIE JUNGE FRAU Also Sie haben ... wie soll ich ... Aber nein, ich will Sie lieber nicht fragen. Es ist besser, wenn ich nicht frage. Ich bin ja selbst schuld. Alles rächt sich.

DER JUNGE HERR Ja, was haben Sie denn? Was ist Ihnen denn? Was rächt sich?

DIE JUNGE FRAU Nein, nein, nein, ich darf nicht zum Bewußtsein kommen ... Sonst müßte ich vor Scham in die Erde sinken.

DER JUNGE HERR *mit der Karaffe Wasser in der Hand, schüttelt traurig den Kopf* Emma, wenn Sie ahnen könnten, wie weh Sie mir tun.

DIE JUNGE FRAU *schenkt sich ein Glas Cognac ein.*

DER JUNGE HERR Ich will Ihnen etwas sagen, Emma. Wenn Sie sich schämen, hier zu sein – wenn ich Ihnen also gleichgültig bin – wenn Sie nicht fühlen, daß Sie für mich alle Seligkeit der Welt bedeuten – – so gehn Sie lieber.

DIE JUNGE FRAU Ja, das werd ich auch tun.

DER JUNGE HERR *sie bei der Hand fassend* Wenn Sie aber ahnen, daß ich ohne Sie nicht leben kann, daß ein Kuß auf Ihre Hand für mich mehr bedeutet als alle Zärtlichkeiten, die alle Frauen auf der ganzen Welt ... Emma, ich bin nicht wie die anderen jungen Leute, die den Hof machen können – ich bin vielleicht zu naiv ... ich ...

DIE JUNGE FRAU Wenn Sie aber doch sind wie die anderen jungen Leute?

DER JUNGE HERR Dann wären Sie heute nicht da – denn Sie sind nicht wie die anderen Frauen.

DIE JUNGE FRAU Woher wissen Sie das?

DER JUNGE HERR *hat sie zum Diwan gezogen, sich nahe neben sie gesetzt* Ich habe viel über Sie nachgedacht. Ich weiß, Sie sind unglücklich.

DIE JUNGE FRAU *erfreut.*

DER JUNGE HERR Das Leben ist so leer, so nichtig – und dann – so kurz – so entsetzlich kurz! Es gibt nur ein Glück . . . einen Menschen finden, von dem man geliebt wird –

DIE JUNGE FRAU *hat eine kandierte Birne vom Tisch genommen, nimmt sie in den Mund.*

DER JUNGE HERR Mir die Hälfte! *Sie reicht sie ihm mit den Lippen.*

DIE JUNGE FRAU *faßt die Hände des jungen Herrn, die sich zu verirren drohen* Was tun Sie denn, Alfred . . . Ist das Ihr Versprechen?

DER JUNGE HERR *die Birne verschluckend, dann kühner* Das Leben ist so kurz.

DIE JUNGE FRAU *schwach* Aber das ist ja kein Grund –

DER JUNGE HERR *mechanisch* O ja.

DIE JUNGE FRAU *schwächer* Schauen Sie, Alfred, und Sie haben doch versprochen, brav . . . Und es ist so hell . . .

DER JUNGE HERR Komm, komm, du einzige, einzige . . . *Er hebt sie vom Diwan empor.*

DIE JUNGE FRAU Was machen Sie denn?

DER JUNGE HERR Da drin ist es gar nicht hell.

DIE JUNGE FRAU Ist denn da noch ein Zimmer?

DER JUNGE HERR *zieht sie mit* Ein schönes . . . und ganz dunkel.

DIE JUNGE FRAU Bleiben wir doch lieber hier.

DER JUNGE HERR *bereits mit ihr hinter der Portiere, im Schlafzimmer, nestelt ihr die Taille auf.*

DIE JUNGE FRAU Sie sind so . . . o Gott, was machen Sie aus mir! – Alfred!

DER JUNGE HERR Ich bete dich an, Emma!

DIE JUNGE FRAU So wart doch, wart doch wenigstens . . . *Schwach* Geh . . . ich ruf dich dann.

DER JUNGE HERR Laß mir dich – laß dir mich – *er verspricht sich* . . . laß . . . mich – dir – helfen.

DIE JUNGE FRAU Du zerreißt mir ja alles.

DER JUNGE HERR Du hast kein Mieder an?

DIE JUNGE FRAU Ich trag nie ein Mieder. Die Odilon trägt auch keines. Aber die Schuh kannst du mir aufknöpfeln.

DER JUNGE HERR *knöpfelt die Schuhe auf, küßt ihre Füße.*

DIE JUNGE FRAU *ist ins Bett geschlüpft* Oh, mir ist kalt.

DER JUNGE HERR Gleich wirds warm werden.

DIE JUNGE FRAU *leise lachend* Glaubst du?

DER JUNGE HERR *unangenehm berührt, für sich* Das hätte sie nicht sagen sollen. *Entkleidet sich im Dunkel.*

DIE JUNGE FRAU *zärtlich* Komm, komm, komm!

DER JUNGE HERR *dadurch wieder in besserer Stimmung* Gleich – –

DIE JUNGE FRAU Es riecht hier so nach Veilchen.

DER JUNGE HERR Das bist du selbst ... Ja – *zu ihr* – du selbst.

DIE JUNGE FRAU Alfred ... Alfred!!!!

DER JUNGE HERR Emma ...

– –

DER JUNGE HERR Ich habe dich offenbar zu lieb ... ja ... ich bin wie von Sinnen.

DIE JUNGE FRAU ...

DER JUNGE HERR Die ganzen Tage über bin ich schon wie verrückt. Ich hab es geahnt.

DIE JUNGE FRAU Mach dir nichts draus.

DER JUNGE HERR O gewiß nicht. Es ist ja geradezu selbstverständlich, wenn man ...

DIE JUNGE FRAU Nicht ... nicht ... Du bist nervös. Beruhige dich nur ...

DER JUNGE HERR Kennst du Stendhal?

DIE JUNGE FRAU Stendhal?

DER JUNGE HERR Die »Psychologie de l'amour«?

DIE JUNGE FRAU Nein, warum fragst du mich?

DER JUNGE HERR Da kommt eine Geschichte drin vor, die sehr bezeichnend ist.

DIE JUNGE FRAU Was ist das für eine Geschichte?

DER JUNGE HERR Da ist eine ganze Gesellschaft von Kavallerieoffizieren zusammen –

DIE JUNGE FRAU So.

DER JUNGE HERR Und die erzählen von ihren Liebesabenteuern. Und jeder berichtet, daß ihm bei der Frau, die er am meisten, weißt du, am leidenschaftlichsten geliebt hat ... daß ihn die, daß er die – also kurz und gut, daß es jedem bei dieser Frau so gegangen ist wie jetzt mir.

DIE JUNGE FRAU Ja.

DER JUNGE HERR Das ist sehr charakteristisch.

DIE JUNGE FRAU Ja.

DER JUNGE HERR Es ist noch nicht aus. Ein einziger behauptet ... es sei ihm in seinem ganzen Leben noch nicht passiert, aber, setzt Stendhal hinzu – das war ein berüchtigter Bramarbas.

DIE JUNGE FRAU So. –

DER JUNGE HERR Und doch verstimmt es einen, das ist das Dumme, so gleichgültig es eigentlich ist.

DIE JUNGE FRAU Freilich. Überhaupt weißt du ... du hast mir ja versprochen, brav zu sein.

DER JUNGE HERR Geh, nicht lachen, das bessert die Sache nicht.

DIE JUNGE FRAU Aber nein, ich lache ja nicht. Das von Stendhal ist wirklich interessant. Ich habe immer gedacht, daß nur bei älteren ... oder bei sehr ... weißt du, bei Leuten, die viel gelebt haben ...

DER JUNGE HERR Was fällt dir ein. Das hat damit gar nichts zu tun. Ich habe übrigens die hübscheste Geschichte aus dem Stendhal ganz vergessen. Da ist einer von den Kavallerieoffizieren, der erzählt sogar, daß er drei Nächte oder gar sechs ... ich weiß nicht mehr, mit einer Frau zusammen war, die er durch Wochen hindurch verlangt hat – désirée – verstehst du – und die haben alle diese Nächte hindurch nichts getan als vor Glück geweint ... beide ...

DIE JUNGE FRAU Beide?

DER JUNGE HERR Ja. Wundert dich das? Ich find das so begreiflich – gerade wenn man sich liebt.

DIE JUNGE FRAU Aber es gibt gewiß viele, die nicht weinen.

DER JUNGE HERR *nervös* Gewiß ... das ist ja auch ein exceptioneller Fall.

DIE JUNGE FRAU Ah – ich dachte, Stendhal sagte, alle Kavallerieoffiziere weinen bei dieser Gelegenheit.

DER JUNGE HERR Siehst du, jetzt machst du dich doch lustig.

DIE JUNGE FRAU Aber was fällt dir ein! Sei doch nicht kindisch, Alfred!

DER JUNGE HERR Es macht nun einmal nervös ... Dabei habe ich die Empfindung, daß du ununterbrochen daran denkst. Das geniert mich erst recht.

DIE JUNGE FRAU Ich denke absolut nicht daran.

DER JUNGE HERR O ja. Wenn ich nur überzeugt wäre, daß du mich liebst.

DIE JUNGE FRAU Verlangst du noch mehr Beweise?

DER JUNGE HERR Siehst du ... immer machst du dich lustig.

DIE JUNGE FRAU Wieso denn? Komm, gib mir dein süßes Kopferl.

DER JUNGE HERR Ach, das tut wohl.

DIE JUNGE FRAU Hast du mich lieb?

DER JUNGE HERR O, ich bin ja so glücklich.

DIE JUNGE FRAU Aber du brauchst nicht auch noch zu weinen.

DER JUNGE HERR *sich von ihr entfernend, höchst irritiert* Wieder, wieder. Ich hab dich ja so gebeten ...

DIE JUNGE FRAU Wenn ich dir sage, daß du nicht weinen sollst...

DER JUNGE HERR Du hast gesagt: auch noch zu weinen.

DIE JUNGE FRAU Du bist nervös, mein Schatz.

DER JUNGE HERR Das weiß ich.

DIE JUNGE FRAU Aber du sollst es nicht sein. Es ist mir sogar lieb, daß es ... daß wir sozusagen als gute Kameraden ...

DER JUNGE HERR Schon wieder fangs du an.

DIE JUNGE FRAU Erinnerst du dich denn nicht! Das war eines unserer ersten Gespräche. Gute Kameraden haben wir sein wollen; nichts weiter. Oh, das war schön ... das war bei meiner Schwester, im Jänner auf dem großen Ball, während der Quadrille ... Um Gottes willen, ich sollte ja längst fort sein ... meine Schwester erwartet mich ja – was werd ich ihr denn sagen ... Adieu, Alfred –

DER JUNGE HERR Emma –! So willst du mich verlassen!

DIE JUNGE FRAU Ja – so! –

DER JUNGE HERR Noch fünf Minuten ...

DIE JUNGE FRAU Gut. Noch fünf Minuten. Aber du mußt mir versprechen ... dich nicht zu rühren? ... Ja? ... Ich will dir noch einen Kuß zum Abschied geben ... Pst ... ruhig ... nicht rühren, hab ich gesagt, sonst steh ich gleich auf, du mein süßer ... süßer ...

DER JUNGE HERR Emma ... meine ange ...

– –

DIE JUNGE FRAU Mein Alfred –

DER JUNGE HERR Ah, bei dir ist der Himmel.

DIE JUNGE FRAU Aber jetzt muß ich wirklich fort.

DER JUNGE HERR Ach, laß deine Schwester warten.

DIE JUNGE FRAU Nach Haus muß ich. Für meine Schwester ists längst zu spät. Wieviel Uhr ist es denn eigentlich?

DER JUNGE HERR Ja, wie soll ich das eruieren?

DIE JUNGE FRAU Du mußt eben auf die Uhr sehen.

DER JUNGE HERR Meine Uhr ist in meinem Gilet.

DIE JUNGE FRAU So hol sie.

DER JUNGE HERR *steht mit einem mächtigen Ruck auf* Acht.

DIE JUNGE FRAU *erhebt sich rasch* Um Gottes willen ... Rasch,

Alfred, gib mir meine Strümpfe. Was soll ich denn nur sagen? Zu Hause wird man sicher schon auf mich warten ... acht Uhr ...

DER JUNGE HERR Wann seh ich dich denn wieder?

DIE JUNGE FRAU Nie.

DER JUNGE HERR Emma! Hast du mich denn nicht mehr lieb?

DIE JUNGE FRAU Eben darum. Gib mir meine Schuhe.

DER JUNGE HERR Niemals wieder? Hier sind die Schuhe.

DIE JUNGE FRAU In meinem Sack ist ein Schuhknöpfler. Ich bitt dich, rasch ...

DER JUNGE HERR Hier ist der Knöpfler.

DIE JUNGE FRAU Alfred, das kann uns beide den Hals kosten.

DER JUNGE HERR *höchst unangenehm berührt* Wieso?

DIE JUNGE FRAU Ja, was soll ich denn sagen, wenn er mich fragt: Woher kommst du?

DER JUNGE HERR Von der Schwester.

DIE JUNGE FRAU Ja, wenn ich lügen könnte.

DER JUNGE HERR Na, du muß es eben tun.

DIE JUNGE FRAU Alles für so einen Menschen. Ach, komm her ... laß dich noch einmal küssen. *Sie umarmt ihn* – Und jetzt – – laß mich allein, geh ins andere Zimmer. Ich kann mich nicht anziehen, wenn du dabei bist.

DER JUNGE HERR *geht in den Salon, wo er sich ankleidet. Er ißt etwas von der Bäckerei, trinkt ein Glas Cognac.*

DIE JUNGE FRAU *ruft nach einer Weile* Alfred!

DER JUNGE HERR Mein Schatz.

DIE JUNGE FRAU Es ist doch besser, daß wir nicht geweint haben.

DER JUNGE HERR *nicht ohne Stolz lächelnd* Wie kann man so frivol reden –

DIE JUNGE FRAU Wie wird das jetzt nur sein – wenn wir uns zufällig wieder einmal in Gesellschaft begegnen?

DER JUNGE HERR Zufällig – einmal ... Du bist ja morgen sicher auch bei Lobheimers?

DIE JUNGE FRAU Ja. Du auch?

DER JUNGE HERR Freilich. Darf ich dich um den Kotillon bitten?

DIE JUNGE FRAU Oh, ich werde nicht hinkommen. Was glaubst du denn? – Ich würde ja ... *sie tritt völlig angekleidet in den Salon, nimmt eine Schokoladenbäckerei* ... in die Erde sinken.

DER JUNGE HERR Also morgen bei Lobheimer, das ist schön.

DIE JUNGE FRAU Nein, nein ... ich sage ab; bestimmt –

DER JUNGE HERR Also übermorgen ... hier.

DIE JUNGE FRAU Was fällt dir ein?

DER JUNGE HERR Um sechs ...

DIE JUNGE FRAU Hier an der Ecke stehen Wagen, nicht wahr? –

DER JUNGE HERR Ja, soviel du willst. Also übermorgen hier um sechs. So sag doch ja, mein geliebter Schatz.

DIE JUNGE FRAU ... Das besprechen wir morgen beim Kotillon.

DER JUNGE HERR *umarmt sie* Mein Engel.

DIE JUNGE FRAU Nicht wieder meine Frisur ruinieren.

DER JUNGE HERR Also morgen bei Lobheimers und übermorgen in meinen Armen.

DIE JUNGE FRAU Leb wohl ...

DER JUNGE HERR *plötzlich wieder besorgt* Und was wirst du – ihm heut sagen? –

DIE JUNGE FRAU Frag nicht... frag nicht... es ist zu schrecklich. – Warum hab ich dich so lieb! – Adieu. – Wenn ich wieder Menschen auf der Stiege begegne, trifft mich der Schlag. – Pah! –

DER JUNGE HERR *küßt ihr noch einmal die Hand.*

DIE JUNGE FRAU *geht.*

DER JUNGE HERR *bleibt allein zurück. Dann setzt er sich auf den Diwan. Er lächelt vor sich hin und sagt zu sich selbst* Also jetzt hab ich ein Verhältnis mit einer anständigen Frau.

V

DIE JUNGE FRAU UND DER EHEMANN

Ein behagliches Schlafgemach.
Es ist halb elf Uhr nachts. Die Frau liegt zu Bette und liest.
Der Gatte tritt eben, im Schlafrock, ins Zimmer.

DIE JUNGE FRAU *ohne aufzuschauen* Du arbeitest nicht mehr?

DER GATTE Nein. Ich bin zu müde. Und außerdem ...

DIE JUNGE FRAU Nun? –

DER GATTE Ich hab mich an meinem Schreibtisch plötzlich so einsam gefühlt. Ich habe Sehnsucht nach dir bekommen.

DIE JUNGE FRAU *schaut auf* Wirklich?

DER GATTE *setzt sich zu ihr aufs Bett* Lies heute nicht mehr. Du wirst dir die Augen verderben.

DIE JUNGE FRAU *schlägt das Buch zu* Was hast du denn?

DER GATTE Nichts, mein Kind. Verliebt bin ich in dich! Das weißt du ja!

DIE JUNGE FRAU Man könnte es manchmal fast vergessen.

DER GATTE Man muß es sogar manchmal vergessen.

DIE JUNGE FRAU Warum?

DER GATTE Weil die Ehe sonst etwas Unvollkommenes wäre. Sie würde ... wie soll ich nur sagen ... sie würde ihre Heiligkeit verlieren.

DIE JUNGE FRAU Oh ...

DER GATTE Glaube mir – es ist so ... Hätten wir in den fünf Jahren, die wir jetzt miteinander verheiratet sind, nicht manchmal vergessen, daß wir ineinander verliebt sind – wir wären es wohl gar nicht mehr.

DIE JUNGE FRAU Das ist mir zu hoch.

DER GATTE Die Sache ist einfach die: wir haben vielleicht schon zehn oder zwölf Liebschaften miteinander gehabt ... Kommt es dir nicht auch so vor?

DIE JUNGE FRAU Ich hab nicht gezählt! –

DER GATTE Hätten wir gleich die erste bis zum Ende durchgekostet, hätte ich mich von Anfang an meiner Leidenschaft für dich willenlos hingegeben, es wäre uns gegangen wie den Millionen von anderen Liebespaaren. Wir wären fertig miteinander.

DIE JUNGE FRAU Ah ... so meinst du das?

DER GATTE Glaube mir – Emma – in den ersten Tagen unserer Ehe hatte ich Angst, daß es so kommen würde.

DIE JUNGE FRAU Ich auch.

DER GATTE Siehst du? Hab ich nicht recht gehabt? Darum ist es gut, immer wieder für einige Zeit nur in guter Freundschaft miteinander hinzuleben.

DIE JUNGE FRAU Ach so.

DER GATTE Und so kommt es, daß wir immer wieder neue Flitterwochen miteinander durchleben können, da ich es nie drauf ankommen lasse, die Flitterwochen ...

DIE JUNGE FRAU Zu Monaten auszudehnen.

DER GATTE Richtig.

DIE JUNGE FRAU Und jetzt ... scheint also wieder eine Freundschaftsperiode abgelaufen zu sein –?

DER GATTE *sie zärtlich an sich drückend* Es dürfte so sein.

DIE JUNGE FRAU Wenn es aber ... bei mir anders wäre.

DER GATTE Es ist bei dir nicht anders. Du bist ja das klügste und entzückendste Wesen, das es gibt. Ich bin sehr glücklich, daß ich dich gefunden habe.

DIE JUNGE FRAU Das ist aber nett, wie du den Hof machen kannst – von Zeit zu Zeit.

DER GATTE *hat sich auch zu Bett begeben* Für einen Mann, der sich ein bißchen in der Welt umgesehen hat – geh, leg den Kopf an meine Schulter – der sich in der Welt umgesehen hat, bedeutet die Ehe eigentlich etwas viel Geheimnisvolleres als für euch junge Mädchen aus guter Familie. Ihr tretet uns rein und ... wenigstens bis zu einem gewissen Grad unwissend entgegen, und darum habt ihr eigentlich einen viel klareren Blick für das Wesen der Liebe als wir.

DIE JUNGE FRAU *lachend* Oh!

DER GATTE Gewiß. Denn wir sind ganz verwirrt und unsicher geworden durch die vielfachen Erlebnisse, die wir notgedrungen vor der Ehe durchzumachen haben. Ihr hört ja viel und wißt zuviel und lest ja wohl eigentlich auch zuviel, aber einen rechten Begriff von dem, was wir Männer in der Tat erleben, habt ihr ja doch nicht. Uns wird das, was man so gemeinhin die Liebe nennt, recht gründlich widerwärtig gemacht; denn was sind das schließlich für Geschöpfe, auf die wir angewiesen sind!

DIE JUNGE FRAU Ja, was sind das für Geschöpfe?

DER GATTE *küßt sie auf die Stirn* Sei froh, mein Kind, daß du nie einen Einblick in diese Verhältnisse erhalten hast. Es sind übrigens meist recht bedauernswerte Wesen – werfen wir keinen Stein auf sie.

DIE JUNGE FRAU Bitt dich – dieses Mitleid. – Das kommt mir da gar nicht recht angebracht vor.

DER GATTE *mit schöner Milde* Sie verdienen es. Ihr, die ihr junge Mädchen aus guter Familie wart, die ruhig unter Obhut euerer Eltern auf den Ehrenmann warten konntet, der euch zur Ehe begehrte; – ihr kennt ja das Elend nicht, das die meisten von diesen armen Geschöpfen der Sünde in die Arme treibt.

DIE JUNGE FRAU So verkaufen sich denn alle?

DER GATTE Das möchte ich nicht sagen. Ich mein ja auch nicht nur das materielle Elend. Aber es gibt auch – ich möchte sagen – ein sittliches Elend; eine mangelhafte Auffassung für das, was erlaubt, und insbesondere für das, was edel ist.

DIE JUNGE FRAU Aber warum sind die zu bedauern? – Denen gehts ja ganz gut?

DER GATTE Du hast sonderbare Ansichten, mein Kind. Du darfst nicht vergessen, daß solche Wesen von Natur aus bestimmt sind, immer tiefer und tiefer zu fallen. Da gibt es kein Aufhalten.

DIE JUNGE FRAU *sich an ihn schmiegend* Offenbar fällt es sich ganz angenehm.

DER GATTE *peinlich berührt* Wie kannst du so reden, Emma. Ich denke doch, daß es gerade für euch anständige Frauen nichts Widerwärtigeres geben kann als alle diejenigen, die es nicht sind.

DIE JUNGE FRAU Freilich, Karl, freilich. Ich habs ja auch nur so gesagt. Geh, erzähl weiter. Es ist so nett, wenn du so redst. Erzähl mir was.

DER GATTE Was denn?

DIE JUNGE FRAU Nun – von diesen Geschöpfen.

DER GATTE Was fällt dir denn ein?

DIE JUNGE FRAU Schau, ich hab dich schon früher, weißt du, ganz im Anfang hab ich dich immer gebeten, du sollst mir aus deiner Jugend was erzählen.

DER GATTE Warum interessiert dich denn das?

DIE JUNGE FRAU Bist du denn nicht mein Mann? Und ist das nicht geradezu eine Ungerechtigkeit, daß ich von deiner Vergangenheit eigentlich gar nichts weiß? –

DER GATTE Du wirst mich doch nicht für so geschmacklos halten, daß ich – Genug, Emma ... das ist ja wie eine Entweihung.

DIE JUNGE FRAU Und doch hast du ... wer weiß wieviel andere Frauen gerade so in den Armen gehalten, wie jetzt mich.

DER GATTE Sag doch nicht »Frauen«. Frau bist du.

DIE JUNGE FRAU Aber eine Frage mußt du mir beantworten ... sonst ... sonst ... ists nichts mit den Flitterwochen.

DER GATTE Du hast eine Art, zu reden ... denk doch, daß du Mutter bist ... daß unser Mäderl da drin liegt ...

DIE JUNGE FRAU *an ihn sich schmiegend* Aber ich möcht auch einen Buben.

DER GATTE Emma!

DIE JUNGE FRAU Geh, sei nicht so ... freilich bin ich deine Frau ... aber ich möchte auch ein bissel ... deine Geliebte sein.

DER GATTE Möchtest du? ...

DIE JUNGE FRAU Also – zuerst meine Frage.

DER GATTE *gefügig* Nun?

DIE JUNGE FRAU War ... eine verheiratete Frau – unter ihnen?

DER GATTE Wieso? – Wie meinst du das?

DIE JUNGE FRAU Du weißt schon.

DER GATTE *leicht beunruhigt* Wie kommst du auf diese Frage?

DIE JUNGE FRAU Ich möchte wissen, ob es ... das heißt – es gibt solche Frauen ... das weiß ich. Aber ob du ...

DER GATTE *ernst* Kennst du eine solche Frau?

DIE JUNGE FRAU Ja, ich weiß das selber nicht.

DER GATTE Ist unter deinen Freundinnen vielleicht eine solche Frau?

DIE JUNGE FRAU Ja, wie kann ich das mit Bestimmtheit behaupten – oder verneinen?

DER GATTE Hat dir vielleicht einmal eine deiner Freundinnen ... Man spricht über gar manches, wenn man so – die Frauen unter sich – hat dir eine gestanden –?

DIE JUNGE FRAU *unsicher* Nein.

DER GATTE Hast du bei irgendeiner deiner Freundinnen den Verdacht, daß sie ...

DIE JUNGE FRAU Verdacht ... oh ... Verdacht.

DER GATTE Es scheint.

DIE JUNGE FRAU Gewiß nicht, Karl, sicher nicht. Wenn ich mirs so überlege – ich trau es doch keiner zu.

DER GATTE Keiner?

DIE JUNGE FRAU Von meinen Freundinnen keiner.

DER GATTE Versprich mir etwas, Emma.

DIE JUNGE FRAU Nun?

DER GATTE Daß du nie mit einer Frau verkehren wirst, bei der du auch den leisesten Verdacht hast, daß sie ... kein ganz tadelloses Leben führt.

DIE JUNGE FRAU Das muß ich dir erst versprechen?

DER GATTE Ich weiß ja, daß du den Verkehr mit solchen Frauen nicht suchen wirst. Aber der Zufall könnte es fügen, daß du ... Ja, es ist sogar sehr häufig, daß gerade solche Frauen, deren Ruf nicht der beste ist, die Gesellschaft von anständigen Frauen suchen, teils um sich ein Relief zu geben, teils aus einem gewissen ... wie soll ich sagen ... aus einem gewissen Heimweh nach der Tugend.

DIE JUNGE FRAU So.

DER GATTE Ja. Ich glaube, daß das sehr richtig ist, was ich da gesagt habe. Heimweh nach der Tugend. Denn, daß diese Frauen alle eigentlich sehr unglücklich sind, das kannst du mir glauben.

DIE JUNGE FRAU Warum?

DER GATTE Du fragst, Emma? – Wie kannst du denn nur fragen? – Stell dir doch vor, was diese Frauen für eine Existenz führen! Voll Lüge, Tücke, Gemeinheit und voll Gefahren.

DIE JUNGE FRAU Ja freilich. Da hast du schon Recht.

DER GATTE Wahrhaftig – sie bezahlen das bißchen Glück ... das bißchen ...

DIE JUNGE FRAU Vergnügen.

DER GATTE Warum Vergnügen? Wie kommst du darauf, das Vergnügen zu nennen?

DIE JUNGE FRAU Nun – etwas muß es doch sein –! Sonst täten sie's ja nicht.

DER GATTE Nichts ist es ... ein Rausch.

DIE JUNGE FRAU *nachdenklich* Ein Rausch.

DER GATTE Nein, es ist nicht einmal ein Rausch. Wie immer – teuer bezahlt, das ist gewiß!

DIE JUNGE FRAU Also ... du hast das einmal mitgemacht – nicht wahr?

DER GATTE Ja, Emma. – Es ist meine traurigste Erinnerung.

DIE JUNGE FRAU Wer ists? Sag! Kenn ich sie?

DER GATTE Was fällt dir denn ein?

DIE JUNGE FRAU Ists lange her? War es sehr lang, bevor du mich geheiratet hast?

DER GATTE Frag nicht. Ich bitt dich, frag nicht.

DIE JUNGE FRAU Aber Karl!

DER GATTE Sie ist tot.

DIE JUNGE FRAU Im Ernst?

DER GATTE Ja ... es klingt fast lächerlich, aber ich habe die Empfindung, daß alle diese Frauen jung sterben.

DIE JUNGE FRAU Hast du sie sehr geliebt?

DER GATTE Lügnerinnen liebt man nicht.

DIE JUNGE FRAU Also warum ...

DER GATTE Ein Rausch ...

DIE JUNGE FRAU Also doch?

DER GATTE Sprich nicht mehr davon, ich bitt dich. Alles das ist lang vorbei. Geliebt hab ich nur eine – das bist du. Man liebt nur, wo Reinheit und Wahrheit ist.

DIE JUNGE FRAU Karl!

DER GATTE Oh, wie sicher, wie wohl fühlt man sich in solchen Armen. Warum hab ich dich nicht schon als Kind gekannt?

Ich glaube, dann hätt ich andere Frauen überhaupt nicht an gesehen.

DIE JUNGE FRAU Karl!

DER GATTE Und schön bist du! ... schön! ... O komm ..

Er löscht das Licht aus.

- -

DIE JUNGE FRAU Weißt du, woran ich heute denken muß?

DER GATTE Woran, mein Schatz?

DIE JUNGE FRAU An ... an ... an Venedig.

DER GATTE Die erste Nacht ...

DIE JUNGE FRAU Ja ... so ...

DER GATTE Was denn –? So sags doch!

DIE JUNGE FRAU So lieb hast du mich heut.

DER GATTE Ja, so lieb.

DIE JUNGE FRAU Ah ... Wenn du immer ...

DER GATTE *in ihren Armen* Wie?

DIE JUNGE FRAU Mein Karl!

DER GATTE Was meintest du? Wenn ich immer ...

DIE JUNGE FRAU Nun ja.

DER GATTE Nun, was wär denn, wenn ich immer ...?

DIE JUNGE FRAU Dann wüßt ich eben immer, daß du mich lie hast.

DER GATTE Ja. Du mußt es aber auch so wissen. Man ist nich immer der liebende Mann, man muß auch zuweilen hinau ins feindliche Leben, muß kämpfen und streben! Das vergi nie, mein Kind! Alles hat seine Zeit in der Ehe – das ist ebe das Schöne. Es gibt nicht viele, die sich noch nach fünf Jahre an – ihr Venedig erinnern.

DIE JUNGE FRAU Freilich!

DER GATTE Und jetzt ... gute Nacht, mein Kind.

DIE JUNGE FRAU Gute Nacht!

VI

Der Gatte und das süsse Mädel

Ein Cabinet particulier im Riedhof. Behagliche, mäßige Eleganz. Der Gasofen brennt.

Der Gatte, das süße Mädel

Auf dem Tisch sind die Reste einer Mahlzeit zu sehen, Oberssschaumbaisers, Obst, Käse. In den Weingläsern ein ungarischer weißer Wein.

DER GATTE *raucht eine Havannazigarre, er lehnt in der Ecke des Diwans.*

DAS SÜSSE MÄDEL *sitzt neben ihm auf dem Sessel und löffelt aus einem Baiser den Oberssschaum heraus, den sie mit Behagen schlürft.*

DER GATTE Schmeckts?

DAS SÜSSE MÄDEL *läßt sich nicht stören* Oh!

DER GATTE Willst du noch eins?

DAS SÜSSE MÄDEL Nein, ich hab so schon zuviel gegessen.

DER GATTE Du hast keinen Wein mehr. *Er schenkt ein.*

DAS SÜSSE MÄDEL Nein ... aber schaun S', ich laß ihn ja eh stehen.

DER GATTE Schon wieder sagst du Sie.

DAS SÜSSE MÄDEL So' – Ja wissen S', man gewöhnt sich halt so schwer.

DER GATTE Weißt du.

DAS SÜSSE MÄDEL Was denn?

DER GATTE Weißt du, sollst du sagen; nicht wissen S'. – Komm, setz dich zu mir.

DAS SÜSSE MÄDEL Gleich ... bin noch nicht fertig.

DER GATTE *steht auf, stellt sich hinter den Sessel und umarmt das süße Mädel, indem er ihren Kopf zu sich wendet.*

DAS SÜSSE MÄDEL Na, was ist denn?

DER GATTE Einen Kuß möcht ich haben.

DAS SÜSSE MÄDEL *gibt ihm einen Kuß* Sie sind ... o pardon, du bist ein kecker Mensch.

DER GATTE Jetzt fällt dir das ein?

DAS SÜSSE MÄDEL Ah nein, eingefallen ist es mir schon früher ... schon auf der Gassen. – Sie müssen –

DER GATTE Du mußt.

DAS SÜSSE MÄDEL Du mußt dir eigentlich was Schönes von mir denken.

DER GATTE Warum denn?

DAS SÜSSE MÄDEL Daß ich gleich so mit Ihnen ins chambre séparée gegangen bin.

DER GATTE Na, gleich kann man doch nicht sagen.

DAS SÜSSE MÄDEL Aber Sie können halt so schön bitten.

DER GATTE Findest du?

DAS SÜSSE MÄDEL Und schließlich, was ist denn dabei?

DER GATTE Freilich.

DAS SÜSSE MÄDEL Ob man spazierengeht oder –

DER GATTE Zum Spazierengehen ist's es auch viel zu kalt.

DAS SÜSSE MÄDEL Natürlich ist's zu kalt gewesen.

DER GATTE Aber da ist es angenehm warm; was? *Er hat sich wieder niedergesetzt, umschlingt das süße Mädel und zieht sie an seine Seite.*

DAS SÜSSE MÄDEL *schwach* Na.

DER GATTE Jetzt sag einmal ... Du hast mich schon früher bemerkt gehabt, was?

DAS SÜSSE MÄDEL Natürlich. Schon in der Singerstraßen.

DER GATTE Nicht heut, mein ich. Auch vorgestern und vorvorgestern, wie ich dir nachgegangen bin.

DAS SÜSSE MÄDEL Mir gehn gar viele nach.

DER GATTE Das kann ich mir denken. Aber ob du mich bemerkt hast.

DAS SÜSSE MÄDEL Wissen S' ... ah ... weißt, was mir neulich passiert ist? Da ist mir der Mann von meiner Cousine nachg'stiegen in der Dunkeln und hat mich nicht kennt.

DER GATTE Hat er dich angesprochen?

DAS SÜSSE MÄDEL Aber was glaubst denn? Meinst, es ist jeder so keck wie du?

DER GATTE Aber es kommt doch vor.

DAS SÜSSE MÄDEL Natürlich kommts vor.

DER GATTE Na, was machst du da?

DAS SÜSSE MÄDEL Na, nichts. – Keine Antwort geb ich halt.

DER GATTE Hm ... mir hast du aber eine Antwort gegeben.

DAS SÜSSE MÄDEL Na, sind S' vielleicht bös?

DER GATTE *küßt sie heftig* Deine Lippen schmecken nach dem Oberssschaum.

DAS SÜSSE MÄDEL Oh, die sind von Natur aus süß.

DER GATTE Das haben dir schon viele gesagt?

DAS SÜSSE MÄDEL Viele!! Was du dir wieder einbildest!

DER GATTE Na, sei einmal ehrlich. Wie viele haben den Mund da schon geküßt?

DAS SÜSSE MÄDEL Was fragst mich denn? Du möchtst mirs ja doch nicht glauben, wenn ich dirs sag!

DER GATTE Warum denn nicht?

DAS SÜSSE MÄDEL Rat einmal!

DER GATTE Na, sagen wir – aber du darfst nicht bös sein?

DAS SÜSSE MÄDEL Warum sollt ich denn bös sein?

DER GATTE Also ich schätze ... zwanzig.

DAS SÜSSE MÄDEL *sich von ihm losmachend* Na – warum nicht gleich hundert?

DER GATTE Ja, ich hab eben geraten.

DAS SÜSSE MÄDEL Da hast du aber nicht gut geraten.

DER GATTE Also zehn.

DAS SÜSSE MÄDEL *beleidigt* Freilich. Eine, die sich auf der Gassen anreden läßt und gleich mitgeht ins chambre séparée!

DER GATTE Sei doch nicht so kindisch. Ob man auf der Straßen herumläuft oder in einem Zimmer sitzt ... Wir sind doch da in einem Gasthaus. Jeden Moment kann der Kellner hereinkommen – da ist doch wirklich gar nichts dran ...

DAS SÜSSE MÄDEL Das hab ich mir eben auch gedacht.

DER GATTE Warst du schon einmal in einem chambre séparée?

DAS SÜSSE MÄDEL Also, wenn ich die Wahrheit sagen soll: ja.

DER GATTE Siehst du, das g'fallt mir, daß du doch wenigstens aufrichtig bist.

DAS SÜSSE MÄDEL Aber nicht so – wie du dirs wieder denkst. Mit einer Freundin und ihrem Bräutigam bin ich im chambre séparée gewesen, heuer im Fasching einmal.

DER GATTE Es wär ja auch kein Malheur, wenn du einmal – mit deinem Geliebten –

DAS SÜSSE MÄDEL Natürlich wärs kein Malheur. Aber ich hab kein Geliebten.

DER GATTE Na geh.

DAS SÜSSE MÄDEL Meiner Seel, ich hab keinen.

DER GATTE Aber du wirst mir doch nicht einreden wollen, daß ich ...

DAS SÜSSE MÄDEL Was denn? ... Ich hab halt keinen – schon seit mehr als einem halben Jahr.

DER GATTE Ah so ... Aber vorher? Wer wars denn?

DAS SÜSSE MÄDEL Was sind S' denn gar so neugierig?

DER GATTE Ich bin neugierig, weil ich dich liebhab.

DAS SÜSSE MÄDEL Is wahr?

DER GATTE Freilich. Das mußt du doch merken. Erzähl mir also. *Drückt sie fest an sich.*

DAS SÜSSE MÄDEL Was soll ich dir denn erzählen?

DER GATTE So laß dich doch nicht so lang bitten. Wers gewesen ist, möcht ich wissen.

DAS SÜSSE MÄDEL *lachend* Na ein Mann halt.

DER GATTE Also – also – wer wars?

DAS SÜSSE MÄDEL Ein bisserl ähnlich hat er dir gesehen.

DER GATTE So.

DAS SÜSSE MÄDEL Wenn du ihm nicht so ähnlich schauen tätst–

DER GATTE Was wär dann?

DAS SÜSSE MÄDEL Na also frag nicht, wennst schon siehst, daß...

DER GATTE *versteht* Also darum hast du dich von mir anreden lassen.

DAS SÜSSE MÄDEL Na also ja.

DER GATTE Jetzt weiß ich wirklich nicht, soll ich mich freuen oder soll ich mich ärgern.

DAS SÜSSE MÄDEL Na, ich an deiner Stell tät mich freuen.

DER GATTE Na ja.

DAS SÜSSE MÄDEL Und auch im Reden erinnerst du mich so an ihn ... und wie du einen anschaust ...

DER GATTE Was ist er denn gewesen?

DAS SÜSSE MÄDEL Nein, die Augen –

DER GATTE Wie hat er denn geheißen?

DAS SÜSSE MÄDEL Nein, schau mich nicht so an, ich bitt dich.

DER GATTE *umfängt sie. Langer heißer Kuß.*

DAS SÜSSE MÄDEL *schüttelt sich, will aufstehen.*

DER GATTE Warum gehst du fort von mir?

DAS SÜSSE MÄDEL Es wird Zeit zum Z'hausgehen.

DER GATTE Später.

DAS SÜSSE MÄDEL Nein, ich muß wirklich zuhaus gehen. Was glaubst denn, was die Mutter sagen wird.

DER GATTE Du wohnst bei deiner Mutter?

DAS SÜSSE MÄDEL Natürlich wohn ich bei meiner Mutter. Was hast denn geglaubt?

DER GATTE So – bei der Mutter. Wohnst du allein mit ihr?

DAS SÜSSE MÄDEL Ja freilich allein! Fünf sind wir! Zwei Buben und noch zwei Mädeln.

DER GATTE So setz dich doch nicht so weit fort von mir. Bist du die Älteste?

DAS SÜSSE MÄDEL Nein, ich bin die zweite. Zuerst kommt die

Kathi; die ist im G'schäft, in einer Blumenhandlung, dann komm ich.

DER GATTE Wo bist du?

DAS SÜSSE MÄDEL Na, ich bin z'haus.

DER GATTE Immer?

DAS SÜSSE MÄDEL Es muß doch eine z'haus sein.

DER GATTE Freilich. Ja – und was sagst du denn eigentlich deiner Mutter, wenn du – so spät nach Haus kommst?

DAS SÜSSE MÄDEL Das ist ja so eine Seltenheit.

DER GATTE Also heut zum Beispiel. Deine Mutter fragt dich doch?

DAS SÜSSE MÄDEL Natürlich fragts mich. Da kann ich Obacht geben, soviel ich will – wenn ich nach Haus komm, wachts auf.

DER GATTE Also, was sagst du ihr da?

DAS SÜSSE MÄDEL Na, im Theater werd ich halt gewesen sein.

DER GATTE Und glaubt sie das?

DAS SÜSSE MÄDEL Na, warum soll s' mir denn nicht glauben? Ich geh ja oft ins Theater. Erst am Sonntag war ich in der Oper mit meiner Freundin und ihrem Bräutigam und mein ältern Bruder.

DER GATTE Woher habt ihr denn da die Karten?

DAS SÜSSE MÄDEL Aber, mein Bruder ist ja Friseur!

DER GATTE Ja, die Friseure ... ah, wahrscheinlich Theaterfriseur.

DAS SÜSSE MÄDEL Was fragst mich denn so aus?

DER GATTE Es interessiert mich halt. Und was ist denn der andere Bruder?

DAS SÜSSE MÄDEL Der geht noch in die Schul. Der will ein Lehrer werden. Nein ... so was!

DER GATTE Und dann hast du noch eine kleine Schwester?

DAS SÜSSE MÄDEL Ja, die ist noch ein Fratz, aber auf die muß man schon heut so aufpassen. Hast du denn eine Idee, wie die Mädeln in der Schule verdorben werden! Was glaubst! Neulich hab ich sie bei einem Rendezvous erwischt.

DER GATTE Was?

DAS SÜSSE MÄDEL Ja! Mit einem Buben von der Schul vis-a-vis ist sie abends um halber acht in der Strozzigasse spazierengegangen. So ein Fratz!

DER GATTE Und, was hast du da gemacht?

DAS SÜSSE MÄDEL Na, Schläg hat s' kriegt!

DER GATTE So streng bist du?

DAS SÜSSE MÄDEL Na, wer solls denn sein? Die Ältere ist im

G'schäft, die Mutter tut nichts als raunzen; – kommt immer alles auf mich.

DER GATTE Herrgott, bist du lieb! *Küßt sie und wird zärtlicher* Du erinnerst mich auch an wen.

DAS SÜSSE MÄDEL So – an wen denn?

DER GATTE An keine bestimmte ... an die Zeit ... na, halt an meine Jugend. Geh, trink, mein Kind!

DAS SÜSSE MÄDEL Ja, wie alt bist du denn? Du ... ja ... ich weiß ja nicht einmal, wie du heißt.

DER GATTE Karl.

DAS SÜSSE MÄDEL Ists möglich! Karl heißt du?

DER GATTE Er hat auch Karl geheißen?

DAS SÜSSE MÄDEL Nein, das ist aber schon das reine Wunder ... das ist ja – nein, die Augen ... Das G'schau ... *schüttelt den Kopf.*

DER GATTE Und wer er war – hast du mir noch immer nicht gesagt.

DAS SÜSSE MÄDEL Ein schlechter Mensch ist er gewesen – das ist g'wiß, sonst hätt er mich nicht sitzenlassen.

DER GATTE Hast ihn sehr gern g'habt?

DAS SÜSSE MÄDEL Freilich hab ich ihn gern g'habt.

DER GATTE Ich weiß, was er war – Leutnant.

DAS SÜSSE MÄDEL Nein, bei Militär war er nicht. Sie haben ihn nicht genommen. Sein Vater hat ein Haus in der ... aber was brauchst du das zu wissen?

DER GATTE *küßt sie* Du hast eigentlich graue Augen, anfangs hab ich gemeint, sie sind schwarz.

DAS SÜSSE MÄDEL Na, sind's dir vielleicht nicht schön genug?

DER GATTE *küßt ihre Augen.*

DAS SÜSSE MÄDEL Nein, nein – das vertrag ich schon gar nicht... oh, bitt dich – o Gott ... nein, laß mich aufstehn ... nur für einen Moment – bitt dich.

DER GATTE *immer zärtlicher* O nein.

DAS SÜSSE MÄDEL Aber ich bitt dich, Karl ...

DER GATTE Wie alt bist du? – achtzehn, was?

DAS SÜSSE MÄDEL Neunzehn vorbei.

DER GATTE Neunzehn ... und ich –

DAS SÜSSE MÄDEL Du bist dreißig ...

DER GATTE Und einige drüber. – Reden wir nicht davon.

DAS SÜSSE MÄDEL Er war auch schon zweiunddreißig, wie ich ihn kennengelernt hab.

DER GATTE Wie lang ist das her?

DAS SÜSSE MÄDEL Ich weiß nimmer ... Du, in dem Wein muß was drin gewesen sein.

DER GATTE Ja, warum denn?

DAS SÜSSE MÄDEL Ich bin ganz ... weißt – mir dreht sich alles.

DER GATTE So halt dich fest an mich. So ... *er drückt sie an sich und wird immer zärtlicher, sie wehrt kaum ab* Ich werd dir was sagen, mein Schatz, wir könnten jetzt wirklich gehn.

DAS SÜSSE MÄDEL Ja ... nach Haus.

DER GATTE Nicht grad nach Haus ...

DAS SÜSSE MÄDEL Was meinst denn? ... O nein, o nein ... ich geh nirgends hin, was fallt dir denn ein –

DER GATTE Also hör mich nur an, mein Kind, das nächste Mal, wenn wir uns treffen, weißt du, da richten wir uns das so ein, daß ... *er ist zu Boden gesunken, hat seinen Kopf in ihrem Schoß* Das ist angenehm, oh, das ist angenehm.

DAS SÜSSE MÄDEL Was machst denn? *Sie küßt seine Haare* ... Du, in dem Wein muß was drin gewesen sein – so schläfrig ... du, was g'schieht denn, wenn ich nimmer aufstehn kann? Aber, aber, schau, aber Karl ... und wenn wer hereinkommt ... ich bitt dich ... der Kellner.

DER GATTE Da ... kommt sein Lebtag ... kein Kellner ... herein ...

– –

DAS SÜSSE MÄDEL *lehnt mit geschlossenen Augen in der Diwanecke.*

DER GATTE *geht in dem kleinen Raum auf und ab, nachdem er sich eine Zigarette angezündet. Längeres Schweigen.*

DER GATTE *betrachtet das süße Mädel lange, für sich* Wer weiß, was das eigentlich für eine Person ist – Donnerwetter ... So schnell. ... War nicht sehr vorsichtig von mir ... Hm ...

DAS SÜSSE MÄDEL *ohne die Augen zu öffnen* In dem Wein muß was drin gewesen sein.

DER GATTE Ja, warum denn?

DAS SÜSSE MÄDEL Sonst ...

DER GATTE Warum schiebst du denn alles auf den Wein?

DAS SÜSSE MÄDEL Wo bist denn? Warum bist denn so weit? Komm doch zu mir.

DER GATTE *zu ihr hin, setzt sich.*

DAS SÜSSE MÄDEL Jetzt sag mir, ob du mich wirklich gern hast.

DER GATTE Das weißt du doch ... *er unterbricht sich rasch* Freilich.

DAS SÜSSE MÄDEL Weißt ... es ist doch ... Geh, sag mir die Wahrheit, was war in dem Wein?

DER GATTE Ja, glaubst du, ich bin ein ... ich bin ein Giftmischer?

DAS SÜSSE MÄDEL Ja, schau, ich verstehs halt nicht. Ich bin doch nicht so ... Wir kennen uns doch erst seit ... Du, ich bin nicht so ... meiner Seel und Gott – wenn du das von mir glauben tätst –

DER GATTE Ja – was machst du dir denn da für Sorgen. Ich glaub gar nichts Schlechtes von dir. Ich glaub halt, daß du mich liebhast.

DAS SÜSSE MÄDEL Ja ...

DER GATTE Schließlich, wenn zwei junge Leut allein in einem Zimmer sind, und nachtmahlen und trinken Wein ... Es braucht gar nichts drin zu sein in dem Wein ...

DAS SÜSSE MÄDEL Ich habs ja auch nur so g'sagt.

DER GATTE Ja, warum denn?

DAS SÜSSE MÄDEL *eher trotzig* Ich hab mich halt g'schämt.

DER GATTE Das ist lächerlich. Dazu liegt gar kein Grund vor. Um so mehr, als ich dich an deinen ersten Geliebten erinnere.

DAS SÜSSE MÄDEL Ja.

DER GATTE An den ersten.

DAS SÜSSE MÄDEL Na ja ...

DER GATTE Jetzt möcht es mich interessieren, wer die anderen waren.

DAS SÜSSE MÄDEL Niemand.

DER GATTE Das ist ja nicht wahr, das kann ja nicht wahr sein.

DAS SÜSSE MÄDEL Geh, bitt dich, sekier mich nicht. –

DER GATTE Willst eine Zigarette?

DAS SÜSSE MÄDEL Nein, ich dank schön.

DER GATTE Weißt du, wie spät es ist?

DAS SÜSSE MÄDEL Na?

DER GATTE Halb zwölf.

DAS SÜSSE MÄDEL So!

DER GATTE Na ... und die Mutter? Die ist es gewöhnt, was?

DAS SÜSSE MÄDEL Willst mich wirklich schon z'haus schicken?

DER GATTE Ja, du hast doch früher selbst –

DAS SÜSSE MÄDEL Geh, du bist aber wie ausgewechselt. Was hab ich dir denn getan?

DER GATTE Aber Kind, was hast du denn, was fällt dir denn ein?

DAS SÜSSE MÄDEL Und es ist nur dein G'schau gewesen, meiner

Seel, sonst hättst du lang ... haben mich schon viele gebeten, ich soll mit ihnen ins chambre séparée gehen.

DER GATTE Na, willst du ... bald wieder mit mir hierher ... oder auch woanders –

DAS SÜSSE MÄDEL Weiß nicht.

DER GATTE Was heißt das wieder: Du weißt nicht.

DAS SÜSSE MÄDEL Na, wenn du mich erst fragst?

DER GATTE Also wann? Ich möcht dich nur vor allem aufklären, daß ich nicht in Wien lebe. Ich komme nur von Zeit zu Zeit auf ein paar Tage her.

DAS SÜSSE MÄDEL Ah geh, du bist kein Wiener?

DER GATTE Wiener bin ich schon. Aber ich lebe jetzt in der Nähe ...

DAS SÜSSE MÄDEL Wo denn?

DER GATTE Ach Gott, das ist ja egal.

DAS SÜSSE MÄDEL Na, fürcht dich nicht, ich komm nicht hin.

DER GATTE O Gott, wenn es dir Spaß macht, kannst du auch hinkommen. Ich lebe in Graz.

DAS SÜSSE MÄDEL Im Ernst?

DER GATTE Na ja, was wundert dich denn dran?

DAS SÜSSE MÄDEL Du bist verheiratet, wie?

DER GATTE *höchst erstaunt* Ja, wie kommst du darauf?

DAS SÜSSE MÄDEL Mir ist halt so vorgekommen.

DER GATTE Und das würde dich gar nicht genieren?

DAS SÜSSE MÄDEL Na, lieber ist mir schon, du bist ledig. – Aber du bist ja doch verheiratet!

DER GATTE Ja, sag mir nur, wie kommst du denn da darauf?

DAS SÜSSE MÄDEL Wenn einer sagt, er lebt nicht in Wien und hat nicht immer Zeit –

DER GATTE Das ist doch nicht so unwahrscheinlich.

DAS SÜSSE MÄDEL Ich glaubs nicht.

DER GATTE Und da möchtest du dir gar kein Gewissen machen, daß du einen Ehemann zur Untreue verführst?

DAS SÜSSE MÄDEL Ah was, deine Frau machts sicher nicht anders als du.

DER GATTE *empört* Du, das verbiet ich mir. Solche Bemerkungen–

DAS SÜSSE MÄDEL Du hast ja keine Frau, hab ich geglaubt.

DER GATTE Ob ich eine hab oder nicht – man macht keine solche Bemerkungen. *Er ist aufgestanden.*

DAS SÜSSE MÄDEL Karl, na Karl, was ist denn? Bist bös? Schau, ich habs ja wirklich nicht gewußt, daß du verheiratet bist.

Ich hab ja nur so g'redt. Geh, komm und sei wieder gut.

DER GATTE *kommt nach ein paar Sekunden zu ihr* Ihr seid wirklich sonderbare Geschöpfe, ihr ... Weiber. *Er wird wieder zärtlich an ihrer Seite.*

DAS SÜSSE MÄDEL Geh ... nicht ... es ist auch schon so spät –

DER GATTE Also jetzt hör mir einmal zu. Reden wir einmal im Ernst miteinander. Ich möcht dich wiedersehen, öfter wiedersehen.

DAS SÜSSE MÄDEL Is wahr?

DER GATTE Aber dazu ist notwendig ... also verlassen muß ich mich auf dich können. Aufpassen kann ich nicht auf dich.

DAS SÜSSE MÄDEL Ah, ich paß schon selber auf mich auf.

DER GATTE Du bist ... na also, unerfahren kann man ja nicht sagen – aber jung bist du – und – die Männer sind im allgemeinen ein gewissenloses Volk.

DAS SÜSSE MÄDEL O jeh!

DER GATTE Ich mein das nicht nur in moralischer Hinsicht. – Na, du verstehst mich sicher.

DAS SÜSSE MÄDEL Ja, sag mir, was glaubst du denn eigentlich von mir?

DER GATTE Also – wenn du mich liebhaben willst – nur mich – so können wirs uns schon einrichten – wenn ich auch für gewöhnlich in Graz wohne. Da, wo jeden Moment wer hereinkommen kann, ist es ja doch nicht das rechte.

DAS SÜSSE MÄDEL *schmiegt sich an ihn.*

DER GATTE Das nächste Mal ... werden wir woanders zusammen sein, ja?

DAS SÜSSE MÄDEL Ja.

DER GATTE Wo wir ganz ungestört sind.

DAS SÜSSE MÄDEL Ja.

DER GATTE *umfängt sie heiß* Das andere besprechen wir im Nachhausfahren. *Steht auf, öffnet die Tür* Kellner ... die Rechnung!

VII

Das süsse Mädel und der Dichter

Ein kleines Zimmer, mit behaglichem Geschmack eingerichtet. Vorhänge, welche das Zimmer halbdunkel machen. Rote Stores. Großer Schreibtisch, auf dem Papiere und Bücher herumliegen. Ein Pianino an der Wand. Das süße Mädel. Der Dichter. Sie kommen eben zusammen herein. Der Dichter schließt zu.

DER DICHTER So, mein Schatz. *Küßt sie.*

DAS SÜSSE MÄDEL *mit Hut und Mantille* Ah! Da ist aber schön! Nur sehen tut man nichts!

DER DICHTER Deine Augen müssen sich an das Halbdunkel gewöhnen. – Diese süßen Augen – *küßt sie auf die Augen.*

DAS SÜSSE MÄDEL Dazu werden die süßen Augen aber nicht Zeit genug haben.

DER DICHTER Warum denn?

DAS SÜSSE MÄDEL Weil ich nur eine Minuten dableib.

DER DICHTER Den Hut leg ab, ja?

DAS SÜSSE MÄDEL Wegen der einen Minuten?

DER DICHTER *nimmt die Nadel aus ihrem Hut und legt den Hut fort* Und die Mantille –

DAS SÜSSE MÄDEL Was willst denn? – Ich muß ja gleich wieder fortgehen.

DER DICHTER Aber du mußt dich doch ausruhn! Wir sind ja drei Stunden gegangen.

DAS SÜSSE MÄDEL Wir sind gefahren.

DER DICHTER Ja, nach Haus – aber in Weidling am Bach sind wir doch drei volle Stunden herumgelaufen. Also setz dich nur schön nieder, mein Kind ... wohin du willst; – hier an den Schreibtisch; – aber nein, das ist nicht bequem. Setz dich auf den Diwan. – So. *Er drückt sie nieder* Bist du sehr müd, so kannst du dich auch hinlegen. So. *Er legt sie auf den Diwan* Da, das Kopferl auf den Polster.

DAS SÜSSE MÄDEL *lachend* Aber ich bin ja gar nicht müd!

DER DICHTER Das glaubst du nur. So – und wenn du schläfrig bist, kannst du auch schlafen. Ich werde ganz still sein. Übrigens kann ich dir ein Schlummerlied vorspielen ... von mir ... *geht zum Pianino.*

DAS SÜSSE MÄDEL Von dir?

DER DICHTER Ja.

DAS SÜSSE MÄDEL Ich hab glaubt, Robert, du bist ein Doktor.

DER DICHTER Wieso? Ich hab dir doch gesagt, daß ich Schriftsteller bin.

DAS SÜSSE MÄDEL Die Schriftsteller sind doch alle Dokters.

DER DICHTER Nein, nicht alle. Ich zum Beispiel nicht. Aber wie kommst du jetzt darauf?

DAS SÜSSE MÄDEL Na, weil du sagst, das Stück, was du da spielen tust, ist von dir.

DER DICHTER Ja ... vielleicht ist es auch nicht von mir. Das ist ja ganz egal. Was? Überhaupt, wers gemacht hat, das ist immer egal. Nur schön muß es sein – nicht wahr?

DAS SÜSSE MÄDEL Freilich ... schön muß es sein – das ist die Hauptsach! –

DER DICHTER Weißt du, wie ich das gemeint hab?

DAS SÜSSE MÄDEL Was denn?

DER DICHTER Na, was ich eben gesagt hab.

DAS SÜSSE MÄDEL *schläfrig* Na freilich.

DER DICHTER *steht auf; zu ihr, ihr das Haar streichelnd* Kein Wort hast du verstanden.

DAS SÜSSE MÄDEL Geh, ich bin doch nicht so dumm.

DER DICHTER Freilich bist du so dumm. Aber gerade darum hab ich dich lieb. Ah, das ist so schön, wenn ihr dumm seid. Ich mein, in der Art wie du.

DAS SÜSSE MÄDEL Geh, was schimpfst denn?

DER DICHTER Engel, kleiner. Nicht wahr, es liegt sich gut auf dem weichen persischen Teppich?

DAS SÜSSE MÄDEL O ja. Geh, willst nicht weiter Klavier spielen?

DER DICHTER Nein, ich bin schon lieber da bei dir. *Streichelt sie.*

DAS SÜSSE MÄDEL Geh, willst nicht lieber Licht machen?

DER DICHTER O nein ... Diese Dämmerung tut ja so wohl. Wir waren heute den ganzen Tag wie in Sonnenstrahlen gebadet. Jetzt sind wir sozusagen aus dem Bad gestiegen und schlagen ... die Dämmerung wie einen Bademantel – *lacht* – ah nein – das muß anders gesagt werden ... Findest du nicht?

DAS SÜSSE MÄDEL Weiß nicht.

DER DICHTER *sich leicht von ihr entfernend* Göttlich, diese Dummheit! *Nimmt ein Notizbuch und schreibt ein paar Worte hinein.*

DAS SÜSSE MÄDEL Was machst denn? *Sich nach ihm umwendend* Was schreibst dir denn auf?

DER DICHTER *leise* Sonne, Bad, Dämmerung, Mantel ... so ...

Steckt das Notizbuch ein. Laut Nichts ... Jetzt sag einmal, mein Schatz, möchtest du nicht etwas essen oder trinken?

DAS SÜSSE MÄDEL Durst hab ich eigentlich keinen. Aber Appetit.

DER DICHTER Hm ... mir wär lieber, du hättest Durst. Cognac hab ich nämlich zu Haus, aber Essen müßte ich erst holen.

DAS SÜSSE MÄDEL Kannst nichts holenlassen?

DER DICHTER Das ist schwer, meine Bedienerin ist jetzt nicht mehr da – na wart – ich geh schon selber ... was magst du denn?

DAS SÜSSE MÄDEL Aber es zahlt sich ja wirklich nimmer aus, ich muß ja sowieso zu Haus.

DER DICHTER Kind, davon ist keine Rede. Aber ich werd dir was sagen: wenn wir weggehn, gehn wir zusammen wohin nachtmahlen.

DAS SÜSSE MÄDEL O nein. Dazu hab ich keine Zeit. Und dann, wohin sollen wir denn? Es könnt uns ja wer Bekannter sehn.

DER DICHTER Hast du denn gar so viel Bekannte?

DAS SÜSSE MÄDEL Es braucht uns ja nur einer zu sehn, ists Malheur schon fertig.

DER DICHTER Was ist denn das für ein Malheur?

DAS SÜSSE MÄDEL Na, was glaubst, wenn die Mutter was hört...

DER DICHTER Wir können ja doch irgend wohin gehen, wo uns niemand sieht, es gibt ja Gasthäuser mit einzelnen Zimmern.

DAS SÜSSE MÄDEL *singend* Ja, beim Souper im chambre séparée!

DER DICHTER Warst du schon einmal in einem chambre séparée?

DAS SÜSSE MÄDEL Wenn ich die Wahrheit sagen soll – ja.

DER DICHTER Wer war der Glückliche?

DAS SÜSSE MÄDEL Oh, das ist nicht, wie du meinst ... ich war mit meiner Freundin und ihrem Bräutigam. Die haben mich mitgenommen.

DER DICHTER So. Und das soll ich dir am End glauben?

DAS SÜSSE MÄDEL Brauchst mir ja nicht zu glauben!

DER DICHTER *nah bei ihr* Bist du jetzt rot geworden? Man sieht nichts mehr! Ich kann deine Züge nicht mehr aufnehmen. *Mit seiner Hand berührt er die Wangen* Aber auch so erkenn ich dich.

DAS SÜSSE MÄDEL Na, paß nur auf, daß du mich mit keiner andern verwechselst.

DER DICHTER Es ist seltsam, ich kann mich nicht mehr erinnern, wie du aussiehst.

DAS SÜSSE MÄDEL Dank schön!

DER DICHTER *ernst* Du, das ist beinah unheimlich, ich kann mir dich nicht vorstellen. – In einem gewissen Sinne hab ich dich schon vergessen – Wenn ich mich auch nicht mehr an den Klang deiner Stimme erinnern könnte ... was wärst du da eigentlich? – Nah und fern zugleich ... unheimlich.

DAS SÜSSE MÄDEL Geh, was redst denn –?

DER DICHTER Nichts, mein Engel, nichts. Wo sind deine Lippen ... *er küßt sie.*

DAS SÜSSE MÄDEL Willst nicht lieber Licht machen?

DER DICHTER Nein ... *er wird sehr zärtlich* Sag, ob du mich liebhast.

DAS SÜSSE MÄDEL Sehr ... o sehr!

DER DICHTER Hast du schon irgendwen so liebgehabt wie mich?

DAS SÜSSE MÄDEL Ich hab dir ja schon gesagt – nein.

DER DICHTER Aber ... *er seufzt.*

DAS SÜSSE MÄDEL Das ist ja mein Bräutigam gewesen.

DER DICHTER Es wär mir lieber, du würdest jetzt nicht an ihn denken.

DAS SÜSSE MÄDEL Geh ... was machst denn ... schau ...

DER DICHTER Wir können uns jetzt auch vorstellen, daß wir in einem Schloß in Indien sind.

DAS SÜSSE MÄDEL Dort sind s' gewiß nicht so schlimm wie du.

DER DICHTER Wie blöd! Göttlich – ah, wenn du ahntest, was du für mich bist ...

DAS SÜSSE MÄDEL Na?

DER DICHTER Stoß mich doch nicht immer weg; ich tu dir ja nichts – vorläufig.

DAS SÜSSE MÄDEL Du, das Mieder tut mir weh.

DER DICHTER *einfach* Ziehs aus.

DAS SÜSSE MÄDEL Ja. Aber du darfst deswegen nicht schlimm werden.

DER DICHTER Nein.

DAS SÜSSE MÄDEL *hat sich erhoben und zieht in der Dunkelheit ihr Mieder aus.*

DER DICHTER *der währenddessen auf dem Diwan sitzt* Sag, interessierts dich denn gar nicht, wie ich mit dem Zunamen heiß?

DAS SÜSSE MÄDEL Ja, wie heißt du denn?

DER DICHTER Ich werd dir lieber nicht sagen, wie ich heiß, sondern wie ich mich nenne.

DAS SÜSSE MÄDEL Was ist denn da für ein Unterschied?

DER DICHTER Na, wie ich mich als Schriftsteller nenne.

DAS SÜSSE MÄDEL Ah, du schreibst nicht unter deinem wirklichen Namen?

DER DICHTER *nah zu ihr.*

DAS SÜSSE MÄDEL Ah ... geh! ... nicht.

DER DICHTER Was einem für ein Duft entgegensteigt. Wie süß. *Er küßt ihren Busen.*

DAS SÜSSE MÄDEL Du zerreißt ja mein Hemd.

DER DICHTER Weg ... weg ... alles das ist überflüssig.

DAS SÜSSE MÄDEL Aber Robert!

DER DICHTER Und jetzt komm in unser indisches Schloß.

DAS SÜSSE MÄDEL Sag mir zuerst, ob du mich wirklich liebhast.

DER DICHTER Aber ich bete dich ja an. *Küßt sie heiß* Ich bete dich ja an, mein Schatz, mein Frühling ... mein ...

DAS SÜSSE MÄDEL Robert ... Robert ...

– –

DER DICHTER Das war überirdische Seligkeit ... Ich nenne mich ...

DAS SÜSSE MÄDEL Robert, o mein Robert!

DER DICHTER Ich nenne mich Biebitz.

DAS SÜSSE MÄDEL Warum nennst du dich Biebitz?

DER DICHTER Ich heiße nicht Biebitz – ich nenne mich so ... nun, kennst du den Namen vielleicht nicht?

DAS SÜSSE MÄDEL Nein.

DER DICHTER Du kennst den Namen Biebitz nicht? Ah – göttlich! Wirklich? Du sagst es nur, daß du ihn nicht kennst, nicht wahr?

DAS SÜSSE MÄDEL Meiner Seel, ich hab ihn nie gehört!

DER DICHTER Gehst du denn nie ins Theater?

DAS SÜSSE MÄDEL O ja – ich war erst neulich mit einem – weißt, mit dem Onkel von meiner Freundin und meiner Freundin sind wir in der Oper gewesen bei der Cavalleria.

DER DICHTER Hm, also ins Burgtheater gehst du nie.

DAS SÜSSE MÄDEL Da krieg ich nie Karten geschenkt.

DER DICHTER Ich werde dir nächstens eine Karte schicken.

DAS SÜSSE MÄDEL O ja! Aber nicht vergessen! Zu was Lustigem aber.

DER DICHTER Ja ... lustig ... zu was Traurigem willst du nicht gehn?

DAS SÜSSE MÄDEL Nicht gern.

DER DICHTER Auch wenns ein Stück von mir ist?

DAS SÜSSE MÄDEL Geh – ein Stück von dir? Du schreibst fürs Theater?

DER DICHTER Erlaube, ich will nur Licht machen. Ich habe dich noch nicht gesehen, seit du meine Geliebte bist. – Engel! *Er zündet eine Kerze an.*

DAS SÜSSE MÄDEL Geh, ich schäm mich ja. Gib mir wenigstens eine Decke.

DER DICHTER Später! *Er kommt mit dem Licht zu ihr, betrachtet sie lang.*

DAS SÜSSE MÄDEL *bedeckt ihr Gesicht mit den Händen* Geh, Robert!

DER DICHTER Du bist schön, du bist die Schönheit, du bist vielleicht sogar die Natur, du bis die heilige Einfalt.

DAS SÜSSE MÄDEL O weh, du tropfst mich ja an! Schau, was gibst denn nicht acht!

DER DICHTER *stellt die Kerze weg* Du bist das, was ich seit lange gesucht habe. Du liebst nur mich, du würdest mich auch lieben, wenn ich Schnittwarenkommis wäre. Das tut wohl. Ich will dir gestehen, daß ich einen gewissen Verdacht bis zu diesem Moment nicht losgeworden bin. Sag ehrlich, hast du nicht geahnt, daß ich Biebitz bin?

DAS SÜSSE MÄDEL Aber geh, ich weiß gar nicht, was du von mir willst. Ich kenn ja gar kein Biebitz.

DER DICHTER Was ist der Ruhm! Nein, vergiß, was ich gesagt habe, vergiß sogar den Namen, den ich dir gesagt hab. Robert bin ich und will ich für dich bleiben. Ich hab auch nur gescherzt. *Leicht* Ich bin ja nicht Schriftsteller, ich bin Kommis und am Abend spiel ich bei Volkssängern Klavier.

DAS SÜSSE MÄDEL Ja, jetzt kenn ich mich aber nicht mehr aus... nein, und wie du einen nur anschaust. Ja, was ist denn, ja was hast denn?

DER DICHTER Es ist sehr sonderbar – was mir beinah noch nie passiert ist, mein Schatz, mir sind die Tränen nah. Du ergreifst mich tief. Wir wollen zusammenbleiben, ja: Wir werden einander sehr liebhaben.

DAS SÜSSE MÄDEL Du, ist das wahr mit den Volkssängern?

DER DICHTER Ja, aber frag nicht weiter. Wenn du mich liebhast, frag überhaupt nichts. Sag, kannst du dich auf ein paar Wochen ganz frei machen?

DAS SÜSSE MÄDEL Wieso ganz frei?

DER DICHTER Nun, vom Hause weg?

DAS SÜSSE MÄDEL Aber!! Wie kann ich das! Was möcht die Mutter sagen? Und dann, ohne mich ging ja alles schief zu Haus.

DER DICHTER Ich hatte es mir schön vorgestellt, mit dir zusammen, allein mit dir, irgendwo in der Einsamkeit draußen, im Wald, in der Natur ein paar Wochen zu leben. Natur ... in der Natur ... Und dann, eines Tages Adieu – voneinander gehen, ohne zu wissen, wohin.

DAS SÜSSE MÄDEL Jetzt redst schon vom Adieusagen! Und ich hab gemeint, daß du mich so gern hast.

DER DICHTER Gerade darum – *beugt sich zu ihr und küßt sie auf die Stirn* Du süßes Geschöpf!

DAS SÜSSE MÄDEL Geh, halt mich fest, mir ist so kalt.

DER DICHTER Es wird Zeit, daß du dich ankleidest. Warte, ich zünde dir noch ein paar Kerzen an.

DAS SÜSSE MÄDEL *erhebt sich* Nicht herschauen.

DER DICHTER Nein. *Am Fenster* Sag mir, mein Kind, bist du glücklich?

DAS SÜSSE MÄDEL Wie meinst das?

DER DICHTER Ich mein im allgemeinen, ob du glücklich bist?

DAS SÜSSE MÄDEL Es könnt schon besser gehen.

DER DICHTER Du mißverstehst mich. Von deinen häuslichen Verhältnissen hast du mir ja schon genug erzählt. Ich weiß, daß du keine Prinzessin bist. Ich mein, wenn du von alledem absiehst, wenn du dich einfach leben spürst. Spürst du dich überhaupt leben?

DAS SÜSSE MÄDEL Geh, hast kein Kamm?

DER DICHTER *geht zum Toilettentisch, gibt ihr den Kamm, betrachtet das süße Mädel* Herrgott, siehst du so entzückend aus!

DAS SÜSSE MÄDEL Na ... nicht!

DER DICHTER Geh, bleib noch da, bleib da, ich hol was zum Nachtmahl und ...

DAS SÜSSE MÄDEL Aber es ist ja schon viel zu spät.

DER DICHTER Es ist noch nicht neun.

DAS SÜSSE MÄDEL Na, sei so gut, da muß ich mich aber tummeln.

DER DICHTER Wann werden wir uns denn wiedersehen?

DAS SÜSSE MÄDEL Na, wann willst mich denn wiedersehen?

DER DICHTER Morgen.

DAS SÜSSE MÄDEL Was ist denn morgen für ein Tag?

DER DICHTER Samstag.

DAS SÜSSE MÄDEL Oh, da kann ich nicht, da muß ich mit meiner kleinen Schwester zum Vormund.

DER DICHTER Also Sonntag ... hm ... Sonntag ... am Sonntag

... jetzt werd ich dir was erklären. – Ich bin nicht Biebitz, aber Biebitz ist mein Freund. Ich werd dir ihn einmal vorstellen. Aber Sonntag ist das Stück von Biebitz; ich werd dir eine Karte schicken und werde dich dann vom Theater abholen. Du wirst mir sagen, wie dir das Stück gefallen hat, ja?

DAS SÜSSE MÄDEL Jetzt, die G'schicht mit dem Biebitz – da bin ich schon ganz blöd.

DER DICHTER Völlig werd ich dich erst kennen, wenn ich weiß, was du bei diesem Stück empfunden hast.

DAS SÜSSE MÄDEL So ... ich bin fertig.

DER DICHTER Komm, mein Schatz! *Sie gehen.*

VIII

Der Dichter und die Schauspielerin

Ein Zimmer in einem Gasthof auf dem Land. Es ist ein Frühlingsabend, über den Wiesen und Hügeln liegt der Mond, die Fenster stehen offen. Große Stille. Der Dichter und die Schauspielerin treten ein; wie sie hereintreten, verlöscht das Licht, das der Dichter in der Hand hält.

DICHTER Oh ...

SCHAUSPIELERIN Was ist denn?

DICHTER Das Licht. – Aber wir brauchen keins. Schau, es ist ganz hell. Wunderbar!

SCHAUSPIELERIN *sinkt am Fenster plötzlich nieder, mit gefalteten Händen.*

DICHTER Was hast du denn?

SCHAUSPIELERIN *schweigt.*

DICHTER *zu ihr hin* Was machst du denn?

SCHAUSPIELERIN *empört* Siehst du nicht, daß ich bete? –

DICHTER Glaubst du an Gott?

SCHAUSPIELERIN Gewiß, ich bin ja kein blasser Schurke.

DICHTER Ach so!

SCHAUSPIELERIN Komm doch zu mir, knie dich neben mich hin. Kannst wirklich auch einmal beten. Wird dir keine Perle aus der Krone fallen.

DICHTER *kniet neben sie hin und umfaßt sie.*

SCHAUSPIELERIN Wüstling! – *Erhebt sich* Und weißt du auch, zu wem ich gebetet habe?

DICHTER Zu Gott, nehm ich an.

SCHAUSPIELERIN *großer Hohn* Jawohl! Zu dir hab ich gebetet.

DICHTER Warum hast du denn da zum Fenster hinausgeschaut?

SCHAUSPIELERIN Sag mir lieber, wo du mich da hingeschleppt hast, Verführer!

DICHTER Aber Kind, das war ja deine Idee. Du wolltest ja aufs Land – und gerade hieher.

SCHAUSPIELERIN Nun, hab ich nicht recht gehabt?

DICHTER Gewiß, es ist ja entzückend hier. Wenn man bedenkt, zwei Stunden von Wien – und die völlige Einsamkeit. Und was für eine Gegend!

SCHAUSPIELERIN Was? Da könntest du wohl mancherlei dichten, wenn du zufällig Talent hättest.

DICHTER Warst du hier schon einmal?

SCHAUSPIELERIN Ob ich hier schon war? Ha! Hier hab ich jahrelang gelebt!

DICHTER Mit wem?

SCHAUSPIELERIN Nun, mit Fritz natürlich.

DICHTER Ach so!

SCHAUSPIELERIN Den Mann hab ich wohl angebetet! –

DICHTER Das hast du mir bereits erzählt.

SCHAUSPIELERIN Ich bitte – ich kann auch wieder gehen, wenn ich dich langweile!

DICHTER Du mich langweilen? . . . Du ahnst ja gar nicht, was du für mich bedeutest . . . Du bist eine Welt für sich . . . Du bist das Göttliche, du bist das Genie . . . Du bist . . . Du bist eigentlich die heilige Einfalt . . . Ja, du . . . Aber du solltest jetzt nicht von Fritz reden.

SCHAUSPIELERIN Das war wohl eine Verirrung! Na! –

DICHTER Es ist schön, daß du das einsiehst.

SCHAUSPIELERIN Komm her, gib mir einen Kuß!

DICHTER *küßt sie.*

SCHAUSPIELERIN Jetzt wollen wir uns aber eine gute Nacht sagen! Leb wohl, mein Schatz!

DICHTER Wie meinst du das?

SCHAUSPIELERIN Nun, ich werde mich schlafen legen!

DICHTER Ja – das schon, aber was das Gutenachtsagen anbelangt . . . Wo soll denn ich übernachten?

SCHAUSPIELERIN Es gibt gewiß noch viele Zimmer in diesem Haus.

DICHTER Die anderen haben aber keinen Reiz für mich. Jetzt werd ich übrigens Licht machen, meinst du nicht?

SCHAUSPIELERIN Ja.

DICHTER *zündet das Licht an, das auf dem Nachtkästchen steht* Was für ein hübsches Zimmer ... und fromm sind die Leute hier. Lauter Heiligenbilder ... Es wäre interessant, eine Zeit unter diesen Menschen zu verbringen ... doch eine andre Welt. Wir wissen eigentlich so wenig von den andern.

SCHAUSPIELERIN Rede keinen Stiefel und reiche mir lieber diese Tasche vom Tisch herüber.

DICHTER Hier, meine Einzige!

SCHAUSPIELERIN *nimmt aus dem Täschchen ein kleines, gerahmtes Bildchen, stellt es auf das Nachtkästchen.*

DICHTER Was ist das?

SCHAUSPIELERIN Das ist die Madonna.

DICHTER Die hast du immer mit?

SCHAUSPIELERIN Die ist doch mein Talisman. Und jetzt geh, Robert!

DICHTER Aber was sind das für Scherze? Soll ich dir nicht helfen?

SCHAUSPIELERIN Nein, du sollst jetzt gehn.

DICHTER Und wann soll ich wiederkommen?

SCHAUSPIELERIN In zehn Minuten.

DICHTER *küßt sie* Auf Wiedersehen!

SCHAUSPIELERIN Wo willst du denn hin?

DICHTER Ich werde vor dem Fenster auf und ab gehen. Ich liebe es sehr, nachts im Freien herumzuspazieren. Meine besten Gedanken kommen mir so. Und gar in deiner Nähe, von deiner Sehnsucht sozusagen umhaucht ... in deiner Kunst wehend.

SCHAUSPIELERIN Du redest wie ein Idiot ...

DICHTER *schmerzlich* Es gibt Frauen, welche vielleicht sagen würden ... wie ein Dichter.

SCHAUSPIELERIN Nun geh endlich. Aber fang mir kein Verhältnis mit der Kellnerin an. –

DICHTER *geht.*

SCHAUSPIELERIN *kleidet sich aus. Sie hört, wie der Dichter über die Holztreppe hinuntergeht, und hört jetzt seine Schritte unter dem Fenster. Sie geht, sobald sie ausgekleidet ist, zum Fenster, sieht hinunter, er steht da; sie ruft flüsternd hinunter* Komm!

DICHTER *kommt rasch herauf, stürzt zu ihr, die sich unterdessen ins Bett gelegt und das Licht ausgelöscht hat; er sperrt ab.*

SCHAUSPIELERIN So, jetzt kannst du dich zu mir setzen und mir was erzählen.

DICHTER *setzt sich zu ihr aufs Bett* Soll ich nicht das Fenster schließen? Ist dir nicht kalt?

SCHAUSPIELERIN O nein!

DICHTER Was soll ich dir erzählen?

SCHAUSPIELERIN Nun, wem bist du in diesem Moment untreu?

DICHTER Ich bin es ja leider noch nicht.

SCHAUSPIELERIN Nun tröste dich, ich betrüge auch jemanden.

DICHTER Das kann ich mir denken.

SCHAUSPIELERIN Und was glaubst du, wen?

DICHTER Ja, Kind, davon kann ich keine Ahnung haben.

SCHAUSPIELERIN Nun, rate.

DICHTER Warte ... Na, deinen Direktor.

SCHAUSPIELERIN Mein Lieber, ich bin keine Choristin.

DICHTER Nun, ich dachte nur.

SCHAUSPIELERIN Rate noch einmal.

DICHTER Also du betrügst deinen Kollegen ... Benno –

SCHAUSPIELERIN Ha! Der Mann liebt ja überhaupt keine Frauen... weißt du das nicht? Der Mann hat ja ein Verhältnis mit seinem Briefträger!

DICHTER Ist das möglich! –

SCHAUSPIELERIN So gib mir lieber einen Kuß!

DICHTER *umschlingt sie.*

SCHAUSPIELERIN Aber was tust du denn?

DICHTER So quäl mich doch nicht so.

SCHAUSPIELERIN Höre, Robert, ich werde dir einen Vorschlag machen. Leg dich zu mir ins Bett.

DICHTER Angenommen!

SCHAUSPIELERIN Komm schnell, komm schnell!

DICHTER Ja ... wenn es nach mir gegangen wäre, wär ich schon längst ... Hörst du ...

SCHAUSPIELERIN Was denn?

DICHTER Draußen zirpen die Grillen.

SCHAUSPIELERIN Du bist wohl wahnsinnig, mein Kind, hier gibt es keine Grillen.

DICHTER Aber du hörst sie doch.

SCHAUSPIELERIN Nun, so komm, endlich!

DICHTER Da bin ich. *Zu ihr.*

SCHAUSPIELERIN So, jetzt bleib schön ruhig liegen ... Pst ... nicht rühren.

DICHTER Ja, was fällt dir denn ein?

SCHAUSPIELERIN Du möchtest wohl gerne ein Verhältnis mit mir haben?

DICHTER Das dürfte dir doch bereits klar sein.

SCHAUSPIELERIN Nun, das möchte wohl mancher ...

DICHTER Es ist aber doch nicht zu bezweifeln, daß in diesem Moment ich die meisten Chancen habe.

SCHAUSPIELERIN So komm, meine Grille! Ich werde dich von nun an Grille nennen.

DICHTER Schön ...

SCHAUSPIELERIN Nun, wen betrüg ich?

DICHTER Wen? ... Vielleicht mich ...

SCHAUSPIELERIN Mein Kind, du bist schwer gehirnleidend.

DICHTER Oder einen ... den du selbst nie gesehen ... einen, den du nicht kennst, einen – der für dich bestimmt ist und den du nie finden kannst ...

SCHAUSPIELERIN Ich bitte dich, rede nicht so märchenhaft blöd.

DICHTER ... Ist es nicht sonderbar ... auch du – und man sollte doch glauben. – Aber nein, es hieße dir dein Bestes rauben, wollte man dir ... komm, komm – – komm –

– –

SCHAUSPIELERIN Das ist doch schöner als in blödsinnigen Stükken spielen ... was meinst du?

DICHTER Nun, ich mein, es ist gut, daß du doch zuweilen in vernünftigen zu spielen hast.

SCHAUSPIELERIN Du arroganter Hund meinst gewiß wieder das deine?

DICHTER Jawohl!

SCHAUSPIELERIN *ernst* Das ist wohl ein herrliches Stück!

DICHTER Nun also!

SCHAUSPIELERIN Ja, du bist ein großes Genie, Robert!

DICHTER Bei dieser Gelegenheit könntest du mir übrigens sagen, warum du vorgestern abgesagt hast. Es hat dir doch absolut gar nichts gefehlt.

SCHAUSPIELERIN Nun, ich wollte dich ärgern.

DICHTER Ja, warum denn? Was hab ich dir denn getan?

SCHAUSPIELERIN Arrogant bist du gewesen.

DICHTER Wieso?

SCHAUSPIELERIN Alle im Theater finden es.

DICHTER So.
SCHAUSPIELERIN Aber ich hab ihnen gesagt: Der Mann hat wohl ein Recht, arrogant zu sein.
DICHTER Und was haben die anderen geantwortet?
SCHAUSPIELERIN Was sollen mir denn die Leute antworten? Ich rede ja mit keinem.
DICHTER Ach so.
SCHAUSPIELERIN Sie möchten mich am liebsten alle vergiften. Aber das wird ihnen nicht gelingen.
DICHTER Denke jetzt nicht an die anderen Menschen. Freue dich lieber, daß wir hier sind, und sage mir, daß du mich liebhast.
SCHAUSPIELERIN Verlangst du noch weitere Beweise?
DICHTER Bewiesen kann das überhaupt nicht werden.
SCHAUSPIELERIN Das ist aber großartig! Was willst du denn noch?
DICHTER Wie vielen hast du es schon auf diese Art beweisen wollen . . . hast du alle geliebt?
SCHAUSPIELERIN O nein. Geliebt hab ich nur einen.
DICHTER *umarmt sie* Mein . . .
SCHAUSPIELERIN Fritz.
DICHTER Ich heiße Robert. Was bin ich denn für dich, wenn du jetzt an Fritz denkst?
SCHAUSPIELERIN Du bist eine Laune.
DICHTER Gut, daß ich es weiß.
SCHAUSPIELERIN Nun sag, bist du nicht stolz?
DICHTER Ja, weshalb soll ich denn stolz sein?
SCHAUSPIELERIN Ich denke, daß du wohl einen Grund dazu hast.
DICHTER Ach deswegen.
SCHAUSPIELERIN Jawohl, deswegen, meine blasse Grille! – Nun, wie ist das mit dem Zirpen? Zirpen sie noch?
DICHTER Ununterbrochen. Hörst du's denn nicht?
SCHAUSPIELERIN Freilich hör ich. Aber das sind Frösche, mein Kind.
DICHTER Du irrst dich, die quaken.
SCHAUSPIELERIN Gewiß quaken sie.
DICHTER Aber nicht hier, mein Kind, hier wird gezirpt.
SCHAUSPIELERIN Du bist wohl das Eigensinnigste, was mir je untergekommen ist. Gib mir einen Kuß, mein Frosch!
DICHTER Bitte sehr, nenn mich nicht so. Das macht mich direkt nervös.
SCHAUSPIELERIN Nun, wie soll ich dich nennen?
DICHTER Ich hab doch einen Namen: Robert.

SCHAUSPIELERIN Ach, das ist zu dumm.

DICHTER Ich bitte dich aber, mich einfach so zu nennen, wie ich heiße.

SCHAUSPIELERIN Also, Robert, gib mir einen Kuß ... Ah! *Sie küßt ihn* Bist du jetzt zufrieden, Frosch? Hahahaha.

DICHTER Würdest du mir erlauben, mir eine Zigarette anzuzünden?

SCHAUSPIELERIN Gib mir auch eine.

Er nimmt die Zigarettentasche vom Nachtkästchen, entnimmt ihr zwei Zigaretten, zündet beide an, gibt ihr eine.

SCHAUSPIELERIN Du hast mir übrigens noch kein Wort über meine gestrige Leistung gesagt.

DICHTER Über welche Leistung?

SCHAUSPIELERIN Nun.

DICHTER Ach so. Ich war nicht im Theater.

SCHAUSPIELERIN Du beliebst wohl zu scherzen.

DICHTER Durchaus nicht. Nachdem du vorgestern abgesagt hattest, habe ich angenommen, daß du auch gestern noch nicht im Vollbesitze deiner Kräfte sein würdest, und da hab ich lieber verzichtet.

SCHAUSPIELERIN Du hast wohl viel versäumt.

DICHTER So.

SCHAUSPIELERIN Es war sensationell. Die Menschen sind blaß geworden.

DICHTER Hast du das deutlich bemerkt?

SCHAUSPIELERIN Benno sagte: Kind, du hast gespielt wie eine Göttin.

DICHTER Hm! ... Und vorgestern noch so krank.

SCHAUSPIELERIN Jawohl; ich war es auch. Und weißt du warum? Vor Sehnsucht nach dir.

DICHTER Früher hast du mir erzählt, du wolltest mich ärgern und hast darum abgesagt.

SCHAUSPIELERIN Aber was weißt du von meiner Liebe zu dir. Dich läßt das ja alles kalt. Und ich bin schon nächtelang im Fieber gelegen. Vierzig Grad!

DICHTER Für eine Laune ist das ziemlich hoch.

SCHAUSPIELERIN Laune nennst du das? Ich sterbe vor Liebe zu dir, und du nennst es Laune –?!

DICHTER Und Fritz ...?

SCHAUSPIELERIN Fritz? ... Rede mir nicht von diesem Galeerensträfling! –

IX

Die Schauspielerin und der Graf

Das Schlafzimmer der Schauspielerin. Sehr üppig eingerichtet. Es ist zwölf Uhr mittags, die Rouleaux sind noch heruntergelassen, auf dem Nachtkästchen brennt eine Kerze, die Schauspielerin liegt noch in ihrem Himmelbett. Auf der Decke liegen zahlreiche Zeitungen.

Der Graf tritt ein in der Uniform eines Dragonerrittmeisters. Er bleibt an der Tür stehen.

SCHAUSPIELERIN Ah, Herr Graf.

GRAF Die Frau Mama hat mir erlaubt, sonst wär ich nicht –

SCHAUSPIELERIN Bitte, treten Sie nur näher.

GRAF Küß die Hand. Pardon – wenn man von der Straßen hereinkommt ... ich seh nämlich noch rein gar nichts. So ... da wären wir ja – *am Bett* – Küß die Hand.

SCHAUSPIELERIN Nehmen Sie Platz, Herr Graf.

GRAF Frau Mama sagte mir, Fräulein sind unpäßlich ... Wird doch hoffentlich nichts Ernstes sein.

SCHAUSPIELERIN Nichts Ernstes? Ich bin dem Tode nahe gewesen!

GRAF Um Gottes willen, wie ist denn das möglich?

SCHAUSPIELERIN Es ist jedenfalls sehr freundlich, daß Sie sich zu mir bemühen.

GRAF Dem Tode nahe! Und gestern abend haben Sie noch gespielt wie eine Göttin.

SCHAUSPIELERIN Es war wohl ein großer Triumph.

GRAF Kolossal! ... Die Leute waren auch alle hingerissen. Und von mir will ich gar nicht reden.

SCHAUSPIELERIN Ich danke für die schönen Blumen.

GRAF Aber bitt Sie, Fräulein.

SCHAUSPIELERIN *mit den Augen auf einen großen Blumenkorb weisend, der auf einem kleinen Tischchen auf dem Fenster steht* Hier stehen sie.

GRAF Sie sind gestern förmlich überschüttet worden mit Blumen und Kränzen.

SCHAUSPIELERIN Das liegt noch alles in meiner Garderobe. Nur Ihren Korb habe ich mit nach Hause gebracht.

GRAF *küßt ihr die Hand* Das ist lieb von Ihnen.

SCHAUSPIELERIN *nimmt die seine plötzlich und küßt sie.*

GRAF Aber Fräulein.

SCHAUSPIELERIN Erschrecken Sie nicht, Herr Graf, das verpflichtet Sie zu gar nichts.

GRAF Sie sind ein sonderbares Wesen ... rätselhaft könnte man fast sagen. – *Pause.*

SCHAUSPIELERIN Das Fräulein Birken ist wohl leichter aufzulösen.

GRAF Ja, die kleine Birken ist kein Problem, obzwar ... ich kenne sie ja auch nur oberflächlich.

SCHAUSPIELERIN Ha!

GRAF Sie können mirs glauben. Aber Sie sind ein Problem. Danach hab ich immer Sehnsucht gehabt. Es ist mir eigentlich ein großer Genuß entgangen, dadurch, daß ich Sie gestern... das erstemal spielen gesehen habe.

SCHAUSPIELERIN Ist das möglich?

GRAF Ja. Schauen Sie, Fräulein, es ist so schwer mit dem Theater. Ich bin gewöhnt, spät zu dinieren ... also wenn man dann hinkommt, ists Beste vorbei. Ists nicht wahr?

SCHAUSPIELERIN So werden Sie eben von jetzt an früher essen.

GRAF Ja, ich hab auch schon daran gedacht. Oder gar nicht. Es ist ja wirklich kein Vergnügen, das Dinieren.

SCHAUSPIELERIN Was kennen Sie jugendlicher Greis eigentlich noch für ein Vergnügen?

GRAF Das frag ich mich selber manchmal! Aber ein Greis bin ich nicht. Es muß einen anderen Grund haben.

SCHAUSPIELERIN Glauben Sie?

GRAF Ja. Der Lulu sagt beispielsweise, ich bin ein Philosoph. Wissen Sie, Fräulein, er meint, ich denk zuviel nach.

SCHAUSPIELERIN Ja ... denken, das ist das Unglück.

GRAF Ich hab zuviel Zeit, drum denk ich nach. Bitt Sie, Fräulein, schauen S', ich hab mir gedacht, wenn s' mich nach Wien transferieren, wirds besser. Da gibts Zerstreuung, Anregung. Aber es ist im Grund doch nicht anders als da oben.

SCHAUSPIELERIN Wo ist denn das da oben?

GRAF Da, da unten, wissen S', Fräulein, in Ungarn, in die Nester, wo ich meistens in Garnison war.

SCHAUSPIELERIN Ja, was haben Sie denn in Ungarn gemacht?

GRAF Na, wie ich sag, Fräulein, Dienst.

SCHAUSPIELERIN Ja, warum sind Sie denn so lang in Ungarn geblieben?

GRAF Ja, das kommt so.

SCHAUSPIELERIN Da muß man ja wahnsinnig werden.

GRAF Warum denn? Zu tun hat man eigentlich mehr wie da. Wissen S', Fräulein, Rekruten ausbilden, Remonten reiten... und dann ists nicht so arg mit der Gegend, wie man sagt. Es ist schon ganz was schönes, die Tiefebene – und so ein Sonnenuntergang, es ist schade, daß ich kein Maler bin, ich hab mir manchmal gedacht, wenn ich ein Maler wär, tät ichs malen. Einen haben wir gehabt beim Regiment, einen jungen Splany, der hats können. – Aber was erzähl ich Ihnen da für fade Gschichten, Fräulein.

SCHAUSPIELERIN O bitte, ich amüsiere mich königlich.

GRAF Wissens S', Fräulein, mit Ihnen kann man plaudern, das hat mir der Lulu schon gsagt, und das ists, was man selten findt.

SCHAUSPIELERIN Nun freilich, in Ungarn.

GRAF Aber in Wien grad so! Die Menschen sind überall dieselben; da wo mehr sind, ist halt das Gedräng größer, das ist der ganze Unterschied. Sagen S', Fräulein, haben Sie die Menschen eigentlich gern?

SCHAUSPIELERIN Gern –?? Ich hasse sie! Ich kann keine sehn! Ich seh auch nie jemanden. Ich bin immer allein, dieses Haus betritt niemand.

GRAF Sehn S', das hab ich mir gedacht, daß Sie eigentlich eine Menschenfeindin sind. Bei der Kunst muß das oft vorkommen. Wenn man so in den höheren Regionen ... na, Sie habens gut. Sie wissen doch wenigstens, warum Sie leben!

SCHAUSPIELERIN Wer sagt Ihnen das? Ich habe keine Ahnung, wozu ich lebe!

GRAF Ich bitt Sie, Fräulein – berühmt – gefeiert –

SCHAUSPIELERIN Ist das vielleicht ein Glück?

GRAF Glück? Bitt Sie, Fräulein, Glück gibts nicht. Überhaupt gerade die Sachen, von denen am meisten g'redt wird, gibts nicht ... zum Beispiel die Liebe. Das ist auch so was.

SCHAUSPIELERIN Da haben Sie wohl recht.

GRAF Genuß ... Rausch ... also gut, da läßt sich nichts sagen ... das ist was sicheres. Jetzt genieße ich ... gut, weiß ich, ich genieß. Oder ich bin berauscht, schön. Das ist auch sicher. Und ists vorbei, so ist es halt vorbei.

SCHAUSPIELERIN *groß* Es ist vorbei!

GRAF Aber sobald man sich nicht, wie soll ich mich denn ausdrücken, sobald man sich nicht dem Moment hingibt, also an später denkt oder an früher ... na, ist es doch gleich aus. Später ... ist traurig ... früher ist ungewiß ... mit einem

Wort ... man wird nur konfus. Hab ich nicht recht?

SCHAUSPIELERIN *nickt mit großen Augen* Sie haben wohl den Sinn erfaßt.

GRAF Und sehen S', Fräulein, wenn einem das einmal klar geworden ist, ists ganz egal, ob man in Wien lebt oder in der Pußta oder in Steinamanger. Schaun S' zum Beispiel ... wo darf ich denn die Kappen hinlegen? So, ich dank schön ... wovon haben wir denn nur gesprochen?

SCHAUSPIELERIN Von Steinamanger.

GRAF Richtig. Also wie ich sag, der Unterschied ist nicht groß. Ob ich am Abend im Kasino sitz oder im Klub, ist doch alles eins.

SCHAUSPIELERIN Und wie verhält sich denn das mit der Liebe?

GRAF Wenn man dran glaubt, ist immer eine da, die einen gern hat.

SCHAUSPIELERIN Zum Beispiel das Fräulein Birken.

GRAF Ich weiß wirklich nicht, Fräulein, warum Sie immer auf die kleine Birken zu reden kommen.

SCHAUSPIELERIN Das ist doch Ihre Geliebte.

GRAF Wer sagt denn das?

SCHAUSPIELERIN Jeder Mensch weiß das.

GRAF Nur ich nicht, es ist merkwürdig.

SCHAUSPIELERIN Sie haben doch ihretwegen ein Duell gehabt!

GRAF Vielleicht bin ich sogar totgeschossen worden und habs gar nicht bemerkt.

SCHAUSPIELERIN Nun, Herr Graf, Sie sind ein Ehrenmann. Setzen Sie sich näher.

GRAF Bin so frei.

SCHAUSPIELERIN Hierher. *Sie zieht ihn an sich, fährt ihm mit der Hand durch die Haare* Ich hab gewußt, daß Sie heute kommen werden!

GRAF Wieso denn?

SCHAUSPIELERIN Ich hab es bereits gestern im Theater gewußt.

GRAF Haben Sie mich denn von der Bühne aus gesehen?

SCHAUSPIELERIN Aber Mann! Haben Sie denn nicht bemerkt, daß ich nur für Sie spiele?

GRAF Wie ist das denn möglich?

SCHAUSPIELERIN Ich bin ja so geflogen, wie ich Sie in der ersten Reihe sitzen sah!

GRAF Geflogen? Meinetwegen? Ich hab keine Ahnung gehabt, daß Sie mich bemerkten!

SCHAUSPIELERIN Sie können einen auch mit Ihrer Vornehmheit zur Verzweiflung bringen.

GRAF Ja Fräulein ...

SCHAUSPIELERIN »Ja Fräulein«! ... So schnallen Sie doch wenigstens Ihren Säbel ab!

GRAF Wenn es erlaubt ist. *Schnallt ihn ab, lehnt ihn ans Bett.*

SCHAUSPIELERIN Und gib mir endlich einen Kuß.

GRAF *küßt sie, sie läßt ihn nicht los.*

SCHAUSPIELERIN Dich hätte ich auch lieber nie erblicken sollen.

GRAF Es ist doch besser so! –

SCHAUSPIELERIN Herr Graf, Sie sind ein Poseur!

GRAF Ich – warum denn?

SCHAUSPIELERIN Was glauben Sie, wie glücklich wär mancher, wenn er an Ihrer Stelle sein dürfte!

GRAF Ich bin sehr glücklich.

SCHAUSPIELERIN Nun, ich dachte, es gibt kein Glück. Wie schaust du mich denn an? Ich glaube, Sie haben Angst vor mir, Herr Graf!

GRAF Ich sags ja, Fräulein, Sie sind ein Problem.

SCHAUSPIELERIN Ach, laß du mich in Frieden mit der Philosophie ... komm zu mir. Und jetzt bitt mich um irgend was ... du kannst alles haben, was du willst. Du bist zu schön.

GRAF Also ich bitt um die Erlaubnis – *ihre Hand küssend* –, daß ich heute abends wiederkommen darf.

SCHAUSPIELERIN Heute abend ... ich spiele ja.

GRAF Nach dem Theater.

SCHAUSPIELERIN Um was anderes bittest du nicht?

GRAF Um alles andere werde ich nach dem Theater bitten.

SCHAUSPIELERIN *verletzt* Da kannst du lange bitten, du elender Poseur.

GRAF Ja schauen Sie, oder schau, wir sind doch bis jetzt so aufrichtig miteinander gewesen ... Ich fände das alles viel schöner am Abend nach dem Theater ... gemütlicher als jetzt, wo ... ich hab immer so die Empfindung, als könnte die Tür aufgehn ...

SCHAUSPIELERIN Die geht nicht von außen auf.

GRAF Schau, ich find, man soll sich nicht leichtsinnig von vornherein was verderben, was möglicherweise sehr schön sein könnte.

SCHAUSPIELERIN Möglicherweise! ...

GRAF In der Früh, wenn ich die Wahrheit sagen soll, find ich die Liebe gräßlich.

SCHAUSPIELERIN Nun – du bist wohl das Irrsinnigste, was mir je vorgekommen ist!

GRAF Ich red ja nicht von beliebigen Frauenzimmern ... schließlich im allgemeinen ists ja egal. Aber Frauen wie du ... nein, du kannst mich hundertmal einen Narren heißen. Aber Frauen wie du ... nimmt man nicht vor dem Frühstück zu sich. Und so ... weißt ... so ...

SCHAUSPIELERIN Gott, was bist du süß!

GRAF Siehst du das ein, was ich g'sagt hab, nicht wahr. Ich stell mir das so vor –

SCHAUSPIELERIN Nun, wie stellst du dir das vor?

GRAF Ich denk mir ... ich wart nach dem Theater auf dich in ein Wagen, dann fahren wir zusammen also irgendwohin soupieren –

SCHAUSPIELERIN Ich bin nicht das Fräulein Birken.

GRAF Das hab ich ja nicht gesagt. Ich find nur, zu allem g'hört Stimmung. Ich komm immer erst beim Souper in Stimmung. Das ist dann das Schönste, wenn man so vom Souper zusamm nach Haus fahrt, dann ...

SCHAUSPIELERIN Was ist dann?

GRAF Also dann ... liegt das in der Entwicklung der Dinge.

SCHAUSPIELERIN Setz dich doch näher. Näher.

GRAF *sich aufs Bett setzend* Ich muß schon sagen, aus den Polstern kommt so ein ... Reseda ist das – nicht?

SCHAUSPIELERIN Es ist sehr heiß hier, findest du nicht?

GRAF *neigt sich und küßt ihren Hals.*

SCHAUSPIELERIN Oh, Herr Graf, das ist ja gegen Ihr Programm.

GRAF Wer sagt denn das? Ich hab kein Programm.

SCHAUSPIELERIN *zieht ihn an sich.*

GRAF Es ist wirklich heiß.

SCHAUSPIELERIN Findest du? Und so dunkel, wie wenns Abend wär ... *reißt ihn an sich* Es ist Abend ... es ist Nacht ... Mach die Augen zu, wenns dir zu licht ist. Komm! ... Komm! ...

GRAF *wehrt sich nicht mehr.*

– –

SCHAUSPIELERIN Nun, wie ist das jetzt mit der Stimmung, du Poseur?

GRAF Du bist ein kleiner Teufel.

SCHAUSPIELERIN Was ist das für ein Ausdruck?

GRAF Na, also ein Engel.

SCHAUSPIELERIN Und du hättest Schauspieler werden sollen! Wahrhaftig! Du kennst die Frauen! Und weißt du, was ich jetzt tun werde?

GRAF Nun?

SCHAUSPIELERIN Ich werde dir sagen, daß ich dich nie wiedersehen will.

GRAF Warum denn?

SCHAUSPIELERIN Nein, nein. Du bist mir zu gefährlich! Du machst ja ein Weib toll. Jetzt stehst du plötzlich vor mir, als wär nichts geschehn.

GRAF Aber ...

SCHAUSPIELERIN Ich bitte sich zu erinnern, Herr Graf, ich bin soeben Ihre Geliebte gewesen.

GRAF Ich werds nie vergessen!

SCHAUSPIELERIN Und wie ist das mit heute abend?

GRAF Wie meinst du das?

SCHAUSPIELERIN Nun – du wolltest mich ja nach dem Theater erwarten?

GRAF Ja, also gut, zum Beispiel übermorgen.

SCHAUSPIELERIN Was heißt das, übermorgen? Es war doch von heute die Rede.

GRAF Das hätte keinen rechten Sinn.

SCHAUSPIELERIN Du Greis!

GRAF Du verstehst mich nicht recht. Ich mein das mehr, was, wie soll ich mich ausdrücken, was die Seele anbelangt.

SCHAUSPIELERIN Was geht mich deine Seele an?

GRAF Glaub mir, sie gehört mit dazu. Ich halte das für eine falsche Ansicht, daß man das so voneinander trennen kann.

SCHAUSPIELERIN Laß mich mit deiner Philosophie in Frieden. Wenn ich das haben will, lese ich Bücher.

GRAF Aus Büchern lernt man ja doch nie.

SCHAUSPIELERIN Das ist wohl wahr! Drum sollst du mich heut abend erwarten. Wegen der Seele werden wir uns schon einigen, du Schurke!

GRAF Also wenn du erlaubst, so werde ich mit meinem Wagen ...

SCHAUSPIELERIN Hier in meiner Wohnung wirst du mich erwarten –

GRAF ... Nach dem Theater.

SCHAUSPIELERIN Natürlich. *Er schnallt den Säbel um.*

SCHAUSPIELERIN Was machst du denn da?

GRAF Ich denke, es ist Zeit, daß ich geh. Für einen Anstandsbesuch bin ich doch eigentlich schon ein bissel lang geblieben.

SCHAUSPIELERIN Nun, heut abend soll es kein Anstandsbesuch werden.

GRAF Glaubst du?

SCHAUSPIELERIN Dafür laß nur mich sorgen. Und jetzt gib mir noch einen Kuß, mein kleiner Philosoph. So, du Verführer, du ... süßes Kind, du Seelenverkäufer, du Iltis ... du ... *nachdem sie ihn ein paarmal heftig geküßt, stößt sie ihn heftig von sich* Herr Graf, es war mir eine große Ehre!

GRAF Ich küß die Hand, Fräulein! *Bei der Tür* Auf Wiederschaun.

SCHAUSPIELERIN Adieu, Steinamanger!

X

Der Graf und die Dirne

Morgen, gegen sechs Uhr.

Ein ärmliches Zimmer, einfenstrig, die gelblichschmutzigen Rouletten sind heruntergelassen. Verschlissene grünliche Vorhänge. Eine Kommode, auf der ein paar Photographien stehen und ein auffallend geschmackloser, billiger Damenhut liegt. Hinter dem Spiegel billige japanische Fächer. Auf dem Tisch, der mit einem rötlichen Schutztuch überzogen ist, steht eine Petroleumlampe, die schwach brenzlig brennt, papierener, gelber Lampenschirm, daneben ein Krug, in dem ein Rest von Bier ist, und ein halb geleertes Glas. Auf dem Boden neben dem Bett liegen unordentlich Frauenkleider, als wenn sie eben rasch abgeworfen worden wären. Im Bett liegt schlafend die Dirne, sie atmet ruhig. – Auf dem Diwan, völlig angekleidet, liegt der Graf, im Drapp-Überzieher, der Hut liegt zu Häupten des Diwans auf dem Boden.

GRAF *bewegt sich, reibt sich die Augen, erhebt sich rasch, bleibt sitzen, schaut um sich* Ja, wie bin ich denn ... Ah so ... Also bin ich richtig mit dem Frauenzimmer nach Haus ... *er steht rasch auf, sieht ihr Bett* Da liegt s' ja ... Was einem noch alles in meinem Alter passieren kann. Ich hab keine Idee, haben s' mich da heraufgetragen? Nein ... ich hab ja gesehn – ich komm in das Zimmer ... ja ... da bin ich noch wach gewesen oder wach worden ... oder ... oder ist vielleicht nur, daß mich das Zimmer an was erinnert? ... Meiner Seel, na ja ... gestern hab ichs halt g'sehn ... *Sieht auf die Uhr* Was! Gestern, vor ein paar Stunden – Aber ich habs g'wußt, daß was passieren muß ... ich habs g'spürt ... wie ich ang'fangen hab zu trinken gestern, hab ichs g'spürt, daß ... Und was ist denn passiert? ... Also nichts ... Oder ist was ...? Meiner Seel ... seit ... also seit zehn Jahren ist mir so was nicht vorkommen, daß ich nicht weiß ... Also kurz und gut, ich war halt b'soffen. Wenn ich nur wüßt, von wann an ... Also das weiß ich noch ganz genau, wie ich in das Hurenkaffeehaus hinein bin mit dem Lulu und ... nein, nein ... vom Sacher sind wir ja noch weggangen ... und dann auf dem Weg ist schon ... Ja richtig, ich bin ja in meinem Wagen g'fahren mit'm Lulu ... Was zerbrich ich mir denn viel den Kopf. Ist ja egal. Schaun wir, daß wir weiterkommen. *Steht auf. Die Lampe wackelt* Oh! *Sieht auf die Schlafende* Die hat halt einen g'sunden Schlaf. Ich weiß zwar von gar nix – aber ich werd ihr's Geld aufs Nachtkastel legen ... und Servus ... *er steht vor ihr, sieht sie lange an* Wenn man nicht wüßt, was sie ist! *Betrachtet sie lang* Ich hab viel kennt, die haben nicht einmal im Schlafen so tugendhaft ausg'sehn. Meiner Seel ... also der Lulu möcht wieder sagen, ich philosophier, aber es ist wahr, der Schlaf macht auch schon gleich, kommt mir vor; – wie der Herr Bruder, also der Tod ... Hm, ich möcht nur wissen, ob ... Nein, daran müßt ich mich ja erinnern ... Nein, nein, ich bin gleich da auf den Diwan herg'fallen ... und nichts is g'schehn ... Es ist unglaublich, wie sich manchmal alle Weiber ähnlich schauen ... Na, gehn wir. *Er will gehen* Ja richtig. *Er nimmt die Brieftasche und ist eben daran eine Banknote herauszunehmen.*

DIRNE *wacht auf* Na ... wer ist denn in aller Früh –? *Erkennt ihn* Servus, Bubi!

GRAF Guten Morgen. Hast gut g'schlafen?

DIRNE *reckt sich* Ah, komm her. Pussi geben.

GRAF *beugt sich zu ihr herab, besinnt sich, wieder fort* Ich hab grad fortgehen wollen ...

DIRNE Fortgehn?

GRAF Es ist wirklich die höchste Zeit.

DIRNE So willst du fortgehn?

GRAF *fast verlegen* So ...

DIRNE Na, Servus; kommst halt ein anderes Mal.

GRAF Ja, grüß dich Gott. Na, willst nicht das Handerl geben?

DIRNE *gibt die Hand aus der Decke hervor.*

GRAF *nimmt die Hand und küßt sie mechanisch, bemerkt es, lacht* Wie einer Prinzessin. Übrigens, wenn man nur ...

DIRNE Was schaust mich denn so an?

GRAF Wenn man nur das Kopferl sieht, wie jetzt ... beim Aufwachen sieht doch eine jede unschuldig aus ... meiner Seel, alles mögliche könnt man sich einbilden, wenns nicht so nach Petroleum stinken möcht ...

DIRNE Ja, mit der Lampen ist immer ein G'frett.

GRAF Wie alt bist denn eigentlich?

DIRNE Na, was glaubst?

GRAF Vierundzwanzig.

DIRNE Ja freilich.

GRAF Bist schon älter?

DIRNE Ins Zwanzigste geh i.

GRAF Und wie lang bist du schon ...

DIRNE Bei dem G'schäft bin i ein Jahr!

GRAF Da hast du aber früh ang'fangen.

DIRNE Besser zu früh als zu spät.

GRAF *setzt sich aufs Bett* Sag mir einmal, bist du eigentlich glücklich?

DIRNE Was?

GRAF Also ich mein, gehts dir gut?

DIRNE Oh, mir gehts alleweil gut.

GRAF So ... Sag, ist dir noch nie eing'fallen, daß du was anderes werden könntest?

DIRNE Was soll i denn werden?

GRAF Also ... Du bist doch wirklich ein hübsches Mädel. Du könntest doch zum Beispiel einen Geliebten haben.

DIRNE Meinst vielleicht, ich hab kein?

GRAF Ja, das weiß ich – ich mein aber einen, weißt einen, der dich aushalt, daß du nicht mit einem jeden zu gehn brauchst.

DIRNE I geh auch nicht mit ein jeden. Gott sei Dank, das hab i net notwendig, ich such mir s' schon aus.

GRAF *sieht sich im Zimmer um.*

DIRNE *bemerkt das* Im nächsten Monat ziehn wir in die Stadt, in die Spiegelgasse.

GRAF Wir? Wer denn?

DIRNE Na, die Frau und die paar anderen Mädeln, die noch da wohnen.

GRAF Da wohnen noch solche –

DIRNE Da daneben ... hörst net ... das ist die Milli, die auch im Kaffeehaus g'wesen ist.

GRAF Da schnarcht wer.

DIRNE Das ist schon die Milli, die schnarcht jetzt weiter n' ganzen Tag bis um zehn auf d' Nacht. Dann steht s' auf und geht ins Kaffeehaus.

GRAF Das ist doch ein schauderhaftes Leben.

DIRNE Freilich. Die Frau gift sich auch genug. Ich bin schon um zwölfe Mittag immer auf der Gassen.

GRAF Was machst denn um zwölf auf der Gassen?

DIRNE Was werd ich denn machen? Auf den Strich geh ich halt.

GRAF Ah so ... natürlich ... *steht auf, nimmt die Brieftasche heraus, legt ihr eine Banknote auf das Nachtkastel* Adieu!

DIRNE Gehst schon ... Servus ... Komm bald wieder. *Legt sich auf die Seite.*

GRAF *bleibt wieder stehen* Du, sag einmal, dir ist schon alles egal – was?

DIRNE Was?

GRAF Ich mein, dir machts gar keine Freud mehr.

DIRNE *gähnt* Ein Schlaf hab ich.

GRAF Dir ist alles eins, ob einer jung ist oder alt, oder ob einer ...

DIRNE Was fragst denn?

GRAF ... Also – *plötzlich auf etwas kommend* – meiner Seel, jetzt weiß ich, an wen du mich erinnerst, das ist ...

DIRNE Schau i wem gleich?

GRAF Unglaublich, unglaublich, jetzt bitt ich dich aber sehr, red gar nichts, eine Minute wenigstens ... *Schaut sie an* Ganz dasselbe G'sicht, ganz dasselbe G'sicht. *Er küßt sie plötzlich auf die Augen.*

DIRNE Na ...

GRAF Meiner Seel, es ist schad, daß du ... nichts andres bist ... Du könntst ja dein Glück machen!

DIRNE Du bist grad wie der Franz.

GRAF Wer ist Franz?

DIRNE Na der Kellner von unserm Kaffeehaus ...

GRAF Wieso bin ich grad so wie der Franz?

DIRNE Der sagt auch alleweil, ich könnt mein Glück machen, und ich soll ihn heiraten.

GRAF Warum tust du's nicht?

DIRNE Ich dank schön ... ich möcht nicht heiraten, nein, um keinen Preis. Später einmal vielleicht.

GRAF Die Augen ... ganz die Augen ... Der Lulu möcht sicher sagen, ich bin ein Narr – aber ich will dir noch einmal die Augen küssen ... so ... und jetzt grüß dich Gott, jetzt geh ich.

DIRNE Servus ...

GRAF *bei der Tür* Du ... sag ... wundert dich das gar nicht ...

DIRNE Was denn?

GRAF Daß ich nichts von dir will.

DIRNE Es gibt viel Männer, die in der Früh nicht aufgelegt sind.

GRAF Na ja ... *für sich* Zu dumm, daß ich will, sie soll sich wundern ... Also Servus ... *er ist bei der Tür* Eigentlich ärger ich mich. Ich weiß doch, daß es solchen Frauenzimmern nur aufs Geld ankommt ... was sag ich – solchen ... es ist schön ... daß sie sich wenigstens nicht verstellt, das sollte einen eher freuen ... Du – weißt, ich komm nächstens wieder zu dir.

DIRNE *mit geschlossenen Augen* Gut.

GRAF Wann bist du immer zu Haus?

DIRNE Ich bin immer zu Haus. Brauchst nur nach der Leocadia zu fragen.

GRAF Leocadia ... Schön – Also grüß dich Gott. *Bei der Tür* Ich hab doch noch immer den Wein im Kopf. Also das ist doch das Höchste ... ich bin bei so einer und hab nichts getan, als ihr die Augen geküßt, weil sie mich an wen erinnert hat ... *wendet sich zu ihr* Du, Leocadia, passiert dir das öfter, daß man so weggeht von dir?

DIRNE Wie denn?

GRAF So wie ich?

DIRNE In der Früh?

GRAF Nein ... ob schon manchmal wer bei dir war – und nichts von dir wollen hat?

DIRNE Nein, das ist mir noch nie g'schehn.

GRAF Also, was meinst denn? Glaubst, du g'fallst mir nicht?

DIRNE Warum soll ich dir denn nicht g'fallen? Bei der Nacht hab ich dir schon g'fallen.

GRAF Du g'fallst mir auch jetzt.

DIRNE Aber bei der Nacht hab ich dir besser g'fallen.

GRAF Warum glaubst du das?

DIRNE Na, was fragst denn so dumm?

GRAF Bei der Nacht ... ja, sag, bin ich denn nicht gleich am Diwan hing'fallen?

DIRNE Na freilich ... mit mir zusammen.

GRAF Mit dir?

DIRNE Ja, weißt denn du das nimmer?

GRAF Ich hab ... wir sind zusammen ... ja ...

DIRNE Aber gleich bist eing'schlafen.

GRAF Gleich bin ich ... So ... Also so war das! ...

DIRNE Ja, Bubi. Du mußt aber ein ordentlichen Rausch g'habt haben, daß dich nimmer erinnerst.

GRAF So ... – Und doch ... es ist eine entfernte Ähnlichkeit ... Servus ... *lauscht* Was ist denn los?

DIRNE Das Stubenmädl ist schon auf. Geh, gib ihr was beim Hinausgehn. Das Tor ist auch offen, ersparst den Hausmeister.

GRAF Ja. *Im Vorzimmer* Also ... Es wär doch schön gewesen, wenn ich sie nur auf die Augen geküßt hätt. Das wäre beinahe ein Abenteuer gewesen ... Es war mir halt nicht bestimmt. *Das Stubenmädel steht da, öffnet die Tür* Ah – da haben S' ... Gute Nacht. –

STUBENMÄDCHEN Guten Morgen.

GRAF Ja freilich ... guten Morgen ... guten Morgen.

DER GRÜNE KAKADU

Groteske in einem Akt

PERSONEN

EMILE HERZOG VON CADIGNAN
FRANÇOIS VICOMTE VON NOGEANT
ALBIN CHEVALIER DE LA TREMOUILLE
DER MARQUIS VON LANSAC
SEVERINE, *seine Frau*
ROLLIN, *Dichter*
PROSPERE, *Wirt, vormals Theaterdirektor*
HENRI, BALTHASAR, GUILLAUME, SCAEVOLA, JULES, ETIENNE, MAURICE, GEORGETTE, MICHETTE, FLIPOTTE – *seine Truppe*
LEOCADIE, *Schauspielerin, Henris Frau*
GRASSET, *Philosoph*
LEBRET, *Schneider*
GRAIN, *ein Strolch*
DER KOMMISSÄR
ADELIGE, SCHAUSPIELER, SCHAUSPIELERINNEN, BÜRGER *und* BÜRGERFRAUEN

Spielt in Paris am Abend des 14. Juli 1789 in der Spelunke Prospères.

Wirtsstube »Zum grünen Kakadu«.

Ein nicht großer Kellerraum, zu welchem rechts – ziemlich weit hinten – sieben Stufen führen, die nach oben durch eine Tür abgeschlossen sind. Eine zweite Tür, welche kaum sichtbar ist, befindet sich im Hintergrunde links. Eine Anzahl von einfachen hölzernen Tischen, um diese Sessel, füllen beinahe den ganzen Raum aus. Links in der Mitte der Schanktisch; hinter demselben eine Anzahl Fässer mit Pipen. Das Zimmer ist durch Öllämpchen beleuchtet, die von der Decke herabhängen.

Der WIRT PROSPERE; *es treten ein die Bürger* LEBRET *und* GRASSET.

GRASSET *noch auf den Stufen* Hier herein, Lebrêt; die Quelle kenn' ich. Mein alter Freund und Direktor hat immer noch irgendwo ein Faß Wein versteckt, auch wenn ganz Paris verdurstet.

WIRT Guten Abend, Grasset. Läßt du dich wieder einmal blicken? Aus mit der Philosophie? Hast du Lust, wieder bei mir Engagement zu nehmen?

GRASSET Ja freilich! Wein sollst du bringen. Ich bin der Gast – du der Wirt.

WIRT Wein? Woher soll ich Wein nehmen, Grasset? Heut nacht haben sie ja alle Weinläden von Paris ausgeplündert. Und ich möchte wetten, daß du mit dabei gewesen bist.

GRASSET Her mit dem Wein. Für das Pack, das in einer Stunde nach uns kommen wird ... *lauschend* Hörst du was, Lebrêt?

LEBRET Es ist wie ein leiser Donner.

GRASSET Brav – Bürger von Paris ... *zu Prospère* Für das Pack hast du sicher noch einen in Vorrat. Also her damit. Mein Freund und Bewunderer, der Bürger Lebrêt, Schneider aus der Rue St. Honoré, zahlt alles.

LEBRET Gewiß, gewiß, ich zahle.

PROSPERE *zögert.*

GRASSET Na, zeig' ihm, daß du Geld hast, Lebrêt.

LEBRET *zieht seinen Geldbeutel heraus.*

WIRT Nun, ich will sehen, ob ich ... *er öffnet den Hahn zu einem Faß und füllt zwei Gläser* Woher kommst du, Grasset? Aus dem Palais Royal?

GRASSET Jawohl ... ich habe dort eine Rede gehalten. Ja, mein Lieber, jetzt bin ich an der Reihe. Weißt du, nach wem ich gesprochen habe?

WIRT Nun?

GRASSET Nach Camille Desmoulins! Jawohl, ich hab' es gewagt.

Und sage mir, Lebrêt, wer hat größeren Beifall gehabt, Desmoulins oder ich?

LEBRET Du ... zweifellos.

GRASSET Und wie hab' ich mich ausgenommen?

LEBRET Prächtig.

GRASSET Hörst du's, Prospère? Ich habe mich auf den Tisch gestellt ... ich habe ausgesehen wie ein Monument ... jawohl –und alle die Tausend, Fünftausend, Zehntausend haben sich um mich versammelt – gerade so wie früher um Camille Desmoulins ... und haben mir zugejubelt.

LEBRET Es war ein stärkerer Jubel.

GRASSET Jawohl ... nicht um vieles, aber er war stärker. Und nun ziehen sie alle hin zur Bastille ... und ich darf sagen: sie sind meinem Ruf gefolgt. Ich schwöre dir, vor abends haben wir sie.

WIRT Ja, freilich, wenn die Mauern von euern Reden zusammenstürzten!

GRASSET Wieso ... Reden! – Bist du taub? ... Jetzt wird geschossen. Unsere braven Soldaten sind dabei. Sie haben dieselbe höllische Wut auf das verfluchte Gefängnis wie wir. Sie wissen, daß hinter diesen Mauern ihre Brüder und Väter gefangen sitzen ... Aber sie würden nicht schießen, wenn wir nicht geredet hätten. Mein lieber Prospère, die Macht der Geister ist groß. Da – *zu Lebrêt* Wo hast du die Schriften?

LEBRET Hier ... *zieht Broschüren aus der Tasche.*

GRASSET Hier sind die neuesten Broschüren, die eben im Palais Royal verteilt wurden. Hier eine von meinem Freunde Cerutti, Denkschrift für das französische Volk, hier eine von Desmoulins, der allerdings besser spricht, als er schreibt ... »Das freie Frankreich«.

WIRT Wann wird denn endlich die deine erscheinen, von der du immer erzählst?

GRASSET Wir brauchen keine mehr. Die Zeit zu Taten ist gekommen. Ein Schuft, der heute in seinen vier Wänden sitzt. Wer ein Mann ist, muß auf die Straße!

LEBRET Bravo, bravo!

GRASSET In Toulon haben sie den Bürgermeister umgebracht, in Brignolles haben sie ein Dutzend Häuser geplündert ... nur wir in Paris sind noch immer die Langweiligen und lassen uns alles gefallen.

PROSPERE Das kann man doch nicht mehr sagen.

LEBRET *der immer getrunken hat* Auf, ihr Bürger, auf!

GRASSET Auf! ... Sperre deine Bude und komm jetzt mit uns!

WIRT Ich komme schon, wenn's Zeit ist.

GRASSET Ja freilich, wenn's keine Gefahr mehr gibt.

WIRT Mein Lieber, ich liebe die Freiheit wie du – aber vor allem hab' ich meinen Beruf.

GRASSET Jetzt gibt es für die Bürger von Paris nur einen Beruf: Ihre Brüder befreien.

WIRT Ja für die, die nichts anderes zu tun haben!

LEBRET Was sagt er da! ... Er verhöhnt uns!

WIRT Fällt mir gar nicht ein. – Schaut jetzt lieber, daß ihr hinauskommt ... meine Vorstellung fängt bald an. Da kann ich euch nicht brauchen.

LEBRET Was für eine Vorstellung? ... Ist hier ein Theater?

WIRT Gewiß ist das ein Theater. Ihr Freund hat noch vor vierzehn Tagen hier mitgespielt.

LEBRET Hier hast du gespielt, Grasset? ... Warum läßt du dich von dem Kerl da ungestraft verhöhnen!

GRASSET Beruhige dich ... es ist wahr; ich habe hier gespielt, denn es ist kein gewöhnliches Wirtshaus ... es ist eine Verbrecherherberge ... komm ...

WIRT Zuerst wird gezahlt.

LEBRET Wenn das hier eine Verbrecherherberge ist, so zahle ich keinen Sou.

WIRT So erkläre doch deinem Freunde, wo er ist.

GRASSET Es ist ein seltsamer Ort! Es kommen Leute her, die Verbrecher spielen – und andere, die es sind, ohne es zu ahnen.

LEBRET So –?

GRASSET Ich mache dich aufmerksam, daß das, was ich eben sagte, sehr geistreich war; es könnte das Glück einer ganzen Rede machen.

LEBRET Ich verstehe nichts von allem, was du sagst.

GRASSET Ich sagte dir ja, daß Prospère mein Direktor war. Und er spielt mit seinen Leuten noch immer Komödie; nur in einer anderen Art als früher. Meine einstigen Kollegen und Kolleginnen sitzen hier herum und tun, als wenn sie Verbrecher wären. Verstehst du? Sie erzählen haarsträubende Geschichten, die sie nie erlebt – sprechen von Untaten, die sie nie begangen haben ... und das Publikum, das hierher kommt, hat den angenehmen Kitzel, unter dem gefährlichsten Gesindel von Paris zu sitzen – unter Gaunern, Einbrechern, Mördern – und –

LEBRET Was für ein Publikum?

WIRT Die elegantesten Leute von Paris.

GRASSET Adelige ...

WIRT Herren vom Hofe –

LEBRET Nieder mit ihnen!

GRASSET Das ist was für sie. Das rüttelt ihnen die erschlafften Sinne auf. Hier hab' ich angefangen, Lebrêt, hier hab' ich meine erste Rede gehalten, als wenn es zum Spaß wäre ... und hier hab' ich die Hunde zu hassen begonnen, die mit ihren schönen Kleidern, parfümiert, angefressen, unter uns saßen ... und es ist mir ganz recht, mein guter Lebrêt, daß du auch einmal die Stätte siehst, von wo dein großer Freund ausgegangen ist. *In anderem Ton* Sag', Prospère, wenn die Sache schief ginge...

WIRT Welche Sache?

GRASSET Nun, die Sache mit meiner politischen Karriere ... würdest du mich wieder engagieren?

WIRT Nicht um die Welt!

GRASSET *leicht* Warum? – Es könnte vielleicht noch einer neben deinem Henri aufkommen.

WIRT Abgesehen davon ... ich hätte Angst, daß du dich einmal vergessen könntest – und über einen meiner zahlenden Gäste im Ernst herfielst.

GRASSET *geschmeichelt* Das wäre allerdings möglich.

WIRT Ich ... ich hab' mich doch in der Gewalt –

GRASSET Wahrhaftig, Prospère, ich muß sagen, daß ich dich wegen deiner Selbstbeherrschung bewundern würde, wenn ich nicht zufällig wüßte, daß du ein Feigling bist.

WIRT Ach, mein Lieber, mir genügt das, was ich in meinem Fach leisten kann. Es macht mir Vergnügen genug, den Kerlen meine Meinung ins Gesicht sagen zu können und sie zu beschimpfen nach Herzenslust – während sie es für Scherz halten. Es ist auch eine Art, seine Wut los zu werden. – *Zieht einen Dolch und läßt ihn funkeln.*

LEBRET Bürger Prospère, was soll das bedeuten?

GRASSET Habe keine Angst. Ich wette, daß der Dolch nicht einmal geschliffen ist.

WIRT Da könntest du doch irren, mein Freund; irgend einmal kommt ja noch der Tag, wo aus dem Spaß Ernst wird – und darauf bin ich für alle Fälle vorbereitet.

GRASSET Der Tag ist nah. Wir leben in einer großen Zeit! Komm, Bürger Lebrêt, wir wollen zu den Unsern. Prospère, leb' wohl, du siehst mich als großen Mann wieder oder nie.

LEBRET *torkelig* Als großen Mann ... oder ... nie –

Sie gehen ab.

WIRT *bleibt zurück, setzt sich auf einen Tisch, schlägt eine Broschüre auf und liest vor sich hin* »Jetzt steckt das Vieh in der Schlinge, erdrosselt es!« – Er schreibt nicht übel, dieser kleine Desmoulins. »Noch nie hat sich Siegern eine reichere Beute dargeboten. Vierzigtausend Paläste und Schlösser, zwei Fünftel aller Güter in Frankreich werden der Lohn der Tapferkeit sein, – die sich für Eroberer halten, werden unterjocht, die Nation wird gereinigt werden.«

DER KOMMISSÄR *tritt ein.*

WIRT *mißt ihn* Na, das Gesindel rückt ja heute früh ein?

KOMMISSÄR Mein lieber Prospère, mit mir machen Sie keine Witze; ich bin der Kommissär Ihres Bezirks.

WIRT Und womit kann ich dienen?

KOMMISSÄR Ich bin beauftragt, dem heutigen Abend in Ihrem Lokal beizuwohnen.

WIRT Es wird mir eine besondere Ehre sein.

KOMMISSÄR Es ist nicht darum, mein bester Prospère. Die Behörde will Klarheit haben, was bei Ihnen eigentlich vorgeht. Seit einigen Wochen –

WIRT Es ist ein Vergnügungslokal, Herr Kommissär, nichts weiter.

KOMMISSÄR Lassen Sie mich ausreden. Seit einigen Wochen soll dieses Lokal der Schauplatz wüster Orgien sein.

WIRT Sie sind falsch berichtet, Herr Kommissär. Man treibt hier Späße, nichts weiter.

KOMMISSÄR Damit fängt es an. Ich weiß. Aber es hört anders auf, sagt mein Bericht. Sie waren Schauspieler?

WIRT Direktor, Herr Kommissär, Direktor einer vorzüglichen Truppe, die zuletzt in Denis spielte.

KOMMISSÄR Das ist gleichgültig. Dann haben Sie eine kleine Erbschaft gemacht?

WIRT Nicht der Rede wert, Herr Kommissär.

KOMMISSÄR Ihre Truppe hat sich aufgelöst?

WIRT Meine Erbschaft nicht minder.

KOMMISSÄR *lächelnd* Ganz gut. *Beide lächeln. – Plötzlich ernst* Sie haben sich ein Wirtsgeschäft eingerichtet?

WIRT Das miserabel gegangen ist.

KOMMISSÄR – Worauf Sie eine Idee gefaßt haben, der man eine gewisse Originalität nicht absprechen kann.

WIRT Sie machen mich stolz, Herr Kommissär.

KOMMISSÄR Sie haben Ihre Truppe wieder gesammelt und lassen sie hier eine sonderbare und nicht unbedenkliche Komödie spielen.

WIRT Wäre sie bedenklich, Herr Kommissär, so hätte ich nicht mein Publikum – ich kann sagen, das vornehmste Publikum von Paris. Der Vicomte von Nogeant ist mein täglicher Gast. Der Marquis von Lansac kommt öfters; und der Herzog von Cadignan, Herr Kommissär, ist der eifrigste Bewunderer meines ersten Schauspielers, des berühmten Henri Baston.

KOMMISSÄR Wohl auch der Kunst oder der Künste Ihrer Künstlerinnen.

WIRT Wenn Sie meine kleinen Künstlerinnen kennen würden, Herr Kommissär, würden Sie das niemandem auf der Welt übelnehmen.

KOMMISSÄR Genug. Es ist der Behörde berichtet worden, daß die Belustigungen, welche Ihre – wie soll ich sagen –

WIRT Das Wort »Künstler« dürfte genügen.

KOMMISSÄR Ich werde mich zu dem Wort »Subjekte« entschließen – daß die Belustigungen, welche Ihre Subjekte bieten, in jedem Sinne über das Erlaubte hinausgehen. Es sollen hier von Ihren – wie soll ich sagen – von Ihren künstlichen Verbrechern Reden geführt werden, die – wie sagt nur mein Bericht? *Er liest wie schon früher in einem Notizbuch nach* – nicht nur unsittlich, was uns wenig genieren würde, sondern auch höchst aufrührerisch zu wirken geeignet sind – was in einer so erregten Epoche, wie die ist, in der wir leben, der Behörde durchaus nicht gleichgültig sein kann.

WIRT Herr Kommissär, ich kann auf diese Anschuldigung nur mit der höflichen Einladung erwidern, sich die Sache selbst einmal anzusehen. Sie werden bemerken, daß hier gar nichts Aufrührerisches vorgeht, schon aus dem Grunde, weil mein Publikum sich nicht aufrühren läßt. Es wird hier einfach Theater gespielt – das ist alles.

KOMMISSÄR Ihre Einladung nehme ich natürlich nicht an, doch werde ich kraft meines Amtes hierbleiben.

WIRT Ich glaube, Ihnen die beste Unterhaltung versprechen zu können, Herr Kommissär, doch würde ich mir den Rat erlauben, daß Sie Ihre Amtstracht ablegen und in Zivilkleidern hier erscheinen. Wenn man nämlich einen Kommissär in Uniform hier sähe, würde sowohl die Naivetät meiner Künstler als die Stimmung meines Publikums darunter leiden.

KOMMISSÄR Sie haben recht, Herr Prospère, ich werde mich entfernen und als junger eleganter Mann wiederkehren.

WIRT Das wird Ihnen leicht sein, Herr Kommissär, auch als Halunke sind Sie mir willkommen – das würde nicht auffallen – nur nicht als Kommissär.

KOMMISSÄR Adieu. *Geht.*

WIRT *verbeugt sich* Wann wird der gesegnete Tag kommen, wo ich dich und deinesgleichen ...

KOMMISSÄR *trifft in der Tür mit Grain zusammen, der äußerst zerlumpt ist und erschrickt, wie er den Kommissär sieht. Dieser mißt ihn zuerst, lächelt dann, wendet sich verbindlich zu Prospère* Schon einer Ihrer Künstler? ... *Ab.*

GRAIN *spricht weinerlich, pathetisch* Guten Abend.

WIRT *nachdem er ihn lang angesehen* Wenn du einer von meiner Truppe bist, so will ich dir meine Anerkennung nicht versagen, denn ich erkenne dich nicht.

GRAIN Wie meinen Sie?

WIRT Also keinen Scherz, nimm die Perücke ab, ich möchte doch wissen, wer du bist. *Er reißt ihn an den Haaren.*

GRAIN O weh!

WIRT Das ist ja echt – Donnerwetter ... wer sind Sie? ... Sie scheinen ja ein wirklicher Strolch zu sein?

GRAIN Jawohl.

WIRT Was wollen Sie denn von mir?

GRAIN Ich habe die Ehre mit dem Bürger Prospère? ... Wirt vom grünen Kakadu?

WIRT Der bin ich.

GRAIN Ich nenne mich Grain ... zuweilen Carniche ... in manchen Fällen der schreiende Bimsstein – aber unter dem Namen Grain war ich eingesperrt, Bürger Prospère – und das ist das Wesentliche.

WIRT Ah – ich verstehe. Sie wollen sich bei mir engagieren lassen und spielen mir gleich was vor. Auch gut. Weiter.

GRAIN Bürger Prospère, halten Sie mich für keinen Schwindler. Ich bin ein Ehrenmann. Wenn ich sage, daß ich eingesperrt war, so ist es die volle Wahrheit.

Wirt sieht ihn mißtrauisch an.

GRAIN *zieht aus dem Rock ein Papier* Hier, Bürger Prospère. Sie ersehen daraus, daß ich gestern nachmittags vier Uhr entlassen wurde.

WIRT Nach einer zweijährigen Haft – Donnerwetter, das ist ja echt –!

GRAIN Haben Sie noch immer gezweifelt, Bürger Prospère?

WIRT Was haben Sie denn angestellt, daß man Sie auf zwei Jahre –

GRAIN Man hätte mich gehängt; aber zu meinem Glück war ich noch ein halbes Kind, als ich meine arme Tante umbrachte.

WIRT Ja, Mensch, wie kann man denn seine Tante umbringen?

GRAIN Bürger Prospère, ich hätte es nicht getan, wenn die Tante mich nicht mit meinem besten Freunde hintergangen hätte.

WIRT Ihre Tante?

GRAIN Jawohl – sie stand mir näher, als sonst Tanten ihren Neffen zu stehen pflegen. Es waren sonderbare Familienverhältnisse ... ich war verbittert, höchst verbittert. Darf ich Ihnen davon erzählen?

WIRT Erzählen Sie immerhin, wir werden vielleicht ein Geschäft miteinander machen können.

GRAIN Meine Schwester war noch ein halbes Kind, als sie aus dem Hause lief – und was glauben Sie – mit wem? –

WIRT Es ist schwer zu erraten.

GRAIN Mit ihrem Onkel. Und der hat sie sitzen lassen – mit einem Kinde.

WIRT Mit einem ganzen – will ich hoffen.

GRAIN Es ist unzart von Ihnen, Bürger Prospère, über solche Dinge zu scherzen.

WIRT Ich will Ihnen was sagen, Sie schreiender Bimsstein. Ihre Familiengeschichten langweilen mich. Glauben Sie, ich bin dazu da, mir von einem jeden hergelaufenen Lumpen erzählen zu lassen, wen er umgebracht hat? Was geht mich das alles an? Ich nehme an, Sie wollen irgend was von mir –

GRAIN Jawohl, Bürger Prospère, ich komme, Sie um Arbeit bitten.

WIRT *höhnisch* Ich mache Sie aufmerksam, daß es bei mir keine Tanten zu ermorden gibt; es ist ein Vergnügungslokal.

GRAIN Oh, ich hab' an dem einen Mal genug gehabt. Ich will ein anständiger Mensch werden – man hat mich an Sie gewiesen.

WIRT Wer, wenn ich fragen darf?

GRAIN Ein liebenswürdiger junger Mann, den sie vor drei Tagen zu mir in die Zelle gesperrt haben. Jetzt ist er allein. Er heißt Gaston ... und Sie kennen ihn. –

WIRT Gaston! Jetzt weiß ich, warum ich ihn drei Abende lang vermißt habe. Einer meiner besten Darsteller für Taschendiebe. – Er hat Geschichten erzählt; – ah, man hat sich geschüttelt.

GRAIN Jawohl. Und jetzt haben sie ihn erwischt!

WIRT Wieso erwischt? Er hat ja nicht wirklich gestohlen.

GRAIN Doch. Es muß aber das erste Mal gewesen sein, denn er scheint mit einer unglaublichen Ungeschicklichkeit vorgegangen zu sein. Denken Sie – *vertraulich* – auf dem Boulevard des Capucines einfach einer Dame in die Tasche gegriffen – und die Börse herausgezogen – ein rechter Dilettant. – Sie flößen mir Vertrauen ein, Bürger Prospère – und so will ich Ihnen gestehn – es war eine Zeit, wo ich auch dergleichen kleine Stückchen aufführte, aber nie ohne meinen lieben Vater. Als ich noch ein Kind war, als wir noch alle zusammen wohnten, als meine arme Tante noch lebte –

WIRT Was jammern Sie denn? Ich finde das geschmacklos! Hätten Sie sie nicht umgebracht!

GRAIN Zu spät. Aber worauf ich hinaus wollte – nehmen Sie mich bei sich auf. Ich will den umgekehrten Weg machen wie Gaston. Er hat den Verbrecher gespielt und ist einer geworden – ich ...

WIRT Ich will's mit Ihnen probieren. Sie werden schon durch Ihre Maske wirken. Und in einem gegebenen Moment werden Sie einfach die Sache mit der Tante erzählen. Wie's war. Irgend wer wird Sie schon fragen.

GRAIN Ich danke Ihnen, Bürger Prospère. Und was meine Gage anbelangt –

WIRT Heute gastieren Sie auf Engagement, da kann ich Ihnen noch keine Gage zahlen. – Sie werden gut zu essen und zu trinken bekommen ... und auf ein paar Francs für ein Nachtlager soll's mir auch nicht ankommen.

GRAIN Ich danke Ihnen. Und bei Ihren anderen Mitgliedern stellen Sie mich einfach als einen Gast aus der Provinz vor.

WIRT Ah nein ... denen sagen wir gleich, daß Sie ein wirklicher Mörder sind. Das wird ihnen viel lieber sein.

GRAIN Entschuldigen Sie, ich will ja gewiß nichts gegen mich vorbringen – aber das versteh' ich nicht.

WIRT Wenn Sie länger beim Theater sind, werden Sie das schon verstehen.

SCAEVOLA *und* JULES *treten ein.*

SCAEVOLA Guten Abend, Direktor!

WIRT Wirt ... Wie oft soll ich dir noch sagen, der ganze Spaß geht flöten, wenn du mich »Direktor« nennst.

SCAEVOLA Was immer du seist, ich glaube, wir werden heute nicht spielen.

WIRT Warum denn?

SCAEVOLA Die Leute werden nicht in der Laune sein – –. Es ist ein Höllenlärm in den Straßen, und insbesondere vor der Bastille schreien sie wie die Besessenen.

WIRT Was geht das uns an? Seit Monaten ist das Geschrei, und unser Publikum ist uns nicht ausgeblieben. Es amüsiert sich wie früher.

SCAEVOLA Ja, es hat die Lustigkeit von Leuten, die nächstens gehenkt werden.

WIRT Wenn ich's nur erlebe!

SCAEVOLA Vorläufig gib uns was zu trinken, damit ich in Stimmung komme. Ich bin heut durchaus nicht in Stimmung.

WIRT Das passiert dir öfter, mein Lieber. Ich muß dir sagen, daß ich gestern durchaus unzufrieden mit dir war.

SCAEVOLA Wieso, wenn ich fragen darf?

WIRT Die Geschichte von dem Einbruch, die du zum Besten gegeben hast, war einfach läppisch.

SCAEVOLA Läppisch?

WIRT Jawohl. Vollkommen unglaubwürdig. Das Brüllen allein tut's nicht.

SCAEVOLA Ich habe nicht gebrüllt.

WIRT Du brüllst ja immer. Es wird wahrhaftig notwendig werden, daß ich die Sachen mit euch einstudiere. Auf euere Einfälle kann man sich nicht verlassen. Henri ist der einzige.

SCAEVOLA Henri und immer Henri. Henri ist ein Kulissenreißer. Der Einbruch von gestern war ein Meisterstück. So was bringt Henri sein Lebtag nicht zusammen. – Wenn ich dir nicht genüge, mein Lieber, so geh' ich einfach zu einem ordentlichen Theater. Hier ist ja doch nur eine Schmiere ... Ah ... *bemerkt Grain* Wer ist denn das? ... Der gehört ja nicht zu uns? Hast du vielleicht einen neu engagiert? Was hat der Kerl für Maske?

WIRT Beruhige dich, es ist kein Schauspieler von Beruf. Es ist ein wirklicher Mörder.

SCAEVOLA Ach so ... *geht auf ihn zu* Sehr erfreut, Sie kennen zu lernen. Scaevola ist mein Name.

GRAIN Ich heiße Grain.

Jules ist die ganze Zeit in der Schenke herumgegangen, manchmal auch stehen geblieben, wie ein innerlich Gequälter.

WIRT Was ist denn mit dir, Jules?

JULES Ich memoriere.

WIRT Was denn?

JULES Gewissensbisse. Ich mache heute einen, der Gewissensbisse hat. Sieh mich an. Was sagst du zu der Falte hier auf der Stirn? Seh' ich nicht aus, als wenn alle Furien der Hölle... *geht auf und ab.*

SCAEVOLA *brüllt* Wein – Wein her!

WIRT Beruhige dich ... es ist ja noch kein Publikum da.

HENRIE *und* LEOCADIE *kommen.*

HENRI Guten Abend! *Er begrüßt die Hintensitzenden mit einer leichten Handbewegung* Guten Abend, meine Herren!

WIRT Guten Abend, Henri! Was seh' ich! Mit Léocadie!

GRAIN *hat Léocadie aufmerksam betrachtet; zu Scaevola* Die kenn' ich ja ... *Spricht leise mit den anderen.*

LEOCADIE Ja, mein lieber Prospère, ich bin's!

WIRT Ein Jahr lang hab' ich dich nicht gesehen. Laß dich begrüßen. *Er will sie küssen.*

HENRI Laß das! – *Sein Blick ruht öfters auf Léocadie mit Stolz, Leidenschaft, aber auch mit einer gewissen Angst.*

WIRT Aber Henri ... Alte Kollegen! ... Dein einstiger Direktor, Léocadie!

LEOCADIE Wo ist die Zeit, Prospère! ...

WIRT Was seufzest du! Wenn eine ihren Weg gemacht hat, so bist du's! Freilich ein schönes junges Weib hat's immer leichter als wir.

HENRI *wütend* Laß das.

WIRT Was schreist du denn immer so mit mir? Weil du wieder einmal mit ihr beisammen bist?

HENRI Schweig! – Sie ist seit gestern meine Frau.

WIRT Deine ...? *Zu Léocadie* Macht er einen Spaß?

LEOCADIE Er hat mich wirklich geheiratet. Ja. –

WIRT So gratulier' ich. Na ... Scaevola, Jules – Henri hat geheiratet.

SCAEVOLA *kommt nach vorn* Meinen Glückwunsch! *Zwinkert Léocadie zu.*

JULES *drückt gleichfalls beiden die Hand.*

GRAIN *zum Wirt* Ah, wie sonderbar – diese Frau hab' ich gesehn ... ein paar Minuten, nachdem ich wieder frei war.

WIRT Wieso?

GRAIN Es war die erste schöne Frau, die ich nach zwei Jahren gesehen habe. Ich war sehr bewegt. Aber es war ein anderer Herr, mit dem – *spricht weiter mit dem Wirt.*

HENRI *in einem hochgestimmten Ton, wie begeistert, aber nicht deklamatorisch* Léocadie, meine Geliebte, mein Weib! ... Nun ist alles vorbei, was einmal war. In einem solchen Augenblick löscht vieles aus.

Scaevola und Jules sind nach hinten gegangen, Wirt wieder vorn.

WIRT Was für ein Augenblick?

HENRI Nun sind wir durch ein heiliges Sakrament vereinigt. Das ist mehr als menschliche Schwüre sind. Jetzt ist Gott über uns, man darf alles vergessen, was vorher geschehen ist. Léocadie, eine neue Zeit bricht an. Léocadie, alles wird heilig, unsere Küsse, so wild sie sein mögen, sind von nun an heilig. Léocadie, meine Geliebte, mein Weib! ... *Er betrachtet sie mit einem glühenden Blick* Hat sie nicht einen anderen Blick, Prospère, als du ihn früher an ihr kanntest? Ist ihre Stirn nicht rein? Was war, ist ausgelöscht. Nicht wahr, Léocadie?

LEOCADIE Gewiß, Henri.

HENRI Und alles ist gut. Morgen verlassen wir Paris, Léocadie tritt heute zum letzten Male in der Porte St. Martin auf, und ich spiele heute das letzte Mal bei dir.

WIRT *betroffen* Bist du bei Trost, Henri? – Du willst mich verlassen? Und dem Direktor der Porte St. Martin wird's doch nicht einfallen, Léocadie ziehen zu lassen? Sie macht ja das Glück seines Hauses. Die jungen Herren strömen ja hin, wie man sagt.

HENRI Schweig. Léocadie wird mit mir gehen. Sie wird mich nie verlassen. Sag' mir, daß du mich nie verlassen wirst, Léocadie. *Brutal* Sag's mir!

LEOCADIE Ich werde dich nie verlassen!

HENRI Tätest du's, ich würde dich ... *Pause* Ich habe dieses

Leben satt. Ich will Ruhe, Ruhe will ich haben.

WIRT Aber was willst du denn tun, Henri? Es ist ja lächerlich. Ich will dir einen Vorschlag machen. Nimm Léocadie meinethalben von der Porte St. Martin fort – aber sie soll hier, bei mir bleiben. Ich engagiere sie. Es fehlt mir sowieso an talentierten Frauenspersonen.

HENRI Mein Entschluß ist gefaßt, Prospère. Wir verlassen die Stadt. Wir gehen aufs Land hinaus.

WIRT Aufs Land? Wohin denn?

HENRI Zu meinem alten Vater, der allein in unserem armen Dorf lebt, – den ich seit sieben Jahren nicht gesehen habe. Er hat kaum mehr gehofft, seinen verlorenen Sohn wiederzusehen. Er wird mich mit Freuden aufnehmen.

WIRT Was willst du auf dem Lande tun? Auf dem Lande verhungert man. Da geht's den Leuten noch tausendmal schlechter als in der Stadt. Was willst du denn dort machen? Du bist nicht der Mann dazu, die Felder zu bebauen. Bilde dir das nicht ein.

HENRI Es wird sich zeigen, daß ich auch dazu der Mann bin.

WIRT Es wächst bald kein Korn mehr in ganz Frankreich. Du gehst ins sichere Elend.

HENRI Ins Glück, Prospère. Nicht wahr, Lèocadie? Wir haben oft davon geträumt. Ich sehne mich nach dem Frieden der weiten Ebene. Ja, Prospère, in meinen Träumen seh' ich mich mit ihr abends über die Felder gehn, in einer unendlichen Stille, den wunderbaren tröstlichen Himmel über uns. Ja, wir fliehen diese schreckliche und gefährliche Stadt, der große Friede wird über uns kommen. Nicht wahr, Léocadie, wir haben es oft geträumt.

LEOCADIE Ja, wir haben es oft geträumt.

WIRT Höre, Henri, du solltest es dir überlegen. Ich will dir deine Gage gerne erhöhen, und Léocadie will ich ebensoviel geben als dir.

LEOCADIE Hörst du, Henri?

WIRT Ich weiß wahrhaftig nicht, wer dich hier ersetzen soll. Keiner von meinen Leuten hat so köstliche Einfälle als du, keiner ist bei meinem Publikum so beliebt als du ... Geh nicht fort!

HENRI Das glaub' ich wohl, daß mich niemand ersetzen wird.

WIRT Bleib bei mir, Henri! *Wirft Léocadie einen Blick zu, sie deutet an, daß sie's schon machen wird.*

HENRI Und ich verspreche dir, der Abschied wird ihnen schwer werden – ihnen, nicht mir. Für heute – für mein letztes Auftreten hab' ich mir was zurechtgelegt, daß es sie alle schaudern wird ... eine Ahnung von dem Ende ihrer Welt wird sie anwehen ... denn das Ende ihrer Welt ist nahe. Ich aber werd' es nur mehr von fern erleben ... man wird es uns draußen erzählen, Léocadie, viele Tage später, als es geschehen ... Aber sie werden schaudern, sag' ich dir. Und du selbst wirst sagen: So gut hat Henri nie gespielt.

WIRT Was wirst du spielen? Was? Weißt du's, Léocadie?

LEOCADIE Ich weiß ja nie etwas.

HENRI Ahnt denn irgend einer, was für ein Künstler in mir steckt?

WIRT Gewiß ahnt man es, drum sag' ich ja, daß man sich mit einem solchen Talent nicht aufs Land vergräbt. Was für ein Unrecht an dir! An der Kunst!

HENRI Ich pfeife auf die Kunst. Ich will Ruhe. Du begreifst das nicht, Prospère, Du hast nie geliebt.

WIRT Oh! –

HENRI Wie ich liebe. – Ich will mit ihr allein sein – das ist es ... Léocadie, nur so können wir alles vergessen. Aber dann werden wir so glücklich sein, wie nie Menschen gewesen sind. Wir werden Kinder haben, du wirst eine gute Mutter werden, Léocadie, und ein braves Weib. Alles, alles wird ausgelöscht sein. *Große Pause.*

LEOCADIE Es wird spät, Henri, ich muß ins Theater. Leb' wohl, Prospère, ich freue mich, endlich einmal deine berühmte Bude gesehen zu haben, wo Henri solche Triumphe feiert.

WIRT Warum bist du denn nie hergekommen?

LEOCADIE Henri hat's nicht haben wollen – na, weißt du, wegen der jungen Leute, mit denen ich da sitzen müßte.

HENRI *ist nach rückwärts gegangen* Gib mir einen Schluck, Scaevola. *Er trinkt.*

WIRT *zu Léocadie, da ihn Henri nicht hört* Ein rechter Narr, der Henri – wenn du nur immer mit ihnen gesessen wärst.

LEOCADIE Du, solche Bemerkungen verbitt' ich mir.

WIRT Ich rate dir, gib acht, du blöde Kanaille. Er wird dich einmal umbringen.

LEOCADIE Was gibt's denn?

WIRT Schon gestern hat man dich wieder mit einem deiner Kerle gesehen.

LEOCADIE Das war kein Kerl, du Dummkopf, das war ...

HENRI *wendet sich rasch* Was habt ihr? Keine Späße, wenn's beliebt. Aus mit dem Flüstern. Es gibt keine Geheimnisse mehr. Sie ist meine Frau.

WIRT Was hast du ihr denn zum Hochzeitsgeschenk gemacht?

LEOCADIE Ach Gott, an solche Dinge denkt er nicht.

HENRI Nun, du sollst es noch heute bekommen.

LEOCADIE Was denn?

SCAEVOLA, JULES Was gibst du ihr?

HENRI *ganz ernst* Wenn du mit deiner Szene zu Ende bist, darfst du hierherkommen und mich spielen sehen. *Man lacht.*

HENRI Nie hat eine Frau ein prächtigeres Hochzeitsgeschenk bekommen. Komm, Léocadie; auf Wiedersehen, Prospère, ich bin bald wieder zurück.

Henri und Léocadie ab. – Es treten zugleich ein:

FRANÇOIS VISCOMTE VON NOGEANT, ALBIN CHEVALIER DE LA TREMOUILLE.

SCAEVOLA Was für ein erbärmlicher Aufschneider.

WIRT Guten Abend, ihr Schweine.

Albin schreckt zurück.

FRANÇOIS *ohne darauf zu achten* War das nicht die kleine Léocadie von der Porte St. Martin, die da mit Henri wegging?

WIRT Freilich war sie's. Was? – Die könnte am Ende sogar dich erinnern, daß du noch so was wie ein Mann bist, wenn sie sich große Mühe gäbe.

FRANÇOIS *lachend* Es wäre nicht unmöglich. Wir kommen heute etwas früh, wie mir scheint?

WIRT Du kannst dir ja unterdes mit deinem Lustknaben die Zeit vertreiben.

Albin will auffahren.

FRANÇOIS So laß doch. Ich hab' dir ja gesagt, wie's hier zugeht. Bring uns Wein.

WIRT Ja, das will ich. Es wird schon die Zeit kommen, wo ihr mit Seinewasser sehr zufrieden sein werdet.

FRANÇOIS Gewiß, gewiß ... aber für heute möchte ich um Wein gebeten haben, und zwar um den besten.

Wirt zum Schanktisch.

ALBIN Das ist ja ein schauerlicher Kerl.

FRANÇOIS Denk' doch, daß alles Spaß ist. Und dabei gibt es

Orte, wo du ganz ähnliche Dinge im Ernst hören kannst.

ALBIN Ist denn es nicht verboten?

FRANÇOIS *lacht* Man merkt, daß du aus der Provinz kommst.

ALBIN Ah, bei uns geht's auch recht nett zu in der letzten Zeit. Die Bauern werden in einer Weise frech ... man weiß nicht mehr, wie man sich helfen soll.

FRANÇOIS Was willst du? Die armen Teufel sind hungrig; das ist das Geheimnis.

ALBIN Was kann denn ich dafür? Was kann denn mein Großonkel dafür?

FRANÇOIS Wie kommst du auf deinen Großonkel?

ALBIN Ja, ich komme darauf, weil sie nämlich in unserem Dorf eine Versammlung abgehalten haben – ganz öffentlich – und da haben sie meinen Großonkel, den Grafen von Tremouille, ganz einfach einen Kornwucherer genannt.

FRANÇOIS Das ist alles ...?

ALBIN Na, ich bitte dich!

FRANÇOIS Wir wollen morgen einmal ins Palais Royal, da sollst du hören, was die Kerle für lasterhafte Reden führen. Aber wir lassen sie reden; es ist das beste, was man tun kann; im Grunde sind es gute Leute, man muß sie auf diese Weise austoben lassen.

ALBIN *auf Scaevola usw. deutend* Was sind das für verdächtige Subjekte? Sieh nur, wie sie einen anschauen. *Er greift nach seinem Degen.*

FRANÇOIS *zieht ihm die Hand weg.* Mach' dich nicht lächerlich! *Zu den Dreien* Ihr braucht noch nicht anzufangen, wartet, bis mehr Publikum da ist. *Zu Albin* Es sind die anständigsten Leute von der Welt, Schauspieler. Ich garantiere dir, daß du schon mit ärgeren Gaunern an einem Tisch gesessen bist.

ALBIN Aber sie waren besser angezogen.

Wirt bringt Wein.

MICHETTE *und* FLIPOTTE *kommen.*

FRANÇOIS Grüß' euch Gott, Kinder, kommt, setzt euch da zu uns.

MICHETTE Da sind wir schon. Komm nur, Flipotte. Sie ist noch etwas schüchtern.

FLIPOTTE Guten Abend, junger Herr!

ALBIN Guten Abend, meine Damen!

MICHETTE Der Kleine ist lieb. *Sie setzt sich auf den Schoß Albins.*

ALBIN Also bitte, erkläre mir, François, sind das anständige Frauen?

MICHETTE Was sagt er?

FRANÇOIS Nein, so ist das nicht, die Damen, die hierher kommen – Gott, bist du dumm, Albin!

WIRT Was darf ich den Herzoginnen bringen?

MICHETTE Bring mir einen recht süßen Wein.

FRANÇOIS *auf Flipotte deutend* Eine Freundin?

MICHETTE Wir wohnen zusammen. Ja, wir haben zusammen nur ein Bett!

FLIPOTTE *errötend* Wird dir das sehr unangenehm sein, wenn du zu ihr kommst? *Setzt sich auf François' Schoß.*

ALBIN Die ist ja gar nicht schüchtern.

SCAEVOLA *steht auf, düster, zu dem Tisch der jungen Leute* Hab' ich dich endlich wieder! *Zu Albin* Und du miserabler Verführer, wirst du schaun, daß du ... Sie ist mein!

Wirt sieht zu.

FRANÇOIS *zu Albin* Spaß, Spaß ...

ALBIN Sie ist nicht sein –?

MICHETTE Geh, laß mich doch sitzen, wo's mir beliebt.

Scaevola steht mit geballten Fäusten da.

WIRT *hinter ihm* Nun, nun!

SCAEVOLA Ha, ha!

WIRT *faßt ihn beim Kragen* Ha, ha! *Bei Seite zu ihm* Sonst fällt dir nichts ein! Nicht für einen Groschen Talent hast du. Brüllen. Das ist das einzige, was du kannst.

MICHETTE *zu François* Er hat es neulich besser gemacht –

SCAEVOLA *zum Wirt* Ich bin noch nicht in Stimmung. Ich mach' es später noch einmal, wenn mehr Leute da sind; du sollst sehen, Prospère; ich brauche Publikum.

DER HERZOG VON CADIGNAN *tritt ein.*

HERZOG Schon höchst bewegt!

Michette und Flipotte auf ihn zu.

MICHETTE Mein süßer Herzog!

FRANÇOIS Guten Abend, Emile! ... *Stellt vor* Mein junger Freund Albin Chevalier von Tremouille – der Herzog von Cadignan.

HERZOG Ich bin sehr erfreut, Sie kennen zu lernen. *Zu den Mäd-*

chen, die an ihm hängen Laßt mich, Kinder! – *Zu Albin* Sie sehen sich auch dieses komische Wirtshaus an?

ALBIN Es verwirrt mich aufs höchste!

FRANÇOIS Der Chevalier ist erst vor ein paar Tagen in Paris angekommen.

HERZOG *lachend* Da haben Sie sich eine nette Zeit ausgesucht.

ALBIN Wieso?

MICHETTE Was er wieder für einen Parfüm hat! Es gibt überhaupt keinen Mann in Paris, der so angenehm duftet. *Zu Albin* ... So merkt man das nicht.

HERZOG Sie spricht nur von den siebenhundert oder achthundert, die sie so gut kennt wie mich.

FLIPOTTE Erlaubst du, daß ich mit deinem Degen spiele? – *Sie zieht ihm den Degen aus der Scheide und läßt ihn hin und her funkeln.*

GRAIN *zum Wirt* Mit dem! ... Mit dem hab' ich sie gesehn! – *Wirt läßt sich erzählen, scheint erstaunt.*

HERZOG Henri ist noch nicht da? *Zu Albin* Wenn Sie den sehen werden, werden Sie's nicht bereuen, hierhergekommen zu sein.

WIRT *zum Herzog* Na, bist du auch wieder da? Das freut mich. Lang werden wir ja das Vergnügen nicht mehr haben.

HERZOG Warum? Mir behagt's sehr gut bei dir.

WIRT Das glaub' ich. Aber da du auf alle Fälle einer der ersten sein wirst ...

ALBIN Was bedeutet das?

WIRT Du verstehst mich schon. – Die ganz Glücklichen kommen zuerst dran! ... *Geht nach rückwärts.*

HERZOG *nach einem Sinnen* Wenn ich der König wäre, würde ich ihn zu meinem Hofnarren machen, das heißt, ich würde mir viele Hofnarren halten, aber er wäre einer davon.

ALBIN Wie hat er das gemeint, daß Sie zu glücklich sind?

HERZOG Er meint, Chevalier ...

ALBIN Ich bitte, sagen Sie mir nicht Chevalier. Alle nennen mich Albin, einfach Albin, weil ich nämlich so jung ausschaue.

HERZOG *lächelnd* Schön ... aber da müssen Sie mir Emile sagen, ja?

ALBIN Wenn Sie erlauben, gern, Emile.

HERZOG Sie werden unheimlich witzig, diese Leute.

FRANÇOIS Warum unheimlich? Mich beruhigt das sehr. Solange das Gesindel zu Späßen aufgelegt ist, kommt's doch nicht zu was Ernstem.

HERZOG Es sind nur gar zu sonderbare Witze. Da hab' ich heute wieder eine Sache erfahren, die gibt zu denken.

FRANÇOIS Erzählen Sie.

FLIPOTTE, MICHETTE Ja, erzähle, süßer Herzog!

HERZOG Kennen Sie Lelange?

FRANÇOIS Freilich – das Dorf... der Marquis von Montferrat hat dort eine seiner schönsten Jagden.

HERZOG Ganz richtig; mein Bruder ist jetzt bei ihm auf dem Schloß, und der schreibt mir eben die Sache, die ich Ihnen erzählen will. In Lelange haben sie einen Bürgermeister, der sehr unbeliebt ist.

FRANÇOIS Wenn Sie mir einen nennen können, der beliebt ist –

HERZOG Hören Sie nur. – Da sind die Frauen des Dorfes vor das Haus des Bürgermeisters gezogen – mit einem Sarg...

FLIPOTTE Wie?... Sie haben ihn getragen? Einen Sarg getragen? Nicht um die Welt möcht' ich einen Sarg tragen.

FRANÇOIS Schweig doch – es verlangt ja niemand von dir, daß du einen Sarg trägst. *Zum Herzog* Nun?

HERZOG Und ein paar von den Weibern sind darauf in die Wohnung des Bürgermeisters und haben ihm erklärt, er müsse sterben – aber man werde ihm die Ehre erweisen, ihn zu begraben. –

FRANÇOIS Nun, hat man ihn umgebracht?

HERZOG Nein – wenigstens schreibt mir mein Bruder nichts davon.

FRANÇOIS Nun also!... Schreier, Schwätzer, Hanswürste – das sind sie. Heut brüllen sie in Paris zur Abwechslung die Bastille an – wie sie's schon ein halbes Dutzend mal getan...

HERZOG Nun – wenn ich der König wäre, ich hätte ein Ende gemacht... längst...

ALBIN Ist es wahr, daß der König so gütig ist?

HERZOG Sie sind Seiner Majestät noch nicht vorgestellt?

FRANÇOIS Der Chevalier ist ja das erste Mal in Paris.

HERZOG Ja, Sie sind unglaublich jung. Wie alt, wenn man fragen darf?

ALBIN Ich sehe nur so jung aus, ich bin schon siebzehn...

HERZOG Siebzehn – wie viel liegt noch vor Ihnen. Ich bin schon vierundzwanzig... ich fange an zu bereuen, wie viel von meiner Jugend ich versäumt habe.

FRANÇOIS *lacht* Das ist gut! Sie, Herzog... für Sie ist doch jeder Tag verloren, an dem Sie nicht eine Frau erobert oder einen Mann totgestochen haben.

HERZOG Das Unglück ist nur, daß man beinah nie die richtige erobert – und immer den unrichtigen totsticht. Und so versäumt man seine Jugend doch. Es ist ganz, wie Rollin sagt.

FRANÇOIS Was sagt Rollin?

HERZOG Ich dachte an sein neues Stück, das sie in der Comédie geben – da kommt so ein hübscher Vergleich vor. Erinnern Sie sich nicht?

FRANÇOIS Ich habe gar kein Gedächtnis für Verse –

HERZOG Ich leider auch nicht . . . ich erinnere mich nur an den Sinn . . . Er sagt, die Jugend, die man nicht genießt, ist wie ein Federball, den man im Sand liegen läßt, statt ihn in die Luft zu schnellen.

ALBIN *altklug* Das find' ich sehr richtig.

HERZOG Nicht wahr? – Die Federn werden allmählich doch farblos, fallen aus. Es ist noch besser, er fällt in ein Gebüsch, wo man ihn nicht wiederfindet.

ALBIN Wie ist das zu verstehen, Emile?

HERZOG Es ist mehr zu empfinden. Wenn ich die Verse wüßte, verstünden Sie's übrigens gleich.

ALBIN Es kommt mir vor, Emile, als könnten Sie auch Verse machen, wenn Sie nur wollten.

HERZOG Warum?

ALBIN Seit Sie hier sind, scheint es mir, als wenn das Leben aufflammte –

HERZOG *lächelnd* Ja? Flammt es auf?

FRANÇOIS Wollen Sie sich nicht endlich zu uns setzen?

Unterdessen kommen zwei Adelige und setzen sich an einen etwas entfernten Tisch; der Wirt scheint ihnen Grobheiten zu sagen.

HERZOG Ich kann nicht hier bleiben. Aber ich komme jedenfalls noch einmal zurück.

MICHETTE Bleib bei mir!

FLIPOTTE Nimm mich mit!

Sie wollen ihn halten.

WIRT *nach vorn* Laßt ihn nur! Ihr seid ihm noch lang nicht schlecht genug. Er muß zu einer Straßendirne laufen, dort ist ihm am wohlsten.

HERZOG Ich komme ganz bestimmt zurück, schon um Henri nicht zu versäumen.

FRANÇOIS Denken Sie, als wir kamen, ging Henri eben mit Léocadie fort.

HERZOG So. – Er hat sie geheiratet. Wißt ihr das?

FRANÇOIS Wahrhaftig? – Was werden die andern dazu sagen?

ALBIN Was für andern?

FRANÇOIS Sie ist nämlich allgemein beliebt.

HERZOG Und er will mit ihr fort... was weiß ich... man hat's mir erzählt.

WIRT So? hat man's dir erzählt? – *Blick auf den Herzog.*

HERZOG *Blick auf den Wirt, dann* Es ist zu dumm. Léocadie ist geschaffen, die größte, die herrlichste Dirne der Welt zu sein.

FRANÇOIS Wer weiß das nicht?

HERZOG Gibt es etwas Unverständigeres, als jemanden seinem wahren Beruf entziehen? *Da François lacht* Ich meine das nicht im Scherz. Auch zur Dirne muß man geboren sein – wie zum Eroberer oder zum Dichter.

FRANÇOIS Sie sind paradox.

HERZOG Es tut mir leid um sie – und um Henri. Er sollte hier bleiben – nicht hier – ich möchte ihn in die Comédie bringen – obwohl auch dort – mir ist immer, als verstünd' ihn keiner so ganz wie ich. Das kann übrigens eine Täuschung sein – denn ich habe diese Empfindung den meisten Künstlern gegenüber. Aber ich muß sagen, wär' ich nicht der Herzog von Cadignan, so möcht' ich gern ein solcher Komödiant – ein solcher...

ALBIN Wie Alexander der Große...

HERZOG *lächelnd* Ja – wie Alexander der Große. *Zu Flipotte* Gib mir meinen Degen. *Er steckt ihn in die Scheide. Langsam* Es ist doch die schönste Art, sich über die Welt lustig zu machen; einer, der uns vorspielen kann, was er will, ist doch mehr als wir alle. *Albin betrachtet ihn verwundert.*

HERZOG Denken Sie nicht nach über das, was ich sage: Es ist alles nur im selben Augenblick wahr. – Auf Wiedersehen!

MICHETTE Gib mir einen Kuß, bevor du gehst!

FLIPOTTE Mir auch!

Sie hängen sich an ihn, der Herzog küßt beide zugleich und geht. – Währenddem:

ALBIN Ein wunderbarer Mensch!...

FRANÇOIS Das ist schon wahr... aber daß solche Menschen existieren, ist beinah ein Grund, nicht zu heiraten.

ALBIN Erklär' mir im übrigen, was das für Frauenzimmer sind.

FRANÇOIS Schauspielerinnen. Sie sind auch von der Truppe Prospère, der jetzt der Spelunkenwirt ist. Freilich haben sie früher nicht viel anderes gemacht als jetzt.

GUILLAUME *stürzt herein, wie atemlos.*

GUILLAUME *zum Tisch hin, wo die Schauspieler sitzen, die Hand ans Herz, mühselig, sich stützend* Gerettet, ja, gerettet!

SCAEVOLA Was gibt's, was hast du?

ALBIN Was ist dem Mann geschehn?

FRANÇOIS Das ist jetzt Schauspiel. Paß auf!

ALBIN Ah –?

MICHETTE, FLIPOTTE *rasch zu Guillaume hin* Was gibt's? Was hast du?

SCAEVOLA Setz' dich, nimm einen Schluck!

GUILLAUME Mehr! mehr! . . . Prospère, mehr Wein! – – Ich bin gelaufen! Mir klebt die Zunge. Sie waren mir auf den Fersen.

JULES *fährt zusammen* Ah, gebt Acht, sie sind uns überhaupt auf den Fersen.

WIRT So erzähl' doch endlich, was ist denn passiert? . . . *Zu den Schauspielern* Bewegung! Mehr Bewegung!

GUILLAUME Weiber her . . . Weiber! – Ah – *umarmt Flipotte* Das bringt einen auch wieder zum Leben! *Zu Albin, der höchst betroffen ist* Der Teufel soll mich holen, mein Junge, wenn ich gedacht habe, ich werde dich lebendig wiedersehn . . . *als wenn er lauschte* Sie kommen, sie kommen! – *Zur Tür hin* Nein, es ist nichts. – Sie . . .

ALBIN Wie sonderbar! . . . Es ist wirklich ein Lärm, wie wenn Leute draußen sehr rasch vorbeijagten. Wird das auch von hier aus geleitet?

SCAEVOLA *zu Jules* Jedesmal hat er die Nuance . . . es ist zu dumm! –

WIRT So sag' uns doch endlich, warum sie dir wieder auf den Fersen sind.

GUILLAUME Nichts Besonderes. Aber wenn sie mich hätten, würde es mir doch den Kopf kosten – ein Haus hab' ich angezündet.

Während dieser Szene kommen wieder junge Adelige, die an den Tischen Platz nehmen.

WIRT *leise* Weiter, weiter!

GUILLAUME *ebenso* Was weiter? Genügt das nicht, wenn ich ein Haus angezündet habe?

FRANÇOIS Sag' mir doch, mein Lieber, warum du das Haus angezündet hast.

GUILLAUME Weil der Präsident des obersten Gerichtshofes darin wohnt. Mit dem wollten wir anfangen. Wir wollen den guten Pariser Hausherren die Lust nehmen, Leute in ihr Haus zu nehmen, die uns arme Teufel ins Zuchthaus bringen.

GRAIN Das ist gut! Das ist gut!

GUILLAUME *betrachtet Grain und staunt; spricht dann weiter* Die Häuser müssen alle dran. Noch drei Kerle wie ich, und es gibt keine Richter mehr in Paris!

GRAIN Tod den Richtern!

JULES Ja ... es gibt doch vielleicht einen, den wir nicht vernichten können.

GUILLAUME Den möcht' ich kennen lernen.

JULES Den Richter in uns.

WIRT *leise* Das ist abgeschmackt. Laß das. Scaevola! Brülle! Jetzt ist der Moment!

SCAEVOLA Wein her, Prospère, wir wollen auf den Tod aller Richter in Frankreich trinken!

Während der letzten Worte traten ein:

Der MARQUIS VON LANSAC *mit seiner Frau* SEVERINE, ROLLIN, *der Dichter.*

SCAEVOLA Tod allen, die heute die Macht in Händen haben! Tod!

MARQUIS Sehen Sie, Séverine, so empfängt man uns.

ROLLIN Marquise, ich hab' Sie gewarnt.

SEVERINE Warum?

FRANÇOIS *steht auf* Was seh' ich! Die Marquise! Erlauben Sie, daß ich Ihnen die Hand küsse. Guten Abend, Marquis! Grüß' Gott, Rollin! Marquise, Sie wagen sich in dieses Lokal!

SEVERINE Man hat mir soviel davon erzählt. Und außerdem sind wir heute schon in Abenteuern drin – nicht wahr, Rollin?

MARQUIS Ja, denken Sie, Vicomte – was glauben Sie, woher wir kommen? – Von der Bastille.

FRANÇOIS Machen sie dort noch immer so einen Spektakel?

SEVERINE Ja freilich! – Es sieht aus, wie wenn sie sie einrennen wollten.

ROLLIN *deklamiert*

> Gleich einer Flut, die an die Ufer brandet,
> Und tief ergrimmt, daß ihr das eigne Kind,
> Die Erde widersteht –

SEVERINE Nicht, Rollin! – Wir haben dort unsern Wagen in der Nähe halten lassen. Es ist ein prächtiger Anblick; Massen haben doch immer was Großartiges.

FRANÇOIS Ja, ja, wenn sie nur nicht so übel riechen würden.

MARQUIS Und nun hat mir meine Frau keine Ruhe gegeben ... ich mußte sie hierher führen.

SEVERINE Also was gibt's denn da eigentlich Besonderes?

WIRT *zu Lansac* Na, bist du auch da, verdorrter Halunke? Hast du dein Weib mitgebracht, weil sie dir zu Haus nicht sicher genug ist?

MARQUIS *gezwungen lachend* Er ist ein Original!

WIRT Gib nur Acht, daß sie dir nicht gerade hier weggefischt wird. Solche vornehme Damen kriegen manchmal eine verdammte Lust, es mit einem richtigen Strolch zu versuchen.

ROLLIN Ich leide unsäglich, Séverine.

MARQUIS Mein Kind, ich habe Sie vorbereitet – es ist noch immer Zeit, daß wir gehen.

SEVERINE Was wollen Sie denn? Ich finde es reizend. Setzen wir uns doch endlich nieder!

FRANÇOIS Erlauben Sie, Marquise, daß ich Ihnen den Chevalier de la Tremouille vorstelle. Er ist auch das erste Mal hier. Der Marquis von Lansac; Rollin, unser berühmter Dichter.

ALBIN Sehr erfreut. *Komplimente; man nimmt Platz.*

ALBIN *zu François* Ist das eine von denen, die spielt oder ... ich kenne mich gar nicht aus.

FRANÇOIS Sei doch nicht so begriffsstutzig! – Das ist die wirkliche Frau des Marquis von Lansac ... eine höchst anständige Dame.

ROLLIN *zu Séverine* Sage, daß du mich liebst.

SEVERINE Ja, ja, aber fragen Sie mich nicht jeden Augenblick.

MARQUIS Haben wir schon irgend eine Szene versäumt?

FRANÇOIS Nicht viel. Der dort spielt einen Brandstifter, wie es scheint.

SEVERINE Chevalier, Sie sind wohl der Vetter der kleinen Lydia de la Tremouille, die heute geheiratet hat?

ALBIN Jawohl, Marquise, das war mit einer der Gründe, daß ich nach Paris gekommen bin.

SEVERINE Ich erinnere mich, Sie in der Kirche gesehen zu haben.

ALBIN *verlegen* Ich bin höchst geschmeichelt, Marquise.

SEVERINE *zu Rollin* Was für ein lieber kleiner Junge.

ROLLIN Ah, Séverine, Sie haben noch nie einen Mann kennen gelernt, der Ihnen nicht gefallen hätte.

SEVERINE Oh, doch; den hab' ich auch gleich geheiratet.

ROLLIN O, Séverine, ich fürchte immer – es gibt sogar Momente, wo Ihnen Ihr eigener Mann gefährlich ist.

WIRT *bringt Wein* Da habt ihr! Ich wollte, es wäre Gift, aber es ist vorläufig noch nicht gestattet, euch Kanaillen das vorzusetzen.

FRANÇOIS Wird schon kommen, Prospère.

SEVERINE *zu Rollin* Was ist's mit diesen beiden hübschen Mädchen? Warum kommen sie nicht näher? Wenn wir schon einmal da sind, will ich alles mitmachen. Ich finde überhaupt, daß es hier höchst gesittet zugeht.

MARQUIS Haben Sie nur Geduld, Séverine.

SEVERINE Auf der Straße, find' ich, unterhält man sich in der letzten Zeit am besten. – Wissen Sie, was uns gestern passiert ist, als wir auf der Promenade von Longchamps spazieren fuhren?

MARQUIS Ach bitte, meine liebe Séverine, wozu ...

SEVERINE Da ist ein Kerl aufs Trittbrett unserer Equipage gesprungen und hat geschrieen: Nächstes Jahr werden Sie hinter Ihrem Kutscher stehen und wir werden in der Equipage sitzen.

FRANÇOIS Ah, das ist etwas stark.

MARQUIS Ach Gott, ich finde, man sollte von diesen Dingen gar nicht reden. Paris hat jetzt etwas Fieber, das wird schon wieder vergehen.

GUILLAUME *plötzlich* Ich sehe Flammen, Flammen, überall, wo ich hinschaue, rote, hohe Flammen.

WIRT *zu ihm hin* Du spielst einen Wahnsinnigen, nicht einen Verbrecher.

SEVERINE Er sieht Flammen?

FRANÇOIS Das ist alles noch nicht das Richtige, Marquise.

ALBIN *zu Rollin* Ich kann Ihnen gar nicht sagen, wie wirr ich schon von dem allen bin.

MICHETTE *kommt zum Marquis* Ich hab' dich ja noch gar nicht begrüßt, mein süßes altes Schwein.

MARQUIS *verlegen* Sie scherzt, liebe Séverine.

SEVERINE Das kann ich nicht finden. Sag' einmal, Kleine, wieviel Liebschaften hast du schon gehabt?

MARQUIS *zu François* Es ist bewunderungswürdig, wie sich die Marquise, meine Gemahlin, gleich in jede Situation zu finden weiß.

ROLLIN Ja, es ist bewunderungswürdig.

MICHETTE Hast du deine gezählt?

SEVERINE Als ich noch jung war wie du ... gewiß. –

ALBIN *zu Rollin* Sagen Sie mir, Herr Rollin, spielt die Marquise oder ist sie wirklich so – ich kenne mich absolut nicht aus.

ROLLIN Sein ... spielen ... kennen Sie den Unterschied so genau, Chevalier?

ALBIN Immerhin.

ROLLIN Ich nicht. Und was ich hier so eigentümlich finde, ist, daß alle scheinbaren Unterschiede sozusagen aufgehoben sind. Wirklichkeit geht in Spiel über – Spiel in Wirklichkeit. Sehen Sie doch einmal die Marquise an. Wie sie mit diesen Geschöpfen plaudert, als wären sie ihresgleichen. Dabei ist sie ...

ALBIN Etwas ganz anderes.

ROLLIN Ich danke Ihnen, Chevalier.

WIRT *zu Grain* Also, wie war das?

GRAIN Was?

WIRT Die Geschichte mit der Tante, wegen der du zwei Jahre im Gefängnis gesessen bist?

GRAIN Ich sagte Ihnen ja, ich habe sie erdrosselt.

FRANÇOIS Der ist schwach. Das ist ein Dilettant. Ich hab' ihn noch nie gesehn.

GEORGETTE *kommt rasch, wie eine Dirne niedrigsten Rangs gekleidet* Guten Abend, Kinder! Ist mein Balthasar noch nicht da?

SCAEVOLA Georgette! Setz' dich zu mir! Dein Balthasar kommt noch immer zurecht.

GEORGETTE Wenn er in zehn Minuten nicht da ist, kommt er nicht mehr zurecht – da kommt er überhaupt nicht wieder.

FRANÇOIS Marquise, auf die passen Sie auf. Die ist in Wirklichkeit die Frau von diesem Balthasar, von dem sie eben spricht und der sehr bald kommen wird. – Sie stellt eine ganz gemeine Straßendirne dar, Balthasar ihren Zuhälter. Dabei ist es die treueste Frau, die man überhaupt in Paris finden kann.

BALTHASAR *kommt.*

GEORGETTE Mein Balthasar! *Sie läuft ihm entgegen, umarmt ihn* Da bist du ja!

BALTHASAR Es ist alles in Ordnung. *Stille ringsum* Es war nicht der Mühe wert. Es hat mir beinah leid um ihn getan. Du solltest dir deine Leute besser ansehn, Georgette – ich bin es satt, hoffnungsvolle Jünglinge wegen ein paar Francs umzubringen.

FRANÇOIS Famos ...

ALBIN Wie? –

FRANÇOIS Er pointiert so gut.

Der KOMMISSÄR *kommt, verkleidet, setzt sich an einen Tisch.*

WIRT *zu ihm* Sie kommen in einem guten Moment, Herr Kommissär. Das ist einer meiner vorzüglichsten Darsteller.

BALTHASAR Man sollte sich überhaupt einen anderen Verdienst suchen. Meiner Seel', ich bin nicht feig, aber das Brot ist sauer verdient.

SCAEVOLA Das will ich glauben.

GEORGETTE Was hast du nur heute?

BALTHASAR Ich will's dir sagen, Georgette; – ich finde, du bist ein bißchen zu zärtlich mit den jungen Herren.

GEORGETTE Seht, was er für ein Kind ist. Sei doch vernünftig, Balthasar! Ich muß ja zärtlich sein, um ihnen Vertrauen einzuflößen.

ROLLIN Was sie da sagt, ist geradezu tief.

BALTHASAR Wenn ich einmal glauben müßte, daß du etwas empfindest, wenn dich ein anderer ...

GEORGETTE Was sagt ihr dazu! Die dumme Eifersucht wird ihn noch ins Grab bringen.

BALTHASAR Ich hab' heut einen Seufzer gehört, Georgette, und das war in einem Augenblick, wo sein Vertrauen bereits groß genug war!

GEORGETTE Man kann nicht so plötzlich aufhören, die Verliebte zu spielen.

BALTHASAR Nimm dich in acht, Georgette, die Seine ist tief. *Wild* Wenn du mich betrügst. –

GEORGETTE Nie, nie!

ALBIN Das versteh' ich absolut nicht.

SEVERINE Rollin, das ist die richtige Auffassung!

ROLLIN Sie finden?

MARQUIS *zu Séverine* Wir können noch immer gehen, Séverine.

SEVERINE Warum? Ich fang' an, mich sehr wohl zu fühlen.

GEORGETTE Mein Balthasar, ich bete dich an. *Umarmung.*

FRANÇOIS Bravo! bravo! –

BALTHASAR Was ist das für ein Kretin?

KOMMISSÄR Das ist unbedingt zu stark – das ist –

MAURICE *und* ETIENNE *treten auf; sie sind wie junge Adelige gekleidet, doch merkt man, daß sie nur in verschlissenen Theaterkostümen stecken.*

VOM TISCH DER SCHAUSPIELER Wer sind die?

SCAEVOLA Der Teufel soll mich holen, wenn das nicht Maurice und Etienne sind.

GEORGETTE Freilich sind sie's.

BALTHASAR Georgette!

SEVERINE Gott, sind das bildhübsche junge Leute!

ROLLIN Es ist peinlich, Séverine, daß Sie jedes hübsche Gesicht so heftig anregt.

SEVERINE Wozu bin ich denn hergekommen?

ROLLIN So sagen Sie mir wenigstens, daß Sie mich lieben.

SEVERINE *mit einem Blick* Sie haben ein kurzes Gedächtnis.

ETIENNE Nun, was glaubt ihr, woher wir kommen?

FRANÇOIS Hören Sie zu, Marquis, das sind ein paar witzige Jungen.

MAURICE Von einer Hochzeit.

ETIENNE Da muß man sich ein wenig putzen. Sonst sind gleich diese verdammten Geheimpolizisten hinter einem her.

SCAEVOLA Habt ihr wenigstens einen ordentlichen Fang gemacht?

WIRT Laßt sehen.

MAURICE *aus seinem Wams Uhren herausnehmend* Was gibst du mir dafür?

WIRT Für die da? Einen Louis!

MAURICE Freilich!

SCAEVOLA Sie ist nicht mehr wert!

MICHETTE Das ist ja eine Damenuhr. Gib sie mir, Maurice.

MAURICE Was gibst du mir dafür?

MICHETTE Sieh mich an! . . . Genügt das? –

FLIPOTTE Nein, mir; – sieh mich an –

MAURICE Meine lieben Kinder, das kann ich haben, ohne meinen Kopf zu riskieren.

MICHETTE Du bist ein eingebildeter Affe.

SEVERINE Ich schwöre, daß das keine Komödie ist.

ROLLIN Freilich nicht, überall blitzt etwas wirkliches durch. Das ist ja das Entzückende.

SCAEVOLA Was war denn das für eine Hochzeit?

MAURICE Die Hochzeit des Fräuleins La Tremouille – sie hat den Grafen von Banville geheiratet.

ALBIN Hörst du, François? – Ich versichere dich, das sind wirkliche Spitzbuben.

FRANÇOIS Beruhige dich, Albin. Ich kenne die zwei. Ich hab' sie schon ein Dutzendmal spielen sehen. Ihre Spezialität ist die Darstellung von Taschendieben.

Maurice zieht einige Geldbörsen aus seinem Wams.

SCAEVOLA Na, ihr könnt heut splendid sein.

ETIENNE Es war eine sehr prächtige Hochzeit. Der ganze Adel von Frankreich war da. Sogar der König hat sich vertreten lassen.

ALBIN *erregt* Alles das ist wahr!

MAURICE *läßt Geld über den Tisch rollen* Das ist für euch, meine Freunde, damit ihr seht, daß wir zusammen halten.

FRANÇOIS Requisiten, lieber Albin. *Er steht auf und nimmt ein paar Münzen* Für uns fällt doch auch was ab.

WIRT Nimm nur ... so ehrlich hast du in deinem Leben nichts verdient!

MAURICE *hält ein Strumpfband, mit Diamanten besetzt, in der Luft* Und wem soll ich das schenken?

Georgette, Michette, Flipotte haschen danach.

MAURICE Geduld, ihr süßen Mäuse, darüber sprechen wir noch. Das geb' ich der, die eine neue Zärtlichkeit erfindet.

SEVERINE *zu Rollin* Möchten Sie mir nicht erlauben, da mitzukonkurrieren?

ROLLIN Sie machen mich wahnsinnig, Séverine.

MARQUIS Séverine, wollen wir nicht gehen? Ich denke ...

SEVERINE O nein. Ich befinde mich vortrefflich. *Zu Rollin* Ah, ich komm' in eine Stimmung –

MICHETTE Wie bist du nur zu dem Strumpfband gekommen?

MAURICE Es war ein solches Gedränge in der Kirche ... und wenn eine denkt, man macht ihr den Hof ...

Alle lachen. Grain hat dem François seinen Geldbeutel gezogen.

FRANÇOIS *mit dem Gelde zu Albin* Lauter Spielmarken. Bist du jetzt beruhigt?

Grain will sich entfernen.

WIRT *ihm nach; leise* Geben Sie mir sofort die Börse, die Sie diesem Herrn gezogen haben.

GRAIN Ich –

WIRT Auf der Stelle ... oder es geht Ihnen schlecht.

GRAIN Sie brauchen nicht grob zu werden. *Gibt sie ihm.*

WIRT Und hier geblieben. Ich hab' jetzt keine Zeit, Sie zu untersuchen. Wer weiß, was Sie noch eingesteckt haben. Gehen Sie wieder auf ihren Platz zurück.

FLIPOTTE Das Strumpfband werd' ich gewinnen.

WIRT *zu François; wirft ihm den Beutel zu* Da hast du deinen Geldbeutel. Du hast ihn aus der Tasche verloren.

FRANÇOIS Ich danke Ihnen, Prospère. *Zu Albin* Siehst du, wir sind in Wirklichkeit unter den anständigsten Leuten von der Welt.

HENRI *ist bereits längere Zeit dagewesen, hinten gesessen, steht plötzlich auf.*

ROLLIN Henri, da ist Henri. –

SEVERINE Ist das der, von dem Sie mir so viel erzählt haben?

MARQUIS Freilich. Der, um dessentwillen man eigentlich hierherkommt.

Henri tritt vor, ganz komödiantenhaft; schweigt.

DIE SCHAUSPIELER Henri, was hast du?

ROLLIN Beachten Sie den Blick. Eine Welt von Leidenschaft. Er spielt nämlich den Verbrecher aus Leidenschaft.

SEVERINE Das schätze ich sehr!

ALBIN Warum spricht er denn nicht?

ROLLIN Er ist wie entrückt. Merken Sie nur. Geben Sie acht ... er hat irgend eine fürchterliche Tat begangen.

FRANÇOIS Er ist etwas theatralisch. Es ist, wie wenn er sich zu einem Monolog vorbereiten würde.

WIRT Henri, Henri, woher kommst du?

HENRI Ich hab' einen umgebracht.

ROLLIN Was hab' ich gesagt?

SCAEVOLA Wen?

HENRI Den Liebhaber meiner Frau.

Der Wirt sieht ihn an, hat in diesem Augenblick offenbar die Empfindung, es könnte wahr sein.

HENRI *schaut auf* Nun, ja, ich hab' es getan, was schaut ihr mich so an? Es ist nun einmal so. Ist es denn gar so verwunderlich? Ihr wißt doch alle, was meine Frau für ein Geschöpf ist; es hat so enden müssen.

WIRT Und sie – wo ist sie?

FRANÇOIS Sehen Sie, der Wirt geht drauf ein. Merken Sie, das macht die Sache so natürlich.

Lärm draußen, nicht zu stark.

JULES Was ist das für ein Lärm da draußen?

LANSAC Hören Sie, Séverine?

ROLLIN Es klingt, wie wenn Truppen vorüberzögen.

FRANÇOIS Oh nein, das ist unser liebes Volk von Paris, hören Sie nur, wie sie gröhlen. *Unruhe im Keller; draußen wird es still* Weiter, Henri, weiter.

WIRT So erzähl' uns doch, Henri! – Wo ist deine Frau? Wo hast du sie gelassen?

HENRI Ah, es ist mir nicht bang um sie. Sie wird nicht daran sterben. Ob der, ob der, was liegt den Weibern dran? Noch tausend andere schöne Männer laufen in Paris herum – ob der oder der –

BALTHASAR Möge es allen so gehn, die uns unsere Weiber nehmen.

SCAEVOLA Allen, die uns nehmen, was uns gehört.

KOMMISSÄR *zum Wirt* Das sind aufreizende Reden.

ALBIN Es ist erschreckend ... die Leute meinen es ernst.

SCAEVOLA Nieder mit den Wucherern von Frankreich! Wollen wir wetten, daß der Kerl, den er bei seiner Frau erwischt hat, wieder einer von den verfluchten Hunden war, die uns auch um unser Brot bestehlen.

ALBIN Ich schlage vor, wir gehn.

SEVERINE Henri! Henri!

MARQUIS Aber Marquise!

SEVERINE Bitte, lieber Marquis, fragen Sie den Mann, wie er seine Frau erwischt hat ... oder ich frag' ihn selbst.

MARQUIS *zögernd* Sagen Sie, Henri, wie ist es Ihnen denn gelungen, die zwei abzufassen?

HENRI *der lang in Sinnen versunken war* Kennt Ihr denn mein Weib? – Es ist das schönste und niedrigste Geschöpf unter der Sonne. – Und ich habe sie geliebt. – Sieben Jahre kennen wir uns ... aber erst seit gestern ist sie mein Weib. In diesen sieben Jahren war kein Tag, aber nicht ein Tag, an dem sie mich nicht belogen, denn alles an ihr lügt. Ihre Augen wie ihre Lippen, ihre Küsse und ihr Lächeln.

FRANÇOIS Er deklamiert ein wenig.

HENRI Jeder Junge und jeder Alte, jeder, der sie gereizt – und jeder, der sie bezahlt hat, ich denke, jeder, der sie wollte, hat sie gehabt – und ich hab' es gewußt!

SEVERINE Das kann nicht jeder von sich sagen.

HENRI Und dabei hat sie mich geliebt, meine Freunde, kann das einer von euch verstehen? Immer wieder ist sie zu mir zurückgekommen – von überall her wieder zu mir – von den Schönen und den Häßlichen – den Klugen und den Dummen, den Lumpen und den Kavalieren – immer wieder zu mir. –

SEVERINE *zu Rollin* Wenn ihr nur ahntet, daß eben dieses Zurückkommen die Liebe ist.

HENRI Was hab' ich gelitten ... Qualen, Qualen!

ROLLIN Es ist erschütternd!

HENRI Und gestern hab' ich sie geheiratet. Wir haben einen Traum gehabt. Nein – ich hab' einen Traum gehabt. Ich wollte mit ihr fort von hier. In die Einsamkeit, aufs Land, in den großen Frieden. Wie andere glückliche Ehepaare wollten wir leben – auch von einem Kind haben wir geträumt.

ROLLIN *leise* Séverine.

SEVERINE Nun ja, es ist schon gut.

ALBIN François, dieser Mensch spricht die Wahrheit.

FRANÇOIS Gewiß, diese Liebesgeschichte ist wahr, aber es handelt sich um die Mordgeschichte.

HENRI Ich hab' mich um einen Tag verspätet ..., sie hatte noch einen vergessen, sonst – glaub' ich – hat ihr keiner mehr gefehlt ... aber ich hab' sie zusammen erwischt ... und er ist hm.

DIE SCHAUSPIELER Wer? ... Wer? Wie ist es geschehen? ... Wo liegt er? – Wirst du verfolgt? ... Wie ist es geschehen? ... Wo ist sie?

HENRI *immer erregter* Ich hab' sie begleitet ... ins Theater ... zum letzten Male sollt' es heute sein ... ich hab' sie geküßt ... an der Tür – und sie ist hinauf in ihre Garderobe und ich bin fortgegangen wie einer, der nichts zu fürchten hat. – Aber schon nach hundert Schritten hat's begonnen ... in mir ... versteht ihr mich ... eine ungeheure Unruhe ... und es war, als zwänge mich irgendwas, umzukehren ... und ich bin umgekehrt und hingegangen. Aber da hab' ich mich geschämt und bin wieder fort ... und wieder war ich hundert Schritt weit vom Theater ... da hat es mich gepackt ... und wieder bin ich zurück. Ihre Szene war zu Ende ... sie hat ja nicht viel zu tun, steht nur eine Weile auf der Bühne, halbnackt – und dann ist sie fertig ... ich stehe vor ihrer Garderobe, ich lehne mein Ohr an die Tür und höre flüstern. Ich kann kein Wort unterscheiden ... das Flüstern verstummt ... ich stoße die Tür auf ... *er brüllt wie ein wildes Tier* – es war der Herzog von Cadignan und ich hab' ihn ermordet. –

WIRT *der es endlich für wahr hält* Wahnsinniger!

Henri schaut auf, sieht den Wirt starr an.

SEVERINE Bravo! bravo!

ROLLIN Was tun Sie, Marquise? Im Augenblick, wo Sie Bravo! rufen, machen Sie das alles wieder zum Theater – und das angenehme Gruseln ist vorbei.

MARQUIS Ich finde das Gruseln nicht so angenehm. Applaudieren wir, meine Freunde, nur so können wir uns von diesem Banne befreien.

WIRT *zu Henri, während des Lärms* Rette dich, flieh, Henri!

HENRI Was? Was?

WIRT Laß es jetzt genug sein und mach', daß du fortkommst!

FRANÇOIS Ruhe! ... Hören wir, was der Wirt sagt!

WIRT *nach kurzer Überlegung* Ich sag' ihm, daß er fort soll, bevor die Wachen an den Toren der Stadt verständigt sind. Der schöne Herzog war ein Liebling des Königs – sie rädern dich! Hättest du doch lieber die Kanaille, dein Weib, erstochen!

FRANÇOIS Was für ein Zusammenspiel ... Herrlich!

HENRI Prospère, wer von uns ist wahnsinnig, du oder ich? – *Er steht da und versucht in den Augen des Wirts zu lesen.*

ROLLIN Es ist wunderbar, wir alle wissen, daß er spielt, und doch, wenn der Herzog von Cadignan jetzt hereinträte, er würde uns erscheinen wie ein Gespenst. *Lärm draußen – immer stärker. Es kommen Leute herein, man hört schreien. Ganz an ihrer Spitze Grasset, andere, unter ihnen Lebrêt, drängen über die Stiege nach. Man hört Rufe: Freiheit, Freiheit!*

GRASSET Hier sind wir, Kinder, da herein!

ALBIN Was ist das? Gehört das dazu?

FRANÇOIS Nein.

MARQUIS Was soll das bedeuten?

SEVERINE Was sind das für Leute?

GRASSET Hier herein! Ich sag' es euch, mein Freund Prospère hat immer noch ein Faß Wein übrig,
Lärm von der Straße
und wir haben's verdient!
Freund! Bruder! Wir haben sie, wir haben sie!

RUFE DRAUSSEN Freiheit! Freiheit!

SEVERINE Was gibt's?

MARQUIS Entfernen wir uns, entfernen wir uns, der Pöbel rückt an.

ROLLIN Wie wollen Sie sich entfernen?

GRASSET Sie ist gefallen, die Bastille ist gefallen!

WIRT Was sagst du? – Spricht er die Wahrheit?

GRASSET Hörst du nicht?

Albin will den Degen ziehen.

FRANÇOIS Laß das jetzt, sonst sind wir alle verloren.

GRASSET *torkelt über die Stiege herein* Und wenn ihr euch beeilt, könnt ihr noch draußen was Lustiges sehen ... auf einer sehr hohen Stange den Kopf unseres teueren Delaunay.

MARQUIS Ist der Kerl verrückt?

RUFE Freiheit! Freiheit!

GRASSET Einem Dutzend haben wir die Köpfe abgeschlagen, die Bastille gehört uns, die Gefangenen sind frei! Paris gehört dem Volke!

WIRT Hört ihr! Hört ihr! Paris gehört uns!

GRASSET Seht, wie er jetzt Mut kriegt. Ja, schrei nur, Prospère, jetzt kann dir nichts mehr geschehn.

WIRT *zu den Adligen* Was sagt ihr dazu? Ihr Gesindel! Der Spaß ist zu Ende.

ALBIN Hab' ich's nicht gesagt?

WIRT Das Volk von Paris hat gesiegt.

KOMMISSÄR Ruhe! – *Man lacht* Ruhe! ... Ich untersage die Fortsetzung der Vorstellung!

GRASSET Wer ist der Tropf?

KOMMISSÄR Prospère, ich mache Sie verantwortlich für alle die aufreizenden Reden –

GRASSET Ist der Kerl verrückt?

WIRT Der Spaß ist zu Ende, begreift Ihr nicht? Henri, so sag's ihnen doch, jetzt darfst du's ihnen sagen! Wir schützen dich ... das Volk von Paris schützt dich.

GRASSET Ja, das Volk von Paris.

Henri steht stieren Blicks da.

WIRT Henri hat den Herzog von Cadignan wirklich ermordet.

ALBIN, FRANÇOIS, MARQUIS Was sagt er da?

ALBIN *und andere* Was bedeutet das alles, Henri?

FRANÇOIS Henri, sprechen Sie doch!

WIRT Er hat ihn bei seiner Frau gefunden – und er hat ihn umgebracht.

HENRI Es ist nicht wahr!

WIRT Jetzt brauchst du dich nicht mehr zu fürchten, jetzt kannst du's in die Welt hinausschrein. Ich hätte dir schon vor einer Stunde sagen können, daß sie die Geliebte des Herzogs ist. Bei Gott, ich bin nahe daran gewesen, dir's zu sagen ... Sie schreiender Bimsstein, nicht wahr, wir haben's gewußt?

HENRI Wer hat sie gesehn? Wo hat man sie gesehn?

WIRT Was kümmert dich das jetzt! Er ist ja verrückt ... du hast ihn umgebracht, mehr kannst du doch nicht tun.

FRANÇOIS Um Himmels willen, so ist es wirklich wahr oder nicht?

WIRT Ja, es ist wahr!

GRASSET Henri – du sollst von nun an mein Freund sein. Es lebe die Freiheit! Es lebe die Freiheit!

FRANÇOIS Henri, reden Sie doch!

HENRI Sie war seine Geliebte? Sie war die Geliebte des Herzogs? Ich hab' es nicht gewußt ... er lebt ... er lebt. –

Ungeheure Bewegung.

SEVERINE *zu den anderen* Nun, wo ist jetzt die Wahrheit?

ALBIN Um Gotteswillen!

DER HERZOG *drängt sich durch die Masse auf der Stiege.*

SEVERINE *die ihn zuerst sieht* Der Herzog!

EINIGE Der Herzog!

HERZOG Nun ja, was gibt's denn?

WIRT Ist es ein Gespenst?

HERZOG Nicht daß ich wüßte! Laßt mich da herüber!

ROLLIN Was wetten wir, daß alles arrangiert ist? Die Kerls da gehören zur Truppe von Prospère. Bravo, Prospère, das ist dir gelungen!

HERZOG Was gibt's? Spielt man hier noch, während draußen ... Weiß man denn nicht, was da draußen für Dinge vorgehen? Ich habe den Kopf Delaunays auf einer Stange vorbeitragen sehen. Ja, was schaut ihr mich denn so an – *tritt herunter* Henri –

FRANÇOIS Hüten Sie sich vor Henri.

Henri stürzt wie ein Wütender auf den Herzog und stößt ihm den Dolch in den Hals.

KOMMISSÄR *steht auf* Das geht zu weit! –

ALBIN Er blutet!

ROLLIN Hier ist ein Mord geschehen!

SEVERINE Der Herzog stirbt!

MARQUIS Ich bin fassungslos, liebe Séverine, daß ich Sie gerade heute in dieses Lokal bringen mußte!

SEVERINE Warum? *mühsam* Es trifft sich wunderbar. Man sieht nicht alle Tage einen wirklichen Herzog wirklich ermorden.

ROLLIN Ich fasse es noch nicht.

KOMMISSÄR Ruhe! – Keiner verlasse das Lokal! –

GRASSET Was will der??

KOMMISSÄR Ich verhafte diesen Mann im Namen des Gesetzes.

GRASSET *lacht* Die Gesetze machen wir, ihr Dummköpfe! Hinaus mit dem Gesindel! Wer einen Herzog umbringt, ist ein Freund des Volkes. Es lebe die Freiheit!

ALBIN *zieht den Degen* Platz gemacht! Folgen Sie mir, meine Freunde!

LÉOCADIE *stürzt herein, über die Stufen.*

RUFE Léocadie!

ANDERE Seine Frau!

LEOCADIE Laßt mich hier herein! Ich will zu meinem Mann! *Sie kommt nach vorne, sieht, schreit auf* Wer hat das getan? Henri!
Henri schaut sie an.

LEOCADIE Warum hast du das getan?

HENRI Warum?

LEOCADIE Ja, ja, ich weiß warum. Meinetwegen. Nein, nein, sag' nicht meinetwegen. Soviel bin ich mein Lebtag nicht wert gewesen.

GRASSET *beginnt eine Rede* Bürger von Paris, wir wollen unsern Sieg feiern. Der Zufall hat uns auf dem Weg durch die Straßen von Paris zu diesem angenehmen Wirt geführt. Es hat sich nicht schöner treffen können. Nirgends kann der Ruf: »Es lebe die Freiheit!« schöner klingen, als an der Leiche eines Herzogs.

RUFE Es lebe die Freiheit! Es lebe die Freiheit!

FRANÇOIS Ich denke, wir gehen – das Volk ist wahnsinnig geworden. Gehn wir.

ALBIN Sollen wir ihnen die Leiche hier lassen?

SEVERINE Es lebe die Freiheit! Es lebe die Freiheit!

MARQUIS Sind Sie verrückt?

DIE BÜRGER, DIE SCHAUSPIELER Es lebe die Freiheit! Es lebe die Freiheit!

SEVERINE *an der Spitze der Adligen, dem Ausgange zu* Rollin, warten Sie heut Nacht vor meinem Fenster. Ich werfe den Schlüssel hinunter wie neulich – wir wollen eine schöne Stunde haben – ich fühle mich angenehm erregt.

Rufe: Es lebe die Freiheit! Es lebe Henri! Es lebe Henri!

LEBRET Schaut die Kerle an – sie laufen uns davon.

GRASSET Laßt sie für heute – laßt sie. – Sie werden uns nicht entgehen.

Vorhang

LITERATUR

Lustspiel in einem Akt

PERSONEN

MARGARETE

KLEMENS

GILBERT

Anständig, aber gar nicht reich möbliertes Zimmer, in dem Margarete wohnt. Ein kleiner Kamin. Ein Tisch, ein kleiner Schreibtisch, Sessel, ein Schrank, zwei Fenster im Hintergrund, Türe rechts und links.

In einem Fauteuil am Kamin lehnt KLEMENS *in sehr elegantem dunkelgrauem Sakkoanzug. Er raucht eine Zigarette und liest Zeitung.* MARGARETE *steht am Fenster, dann geht sie hin und her, endlich hinter Klemens, spielt mit ihren Händen in seinem Haar. Sie scheint etwas unruhig.*

KLEMENS *weiter lesend, faßt ihre Hand und küßt sie* Horner ist seiner Sache sicher – vielmehr meiner Sache; Waterloo fünf zu eins, Barometer zwanzig zu eins, Busserl sieben zu eins, Attila sechzehn zu eins.

MARGARETE Sechzehn zu eins!

KLEMENS Lord Byron anderthalb zu eins – das sind wir, mein Schatz!

MARGARETE Ich weiß.

KLEMENS Dabei haben wir noch sechs Wochen bis zum Rennen.

MARGARETE Offenbar hält er es für tote Gewißheit.

KLEMENS Nein, wie sie schon alle diese Ausdrücke kennt! Bravo!

MARGARETE Diese Ausdrücke habe ich früher gekannt als dich. Ist es übrigens ausgemacht, daß du den Lord selbst reitest?

KLEMENS Wie kannst du denn fragen! – Damenpreis! Wen sollt' ich denn reiten lassen? Und wenn der Horner nicht wüßt', daß ich ihn reit', stünd' er nicht anderthalb zu eins – darauf kannst du dich verlassen.

MARGARETE Das glaub' ich. – Du bist so schön, wenn du zu Pferd sitzt, einfach zum Totschießen! Nie werd' ich vergessen, wie du in München, grad am Tag, an dem ich dich kennen gelernt ...

KLEMENS Erinner' mich nicht daran. Da hab' ich Pech gehabt. Nie hätt' der Windisch das Rennen gewonnen, wenn er beim Start nicht zehn Längen profitiert hätt'. Aber diesmal – na! – Und am Tag drauf reisen wir ab.

MARGARETE Abend.

KLEMENS Ja. – Warum?

MARGARETE Weil wir vormittag heiraten, nehm' ich an.

KLEMENS Ja, ja mein Schatz.

MARGARETE Ich bin sehr glücklich. *Umarmung* Und wohin

werden wir reisen?

KLEMENS Ich denke, wir sind doch einig? – Aufs Gut.

MARGARETE Ja, später. Aber gehen wir nicht zuerst ein bißchen an die Riviera?

KLEMENS Das wird vom Damenpreis abhängen; wenn ich ihn gewinn' . . .

MARGARETE Tote Gewißheit.

KLEMENS Im übrigen, im April ist die Riviera absolut nicht mehr elegant.

MARGARETE Ach deswegen!

KLEMENS Aber Kind, natürlich deswegen. Du hast noch aus früherer Zeit so gewisse Vorstellungen von Eleganz, so . . . du entschuldigst schon – so ein bißl aus die Witzblätter.

MARGARETE Kle, ich bitte dich –

KLEMENS Na also, wir werden schon sehen. *Liest weiter* Badegast fünfzehn zu eins –

MARGARETE Badegast? – Der geht ja gar nicht mit.

KLEMENS Woher weißt du denn das?

MARGARETE Der Szigrati hat's mir selber gesagt.

KLEMENS Wieso denn? Wo denn?

MARGARETE Na, heut früh in der Freudenau, während du mit dem Milner geredet hast.

KLEMENS Der Szigrati ist mir auch nicht die richtige G'sellschaft für dich.

MARGARETE Eifersüchtig?

KLEMENS Aber nein! . . . Im übrigen, ich werde dich von jetzt an ganz einfach als meine Braut vorstellen.

MARGARETE *küßt ihn.*

KLEMENS Also, was hat er dir gesagt, der Szigrati?

MARGARETE Daß er den Badegast im Damenpreis gar nicht mitschickt.

KLEMENS Na, dem Szigrati darfst du nicht alles glauben, er verbreitet jetzt das Gerücht, daß der Badegast nicht mitgeht, damit die Odds länger werden.

MARGARETE Geh, das ist ja wie eine Spekulation.

KLEMENS Ja, glaubst du, unter uns gibt's keine Spekulanten? Für manche ist das Ganze nur ein Geschäft. Glaubst du, so ein Mensch wie der Szigrati hat das geringste Interesse für den Sport? Er könnt' ebensogut auf die Börs' gehen. Im übrigen, für 'n Badegast könnt' man ihm ruhig hundert gegen eins legen.

MARGARETE So? Ich hab' heut früh gefunden, er sieht wunderbar aus.

KLEMENS Den Badegast hat sie auch g'sehn!

MARGARETE Freilich! Hat ihn nicht der Butters heut früh hinterm Busserl herumgaloppiert?

KLEMENS Aber der Butters reit't ja nicht für den Szigrati. Das ist ein Stallbursch gewesen. – Übrigens kann der Badegast aussehen, wie er will, egal – er ist ein Blender. Na, Margaret', bei deinem Talent wirst du die wahren Größen bald von den falschen unterscheiden lernen. Es ist ja wirklich unglaublich, mit welcher Geschwindigkeit du dich in alle diese Dinge sozusagen eingearbeitet hast. Es übertrifft meine kühnsten Erwartungen.

MARGARETE *ärgerlich* Warum übertrifft's denn deine Erwartungen? Du weißt ganz gut, daß mir alle diese Dinge gar nicht so neu sind. – Im Haus von meinen Eltern haben sehr elegante Leute verkehrt – der Graf Libowski und so verschiedene, – und auch bei meinem Mann ...

KLEMENS Na ja, selbstverständlich. Im Prinzip hab' ich auch gar nichts gegen die Baumwollindustrie.

MARGARETE Was hat das mit meinen persönlichen Anschauungen zu tun, daß mein Mann eine Baumwollspinnerei gehabt hat? Ich hab' mich immer auf meine eigene Weise weitergebildet. Im übrigen reden wir nicht mehr von dieser Zeit, die liegt fern, Gott sei Dank!

KLEMENS Aber es gibt eine andere, die näher liegt.

MARGARETE Gewiß. Warum?

KLEMENS Na, ich mein' nur, in deiner Münchener Gesellschaft kannst du doch nicht viel von sportlichen Dingen gehört haben, soweit ich das beurteilen kann.

MARGARETE Möchtest du nicht bald aufhören, mir die Gesellschaft zum Vorwurf zu machen, in der du mich kennen gelernt hast.

KLEMENS Vorwurf? – Davon kann gar keine Rede sein! Es ist und bleibt mir nur unbegreiflich, wie du zu den Leuten gekommen bist.

MARGARETE Du redst gerade, als wenn es eine Verbrecherbande gewesen wär'!

KLEMENS Kind, ich geb' dir mein Wort: Einige haben absolut ausgesehn wie Straßenräuber. Es ist mir ganz unbegreiflich, wie du's mit deinem ausgeprägten Sinn ... Na, ich will ja gar nichts andres sagen als für – Reinlichkeit und gute Parfüms unter diesen Menschen hast aushalten, mit ihnen an einem Tisch sitzen können.

MARGARETE *lächelnd* Hast du's nicht auch getan?

KLEMEHS Neben ihnen – nicht mit ihnen. Ja – und um deinetwillen, ausschließlich um deinetwillen, wie du sehr wohl weißt. Übrigens will ich gar nicht leugnen, daß einige bei näherer Bekanntschaft gewonnen haben; es waren ganz interessante Leut' darunter. Du darfst auch nicht glauben, mein Schatz, daß ich mich über alle Menschen, die schlecht angezogen sind, erhaben fühle. – Daran liegt's ja auch nicht. In ihrem ganzen Benehmen, in ihrem Wesen ist irgendwas, das einen nervös macht.

MARGARETE Das läßt sich doch nicht so schlechthin behaupten.

KLEMENS Na, sei nur nicht beleidigt, Schatz. Ich hab's ja schon gesagt: es sind sehr interessante Leute drunter. Aber wie sich eine Dame unter ihnen auf die Dauer wohlfühlen kann, das werde ich nie und nimmer begreifen.

MARGARETE Du vergißt eben eins, mein lieber Klemens, daß ich in gewissem Sinn auch zu ihnen gehöre oder wenigstens gehört hab'.

KLEMENS Na, ich bitt' dich recht schön!

MARGARETE Es waren Künstler und Künstlerinnen.

KLEMENS Na, jetzt sind wir glücklich wieder bei dem Thema.

MARGARETE Ja, und das ist eben meine ewige Kränkung, daß du da nicht mitkannst.

KLEMENS »Nicht mitkannst« – das hab' ich sehr gern! Ich kann schon ganz gut mit – du weißt, was mich an deiner Schreiberei geniert hat, und du weißt, daß es etwas ganz Persönliches ist.

MARGARETE Nun, es gibt Frauen, die in meiner damaligen Situation Schlimmeres getan hätten, als Gedichte zu schreiben.

KLEMENS Aber solche! solche! *Er nimmt ein kleines Buch vom Kaminsims* Darum handelt es sich. Ich kann dir versichern, sooft ich's daliegen seh', sooft ich nur dran denke, schäm' ich mich, daß es von dir ist.

MARGARETE Dafür fehlt dir das Verständnis ... Na, sei nicht bös' – wenn du das hättest, wärst du eben vollkommen und das soll wahrscheinlich nicht sein. – Aber was geniert dich denn dran? Du weißt doch, daß ich nichts von alledem erlebt habe.

KLEMENS Ich hoffe.

MARGARETE Daß es Phantasien sind.

KLEMENS Da muß ich halt fragen: wie kann eine Dame so phantasieren? *Liest* »An deinem Halse häng' ich trunken und sauge mich an deinen Lippen fest . . .« *kopfschüttelnd* Wie kann eine Dame so was niederschreiben, – wie kann eine Dame so was drucken lassen? Jeder Mensch, der das liest, muß sich doch die Verfasserin vorstellen und den betreffenden Hals und – die betreffende Trunkenheit.

MARGARETE Wenn ich dir versichere, daß ein solcher Hals nie existiert hat.

KLEMENS Ich kann mir's auch nicht vorstellen. Das ist ja mein Glück – und deins, Margarete. Aber wie bist du zu solchen Phantasien gekommen? Auf deinen ersten Mann können sich doch alle diese glühenden Liebesgedichte nicht beziehen – der hat dich ja überhaupt nicht verstanden, wie du immer sagst.

MARGARETE Natürlich nicht! Deswegen hab' ich mich ja von ihm scheiden lassen. Du kennst ja die Geschichte. Neben einem Menschen, der für nichts Sinn hat als für Essen und Trinken und Baumwolle, habe ich nicht existieren können.

KLEMENS Ja, ja. Aber das ist jetzt drei Jahre her, und die Gedichte hast du doch später geschrieben.

MARGARETE Nun ja. – Bedenke doch die Lage, in der ich mich befand –

KLEMENS Wieso? Du hast doch keine Entbehrungen zu leiden gehabt? In dieser Hinsicht hat sich ja dein Mann, das muß man ihm lassen, sehr anständig benommen. Du warst nicht darauf angewiesen, dir Geld zu verdienen. Und wenn sie dir schon für ein Gedicht hundert Gulden geben – mehr zahlen sie doch gewiß nicht – du warst doch nicht gezwungen, so ein Buch zu schreiben.

MARGARETE Liebster Kle, ich meinte »Lage« auch nicht in materiellem Sinn; ich meinte meinen Seelenzustand. Hast du denn eine Ahnung . . . Als du mich kennen lerntest, war es ja schon viel besser, da hatt' ich mich in mancherlei gefunden, aber anfangs! – Ich war ja so ratlos, so zerfahren . . . Alles mögliche hab' ich versucht, gemalt hab' ich – sogar eine englische Lektion hab' ich gegeben in der Pension, wo ich gewohnt hab'. Denk' dir nur, mit zweiundzwanzig Jahren dastehen als geschiedene Frau, niemanden haben –

KLEMENS Warum bist du nicht ruhig in Wien geblieben?

MARGARETE Weil ich mit meiner Familie auseinander war. Es hat mich ja niemand verstanden. Na, diese Leute! Glaubst du, irgendwer von meiner Familie hat begriffen, daß man auch noch was anderes vom Leben will als einen Mann und schöne Kleider und eine soziale Position? O Gott! Wenn ich ein Kind gehabt hätt', wär' vielleicht alles anders gekommen – möglich, vielleicht auch nicht. Ich bin ja sehr kompliziert. Im übrigen, darfst du dich beklagen? War es nicht endlich das beste, was ich überhaupt tun konnte, nach München zu gehen? Hätt' ich dich sonst kennen gelernt?

KLEMENS Nun ja, aber du bist doch nicht mit der Absicht hingefahren.

MARGARETE Ich wollte frei werden – ich meine: innerlich frei. Ich habe sehen wollen, ob ich aus eigner Kraft weiterkommen kann. Und du wirst gestehen: Es hat ganz den Anschein gehabt. Ich war auf dem besten Weg, berühmt zu werden.

KLEMENS . . . .?

MARGARETE Aber du warst mir eben lieber als der Ruhm.

KLEMENS *gutmütig* Und sicherer.

MARGARETE Daran hab' ich noch nie gedacht. Ich habe dich vom ersten Moment an geliebt, das war es. Denn einen wie dich hab' ich mir immer geträumt. Ich hab's immer gewußt, glücklich machen kann mich nur einer wie du. Rass', – das ist kein leerer Wahn. Was ist alles andere dagegen! Siehst du, drum glaub' ich auch immer –

KLEMENS Was denn?

MARGARETE Ich meine zuweilen, daß auch in mir adeliges Blut fließt.

KLEMENS Wieso denn?

MARGARETE Nun ja, es wär' doch möglich.

KLEMENS Das versteh' ich nicht.

MARGARETE Ich habe dir ja gesagt, daß im Haus meiner Eltern Aristokraten verkehrt haben . . .

KLEMENS Na, und wenn schon –

MARGARETE Wer weiß –?

KLEMENS Margret, geh –! wie kann man so was nur reden!

MARGARETE Vor dir darf man halt nicht sagen, was man sich denkt. Das fehlt dir, – sonst wärst du eben vollkommen *Sie schmeichelt sich an ihn heran* Ich habe dich ja so unglaublich gern. Gleich am ersten Abend, wie du ins Kaffeehaus gekommen bist, mit dem Wangenheim – gleich hab' ich's gewußt: der ist es! Wahrhaftig, du bist unter die Leute getreten wie aus einer andern Welt.

KLEMENS Hoff' ich. Und sehr dazugehörig hast du, Gott sei Dank, auch nicht ausgesehen. Nein, wenn ich mich an diese Gesellschaft erinner' – an die Russin zum Beispiel, die ausgeschaut hat wie ein Student mit ihren kurzgeschnittenen Haaren – nur daß sie kein Kappel getragen hat.

MARGARETE Das ist eine sehr begabte Malerin, die Baranzewitsch.

KLEMENS Ich weiß. Du hast sie mir ja in der Pinakothek gezeigt; da ist sie auf der Leiter gestanden und hat kopiert. – Und dann der Kerl mit dem polnischen Namen –

MARGARETE *beginnt* Zrkd ...

KLEMENS Bemüh' dich nicht, hast es ja jetzt nimmer notwendig. Der hat einmal was vorgelesen im Kaffeehaus, wie ich dabei war, ohne sich im geringsten zu genieren.

MARGARETE Das ist ein sehr großes Talent, du kannst es mir glauben.

KLEMENS Aber natürlich! Talentiert sind sie ja alle im Kaffeehaus. – Na, und dann dieser Bengel, dieser unerträgliche –

MARGARETE Wer?

KLEMENS Du weißt schon, wen ich mein'. Der immer die taktlosen Bemerkungen über die Aristokratie gemacht hat.

MARGARETE Gilbert, sicher meinst du Gilbert.

KLEMENS Ja. Ich will gewiß nicht alle meine Standesgenossen verteidigen, Lumpen gibt's überall, sogar unter den Dichtern, hab' ich mir sagen lassen – aber es ist doch manierlos von einem Menschen, wenn einer von uns dabei ist ...

MARGARETE Das war so seine Art.

KLEMENS Ich hab' mich damals zusammennehmen müssen, um nicht grob zu werden.

MARGARETE Es war ein interessanter Mensch bei alledem – ja. Und dann kam noch dazu, daß er sehr eifersüchtig auf dich war.

KLEMENS Das hab' ich auch zu bemerken geglaubt. *Pause.*

MARGARETE Ach Gott, es waren alle auf dich eifersüchtig. Natürlich ... Du warst so anders. Und dann, es haben mir alle den Hof gemacht, grade weil ich gegen alle ganz gleich war. Das mußt du doch bemerkt haben – nicht? Warum lachst du denn?

KLEMENS Komisch! Wenn mir das einer prophezeit hätte, daß

ich einen Stammgast aus dem »Café Maximilian« heiraten werde! Am besten gefallen haben mir eigentlich die zwei jungen Maler, sie waren wirklich wie aus einem Theaterstück. Weißt du, die sich so ähnlich gesehen und alles gemeinschaftlich gehabt haben, – mir scheint, auch die Russin auf der Leiter.

MARGARETE Um solche Sachen habe ich mich nie gekümmert.

KLEMENS Die zwei müssen übrigens Juden gewesen sein, nicht?

MARGARETE Warum denn?

KLEMENS Na, weil sie immer so Witze gemacht haben – und dann die Aussprache ...

MARGARETE Antisemitische Bemerkungen kannst du dir schenken.

KLEMENS Aber Kind, sei doch nicht so empfindlich. Ich weiß ja, daß du nur Halbblut bist. Und ich hab' wirklich nichts gegen die Juden. Ich hab' einmal sogar einen Lehrer gehabt, der mich in Griechisch vorbereitet hat, vor der Matura, das war ein Jud', meiner Seel'. Und ein ausgezeichneter Mensch. Man kommt ja mit allerlei Leuten zusammen ... Ich bedaure auch nicht, deine Gesellschaft in München kennen gelernt zu haben; das gehört alles zur Lebenserfahrung. – Aber schau', ich muß dir doch vorgekommen sein wie ein Retter aus der Not.

MARGARETE Ja, das ist schon wahr. Kle, Kle! *Umarmung.*

KLEMENS Was lachst denn?

MARGARETE Mir fällt was ein.

KLEMENS Na?

MARGARETE »An deinem Halse häng' ich trunken ...«

KLEMENS *unmutig* Bitt' dich, mußt du einen immer wieder aus der Illusion reißen!

MARGARETE Sag', Kle: Du wärst also wirklich nicht stolz, wenn deine Geliebte, deine Frau eine große und berühmte Dichterin wäre?

KLEMENS Ich hab' dir schon gesagt: meinetwegen halt mich für borniert in der Hinsicht, aber ich versichere dich, wenn du heut wieder anfingst, Gedichte zu schreiben, oder sie gar drucken ließest, in denen du meinethalben mich anschwärmst und der Welt von unserm Liebesglück erzähltest – Nichts wär's mit dem Heiraten, auf und davon ging ich dir!

MARGARETE Und das sagt ein Mensch, der ein Dutzend stadtbekannte Verhältnisse gehabt hat!

KLEMENS Mein Schatz, stadtbekannt hin, stadtbekannt her – ich hab's niemandem erzählt, ich hab's nicht drucken lassen, wenn mir eine trunken am Hals gehängt ist, und ein jeder hat sich's um einen Gulden fünfzig kaufen können! Darauf kommt's an! Ich weiß ja, daß es Leute gibt, die davon leben; aber ich find' es im höchsten Grad unfein. Ich sag' dir, mir kommt's ärger vor, als wenn sich eine im Trikot als griechische Statue beim Ronacher hinausstellt. So eine griechische Statue sagt doch nicht Mau! Aber was so ein Dichter alles ausplauscht, das geht über den Spaß!

MARGARETE *unruhig* Liebster, du vergißt nur, daß der Dichter nicht immer die Wahrheit sagt.

KLEMENS Na, und wenn er aufschneidt, ist's vielleicht schöner?

MARGARETE Das nennt man dann nicht »aufschneiden«, das heißt »stilisieren«.

KLEMENS Was ist denn das schon wieder für ein Wort!

MARGARETE Oder wir erzählen Dinge, die wir gar nicht erlebt, die wir geträumt, die wir einfach erfunden haben.

KLEMENS Ich bitt' dich, liebe Margret, sag' doch nicht immer »wir«. Du gehörst ja Gott sei Dank nimmer dazu.

MARGARETE Wer weiß!

KLEMENS Was heißt das?

MARGARETE *zärtlich* Klemens, ich muß es dir sagen!

KLEMENS Nun, was gibt's denn?

MARGARETE Ich gehör' dazu! Ich hab' das Dichten nicht aufgegeben.

KLEMENS Inwiefern?

MARGARETE Das ist doch sehr einfach: ich schreib' eben noch immer – oder ich habe wenigstens was geschrieben. Ja, so etwas ist stärker, als andere Menschen begreifen können. Ich glaub', ich wäre zu Grund gegangen, wenn ich nicht geschrieben hätte.

KLEMENS Also was hast du denn schon wieder geschrieben?

MARGARETE Einen Roman. Ich hatte zuviel auf dem Herzen. Ich wäre daran erstickt. Bis heut hab' ich dir's verschwiegen; endlich muß es doch heraus. Künigel ist entzückt davon.

KLEMENS Wer ist Künigel?

MARGARETE Mein Verleger.

KLEMENS Es hat ihn also schon wer gelesen?

MARGARETE Ja. Und noch viele werden ihn lesen. Klemens, du wirst stolz sein – glaube mir!

KLEMENS Du irrst dich, liebes Kind. Ich finde das von dir . . .

Was kommen denn eigentlich für Sachen drin vor?

MARGARETE Das läßt sich nicht so leichthin sagen. Der Roman enthält sozusagen das meiste, was über das meiste zu sagen ist.

KLEMENS Alle Achtung!

MARGARETE Und darum kann ich dir auch versprechen, daß ich von nun an keine Feder mehr anrühre. Es ist nicht mehr notwendig.

KLEMENS Hast du mich lieb, Margarete, oder nicht?

MARGARETE Wie kannst du fragen? Dich, nur dich! Soviel ich auch beobachtet, soviel ich auch gesehen habe – erlebt hab' ich nichts. Ich habe auf dich gewartet.

KLEMENS Also bring ihn herein, deinen Roman.

MARGARETE Ja, wieso? wie meinst du das?

KLEMENS Daß du ihn hast schreiben müssen – gut; aber lesen soll ihn wenigstens keiner. Bring ihn her, wir wollen ihn ins Feuer werfen.

MARGARETE Kle!

KLEMENS Das verlang' ich von dir – das darf ich verlangen!

MARGARETE Ja, das ist nicht möglich! Das ist –

KLEMENS Weshalb? Wenn ich es wünsche, wenn ich erkläre, daß ich davon alles weitere abhängig mache ... Du verstehst mich ... wird es vielleicht doch möglich sein!

MARGARETE Aber Klemens, der Roman ist ja schon gedruckt.

KLEMENS Wie? gedruckt?

MARGARETE Ja! In wenigen Tagen wird er überall zu haben sein.

KLEMENS Margarete – und alles das, ohne daß du mir vorher ein Wort ...

MARGARETE Klemens, ich hab' nicht anders können. Wenn er erst da ist, wirst du mir verzeihen! Mehr als das: – Du wirst stolz sein!

KLEMENS Liebes Kind, das geht übern Spaß!

MARGARETE Klemens.

KLEMENS Adieu, Margarete.

MARGARETE Klemens, was heißt das – du gehst?

KLEMENS Wie du siehst.

MARGARETE Wann kommst du wieder?

KLEMENS Das kann ich in diesem Augenblick noch nicht sagen. Adieu.

MARGARETE Klemens! *Will ihn halten.*

KLEMENS Ich bitte. *Ab.*

MARGARETE *allein* Klemens! Was bedeutet das? Er verläßt mich? Was soll ich denn tun? – Klemens! – Alles soll zu Ende sein? Nein, es ist ja nicht möglich! Klemens! – Ich muß ihm nach! *Sie sucht nach ihrem Hut – Klingel* Ah! er kommt zurück! Er hat mir nur Angst machen wollen. – Oh, mein Klemens! *Zur Türe.*

GILBERT *tritt ein. Zu dem Stubenmädchen, das die Tür geöffnet hat* Ich sagte Ihnen ja, daß die gnädige Frau zu Hause ist. – Guten Tag, Margarete.

MARGARETE *betreten* Sie sind es?

GILBERT Ich bin es – ich, Amandus Gilbert.

MARGARETE Ich bin ja so erstaunt . . .

GILBERT Das seh' ich. Aber es liegt kein Grund vor. Ich befinde mich hier nur auf der Durchreise; ich fahre nach Italien. Und eigentlich komme ich nur zu dir, um dir in Erinnerung alter Kameradschaft mein neuestes Werk zu bringen. *Überreicht ihr das Buch. Da sie es nicht gleich nimmt, legt er es auf den Tisch.*

MARGARETE Sie sind sehr liebenswürdig, ich danke Ihnen.

GILBERT Bitte. Du hast ein gewisses Anrecht auf dieses Buch. – Also hier wohnst du.

MARGARETE Jawohl. Aber . . .

GILBERT Übergangsstadium, ich weiß. Für ein möbliertes Zimmer sieht es leidlich genug aus. Allerdings, diese Familienporträts an den Wänden würden mich wahnsinnig machen.

MARGARETE Meine Hauswirtin ist die Witwe eines Generals.

GILBERT Du brauchst dich nicht zu entschuldigen.

MARGARETE Entschuldigen? Fällt mir wahrhaftig nicht ein.

GILBERT Es ist sonderbar, jetzt daran zu denken . . .

MARGARETE Woran denken Sie?

GILBERT Warum soll ich's nicht sagen? An das kleine Zimmer in der Steinsdorfer Straße, mit dem Balkon auf die Isar. Erinnerst du dich, Margarete?

MARGARETE Wollen wir nicht lieber beim »Sie« bleiben?

GILBERT Wie du willst . . . wie Sie wollen, Margarete. *Pause. Plötzlich* Sie haben sich jämmerlich benommen, Margarete.

MARGARETE Was?!

GILBERT Oder wünschen Sie, daß ich in Umschreibungen rede? Ich finde leider kein anderes Wort. – Und es war so überflüssig, Margarete. Mit der Ehrlichkeit wär' es ebensogut gegangen. Es war gar nicht notwendig, München bei Nacht und Nebel zu verlassen.

MARGARETE Es war weder Nacht noch Nebel. Ich bin um acht

Uhr dreißig früh bei hellem Sonnenschein mit dem Expreß abgereist.

GILBERT Immerhin, man hätte sich vorher Lebewohl sagen können, nicht wahr? *Setzt sich.*

MARGARETE Der Baron kann jeden Augenblick kommen.

GILBERT Was tut das? Sie haben ihm gewiß nicht gesagt, daß Sie einst in meinen Armen gelegen sind und mich angebetet haben. Ich bin eben ein guter Bekannter aus München. Und ein guter Bekannter darf Sie wohl besuchen?

MARGARETE Jeder andere, Sie nicht!

GILBERT Weshalb? Sie mißverstehen mich noch immer. Ich komme wirklich nur als guter Bekannter. Alles andere ist vorbei, längst vorbei ... Na, Sie werden ja sehen. *Deutet auf sein Buch.*

MARGARETE Was ist denn das?

GILBERT Mein neuester Roman.

MARGARETE Sie schreiben Romane?

GILBERT Allerdings.

MARGARETE Seit wann können Sie denn das?

GILBERT Wie meinen Sie?

MARGARETE Ach Gott, ich erinnere mich, daß Ihr eigentliches Gebiet die kleine Skizze, die Beobachtung alltäglicher Vorkommnisse ...

GILBERT *aufgeregt* Mein Gebiet? ... Mein Gebiet ist die Welt! Ich schreibe, was mir beliebt! Ich lasse mich nicht umgrenzen. Ich weiß nicht, was mich abhalten sollte, einen Roman zu schreiben!

MARGARETE Nun, die Ansicht der maßgebenden Kritik war ja doch ...

GILBERT Wer ist maßgebend?

MARGARETE Ich erinnere mich zum Beispiel an ein Feuilleton von Neumann in der Allgemeinen ...

GILBERT *wütend* Neumann ist ein Kretin! Ich habe ihn geohrfeigt!

MARGARETE Sie haben ihn ...?

GILBERT Innerlich hab' ich ihn geohrfeigt! Du warst damals ebenso empört wie ich. Wir waren vollkommen einig, daß Neumann ein Kretin sei. »Wie darf dieses Nichts wagen ...« das waren deine Worte, »dir Grenzen abzustecken! Wie darf er es wagen, dein nächstes Buch sozusagen im Mutterleib zu erwürgen?« Du hast es gesagt! Und heute berufst du dich auf diesen Literaturhausierer!

MARGARETE Ich bitte, schreien Sie doch nicht. Meine Hauswirtin . . .

GILBERT Es ist nicht mein Amt, mich um Generalswitwen zu kümmern, wenn meine Nerven vibrieren.

MARGARETE Ja, was hab' ich denn gesagt? Ich kann Ihre Empfindlichkeit wahrhaftig nicht begreifen.

GILBERT Empfindlich? Du nennst mich empfindlich? Du? Ein Weib, das die schwersten Schüttelfröste bekam, wenn der kleinste Schmock im letzten Käseblatt ein böses Wort auszusprechen wagte?

MARGARETE Ich erinnere mich nicht, daß über mich je ein böses Wort erschienen wäre!

GILBERT So? – Übrigens magst du recht haben. Gegen hübsche Weiber ist man immer galant.

MARGARETE Galant? Aus Galanterie hat man meine Gedichte gelobt? Und dein eigenes Urteil . . .?

GILBERT Meines? Ich brauche nichts davon zurückzunehmen; ich erlaube mir nur zu bemerken, daß du deine paar hübschen Gedichte in unserer Zeit geschrieben hast.

MARGARETE Und so rechnest du sie wohl dir zum Verdienst an?

GILBERT Hättest du sie geschrieben, wenn ich nicht gewesen wäre? Sind sie nicht an mich?

MARGARETE Nein!

GILBERT Wie? Nicht an mich? Es ist ungeheuerlich!

MARGARETE Nein, sie sind nicht an dich!

GILBERT Ich stehe starr! Soll ich dich an die Situationen erinnern, in welchen deine schönsten Verse entstanden sind?

MARGARETE Sie waren an ein Ideal gerichtet . . .

GILBERT *deutet auf sich.*

MARGARETE . . . dessen zufälliger Vertreter auf Erden du warst.

GILBERT Ha! kostbar! Woher hast du das? Weißt du, wie der Franzose in einem solchen Falle sagt? »C'est de la littérature!«

MARGARETE *ihm nachäffend* Ce n'est pas de la littérature! Das ist wahr, vollkommen wahr! Oder glaubst du im Ernst, daß ich dich mit dem schlanken Jüngling gemeint? Daß ich deine Locken besungen habe? – Du bist schon damals dick gewesen – und das waren doch niemals Locken! *Sie fährt ihm in die Haare.*

GILBERT *ergreift bei dieser Gelegenheit ihre Hand und küßt sie.*

MARGARETE *weicher* Was fällt dir ein!

GILBERT Damals hast du sie dafür gehalten. Oder hast sie wenigstens so genannt. Nun ja, was tut man nicht alles für den

Vers, für den Wohlklang! Hab' ich dich nicht einmal in einem Sonett »mein kluges Mädchen« genannt? Dabei warst du weder ... Aber nein, ich will nicht ungerecht sein – klug bist du ja gewesen, beschämend klug, widerwärtig klug! Das ist dir gelungen! Im übrigen: wundern muß man sich nicht; du warst ja immer ein Snob. Ach Gott! Jetzt hast du ja deinen Willen. Du hast ihn eingefangen, deinen adeligen Jüngling mit den wohlgepflegten Händen und dem ungepflegten Gehirn, den vortrefflichen Reiter, Fechter, Schützen, Tennisspieler, Herzensbrecher – die Marlitt hätt' ihn nicht ekliger erfinden können. Ja, was willst du denn mehr? Ob dir das auf die Dauer genügen wird, dir, die einmal Höheres gekannt hat, das ist freilich eine andere Frage. Ich kann dir nur sagen: für mich bist du eine Herabgekommene der Liebe.

MARGARETE Das ist dir auf der Eisenbahn eingefallen.

GILBERT Soeben ist es mir eingefallen, in diesem Augenblick!

MARGARETE So schreib's dir auf, es ist ein gutes Wort.

GILBERT Ich hab' noch eins für dich: Früher warst du Weib, jetzt bist du W e i b c h e n. Ja, das bist du! Was hat dich denn zu einem Menschen von dieser Sorte hingelockt? Nichts als der Trieb, der ganz gemeine Trieb!

MARGARETE Ich bitte dich, du hast Ursache –!

GILBERT Liebes Kind, ich hatte doch jederzeit auch eine Seele bei der Hand.

MARGARETE Zuweilen ausschließlich –

GILBERT Versuche jetzt nicht, unser Verhältnis herabzuziehen – es wird dir nicht gelingen. Es bleibt das Herrlichste, was du erlebt hast.

MARGARETE Ach Gott, wenn ich denke, daß ich dieses Gewäsch ein Jahr lang ertragen habe.

GILBERT Ertragen? Du hast dich daran berauscht! Sei nicht undankbar – ich bin es auch nicht. Wie erbärmlich du dich am Ende auch benommen hast, mir kann es die Erinnerung nicht vergällen. Ich will noch mehr sagen: auch das hat dazu gehört.

MARGARETE Was du nicht sagst!

GILBERT Nämlich – diese Erklärung bin ich dir noch schuldig; höre! Gerade zu der Zeit, als du begannst, dich von mir abzuwenden, als du das Heimweh nach dem Stall bekamst – la nostalgie de l'écurie – gerade damals war ich soeben mit dir innerlich fertig geworden.

MARGARETE Nicht möglich!

GILBERT Es ist charakteristisch, daß du davon nicht das geringste bemerkt hast. – Fertig war ich mit dir, ja! Ich hab' dich einfach nicht mehr gebraucht. Was du mir geben konntest, hattest du mir gegeben – dein Amt war erfüllt. Du wußtest in den Tiefen deiner Seele – du wußtest unbewußt ...

MARGARETE Ich bitt' dich, sprüh' nicht so!

GILBERT *unbeirrt* Daß deine Zeit um war. Unser Verhältnis hat seinen Zweck erfüllt: ich bereue es nicht, dich geliebt zu haben.

MARAGARETE Aber ich!

GILBERT Vortrefflich! In dieser kleinen Bemerkung spricht sich für den Kenner nicht weniger aus, als der tiefe Wesensunterschied zwischen dem Künstler und dem Dilettanten. Für dich, Margarete, ist unser Verhältnis heute nicht mehr als die Erinnerung an ein paar tolle Nächte, an ein paar tiefgründige Gespräche in den Alleen des englischen Gartens, ich habe es zum Kunstwerk gemacht.

MARGARETE Ich auch.

GILBERT Wieso? wie meinst du das?

MARGARETE Was du triffst, bei Gott! das treff' ich auch! Auch ich habe einen Roman geschrieben, in den unsre einstigen Beziehungen hineinspielen, auch ich habe unsere einstige Liebe – oder was wir so nannten – der Ewigkeit aufbewahrt.

GILBERT Von der Ewigkeit würd' ich an deiner Stelle doch nicht reden, bevor die zweite Auflage erschienen ist.

MARGARETE Nun, es hat doch was anderes zu bedeuten, wenn ich einen Roman schreibe, als wenn du es tust.

GILBERT Das dürfte stimmen.

MARGARETE Denn du bist ein freier Mann, du brauchst dir die Stunden nicht zu stehlen, in denen du Künstler sein darfst, und du setzt nicht deine Zukunft aufs Spiel.

GILBERT Und du?

MARGARETE Ich hab' es getan! Vor einer halben Stunde hat mich Klemens verlassen, weil ich ihm gestand, daß ich einen Roman geschrieben habe.

GILBERT Verlassen? Auf immer?

MARGARETE Ich weiß nicht. Auch das ist möglich. Er ist im Zorn fortgegangen. Er ist unberechenbar. Was er über mich beschließen wird, kann ich nicht voraussehen.

GILBERT So! Also er verbietet dir zu schreiben! Er duldet nicht, daß seine Geliebte gewissermaßen von ihrem Gehirn Gebrauch macht! Ah, vortrefflich! Das ist die Blüte der Nation! So – ja! Und du, du schämst dich nicht, in den Armen eines solchen Idioten dasselbe zu empfinden, was du einst ...

MARGARETE Ich verbiete dir, so über ihn zu reden! Du verstehst ihn ja nicht!

GILBERT Ha!

MARGARETE Du weißt ja nicht, warum er dagegen ist, daß ich dichte! Nur aus Liebe! Er fühlt es, daß ich da in einer Welt lebe, die für ihn verschlossen ist, er schämt sich für mich, daß ich das Innerste meiner Seele vor Unberufenen ausbreite, er will mich für sich allein, ganz allein haben; und darum ist er fortgestürzt ... nein, nicht gestürzt, denn Klemens gehört nicht zu den Männern, welche fortstürzen ...

GILBERT Gut beobachtet. Aber fort ist er doch. Über das Tempo wollen wir nicht diskutieren. Und er ist fort, weil er nicht duldet, daß du deinem Schaffensdrang nachgibst.

MARGARETE Ja, wenn er auch das noch verstünde! Aber das gibt's offenbar nicht. Ich könnte ja die beste, die treueste, die edelste Frau von der Welt sein, wenn es nur den richtigen Mann auf der Welt gäbe!

GILBERT Jedenfalls drückst du damit aus, daß auch er nicht der Rechte ist.

MARGARETE Das hab' ich nicht gesagt!

GILBERT So begreife doch, daß er dich einfach knechtet, zugrunde richtet, dein ureigenes Ich aus Egoismus zu ruinieren sucht. Denke doch an die Margarete, die du einmal warst! Denke an die Freiheit, in der du dich entwickeln durftest, da du mich liebtest! Denke an die erlesenen Menschen, mit denen du damals verkehrtest, denke an die Jünger, die sich um mich versammelten und die auch die deinen waren. Sehnst du dich nicht manchmal zurück? Denkst du nicht an dein kleines Zimmer mit dem Balkon – unten rauschte die Isar – *er hat ihre Hände gefaßt und drängt sich an sie.*

MARGARETE O Gott!

GILBERT Es kann wieder so werden; es braucht ja nicht die Isar zu sein. – Ich will dir einen Vorschlag machen, Margarete. Sag' ihm, wenn er wiederkommen sollte, daß du in München noch einiges Dringende zu besorgen hättest, und verbringe diese Zeit mit mir. Margarete, du bist ja so schön! Wir wollen wieder glücklich sein wie einst, Margarete! Erinnerst du dich? *Ganz nahe* »An deinem Halse häng' ich trunken ...«

MARGARETE *rasch von ihm weg* Fort! fort! Nein, nein! Fort sag' ich! Ich liebe dich ja nicht mehr!

GILBERT O! Hm ... So? Na, da bitt' ich also um Entschuldigung. *Pause* Adieu, Margarete. Adieu.

MARGARETE Adieu.

GILBERT Adieu. *Sich noch einmal wendend* Willst du mir nicht wenigstens zum Abschied deinen Roman geben, wie ich dir den meinen gegeben habe?

MARGARETE Er ist noch nicht erschienen. Erst in der nächsten Woche wird er zu haben sein.

GILBERT Wenn ich fragen darf: was ist es denn eigentlich für eine Art von Roman?

MARGARETE Der Roman meines Lebens. Selbstverständlich so verhüllt, daß ich nicht zu erkennen bin.

GILBERT So? Wie hast du denn das gemacht?

MARGARETE Sehr einfach. Die Heldin ist vor allem keine Dichterin, sondern eine Malerin –

GILBERT Das ist sehr schlau.

MARGARETE Ihr erster Mann ist kein Baumwollfabrikant, sondern ein großer Spekulant – auch betrügt sie ihn nicht mit einem Tenor ...

GILBERT Haha!

MARGARETE Warum lachst du denn?

GILBERT Du hast ihn also mit einem Tenor betrogen? Das hab' ich gar nicht gewußt.

MARGARETE Wer sagt denn das?

GILBERT Du hast es mir soeben mitgeteilt.

MARGARETE Wieso denn? – Ich sage: die Heldin meines Buches betrügt ihren Mann mit einem Bariton.

GILBERT Baß wäre großartiger – Mezzosopran pikanter.

MARGARETE Dann geht sie nicht nach München, sondern nach Dresden, und dort hat sie ein Verhältnis mit einem Bildhauer.

GILBERT Das bin also ich ... verschleiert?

MARGARETE Sehr verschleiert. Der Bildhauer ist nämlich jung, schön und ein Genie. Trotzdem verläßt sie ihn.

GILBERT Wegen ...?

MARGARETE Rate!

GILBERT Vermutlich wegen eines Jockeis?

MARGARETE Schaf!

GILBERT Wegen eines Grafen? – Wegen eines Fürsten?

MARGARETE Nein, es ist ein Erzherzog!

GILBERT *sich verbeugend* Du hast wirklich keine Kosten gescheut.

MARGARETE Ja, ein Erzherzog, der um ihretwillen den Hof verläßt, sie heiratet und mit ihr nach den Kanarischen Inseln auswandert.

GILBERT Kanarische Inseln – sind sehr fein! Und dann –?

MARGARETE Mit der Landung in ...

GILBERT Kanarien –

MARGARETE – schließt der Roman.

GILBERT So. Ich bin sehr gespannt, – besonders auf die Verschleierung.

MARGARETE Du selbst würdest mich nicht erkennen, wenn –

GILBERT Nun, wenn –?

MARGARETE Wenn nicht im drittletzten Kapitel unser ganzer Briefwechsel enthalten wäre!

GILBERT Was?!

MARGARETE Ja – alle Briefe, die du mir und die ich dir geschrieben habe, sind in den Roman aufgenommen.

GILBERT Ja, entschuldige – woher hattest du denn die deinen an mich? Die hab' doch ich!

MARGARETE Ja, ich hatte sie mir doch früher immer aufgesetzt.

GILBERT Aufgesetzt!?

MARGARETE Ja.

GILBERT Aufgesetzt – diese Briefe an mich, die wie in zitternder Eile hingeworfen schienen. »Noch ein Wort, Geliebter, eh' ich schlafen gehe, mir fallen die Augen zu ...« und dann, wenn dir die Augen zugefallen waren, hast du ihn ins Reine geschrieben?!

MARGARETE Nun, beklagst du dich vielleicht darüber?

GILBERT Ich hätt' es ahnen können. Ich muß ja noch froh sein, daß sie nicht einem Briefsteller für Liebende entnommen waren. Oh, wie bricht alles zusammen! Die ganze Vergangenheit ein Trümmerhaufen! ... Sie hat ihre Briefe aufgesetzt.

MARGARETE So sei doch froh. Wer weiß, ob meine Briefe an dich nicht das einzige sind, was von dir übrigbleiben wird.

GILBERT Und nebstbei ist das eine äußerst fatale Geschichte.

MARGARETE Warum denn?

GILBERT *auf sein Buch deutend* Da drin sind sie nämlich auch.

MARGARETE Was?! Wo?

GILBERT In meinem Roman.

MARGARETE Was ist da drin?

GILBERT Unsere Briefe – deine und meine.

MARGARETE Woher hast du denn die deinen gehabt? Die hab' doch ich! – Ah, siehst du, du hast sie auch aufgesetzt!

GILBERT O nein, ich hab' sie nur abgeschrieben, bevor ich sie an dich absandte. Sie sollten nicht verloren gehen. Es sind sogar einige drin, die du gar nicht bekommen hast, die viel zu schön für dich waren, die du gar nicht verstanden hättest.

MARGARETE Ja, um Gottes willen, wenn es so ist ... *in Gilberts Buch blätternd* Ja, es ist so! Ja, das ist doch ganz dasselbe, als wenn wir der Welt erzählten, daß wir zwei ... Um Himmels willen ... *aufgeregt blätternd* Ist am Ende auch der Brief aufgenommen, den du mir am Morgen nach der ersten Nacht...

GILBERT Natürlich, der war doch glänzend.

MARGARETE Aber das ist ja entsetzlich! Es wird ein europäischer Skandal! Und Klemens, um Gottes willen! Ich fange an zu wünschen, daß er nicht mehr zurückkommt! Ich bin ja verloren! Und du mit mir! Wo immer du sein magst, er wird dich zu finden wissen, er wird dich niederschießen wie einen tollen Hund!

GILBERT *steckt sein Buch ein* Abgeschmackter Vergleich.

MARGARETE Wie konntest du nur auf diese irrsinnige Idee kommen! Briefe einer Frau, die du angeblich geliebt hast ... Man sieht doch gleich, daß du kein Gentleman bist!

GILBERT Das find' ich aber köstlich! Hast du nicht dasselbe getan?

MARGARETE Ich bin eine Frau.

GILBERT Jetzt berufst du dich darauf!

MARGARETE Es ist wahr, ich habe dir nichts vorzuwerfen. Wir sind einander würdig. Ja, Klemens hat recht. Ärger als die Weiber beim Ronacher sind wir, die sich in Trikots hinausstellen. Unsere geheimsten Seligkeiten, unsere Schmerzen, alles stellen wir aus! Pfui! pfui! mich ekelt ja vor mir! Wir zwei gehören zusammen. Klemens hätte recht, wenn er mich davonjagt. *Plötzlich* Komm, Amandus!

GILBERT Was willst du denn?

MARGARETE Ich nehme deinen Vorschlag an ...

GILBERT Was für einen Vorschlag?

MARGARETE Ich fliehe mit dir! *Sie sucht nach Hut und Mantel.*

GILBERT Was fällt dir ein? Was tust du denn?

MARGARETE *sehr erregt, steckt sich den Hut fest* Es kann wieder so werden wie einst, du hast es gesagt: es braucht nicht die Isar zu sein – nun, ich bin bereit!

GILBERT Das ist ja vollkommen verrückt! Fliehen – was heißt denn das? Sagtest du nicht selbst, er wird mich überall zu finden wissen? Wenn du bei mir bist, findet er dich auch. Es wäre viel klüger, wenn jeder für sich allein ...

MARGARETE Elender, jetzt willst du mich im Stich lassen?! Und vor wenigen Minuten bist du vor mir auf den Knien gelegen? Schämst du dich nicht?

GILBERT Weshalb? Ich bin ein kranker, nervöser Mensch ... ich bin Stimmungen unterworfen ...

MARGARETE *am Fenster, schreit.*

GILBERT Was hast du denn? Was wird die Generalswitwe von mir denken?

MARGARETE Er ist's, er kommt!

GILBERT Nun ...

MARGARETE Was, du willst gehen?

GILBERT Ich hatte nie die Absicht, dem Herrn Baron einen Besuch zu machen.

MARGARETE Er trifft dich auf der Treppe. Das wäre noch ärger. Bleibe! ich werde nicht allein das Opfer sein!

GILBERT So sei doch nicht verrückt. Warum zitterst du denn so? Er kann doch nicht beide Romane gelesen haben. Komm doch zu dir! Leg' den Hut ab! Fort mit dem Mantel! *Ist ihr behilflich* Wenn er dich in dieser Verfassung sieht, muß er ja ahnen ...

MARGARETE Das ist mir egal – lieber gleich, als später. Ich ertrag' es nicht, das Entsetzliche abzuwarten, ich sag' ihm sofort alles.

GILBERT Alles?!

MARGARETE Ja, solang du noch da bist. Wenn ich ihm jetzt ehrlich alles eingestehe, wird er mir vielleicht verzeihen!

GILBERT Und ich – und ich?! Ich habe doch wohl noch was Gescheiteres auf der Welt zu tun, als mich von einem eifersüchtigen Baron niederschießen zu lassen wie einen tollen Hund! *Klingel.*

MARGARETE Er ist's! er ist's!

GILBERT Du wirst nichts reden!

MARGARETE Ich werde reden!

GILBERT So?! Nun, gib acht! So werde ich meine Haut wenigstens teuer verkaufen.

MARGARETE Was willst du tun?

GILBERT Ich werde ihm Wahrheiten ins Gesicht schleudern, wie sie noch nie ein Baron gehört hat.

KLEMENS *tritt ein; etwas befremdet, sehr kühl und höflich* Oh, Herr Gilbert, wenn ich nicht irre?

GILBERT Jawohl, Herr Baron. Auf einer Reise nach dem Süden begriffen, konnte ich mir nicht versagen, der gnädigen Frau meine Aufwartung zu machen.

KLEMENS Ach so. *Pause* Ich scheine eine Unterhaltung unterbrochen zu haben, was mir sehr leid täte. Ich bitte, sich nicht stören zu lassen.

GILBERT Wovon sprachen wir doch eben, gnädige Frau?

KLEMENS Vielleicht kann ich Ihrer Erinnerung zu Hilfe kommen? In München haben Sie wenigstens immer von Ihren Büchern gesprochen ...

GILBERT Ah, sehr gut. Ich habe tatsächlich von meinem neuen Roman ...

KLEMENS Bitte, fahren Sie fort. Man kann jetzt auch mit mir über Literatur reden. Nicht wahr, Margarete? – Ist es ein naturalistischer Roman? ein symbolischer? erlebt? stilisiert?

GILBERT Ach Gott, in gewissem Sinn schreiben wir ja alle nur Selbsterlebtes.

KLEMENS Ah, das ist aber interessant.

GILBERT Selbst wenn einer einen Nero schreibt, so ist es dazu unumgänglich notwendig, daß er Rom innerlich angezündet hat ...

KLEMENS Natürlich.

GILBERT Woher soll man schließlich Inspirationen nehmen als aus sich selbst? Woher Modelle als aus dem Leben ringsum?

MARGARETE *immer unruhiger.*

KLEMENS Es ist nur schade, daß die Modelle selbst so selten darum gefragt werden. Ich muß schon sagen, wenn ich eine Frau wäre, ich tät' mich bedanken, daß man den Leuten erzählt ... *scharf* In anständiger Gesellschaft nennt man das, eine Frau kompromittieren!

GILBERT Ich weiß nicht, ob ich mich zur anständigen Gesellschaft rechnen darf, aber ich nenne das, eine Frau adeln.

KLEMENS Oh!

GILBERT Das Wesentliche ist nur, ob's einer trifft! Denn was liegt in höherm Sinn daran, daß man von einer Frau weiß, ob sie in diesem oder jenem Bett glücklich gewesen ist.

KLEMENS Herr Gilbert, ich mache Sie darauf aufmerksam, daß Sie vor einer Dame reden!

GILBERT Ich rede vor einer Kameradin, Herr Baron, die meine Ansicht über diese Dinge teilen dürfte.

KLEMENS Oh!

MARGARETE *plötzlich* Klemens! *Zu seinen Füßen* Klemens!

KLEMENS *betreten* Aber ... aber Margarete! ...

MARGARETE Verzeihung, Klemens!

KLEMENS Aber Margarete. *Zu Gilbert* Es ist mir in hohem Grade peinlich, Herr Gilbert ... So steh doch auf, Margarete! Steh auf – es ist ja schon alles gut!

MARGARETE *blickt zu ihm auf.*

KLEMENS Ja. – Steh auf.

MARGARETE *steht auf.*

KLEMENS Es ist alles gut, es ist schon in Ordnung. Na ja, wenn ich dir sag'. Du brauchst nur noch ein Wort an Künigel hin zu telephonieren. Ich hab' schon alles mit ihm ausgemacht. Wir lassen ihn einstampfen. Ist's dir recht?

GILBERT Wen lassen die Herrschaften einstampfen, wenn ich fragen darf? Am Ende den Roman der gnädigen Frau?

KLEMENS Ach, Sie wissen schon? Jedenfalls scheint es, Herr Gilbert, daß es mit der Kameradschaft nicht so weit her ist.

GILBERT Ja. Es bleibt mir wirklich nichts anderes übrig, als um Entschuldigung zu bitten. Ich bin wahrhaftig beschämt.

KLEMENS Ich bedaure sehr, daß Sie einer Szene beiwohnen mußten, Herr Gilbert, die ich beinah schon eine häusliche nennen möchte.

GILBERT Oh! – Ich will auch nicht weiter lästig fallen. Gnädige Frau – Herr Baron – Darf ich mir nun erlauben, als äußeres Zeichen, daß jedes Mißverständnis zwischen uns geschwunden, als schwachen Beweis meiner Sympathie, Ihnen, Herr Baron, meinen Roman zu überreichen?

KLEMENS Sie sind sehr liebenswürdig, Herr Gilbert. Ich muß zwar sagen – deutsche Romane sind nicht mein Faible. Na, das ist halt der letzte, den ich lesen werde – oder der vorletzte –

MARGARETE, GILBERT Der vorletzte?

KLEMENS Ja.

MARGARETE Und welcher soll denn der letzte sein ...?

KLEMENS Deiner, mein Kind. *Zieht ein Exemplar aus der Tasche* Ein Exemplar hab' ich mir nämlich von Künigel ausgebeten, um es dir mitzubringen – oder vielmehr – uns beiden.

MARGARETE, GILBERT *tauschen ratlos Blicke.*

MARGARETE Wie gut du bist! ... *Den Roman in der Hand* Ja ...

er ist's . . .

KLEMENS Wir wollen ihn zusammen lesen.

MARGARETE Nein – Klemens . . . nein, ich nehme soviel Güte nicht an – da – *sie wirft das Buch in den Kamin* Ich will von all dem nichts mehr wissen.

GILBERT *hoch erfreut* Aber gnädige Frau!

KLEMENS *zum Kamin* Margarete, was tust du denn –?

MARGARETE *vor dem Kamin, Klemens in ihren Armen umfangend* Glaubst du jetzt, daß ich Dich liebe –

GILBERT *sehr vergnügt* Es scheint, ich bin hier vollkommen überflüssig . . . Gnädige Frau, Herr Baron – *für sich* Daß mir der Schluß entgehen mußte! *Ab.*

Vorhang

DER EINSAME WEG

Schauspiel in fünf Akten

PERSONEN

PROFESSOR WEGRAT, *Direktor der Akademie der bildenden Künste*

GABRIELE, *seine Frau*

FELIX }
JOHANNA } *deren Kinder*

JULIAN FICHTNER

STEPHAN VON SALA

IRENE HERMS

DOKTOR FRANZ REUMANN, *Arzt*

DIENER *bei Fichtner*

DIENER *bei Sala*

STUBENMÄDCHEN *bei Wegrat*

Wien. – Gegenwart.

Das kleine Gärtchen am Hause des Professor Wegrat. Es ist beinahe gänzlich von Häusern umschlossen, so daß jeder freie Ausblick fehlt. Rechts im Garten das kleine einstöckige Haus mit gedeckter Holzveranda, von der drei Holzstufen herabführen. Auftritt sowohl von der Veranda aus als auch rechts und links vom Haus. Ungefähr in der Mitte der Bühne ein grüner Gartentisch mit passenden Sesseln, ein bequemerer Fauteuil, links an einem Baum eine kleine Eisenbank.

Erste Szene

Johanna spaziert im Garten auf und ab. Felix tritt auf in Ulanenuniform.

JOHANNA *sich umwendend* Felix!

FELIX Ja, ich bin's.

JOHANNA Grüß' dich Gott. – Wie ist denn das möglich, daß du schon wieder Urlaub bekommen hast?

FELIX Es ist nicht auf lang. – Nun wie geht's der Mama?

JOHANNA In den letzten Tagen ganz leidlich.

FELIX Meinst du, sie würde erschrecken, wenn ich so unerwartet vor sie hinträte?

JOHANNA Nein. Aber warte doch lieber ein bißchen. Jetzt schlummert sie. Ich komme eben aus ihrem Zimmer. – Wie lang bleibst du denn bei uns, Felix?

FELIX Morgen Abend geht's wieder fort.

JOHANNA *mit dem Blick ins Weite* Fort . . .

FELIX Es klingt nur so großartig. Gar so weit ist man ja doch nicht, in keiner Beziehung.

JOHANNA Du hast es ja so sehr gewünscht . . . *auf seine Uniform deutend* Nun hast du's erreicht. Bist du nicht zufrieden?

FELIX Jedenfalls ist es das Vernünftigste von allem, was ich bisher angefangen habe. Denn nun spüre ich wenigstens, daß ich unter gewissen Umständen etwas leisten könnte.

JOHANNA Ich glaube, du würdest es in jedem Beruf zu etwas bringen.

FELIX Ich zweifle doch, daß ich als Advokat oder als Techniker meinen Weg gemacht hätte. Und im Ganzen fühle ich mich jetzt bedeutend wohler als jemals zuvor. Es scheint mir nur manchmal, als wenn ich nicht zur rechten Zeit geboren wäre.

Vielleicht hätt' ich auf die Welt kommen sollen, als es noch nicht so viel Ordnung gab, als man allerlei wagen konnte, was man heute nicht mehr wagen darf.

JOHANNA Ach, du bist doch frei, kannst dich rühren.

FELIX Doch nur innerhalb gewisser Grenzen.

JOHANNA Weiter wie diese werden sie jedenfalls sein.

FELIX *um sich blickend, lächelnd* Es ist doch kein Gefängnis ... Der Garten ist wirklich hübsch geworden. Wie armselig sah's da aus, als wir Kinder waren. – Was ist denn das? Ein Pfirsichspalier! Das macht sich sehr gut.

JOHANNA Eine Idee von Doktor Reumann.

FELIX Das hätt' ich mir denken können.

JOHANNA Wieso?

FELIX Solche Nützlichkeitseinfälle trau' ich in unserer Familie niemandem so recht zu. Wie steht's denn übrigens mit seinen Aussichten? ... für die Professur in Graz mein' ich natürlich.

JOHANNA Darüber ist mir nichts Näheres bekannt. *Sich abwendend.*

FELIX Die Mutter hält sich wohl in diesen schönen Tagen viel im Freien auf?

JOHANNA Ja.

FELIX Liest du ihr noch manchmal vor? Versuchst du, sie ein wenig zu zerstreuen? aufzuheitern?

JOHANNA Als wenn das so leicht wäre.

FELIX Man muß sich eben zusammennehmen, Johanna.

JOHANNA Du hast gut reden, Felix.

FELIX Wie meinst du das?

JOHANNA *vor sich hin* Ich weiß nicht, ob du mich verstehen wirst.

FELIX *lächelnd* Warum sollt' ich dich mit einem Male nicht verstehen können?

JOHANNA *ihn ruhig ansehend* Ich habe sie nicht mehr so lieb, seit sie krank ist.

FELIX *befremdet* Wie?

JOHANNA Nein, es ist unmöglich, daß du es ganz verstehen kannst. Immer weiter rückt sie von uns ab ... Es ist, wie wenn jeden Tag neue Schleier über sie herabsänken.

FELIX Und was sollte das zu bedeuten haben?

JOHANNA *sieht ihn ruhig an.*

FELIX Du glaubst ...?

JOHANNA Ich täusche mich nicht in diesen Dingen, das weißt du, Felix.

FELIX Ich weiß es? ...

JOHANNA Als die kleine Lilli von Sala sterben mußte, hab' ich es gewußt, – bevor die andern ahnten, daß sie krank würde.

FELIX Du hattest es geträumt – und warst ein Kind.

JOHANNA Ich hatte es nicht geträumt. Ich hab' es gewußt. *Herb* Ich kann das nicht erklären.

FELIX *nach einer Pause* Und der Vater – ist er gefaßt?

JOHANNA Gefaßt?... Denkst du denn, er sieht auch die Schleier sinken?

FELIX *nach einem leichten Kopfschütteln* Es sind Einbildungen, Johanna, – gewiß. – Aber nun will ich doch ... *wendet sich dem Hause zu* Der Vater ist noch nicht zu Hause?

JOHANNA Nein. Er kommt jetzt gewöhnlich recht spät. Er hat sehr viel in der Akademie zu tun.

FELIX Ich werde sie womöglich nicht aufwecken; ich geb' schon acht. *Über die Veranda hinab.*

Zweite Szene

Johanna eine Weile allein, hat sich auf einen Gartensessel gesetzt, die Hände über den Knien ineinander verschlungen. Sala tritt ein. Er ist 45 Jahre alt, sieht aber etwas jünger aus. Schlank, beinahe mager, glatt rasiert. Dunkelblondes, rechts gescheiteltes, nicht zu kurzes Haar, das an den Schläfen zu ergrauen beginnt. Seine Züge sind scharf und energisch, die Augen grau und klar.

SALA Guten Abend, Fräulein Johanna.

JOHANNA Guten Abend, Herr von Sala.

SALA Man sagt mir, Ihre Frau Mama schlummere ein wenig; so habe ich mir erlaubt, indessen in den Garten zu treten.

JOHANNA Felix ist eben angekommen.

SALA So? Haben sie ihm schon wieder einen Urlaub gegeben? Zu meiner Zeit waren sie bei dem Regiment viel strenger. Allerdings lagen wir damals an der Grenze, in Galizien irgendwo.

JOHANNA Das vergess' ich immer, daß Sie das auch mitgemacht haben.

SALA Ja, es ist schon lange her. Hat auch nur ein paar Jahre gewährt. Aber es war recht schön, wenn ich so zurückdenke.

JOHANNA Wie das meiste, was Sie erlebt haben.

SALA Wie so manches.

JOHANNA Wollen Sie sich nicht setzen?

SALA Danke. *Setzt sich auf die Lehne eines Gartenfauteuils* Darf ich? *Er nimmt eine Zigarette aus seiner Dose und zündet sie nach einem zustimmenden Nicken Johannas an.*

JOHANNA Wohnen Sie schon in Ihrer Villa, Herr von Sala?

SALA Morgen zieh' ich ein.

JOHANNA Sie freuen sich wohl sehr darauf?

SALA Dazu wär' es zu früh.

JOHANNA Sind Sie so abergläubisch?

SALA Wenn's darauf ankommt – o ja. – Aber es ist nicht deshalb. Ich beziehe sie nur vorläufig, nicht definitiv.

JOHANNA Warum denn?

SALA Ich werde auf Reisen gehen – für längere Zeit.

JOHANNA So? Sie sind sehr zu beneiden. Das möcht' ich auch können, in der Welt herumfahren, mich um keinen Menschen kümmern müssen.

SALA Noch immer?

JOHANNA Noch immer . . . Wie meinen Sie das?

SALA Nun, ich erinnere mich, daß Ihnen schon als ganz kleinem Mädchen diese Wanderpläne durch den Sinn gingen. Was wollten Sie nur werden? . . . Tänzerin, glaub' ich. Nicht wahr? Eine sehr berühmte natürlich.

JOHANNA Warum sagen Sie das, als ob es so etwas Nichtiges wäre, eine Tänzerin zu sein? *Ohne ihn anzusehen* Gerade Sie sollten das nicht, Herr von Sala.

SALA Warum denn gerade ich nicht?

JOHANNA *blickt ruhig zu ihm auf.*

SALA Ich weiß nicht recht, wie Sie das meinen, Fräulein Johanna . . . oder sollt' ich doch . . . *Einfach* Johanna, haben Sie gewußt, daß ich Sie damals sah?

JOHANNA Wann?

SALA Im vorigen Jahre, als Sie auf dem Lande wohnten, und ich einmal in der Mansarde übernachtete. Es war heller Mondschein, und eine Elfe, glaub' ich, schwebte auf der Wiese umher.

JOHANNA *nickt lächelnd.*

SALA Schwebte sie für mich?

JOHANNA Ich hab' Sie wohl gesehen, wie Sie hinter dem Vorhang standen.

SALA *nach einer kleinen Pause* So werden Sie vor andern Menschen wahrscheinlich doch nie tanzen.

JOHANNA Warum? ... Ich hab' wohl schon. Und Sie haben mir auch damals zugesehen. Es ist freilich lange her. – Es war auf einer griechischen Insel. Viele Männer standen im Kreise um mich her – Sie waren unter ihnen – und ich war eine Sklavin aus Lydien.

SALA Eine gefangene Prinzessin.

JOHANNA *ernst* Glauben Sie nicht an solche Dinge?

SALA Wenn Sie es wünschen – gewiß.

JOHANNA *ernst bleibend* Sie sollten alles glauben, woran die andern nicht glauben können.

SALA Wenn die Stunde dazu kommt, tu ich's wohl.

JOHANNA Sehen Sie, – ich für meinen Teil kann mir alles andere eher vorstellen als dies, daß ich nun zum ersten Male auf der Welt sein sollte. Und es gibt Augenblicke, in denen ich mich ganz deutlich an allerlei erinnere.

SALA Und solch ein Augenblick war damals?

JOHANNA Ja, vor einem Jahre, als ich in einer mondhellen Sommernacht über eine Wiese tanzte. Es war gewiß nicht das erstemal, Herr von Sala. *Nach einer kleinen Pause, plötzlich in anderm Tone* Wohin reisen Sie eigentlich?

SALA *den Ton aufnehmend* Nach Baktrien, Fräulein Johanna.

JOHANNA Wohin?

SALA Nach Baktrien. Das ist ein sehr merkwürdiges Land, und das Merkwürdigste ist, daß es gar nicht mehr existiert. Ich schließe mich nämlich einer Gesellschaft an, die im November dahin abgeht. Sie haben vielleicht in der Zeitung davon gelesen.

JOHANNA Nein.

SALA Es handelt sich um Ausgrabungen an der Stätte, wo vermutlich das alte Ekbatana stand – vor etwa sechstausend Jahren. Das liegt noch vor Ihrer lydischen Zeit, wie Sie sehen.

JOHANNA Wann sind Sie denn auf diese Idee gekommen?

SALA Erst vor wenigen Tagen. Gesprächsweise sozusagen. Graf Ronsky, der Leiter der Sache, hat mir so große Lust dazu gemacht. Es gehörte nicht viel dazu; er kam einer alten Sehnsucht von mir entgegen. *Lebhafter* Denken Sie nur, Fräulein Johanna: Mit eigenen Augen sehen, wie solch eine begrabene Stadt allmählich aus der Erde hervortaucht, Haus um Haus, Stein um Stein, Jahrhundert um Jahrhundert. Nein, es war mir nicht bestimmt, dahinzugehen, eh' mir dieser Wunsch erfüllt wird.

JOHANNA Warum reden Sie denn vom Sterben?

SALA Gibt es einen anständigen Menschen, der in irgend einer guten Stunde in tiefster Seele an etwas anderes denkt?

JOHANNA Ihnen ist wohl nie ein Wunsch unerfüllt geblieben.

SALA Keiner ...?

JOHANNA Ich weiß, daß Sie auch viel Trauriges erlebt haben. Aber manchmal glaub' ich, Sie haben auch das ersehnt.

SALA Ersehnt ...? Genossen, wenn es kam, da mögen Sie wohl recht haben.

JOHANNA Wie gut versteh' ich das! Ein Dasein ohne Schmerzen wäre wohl so armselig wie ein Dasein ohne Glück. *Pause* Wie lang ist's her?

SALA Was meinen Sie?

JOHANNA *leise* Daß Frau von Sala gestorben ist.

SALA Das ist sieben Jahre her, beinahe auf den Tag.

JOHANNA Und Lilli ... im selben Jahre?

SALA Ja, Lilli starb im Monat drauf. Denken Sie noch manchmal an Lilli, Fräulein Johanna?

JOHANNA Recht oft, Herr von Sala. Ich habe seither keine Freundin gehabt. *Vor sich hin* Zu ihr müßte man jetzt auch »Fräulein« sagen. Sie war sehr schön. Sie hatte so dunkles blauschillerndes Haar wie Ihre Frau und so klare Augen wie Sie, Herr von Sala. *Vor sich hin* »Nun gingt ihr beide, gingt ihr Hand in Hand, die dunkle Straße in ein lichtes Land ...«

SALA Was Sie für ein Gedächtnis haben, Johanna.

JOHANNA Sieben Jahre ist das vorbei ... wie sonderbar.

SALA Warum sonderbar?

JOHANNA Sie bauen sich ein Haus und graben versunkene Städte aus und schreiben seltsame Verse, – und Menschen, die Ihnen so viel gewesen sind, liegen schon seit sieben Jahren unter der Erde und verwesen, – und Sie sind beinahe noch jung. Wie unbegreiflich ist das alles!

SALA Du, der da weiterlebt, laß ab zu weinen, sagt Omar Nameh, geboren zu Bagdad im Jahre 412 der mohammedanischen Zeitrechnung als Sohn eines Kesselflickers. Übrigens kenn' ich einen, der dreiundachtzig Jahre alt ist; er hat zwei Frauen begraben, sieben Kinder, von den Enkeln ganz zu geschweigen, und spielt Klavier in einem schäbigen Praterwirtshaus, während sich auf der Bühne Künstler und Künstlerinnen produzieren in Trikots und fliegenden Röckchen. Und neulich, als die armselige Produktion zu Ende war und man die Laternen auslöschte, spielte er rätselhafterweise auf dem gräulichen Klimperkasten unbeirrt weiter. Und da haben wir ihn eingeladen, Ronsky und ich, sich zu uns zu setzen, und haben mit ihm zu plaudern angefangen. Und nun erzählte er uns, daß das letzte Stück, das er da oben gespielt hatte, seine eigene Komposition war. Wir machten ihm natürlich unsere Komplimente. Und da leuchteten seine Augen, und mit seiner zittrigen Stimme fragte er uns: »Glauben Sie, meine Herren, wird mein Werk Erfolg haben?« Dreiundachtzig Jahre ist er alt und seine Karriere endet in einem kleinen Praterwirtshaus und sein Publikum sind Kindermädchen und Feldwebel, und seine Sehnsucht ist, – daß die ihm Beifall klatschen!

Dritte Szene

Johanna, Sala, Doktor Reumann

DOKTOR REUMANN Guten Abend, Fräulein Johanna. Guten Abend, Herr von Sala. *Reicht beiden die Hände* Wie befinden Sie sich?

SALA Vorzüglich. Man ist Ihnen doch nicht verfallen, wenn man einmal die Ehre gehabt hat, Sie um Rat zu fragen!

DOKTOR REUMANN Daran hatt' ich selbst schon vergessen. Aber es gibt Leute, die sich dergleichen einbilden. – Mama ruht wohl ein wenig, Fräulein Johanna?

JOHANNA *war durch das kurze Gespräch zwischen dem Arzt und Sala betroffen und betrachtete Sala aufmerksam* Sie wird wohl schon wach sein. Felix ist bei ihr.

DOKTOR REUMANN Felix ...? Man hat doch nicht etwa um ihn telegraphiert?

JOHANNA Nein, soviel ich weiß. Wer hätte denn ...?

DOKTOR REUMANN Ich dachte nur. Ihr Papa ist manchmal so ängstlich.

JOHANNA Da kommen sie.

Vierte Szene

Johanna, Sala, Doktor Reumann, Frau Wegrat und Felix von der Veranda her.

FRAU WEGRAT Grüß' Sie Gott, lieber Herr Doktor. Was sagen Sie zu der Überraschung?

Freundliches Händedrücken zwischen den Herren.

FRAU WEGRAT Guten Abend, Herr von Sala.

SALA Ich freue mich, gnädige Frau, Sie so wohl zu sehen.

FRAU WEGRAT Ja, es geht mir ein wenig besser. Wenn nur die traurige Jahreszeit nicht so nahe wäre.

SALA Aber gnädige Frau, jetzt kommen ja erst die allerschönsten Tage. Wenn die Wälder rot und gelb schimmern, der goldene Dunst über den Hügeln liegt und der Himmel so fern und blaß ist, als schauerte ihn vor seiner eigenen Unendlichkeit –!

FRAU WEGRAT Das möchte man wohl noch einmal sehen.

DOKTOR REUMANN *vorwurfsvoll* Gnädige Frau –

FRAU WEGRAT Verzeihen Sie, es kommen einem manchmal solche Gedanken. *Heiterer* Wenn ich nur wenigstens wüßte, wie lange mir mein guter Doktor noch erhalten bleibt.

DOKTOR REUMANN In dieser Hinsicht kann ich Sie beruhigen, gnädige Frau: Ich bleibe in Wien.

FRAU WEGRAT Wie? Ist die Sache schon entschieden?

DOKTOR REUMANN Ja.

FELIX Ist also richtig ein anderer nach Graz berufen worden?

DOKTOR REUMANN Das nicht. Aber der andere, dem die Stelle so gut wie sicher war, hat sich auf einer Bergtour den Hals gebrochen.

FELIX Da wären doch jetzt Ihre Chancen die allerbesten? Wer außer Ihnen käme denn noch in Betracht?

DOKTOR REUMANN Meine Chancen wären jetzt gewiß nicht übel. Aber ich habe es vorgezogen, zu verzichten.

FRAU WEGRAT Wie?

DOKTOR REUMANN Ich nehme eine Berufung nicht an.

FRAU WEGRAT Sind Sie so abergläubisch?

FELIX Sind Sie so stolz?

DOKTOR REUMANN Keines von beiden. Aber der Gedanke, irgend einen Vorteil dem Malheur eines andern zu verdanken, wäre mir außerordentlich peinlich. Meine halbe Existenz wäre mir vergällt. Sie sehen, das ist weder Aberglaube noch Stolz, es ist ganz gemeine, kleinliche Eitelkeit.

SALA Das ist raffiniert, Herr Doktor.

FRAU WEGRAT Ich höre aus alldem nur, daß Sie bleiben. Ja, so niedrig beginnt man zu denken, wenn man krank ist.

DOKTOR REUMANN *absichtlich abschweifend* Nun, Felix, wie behagt's Ihnen denn in Ihrer Garnison?

FELIX Sehr gut.

FRAU WEGRAT Bist du also ganz zufrieden, mein Kind?

FELIX Ich bin euch sehr dankbar. Dir besonders, Mama.

FRAU WEGRAT Warum mir besonders? Die letzte Entscheidung stand ja doch beim Vater.

DOKTOR REUMANN Ihm wäre es natürlich lieber gewesen, wenn Sie einen friedlicheren Beruf erwählt hätten.

SALA Es gibt ja heutzutage gar keinen, der friedlicher wäre.

FELIX Da haben Sie recht, Herr von Sala. – Übrigens hab' ich Ihnen Grüße vom Oberstleutnant Schrotting zu überbringen.

SALA Danke sehr. Denkt denn der noch an mich?

FELIX Nicht er allein. Wir werden ja häufig an Sie erinnert; – bei jeder Mahlzeit. Ihr Porträt hängt ja unter manchen andern von gewesenen Offizieren unseres Regiments im Kasino.

Fünfte Szene

Johanna, Sala, Doktor Reumann, Felix, Frau Wegrat. – Professor Wegrat tritt auf.

WEGRAT Guten Abend. – Wie Felix, du bist wieder da? Das ist aber eine Überraschung!

FELIX Guten Abend, Papa. Ich habe mir auf zwei Tage Urlaub genommen.

WEGRAT Urlaub ... Urlaub? Ist's wirklich einer? Oder ist's nicht etwa wieder so ein kleiner Geniestreich?

FELIX *leicht, nicht verletzt* Ich pflege doch nicht die Unwahrheit zu reden, Vater.

WEGRAT *auch scherzend* Ich wollte dich nicht beleidigen, Felix. Auch wenn du fahnenflüchtig geworden wärst, die Sehnsucht nach der Mutter dürfte als genügende Entschuldigung gelten.

FRAU WEGRAT Die Sehnsucht nach den Eltern!

WEGRAT Natürlich – nach uns allen. Aber da du jetzt etwas leidend bist, bist du die Hauptperson – Nun, wie geht's, Gabriele? Besser, nicht wahr? *Leise, beinahe schüchtern* Meine Liebe . . . *streichelt ihr Stirn und Haare* Liebe . . . Die Luft ist so lind.

SALA Es ist ein wundervoller Herbst.

DOKTOR REUMANN Sie kommen jetzt erst aus der Akademie, Herr Professor?

WEGRAT Ja. Ich bin ja jetzt auch Direktor, da gibt's eine ganze Menge zu tun – und nicht immer Amüsantes und Dankbares. Aber wie man behauptet, bin ich dazu geschaffen. Es wird wohl so sein. *Lächelnd* Wie irgendwer einmal über mich sagte: Kunstbeamter.

SALA Seien Sie nur nicht ungerecht gegen sich, Herr Professor.

FRAU WEGRAT Wahrscheinlich bist du auch wieder den ganzen langen Weg zu Fuß gegangen?

WEGRAT Ich habe sogar einen kleinen Umweg gemacht – über die Türkenschanze. Ich liebe diesen Weg so sehr An Abenden wie heute liegt die ganze Stadt unten wie in silbernen Hauch gebadet. – Übrigens hab' ich dir Grüße zu bringen, Gabriele. Ich bin Irene Herms begegnet.

FRAU WEGRAT Sie ist in Wien?

WEGRAT Vorübergehend. Sie will dich dieser Tage besuchen.

SALA Ist sie noch in Hamburg engagiert?

WEGRAT Nein. Sie hat die Bühne verlassen, wie sie mir erzählt, und lebt bei ihrer verheirateten Schwester auf dem Land.

JOHANNA Ich habe sie einmal in einem Stück von Ihnen spielen sehen, Herr von Sala.

SALA Da müssen Sie aber noch ein ganz kleines Mädchen gewesen sein.

JOHANNA Sie gab eine spanische Prinzessin.

SALA Leider. Prinzessinnen waren ihre Sache wahrhaftig nicht. Sie hat ihr Lebtag keine Verse sprechen können.

DOKTOR REUMANN Und daran denken Sie heute noch, Herr von Sala, daß irgend eine Dame irgend einmal Ihre Verse schlecht gesprochen hat?

SALA Warum sollt' ich nicht, lieber Doktor? Wenn Sie im Mittelpunkt der Erde wohnten, wüßten Sie, daß alle Dinge gleich schwer sind. Und schwebten Sie im Mittelpunkt der Welt, dann ahnten Sie, daß alle Dinge gleich wichtig sind.

FRAU WEGRAT Wie sieht sie denn aus?

WEGRAT Sie ist noch immer recht hübsch.

SALA Ob sie noch Ähnlichkeit mit ihrem Bild bewahrt hat, das im Museum hängt?

FELIX Was ist das für ein Bild?

JOHANNA Es hängt ein Bild von ihr im Museum?

SALA Sie kennen es gewiß. »Schauspielerin« ist es im Katalog benannt, schlechtweg »Schauspielerin«. Ein junges Weib in einem Harlekinskostüm, darüber eine griechische Toga geworfen, ihr zu Füßen ein Gewirr von Masken. Ganz allein, den starren Blick auf den Zuschauerraum gerichtet, steht sie auf einer leeren, halb dunkeln Bühne, zwischen Kulissen, die nicht zueinander passen. Ein Stück Zimmerwand, ein Stück Wald, ein Stück Burgverließ ...

FELIX Und der Hintergrund stellt eine Landschaft im Süden vor, mit Palmen und Platanen ...?

SALA Ja. Die halb aufgerollt ist, so daß man weiter rückwärts einen Haufen von Möbeln, Stufen, Bechern, Kronen im hellen Tageslicht schimmern sieht.

FELIX Das ist ja das Bild von Julian Fichtner?

SALA Freilich.

FELIX Ich wußte gar nicht, daß die Frauengestalt Irene Herms darstellen sollte.

WEGRAT Das sind nun mehr als fünfundzwanzig Jahre, daß er das Bild gemalt hat. Es machte gewaltiges Aufsehen damals. Es war sein erster großer Erfolg. Und heute gibt es vielleicht eine ganze Menge von Leuten, die seinen Namen nicht mehr kennen. – Übrigens hab' ich Irene Herms nach ihm gefragt. Aber seltsam, auch die »ewige Freundin« weiß nicht, wo in der Welt er sich herumtreibt.

FELIX Ich hab' ihn erst vor wenigen Tagen gesprochen.

WEGRAT Wie?! Du hast Julian Fichtner gesehen? Er war in Salzburg? ... Wann denn?

FELIX Es sind erst drei oder vier Tage her. Er hat mich aufgesucht, und wir haben einen Abend miteinander verbracht.

FRAU WEGRAT *wirft einen Blick auf Doktor Reumann.*

WEGRAT Wie geht's ihm denn? Was hat er dir denn erzählt?

FELIX Ein wenig grau ist er geworden, aber sonst schien er mir kaum verändert.

WEGRAT Wie lang mag er jetzt von Wien fort sein? Zwei Jahre, nicht wahr?

FRAU WEGRAT Etwas drüber.

FELIX Er hat große Reisen gemacht.

SALA Ja, gelegentlich erhielt ich eine Karte von ihm.

WEGRAT Wir auch. Aber ich dachte, daß Sie mit ihm in regelmäßiger Korrespondenz stünden.

SALA Regelmäßig? Nein.

JOHANNA Ist er nicht Ihr Freund?

SALA Freunde hab' ich im allgemeinen nicht. Und wenn ich sie habe, verleugne ich sie.

JOHANNA Aber früher sind Sie doch so intim mit ihm gewesen.

SALA Er doch eigentlich mehr mit mir als ich mit ihm.

FELIX Wie meinen Sie das, Herr von Sala?

JOHANNA Ich versteh' das sehr gut. Es geht Ihnen wohl mit den meisten Menschen so.

SALA Ähnlich zum mindesten.

JOHANNA Man merkt das auch an den Sachen, die Sie schreiben.

SALA Hoff' ich. Sonst könnte sie auch wer anderer schreiben.

WEGRAT Sagte er denn nicht, wann er wieder nach Wien kommt?

FELIX Ich glaube bald. Aber sehr bestimmt hat er sich nicht ausgedrückt.

JOHANNA Ich möchte Herrn Fichtner gern wiedersehen. Ich habe solche Menschen gern.

WEGRAT Was nennst du »solche Menschen«?

JOHANNA Die immer von weit herkommen.

WEGRAT Aber als du ihn kanntest, Johanna, kam er doch meistens ganz aus der Nähe ... er lebte ja hier.

JOHANNA Das ist ja ganz gleichgültig, ob er hier lebte oder anderswo. – Auch wenn er täglich kam, mir war immer, als käm' er von sehr weit.

WEGRAT Nun ja ...

FELIX Das hab' ich auch manchmal empfunden.

WEGRAT Ist es nicht seltsam, wie er durch die Welt jagt, in den letzten Jahren wenigstens?

SALA Steckt diese Unruhe nicht seit jeher in ihm? Sie waren ja schon auf der Akademie mit ihm zusammen.

WEGRAT Ja. Und damals mußte man ihn gekannt haben, um ihn wirklich zu kennen. Als junger Mensch hatte er etwas Faszinierendes, Blendendes. Nie hab' ich jemanden gekannt, auf den das Wort »vielversprechend« so zutraf wie auf ihn.

SALA Nun, er hat doch mancherlei gehalten.

WEGRAT Aber was hätte er alles erreichen können! ...

DOKTOR REUMANN Ich glaube, was man hätte erreichen können, das erreicht man auch.

WEGRAT Nicht immer. Julian war gewiß zu Höherem bestimmt. Was ihm gefehlt hat, war die Fähigkeit, sich zu sammeln, der innere Friede. Er konnte sich nirgends dauernd heimisch fühlen; und das Unglück war, daß er sich auch in seinen Arbeiten sozusagen nur vorübergehend aufhielt.

FELIX Er hat mir ein paar Skizzen gezeigt, die er in der letzten Zeit gemacht hat.

WEGRAT Schön?

FELIX Für mich lag etwas Ergreifendes in ihnen.

FRAU WEGRAT Warum ergreifend? Was sind's denn für Bilder?

FELIX Landschaften. Sogar meistens ganz heitere Gegenden.

JOHANNA Ich habe einmal im Traum eine Frühlingslandschaft gesehen, ganz sonnig und mild, und doch hab' ich über sie weinen müssen.

SALA Ja, die Traurigkeit steckt in den Dingen oft viel tiefer verborgen, als man ahnt.

WEGRAT Also er arbeitet wieder? Da kann man sich ja vielleicht was besonderes erwarten.

SALA Bei jemandem, der einmal ein Künstler war, ist man nie vor Überraschungen sicher.

WEGRAT Ja, so ist es, Herr von Sala. Das ist eben der große Unterschied. Bei einem Beamten kann man in dieser Hinsicht ganz ruhig sein. *Mit heiterer Selbstironie* Der malt jedes Jahr sein braves Bild für die Ausstellung und kann beim besten Willen nicht anders.

DOKTOR REUMANN Es ist noch sehr die Frage, wer die Welt und die Kunst weiter bringt: Beamte wie Sie, Herr Professor, oder ... die sogenannten Genies.

WEGRAT O, es fällt mir gar nicht ein, den Bescheidenen zu spielen. Aber was die Genies anbelangt, von denen wollen wir lieber nicht reden. Das ist eine Welt für sich und außerhalb der Diskussion – wie die Elemente.

DOKTOR REUMANN Da bin ich allerdings durchaus anderer Ansicht.

WEGRAT Man kann doch nur von den Leuten sprechen, für die es überhaupt Grenzen gibt. Und da find' ich nun freilich: Wer seine Grenzen besser kennt, das ist der bessere Mann. Und in dieser Hinsicht hab' ich gewiß allen Grund, mich hochzuschätzen. – Ist dir denn nicht kühl, Gabriele?

FRAU WEGRAT Nein.

WEGRAT Nimm doch das Tuch fester um und laß uns ein wenig Bewegung machen, so weit das hier möglich ist.

FRAU WEGRAT O ja, gern. – Bitte, kommen Sie, Doktor, nehmen Sie meinen Arm. Sie haben sich um Ihre Patientin noch gar nicht gekümmert.

DOKTOR REUMANN Ich stehe zur Verfügung.

Die andern gehen voraus, Johanna mit ihrem Bruder, der Professor mit Sala; Doktor Reumann und Frau Wegrat scheinen sich anzuschließen, bis Frau Wegrat plötzlich stehen bleibt.

Sechste Szene

Frau Wegrat, Doktor Reumann

FRAU WEGRAT Haben Sie bemerkt, wie seine Augen leuchteten, – Felix' Augen, als man von ihm sprach? Es war eigentümlich.

DOKTOR REUMANN Menschen von der Art dieses Herrn Fichtner haben gewiß für jüngere Leute etwas Interessantes. Es webt wie ein Duft von Abenteuern um sie.

FRAU WEGRAT *den Kopf schüttelnd* Und er hat ihn besucht ... Er ist offenbar nach Salzburg nur gefahren, um ihn wiederzusehen. Er fängt wohl an, sich ziemlich verlassen zu fühlen.

DOKTOR REUMANN Warum sollte man einen jungen Freund nicht besuchen, wenn man zufällig seinen Aufenthaltsort berührt? Daran find' ich nichts Merkwürdiges.

FRAU WEGRAT Vielleicht haben Sie recht. Vielleicht hätt' ich die Sache früher geradeso aufgefaßt. Aber jetzt, im Angesicht ... Nein, Doktor, ich will nicht pathetisch werden.

DOKTOR REUMANN Gegen das Pathos hab' ich nichts, nur gegen den Unsinn.

FRAU WEGRAT *lächelnd* Ich danke Ihnen. – Immerhin, ich habe Anlaß, über allerlei nachzudenken. Das ist weiter nicht schwer zu nehmen, lieber Freund. Sie wissen ja, ich habe Ihnen alles nur erzählt, um mit einem klugen und guten Menschen über Vergangenes reden zu können; nicht etwa, um von einer Schuld losgesprochen zu werden.

DOKTOR REUMANN Glücklich machen ist besser als schuldlos sein. Und da Ihnen das beschieden war, haben Sie selbstverständlich alles gutgemacht ... wenn Sie ein Wort von so phantastischer Albernheit gestatten.

FRAU WEGRAT Daß ich Sie so reden höre!

DOKTOR REUMANN Hab' ich nicht recht?

FRAU WEGRAT Als wenn ich nicht ganz gut fühlte, daß gerade Ihnen wir alle, Betrogene und Betrüger, gleich verächtlich sein müssen.

DOKTOR REUMANN Gerade mir? ... Was Sie, gnädige Frau, Verachtung nennen, – wenn ich überhaupt etwas davon verspürte – wäre ja doch nichts anderes als maskierter Neid. Oder denken Sie, daß es mir an dem guten Willen fehlte, mein Leben so zu führen, wie ich es die meisten andern führen sehe? Ich habe nur nicht das Talent dazu. Wenn ich aufrichtig sein soll, gnädige Frau – die Sehnsucht, die am tiefsten in mir steckt, ist die: ein Schurke zu sein, ein Kerl, der heuchelt, verführt, hohnlacht, über Leichen schreitet. Aber ich bin durch Mängel meines Temperaments dazu verurteilt, ein anständiger Mensch zu sein – und, was vielleicht noch schmerzlicher ist, von allen Leuten zu hören, daß ich es bin.

FRAU WEGRAT *hat ihn lächelnd zugehört* Ob Sie uns auch den wahren Grund erzählt haben, der Sie in Wien festhält ...?

DOKTOR REUMANN Gewiß. Ich habe wahrhaftig keinen andern. Ich habe nicht das Recht, einen andern zu haben. Reden wir doch nicht weiter davon.

FRAU WEGRAT Sind wir nicht so gute Freunde, daß ich ruhig über alles mit Ihnen sprechen kann? Ich weiß ja, was Sie meinen. Aber ich glaube, es stände in Ihrer Macht, gewisse Illusionen und Träume aus einer Mädchenseele davonzuscheuchen. Für mich wäre es eine rechte Beruhigung, wenn ich Sie hier zurücklassen dürfte, unter diesen Menschen, die mir alle so nahe sind und die doch alle voneinander nichts wissen, kaum ihre Beziehungen zu einander kennen und dazu bestimmt scheinen, auseinander zu flattern, weiß Gott, wohin.

DOKTOR REUMANN Wir wollen von diesen Dingen reden, wenn es an der Zeit ist, gnädige Frau.

FRAU WEGRAT Ich bereute ja nichts. Ich glaube, ich habe nie etwas bereut. Aber ich fühle, daß irgend etwas nicht in Ordnung ist. Vielleicht ist es nur der seltsame Glanz in den Augen von Felix gewesen, der diese Unruhe über mich gebracht hat. Aber ist es nicht sonderbar, – unheimlich beinahe, zu denken, daß ein Mensch wie er mit offenen Sinnen in der Welt umhergehen und nie erfahren soll, wem er das Licht der Welt verdankt?

DOKTOR REUMANN Wir wollen keine allgemeinen Sätze aufstellen, gnädige Frau. Damit sind die geradesten Dinge so sehr ins Zittern und Schwanken zu bringen, daß es auch die klarsten Augen zu schwindeln anfängt. Aber ich für meinen Teil finde: Eine Lüge, die sich so stark erwiesen hat, daß sie den Frieden eines Hauses tragen kann, ist mindestens so verehrungswürdig als eine Wahrheit, die nichts anderes vermöchte, als das Bild der Vergangenheit zu zerstören, das Gefühl der Gegenwart zu trüben und die Betrachtung der Zukunft zu verwirren. *Er geht weiter mit ihr.*

Siebente Szene

Johanna und Sala

JOHANNA So kommt man immer auf dieselben Stellen. Ihr Garten ist wohl größer, Herr von Sala?

SALA Mein Garten ist der Wald selbst, – für Leute, die ihre Phantasie nicht durch ein dünnes Gitter behindern lassen.

JOHANNA Ihre Villa ist schön geworden.

SALA Kennen Sie sie denn?

JOHANNA Neulich hab' ich sie wiedergesehen, zum ersten Male wieder seit drei Jahren.

SALA Vor drei Jahren war ja noch nicht einmal der Grundstein gelegt.

JOHANNA Für mich ist sie schon damals dagestanden.

SALA Wie geheimnisvoll ...

JOHANNA Gar nicht. Erinnern Sie sich nur. Wir haben einmal einen Ausflug nach Dornbach gemacht, die Eltern, Felix und ich. Da haben wir Sie und Herrn Fichtner begegnet, und das war gerade an der Stelle, wo Ihr Haus gebaut werden sollte. Und nun sieht alles geradeso aus, wie Sie es damals geschildert haben.

SALA Wie kommen Sie denn in diese Gegend?

JOHANNA Ich gehe jetzt oft allein spazieren, seit Mama krank ist ...

SALA Und wann sind Sie denn an meinem Haus vorübergekommen?

JOHANNA Das ist nicht lange her ... Heute.

SALA Heute?

JOHANNA Ja. Ich bin ringsherum gegangen.

SALA So? Ringsherum? ... Haben Sie auch die kleine Tür gesehen, die direkt in den Wald hinausführt?

JOHANNA Ja. – Aber von dort aus ist das Haus beinahe unsichtbar. Das Laub ist ganz dicht. – Wo mögen denn die römischen Kaiserbüsten sein?

SALA Die stehen auf Säulen am Eingang einer Allee. Gleich daneben ist eine kleine Marmorbank, und vor der Marmorbank ist ein kleiner Teich angelegt.

JOHANNA *nickt* Wie Sie uns damals erzählten ... Und das Wasser schimmert grünlichgrau ... und des Morgens fallen die Schatten der Buchen drüber hin. – Ich weiß. *Sie blickt zu ihm auf und lächelt. Beide gehen weiter.*

Vorhang

ZWEITER AKT

Bei Julian Fichtner. Behagliches, recht vornehmes Zimmer in einiger Unordnung. Große Bücherschränke. Auf zwei Stühlen liegen Bücher geschichtet, auf einem andern eine geöffnete Reisetasche. – Julian vor dem Schreibtisch, nimmt Papiere aus den Laden, einige zerreißt er und wirft sie in den Papierkorb.

Erste Szene

Julian und Diener. Dann Sala.

DER DIENER *meldet* Herr von Sala. *Ab.*

SALA *tritt ein. – Salas Gewohnheit, im Gespräch auf und ab zu gehen, tritt während dieser Szene sehr hervor. Gelegentlich setzt er sich für einen Augenblick, manchmal nur auf eine Lehne. Zuweilen bleibt er bei Julian stehen, legt ihm die Hand auf die Schulter, während er spricht. Zwei- bis dreimal während der Szene berührt er mit der Hand seine linke Brustseite, als empfände er dort ein Unbehagen; nicht auffällig.*

JULIAN Ich freue mich sehr. *Händedruck.*

SALA Also heute früh sind Sie gekommen?

JULIAN Ja.

SALA Und bleiben –?

JULIAN Das ist noch unbestimmt. Ich bin in einiger Unordnung, wie Sie sehen. Es wird hier wohl überhaupt keine rechte Ordnung werden. Ich will diese Wohnung aufgeben.

SALA Schade; ich war sie so gewohnt. Wohin wollen Sie denn ziehen?

JULIAN Es ist möglich, daß ich vorläufig gar kein festes Quartier nehme und so herumwandere wie in den letzten Jahren. Ich habe sogar die Idee, meine Sachen verauktionieren zu lassen.

SALA Das ist mir kein sympathischer Gedanke.

JULIAN Ja, sympathisch ist mir der Gedanke eigentlich auch nicht. Aber es kommt auch die materielle Seite der Frage ein wenig in Betracht. Ich habe zuviel gebraucht in diesen letzten Jahren, das muß sich irgendwie wieder ausgleichen. Später richt' ich mich wohl wieder neu ein. Irgend einmal kommt man doch wieder zur Ruhe und zur Arbeit. – Nun, wie geht's Ihnen denn? Was machen unsere Freunde und Bekannten?

SALA Haben Sie denn noch niemanden gesehen?

JULIAN Niemanden. Ich hab' auch nur Ihnen geschrieben, daß ich da bin.

SALA Also Sie waren noch nicht bei Wegrats?

JULIAN Nein. Ich zögere sogar hinzugehen.

SALA Wie? . . .

JULIAN Man sollte eigentlich in gewissen Jahren die Orte gar nicht mehr betreten, in denen man jüngere Tage verbracht hat. Man findet die Dinge und Menschen selten so wieder, wie man sie verlassen. Nicht wahr? – Frau Gabriele soll sich ja im Laufe ihrer Krankheit recht sehr verändert haben. Felix sprach mir wenigstens davon. Ich möchte es am liebsten vermeiden, sie wiederzusehen. Das müssen Sie doch verstehen, Sala.

SALA *etwas befremdet* Natürlich versteh' ich das. Wie lang haben Sie denn keine Nachricht aus Wien gehabt?

JULIAN Ich bin meinen Briefen immer vorausgereist. Seit vierzehn Tagen hat mich keiner eingeholt. *Betreten* Was gibt's denn?

SALA Frau Gabriele ist vor etwa acht Tagen gestorben.

JULIAN Oh! *Er ist sehr bewegt, geht im Zimmer hin und her, dann setzt er sich nieder und sagt nach einer Pause* Man mußte wohl darauf gefaßt sein, und doch ...

SALA Sie starb einen sanften Tod, – wie die andern Leute ja immer so bestimmt wissen. Immerhin, sie ist eines Abends ruhig entschlummert und nicht wieder erwacht.

JULIAN *sehr leise* Arme Gabriele! – Haben Sie sie in der letzten Zeit gesehen?

SALA Ja. Ich kam beinahe täglich hin.

JULIAN So?

SALA Johanna hat mich darum gebeten. Sie hat sich nämlich geradezu gefürchtet, mit ihrer Mutter allein zu sein.

JULIAN Gefürchtet?

SALA Sie hatte eine Art Grauen vor der kranken Frau. Jetzt ist sie eher ruhiger.

JULIAN Seltsames Geschöpf ... – Und unser Freund, der Professor, wie trägt er den Verlust? Gottergeben, nicht wahr?

SALA Lieber Julian, der Mann hat einen Beruf. Ich glaube, wir können das gar nicht fassen, die wir von Gnaden des Augenblicks Götter – und zuweilen etwas weniger als Menschen sind.

JULIAN Felix ist natürlich noch hier?

SALA Ich sprach ihn erst vor einer Stunde und teilte ihm mit, daß Sie da wären. Er hat sich sehr gefreut, daß Sie ihn in Salzburg besucht haben.

JULIAN Das schien mir so. Und es hat mir sehr wohl getan. Ich trage mich übrigens mit der Idee, in Salzburg Aufenthalt zu nehmen.

SALA Für immer?

JULIAN Für einige Zeit. Auch um Felix' willen. Sein frisches Wesen berührt mich so angenehm, macht mich geradezu selbst jünger. Wär' er mein Sohn nicht, ich würd' ihn vielleicht beneiden – und nicht um seine Jugend allein. *Lächelnd* So bleibt mir nichts anderes übrig, als ihn zu lieben. Es hat wahrhaftig etwas Beschämendes für mich, daß ich es sozusagen inkognito tun muß.

SALA Kommen alle diese Empfindungen nicht ein wenig spät?

JULIAN Sie existieren wohl schon länger, als ich selbst weiß. Und dann, Sie wissen ja, ich sah den Jungen zum ersten Male, als er schon zehn oder elf Jahre alt war und erfuhr erst damals, daß er mein Sohn sei.

SALA Das muß ein seltsames Wiedersehen gewesen sein zwischen

Ihnen und Frau Gabriele, zehn Jahre, nachdem Sie den schnöden Verrat begangen – wie unsere Ahnen gesagt hätten.

JULIAN Es war nicht einmal so seltsam. Es fügte sich ungezwungen. Kurz nachdem ich aus Paris zurückgekehrt war, begegnete ich Wegrat zufällig auf der Straße. Wir hatten ja gelegentlich von einander gehört und traten einander als alte Freunde entgegen. Es gibt Menschen, die zu derlei Schicksalen geboren sind . . . Und was Gabriele anbelangt – –

SALA Die hat Ihnen natürlich verziehen.

JULIAN Verziehen? . . . Es war mehr und weniger. Nur einmal sprachen wir von der Vergangenheit – sie ohne Vorwurf, ich ohne Reue; als wäre jene Geschichte andern begegnet. Und dann nie wieder. Ich hätte glauben können, jene Zeit wäre durch ein Wunder aus ihrem Gedächtnis verschwunden. Und eigentlich bestand für mich zwischen dieser stillen Frau und dem Wesen, das ich einmal geliebt hatte, gar kein wirklicher Zusammenhang. Und den Jungen – das wissen Sie ja – hatt' ich anfangs gewiß nicht lieber, als ich irgend ein anderes hübsches und begabtes Kind lieb gehabt hätte. – Nun ja, vor zehn Jahren sah es in meinem Leben anders aus als heute. Damals hielt ich noch so vieles fest, was mir seither entglitten ist. Erst im Laufe der folgenden Jahre zog es mich immer stärker in das Haus, bis ich begann, mich dort heimisch zu fühlen.

SALA Daß ich damals den Zusammenhang zu verstehen anfing, haben Sie mir hoffentlich nicht übel genommen.

JULIAN Immerhin, Sie fanden mich nicht sehr vernünftig . . .

SALA Warum? Ich finde ja auch, daß das Familienleben an sich etwas sehr hübsches ist. Aber es sollte sich doch wenigstens in der eigenen abspielen.

JULIAN Sie wissen ja, daß ich mich selbst des Widersinnigen in diesen Beziehungen manchmal geradezu schämte. Das war sogar mit einer der Gründe, der mich davontrieb. Natürlich kam damals noch manches andere dazu, was mich verstimmte. Insbesondere, daß ich mit meinen Arbeiten kein rechtes Glück hatte.

SALA Sie hatten doch schon lange vorher nichts mehr ausgestellt.

JULIAN Ich meine es auch nicht äußerlich. Es wollte eben keine gute Stimmung mehr kommen, und ich hoffte, das Reisen würde mir auch diesmal helfen, wie schon oft in früherer Zeit.

SALA Und wie ist es Ihnen denn nun ergangen? Man hat ja so

selten von Ihnen gehört! Sie hätten mir wirklich öfter und ausführlicher schreiben können. Sie wissen ja, daß Sie mir viel lieber sind als die meisten andern Menschen. Wir bringen einander die Stichworte so geschickt – finden Sie nicht? Es gibt pathetische Leute, die solche Beziehungen Freundschaft nennen. Übrigens ist es nicht unmöglich, daß wir uns im vorigen Jahrhundert »du« gesagt, am Ende gar, daß Sie sich an meinem Busen ausgeweint hätten. Sie haben mir manchmal gefehlt in diesen zwei Jahren, – wahrhaftig! Wie oft hab' ich auf einsamen Spaziergängen an unsere schönen Plauderstunden im Dornbacher Park gedacht, wo wir *zitierend* »die tiefst' und höchsten Dinge dieser Welt« bis auf weiteres zu erledigen pflegten. – Nun Julian, woher kommen Sie denn eigentlich?

JULIAN Aus Tirol. Diesen Sommer hab' ich große Fußwanderungen unternommen. Bin sogar Bergsteiger geworden auf meine alten Tage. Eine Woche hab' ich auf einer Alm verlebt ... Ja, ich habe allerlei getrieben. Was man so versucht, wenn man allein ist.

SALA Sie waren wirklich allein?

JULIAN Ja.

SALA Die ganzen letzten Jahre?

JULIAN Wenn ich von einigen lächerlichen Unterbrechungen absehe – ja.

SALA Nun, dem hätte sich doch abhelfen lassen.

JULIAN Ich weiß. Aber mit dem, was mir in dieser Art noch zu Gebote steht, ist mir nicht gedient. Ich bin sehr verwöhnt gewesen, Sala. Mein Leben ist bis zu einer gewissen Epoche wie in einem Rausch von Zärtlichkeit und Leidenschaft, ja von Macht dahingeflossen. Und damit geht es zu Ende. Ach Sala, was für erbärmliche Lügen habe ich mir in den letzten Jahren erschleichen, erbetteln, erkaufen müssen! Es ekelt mich, wenn ich zurückdenke, und wenn ich nach vorwärts schaue, graut mir. Und ich frage mich: Soll wirklich von aller Glut, mit der ich die Welt umfaßt habe, nichts übrig bleiben als eine Art törichter Grimm, daß es vorbei sein, – daß ich, ich menschlichen Gesetzen so gut unterworfen sein muß als ein anderer?

SALA Warum diese Erbitterung, Julian? Es gibt doch noch mancherlei auf Erden, selbst wenn uns etliche Vergnügungen und Genüsse früherer Zeit abgeschmackt oder unwürdig erscheinen. Und gerade Sie sollten das nicht empfinden, Julian?

JULIAN Winden Sie dem Schauspieler seine Rolle aus der Hand und fragen Sie ihn, ob ihm die schönen Kulissen Spaß machen, zwischen denen er stehen blieb.

SALA Aber Sie haben doch auf Ihren Fahrten wieder zu arbeiten angefangen?

JULIAN So gut wie nichts.

SALA Felix erzählte, daß Sie aus Ihrem Koffer ein paar Skizzen hervorgeholt und ihm gezeigt hätten?

JULIAN Er sprach davon?

SALA Und alles mögliche Gute.

JULIAN Wahrhaftig?

SALA Und da Sie ihm die Sachen zeigten, werden Sie wohl selbst etwas davon gehalten haben.

JULIAN Es war nicht deshalb, daß ich sie ihn sehen ließ. *Auf und ab* Ich will es Ihnen gestehen – auf die Gefahr hin, daß Sie mich für einen vollkommenen Narren halten.

SALA Auf ein bißchen mehr oder weniger kommt es nicht an. Reden Sie nur.

JULIAN Ich wünschte, daß er wenigstens den Glauben an mich nicht verliert. Begreifen Sie das? Er steht mir nun einmal näher als die andern. Ich weiß es ja; – für alle, ja auch für Sie bin ich ein Heruntergekommener, einer, der fertig ist, einer, dessen ganzes Talent seine Jugend war. Es liegt mir nicht besonders viel daran. Aber für Felix will ich der sein, der ich einmal war – und der ich auch noch bin. Wenn er einmal erfährt, daß ich sein Vater bin, soll er stolz darauf sein.

SALA Wenn er es erfährt . . .?

JULIAN Ich habe nicht die Absicht, es ihm für alle Zukunft geheim zu halten. Jetzt, da seine Mutter tot ist, weniger als je. Als ich ihn das letzte Mal sprach, wurde es mir ganz klar, daß man nicht nur das Recht, daß man beinahe die Pflicht hat, ihm die Wahrheit zu sagen. Er hat den Sinn für das Wesentliche. Er wird alles verstehen. Und ich würde einen Menschen haben, der zu mir gehört, der es weiß, daß er zu mir gehört, und für den weiter auf der Welt zu sein, es sich der Mühe lohnt. Ich würde in seiner Nähe leben, würde viel mit ihm zusammen sein. Ich würde meine Existenz sozusagen wieder auf eine feste Basis gestellt haben, nicht so in der Luft schweben wie jetzt. Und ich könnte wieder arbeiten, – wie früher einmal – wie als junger Mensch. Arbeiten werd' ich, ja – und ihr sollt euch alle geirrt haben – alle!

SALA Aber wem fällt es denn ein, an Ihnen zu zweifeln? Hätten Sie uns doch nur neulich reden gehört, Julian. Jedermann erwartet von Ihnen, daß Sie sich früher oder später – vollkommen wiederfinden werden.

JULIAN Ach genug von mir, genug von mir. Verzeihen Sie. Reden wir doch endlich von Ihnen. Sie bewohnen wohl schon Ihr neues Haus?

SALA Ja.

JULIAN Und was haben Sie für die nächste Zeit vor?

SALA Ich gedenke mit dem Grafen Ronsky nach Asien zu gehen.

JULIAN Mit Ronsky? Sie schließen sich dieser Expedition an, von der man so viel liest?

SALA Ja. Solch ein Unternehmen reizt mich schon seit langem. Kennen Sie vielleicht den Bericht von Rolston über die baktrischen und medischen Ausgrabungen vom Jahr 92?

JULIAN Nein.

SALA Der ist geradezu erschütternd. Denken Sie, unter dem Schutt und Staub vermutet man eine Riesenstadt, etwa von der Ausdehnung des heutigen London. Damals sind sie in einen Palast hinuntergestiegen und haben die wundervollsten Malereien gefunden. In einigen Gemächern waren sie vollkommen erhalten. Und Stufen haben sie ausgeschaufelt; aus einem Marmor, der sonst nirgends gefunden wurde. Vielleicht stammt er von einer Insel, die seither ins Meer versunken ist. Dreihundertzwölf Stufen, glänzend wie Opale, die in eine unbekannte Tiefe hinabführen ... Unbekannt, denn bei der dreihundertzwölften Stufe haben sie aufgehört, zu graben – weiß Gott, warum! Ich kann Ihnen gar nicht sagen, wie mich diese Stufen intriguieren.

JULIAN Man hörte doch immer, daß diese Rolstonsche Expedition zugrunde gegangen wäre?

SALA Es war nicht gar so schlimm. Von den vierundzwanzig Europäern sind nach drei Jahren immerhin acht zurückgekehrt, und ein halbes Dutzend verloren sie schon auf der Hinreise. Man kommt durch arge Fiebergegenden. Dann gab es damals auch einen Überfall durch die Kurden, bei dem einige drauf gingen. Aber wir werden viel besser ausgerüstet sein. Überdies treffen wir an der Grenze mit einer russischen Abteilung zusammen, die unter militärischer Bedeckung reist. Auch hier gedenkt man übrigens der Sache einen politischmilitärischen Anstrich zu geben. Und was das Fieber anbelangt, – vor dem hab' ich keine Angst – das kann mir nichts anhaben. In den Thermen des Caracalla – es ist Ihnen doch bekannt, wie versumpft dort der Boden ist – hab' ich als ganz junger Mensch eine Reihe der gefährlichsten Sommernächte verbracht und bin gesund geblieben.

JULIAN Das beweist doch nichts.

SALA Immerhin einiges. Ich traf dort mit einer Römerin zusammen, deren Haus ganz nahe der Appischen Straße stand; die bekam das Fieber und starb sogar daran ... Nun freilich, ich bin nicht mehr so jung wie damals, aber ich fühle mich soweit ganz frisch.

JULIAN *der sich schon früher eine Zigarette angezündet hat, Zigaretten anbietend* Rauchen Sie nicht?

SALA Danke. Ich sollte eigentlich nicht. Erst gestern hat es mir der Doktor Reumann verboten ... Nichts besonderes – das Herz ist ein bißchen unruhig. Na, die eine wird wohl weiter nicht schaden.

Zweite Szene

Julian, Sala und Diener. Dann Irene Herms.

DIENER Fräulein Herms fragt, ob der gnädige Herr zu sprechen sei.

JULIAN Gewiß. Ich lasse bitten.

DIENER *ab.*

IRENE HERMS *tritt ein. Sie ist etwa 43 Jahre alt, sieht aber jünger aus. Sie ist einfach und geschmackvoll gekleidet. Ihre Bewegungen sind lebendig, zuweilen von einer beinahe jugendlichen Hastigkeit. Ihr Haar ist dunkelblond und reich, die Augen heiter, manchmal gütig und leicht zu Tränen geneigt. Sie tritt lächelnd ein, nickt* SALA *freundlich zu und reicht* JULIAN, *der ihr entgegenging, mit einem beinahe glücklichen Gesichtsausdruck die Hand* Guten Abend. Na? *Sie hat die Gewohnheit, dieses »Na« im fragend herzlichen Ton auszusprechen* Hab' ich also doch recht getan, mich noch ein paar Tage zu gedulden! Da hab' ich ihn ja wieder. *Zu Sala* Wissen Sie, wie lang wir uns nicht gesehen haben?

JULIAN Über drei Jahre.

IRENE *nickt nur. Jetzt erst läßt sie ihre Hand aus der seinen* Das ist in unserm ganzen Leben noch nicht vorgekommen. Dein letzter Brief ist auch schon zwei Monate alt. Ich sage »Brief«, um mich nicht zu blamieren: es war aber nur eine Ansichtskarte. Wo bist du nur überall herumgeflogen?

JULIAN Setz' dich doch. Das wirst du alles erfahren. Willst du nicht den Hut ablegen? Du bleibst doch ein bißchen?

IRENE Selbstverständlich. – Nein, wie du aussiehst! *Zu Sala* Schön – nicht wahr? Ich hab's immer gewußt: Der graue Bart wird ihm sehr interessant stehen.

SALA Jetzt werden Sie lauter angenehme Dinge zu hören bekommen. Ich muß mich nun leider entfernen.

IRENE Hoffentlich vertreib' ich Sie nicht?

SALA Was fällt Ihnen ein, Fräulein Herms!

IRENE Sie gehen wohl zu Wegrats? – Was sagst du zu dem Unglück, Julian? Es ist furchtbar! *Zu Sala* Bitte, grüßen Sie dort.

SALA Ich gehe jetzt nicht hin, ich gehe nach Hause.

IRENE Nach Hause? Das sagen Sie so einfach? Sie sollen ja jetzt ein Schloß bewohnen.

SALA Nein, nichts weniger. Es ist ein bescheidenes Landhaus. Es wäre mir ein besonderes Vergnügen, Fräulein Herms, wenn Sie sich einmal persönlich davon überzeugen wollten. Mein Garten ist wirklich schön.

IRENE Haben Sie auch Obstbäume und Gemüsepflanzen?

SALA In dieser Hinsicht kann ich nur mit einem verirrten Kohlkopf und mit einem wilden Birnbaum dienen.

IRENE Nun, wenn es meine Zeit noch erlaubt, so komm' ich wirklich einmal und schau' mir Ihre Villa an.

JULIAN Willst du so bald wieder fort?

IRENE Ja natürlich. Ich muß wieder nach Hause. Erst heut früh hab' ich einen Brief von meinem kleinen Neffen – er sehnt sich nach mir. Ein Fratz von fünf Jahren und sehnt sich auch schon. Was sagen Sie dazu?

SALA Sie sehnen sich wohl auch schon zurück?

IRENE Es ist nicht das. Aber ich fang' an, mich zu sehr an Wien zu gewöhnen. Wenn ich hier in den Straßen umherspaziere, da gibt es Erinnerungen auf Schritt und Tritt. – Denk' dir, wo ich gestern war, Julian. In der Wohnung, wo ich als Kind gelebt habe. Das war gar nicht so einfach, es wohnen jetzt fremde Leute drin. Ich bin aber doch in den Zimmern gewesen.

SALA *liebenswürdig ironisch* Wie haben Sie denn das angestellt, Fräulein Herms?

IRENE Ich hab' mich unter einem Vorwand eingeschlichen. Ich hab' getan, als meint' ich, es wäre da ein Kabinett zu vermieten – für eine alleinstehende ältere Dame. Aber schließlich hab' ich so zu weinen angefangen, daß mich die Leute wahrscheinlich für närrisch gehalten haben. Und da hab' ich ihnen gesagt, warum ich eigentlich heraufgekommen bin. Ein Postbeamter wohnt jetzt drin, mit seiner Frau und zwei Kindern. Das eine war ein so lieber Kerl; es hat mit einer Eisenbahn gespielt, mit einer Lokomotive zum Aufziehen, und die ist mir immer über den Fuß gerannt ... Aber das wird Sie wahrscheinlich nicht sehr interessieren, Herr von Sala.

SALA Daß Sie sich gerade unterbrechen, Fräulein Herms, wenn es am spannendsten wird! Ich hätte so gern noch weiter zugehört. Aber nun muß ich leider wirklich gehen. Grüß' Sie Gott, Julian. – Also, Fräulein Herms, ich rechne auf die Ehre Ihres Besuches. *Geht ab.*

Dritte Szene

Julian und Irene

IRENE Gott sein Dank!

JULIAN *lächelnd* Ist er dir noch immer so unsympathisch?

IRENE Unsympathisch? ... Ich hasse ihn! Es ist ja nur deine unglaubliche Seelengüte, daß du ihn in deiner Nähe duldest. Du hast keinen ärgern Feind.

JULIAN Wie kommst du nur auf diese Idee?

IRENE Das spürt man doch ... so was muß man doch spüren.

JULIAN Ich glaube immer, du bist noch heute nicht ganz objektiv gegen ihn.

IRENE Warum denn?

JULIAN Du trägst ihm nach, daß du vor zehn Jahren in seinem Stück keinen Erfolg gehabt hast.

IRENE Das sind leider schon zwölf Jahre. Und meine Schuld war es nicht. Denn was seine sogenannten Dichtungen anbelangt, so halt' ich sie für Blödsinn. Und bekanntlich steh' ich mit dieser Ansicht nicht vereinzelt da. Aber du kennst ihn ja nicht. Um diesen Herrn in seiner ganzen Größe würdigen zu können, hat man ihn auf den Proben genießen müssen. *Kopierend* Mein Fräulein, es sind Verse – Verse, mein Fräulein ... Das muß man von ihm gehört haben, um zu wissen, was für eine maßlose Arroganz in ihm steckt ... Übrigens weiß jeder Mensch, daß er seine Frau umgebracht hat.

JULIAN *belustigt* Aber Kind, wie kommst du auf solche Ungeheuerlichkeiten!

IRENE Man stirbt nicht mit fünfundzwanzig Jahren so ganz von selbst.

JULIAN Irene, das sagst du hoffentlich nicht zu andern Leuten.

IRENE Ist ja nicht notwendig. Das weiß doch jeder außer dir. Und ich für meinen Teil habe gar keinen Grund, Herrn von Sala zu schonen, der dich seit zwanzig Jahren mit seinem Hohn verfolgt.

JULIAN Aber besuchen wirst du ihn doch?

IRENE Natürlich. Ich interessiere mich sehr für schöne Villen. Und seine soll entzückend sein. Wenn man nur Leute besuchen wollte ...

JULIAN Die niemanden umgebracht haben –

IRENE Wir tun ihm wirklich zu viel Ehre an, wenn wir so lange über ihn reden. Schluß. – Na, Julian! Wie geht's dir denn? Warum hast du mir denn gar so selten geschrieben? Hast du am End' nicht dürfen?

JULIAN Dürfen? ...

IRENE Ich meine, ob man dir's verboten hat.

JULIAN Ach so. – Mir verbietet niemand was.

IRENE Wirklich? Du lebst so ganz für dich?

JULIAN Ja.

IRENE Das freut mich. Ich kann mir nicht helfen, das freut mich, Julian. Obzwar es ja ein Unsinn ist. Heut oder morgen fängt doch wieder was Neues an.

JULIAN Die Zeiten sind vorbei.

IRENE Wenn's nur wahr wäre. – Kann man einen Tee haben?

JULIAN Gewiß. Hier ist der Samowar.

IRENE Wo denn? – Ach ja, hier! Und der Tee? ... Ich weiß ja. *Öffnet einen Schrank, nimmt die notwendigen Sachen heraus. Im Laufe der nächsten Minuten bereitet sie den Tee.*

JULIAN Du bleibst wirklich nur mehr ein paar Tage hier?

IRENE Ja, natürlich. Meine Bestellungen sind gemacht. Das kannst du dir ja denken, auf dem Gut bei meiner Schwester braucht man wahrhaftig keine Toiletten.

JULIAN So erzähl' doch. Wie behagt's dir denn dort?

IRENE Herrlich! Ah, nur endlich vom Theater nichts mehr wissen, das ist schon eine Seligkeit.

JULIAN Du kehrst ja doch einmal wieder dahin zurück.

IRENE Da irrst du dich aber gewaltig. Warum sollt' ich denn? Bedenke doch, daß ich jetzt am Ziel meiner Wünsche angelangt bin: Frische Luft, einen Wald in der Nähe; über Wiesen oder Äcker spazieren reiten, in der Früh' im Schlafrock in einem großen Park sitzen, wo keiner hinein darf. Überhaupt: Keine Leut', keinen Direktor, kein Publikum, keine Kollegen, keine Verfasser – obwohl sie nicht alle so arrogant sind wie dein angebeteter Sala. – Na also, und das alles hab' ich erreicht. Ich leb' auf dem Land, ich hab' ein Gut, ein kleines Schlösserl kann man schon sagen, einen Park hab' ich und ein Pferd, und Schlafröck', so viel ich will. Es gehört zwar alles nicht mir – außer den Schlafröcken natürlich –, aber das bleibt sich ja gleich. Dabei leb' ich bei den besten Menschen, die es überhaupt auf der Welt gibt; denn mein Schwager ist womöglich ein noch prächtigerer Kerl als die Lori selbst.

JULIAN Hat der nicht früher dir den Hof gemacht?

IRENE Aber wie! Er wollte mich um jeden Preis heiraten. Selbstverständlich! – Vorher sind sie ja alle in mich verliebt ... gewesen – gewesen, mein' ich. Aber die Gescheitern sind meistens zur Lori übergegangen. Das hat mich immer ein bißchen mißtrauisch gegen dich gemacht, daß du nie in die Lori verliebt warst. Um was die besser ist als ich – na, das weißt du doch, darüber ist nichts zu reden. Was ich der schuldig bin! ... Wenn die Lori nicht gewesen wäre –! – Also bei denen leb' ich jetzt seit einem halben Jahr.

JULIAN Es ist nur die Frage, wie lang du's aushalten wirst.

IRENE Wie lange –? – Ja aber Julian, ich frage dich: Was soll mich veranlassen, aus einem solchen Paradies in den Sumpf zurückkehren, wo ich *leiser* fünfundzwanzig Jahre meines Lebens verbracht habe? Was hab' ich denn überhaupt noch beim Theater zu suchen? Die bejahrten Fächer liegen mir nicht. Ich habe weder Neigung zur Heldenmutter noch zur spitzigen Dame, noch zur komischen Alten. Ich gedenke als Schloßfräulein zu sterben, als alte Jungfer sozusagen, und wenn alles gut geht, erscheine ich den Urenkeln meiner Schwester in hundert Jahren als weiße Dame. Mit einem Wort: Ich hab' das schönste Leben vor mir. – Was lachst denn?

JULIAN Es freut mich, dich so lustig, – so jung wiederzusehen.

IRENE Das ist die Landluft, Julian. Das solltest du auch einmal auf längere Zeit versuchen. Herrlich! Ich hab' ja überhaupt meinen Beruf verfehlt: Der liebe Gott hat mich sicherlich zu einer Kuhdirn' oder zu einer Sennerin erschaffen wollen. Oder vielleicht zu einem Hirtenknaben. Ich hab' ja in Hosenrollen immer so gut ausgeschaut. – So. Darf ich dir auch gleich einschenken? *Sie gießt ihm Tee ein* Hast du nichts dazu?

JULIAN In der Tasche werden wohl noch ein paar Cakes sein. *Er entnimmt der Reisetasche ein kleines Päckchen.*

IRENE Danke. Famos.

JULIAN Das ist übrigens eine ziemlich neue Schwärmerei von dir.

IRENE Die Cakes –?

JULIAN Nein. Die Natur.

IRENE Wie kannst du das sagen? Ich habe die Natur immer unendlich geliebt. Denkst du nicht mehr an unsere Ausflüge von dazumal? Erinnerst du dich nicht, wie wir einmal an einem heißen Sommernachmittag im Wald eingeschlafen sind? Und denkst du nimmer an das Muttergottesbild oben auf dem Hügel, wo uns das Gewitter überrascht hat? . . . Ach Gott! Kein leerer Wahn, die Natur. Und gar später, wie die böse Zeit für mich gekommen ist, wie ich mich deinetwegen hab' umbringen wollen, ich Kamel . . . da war die Natur ganz einfach meine Rettung. Wirklich, Julian. Ich könnt' dir die Stelle noch zeigen, wo ich mich ins Gras geworfen und geweint hab'. Zehn Minuten vom Bahnhof, durch eine Akazienallee muß man gehen und dann weiter am Bach. Ja, ins Gras hab' ich mich geworfen und geweint und geheult. Es war nämlich ein Tag, wo du mich wieder einmal von deiner Türe davongejagt hast. Na, und wie ich eine halbe Stunde auf dem Gras gelegen war und mich recht ausgeweint hab', bin ich halt wieder aufgestanden – und bin auf der Wiese herumgelaufen. Wie ein kleiner Fratz, ganz allein für mich. Ich hab' mir die Augen ausgewischt, und es war mir eigentlich wieder ganz gut. *Pause* Freilich, am nächsten Morgen bin ich wieder vor deiner Tür gewesen und hab' dich angejammert, und die Geschichte hat von vorn angefangen.

Es wird dunkler.

JULIAN Daß du noch immer daran denkst.

IRENE Du doch auch. Na, und wer ist schließlich der Dumme von uns zweien gewesen? Wer? Frag' dich nur aufs Gewissen. Wer? ... Bist du mit einer glücklicher gewesen als mit mir? Hat eine so an dir gehangen wie ich? Hat dich je eine andere so gern gehabt? ... Gewiß nicht. Die dumme Geschichte, die mir dann im Engagement draußen passiert ist, meiner Seel', du hättest sie mir wirklich verzeihen können. Es ist wahrhaftig nicht so viel dran, wie ihr Männer immer draus macht – nämlich wenn's uns passiert. *Sie trinken Tee.*

JULIAN Soll ich Licht machen?

IRENE Es ist ganz gemütlich in der Dämmerung.

JULIAN »Nicht viel dran«, sagst du. Du magst ja recht haben. Aber wenn's einen trifft, wird man eben doch ziemlich rasend. Und wenn wir uns auch versöhnt hätten – es wäre doch nicht mehr das Rechte geworden. Es ist schon besser so. Wie's einmal verwunden war, sind wir ja die besten Freunde geworden und sind's geblieben. Das ist doch auch was sehr Schönes.

IRENE Ja. Heut bin ich auch ganz zufrieden. Aber damals –! O Gott, was war das für eine Zeit! Du weißt ja doch nichts davon. Nachher hab' ich dich erst so recht geliebt, – nachher, als ich dich durch meinen Leichtsinn verloren hatte. Ja, da hat sich erst sozusagen die wahre Treue in mir entwickelt. Denn was ich später erlebt habe ... Aber es ist nicht zu verlangen, daß ein Mann so was versteht.

JULIAN Ich versteh's ganz gut, Irene. Du kannst mir's glauben.

IRENE Im übrigen will ich dir was sagen, Julian; es war doch nur die gerechte Strafe für uns beide.

JULIAN Für uns beide?

IRENE Ja. Darauf bin ich schon lang gekommen. Die gerechte Strafe.

JULIAN Für uns beide?

IRENE Ja. Für dich auch.

JULIAN Ja, wie meinst du das?

IRENE Wir haben's nicht anders verdient.

JULIAN Wir? ... Wieso denn?

IRENE *ernst* Du bist ja so gescheit, Julian. Was glaubst du: Wär' das damals geschehen – meinst du, ich hätt' so was anstellen können, wenn wir – ein Kind ... wenn wir – das Kind gehabt hätten? Frag' dich doch aufs Gewissen, Julian – glaubst du's! Ich nicht, und du auch nicht. Alles wär' anders gekommen. Alles. Wir wären zusammen geblieben, wir hätten noch ein paar Kinder gekriegt, wir hätten uns geheiratet, wir möchten zusammen leben. Ich wär' nicht ein altes Schloßfräulein und du wärst nicht –

JULIAN Ein alter Junggesell.

IRENE Na, wenn du's selber sagst. Und die Hauptsache: Wir hätten ein Kind. Ich hätt' ein Kind. *Pause.*

JULIAN *ist im Zimmer auf- und abgegangen* Was soll das alles, Irene? Warum sprichst du wieder von allen diesen vergessenen –

IRENE Vergessenen?

JULIAN – Vergangenen Dingen?

IRENE Vergangen sind sie freilich. Aber draußen auf dem Land hat man viel Zeit. Alles mögliche geht einem durch den Kopf. Und gar, wenn man andere Kinder sieht – die Lori hat nämlich zwei Buben –, fällt einem so manches ein. Neulich war's beinahe wie eine Vision.

JULIAN Was denn?

IRENE Ich bin übers Feld gegangen gegen Abend. Das tu' ich manchmal, ganz allein. Weit und breit war niemand. Unten das Dorf ist auch ganz still dagelegen. Und ich spazier' so weiter, immer weiter gegen den Wald zu. Und plötzlich war ich nicht mehr allein. Du warst da. Und zwischen uns beiden das Kind. Das haben wir so an der Hand geführt – unser kleines Kind. *Ärgerlich, um nicht zu weinen* Es ist ja zu dumm. Ich weiß doch, das Kind wär' jetzt ein Bengel von dreiundzwanzig Jahren, wär' vielleicht ein Lump oder ein schlechtes Mädel. Oder wär' vielleicht schon tot. Oder es wär' irgendwo draußen in der Welt und wir hätten gar nichts mehr von ihm ... ja, ja. – Aber einmal hätten wir es doch gehabt, einmal wär's doch ein kleines Kind gewesen und hätt' uns gern gehabt. Und ... *Sie kann nicht weiter. Stille.*

JULIAN *weich* Irene, rede dich doch nicht in solche Dinge hinein.

IRENE Das ist kein Hineinreden.

JULIAN Gräm' dich nicht. Nimm's doch, wie es ist. Du hast anderes erlebt, vielleicht besseres. Dein Leben war reicher, als ein Mutterleben hätte sein können ... Du warst eine Künstlerin.

IRENE *vor sich hin* Ich pfeif' drauf.

JULIAN Eine große, eine berühmte – das will doch was heißen. Du hast auch noch mancherlei anderes, sehr schönes erlebt – nach mir. Ich weiß es ja.

IRENE Was hab' ich davon? Was will das alles bedeuten? Eine Frau, die kein Kind hat, ist gar nie eine Frau gewesen. Aber eine, die einmal eins hätte haben können – haben müssen, und die – *Blick* – – nicht Mutter geworden ist, das ist eine... ah! Aber das kann ja kein Mann verstehen! Das kann ja keiner verstehen! Der beste von euch ist in diesen Dingen noch immer eine Art von Schuft. Weiß denn einer von euch, wie viele von ihm in der Welt herumlaufen? Ich weiß wenigstens, daß ich keins gehabt hab'. Weißt du's überhaupt?

JULIAN Und wenn ich es selbst wüßte –

IRENE Wieso? Hast du wirklich eins? – So red' doch. Julian, du kannst mir's schon sagen. Wo lebt's denn? Wie alt ist es denn? Ein Bub'? Ein Mädel?

JULIAN Frag' doch nicht ... Und wenn ich ein Kind hätte, es würde ja doch nicht mir gehören.

IRENE Er hat ein Kind! Er hat ein Kind! *Pause* Warum laßt du's denn so in der Welt herumlaufen?

JULIAN Du hast's ja selbst gesagt: – Der beste von uns ist in diesen Dingen auch noch eine Art von Schuft. Und ich bin nicht einmal der beste.

IRENE Warum holst du dir's denn nicht?

JULIAN Was geht's mich denn überhaupt an? Was dürft' es mich angehen? Genug ... *Pause* – Willst du noch eine Tasse Tee?

IRENE Danke, danke. Nicht mehr. *Pause. Es dämmert* Er hat ein Kind, und ich hab's nicht gewußt!

Lange Pause.

Vierte Szene

Julian, Irene und Diener. Dann Felix.

DER DIENER *tritt ein.*

JULIAN Was gibt's?

DIENER Herr Leutnant Wegrat fragt, ob der gnädige Herr zu Hause sind.

JULIAN Gewiß. Ich lasse bitten.

DIENER *hat das Licht eingeschaltet und geht ab.*

IRENE Der junge Wegrat? – Ich dachte, er sei schon wieder fort. – Der arme Junge, er war wie vernichtet.

JULIAN Das denk' ich mir.

IRENE Du hast ihn in Salzburg besucht?

JULIAN Ja. Im August war ich ein paar Tage dort.

FELIX *in Zivilkleidung tritt ein* Guten Abend. – Guten Abend, Fräulein Herms.

IRENE Guten Abend, Herr Leutnant.

JULIAN Mein lieber Felix ... ich wollte zu euch kommen – noch heute abend. Es ist sehr freundlich von dir, daß du dich herbemühst.

FELIX Übermorgen muß ich schon fort, und so wußt' ich gar nicht, ob ich überhaupt noch Gelegenheit finden würde, Sie zu sehen.

JULIAN Möchtest du nicht ablegen? – Ich hatte keine Ahnung, denk' dir. Erst Sala teilte es mir mit – vor kaum einer Stunde.

IRENE *betrachtet beide.*

FELIX Das ahnten wir nicht, als wir im Sommer miteinander im Mirabellgarten spazieren gingen.

JULIAN Es ist sehr rasch gekommen?

FELIX Ja. Und ich konnte nicht bei ihr sein ... Am späten Abend bin ich abgereist, und in der Nacht darauf ist sie gestorben.

IRENE Vielmehr: sie ist am nächsten Morgen nicht mehr erwacht.

FELIX Ihnen, Fräulein Herms, haben wir viel zu danken.

IRENE Aber!

FELIX Meine Mutter hat sich immer so sehr gefreut, wenn Sie bei ihr waren, mit ihr geplaudert oder ihr Klavier vorgespielt haben.

IRENE O, mein Klavierspiel –!

Eine Uhr schlägt.

IRENE Schon so spät!? Da muß ich ja gehen.

JULIAN Warum eilen Sie, Fräulein Herms?

IRENE Ich fahre in die Oper. Die paar Tage, die ich noch hier bin, will ich doch ausnützen.

FELIX Sehen wir Sie noch bei uns, Fräulein Herms?

IRENE Gewiß. – Sie reisen ja schon früher fort als ich.

FELIX Ja. Mein Urlaub geht zu Ende ...

IRENE *wie beiläufig* Wie lang sind Sie denn jetzt eigentlich schon Offizier, Felix?

FELIX Das bin ich schon vor drei Jahren geworden, – aber erst im Jahr drauf hab' ich mich aktivieren lassen. Ein bißchen spät.

IRENE Spät? Warum? – Wie alt sind Sie denn, Felix?

FELIX Dreiundzwanzig Jahre.

IRENE So. *Pause* – Aber wie ich Sie vor vier Jahren als Freiwilligen gesehen habe, hab' ich mir gleich gedacht, Sie werden beim Militär bleiben. – Erinnern Sie sich, Julian? Ich hab' es Ihnen damals gesagt.

JULIAN Ja –

FELIX Das war wohl im Sommer, wie Sie uns das letzte Mal besucht haben.

IRENE Ich glaube . . .

FELIX Seither ist viel anders geworden.

IRENE Wahrhaftig! Das waren noch ein paar heitre Tage. – Nicht wahr, Julian? Wir haben uns ja auch seither nicht mehr gesehen, seit diesen schönen Sommerabenden in dem Garten bei Wegrats.

JULIAN *nickt.*

IRENE *hat Felix und Julian noch einigemal betrachtet. – Kleine Pause* Jetzt ist's aber wirklich höchste Zeit, daß ich gehe. – Adieu. Grüßen Sie zu Hause, Herr Leutnant. – Adieu, Julian. *Sie geht, von Julian zur Tür begleitet.*

Fünfte Szene

Felix und Julian

FELIX Hat sich hier nicht einiges verändert?

JULIAN Nicht, daß ich wüßte. Wie sollte dir das übrigens auffallen; du warst doch nur zwei- oder dreimal hier.

FELIX Ja. Aber das letzte Mal in einem recht wichtigen Moment meines Lebens. Ich kam, Sie um Rat fragen.

JULIAN Nun hat sich ja alles nach deinem Wunsch gefügt. Und auch dein Vater hat sich dreingefunden.

FELIX Ja, er hat sich dreingefunden. Es wäre ihm wohl lieber gewesen, wenn ich bei der Technik geblieben wäre; aber nun sieht er ja, daß man auch in Uniform ein ganz vernünftiges Leben führen kann – ohne Schulden, ohne Duelle. Ach, es ist beinahe allzu behaglich. Aber erwarten kann unsereiner immerhin mehr als mancher andere; das ist auch etwas.

JULIAN Und wie geht's denn zu Hause?

FELIX Zu Hause . . . Wahrhaftig, das Wort hat beinahe seinen Sinn verloren.

JULIAN Hat dein Vater schon wieder seine Arbeiten aufgenommen?

FELIX Natürlich. Zwei Tage nachher saß er wieder in seinem Atelier. Es ist bewunderungswürdig. Aber ich versteh' es nicht ganz ... Stör' ich Sie nicht, Herr Fichtner? Sie wollten Papiere in Ordnung bringen?

JULIAN Ach, das eilt nicht. Die Ordnung ist rasch gemacht. Das meiste wird verbrannt.

FELIX Wie?

JULIAN Es ist doch am vernünftigsten, Dinge, die man kaum mehr ansehen würde, zu vernichten.

FELIX Macht Sie das nicht ein bißchen traurig, so mit Ihrer Vergangenheit aufzuräumen?

JULIAN Traurig? ... Dazu ist es doch ein zu natürlicher Vorgang.

FELIX Das kann ich nicht finden. Sehen Sie: Einen Brief oder ein Bild oder sonst etwas der Art gleich verbrennen, nachdem man's bekommen hat, das scheint mir selbstverständlich. Aber etwas, das überhaupt wert war, aus einem lebendigen Glück oder aus einem lebendigen Schmerz Erinnerung zu werden, das sollte eigentlich diese Bedeutung nie wieder verlieren können. Und nun gar in einem Leben wie das Ihrige, das so reich und so bewegt war. Haben Sie nicht selbst zuweilen eine gewisse ... Ehrfurcht vor Ihrer Vergangenheit?

JULIAN Wie kommst du auf solche Gedanken – du, der du so jung bist?

FELIX Es geht mir eben durch den Sinn.

JULIAN Du hast vielleicht nicht unrecht. Aber es kommt noch etwas dazu, das mich veranlaßt, aufzuräumen. Ich bin im Begriff, sozusagen heimatlos zu werden.

FELIX Wie?

JULIAN Ich gebe diese Wohnung auf und weiß noch nicht recht, wie es weiter werden soll. Da ist es mir lieber, mit den Dingen ein reinliches Ende zu machen, als sie in einer Kiste begraben und in einem Keller vermodern zu lassen.

FELIX Es muß Ihnen doch um mancherlei leid tun.

JULIAN Ich wüßte kaum.

FELIX Und Sie haben gewiß auch manche Erinnerungszeichen, die nicht für Sie allein etwas bedeuten. Entwürfe aller Art, die Sie gewiß zum Teil aufbewahrt haben.

JULIAN Denkst du an die Kleinigkeiten, die ich dir in Salzburg gezeigt habe?

FELIX Auch an die denk' ich natürlich.

JULIAN Die sind noch eingepackt. Willst du sie haben?

FELIX Gern. Ich werde Ihnen sehr dankbar sein. Sie haben einen ganz eigenen Reiz auf mich ausgeübt. *Pause* Aber ich habe noch eine andere Bitte an Sie. Eine sehr große. Wenn Sie mir erlauben ...

JULIAN Rede doch.

FELIX In Ihrem Besitze dürfte sich noch ein Porträt meiner Mutter aus ihrer Mädchenzeit befinden. Ein kleines Bild in Aquarellfarben, das Sie selbst gemalt haben.

JULIAN Ja, ein solches Bild hab' ich gemalt.

FELIX Und Sie haben es noch?

JULIAN Ich denke wohl, daß es sich finden wird.

FELIX Das möcht' ich gerne sehen.

JULIAN An dieses Bild erinnerte sich deine Mutter ...?

FELIX Ja. Sie sprach mir davon am letzten Abend, an dem ich sie sah, am Abend vor ihrem Ende. Ich habe damals freilich nicht geahnt, daß es so nahe war ... und sie wohl auch nicht. Heute erscheint es mir allerdings eigentümlich, daß sie gerade an diesem Abend so viel von längst verflossenen Tagen sprach.

JULIAN Und auch von diesem kleinen Bild?

FELIX Es soll sehr gelungen sein.

JULIAN *wie nachdenkend* Wo mag ich es nur aufbewahrt haben? Warte ... *er geht zu einem Bücherschrank, dessen unterer Teil durch eine Tür verschlossen ist. Er öffnet die Türe, einige Fächer werden sichtbar, in denen Mappen liegen.* Ich habe es auf dem Land gemalt, in dem kleinen Häuschen, das deine Großeltern bewohnten.

FELIX Ich weiß.

JULIAN An die alten Leute kannst du dich wohl kaum erinnern?

FELIX Ganz dunkel. Es waren sehr einfache Menschen, nicht wahr?

JULIAN Ja. *Er hat eine große Mappe aus einem Fach genommen* In dieser Mappe wird es wohl sein. *Legt sie auf den Schreibtisch und öffnet sie. Er setzt sich.*

FELIX *steht hinter ihm, blickt über seine Schulter.*

JULIAN Das hier ist das Häuschen, in dem sie wohnten, deine Großeltern und deine Mutter. *Blättert weiter* Und dies hier, das ist der Ausblick ins Tal vom Friedhof aus.

FELIX Sommer ...

JULIAN Ja. – Und dies hier, das ist das kleine Dorfwirtshaus, in dem ich und dein Vater wohnten ... Und das – – *er betrachtet das Blatt still. Beide schweigen längere Zeit.*

FELIX *nimmt das Blatt in die Hand* Wie alt war meine Mutter damals?

JULIAN *der sitzen bleibt* Achtzehn Jahre.

FELIX *entfernt sich ein wenig von ihm, lehnt an einem Bücherschrank, wie um das Bild in besserm Licht zu betrachten* Also ein Jahr, bevor sie heiratete.

JULIAN Es ist im selben Jahr gemalt. *Pause.*

FELIX Wie merkwürdig es mich aus diesen Augen anschaut ... Diese Lippen lächeln, sie reden beinahe zu mir ...

JULIAN Was hat dir denn deine Mutter erzählt – an diesem letzten Abend?

FELIX Nicht viel. Aber mir ist, als wüßt' ich mehr, als sie mir erzählt hat. Es ist seltsam zu denken: So wie sie mich aus diesem Bilde anblickt, hat sie auch Sie betrachtet. Mir scheint, als wenn eine gewisse Befangenheit in diesem Blick läge. Angst beinahe ... So sieht man Menschen an, die aus einer andern Welt kommen, nach der man sich sehnt und die man doch fürchtet.

JULIAN Damals war deine Mutter noch selten aus ihrem Dorf herausgekommen.

FELIX Sie war wohl anders als die meisten Frauen, die Ihnen begegnet sind, nicht wahr? ... Warum schweigen Sie? Ich gehöre nicht zu den Menschen, die es nicht begreifen – nicht begreifen wollen, daß auch Mütter und Schwestern Frauen sind. Ich kann mir wohl denken, daß damals eine Gefahr über ihr schwebte ... und über einem andern. *Einfach* Sie haben meine Mutter sehr lieb gehabt?

JULIAN Du frägst sonderbar. – Ja, ich habe sie lieb gehabt.

FELIX Und es waren gewiß sehr glückliche Stunden, als Sie in dem kleinen Garten am grünumrankten Zaune saßen, mit dieser Leinwand auf den Knien, und Ihnen gegenüber auf der hellen Wiese, mitten unter roten und weißen Blumen, stand dieses junge Mädchen, den Strohhut in der Hand mit den angstvoll lächelnden Augen.

JULIAN Von diesen Stunden sprach deine Mutter am letzten Abend?

FELIX Ja. – Es ist vielleicht kindisch, aber seither erscheint es mir wie unmöglich, daß Ihnen irgend ein Wesen mehr bedeutet haben sollte als dieses.

JULIAN *immer bewegter, aber einfach* Ich will darauf nicht antworten. – Am Ende käme ich in die Versuchung, mich unwillkürlich besser zu machen, als ich bin. Du weißt ja, wie ich mein Leben geführt habe, daß es keinen so geregelten und einfachen Verlauf genommen hat wie das von manchen anderen. Die Gabe, dauerndes Glück zu geben oder zu empfangen, lag wohl nicht in mir.

FELIX Das fühl' ich. Das hab' ich immer gefühlt. Manchmal mit einer Art von Bedauern, – von Schmerz beinahe. – Aber gerade Menschen wie Sie, die schon von Natur bestimmt scheinen, sehr vieles und wechselvolles durchzumachen ... gerade solche Menschen, denk' ich mir, bewahren stille und milde Erinnerungen wie diese treuer und dankbarer in ihrem Gedächtnis als andere ... an leidenschaftlichere und trübere Erlebnisse. – Hab' ich nicht recht?

JULIAN Es mag wohl so sein.

FELIX Nie vorher hatte mir die Mutter von diesem Bild gesprochen. Ist es nicht sonderbar? ... An jenem letzten Abend zum ersten Male. – Wir waren ganz allein auf der Veranda, den andern hatt' ich schon adieu gesagt ... Und plötzlich begann sie von diesen fernen, fernen Sommertagen zu reden. In ihren Worten klang allerlei mit, was sie gewiß nicht ahnte. Ich glaube, ihre eigene Jugend, die sie selbst kaum mehr verstand, vertraute sich unbewußt der meinen an. Das hat mich mehr bewegt, als ich sagen kann. – So gern sie mich gehabt hat, nie hatte sie so zu mir gesprochen. Und ich glaube, so teuer wie in dieser Stunde ist sie mir nie vorher gewesen. – Und als ich endlich fort mußte, fühlte ich: sie hatte mir noch manches zu erzählen. – Sie werden es nun verstehen, warum ich eine so starke Sehnsucht hatte, dieses Bild zu sehen. – Mir ist wirklich, als könnte es weiter zu mir reden, wie es meine Mutter selbst getan hätte, – wenn ich sie noch einmal hätte fragen dürfen!

JULIAN Frag' es nur ... Frag' es, Felix.

FELIX *durch die Bewegtheit von Julians Stimme aufmerksam gemacht, sieht von dem Bilde auf zu ihm.*

JULIAN Ich denke wohl, daß es dir noch manches wird sagen können.

FELIX Was ist Ihnen? ...

JULIAN Willst du das Bild behalten?

FELIX Wie? ...

JULIAN Nun ja. Nimm es. Ich schenk' es dir nicht. Sobald ich ein ständiges Quartier habe, will ich es wieder haben. Du sollst es aber sehen dürfen, so oft du willst. Hoffentlich fügt es sich, daß es dich keinen zu weiten Weg kostet.

FELIX *die Augen auf das Bild gerichtet* Es wird lebendiger von Sekunde zu Sekunde . . . Dieser Blick war auf Sie gerichtet! . . . Dieser Blick –? Sollt' ich ihn ganz verstehen?

JULIAN Auch Mütter haben ihre Schicksale wie andere Frauen.

FELIX Ich glaube wirklich, es verschweigt mir nichts mehr.

Legt das Bild hin. – Große Pause. – Er sieht ihn an.

JULIAN Nimmst du es nicht mit dir?

FELIX Nicht jetzt. Es gehört Ihnen mehr, als ich ahnte.

JULIAN Und dir . . .

FELIX Nein, ich will es doch erst haben, bis sich mir dieses Schicksal völlig geoffenbart hat. *Er sieht Julian fest in die Augen* Ich weiß nicht, wie mir ist; es hat sich in Wirklichkeit doch nichts geändert? Nichts, – als daß ich weiß, was ich . . .

JULIAN Felix!

FELIX Nein, das ahnt' ich nicht. *Ihn mit einem langen Blick betrachtend, in dem Zärtlichkeit und eine Art von Neugier liegen* Leben Sie wohl.

JULIAN Du willst jetzt gehen?

FELIX Es verlangt mich sehr, eine Weile allein zu sein. – Auf morgen.

JULIAN Auf Wiedersehen, Felix. Morgen bin ich in eurem . . . morgen bin ich bei dir, Felix.

FELIX Ich erwarte Sie. *Er geht.*

JULIAN *bleibt eine Weile ruhig stehen, dann geht er zum Schreibtisch und bleibt, in den Anblick des Bildes versunken, stehen.*

Vorhang

Zimmer im Hause Wegrat, an das die Veranda grenzt. Entsprechender Ausblick.

Erste Szene

Johanna allein. Dann Sala.

JOHANNA *sitzt auf einem Sessel, mit verschlungenen Händen.*

SALA *tritt ein* Guten Morgen, Johanna.

JOHANNA *steht auf, tritt ihm entgegen, sieht ihn an* Kommst du zum letztenmal?

SALA Zum letztenmal? Was fällt dir ein? Es hat sich in unsern Dispositionen nicht das Geringste geändert. Heut ist der siebente Oktober, am sechsundzwanzigsten November geht das Schiff von Genua ab.

JOHANNA Du wirst plötzlich von hier verschwunden sein. Ich werde bei der Gartentüre stehen, und sie wird verschlossen bleiben.

SALA Solche Dinge sind doch zwischen uns nicht notwendig.

JOHANNA Nein, wahrhaftig nicht. Bedenke das.

Zweite Szene

Johanna und Sala. Felix tritt ein.

FELIX Sie sind es, Herr von Sala? *Händedruck* Nun, wie weit halten Sie mit Ihren Vorbereitungen?

SALA Es braucht keiner besondern. Ich packe meine Koffer, lasse die Vorhänge herunter, sperre die Türen ab – und dann geht es in rätselhafte Fernen. Ich habe übrigens eine Frage an Sie, Felix. Hätten Sie einige Lust, mit uns zu kommen?

FELIX *erstaunt* Ob ich Lust hätte –? Fragen Sie mich das im Ernst, Herr von Sala?

SALA Die Frage ist genau so ernst gemeint, als Sie sie nehmen wollen.

FELIX Wie soll ich das verstehen? Ob ich mit Ihnen nach Asien gehen will? Was sollte man denn mit mir bei einem Unternehmen dieser Art anfangen?

SALA Das liegt doch ziemlich nahe.

FELIX Handelt es sich denn nicht um eine Expedition von rein wissenschaftlichem Charakter?

SALA Als solche ist sie wohl gedacht. Aber es ist sehr leicht möglich, daß es allerlei geben wird, wobei junge Männer wie Sie sehr gut am Platze sein werden.

FELIX Männer wie ich –?

SALA Vor sieben Jahren unter Rolston war mancherlei zu bestehen, was nicht im Reiseprogramm vorgesehen war. Und in der Ebene Karakum am Flusse Amu Darja gab es eine regelrechte kleine Schlacht.

Dritte Szene

Johanna, Felix, Sala. Doktor Reumann ist aufgereten.

DOKTOR REUMANN Für die, die dort liegen geblieben sind, wird sie groß genug gewesen sein, Ihre kleine Schlacht. *Flüchtige Begrüßung, Händereichen, ohne daß das Gespräch unterbrochen wird.*

SALA Da mögen Sie wohl recht haben, Herr Doktor.

FELIX Erlauben Sie, Herr von Sala, haben Sie nur im eigenen Namen gesprochen? Ist es ein plötzlicher Einfall – oder ist es mehr?

SALA Ich spreche zwar nicht direkt im Auftrag von irgend jemand, aber nach einer Besprechung, die gestern im Ministerium des Äußern stattgefunden hat und der ich beigezogen war, halte ich mich für berechtigt, noch einiges hinzuzufügen. – O, es sind keine Geheimnisse. Sie haben ja wahrscheinlich gelesen, Felix, daß uns ein Herr vom Generalstab, einige Genie- und Artillerieoffiziere sozusagen in offiziöser Eigenschaft beigegeben werden. Nach den letzten Nachrichten aus Asien, die mir allerdings nicht ganz zuverlässig erscheinen, da sie über England zu uns gelangt sind, hat man sich entschlossen, sich der weitern Mitwirkung von einigen jüngern Truppenoffizieren zu versichern, was vorerst auf dem Weg privater Aufforderung geschehen soll.

FELIX Und es bestünde eine Möglichkeit, daß ich –?

SALA Gestatten Sie mir, mit dem Grafen Ronsky zu reden?

FELIX Sie nannten dem Grafen meinen Namen?

SALA Ich habe die Erlaubnis, die Frage an Sie zu richten, ob Sie bereit wären, sich am sechsundzwanzigsten November mit uns in Genua einzuschiffen.

DOKTOR REUMANN So bald schon gedenken Sie Wien zu verlassen?

SALA Ja. *Leicht* Warum sehen Sie mich so an, Herr Doktor? Dieser Blick ist ein wenig unvorsichtig gewesen.

DOKTOR REUMANN Inwiefern?

SALA Er sagt ungefähr: Abreisen magst du; aber ob du zurückkommen wirst, das ist eine recht zweifelhafte Sache.

DOKTOR REUMANN Nun hören Sie, Herr von Sala, einer solchen Unternehmung gegenüber dürfte man auch einen solchen Zweifel laut werden lassen. Aber interessiert Sie denn das überhaupt, Herr von Sala, ob Sie wiederkommen werden oder nicht? Sie gehören doch nicht zu der Sorte Menschen, die ihre Angelegenheiten ordnen wollen?

SALA Ach nein. Umsoweniger, als es in solchen Fällen doch immer die Angelegenheiten anderer sind, mit denen man sich überflüssigerweise beschäftigt. Und wenn es mich interessieren würde, wie es mit mir steht, so hätt' ich einen triftigeren Grund.

JOHANNA Welchen?

SALA Ich wünsche nicht um das Bewußtsein meiner letzten Tage betrogen zu werden.

DOKTOR REUMANN Das ist ein Wunsch, mit dem Sie ziemlich vereinzelt dastehen dürften.

SALA Jedenfalls wären Sie verpflichtet, Doktor, mir die absolute Wahrheit zu sagen, wenn ich Sie darum fragen sollte. Ich finde, man hat das Recht, sein Dasein vollkommen auszuleben, mit allen Wonnen und mit allen Schaudern, die darin verborgen liegen. So wie wir wahrscheinlich die Pflicht haben, jede gute Tat und jede Schurkerei zu begehen, die innerhalb unserer Fähigkeiten liegt ... Nein, Sie sollen mir meine Todesstunde nicht wegeskamotieren! Es wäre ein kleinlicher Standpunkt, meiner und Ihrer nicht würdig. – Nun Felix, am sechsundzwanzigsten November. Es sind sieben Wochen bis dahin! Was die Erledigung der Formalitäten anbelangt, brauchen Sie sich keinerlei Sorgen zu machen.

FELIX Innerhalb welcher Frist muß ich mich entscheiden?

SALA Es ist kein Anlaß, sich zu übereilen. Wann läuft Ihr Urlaub ab?

FELIX Morgen abend.

SALA Sie werden sich wohl mit Ihrem Vater besprechen wollen.

FELIX Mit meinem Vater – natürlich. – Aber jedenfalls bringe ich Ihnen morgen früh die Antwort, Herr von Sala.

SALA Schön. Ich würde mich sehr freuen. Aber immerhin bedenken Sie: Ein Spaziergang ist es nicht. Also auf Wiedersehen. Adieu, Fräulein Johanna. Leben Sie wohl, Herr Doktor. *Er geht ab.*

Kurze Pause. Die Zurückbleibenden in einiger Bewegung.

JOHANNA *erhebt sich* Ich gehe auf mein Zimmer. Adieu, Herr Doktor. *Ab.*

Vierte Szene

Felix, Doktor Reumann. Dann Johanna.

DOKTOR REUMANN Sie sind entschlossen, Felix?

FELIX Beinahe.

DOKTOR REUMANN Nun werden Sie viel Neues kennen lernen.

FELIX Unter anderm hoffentlich mich selbst, wozu es nun endlich Zeit wäre ... *Zitierend* »In rätselhafte Fernen ...« Wird es nur wahr werden? Es wäre geradezu berauschend!

DOKTOR REUMANN Und Sie haben sich Bedenkzeit ausgebeten?

FELIX Ich weiß kaum, warum. Und doch ... Der Gedanke, daß man Menschen zurückläßt und sie vielleicht nicht wiederfindet, – und keineswegs so wiederfindet, wie man sie verlassen hat, und daß man ihnen vielleicht ein Leid zufügt, dadurch, daß man geht ...

DOKTOR REUMANN Wenn Sie nichts anderes zögern macht, so ist es um jede Stunde der Ungewißheit schade. Nichts entfernt Sie sicherer von Menschen, die Ihnen teuer waren, als das Bewußtsein, durch eine Pflicht in ihre Nähe gebannt zu sein. Ergreifen Sie nur diese einzige Gelegenheit und reisen Sie nach Genua, Kleinasien, Tibet, Baktrien ... Ja, es muß schön sein. Meine besten Wünsche begleiten Sie. *Reicht ihm die Hand.*

FELIX Ich danke Ihnen. Aber mit diesen Wünschen hat es wohl noch Zeit. Wie immer die Sache sich entscheidet, wir sehen uns vor meiner Abreise noch zu öfteren Malen.

DOKTOR REUMANN Hoffentlich. Natürlich.

FELIX *sieht ihn fest an* Herr Doktor! – In Ihrem Händedruck hab' ich etwas gespürt wie einen ernsten Abschied.

DOKTOR REUMANN *lächelnd* Kann man denn jemals wissen, ob man einander wiedersieht?

FELIX Herr Doktor ... hat Herr von Sala Ihren Blick richtig gedeutet?

DOKTOR REUMANN Für Sie kommt das kaum in Betracht.

FELIX Er wird nicht mit uns gehen?

DOKTOR REUMANN *zögernd* Das ist schwer vorherzusagen.

FELIX Zu lügen haben Sie nicht gelernt, Herr Doktor.

DOKTOR REUMANN Wie die Dinge stehen, glaube ich, können Sie die Angelegenheit ohne weitere Beihilfe zu Ende führen.

FELIX Herr von Sala war vor wenigen Tagen bei Ihnen?

DOKTOR REUMANN Ja, es ist noch nicht lange her. *Pause* Nun, daß er leidend ist, das sehen Sie ja selbst, nicht wahr? – Also grüß' Sie Gott, Felix.

FELIX Werden Sie der Freund unseres Hauses bleiben, wenn ich fort bin?

DOKTOR REUMANN Warum stellen Sie solche Fragen an mich, Felix?

FELIX Sie wollen nicht wiederkommen! ... Ja, warum?

DOKTOR REUMANN Ich versichere Sie ...

FELIX Ich verstehe ...

DOKTOR REUMANN *verlegen* Was gibt es hier zu verstehen ...? ...

FELIX Lieber Doktor ... Nun weiß ich ... warum Sie in dieses Haus nicht mehr kommen wollen ... Es hat sich wieder einmal ein anderer den Hals gebrochen ... Lieber Freund –

DOKTOR REUMANN Leben Sie wohl ... Felix ...

FELIX Und wenn man Sie zurückrufen sollte ...

DOKTOR REUMANN Man wird es nicht tun ... Wenn man mich braucht, werd' ich immer zu finden sein ...

JOHANNA *tritt ins Zimmer.*

DOKTOR REUMANN Adieu ... Adieu Fräulein Johanna ...

JOHANNA Sie gehen schon, Herr Doktor?

DOKTOR REUMANN Ja ... Empfehlen Sie mich Ihrem Herrn Vater. Adieu ... *Reicht ihr die Hand.*

Fünfte Szene

Johanna, Felix

JOHANNA *ruhig* Hat er dir gesagt, daß Sala verloren ist?

FELIX *zögert.*

JOHANNA Ich wußt' es. *Wie Felix reden will, hat sie eine seltsam abwehrende Bewegung* Und du gehst – mit ihm oder ohne ihn.

FELIX Ja. *Pause* Es wird jetzt hier recht still werden.

JOHANNA *unbeweglich.*

FELIX Und wie wirst du leben, Johanna? . . . Ich meine, wie werdet ihr beide leben, du und der Vater?

JOHANNA *sieht ihn an, als wundere sie sich, daß er sie fragt.*

FELIX Er wird sich einsam fühlen. Er würde es sehr dankbar empfinden, denk' ich, wenn du dich ein bißchen mehr mit ihm beschäftigtest, vielleicht mit ihm in freien Stunden spazieren gingst. Auch für dich – –

JOHANNA *herb* Was hülfe es mir oder ihm? Was soll er mir sein oder ich ihm? Ich bin nicht dazu geschaffen, Menschen beizustehen in trüben Tagen. Ich kann mir nicht helfen, es ist nun einmal so. Wie eine Feindschaft regt es sich in mir gegen Menschen, die auf mein Mitleid angewiesen sind. Ich hab' es gefühlt die ganze Zeit hindurch, als die Mutter krank war.

FELIX Nein, du bist nicht dazu geschaffen . . . Wozu nur magst du geschaffen sein?

JOHANNA *zuckt die Achseln, sitzt wieder mit verschlungenen Händen und sieht vor sich hin.*

FELIX Johanna! Warum redest du denn nicht mehr zu mir wie sonst? Hast du mir nicht vielleicht etwas zu sagen? Erinnere dich doch, wie wir uns früher alles erzählt haben.

JOHANNA Das ist lange her. Damals waren wir Kinder.

FELIX Warum kannst du nicht mehr so zu mir reden wie damals, Johanna? Weißt du denn nicht mehr, wie gut wir uns einmal verstanden haben? Wie wir uns alle Geheimnisse anvertraut haben! Wie gute Kameraden wir gewesen sind! . . . Wie wir zusammen in die weite Welt haben ziehen wollen!

JOHANNA In die weite Welt . . . O ja. Ich weiß es noch. Aber jetzt gibt es keine solchen Märchen- und Wunderworte mehr!

FELIX Das käme vielleicht nur auf uns an.

JOHANNA Nein, jetzt bedeuten die Worte nicht dasselbe wie früher.

FELIX Wie meinst du das?

JOHANNA In die weite Welt ...

FELIX Was hast du, Johanna?

JOHANNA Einmal hab' ich zusammen mit dir im Belvedere ein Bild gesehen, an das denk' ich oft: Da ist eine Wiese mit Rittern und Damen – und ein Wald, ein Weinberg, ein Wirtshaus, und Burschen und Mädeln im Tanz, und eine große Stadt mit Kirchen und Türmen und Brücken. Und über die Brücke marschieren Soldaten, und auf dem Fluß gleitet ein Schiff dahin. Und weiter draußen ist ein Hügel, und auf dem Hügel ein Schloß, und in der Ferne hohe Berge. Und über dem Berg stehen Wolken, und über der Wiese schwimmen Nebel, und über die Stadt ergießt sich Sonnenglanz, und über das Schloß zieht ein Gewitter, und auf den Bergen liegt Schnee und Eis. – Und wenn einer sagte »die weite Welt«, oder wenn ich das Wort irgendwo las, so hab' ich immer an das Bild denken müssen. Und so ging's mir mit vielen von diesen Worten, die so großartig klingen. Gefahr, das war ein Tiger mit weitaufgesperrtem Rachen, – Liebe, das war ein Page mit blonden Locken, der vor einer Dame kniet, – der Tod war ein schöner Jüngling mit schwarzen Flügeln und einem Schwert in der Hand, – und Ruhm war Schall von Trompeten, Menschen, die sich verneigen, und ein blumenbestreuter Weg. Damals konnte man freilich über alles reden, Felix. Aber jetzt sieht alles anders aus ... Ruhm und Liebe und Tod und die weite Welt.

FELIX *zögernd* Mir wird ein wenig bang um dich, Johanna.

JOHANNA Warum, Felix?

FELIX Johanna! – Ich möchte, daß du unserm Vater keinen Kummer bereitest.

JOHANNA Steht das bei mir allein?

FELIX Ich weiß, wohin deine Träume gehen, Johanna. – Was soll das werden?

JOHANNA Muß denn alles etwas werden? – Ich denke, Felix, daß es die Bestimmung mancher Menschen sein mag, einander gar nichts anderes zu bedeuten als Erinnerung.

FELIX Johanna! – Du hast es selbst gesagt, – daß du nicht geschaffen bist, Menschen leiden zu sehen.

JOHANNA *zuckt leicht zusammen.*

FELIX Leiden ... und ...

Sechste Szene

Felix, Johanna. Julian tritt ein.

JULIAN Guten Tag. *Er reicht Felix die Hand.*

JOHANNA *ist aufgestanden* Herr Fichtner! *Sie reicht ihm die Hand.*

JULIAN Ich hätte dich kaum wiedererkannt, Johanna. Du bist ja eine junge Dame geworden. – Euer Vater ist noch nicht zu Hause?

JOHANNA Er ist noch gar nicht weggegangen. Erst um zwölf hat er auf der Akademie zu tun.

JULIAN Er wird wohl im Atelier sein?

JOHANNA Ich will ihn gleich rufen.

JULIAN *sieht um sich.*

Wie Johanna weggehen will, tritt Wegrat ein, mit Hut und Stock.

Siebente Szene

Felix, Johanna, Julian, Wegrat. Dann Stubenmädchen.

WEGRAT *reicht Julian die Hand* Mein lieber Freund! Ich freue mich sehr.

JULIAN Erst gestern nach meiner Ankunft habe ich es erfahren – durch Sala. Ich brauche dir nicht erst zu sagen ...

WEGRAT Ich danke dir für deine Teilnahme. Ich danke dir herzlich. – Setz' dich doch, Julian.

JULIAN Du wolltest fortgehen?

WEGRAT Es ist nicht so eilig; erst um zwölf hab' ich auf der Akademie zu tun. Johanna, möchtest du so gut sein, mir für alle Fälle einen Wagen holen zu lassen –?

JOHANNA *ab.*

WEGRAT *setzt sich.*

JULIAN *ebenso.*

FELIX *steht an den Kamin gelehnt.*

WEGRAT Nun, du bist ja diesmal recht lange fortgeblieben.

JULIAN Mehr als zwei Jahre.

WEGRAT Wärest du nur um zehn Tage früher gekommen, so hättest du sie noch einmal gesehen. Es kam so schnell; – wenn auch nicht unerwartet.

JULIAN Ich habe gehört.
WEGRAT Und nun bleibst du wohl wieder daheim, nicht wahr?
JULIAN Einige Zeit. Wie lange, kann ich freilich nicht sagen.
WEGRAT Nun ja. Programme zu machen, ist deine Sache nie gewesen.
JULIAN Ja. Dagegen hab' ich eine gewisse Abneigung. *Pause.*
WEGRAT Ach Gott, mein lieber Freund – wie oft habe ich in der letzten Zeit an dich gedacht! –
JULIAN Und ich ...
WEGRAT Du hast nicht so oft Gelegenheit dazu ... Aber ich ... wenn ich das Gebäude betrete, wo ich jetzt in Amt und Würden schalte, fällt es mir natürlich manchmal ein, wie wir als junge Leute nebeneinander im Modellsaal gesessen sind, mit tausend Plänen und Hoffnungen.
JULIAN Das sagst du so melancholisch. Es haben sich doch manche erfüllt.
WEGRAT Manche ... ja ... Und man möchte doch wieder jung sein, selbst um den Preis der gleichen Sorgen und Kämpfe...
JULIAN Und selbst auf die Gefahr hin, allerlei Schönes noch einmal durchmachen zu müssen.
WEGRAT Wahrhaftig, das trägt sich am allerschwersten, wenn es Erinnerung geworden ist. – Du warst wieder in Italien?
JULIAN Ja, auch in Italien war ich.
WEGRAT Ich bin nun lange nicht mehr dort gewesen. Seit wir zusammen mit dem Ränzel auf dem Rücken durchs Ampezzaner Tal gewandert sind – nach Pieve und bis hinunter nach Venedig. Erinnerst du dich noch? So hell hat die Sonne nicht wieder geschienen.
JULIAN Es sind wohl beinahe dreißig Jahre her.
WEGRAT Nein, so lang ist es nicht. Du warst ja damals schon ein bekannter Mann. Du hattest gerade das schöne Bild von Irene Herms gemalt. Es war im Jahr, bevor ich heiratete.
JULIAN Ja, ja.
Pause.
WEGRAT Erinnerst du dich noch an den Sommermorgen, an dem du mich zum erstenmal in die Kirchau begleitet hast?
JULIAN Natürlich.
WEGRAT Wie wir auf dem leichten Landwägelchen durch das breite sonnige Tal fuhren? Und erinnerst du dich an das kleine Gärtchen am Hügelhang, wo du Gabriele und ihre Eltern kennen lerntest?

FELIX *mit beherrschter Bewegung* Vater, steht denn das Haus noch, in dem die Mutter damals wohnte?

WEGRAT Nein, längst nicht mehr. Man hat eine Villa hingebaut. Vor fünf oder sechs Jahren waren wir nämlich zum letztenmal dort und haben das Grab deiner Großeltern besucht. Alles hat sich dort verändert, nur der Friedhof nicht ... *Zu Julian* Weißt du noch, Julian, wie wir einmal an einem schwülen, wolkigen Nachmittag auf der niederen Friedhofmauer gesessen sind und ein so merkwürdiges Zukunftsgespräch geführt haben?

JULIAN Der Tag ist mir sehr deutlich im Gedächtnis. Aber worüber wir sprachen, erinnere ich mich nicht mehr.

WEGRAT Die Worte sind mir auch entschwunden, aber ich weiß noch, es war ein sonderbares Gespräch ... Die Welt tat sich gewissermaßen weiter auf als sonst. Und ich spürte eine Art von Neid auf dich, wie manchmal zu jener Zeit. In mir erwachte ein Gefühl, als könnt' ich auch alles, – wenn ich nur wollte. Es gab so viel zu sehen, zu erfahren, – das Leben strömte so mächtig hin; man mußte nur etwas frecher sein und selbstbewußter und sich hineinwerfen ... Ja, so war mir zu Mute, während du redetest ... Und da kam Gabriele heraufgeschritten, auf dem schmalen Weg zwischen den Akazien, vom Dorfe her, den Strohhut in der Hand, und nickte mir zu. Und alle meine Zukunftsträume schwebten nur mehr um sie, und die ganze Welt war wieder wie in einen Rahmen gefaßt und war doch groß genug und schön genug ... Wo nimmt das nur mit einem Male wieder seine Farben her? Alles war doch schon so gut wie vergessen, und nun, seit sie tot ist, schimmert es wieder so lebendig, daß man erschrecken könnte ... Ah, man sollte lieber nicht dran denken. Wozu? Wozu? *Pause. Er geht zum Fenster.*

JULIAN *in Befangenheit, die er zu überwinden sucht* Es ist klug und mutig von dir, daß du so rasch wieder deine Tätigkeit aufgenommen hast.

WEGRAT Wenn man sich einmal entschlossen hat, weiter zu existieren –?! Arbeit ist doch das einzige, was einem über dieses Gefühl des Alleinseins hinweghilft ... dieses Alleingelassenseins.

JULIAN Mir ist, als wenn dich der Schmerz ein wenig ungerecht machte gegenüber – manchem, was dir geblieben.

WEGRAT Ungerecht –? Nein, ich will es wirklich nicht sein. Ihr nehmt es mir doch nicht übel, Kinder . . .! Nicht wahr, Felix, du verstehst mich ganz gut? Es gibt so vieles, was die jungen Leute von uns fortruft – fortlockt – fortreißt von allem Anbeginn. Wir führen ja doch nur einen Kampf um unsere Kinder von dem Augenblick an, da sie überhaupt da sind – und einen ziemlich aussichtslosen obendrein. Das liegt im Laufe der Welt: Sie können uns ja nie gehören. Und was die andern Menschen anbelangt . . . auch unsere Freunde sind doch nur Gäste in unserem Leben, erheben sich vom Tisch, wenn abgespeist ist, gehen die Treppe hinab und haben – wie wir – ihre eigene Straße und ihr eigenes Geschäft. Das ist ja auch ganz natürlich . . . Was nicht hindert, Julian, daß man sich freut – aufrichtig freut, wenn einer den Weg wieder zu uns findet. Und gar einer, der einem wirklich sein Lebtag sehr wert gewesen. Das kannst du mir glauben, Julian. *Händedruck* Und nicht wahr, so lang du in Wien bleibst, seh' ich dich wieder öfters bei mir? Du würdest mir einen rechten Gefallen erweisen.

JULIAN Gewiß werd' ich kommen.

STUBENMÄDCHEN *tritt ein* Der Wagen ist da, Herr Professor. *Ab.*

WEGRAT Ich komme schon. *Zu Julian* Du hast mir viel zu erzählen. Du warst ja so gut wie verschollen. Es interessiert mich natürlich zu wissen, was du alles gemacht hast – und noch mehr, was du vorhast. Felix sprach uns von einigen sehr interessanten Entwürfen, die du ihm gezeigt hast.

JULIAN Ich begleite dich, wenn es dir recht ist.

WEGRAT Danke. Aber noch freundlicher wäre es von dir, wenn du gleich bei uns bliebst und mit uns zu Mittag speisen wolltest.

JULIAN Nun . . .

WEGRAT Ich bin rasch fertig; ich habe heute nur rein administrative Angelegenheiten zu erledigen – ein paar Unterschriften. In Dreiviertelstunden bin ich zurück. Indes leisten dir die Kinder Gesellschaft, wie so oft in früherer Zeit . . . Kinder! – – Also du bleibst? Auf Wiedersehen. *Ab.*

Achte Szene

Felix, Julian

Lange Pause.

FELIX Warum sind Sie nicht mit ihr fortgegangen?

JULIAN Deine Mutter ist ohne Schuld; wenn es eine gibt, so trag' ich sie allein. Ich will dir alles erzählen.

FELIX *nickt.*

JULIAN Es war damals verabredet, daß wir zusammen fort sollten. Alle Vorbereitungen waren getroffen. Wir wollten im geheimen den Ort verlassen, weil deine Mutter vor Auseinandersetzungen und Erklärungen eine begreifliche Scheu hatte. Unsere Absicht war, von der Reise aus, nach wenigen Tagen, die Sache aufzuklären. Die Stunde unserer gemeinschaftlichen Abreise war schon bestimmt. Der ... später ihr Gatte wurde, war eben auf einige Tage nach Wien gereist, um Dokumente zu besorgen; in einer Woche sollte die Hochzeit sein. *Pause* Unser Plan stand fest. Alles war verabredet. Der Wagen war schon bestellt, der abseits vom Orte warten sollte. Am Abend hatten wir einander Adieu gesagt und waren beide überzeugt, daß wir uns am nächsten Morgen wiedersehen würden, um uns überhaupt nie wieder zu trennen. Es kam anders. – – Du darfst nicht daran denken, daß es deine Mutter war, du mußt mich anhören, als wäre es die Geschichte von fremden Leuten – dann wirst du alles verstehen.

FELIX Ich höre.

JULIAN Im Juni war ich in die Kirchau gekommen, an einem schönen Sommermorgen – mit ihm ... Du weißt es ja. Ich wollte mich nur wenige Tage aufhalten. Aber ich blieb. Einigemal nahm ich mir vor, zur rechten Zeit wieder abzureisen: Aber ich blieb. Und *lächelnd* mit schicksalshafter Notwendigkeit glitten wir in Sünde, Glück, Verhängnis, Verrat – und Traum. Ja wahrhaftig, davon hatte es am allermeisten. Und nach diesem letzten Abschied, der nur für eine Nacht gelten sollte; – als ich in das kleine Wirtshaus zurückgekehrt war und alles für die Reise in Ordnung brachte, kam ich eigentlich das erstemal recht zum Bewußtsein der Dinge, die geschehen waren und die bevorstanden. Es war wirklich beinah, wie wenn ich erwachte. Erst jetzt, in der Stille der Nacht, während ich am offenen Fenster stand, wurde es mir klar, daß morgen früh eine Stunde kam, die über meine ganze Zukunft entscheiden sollte. Und da begann es ... wie leichte Schauer über mich zu fließen. Unten sah ich die Straße hinlaufen, auf der ich gekommen war; die führte ins Land hinaus, stieg die Hügel hinan, die die Aussicht versperrten, und verlor sich ins Weite, ins Unbegrenzte – zu tausend unbekannten, unsichtbaren Straßen, die alle in diesem Augenblick noch zu meiner freien Verfügung standen. Mir war, als läge dort, hinter jenen Hügeln meine Zukunft, schimmernd von Glanz und Abenteuern, und wartete auf mich ... aber auf mich allein. Das Leben gehörte mir – aber nur dieses eine. Und um es ganz zu nehmen und ganz zu genießen, um es so zu leben, wie es mir bestimmt war, braucht' ich völlige Sorglosigkeit und Freiheit wie bisher. Und ich wunderte mich beinah, daß ich so bereit gewesen war, die Unbekümmertheit meiner Jugend, die Fülle meines Daseins hinzugeben ... Und wofür? – Für eine Leidenschaft, die in all ihrer Glut und Süßigkeit doch begonnen hatte wie manche andere und bestimmt war zu enden wie alle.

FELIX Bestimmt war zu enden? ... Enden mußte?

JULIAN Ja. Mußte. Im Augenblick, da ich das Ende vorhersah, war es gewissermaßen schon da. Auf etwas warten, das kommen muß, heißt, es tausendmal, heißt – es in Wehrlosigkeit und Überdruß und Zorn erleben. Das wußt' ich tief in dieser Stunde. Und ich hatte Angst davor. Dabei fühlt' ich ganz gut, daß ich im Begriff war, gegen ein Wesen, das sich mir vertrauensvoll hingegeben, rücksichtslos, verräterisch zu handeln. – Aber alles schien mir wünschenswerter – nicht nur für mich, auch für sie – als ein langsames, klägliches, unwürdiges Vergehen. Und alle meine Bedenken gingen unter in der ungeheuern Sehnsucht, mein Leben pflichtenlos, ungebunden weiterzuführen. Viel Zeit zu überlegen hatt' ich nicht. Und ich war froh darüber. Ich war entschlossen. Ich wartete den Morgen nicht ab. Noch eh' die Sterne untergegangen waren, bin ich fort.

FELIX Entflohen ...

JULIAN Nenn' es, wie du magst. – Ja, es war eine Flucht, so gut und so schlecht, so unbedenklich und ... so feig wie irgend eine ... mit aller Angst des Verfolgtwerdens, mit aller Glückseligkeit des Entkommenseins. Ich verhehle dir nichts, Felix. Du bist jung, es wäre sogar möglich, daß du es besser begreifst, als ich selbst es heute begreife. Es zog mich nicht zurück, keine Spur von Reue regte sich. Wie ein Rausch durchströmte mich das Gefühl, frei zu sein. – Schon am Ende des ersten Tages war ich weit, – weiter, als auf irgend einem Meilenzeiger zu lesen stand. Schon an diesem ersten Tag begann das Bild der Frau zu verblassen, die zu einer schmerzlichen Enttäuschung, vielleicht zu schlimmerem erwacht war, verklang mir die Erinnerung ihrer Stimme, war sie ein Schatten gleich andern, die weit hinter mir zurück im Vergangenen schwebten.

FELIX Nein, es ist nicht wahr! So rasch war sie nicht vergessen, so reuelos zogen Sie nicht in die Welt. Dies soll eine Art von Buße sein. Sie stellen sich anders dar, als Sie sind.

JULIAN Nicht, um mich zu beschuldigen, und nicht, um mich zu verteidigen, sprech' ich zu dir. Ich sage dir einfach die Wahrheit. Du sollst sie hören. Es war deine Mutter, und ich bin es, der sie verlassen hat. Und ich sage dir noch mehr. Gerade an die Zeit, die dieser Flucht gefolgt ist, denk' ich zurück wie an die hellste und reichste, die ich jemals erlebt habe. Niemals, nicht früher und nicht später, hab' ich in einem so herrlichen Bewußtsein von Jugend und Unbeschränktheit geschwelgt, niemals war ich so völlig Herr meiner Gaben, meines Lebens . . . nie ein so glücklicher Mensch als gerade damals.

FELIX *ruhig* Und wenn sie sich getötet hätte?

JULIAN Ich glaube, ich hätte mich dessen für wert gehalten – in dieser Zeit.

FELIX Und vielleicht waren Sie es damals wirklich. – Und sie wollte es tun, des bin ich gewiß. Der Lüge und Qual wollte sie ein Ende machen, wie es hunderttausend Mädchen vor ihr getan. Aber Millionen tun es nicht, und es sind die klügern. Und sicher dachte sie auch daran, dem, der sie zur Gattin nahm, die Wahrheit zu gestehen. Aber freilich, es schreitet sich leichter durchs Leben, wenn man nicht die Last eines Vorwurfs oder gar die einer Verzeihung zu tragen hat.

JULIAN Und wenn sie gesprochen hätte –?

FELIX O, ich begreife, daß sie es nicht getan hat. Sie hätte niemandem damit genützt. So hat sie geschwiegen. Geschwiegen, als sie von der Trauung heimkam, – geschwiegen, als das Kind geboren wurde, – geschwiegen, als der Geliebte das Haus ihres Gatten nach zehn Jahren wieder betrat, – geschwiegen bis zum letzten Tag ... Solche Schicksale gibt es allerorten, und man muß nicht einmal ... verworfen sein, um sie zu erleben oder um sie zu verschulden.

JULIAN Und es gibt wenige, denen es zusteht, zu richten – oder zu verurteilen.

FELIX Ich maße es mir nicht an. Es will mir nicht einmal ein, daß ich nun Betrüger und Betrogene vor mir sehen soll, wo mir bis vor einer Stunde Menschen, die mir wert sind, in so reinen Beziehungen zu einander erschienen. Und völlig unmöglich ist es mir, mich selbst als einen andern zu empfinden als den, für den ich mich bis heute gehalten habe. Es ist eine Wahrheit ohne Kraft ... Ein lebhafter Traum wäre zwingender als diese Geschichte aus verflossenen Tagen, die Sie mir erzählt haben. Es hat sich nichts verändert ... nichts. Das Andenken meiner Mutter ist mir so heilig als zuvor. Und der Mann, in dessen Haus ich geboren und auferzogen bin, der meine Kindheit und meine Jugend mit Sorgfalt und Zärtlichkeit umgeben hat und der meine Mutter – geliebt hat, gilt mir gerade so viel, als er mir bisher gegolten – und beinahe mehr.

JULIAN Und doch, Felix, so kraftlos dir diese Wahrheit scheint, – eines weißt du schon in diesem Augenblick des Zweifels: Als meinen Sohn hat deine Mutter dich geboren ...

FELIX Zu einer Zeit, da sie Sie verfluchte.

JULIAN ... auferzogen als meinen Sohn ...

FELIX In Haß gegen Sie.

JULIAN Zuerst. Später in Verzeihung, und endlich – vergiß es nicht – in Freundschaft für mich. – Und an jenem letzten Abend, woran hat sie sich erinnert? ... Wovon mit dir gesprochen? ... Von jenen Tagen, in denen sie das größte Glück erlebte, das einer Frau beschieden sein kann.

FELIX Und das tiefste Elend.

JULIAN Denkst du, es war Zufall, daß ihr am letzten Abend gerade jene Tage wieder durch den Sinn gingen? ... Glaubst du, sie wußte nicht, daß du zu mir kommen und jenes Bild von mir verlangen würdest? ... Und denkst du, dein Wunsch bedeutete etwas anderes als den letzten Gruß deiner Mutter an mich? – Verstehst du es, Felix? ... Und in dieser Sekunde – wehre dich nicht – steht es vor deinen Augen, – das Bild, das du gestern in deiner Hand hieltest; und deine Mutter sieht dich an. – Und der gleiche Blick ruht auf dir, Felix, der damals auf mir geruht hat, an dem glühenden und heiligen

Tag, da sie in meine Arme sank und dich empfing. – Und was immer dich jetzt bewegt, Zweifel und Verwirrung, du weißt nun einmal die Wahrheit, deine Mutter selbst hat es gewollt, und es gibt für dich keine Möglichkeit mehr, zu vergessen, daß du mein Sohn bist.

FELIX Ihr Sohn ... – Es ist nichts als ein Wort. Es klingt ins Leere. – Ich sehe Sie an, ich weiß es, aber ich erfass' es nicht.

JULIAN Felix! –

FELIX Sie sind mir fremder geworden, seit ich es weiß. *Er wendet sich ab.*

Vorhang

VIERTER AKT

Garten im Hause des Herrn von Sala. Links das weiße ebenerdige Haus, mit breiter Terrasse, von der sechs Steinstufen in den Garten herabführen. Von der Terrasse führt eine breite Glastüre in den Salon. Im Vordergrund ein kleiner Teich, im Halbkreis herum eine kleine Baumanlage. Eine Allee läuft von hier aus schief nach rechts hin. Am Beginn dieser Allee, dem Teich nahe, zwei Säulen. Auf diesen Säulen die Marmorbüsten von zwei römischen Kaisern. Eine steinerne Bank mit Lehne halbkreisförmig, rechts vom Teich, unter Bäumen. Rückwärts schimmert das Gitter durch das dünn gewordene Gesträuch. Hinter dem Gitter Wald, rötlich belaubt, mäßig ansteigend. Blaßblauer Herbsthimmel. Stille. – Die Szene einige Augenblicke leer.

Erste Szene

Von der Terrasse aus treten auf Sala und Johanna. Johanna schwarz gekleidet, Sala in grauem Anzug, dunklen Überzieher um die Schulter geworfen. – Sie gehen langsam die Treppe hinab.

SALA Es wird dir ein wenig kühl sein. *Er macht ein paar Schritte ins Zimmer zurück, nimmt ein Cape, das dort bereit lag, legt es Johanna um die Schultern. Sie kommen allmählich in den Garten herab.*

JOHANNA Weißt du, was ich mir einbilde? ... Daß dieser Tag heute unser Tag ist – uns gehört, uns ganz allein. Wir haben ihn gerufen, und wenn wir wollten, könnten wir ihn halten ...

Die andern Menschen wohnen heute nur wie zu Gast in der Welt. Nicht wahr? ... Es kommt wohl daher, daß du einmal von diesem Tag gesprochen hast.

SALA Von diesem –?

JOHANNA Ja ... als die Mutter noch lebte ... Und nun ist er wirklich da. Die Blätter sind rot, der goldene Dunst liegt über den Wäldern, der Himmel ist blaß und fern, – und der Tag ist noch viel schöner und trauriger, als ich ihn je hätte ahnen können. Und ich erlebe ihn in deinem Garten und spiegle mich in deinem Teich. *Sie steht dort und blickt hinab* Und doch werden wir ihn so wenig halten können, diesen goldenen Tag, als das Wasser hier mein Bild behalten wird, wenn ich gehe.

SALA Sonderbar, in dieser klaren, lauen Luft weht doch schon eine Ahnung von Winter und Schnee.

JOHANNA Was kümmert's dich? Wenn diese Ahnung hier Wahrheit wird, bist du längst in einem andern Frühling.

SALA Wie meinst du das?

JOHANNA Nun, dort wo ihr hingeht, gibt's doch wohl keinen Winter wie bei uns.

SALA *nachdenklich* Nein, keinen Winter wie bei uns. *Pause* Und du?

JOHANNA Ich –?

SALA Ich meine, wenn ich nun fort bin, was wirst du tun?

JOHANNA Wenn du fort bist –? *Sie betrachtet ihn. Er schaut in die Ferne* Warst du nicht lange fort von mir? Und bist du's nicht am Ende auch in diesem Augenblick?

SALA Was sprichst du denn da? Ich bin bei dir ... Was wirst du tun, Johanna?

JOHANNA Ich habe dir's ja schon gesagt: Fortgehen – wie du.

SALA *schüttelt den Kopf.*

JOHANNA So bald als möglich. Jetzt hab' ich noch den Mut dazu. Wer weiß, was später aus mir wird, wenn ich hierbleibe.

SALA Solang man jung ist, stehen alle Türen offen, und vor jeder Türe fängt die Welt an.

JOHANNA Aber erst, wenn man an niemandem hängt, ist die Welt weit und der Himmel unendlich. Und darum will ich fort.

SALA Fort – das sagt sich so leicht. Dazu braucht es doch Vorbereitungen aller Art und irgend einen Plan. Du sprichst aber dieses Wort aus, als wenn du dir nur Flügel anzulegen brauchtest, um in die Ferne zu fliegen.

JOHANNA Entschlossen sein – heißt auch Flügel haben.

SALA Hast du gar keine Angst, Johanna?

JOHANNA Eine Sehnsucht ohne Angst, das wäre eine wohlfeile Sehnsucht, der man gar nicht wert wäre.

SALA Wohin wird sie dich führen?

JOHANNA Ich werde meinen Weg finden.

SALA Man kann sich den Weg wählen, aber nicht die Menschen, denen man begegnet.

JOHANNA Denkst du, ich weiß nicht, daß es mir nicht bestimmt sein kann, nur Schönes zu erleben? Auch Häßliches, auch Gemeines steht mir bevor.

SALA Und wie wirst du es tragen? ... Wirst du es ertragen können?

JOHANNA Ich werde ja nicht immer wahr sein wie zu dir. Ich werde lügen, – und ich freu' mich darauf. Ich werde nicht immer froh sein und nicht immer klug. Ich werde irren und leiden. So muß es wohl sein.

SALA Du weißt das alles im voraus, und doch ...

JOHANNA Ja.

SALA Und warum? ... Warum gehst du fort, Johanna?

JOHANNA Warum ich fortgehe? ... Ich will später einmal vor mir selbst erschauern müssen. So tief erschauern, wie man es nur kann, wenn einem nichts fremd geblieben ist. So wie es dir geschehen muß, wenn du auf dein Leben zurückblickst. Nicht wahr?

SALA Manchmal wohl. Aber gerade in solchen Augenblicken des Schauerns liegt eigentlich nichts hinter mir zurück, – alles ist wieder gegenwärtig. Und das Gegenwärtige ist vergangen. *Er sitzt auf der Bank.*

JOHANNA Wie meinst du das?

SALA *die Hand vor den Augen, schweigt.*

JOHANNA Was ist dir? Wo bist du?

Leiser Wind, Blätterrauschen und -fallen.

SALA Ich bin ein Kind und reite auf dem Ponny übers Feld. Mein Vater ist hinter mir her und ruft. Dort am Fenster wartet meine Mutter; sie hat einen grauen Seidenshawl ums dunkle Haar und winkt mir zu ... Und ich bin ein junger Leutnant auf Manöver und steh' auf einem Hügel und melde meinem Obersten, daß hinter dem Gehölz die feindlichen Jäger lauern, bereit, hervorzubrechen, und unten in der Mittagssonne seh' ich Bajonette und Knöpfe leuchten ... Und ich liege einsam im treibenden Kahn und schau' in die dunkelblaue Sommerluft, und unbegreiflich schöne Worte reihen sich mir aneinander, – so schön, wie ich sie niemals habe niederschreiben können ... Und ich ruhe auf einer Bank in dem schwülen Park am See von Lugano, und Helene sitzt neben mir; sie hat ein Buch mit rotem Umschlag in der Hand; drüben unter dem Magnolienbaum spielt Lilli mit dem blonden englischen Buben, und ich höre, wie sie plaudern und lachen ... Und ich spaziere mit Julian über raschelnden Blättern langsam auf und ab, und wir reden über ein Bild, das wir gestern gesehen haben. Und ich sehe das Bild: Zwei alte Matrosen mit zermürbten Gesichtern; sie sitzen auf einem umgewandten Nachen, den trüben Blick aufs unendliche Meer hinaus. Und ich fühle ihr Elend tiefer, als der Maler, der es gemalt hat, tiefer, als sie selber es fühlten, wenn sie lebendig wären ... All das, all das ist da – wenn ich nur die Augen schließe, ist mir näher als du, Johanna, wenn ich dich nicht sehe und wenn du schweigst.

JOHANNA *hat die Augen mit Wehmut auf ihn gerichtet.*

SALA Gegenwart ... was heißt das eigentlich? Stehen wir denn mit dem Augenblick Brust an Brust, wie mit einem Freund, den wir umarmen, – oder mit einem Feind, der uns bedrängt? Ist das Wort, das eben verklang, nicht schon Erinnerung? Der Ton, mit dem eine Melodie begann, nicht Erinnerung, ehe das Lied geendet? Dein Eintritt in diesen Garten nicht Erinnerung, Johanna? Dein Schritt über diese Wiese dort nicht gerade so vorbei wie der Schritt von Wesen, die längst gestorben sind?

JOHANNA Nein, es soll nicht so sein. Es macht mich traurig.

SALA *wieder in der Gegenwart* Warum? ... das sollt' es nicht Johanna. Gerade in solchen Stunden wissen wir, daß wir nichts verloren haben und eigentlich nichts verlieren können.

JOHANNA Ach, hättest du doch alles vergessen und verloren und könnte ich dir alles sein!

SALA *beinah erstaunt* Johanna –

JOHANNA *leidenschaftlich* Ich liebe dich. *Pause.*

SALA In wenig Tagen bin ich fort, Johanna. Du weißt es ... du hast es gewußt.

JOHANNA Ich weiß es. Warum wiederholst du es? Denkst du vielleicht, ich will mich mit einemmal an dich hängen wie ein verliebtes Ding und von Ewigkeiten träumen? – Nein, das ist wahrhaftig nicht meine Art, o nein! ... Aber ich wollt' es dir doch einmal sagen, daß ich dich lieb habe. Einmal darf ich's doch? – Hörst du? Ich liebe dich. Und ich möchte, daß du es später einmal geradeso hörst, wie ich es jetzt sage – in irgend einem andern Augenblick, schön wie dieser ... und in dem wir beide nichts mehr voneinander wissen werden.

SALA Wahrhaftig, Johanna, dessen darfst du sicher sein, daß der Ton deiner Stimme mir niemals entschwinden wird. – Aber wozu von ewiger Trennung reden? Vielleicht sehen wir uns später wieder ... in drei Jahren ... oder in fünf ... *Lächelnd* Dann bist du vielleicht eine Prinzessin geworden und ich Fürst einer versunkenen Stadt ... Warum schweigst du?

JOHANNA *nimmt das Cape fester um.*

SALA Fröstelt dich?

JOHANNA O nein. – Aber ich muß nun gehen.

SALA Eilst du so?

JOHANNA Es wird spät. Ich möchte zu Hause sein, eh' mein Vater nach Hause kommt.

SALA Wie sonderbar! – Heute eilst du nach Hause und willst dich nicht verspäten, damit dein Vater sich nicht ängstigt, und in ein paar Tagen ...

JOHANNA Dann wird er mich auch nicht mehr erwarten. Leb' wohl, Stephan.

SALA Auf morgen also.

JOHANNA Ja, auf morgen.

SALA Du kommst wieder durch die Gartentür, natürlich.

JOHANNA Bleibt nicht ein Wagen vor dem Hause stehen?

SALA Die Türen sind abgeschlossen. Es kann niemand in den Garten kommen.

JOHANNA Also leb' wohl.

SALA Auf morgen.

JOHANNA Ja. *Sie sind im Gehen.*

SALA Höre, Johanna. – Wenn ich dir nun sagte: Bleibe.

JOHANNA Nein, ich muß jetzt fort.

SALA Nicht so mein' ich's.

JOHANNA Wie denn?

SALA Ich meine, wenn ich dich bäte, bei mir zu bleiben – für ... lange.

JOHANNA Du machst sonderbare Scherze.

SALA Ich scherze nicht.

JOHANNA Vergißt du, daß du – fortfährst?

SALA Ich bin nicht gebunden. Nichts hindert mich, zu Hause zu bleiben, wenn ich nicht gelaunt bin, fortzugehen.

JOHANNA Um meinetwillen?

SALA Das sag' ich nicht. Um meinetwillen vielleicht.

JOHANNA O nein, du darfst darauf nicht verzichten. Du würdest es mir nicht verzeihen, daß ich dir das genommen habe.

SALA Glaubst du? *Lauernd* Und wenn wir beide gingen?

JOHANNA Wie?

SALA Wenn du mit mir die Reise wagtest? Nun, es gehört ein bißchen Kourage dazu, natürlich. Du wärst vielleicht nicht die einzige Frau. Die Baronin Golobin geht auch mit, wie ich höre.

JOHANNA Sprichst du im Ernst?

SALA Ganz im Ernst. Ich frage dich, ob du die Reise mit mir machen willst ... als meine Frau natürlich, um auch von diesen äußerlichen Dingen zu reden.

JOHANNA Ich sollte –?

SALA Was bewegt dich so sehr?

JOHANNA Mit dir? ... Mit dir?

SALA Mißversteh mich nicht, Johanna. Du sollst deswegen nicht für alle Zeit an mich gebunden sein. Wenn wir wieder zurückkommen, können wir einander Lebwohl sagen – ohne weiteres. Es ist eine ganz einfache Sache. Denn alle deine Träume kann ich dir nicht erfüllen – das weiß ich ganz gut... Du brauchst nicht gleich zu erwidern. Stunden wie diese verleiten allzu leicht zu Worten, die am nächsten Tage nicht mehr wahr sind. Ich möchte dich nie ein solches Wort reden hören.

JOHANNA *hat ihn während dieser Worte angeschaut, als wollte sie seine Worte eintrinken* Nein, ich sage nichts ... ich sage gar nichts.

SALA *sieht sie lang an* Du wirst darüber nachdenken und wirst mir morgen antworten.

JOHANNA Ja. *Sie sieht ihn lange an.*

SALA Was ist dir?

JOHANNA Nichts. – Auf morgen. Leb' wohl. *Er geleitet sie. Sie geht durch die Gartentür ab.*

SALA *kommt zurück und bleibt vor dem Teich stehen* Als wollt' ich ihr Bild drin suchen ... Warum war sie so bewegt? ... Glück? – Nein, das war nicht Glück ... Warum hat sie mich so angesehen? Warum ist sie erschrocken? In dem Blick lag etwas wie Abschied für ewig. *Erschrickt plötzlich* Sollte es so mit mir stehen? ... Aber woher kann sie's wissen? ... Dann wissen es andre auch –! *Er starrt vor sich hin.*

Er geht langsam die Terrasse hinauf, dann in den Salon, kommt gleich wieder, mit Julian.

Zweite Szene

Sala und Julian

JULIAN Und diese Herrlichkeit wollen Sie so bald verlassen?

SALA Sie wird sich hoffentlich wiederfinden lassen.

JULIAN Ich wünsch' es für uns beide.

SALA Sie sagen das so zweifelnd ...

JULIAN Nun ja, – ich denke an den merkwürdigen Artikel in der Tagespost.

SALA Worüber?

JULIAN Nun, über die Vorgänge am Kaspischen Meer.

SALA Ah, haben das die hiesigen Zeitungen auch schon aufgegriffen?

JULIAN Die Zustände in einzelnen Strichen, die Sie passieren, scheinen ja wirklich höchst gefahrvoll zu sein.

SALA Übertreibungen. Wir sind besser unterrichtet. Meiner Ansicht nach stecken hinter diesen Artikeln englische Gelehrten-Eifersüchteleien. Was Sie gelesen, ist aus den Daily News übersetzt. Da stand es schon vor drei Wochen. – Haben Sie übrigens Felix gesehen?

JULIAN Er war noch gestern abend bei mir. Und heute war ich bei Wegrat. Er verlangte das Bild seiner Mutter zu sehen, das ich vor dreiundzwanzig Jahren gemalt habe. – Und so hat es sich gefügt, daß ich ihm alles gesagt habe.

SALA So. *Nachdenklich* Und wie hat er es denn aufgenommen?

JULIAN Es hat ihn beinahe mehr bewegt, als ich gedacht hatte.

SALA Nun, Sie haben hoffentlich nicht erwartet, daß er Ihnen in die Arme stürzen würde wie der wiedergefundene Sohn in der Komödie.

JULIAN Nein. Gewiß nicht. – Ich habe ihm alles erzählt, ohne jede Schonung für mich; darum fühlte er das Unrecht, das an dem Gatten seiner Mutter verübt worden ist, stärker als alles andere. Aber das wird nicht lange währen. Er wird bald verstehen, daß im höheren Sinne kein Unrecht geschehen ist. Leute von der Art Wegrats sind nicht dazu geschaffen, wirklich zu besitzen – weder Frau noch Kinder. Sie mögen Zuflucht, Aufenthalt bedeuten – Heimat nie. Verstehen Sie, wie ich das meine? Es ist ihr Beruf, Wesen in ihren Armen aufzunehmen, die von irgend einer Leidenschaft müde oder zerbrochen sind. Aber sie ahnen nicht, woher sie kommen. Es ist ihnen auch gegönnt, Wesen heranzuziehen und zu betreuen, aber sie verstehen nicht, wohin sie gehen. Sie sind da, um sich unbewußt aufzuopfern und in diesen Opfern ein Glück zu finden, das andern vielleicht recht armselig vorkäme . . . Sie schweigen?

SALA Ich höre Ihnen zu.

JULIAN Und sagen mir nichts?

SALA Nun ja . . . es läßt sich ganz geläufig Skalen spielen, auch wenn der Geigenkasten einen Sprung hat . . .

Dritte Szene

Julian, Sala und Felix. Dann der Diener.

Es wird etwas dunkler.

SALA Wer ist's?

FELIX *auf der Terrasse* Ich bin's. Ihr Diener sagte mir . . .

SALA Oh Felix! Seien Sie mir willkommen.

FELIX *herunterkommend* Guten Abend, Herr von Sala. – Guten Abend, Herr Fichtner.

JULIAN Guten Abend, Felix.

SALA Ich freue mich sehr, Sie bei mir zu sehen.

FELIX Die prachtvollen alten Bäume!

SALA Ein Stück Wald – Sie müssen sich nur das Gitter wegdenken. – Was führt Sie zu mir, Felix? Ich habe Sie erst morgen früh erwartet. Sollten Sie schon zu einem Entschluß gekommen sein?

JULIAN Stör' ich?

FELIX O nein. Es ist kein Geheimnis. – Ich nehme Ihren Vorschlag an, Herr von Sala, und bitte Sie um die Freundlichkeit, mit dem Grafen Ronsky zu sprechen.

SALA *reicht ihm die Hand* Das freut mich . . . *Zu Julian* Es handelt sich um unsere asiatische Unternehmung.

JULIAN Wie? . . . Du hast die Absicht, dich dieser Expedition anzuschließen?

FELIX Ja.

SALA Haben Sie mit Ihrem Vater schon darüber gesprochen?

FELIX Ich will es heute abend tun. – Aber das ist eine Formalität. Ich bin entschlossen, wenn nicht irgend ein anderes Hindernis dazwischen tritt . . .

SALA Ich werde den Grafen heute noch sprechen.

FELIX Wie soll ich Ihnen danken?

SALA Dazu liegt gar keine Ursache vor. Es braucht überhaupt keines Wortes mehr von mir. Der Graf weiß alles über Sie, was zu wissen notwendig ist.

DER DIENER *erscheint auf der Terrasse* Eine Dame fragt, ob der gnädige Herr zu Hause sind.

SALA Sie nannte ihren Namen nicht? – Die Herren entschuldigen einen Augenblick. *Dem Diener entgegen, entfernt sich.*

Vierte Szene

Julian und Felix

JULIAN Du gehst fort?

FELIX Ja. Ich bin sehr glücklich, daß sich mir diese Gelegenheit bietet.

JULIAN Hast du dich denn über das eigentliche Wesen dieser Unternehmung auch schon näher unterrichtet?

FELIX Jedenfalls steht mir eine wirkliche Tätigkeit bevor und eine neue weitere Welt.

JULIAN Ob sich nicht all dies finden könnte in Verbindung mit hoffnungsvolleren Aussichten?

FELIX Das wäre wohl möglich. Aber ich habe keine Lust zu warten.

Fünfte Szene

Felix, Julian, Sala und Irene

IRENE *noch auf der Terrasse, mit Sala* Ich konnte doch nicht Wien verlassen, ohne mein Wort zu halten.

SALA Ich danke Ihnen sehr, Fräulein Herms.

IRENE *mit Sala herunterkommend* Sie haben es hier aber wirklich wundervoll. – Guten Abend, Julian. Guten Abend, Herr Leutnant.

SALA Sie hätten etwas früher kommen sollen, Fräulein Herms, da hätten Sie alles noch im Sonnenschein gesehen.

IRENE Ich war ja schon vor zwei Stunden da. Aber da war es ein verzaubertes Schloß. Man hat nicht hereinkönnen. Die Klingel hat gar keinen Ton gegeben.

SALA Ach ja. Entschuldigen Sie; wenn ich geahnt hätte ...

IRENE Aber es macht ja gar nichts. Ich habe die Zeit ganz gut benützt. Ich bin tiefer in den Wald hineingefahren, bis über Neustift und Salmannsdorf. Und dann bin ich ausgestiegen und bin einen Weg gegangen, der mir aus früherer Zeit in Erinnerung war. *Sie sieht Julian an* Ich hab' mich auf einer Bank ausgeruht, wo ich vor vielen, vielen Jahren mit einem guten Bekannten gesessen bin. *Lächelnd* Wissen Sie noch, Herr Fichtner? Der Blick ist so schön. Über die Wiesen und über die ganze Stadt sieht man hin, bis zur Donau.

SALA *auf die Steinbank weisend* Wollen Sie hier nicht ein bißchen Platz nehmen, Fräulein Herms?

IRENE Danke. *Sie lorgnettiert die Kaiserbüsten* Da kommt man sich ja ganz römisch vor ... Aber hab' ich die Herren nicht in einer Unterredung gestört?

SALA Durchaus nicht.

IRENE Es scheint mir doch. Sie schauen alle so ernst drein. – Ich will lieber gehen.

SALA Nein, das dürfen Sie nicht, Fräulein Herms. – Haben Sie vielleicht noch irgend eine Frage an mich, Felix, in unserer Angelegenheit?

FELIX Wenn Fräulein Herms uns eine Minute entschuldigt ...

IRENE Aber bitte, natürlich!

SALA Sie verzeihen, Fräulein Herms –

FELIX Es handelt sich nämlich um die Schritte, die ich bei meinem Kommando ... *im Gehen. Er entfernt sich langsam mit Sala.*

Sechste Szene

Irene und Julian

IRENE Was haben die zwei für Geheimnisse? Was geht hier überhaupt vor?

JULIAN Gar nichts Geheimnisvolles. Dieser junge Mann will auch die Expedition mitmachen, hör' ich. Und da haben sie natürlich einiges zu besprechen.

IRENE *hat Felix und Sala nachgesehen* Julian. – Er ist es.

JULIAN *schweigt.*

IRENE Du brauchst nicht zu antworten. Ich hab' ununterbrochen darüber nachdenken müssen ... ich begreif' nur nicht, daß ich's nicht früher gewußt hab'. Er ist es. – Und dreiundzwanzig Jahre ist er alt. – Und ich hab' mir damals wirklich gedacht, wie du mich davongejagt hast: Wenn er sich nur nicht umbringt! ... Und dort spaziert sein Sohn.

JULIAN Was hilft's mir? Mir gehört er nicht.

IRENE Schau' doch hin! Er ist da, er lebt, er ist jung und schön! Ist das nicht genug? *Sie steht auf* Und ich war ruiniert.

JULIAN Wie? ...

IRENE Verstehst du mich? Ruiniert ...

JULIAN Das hab' ich nicht geahnt.

IRENE Du hättest mir doch nicht helfen können. *Pause* Adieu. Entschuldig' mich. Sag' ihnen, was du willst. Ich fahr' fort, ich will nichts mehr wissen.

JULIAN Was hast du denn? Es hat sich ja nichts geändert.

IRENE Glaubst du? ... Mir kommt vor, diese ganzen dreiundzwanzig Jahre sind plötzlich was ganz anderes geworden. – Leb' wohl.

JULIAN Leb' wohl. Auf Wiedersehen.

IRENE Auf Wiedersehen? Liegt dir denn was daran? Ja? – Bist du traurig, Julian? ... Jetzt tust du mir schon wieder leid. *Kopfschüttelnd* Ihr seid halt so. Was soll man da machen!

JULIAN Nimm dich zusammen, da kommen sie.

Siebente Szene

Irene, Julian, Sala und Felix

SALA So, nun wäre alles erledigt.

FELIX Ich danke Ihnen sehr. Nun muß ich mich empfehlen.

IRENE Morgen fahren Sie schon wieder weg?

FELIX Ja, Fräulein.

IRENE Sie wollen jetzt wahrscheinlich auch in die Stadt, Herr Leutnant? Wenn es Ihnen nicht unangenehm ist, nehm' ich Sie gleich mit.

FELIX Sie sind sehr freundlich.

SALA Wie, Fräulein Herms ...? Das war aber ein kurzer Besuch.

IRENE Ja, ich habe noch einiges zu besorgen. Denn morgen geht's wieder in die Wildnis; und jetzt komm' ich wahrscheinlich so bald nicht wieder nach Wien. – Also, Herr Leutnant?

FELIX Adieu, Herr Fichtner. Und falls ich Sie nicht mehr sehen sollte ...

JULIAN Wir werden uns noch sehen.

IRENE Die Leute werden sich denken: Der Herr Leutnant mit der Frau Mama. *Sie wirft einen letzten Blick auf Julian.*

SALA *begleitet Irene und Felix die Terrasse hinauf.*

JULIAN *bleibt zurück; er geht auf und ab. Nach einiger Zeit kommt Sala wieder zurück.*

Achte Szene

Julian und Sala

JULIAN Sie halten es für zweifellos, daß Ihre Schritte beim Grafen Ronsky Erfolg haben werden?

SALA Ich habe schon vorher vom Grafen bestimmte Zusicherungen erhalten, sonst hätte ich Felix keine Hoffnungen gemacht.

JULIAN Warum haben Sie das getan, Sala?

SALA Wahrscheinlich, weil mir Felix sehr sympathisch ist, und ich gern in angenehmer Gesellschaft reise.

JULIAN Und Sie haben gar nicht daran gedacht, daß mir der Gedanke schmerzlich ist, ihn zu verlieren?

SALA Was soll das, Julian! Verlieren kann man doch nur, was

man besessen hat. Und besitzen kann man nur, worauf man sich ein Recht erwarb. Das wissen Sie so gut wie ich.

JULIAN Verleiht es nicht schließlich auch ein gewisses Anrecht auf jemanden, wenn man seiner bedarf? – Verstehen Sie es denn nicht, Sala, daß er meine letzte Hoffnung ist? . . . Daß ich überhaupt niemand und nichts mehr habe außer ihm?... Daß ich nach allen Seiten ins Leere greife? . . . Daß mir vor der Einsamkeit graut, die mich erwartet?

SALA Und was hülfe es Ihnen, wenn er bliebe? Was hülfe es Ihnen selbst, wenn er irgend etwas wie kindliche Zärtlichkeit zu Ihnen empfände? . . . Was hülfe er Ihnen oder irgend ein anderer als er? . . . Es graut Ihnen vor der Einsamkeit? . . . Und wenn Sie eine Frau an Ihrer Seite hätten, wären Sie heute nicht allein? . . . Und wenn Kinder und Enkel um Sie lebten, wären Sie es nicht? . . . Und wenn Sie sich Ihren Reichtum, Ihren Ruhm, Ihr Genie bewahrt hätten – wären Sie es nicht?... Und wenn uns ein Zug von Bacchanten begleitet – den Weg hinab gehen wir alle allein . . . wir, die selbst niemandem gehört haben. Das Altern ist nun einmal eine einsame Beschäftigung für unsereinen, und ein Narr, wer sich nicht beizeiten darauf einrichtet, auf keinen Menschen angewiesen zu sein.

JULIAN Und Sie, Sala, Sie glauben, daß Sie keines Menschen bedürfen?

SALA So, wie ich sie gebraucht habe, werden sie mir jederzeit zu Gebote stehen. Ich bin stets für gemessene Entfernungen gewesen. Daß es die andern nicht merken, ist nicht meine Schuld.

JULIAN Da haben Sie allerdings recht, Sala. Sie haben nie ein Wesen auf Erden geliebt.

SALA Möglich. Und Sie? So wenig, Julian, als ich . . . Lieben heißt, für jemand andern auf der Welt sein. Ich sage nicht, daß es ein wünschenswerter Zustand sei, aber jedenfalls, denke ich, wir waren beide sehr fern davon. Was hat das, was unsereiner in die Welt bringt, mit Liebe zu tun? Es mag allerlei Lustiges, Verlogenes, Zärtliches, Gemeines, Leidenschaftliches sein, das sich als Liebe ausgibt, – aber Liebe ist es doch nicht . . . Haben wir jemals ein Opfer gebracht, von dem nicht unsere Sinnlichkeit oder unsere Eitelkeit ihren Vorteil gehabt hätte? . . . Haben wir je gezögert, anständige Menschen zu betrügen oder zu belügen, wenn wir dadurch um eine Stunde des Glücks oder der Lust reicher werden konnten?...

Haben wir je unsere Ruhe oder unser Leben aufs Spiel gesetzt – nicht aus Laune oder Leichtsinn ... nein, um das Wohlergehen eines Wesens zu fördern, das sich uns gegeben hatte? ... Haben wir je auf ein Glück verzichtet, wenn dieser Verzicht nicht wenigstens zu unserer Bequemlichkeit beigetragen hätte? ... Und glauben Sie, daß wir von einem Menschen – Mann oder Weib – irgend etwas zurückfordern dürften, das wir ihm geschenkt hatten? Ich meine keine Perlenschnur und keine Rente und keine wohlfeile Weisheit, sondern ein Stück von unserm Wesen – eine Stunde unseres Daseins, das wir wirklich an sie verloren hätten, ohne uns gleich dafür bezahlt zu machen, mit welcher Münze immer. Mein lieber Julian, wir haben die Türen offen stehen und unsere Schätze sehen lassen – aber Verschwender sind wir nicht gewesen. Sie so wenig als ich. Wir können uns ruhig die Hände reichen, Julian. Ich bin etwas weniger wehleidig als Sie, das ist der ganze Unterschied. – Aber ich erzähle Ihnen ja da nichts neues. Sie wissen das alles gerade so gut wie ich. Es gibt ja für uns gar keine Möglichkeit, uns nicht zu kennen; wir geben uns wohl zuweilen redliche Mühe, uns über uns selbst zu täuschen, aber es gelingt uns nicht. Andern mögen unsere Torheiten, unsere Niederträchtigkeiten verborgen bleiben – uns selber nie. In unserer tiefsten Seele wissen wir immer, woran wir mit uns sind. – Es wird kühl, Julian, gehen wir ins Zimmer. *Sie beginnen hinaufzugehen.*

JULIAN All das mag wahr sein, Sala. Aber Sie werden mir zugeben: Wenn es einen auf der Welt gibt, der uns die Fehler unseres Lebens nicht dürfte entgelten lassen, so ist es gewiß der, der uns selbst das Dasein verdankt.

SALA Von entgelten ist hier gar nicht die Rede. Ihr Sohn hat den Sinn für das Wesentliche, Julian, Sie selbst haben es gesagt. Und er fühlt es, daß man sehr wenig für einen Menschen getan hat, wenn man nichts tat, als ihn in die Welt zu setzen.

JULIAN So soll es wenigstens werden wie vorher, da er noch nichts wußte. Ich will wieder ein Mensch für ihn sein wie jeder andere. So darf er nicht von mir gehen ... Ich ertrag' es nicht. Verdien' ich denn, daß er vor mir flieht? ... Und wenn auch alles, was ich bis heute in mir für gut und wahr gehalten – am Ende auch die Neigung für diesen jungen Menschen, der mein Sohn ist –, nichts gewesen ist als Selbstbetrug – jetzt lieb' ich ihn ... Verstehen Sie mich, Sala? Ich liebe ihn und verlange nichts anderes mehr, als daß er es glaube, eh' ich ihn für immer verlieren muß ...

Dunkelheit. – Beide über die Terrasse hinauf, durch den Salon ab. – Bühne eine Weile leer. Der Wind ist etwas stärker geworden.

Neunte Szene

Johanna kommt von rechts durch die Allee, langsam am Teich vorbei bis zur Terrasse. – Die Fenster des Gartensaals sind erleuchtet. Sala hat sich an den Tisch gesetzt; der Diener ist gekommen und schenkt ein Glas Wein ein. – Johanna bleibt stehen. Sie scheint in großer Erregung und geht zwei Stufen der Terrasse hinauf. Sala hört ein Geräusch und wendet flüchtig den Kopf. Johanna bemerkt es, eilt wieder die Treppe hinunter und bleibt am Teiche stehen. Sie blickt ins Wasser.

Vorhang

FÜNFTER AKT

Garten bei Wegrat.

Erste Szene

Doktor Reumann und Julian

DOKTOR REUMANN *sitzt an einem kleinen Tischchen und schreibt etwas in sein Notizbuch.*

JULIAN *kommt rasch über die Veranda* Ist es wahr, Herr Doktor?

DOKTOR REUMANN *steht auf* Ja, es ist wahr.

JULIAN Verschwunden?

DOKTOR REUMANN Ja, sie ist verschwunden. Seit gestern nachmittag ist sie fort. Sie hat keine Nachricht zurückgelassen, sie hat nichts mit sich genommen – sie ist einfach fortgegangen und nicht mehr zurückgekommen.

JULIAN Ja, was kann denn geschehen sein?

DOKTOR REUMANN Darüber haben wir nicht einmal eine Vermutung. Vielleicht hat sie sich verirrt und kommt wieder.

Oder es ist irgend ein plötzlicher Entschluß ... Wüßte man nur, wozu.

JULIAN Wo sind die andern?

DOKTOR REUMANN Wir wollten um zehn Uhr alle hier wieder zusammentreffen. Ich war in den verschiedenen Spitälern und an andern Orten, wo die Möglichkeit vorlag, eine Spur zu finden ... Der Professor dürfte wohl jetzt die Anzeige erstattet haben.

Zweite Szene

Doktor Reumann und Julian. Felix kommt rasch.

FELIX Nichts?

DOKTOR REUMANN Nichts.

JULIAN *gibt Felix die Hand.*

DOKTOR REUMANN Woher kommen Sie?

FELIX Ich war bei Herrn von Sala.

DOKTOR REUMANN Wie?

FELIX Es schien mir doch nicht unmöglich, daß er irgend welche Vermutung haben, daß er uns irgend eine Richtung angeben könnte. Aber er weiß nichts. Offenbar. Wenn er etwas wüßte – etwas Bestimmtes wüßte, hätte er es mir gesagt. Dessen bin ich sicher. Er lag noch zu Bette, als ich mich bei ihm melden ließ. Er meinte wohl, es handle sich um unsere Angelegenheit. Als er hörte, daß Johanna verschwunden sei, wurde er sehr blaß ... Aber er weiß nichts.

Dritte Szene

Julian, Doktor Reumann und Felix. Wegrat kommt.

WEGRAT Nichts? ...

Die andern schütteln den Kopf. Julian drückt ihm die Hand.

WEGRAT *setzt sich nieder* Man hat nähere Daten, man hat Anhaltspunkte von mir verlangt. Gibt es welche? ... Ich habe keine ... Mir ist es vollkommen rätselhaft. *Zu Julian gewendet*

Nachmittag ist sie fort, zu einem kleinen Spaziergang wie manchmal ... *Zu Felix gewendet* Konnte man ihr das Geringste anmerken? ... Es erscheint mir vollkommen unmöglich, daß sie schon an irgend etwas dachte, als sie das Haus verließ, ... daß sie schon wußte – sie geht auf immer fort.

FELIX Vielleicht doch.

WEGRAT Verschlossen war sie wohl – und besonders in der letzten Zeit, seit ihre Mutter tot ist. – Ob es das sein könnte? ... Halten Sie es für möglich, Herr Doktor?

DOKTOR REUMANN *zuckt die Achseln.*

FELIX Wer hat sie denn gekannt von uns allen? Wer kümmert sich denn überhaupt um die andern?

DOKTOR REUMANN Es ist wahrscheinlich gut so, sonst würden wir alle toll vor Mitleid oder Ekel oder Angst. *Pause* Ich muß jetzt zu meinen Kranken; ich habe einige unaufschiebbare Besuche. Zu Mittag bin ich wieder da. Auf Wiedersehen. *Ab.*

Vierte Szene

Julian, Felix und Wegrat

WEGRAT Da hat man nun so ein Geschöpf heranwachsen sehen, aus einem Kinde ein Mädchen werden, eine junge Dame, – und hunderttausend Worte zu ihr gesprochen ... Und eines Tages steht sie vom Tisch auf, nimmt Hut und Mantel und geht ... geht ohne Abschied, und man hat keine Ahnung, wohin sie entschwebt ist, ob ins Nichts, ob in ein neues Leben.

FELIX Aber was immer geschehen sein mag, Vater – sie wollte von uns fort. Und das kann in jedem Fall eine Art von Beruhigung für uns sein.

WEGRAT *den Kopf schüttelnd, ratlos* Alles flattert davon ... mit Willen, ohne Willen – alles davon.

FELIX Vater, was sich ereignet hat, können wir nicht wissen. Denkbar wäre ja jedenfalls, daß Johanna irgend einen Vorsatz gefaßt hatte, von dem sie wieder abkommt. Vielleicht ist sie in ein paar Stunden oder Tagen wieder hier.

WEGRAT Du glaubst ... du hältst es für möglich?

FELIX Für möglich – ja. Aber wenn sie nicht käme ... den Plan, von dem ich gestern sprach mit dir, Vater, den geb' ich selbstverständlich auf. Unter diesen Verhältnissen denk' ich nicht daran, mich so weit und auf so lange Zeit von dir zu entfernen.

WEGRAT *zu Julian* Nun will er mir gar ein Opfer bringen!

FELIX Vielleicht ließe es sich auch veranlassen, daß ich hierher transferiert werde.

WEGRAT Nein, Felix, du weißt wohl, daß ich das nicht annehme.

FELIX Es ist kein Opfer. Ich versichere dich, Vater, ich bleibe bei dir, weil ich jetzt nicht fort könnte.

WEGRAT O Felix, du könntest – du wirst können. Um meinetwillen sollst du nicht hierbleiben – darfst du nicht hierbleiben. Ich wüßte nicht, inwiefern mir damit gedient sein sollte, daß du diesen Plan aufgibst, den du mit solcher Begeisterung aufgegriffen hast. Ich fände es unverzeihlich von dir, zurückzutreten, und sträflich von mir, es von dir anzunehmen. Sei doch glücklich, daß sich nun endlich für dich ein Weg eröffnet, auf dem du vielleicht alles finden wirst, wonach deine Wünsche gehen. Ich selbst bin glücklich, Felix. Du würdest dein Lebenlang darunter leiden, wenn du diese Gelegenheit versäumtest.

FELIX Aber seit gestern kann sich viel, unendlich viel geändert haben – für dich und für mich.

WEGRAT Für mich – vielleicht. – Aber nichts mehr davon. Ich duld' es nicht, ich nehme ein Opfer nicht an. Ich würde es ja annehmen, wenn ich irgend einen besonderen Vorteil für mich darin sähe. Aber ich hätte dich ja dann nicht mehr, als wenn du fort wärst ... weniger ... gar nicht. Das Schicksal, das über uns hereinbricht, soll nicht zu all seiner eingeborenen Macht auch die schlimmere haben, daß es uns in unserer Verwirrung Dinge tun läßt, die unserm Wesen zuwider sind. Irgend einmal kommen wir doch über das Unglück hinweg, und wär' es das furchtbarste. Aber was wir gegen unser tiefstes Innere verbrochen haben, das ist dann nicht mehr gut zu machen. *Zu Julian gewendet* Ist's nicht so, Julian?

JULIAN Du hast vollkommen recht.

FELIX Ich danke dir, Vater. Ich danke dir, daß du es mir so leicht machst, dir beizustimmen.

WEGRAT Es ist gut, Felix ... In den paar Wochen, die du noch in Europa bleibst, wird man ja noch manches mit einander reden können, – vielleicht mehr als in den letzten Jahren.

Wahrhaftig, man weiß nicht viel von einander ... Ah, ich bin müde. Die ganze Nacht sind wir wachgesessen.

FELIX Willst du dich nicht ein wenig ausruhen, Vater?

WEGRAT Ausruhen ... Du bleibst zu Hause, Felix, nicht wahr?

FELIX Ja, ich will warten. Was soll man anders tun?

WEGRAT Ich zermartere mir den Kopf ... Warum hat sie nichts zu mir gesprochen? Warum hab' ich nichts von ihr gewußt? Warum bin ich ihr so fern gewesen? *Er geht ab.*

Fünfte Szene

Julian und Felix

FELIX Und dieser Mann wurde belogen – sein Leben lang – von uns allen.

JULIAN Es gibt auf dieser Welt keine Sünde, kein Verbrechen, keinen Betrug, der nicht gutzumachen ist. Und gerade für das, was hier geschehen ist, sollte es keine Sühne und kein Vergessen geben?

FELIX Sollten Sie es nicht verstehen? ... Hier hat man die Lüge ins Ewige getrieben. Darüber kann ich nicht weg. Und die das getan hat, war meine Mutter, – der sie dahin gebracht hat, waren Sie, – und die Lüge bin ich selbst, solange ich für einen gelte, der ich nicht bin.

JULIAN So laß uns die Wahrheit sagen, Felix. – Ich stelle mich jedem Richter, den du wählst, füge mich jedem Spruch, der über mich verhängt wird. – Soll gerade ich auf immer verdammt sein? Soll ich, der einzige unter allen, die gefehlt haben, niemals sagen dürfen: »Es ist gesühnt«?

FELIX Es ist zu spät. Ein Geständnis hebt eine Schuld nur auf, solange der Schuldige dafür bezahlen kann. Diese Frist, Sie fühlen es wohl selbst, ist längst abgelaufen.

Sechste Szene

Felix, Julian und Sala

FELIX Herr von Sala! Sie haben mir etwas zu sagen?

SALA Ja. – Guten Morgen, Julian ... Bleiben Sie, Julian. Es ist mir willkommen, daß ich einen Zeugen habe. *Zu Felix* Sie sind entschlossen, die Expedition mitzumachen?

FELIX Das bin ich.

SALA Ich auch. Aber es wäre möglich, daß einer von uns von dem Entschlusse abstehen wird.

FELIX Herr von Sala ...?

SALA Es wäre nicht in der Ordnung, könnte man finden, sich mit jemandem auf eine so weite Reise zu begeben, der einen vielleicht lieber totschösse, wenn er einen vollkommen kennte.

FELIX Herr von Sala, wo ist meine Schwester?

SALA Ich weiß es nicht. Ich weiß es nicht, wo sie in diesem Augenblicke ist. Gestern Abend, eh' Sie kamen, hat sie mich zum letztenmal verlassen.

FELIX Herr von Sala –

SALA Ihr Abschiedswort an mich war: Auf morgen. Sie sehen, daß ich heute früh allen Grund hatte, überrascht zu sein, als Sie bei mir erschienen. Erlauben Sie mir ferner, Ihnen zu sagen, daß ich gerade gestern Johanna bat, meine Frau zu werden, was sie lebhaft zu erschüttern schien. Diese Mitteilung mache ich Ihnen keineswegs, um etwas zu beschönigen. Denn in meiner Bitte lag nicht die Absicht, irgend ein Unrecht gut zu machen, sondern es war wahrscheinlich nur eine Laune – wie mancherlei anderes. Es handelt sich nur darum, daß Sie die Wahrheit erfahren. Ich stehe Ihnen also in jeder Weise zur Verfügung. – Das zu sagen, hielt ich für durchaus notwendig, ehe wir am Ende in den Fall kommen, zusammen in die Tiefen der Erde hinabzusteigen oder vielleicht unter einem Zelte zu schlafen.

FELIX *nach einer langen Pause* Herr von Sala ... wir werden nicht unter einem Zelte schlafen.

SALA Wie?

FELIX So weit geht Ihre Reise nicht mehr.

Große Pause.

SALA So ... Ich verstehe Sie. Sie sind dessen sicher?

FELIX Vollkommen. – *Pause.*

SALA Johanna wußte es?

FELIX Ja.

SALA Ich danke Ihnen. – O, Sie können ruhig meine Hand nehmen. Die Angelegenheit ist ja so ritterlich geordnet als nur möglich. – Nun? ... Es ist nicht einmal üblich, die Hand demjenigen zu verweigern, der zu Boden liegt.

FELIX *reicht ihm die Hand. Dann* Und wo mag sie sein?

SALA Ich weiß es nicht.

FELIX Machte sie keinerlei Andeutungen?

SALA Keine.

FELIX Aber haben Sie keine Vermutung? Hat sie vielleicht irgend welche Verbindung angeknüpft – im Ausland? Hat sie irgendwo Freundinnen oder Freunde, von denen mir nichts bekannt ist?

SALA Nicht, daß ich wüßte.

FELIX Glauben Sie, daß sie noch lebt?

SALA Ich weiß nicht.

FELIX Wollen Sie nicht mehr reden, Herr von Sala?

SALA Ich kann nicht mehr reden. Ich habe jetzt nichts mehr zu sagen. Leben Sie wohl, reisen Sie glücklich. Grüßen Sie den Grafen Ronsky.

FELIX Wir sehen einander doch nicht zum letztenmal?

SALA Wer kann das wissen?

FELIX *reicht ihm die Hand* Ich eile zu meinem Vater. Ich glaube mich verpflichtet, ihm mitzuteilen, was ich von Ihnen erfahren habe.

SALA *nickt.*

FELIX *zu Julian* Adieu. *Ab.*

Siebente Szene

Julian und Sala

Beide entfernen sich.

JULIAN *da Sala plötzlich stehen bleibt* Warum zögern Sie? Gehen wir.

SALA Es ist sehr seltsam, es zu wissen. Schleier gleiten über alles ... Fort mit euch! Ich habe keine Lust, es mir gefallen zu lassen, solange ich noch da bin – und wär' es auch nur für eine Stunde ...

JULIAN Glauben Sie es denn?

SALA *sieht Julian lange an* ... Ob ich es glaube ...? – Er hat sich gut benommen, Ihr Sohn ... Wir werden nicht unter einem Zelte schlafen ... Nicht übel! Das hätte mir einfallen können ...

JULIAN Warum kommen Sie nicht? Haben Sie vielleicht doch noch etwas zu sagen?

SALA Das will ich Sie fragen, Julian.

JULIAN Sala?!

SALA Ich habe nämlich von einer sonderbaren Halluzination nicht gesprochen, die mir begegnet ist, eh' ich hierher fuhr. Ich denke, es war eine ...

JULIAN So reden Sie doch!

SALA Denken Sie: Eh' ich mich vom Hause entfernte – gleich nachdem Felix fortgegangen war, ging ich in meinen Garten – das heißt, ich lief durch ihn – in einem sonderbaren Zustand von Erregung, den Sie begreifen werden. Und als ich am Teich vorbei kam, da war mir, als säh' ich auf dem Grund ...

JULIAN Sala!

SALA Die Wasser schimmern grünlich blau, überdies fallen am frühen Morgen die Schatten der Buchen darüber hin. Und seltsamerweise sprach Johanna gestern dieses Wort: »So wenig dies Wasser mein Bild behalten kann ...« – Es ist auch eine Art, das Schicksal herauszufordern ... Und als ich an dem Teich vorüberkam, war mir, als hätte ... das Wasser doch ihr Bild behalten.

JULIAN Ist das wahr?

SALA Wahr – oder nicht wahr ... was soll mir das bedeuten? Das könnte doch nur dann ein Interesse für mich haben, wenn ich in einem Jahr oder in einer Stunde noch auf der Welt wäre.

JULIAN Sie wollen – –?

SALA Natürlich will ich. Sie denken doch nicht, ich werde warten? Das fänd' ich ein wenig peinlich. *Zu Julian, lachend* Wer wird Ihnen jetzt die Stichworte bringen, lieber Freund? Ja, nun ist es aus ... Wo ist nun alles? ... Wo sind die Thermen des Caracalla? Wo ist der Park von Lugano? ... Wo ist mein hübsches kleines Haus? ... Nicht weiter und nicht näher als jene marmornen Stufen, die in eine geheimnisvolle Tiefe führen ... Schleier über alles ... – Ihr Sohn wird es vielleicht erfahren, ob es mit der dreihundertzwölften zu Ende ist – und wenn nicht, so wird es ihn wenig kümmern. – Finden Sie nicht, daß er sich brav gehalten hat? ... Es scheint mir überhaupt, daß jetzt wieder ein besseres Geschlecht heranwächst, – mehr Haltung und weniger Geist. – Grüß' Sie der Himmel, Julian.

JULIAN *will ihm folgen.*

SALA *mild und bestimmt* Bleiben Sie, Julian. Unser Dialog ist zu Ende. Leben Sie wohl. *Rasch ab.*

Achte Szene

Julian und Felix. Dann Wegrat.

FELIX *kommt rasch* Herr von Sala ist fort? Mein Vater wollte mit ihm reden. – Und Sie sind noch hier? ... Warum ist Herr von Sala fort? Was hat er Ihnen gesagt? – Johanna ...! ... Johanna ...?

JULIAN Sie ist tot ... sie hat sich im Teich ertränkt.

FELIX *mit einem Aufschrei des Entsetzens* Wo ist er hin?!

JULIAN Du findest ihn wohl nicht mehr.

FELIX Was hat er vor?

JULIAN Er bezahlt ... zur rechten Zeit ...

WEGRAT *kommt von der Veranda.*

FELIX *ihm entgegen* Vater ...

WEGRAT Felix! Was ist geschehen?

FELIX Wir wollen nach Salas Villa fahren, Vater.

WEGRAT Tot? ...

FELIX Vater! *Er ergreift die Hand Wegrats und küßt sie* Mein Vater!

JULIAN *ist langsam gegangen.*

WEGRAT Müssen solche Dinge geschehen, daß mir dieses Wort klingt, als hört' ich's zum erstenmal ...?

Vorhang

DAS WEITE LAND

Tragikomödie in fünf Akten

Personen

FRIEDRICH HOFREITER, *Fabrikant*

GENIA, *seine Frau*

ANNA MEINHOLD-AIGNER, *Schauspielerin*

OTTO, *ihr Sohn, Marine-Fähnrich*

DOKTOR VON AIGNER, *der geschiedene Gatte der Frau Meinhold*

FRAU WAHL

GUSTAV } *ihre Kinder*
ERNA }

NATTER, *Bankier*

ADELE, *seine Frau*

DOKTOR FRANZ MAUER, *Arzt*

DEMETER STANZIDES, *Oberleutnant*

PAUL KREINDL

ALBERTUS RHON, *Schriftsteller*

MARIE, *seine Frau*

SERKNITZ

DOKTOR MEYER

ERSTER } TOURIST
ZWEITER }

ROSENSTOCK, *Portier im Hotel am Völser Weiher*

EINE ENGLÄNDERIN

EINE FRANZÖSIN

EINE SPANIERIN

PENN, *Führer*

DIE ZWEI KINDER DER FRAU NATTER

DIE MISS

STUBENMÄDCHEN *bei Hofreiter*

TOURISTEN, HOTELGÄSTE, KELLNER, BOYS *usw.*

Ort der Handlung: Baden bei Wien; nur im dritten Akt das Hotel am Völser Weiher.

ERSTER AKT

Veranda der Villa Hofreiter und Garten.

Rechts die Veranda, geräumig, mit Balustrade, die auch beiderseits längs der sechs in den Vorgarten führenden Stufen weiterläuft. Doppeltür von der Veranda zum Gartensalon steht offen. – Vor der Veranda Rasenplatz mit Rosensträuchern in Blüte. – Ein grüner, ziemlich hoher Holzzaun schließt den Garten ein, der Zaun biegt rückwärts im rechten Winkel um und läuft hinter der Villa weiter. Fußweg außen längs des Zauns. Fahrstraße parallel dem Fußweg. Innen, längs des Zauns Buschwerk. Die Gartentüre, links, Mitte, der Veranda gegenüber, steht offen. Rings um den Rasenplatz Bänke: eine vorn dem Zuschauerraum gegenüber, eine der Gartentür gegenüber, eine dritte jenseits des Rasens, also mit der Lehne zum Zuschauerraum. Auf der Veranda ein länglicher Tisch mit sechs Sesseln. In der Ecke hinten ein Oleanderbaum. Die Veranda ist durch eine rotweiß gestreifte Markise überdeckt. Eine elektrische Lampe auf dem Tisch. Ein Wandarm rechts von der Türe. Auf dem Tisch Teegeschirr. Später Nachmittag, nach einem Gewitterregen. Wiesen und Blätter feucht. Lange Schatten der Gitterstäbe fallen in den Garten.

FRAU GENIA, *31 Jahre, einfach-vornehm gekleidet; dunkelgrauer Rock, violette Seidenbluse, sitzt am Tisch der Veranda auf dem Sessel an der Schmalseite, die dem Publikum zugekehrt ist. Sie stellt eben die Teetasse hin, sieht einen Augenblick vor sich hin, steht auf, rückt den Sessel fort, sieht nach hinten über die Balustrade in den Garten, dann geht sie über die Stufen in den Garten hinab, die Hände auf dem Rücken, wie es ihre Gewohnheit ist.*

DAS STUBENMÄDCHEN *kommt aus dem Gartensalon auf die Veranda mit einer großen Tasse, will das Teegeschirr abräumen, zögert.*

GENIA *noch auf den Stufen, wendet sich nach ihr um* Servieren Sie nur ab. Der gnädige Herr wird wohl in der Stadt Tee getrunken haben.

Nach einer kleinen Pause, in der sie den Himmel betrachtet

Übrigens könnten Sie aufziehen.

STUBENMÄDCHEN *während sie das Servierbrett hinstellt und die Markise hochzieht* Soll ich der gnädigen Frau nicht was zum Umnehmen bringen? Es ist kühl geworden.

GENIA Ja. Den weißen Mantel. *Sie riecht an einer Rose am Strauch, dann setzt sie ihren Spaziergang fort, längs der Veranda nach hinten.*

STUBENMÄDCHEN *hat die Markise ganz aufgezogen, räumt ab und entfernt sich mit dem Teegeschirr.*

FRAU WAHL *und* ERNA *kommen auf der Straße von rückwärts, längs des Zauns und nähern sich dem Eingang.*

GENIA *weitergehend längs der Wiese, nähert sich gleichfalls dem Eingang.*

FRAU WAHL *und* ERNA *grüßen schon von draußen durch Kopfnicken.*

GENIA *winkt leicht mit der Hand, beschleunigt ihre Schritte ein wenig, und trifft am Tor mit beiden zusammen.*

FRAU WAHL *und* ERNA, *beide in dunkeln englischen Kostümen mit Jacke bleiben stehn.*

FRAU WAHL, *schlank, beweglich, etwa 45 Jahre, von einer gewissen lässigen, aber sehr bewußten Vornehmheit. Sie näselt ein wenig, spricht ein nicht ganz echtes aristokratisch-wienerisch. Blick und Redeweise bald zu müde, bald zu lebhaft. Während sie spricht, schaut sie meist an ihrem Partner vorbei und erst, wenn sie zu Ende geredet hat, betrachtet sie ihr Gegenüber freundlich-forschend, wie um sich beruhigt zu finden.*

ERNA, *größer als ihre Mutter, schlank, bestimmt und gradheraus bis zur Unbedenklichkeit, ohne vorlaut zu wirken. Fester, unbefangener Blick.*

GENIA *reicht beiden freundlich die Hand* Wohlbehalten aus der Stadt zurück?

FRAU WAHL Wie Sie sehn, liebe Frau Genia. Es war ein fürchterliches Wetter.

GENIA Bei uns heraußen auch bis vor einer Stunde.

FRAU WAHL Sie haben schon recht gehabt, daß Sie lieber zu Hause geblieben sind. Auf dem Friedhof ist man geradezu versunken. Ich bin wirklich nur Erna zu Liebe mit hinausgefahren. Es hätte wohl genügt, der Zeremonie in der Kirche beizuwohnen – meiner Ansicht nach! Ich bitte Sie, wem erweist man am Ende einen Dienst damit ...

ERNA Da hat die Mama freilich recht ... Zum Leben haben wir ihn doch nicht wieder erweckt, den armen Korsakow.

GENIA Die Beteiligung war wohl sehr groß?

FRAU WAHL Enorm. In der Kirche hat man sich kaum rühren können. Und auch auf dem Friedhof waren sicher ein paar hundert Menschen – trotz des miserablen Wetters.

GENIA Viele Bekannte?

FRAU WAHL Ja, natürlich ... Natters kamen in ihrem neuen scharlachroten Automobil angefahren.

GENIA *lächelnd* Von dem hab' ich schon gehört.

FRAU WAHL Es hat einen phantastischen Eindruck gemacht, an der Friedhofsmauer ... Nicht g'rad phantastisch, aber sonderbar hat's ausgeschaut ...

DAS STUBENMÄDCHEN *kommt mit dem weißen Mantel, den sie Genia umgibt* Küss' die Hand, gnädige Frau, küss' die Hand, Fräulein.

FRAU WAHL *leutselig* Grüß' Sie Gott, liebe Kathi.

ERNA Guten Abend.

Stubenmädchen ab.

GENIA Haben Sie meinen Mann nicht gesprochen, draußen auf dem Friedhof?

FRAU WAHL Ja ... flüchtig.

ERNA Er war sehr erschüttert.

GENIA Das denk' ich mir.

ERNA Ich hab' mich eigentlich gewundert. Er gehört doch sonst nicht zu den Menschen, denen leicht etwas nahe geht.

GENIA *lächelnd* Wie genau Sie ihn kennen.

ERNA Nun, sollt' ich nicht? *Sehr einfach* Schon als siebenjähriges Mädel hab' ich ihn geliebt. Lang vor Ihnen, gnädige Frau.

GENIA Schon wieder »gnädige Frau«.

ERNA *beinahe zärtlich* Frau Genia. *Küßt ihr die Hand.*

GENIA Er hat übrigens Alexei Korsakow sehr gerne gehabt.

ERNA Offenbar. – Früher dacht' ich nämlich, daß Korsakow einfach – sein Klavierspieler gewesen ist.

GENIA Wie meinen Sie das ... sein Klavierspieler?

ERNA Nun, so wie der Doktor Mauer sein guter Freund ist, Herr Natter sein Bankier, ich seine Tennispartnerin, der Oberleutnant Stanzides ... sein Sekundant.

GENIA Oh ...

ERNA Wenn's einmal zu so was käme, mein' ich ... Er nimmt sich von jedem, was ihm gerade konveniert, und um das, was sonst in dem Menschen stecken mag, kümmert er sich kaum.

FRAU WAHL Wissen Sie, Frau Genia, wie mein seliger Mann solche Bemerkungen von Erna zu nennen pflegte? Ihre Produktionen auf dem psychologischen Seil.

OTTO VON AIGNER *kommt herbei, grüßt beim Tor* Guten Abend.

GENIA Guten Abend, Herr von Aigner. Wollen Sie nicht ein wenig zu uns hereinkommen?

OTTO Wenn's gestattet ist. *Er tritt in den Garten. Er ist ein fünfundzwanzigjähriger junger Mann, von zurückhaltendem und liebenswürdigem Benehmen; trägt die Uniform eines Marinefähnrichs. Begrüßung.*

GENIA Wie geht's Ihrer Frau Mama? Ich hatte eigentlich gehofft, sie heute Nachmittag bei mir zu sehen.

OTTO Ist sie nicht gestern bei Ihnen gewesen, gnädige Frau?

GENIA Ja. Und vorgestern auch. *Lächelnd* Sie hat mich eben ein wenig verwöhnt.

OTTO Meine Mutter ist schon vor zwei Stunden in die Stadt gefahren. Sie hat heute abend zu spielen. *Zu Frau Wahl und Erna* Die Damen waren heute wohl auch in der Stadt? Ich sah Sie in der Früh' während dieses schrecklichen Wolkenbruchs zur Bahn fahren.

FRAU WAHL Wir haben dem Begräbnis von Korsakow beigewohnt.

OTTO Richtig, das war ja heute. Weiß man eigentlich, warum er sich umgebracht hat?

ERNA Nein.

FRAU WAHL Irgendwer heut' auf dem Friedhof meinte, es sei ein Selbstmord aus gekränktem Ehrgeiz gewesen.

GENIA Wie –? ... Korsakow ...?

FRAU WAHL Ja. Weil er nämlich immer zu hören bekam, er könne nur Chopin spielen und Schumann – aber keinen Beethoven und keinen Bach ... Ich hab' es übrigens auch gefunden.

OTTO Daß einen so was in den Tod treiben sollte, ist doch etwas unwahrscheinlich. Hat er keinen Abschiedsbrief hinterlassen?

ERNA Korsakow hat nicht zu den Menschen gehört, die Abschiedsbriefe schreiben.

FRAU WAHL Woher weißt du das wieder so bestimmt?

ERNA Dazu war er viel zu klug und zu geschmackvoll. Er hat eben gewußt, was das heißt: tot sein. Und daher war es ihm ganz egal, was die Leute am nächsten Morgen für ein Gesicht dazu machen werden.

OTTO Irgendwo hab' ich gelesen, daß er am Abend vor seinem Selbstmord noch mit einigen Freunden soupiert haben soll ... in bester Laune ...

FRAU WAHL Ja, das steht dann immer in der Zeitung.

GENIA Diesmal stimmt es zufällig. – Das weiß ich nämlich, weil mein Mann auch unter diesen Freunden gewesen ist, die mit ihm soupiert haben.

FRAU WAHL Ah ...

GENIA *beiläufig* Er hat ja manchmal bis spät abends in der Stadt zu tun, und dann soupiert er immer im Imperial, – an einer Art Stammtisch – noch aus seinen Junggesellentagen. In der letzten Zeit war auch Korsakow oft dabei, der im Hotel gewohnt hat. Und wie mir Friedrich selbst erzählte, – es war ihm an diesem letzten Abend nicht das geringste anzumerken. Sie haben nachher im Kaffeehaus noch miteinander Billard gespielt.

FRAU WAHL Wie, Ihr Mann und Korsakow?

GENIA Ja. Sie haben sogar gewettet – und Friedrich hat verloren. Am nächsten Morgen, vom Bureau aus, hat er den Diener ins Hotel geschickt mit den verwetteten Zigarren ... und – wissen Sie denn das nicht? Der Diener war es ja, der die Sache entdeckt hat.

FRAU WAHL Wieso denn?

GENIA Nun, er klopfte ein paarmal, niemand rief herein, endlich öffnete er die Türe, um die Zigarren zu deponieren und ...

ERNA Da lag Korsakow tot ...

GENIA Ja. Tot auf dem Diwan, den Revolver noch in der Hand ...

Pause.

FRAU WAHL Ihr Diener muß nicht wenig erschrocken sein. – Was hat er denn mit den Zigarren gemacht? Hat er sie dort stehn lassen?

ERNA Die Mama ist für historische Genauigkeit.

GENIA Verzeihen Sie, Frau von Wahl, aber darnach zu fragen hab' ich wirklich total vergessen.

Geräusch von einem Auto.

FRAU WAHL Es hält hier.

GENIA Das ist Friedrich ...

ERNA Da könnte man gleich eine Tennispartie verabreden. Ist der Platz schon instand gesetzt?

OTTO Natürlich. Ich hab' gestern mit Herrn Hofreiter zwei Stunden gesingelt.

FRAU WAHL Er war in der Stimmung, Tennis zu spielen?

ERNA Warum soll er denn nicht in der Stimmung gewesen sein, Mama? Daran kann ich nun gar nichts finden. Auf meinem Grab dürfte man Cake walk tanzen oder sogar Machich ... oh ja ... Es wäre mir eher ein sympathischer Gedanke.

DOKTOR MAUER *kommt. Fünfunddreißig Jahre, groß, blonder Vollbart, Zwicker, Narbe von einem Säbelhieb auf der Stirne, dunkler Sakkoanzug, nicht elegant, aber durchaus nicht nachlässig gekleidet* Guten Abend, meine Herrschaften.

GENIA Sie sind's, Doktor?

MAUER *alle sehr schnell begrüßend* Küss' die Hand, gnädige Frau. *Zu Frau Wahl* Guten Abend, Fräulein Erna, guten Abend Herr Fähnrich. *Zu Genia* Der Friedrich läßt sich schön empfehlen,

Frau Genia, er hat noch in der Fabrik zu tun. Ich bin mit ihm bis hin gefahren, und er war so freundlich, mir das Auto zu überlassen für ein paar Krankenvisiten, die ich da heraußen zu machen habe. Er kommt später mit der Bahn.

FRAU WAHL Wir müssen uns leider empfehlen. *Zu Mauer* Hoffentlich sehn wir Sie auch bald einmal bei uns, Herr Doktor. Trotzdem wir uns, gottlob, eines ungestörten Wohlbefindens erfreuen.

ERNA Sie müssen aber bald kommen, Doktor, im Juli reisen wir nämlich nach Tirol, an den Völser Weiher.

MAUER Ah!

FRAU WAHL Wir haben dort Rendezvous mit dem Gustl. *Zu Otto* Das ist nämlich mein Sohn, der reist das ganze Jahr herum. Na, nicht grad das ganze – aber recht viel ... das kann man schon sagen ... Voriges Jahr war er in Indien.

ERNA Und ich möcht' wieder einmal kraxeln.

MAUER So? Da trifft man sich vielleicht auf irgend einer Felsenspitze. Mich zieht es nämlich auch in die Dolomiten. *Zu Genia* Und ich will nicht verhehlen, gnädige Frau, daß ich große Lust hab', mir heuer den Friedrich dazu auszuborgen.

GENIA Zu Dolomitentouren –? ... Was sagt er denn dazu ...?

MAUER Er scheint nicht gänzlich abgeneigt.

FRAU WAHL Ich hab' gemeint, daß der Friedrich seit ... seit ... dem Unglück von damals das Bergsteigen ganz aufgegeben hat.

MAUER Aber doch nicht für immer.

GENIA *zu Otto, erklärend* Ein Freund meines Mannes, ein gewisser Doktor Bernhaupt, ist nämlich direkt von seiner Seite weg von einem Felsen abgestürzt und auf der Stelle tot geblieben. Es sind übrigens schon sieben Jahre her.

OTTO *zu Genia* So? An dieser Partie hat Ihr Herr Gemahl teilgenommen?

ERNA *nachdenklich* Man muß sagen ... er hat nicht viel Glück mit seinen Freunden.

GENIA *zu Otto* Sie wissen von dieser Geschichte?

OTTO Sie blieb mir begreiflicherweise im Gedächtnis, da sie gerade auf dem Felsen passiert ist, den – mein Vater vor mehr als zwanzig Jahren als allererster bestiegen hat.

GENIA Richtig, der Aignerturm war es.

MAUER Der Aignerturm ... Man hat wirklich schon vergessen, daß der nach einem lebendigen Menschen so heißt.

Kleine Pause.

ERNA Das muß doch eigentlich ein sonderbares Gefühl für Sie sein, Herr Fähnrich, daß da in den Dolomiten ein Felsen steht, mit dem Sie gewissermaßen verwandt sind.

OTTO Das ist gar nicht so sonderbar, Fräulein. Beide sind mir nämlich ziemlich fremd, der Felsen und mein Vater. Ich war ein Bub' von vier oder fünf Jahren, als sich meine Eltern von einander trennten ...

FRAU WAHL Und seither haben Sie Ihren Herrn Papa nicht mehr gesehn?

OTTO Es fügte sich so ...

Pause.

ERNA *zum Gehen auffordernd* Also Mama ... ich denke, es wäre Zeit.

FRAU WAHL Ja, wahrhaftig! ... Wann wir überhaupt mit dem Auspacken fertig werden sollen! *Zu Mauer* Wir sind nämlich erst am Sonntag herausgezogen. Wir führen noch nicht einmal Menage ... Wir müssen in diesem entsetzlichen Kurpark unsere Mahlzeit nehmen.

ERNA Aber Mama, es schmeckt dir doch sehr gut.

FRAU WAHL Aber so viel Leut' sind immer dort, besonders abends ... Also auf Wiedersehn, Frau Genia ... Gehn S' ein Stückerl mit uns, Herr Fähnrich?

OTTO Wenn's erlaubt ist ... Adieu, gnädige Frau, bitte mich dem Herrn Gemahl zu empfehlen.

ERNA Auf Wiedersehn, Frau Genia. Adieu, Herr Doktor.

Verabschiedung. Frau Wahl, Erna, Otto ab.

GENIA, MAUER

MAUER *nach einer kleinen Pause, hat Erna nachgesehen* Das ist eine, der man beinahe die Mutter verzeihn könnte.

GENIA Auch nicht die schlimmste, die gute Frau Wahl ... Ich find' sie eher amüsant. Wenn's also nur daran liegt! *Während sie der Veranda zugeht* Ich hab's Ihnen neulich schon gesagt, überlegen Sie sich die Sache, Doktor.

MAUER *halb im Scherz* Ich glaube, ich bin ihr nicht elegant genug. *Folgt ihr allmählich.*

GENIA *ein paar Stufen hinauf* Ich hab' übrigens gar nicht gewußt, daß Friedrich auch nachher noch im Büro zu tun hätte.

MAUER Ja, das sollt' ich Ihnen noch ausrichten, Frau Genia, er muß eine wichtige Depesche abwarten.

GENIA Amerika?

MAUER Ja. Wegen der Patentangelegenheit mit seinen neu erfundenen Glühlichtern.

GENIA Es ist nur eine Verbesserung, Doktor! *Setzt sich.*

MAUER *stehend an die Balustrade gelehnt* Wie immer, jedenfalls scheint die Sache gewaltige Dimensionen anzunehmen. Ich höre, er will zubauen zu der Fabrik; den Häuserblock daneben ankaufen ...

GENIA Ja ...

MAUER Und nebstbei hat sich wieder das Konsortium gemeldet, das ihm so nachläuft, wegen Ankaufs der Fabrik. Morgen früh hat er eine Konferenz mit seinem Bankier.

GENIA Mit Natter.

MAUER Natürlich, mit Natter.

GENIA Sie waren auch beim Begräbnis, die Natters, hör' ich.

MAUER Ja.

GENIA Das scharlachrote Automobil soll großes Aufsehen gemacht haben.

MAUER Ja, was ist da zu machen? Es ist nun einmal scharlachrot. *Kleine Pause.*

GENIA *sieht Mauer schwach lächelnd an.*

MAUER Übrigens – die Geschichte ist aus.

GENIA *weiter ruhig lächelnd* Wissen Sie das ganz bestimmt?

MAUER Ich kann Sie versichern, Genia.

GENIA Hat Ihnen Friedrich etwa ...

MAUER Nein, von dergleichen spricht er ja nie. Aber wozu hätte man seinen diagnostischen Blick. Es ist sogar schon geraume Zeit her, daß es aus ist. Ich versichere Sie, Frau Genia, Friedrich ist tatsächlich immer im Büro oder in der Fabrik. Sie kennen ihn ja! Seine neuen Glühlichter müssen die Welt erobern, sonst macht ihm die ganze Sache keinen Spaß. Frau Natter existiert also nicht mehr für ihn.

GENIA Es ist immerhin beruhigend, so etwas zu hören.

MAUER Zur Unruhe war doch wahrhaftig nie ein Anlaß. Adelchen ist im Grunde die harmloseste Person von der Welt. Wenn man nicht zufällig wüßte –

GENIA Ja, sie! Von ihr aus drohte keinerlei Gefahr. Aber Herrn Natter halt' ich bei all seiner äußern Liebenswürdigkeit und Gutmütigkeit für einen brutalen Menschen. Sogar für etwas tückisch. Und manchmal hab' ich schon Angst gehabt um Friedrich. Das können Sie sich ja denken. Angst, wie um einen Sohn, – einen ziemlich erwachsenen, der sich in zweifelhafte Abenteuer einläßt.

MAUER *sitzt ihr gegenüber* Es ist wirklich interessant, wie Sie die Dinge auffassen. Man möchte fast glauben, daß Frauen, die zu Müttern geboren sind, gelegentlich die Gabe besitzen – es auch für ihre Gatten zu sein.

GENIA Oder zu werden, lieber Doktor. Es war mir ja nicht immer so mütterlich zumute. In früherer Zeit war ich mehr als einmal nahe daran, auf und davon zu gehen.

MAUER Oh! –

GENIA Mit meinem Buben natürlich. Den Percy hätt' ich ihm nicht gelassen, da können Sie ruhig sein!

MAUER Sie wollten einmal von Friedrich fortgehen ...?

GENIA Ja, das wollt' ich ... Und ein anderes Mal hab' ich mich sogar umbringen wollen. Das ist freilich schon lange her. Vielleicht kommt's mir jetzt auch nur so vor, daß ich das – –

MAUER Gewiß ... Das hätten Sie nie und nimmer getan ... Schon um ihm keine Ungelegenheiten zu verursachen.

GENIA Halten Sie mich für so rücksichtsvoll? Das ist ein Irrtum, Doktor ... Es gab sogar eine Zeit, in der ich das Rücksichtsloseste vorhatte, was eine Frau einem Mann und besonders einem eiteln antun kann. Mich ... zu rächen.

MAUER Zu rächen?

GENIA Sagen wir zu revanchieren.

MAUER Ach so ... Das wäre jedenfalls das einfachste gewesen. Und hätte vielleicht auch sonst manches für sich gehabt. Na, vielleicht kommt's noch. Es kann auch Ihnen einmal die Stunde des Schicksals schlagen, Frau Genia.

GENIA Und es müßte am Ende gar nicht die Stunde des Schicksals sein.

MAUER *ernst* Bei Ihnen schon. Das ist es eben. Eigentlich schade. Mein Gerechtigkeitsgefühl wehrt sich schon lange entschieden dagegen, daß gerade mein alter Freund Friedrich – nicht bezahlen sollte.

GENIA Und wer sagt Ihnen, lieber Doktor, daß Friedrich nicht bezahlt? Muß es denn gerade in gleicher Münze sein? Er bezahlt schon – in seiner Weise! Es geht ihm wirklich nicht so gut, wie Sie glauben. Auch nicht so gut, wie er selber manchmal glaubt. Zuweilen tut er mir geradezu leid. Wirklich, Doktor, manchmal denk' ich, es ist ein Dämon, der ihn so treibt.

MAUER Ein Dämon –? Na ja! . . . aber es gibt Frauen, die ihren Herrn Gemahl samt dem Dämon zum Teufel jagten in einem solchen Fall . . . *auf einen fragenden Blick Genias* wie es seinerzeit zum Beispiel die Mutter des Herrn Fähnrich mit ihrem doch auch ziemlich dämonischen Gemahl gemacht hat.

GENIA Vielleicht hat sie ihren Gatten mehr geliebt als ich den meinen. Vielleicht ist es überhaupt die höhere Art von Liebe, die n i c h t verzeiht.

FRIEDRICH HOFREITER *kommt. Schlank, nicht sehr groß, schmales, feines Gesicht, dunkler Schnurrbart, englisch gestutzt; blondes grau meliertes, rechts gescheiteltes Haar. Er trägt Zwicker ohne Band, den er manchmal abnimmt; geht etwas nach vorn gebeugt. Kleine, ein wenig zusammengekniffene Augen. Liebenswürdige weiche, beinahe weichliche Art zu reden, die manchmal ins ironisch Bissige umschlägt. Seine Bewegungen sind geschmeidig, aber verraten Energie. Er ist mit Eleganz, ganz ohne Geckenhaftigkeit gekleidet; dunkler Sakkoanzug, darüber offener schwarzer Überzieher mit breitem Atlasrevers, runder schwarzer Hut, schlanker Regenschirm mit einfachem Griff. – Noch am Tor* Guten Abend. *Im Hereinkommen* Servus Mauer. *Mit einem eigentümlichen Lachen, das zu seinen Gewohnheiten gehört und das oft klingt, als wenn er sich über den Angeredeten lustig machen wollte.*

MAUER Grüß' dich Gott, Friedrich. *Steht auf.*

FRIEDRICH *über die Stiege auf die Veranda, küßt Genia flüchtig auf die Stirn* Guten Abend, Genia. Wie geht's? Gibt's was Neues? Briefe?

GENIA Gar nichts. Die Abendpost ist übrigens noch nicht da.

FRIEDRICH *sieht auf die Uhr* Dreiviertel sieben. Den Briefträger sollt' man auch pensionieren. Von Jahr zu Jahr wird er langweiliger. Das läßt sich direkt beobachten. Vor drei Jahren war die Abendpost immer um halb sieben da. Jetzt selten vor halb acht. Wenn das so weitergeht, wird er nächstens um Mitternacht angetanzt kommen.

GENIA Willst du vielleicht noch einen Tee?

FRIEDRICH Dank' schön . . . Ich hab' im Büro einen getrunken. Gut war er nicht. Also hat dir der Mauer ausgerichtet . . .?

GENIA Ja . . . Ist die Depesche aus Amerika gekommen?

FRIEDRICH Natürlich . . . Und es ist so gut wie sicher, daß ich gegen Herbst hinübermuß.

GENIA Du wolltest ja einen Herrn aus dem Büro hinüberschicken.

FRIEDRICH Ah – ich muß ja doch alles selber machen. Willst

mitfahren, Genia? Am 29. August von Liverpool, oder am 2. September von Hamburg. Norddeutscher Lloyd. Vom King James kenn' ich den Kapitän.

GENIA Wir sprechen uns noch bis dahin, nicht?

FRIEDRICH Ich hoffe das Vergnügen zu haben. *Er setzt sich.*

GENIA Es wird dir warm sein im Überzieher.

FRIEDRICH Nein, ich find' es eher kühl. Ein Wetter war das. Hat's auch hier so gegossen? Auf dem Friedhof war ein Quatsch! – Womit ich nicht die Reden gemeint habe. Sei froh, daß du nicht ... Wirklich, das sollt' endlich abgeschafft werden! Was die wieder zusammengeplauscht haben. – *Pause* Na, Mauer, wie bist du denn herausgekommen? Nichts passiert? Wie seid's ihr denn gefahren? Zehn Kilometer die Stund', was? Auf mehr laßt du dich doch nicht ein.

MAUER Du kannst mich lang frotzeln. Ich trau' keinem Chauffeur. Ich bin ganz wie du, ich verlass' mich nur auf mich selber. In den letzten acht Tagen hab' ich wieder drei Verletzungen nach Automobilunfällen in Behandlung gekriegt.

FRIEDRICH Richtig, wie geht's denn dem Stanzides?

MAUER Für einen doppelt gebrochenen Arm gut genug. Ich will jetzt eben noch zu ihm hinschaun. Sehr ungeduldig ist er halt. Und er sollte eigentlich froh sein, daß er sich nicht das Genick gebrochen hat.

FRIEDRICH Ich auch, das vergißt du. Ich bin nämlich auch zehn Meter weit auf die Straße hinaus geflogen. – Aber es ist schon wahr, die Versicherungsgesellschaften werden bald keine Bekannten von mir annehmen wollen.

MAUER Du hast wirklich kein Glück mit deinen Freunden, wie das vor einer halben Stunde die Erna Wahl behauptet hat.

FRIEDRICH So, die Erna ist dagewesen?

GENIA Ja, mit der Mutter. Sind eben in Begleitung des Herrn Fähnrich fortgegangen.

FRIEDRICH So, der Otto war auch da? ... *Zu Mauer* Hast ihn gesehn?

MAUER Ja.

FRIEDRICH Wie g'fallt er dir denn eigentlich?

MAUER *etwas befremdet von der Frage* Ein ganz netter Bursch.

FRIEDRICH Merkwürdig wie er an seinen Vater erinnert! Dieselbe Couleur in Grau. Findest du nicht?

MAUER Möglich ... Der Doktor von Aigner war übrigens nie mein Fall. Zu viel Poseur für meinen Geschmack.

FRIEDRICH Ah, er hat nur Stil. Das verwechselt man oft. Auch schon lang her, daß ich ihn zuletzt gesehn hab'. Vor sieben Jahren. In Bozen. Erinnerst du dich, Genia?

GENIA Freilich. *Zu Mauer* Mir hat er sehr gut gefallen.

FRIEDRICH Ja, er hat damals eine gute Zeit gehabt. Jedenfalls war er besser aufgelegt wie ich. *Zu Mauer* Weißt, das war nämlich grad ein paar Tag', nachdem die Geschichte mit dem Bernhaupt passiert ist. Na und der Aigner ist damals gerade von einer Wahlreise zurückgekommen; sehr montiert; irgendwo war er angeschossen worden, in einem südtirolischen Nest, von Irredentisten, darauf hat er natürlich von den Deutschen riesige Ovationen bekommen ... nebstbei hat er jeden Tag zwei bis drei Reden zu halten gehabt ...

MAUER Reden! Ja! Das war immer sein Fall. Schon damals als Präsident des Touristenklubs, wie ich im Ausschuß war. Na, und gar jetzt als Abgeordneter ... Da hat er reichlich Gelegenheit!

FRIEDRICH Ah, er redt nicht nur; – er tut auch was fürs Land. Die neuen Dolomitenstraßen wären ohne ihn nie gebaut worden. Und diese Riesenhotels und die Automobilverbindungen, eigentlich alles sein Werk! Und nebstbei hat er in jedem Tiroler Dorf mindestens ein Kind. Auch außerhalb seines Wahlkreises.

MAUER Also gut, sagen wir, er hat Stil. Aber ich muß jetzt gehn. Der Stanzides wird mich schon erwarten. –

FRIEDRICH Grüß' ihn schön von mir. Ich schau' vielleicht morgen zu ihm hinauf. Zum Nachtmahl kommst du doch wieder her?

MAUER Ich weiß nicht.

FRIEDRICH Aber selbstverständlich.

MAUER *zögernd* Danke. Ich fahr' doch lieber mit dem zehn Uhr zwanzig Zug hinein. Ich hab' morgen früh im Spital zu tun.

FRIEDRICH Bist du abergläubisch, Mauer?

MAUER Warum denn?

FRIEDRICH Na, ich hab' gedacht, vielleicht willst du nicht im Fremdenzimmer schlafen, weil der arme Korsakow vor acht Tagen oben übernachtet hat. Aber ich glaube nicht, daß die Toten schon in der ersten Nacht Ausgang kriegen zum Erscheinen.

MAUER Wenn man dich so reden hört ...!

FRIEDRICH *plötzlich ernst* Kinder, es ist doch scheußlich! Vor acht

Tagen hat er da oben geschlafen, und am Abend vorher hat er noch Klavier gespielt da drin – Chopin – das cis moll-Nocturno – und was von Schumann –, und da auf der Veranda sind wir gesessen, der Otto war auch dabei und das Natternpaar, – wer von uns hätt sich das träumen lassen! – Wenn man nur eine Ahnung hätte, warum? Na, Genia, – hat er dir auch nichts g'sagt?

GENIA Mir? ...

FRIEDRICH *ohne Genias Haltung Bedeutung beizulegen* Plötzliche Sinnesverwirrung, sagen die Leute. Aber es soll uns erst einer sagen, was das heißt: Plötzliche Sinnesverwirrung. Na, Mauer, möchtest du mir's vielleicht erklären?

MAUER Erstens bin ich kein Psychiater – und zweitens wunder' ich mich nie, wenn sich wer umbringt. Wir sind alle so oft nahe daran. Ich hab' mich einmal umbringen wollen, mit vierzehn Jahren, weil mich ein Professor ins Klassenbuch geschrieben hat.

FRIEDRICH In einem solchen Falle hätt' ich lieber den Professor umgebracht ... Nur wäre ich dann ein Massenmörder geworden.

MAUER Ich bitt' dich, ein Künstler! Die sind alle mehr oder weniger anormal. Schon daß sie sich so wichtig nehmen. Der Ehrgeiz an und für sich ist ja eine Geistesstörung. Dieses Spekulieren auf die Unsterblichkeit! Und die reproduzierenden Künstler, die haben's gar schlecht. Sie mögen so groß sein, wie sie wollen, es bleibt doch nichts übrig als der Name und nichts von dem, was sie geleistet haben. Ich glaub' schon, daß einen das verrückt machen kann.

FRIEDRICH Aber was redst denn! Du hast ihn ja nicht gekannt. Ihr habt ihn ja alle nicht gekannt. Ehrgeiz ... Der? – Dazu war er ja viel zu gescheit! Zu philosophisch könnt' man sagen. Die Klavierspielerei war ihm in Wirklichkeit Nebensache. Habt ihr denn eine Ahnung, für was alles der sich interessiert hat? Den Kant und den Schopenhauer und den Nietzsche hat er im kleinen Finger gehabt, und den Marx und den Proudhon gleichfalls. Es war ja fabelhaft. Ich weiß schon, wen ich mir aussuch' zum Konversieren ... Und dabei täglich sechs Stunden üben! Wo er nur die Zeit zu dem allen hergenommen hat? – Und siebenundzwanzig Jahre! Und bringt sich um. Herr Gott, was hat so ein Kerl noch alles vor sich gehabt. Jung und berühmt, ganz hübsch obendrein – und schießt sich tot.

Wenn das ein alter Esel tut, dem das Leben nichts mehr bieten kann ... Aber grad die ... Na. – Und noch am Abend vorher sitzt man zusammen mit so einem Menschen, beim Nachtmahl – und spielt Billard mit ihm ... Was ist denn, Genia? Was ist denn da zum Lachen?

GENIA Ich hab' die Geschichte eben der Frau Wahl erzählt. Sie hat sich sofort erkundigt, wo die Zigarren hingekommen sind, die du ihm am nächsten Tag geschickt hast.

FRIEDRICH Ha! ... Die ist doch unbezahlbar. *Nimmt eine Zigarrentasche heraus, offeriert dem Mauer* Du bist ja nicht abergläubisch. Ich rauch' grad auch eine. Der Franz hat sie mir natürlich zurückgebracht.

MAUER Danke. Es ist eigentlich schad' drum vor dem Nachtmahl. *Nimmt sie.*

FRIEDRICH *gibt ihm Feuer.*

STUBENMÄDCHEN *kommt mit Briefen.*

GENIA *nimmt sie ihr aus der Hand* Eine Karte von Percy.

FRIEDRICH Dear mother. An dich. Schon wieder nur eine Karte. So ein fauler Strick.

MAUER Was soll denn ein dreizehnjähriger Bursch Briefe schreiben. Und gar noch englisch.

FRIEDRICH Kann er grad so gut wie deutsch.

MAUER Also auf Wiedersehn. In einer halben Stunde bin ich wieder da. Die Zigarre hat übrigens wirklich keine Luft. Das ist kein Aberglaube. Bleib nur. *Ab.*

FRIEDRICH, GENIA

FRIEDRICH Ja, es war ganz gut, daß du nicht hineingefahren bist, Genia. Die Reden ... und das Wetter dazu. *Er sieht die Briefschaften und die Zeitungen flüchtig durch* Übrigens, wie man den Sarg in die Erde gesenkt hat, ist plötzlich die Sonne hervorgekommen. – *Pause* Ist heut nicht Donnerstag? Heut hätt' er ja bei uns nachtmahlen sollen. Das muß man dem Mauer auch noch sagen ... Geh, laß mich doch die Karte von Percy anschaun.

GENIA *reicht sie ihm* In vier Wochen ist er da.

FRIEDRICH *lesend* Ja. Also die beste griechische Aufgabe. Na, auch nicht schlecht. Vielleicht wird er Philolog oder Archäolog. Hast du übrigens gestern im Daily Telegraph den Artikel über die neuen Ausgrabungen in Kreta gelesen?

GENIA Nein.

FRIEDRICH Sehr interessant. Da müßte man eigentlich auch einmal hin. Ja. *Pause.*

GENIA Was du da früher von Amerika gesagt hast, – ist das dein Ernst?

FRIEDRICH Natürlich. Na, hättest du keine Lust, Genia? In New York selbst hätt' ich nicht lang zu tun. Aber dafür auch in Chicago und in Washington, und St. Louis ... Und ich finde, es wäre unverantwortlich, wenn man bei dieser Gelegenheit nicht weiter rutschte; – hinüber bis nach San Francisco. Erinnerst du dich, wie uns der arme Korsakow von seiner Tournee durch Kalifornien erzählt hat? Es muß schon prachtvoll sein.

GENIA Das wäre ja dann eine Reise von ein paar Monaten.

FRIEDRICH Ja, wenn bis dahin hier alles in Gang gebracht ist, insbesondere der Neubau, dann könnte man die Reise wohl bis zum Frühjahr ausdehnen ... Na, überleg's dir.

GENIA *schüttelt langsam den Kopf.*

FRIEDRICH Hast Angst vor der Seefahrt? Ich bitt' dich, jetzt auf den neuen Schiffen! Und übrigens ist soeben wieder ein vollkommen sicheres Mittel gegen Seekrankheit erfunden worden. Vibrationselektrizität.

GENIA Ich glaub' nicht, daß ich mich entschließen werde. Trotz der Vibrationselektrizität. Aber eine andere Idee hätt' ich...

FRIEDRICH Und zwar?

GENIA Während du drüben bist, möcht' ich in England bleiben – beim Percy.

FRIEDRICH *sieht sie von der Seite an* Hm. Du hättest nicht viel von ihm.

GENIA Er könnte ja während der Zeit als Externist weiterstudieren. Grad so wie die Buben von meiner Schwester, der Mary. Und ich könnte mit ihm zusammenwohnen.

FRIEDRICH Was sind denn das ... wie kommst du denn so plötzlich auf diese Idee ...?

GENIA Nicht so plötzlich. Ich habe erst neulich mit dir davon gesprochen. – Erinner' dich nur. Und da du doch entschlossen scheinst, ihn noch ein paar Jahre drüben zu lassen ...

FRIEDRICH Natürlich. Du siehst ja, wie famos er sich drüben entwickelt. Es wäre nichts als verdammter Egoismus, wenn wir ihn jetzt, mitten in seiner Ausbildung, wieder zurückholten, in unsern Kontinent, wo sie einen systematisch zu allerlei Sentimentalitäten und Brutalitäten erziehen, statt zum Golfspielen und Rudern.

GENIA Wenn nur die Sehnsucht nicht wäre ...

FRIEDRICH Ja, das muß man schon mit in den Kauf nehmen. Meinst du vielleicht, ich sehn' mich nicht nach ihm? Aber Sehnsucht ist meiner Ansicht nach ein sehr gesundes Element in der Ökonomie der Seele. Sehnsucht hat die Eigenschaft, menschliche Beziehungen zu verbessern. Ich finde überhaupt, man sollte die menschlichen Beziehungen mehr auf Sehnsucht einrichten als auf Gewohnheit. Übrigens können wir ihn ja jedenfalls hinüberbegleiten nach England, und du kannst dich dann noch immer entscheiden, ob du mit mir fahren oder beim Buben bleiben willst über den Winter.

GENIA Es wäre mir lieber, wenn du die Sache schon heute als meinen festen Entschluß ansähst.

FRIEDRICH Als deinen Entschluß?

GENIA Ich hätte ja noch allerlei zu besorgen, eh' ich nach England fahre. Von heute auf morgen läßt sich doch so eine Übersiedlung nicht bewerkstelligen.

FRIEDRICH Übersiedlung?

GENIA Nenn's, wie du willst.

FRIEDRICH Ja, was hast du denn, Genia? Du bist ja geradezu sonderbar?

GENIA Was ist denn daran sonderbar? Daß eine Mutter ... daß man seinen einzigen Sohn ... Wenn er um ein paar Jahre älter ist, hab' ich ja überhaupt nichts mehr von ihm. Im Sommer zwei Monate, und zu Weihnachten acht Tage und zu Ostern, – das ist doch zu wenig. Ich hab' lang genug gekämpft, – ich kann einfach nicht mehr.

FRIEDRICH Du, Genia, man könnte beinahe den Eindruck gewinnen, als wenn's dir nicht so sehr darauf ankäme, einige Zeit bei deinem Sohn zu verbringen, als von deinem ... als von hier abzufahren.

GENIA Sonderlich vermissen wirst du mich wohl nicht, denk' ich ... Aber wozu darüber reden. *Sie steht auf.*

FRIEDRICH Was ist denn?

GENIA Nichts. In den Garten hinunter geh' ich. *Über die Stufen hinab.*

FRIEDRICH *sieht ihr nach.*

GENIA *langsam längs der Wiese nach rückwärts.*

FRIEDRICH *von der Veranda herunter, noch im Überzieher, den Hut hat er oben gelassen, bleibt an einem Rosenstrauch stehen. Riecht daran* Die haben heuer überhaupt keinen Duft mehr. Ich weiß nicht, was das ist. Jedes Jahr schaun sie üppiger aus, aber das Duften haben sie sich ganz abgewöhnt.

GENIA *langsam nach rückwärts, Hände auf dem Rücken.*

FRIEDRICH *nach einer Pause* Du, – Genia.

GENIA Was?

FRIEDRICH Na, wenn du bei mir angelangt bist.

GENIA *langsam näher* Da bin ich.

FRIEDRICH Du, Genia, sag' einmal. *Faßt sie ins Auge, ganz ruhig* Solltest du vielleicht doch wissen, warum sich der Korsakow erschossen hat?

GENIA *ruhig* Was soll denn diese Frage bedeuten? Du weißt, ich bin nicht weniger erstaunt gewesen als du.

FRIEDRICH Man hatte allerdings den Eindruck. Also sag', warum willst du denn fort von mir ... so von heut auf morgen?

GENIA Ich will nicht fort von dir. Zu Percy will ich. Und nicht von heut auf morgen, sondern im Herbst. Mit Percy zusammen.

FRIEDRICH Ja, sonst wär' es wohl zu auffallend.

GENIA Was wäre auffallend?

FRIEDRICH Da säh's ja beinahe aus wie eine Flucht.

GENIA Flucht? Flucht vor dir! Das hab' ich wohl nicht notwendig. Wir sind ja weit genug voneinander, auch daheim! – *Pause.*

FRIEDRICH Du Genia! – Er ist ja tot und begraben, – der Herr Alexei Korsakow ...

GENIA Was willst du denn immer von ihm?

FRIEDRICH Ruhig, mein Kind, nur ruhig! ... Ich will damit nur sagen, es kann ihm nicht das geringste mehr ... Es würde ihm natürlich auch nichts geschehn, wenn er noch auf der Welt wäre, so wenig wie dir ... Aber du wirst doch zugestehn, diese Auseinandersetzung zwischen uns bekommt ein eigentümliches Cachet ... nein, das ist nicht das richtige Wort ... also ich will nur sagen, daß dieses Gespräch gerade heute stattfindet, daß gerade heute, an dem Tag, da der Herr Korsakow begraben wurde, deine Stimmung so eigentümlich ... Wenn ich auch ein Ehemann bin, Genia, ich bin ja kein Trottel. Also, daß da irgend etwas nicht stimmt, dafür leg' ich meine Hand ins Feuer. Also – was ist gewesen zwischen euch?

GENIA Ich schau' dich nur an.

FRIEDRICH Ja, das merk' ich. Aber du wirst zugeben, eine Antwort ist das nicht. Du solltest mich auch nicht mißverstehn, Genia. Es muß ja nichts Wirkliches vorgefallen sein, zwischen dir und Korsakow. Es war vielleicht nur ein Flirt. Ja. Denn, wenn es etwas andres gewesen wäre, hätte er sich nicht zu erschießen brauchen. Außer *lauernd* es ist d o c h mehr gewesen – und du hast ihn – – – in Gnaden entlassen. *Er spricht immer ganz ruhig, nimmt sie aber jetzt beim Arm.*

GENIA *beinahe lächelnd* Eine Eifersuchtsszene?! – Aber! . . . Du solltest wirklich was für deine Nerven tun, Friedrich. Ich weiß nicht . . . aber ich kann ja nichts dafür, daß es zwischen dir und Adele Natter zu Ende ist, – und daß noch keine Nachfolgerin da zu sein scheint.

FRIEDRICH Ah, du bist ja sehr gut informiert. Na, ich will vorläufig nicht untersuchen, von welcher Seite dir diese Wissenschaft kommt, – übrigens kann ich wirklich nichts dafür, daß du mich nie direkt um was gefragt hast; – ich hätte dir nichts abgeleugnet. Keinesfalls hätte ich dir erwidert, du sollst etwas für deine Nerven tun. Das ist überhaupt . . . das sieht dir nicht einmal ähnlich. Ich versteh' dich eigentlich gar nicht. Du solltest mich doch besser kennen. Ich weiß wahrhaftig nicht, warum du dastehst wie eine Bildsäule, statt mir vernünftig zu antworten . . . Mir scheint, du traust mir nicht, Genia? . . . Du denkst dir, man kann bei ihm nicht wissen? . . . Aber ich versichere dich, Genia – halt das nicht für Hinterlist – ich würde es vollkommen begreifen. Du hättest ja schließlich nur Recht gehabt – ob's nun Alexei war oder . . . na, über den Geschmack kann man ja nicht streiten. Aber bekanntlich richtet sich in einem solchen Fall die Gattin selten nach dem Geschmack des Gemahls.

GENIA Warum verleugnest du ihn plötzlich? Du bist ja doch sein Freund gewesen. Heut beim Begräbnis sollst du ja sogar tief ergriffen gewesen sein.

FRIEDRICH Hat dir das auch der Mauer erzählt?

GENIA Das zufällig die Erna Wahl. Sie hätte dir nämlich gar nicht zugetraut, daß dir irgend etwas auf der Welt so nahe gehn kann.

FRIEDRICH Ah, Erna, die Menschenkennerin. Natürlich war ich ergriffen. Es tut mir so leid um ihn, wie's mir selten um wen leid getan hat. Und es tät' mir nicht weniger leid um ihn, wenn ich mit absoluter Sicherheit wüßte, daß du – seine Geliebte gewesen bist. Du kannst dir nämlich gar nicht vorstellen, wie – unwesentlich und nebensächlich gewisse Dinge für einen werden, wenn man grad vom Friedhof kommt. Das sag' ich nicht, um dich zu beruhigen, sondern weil's wahr ist. – Also gib endlich eine Antwort. Früher geb' ich ja keine Ruh'. Kannst auch lügen, aber antworten mußt du. Ich werd' schon wissen, ob's wahr ist. Also ... ja oder nein? –

GENIA Er war nicht mein Geliebter. Er war leider nicht mein Geliebter. Ist dir das genug?

FRIEDRICH Ja, das ist mir genug. Denn jetzt weiß ich, daß er's war. Du hast dich nämlich selbst verraten! Merkst nicht? – Leider war er's nicht, hast du gesagt. Und da du ihn geliebt hast, warst du natürlich seine Geliebte. Was hätte dich daran hindern sollen? Und da du jetzt – Schluß gemacht hast, hat er sich eben umgebracht. Sehr einfach. Und warum du Schluß gemacht hast, das ist noch einfacher. Ich werd's dir sagen, warum: Weil solche Dinge eben ein Ende haben müssen. Besonders, wenn es sich um so eine Geschichte handelt mit einem Menschen, der um ein paar Jahre jünger ist – und sich meistens auf Konzertreisen befindet. Und dann, der Percy kommt bald zurück, und da mag dich denn ein gewisses, wie soll ich sagen, Reinlichkeitsgefühl ... Na ... Eigentlich sehr anständig. Somit wäre alles ganz klar, bis auf die Idee mit der englischen Reise. Nein, eigentlich versteh' ich auch das ganz gut. Schließlich, wenn die Sache auch zu Ende war für dich, – dieser Abschluß ... Ja, sogar, wenn du ihn nicht sehr leidenschaftlich geliebt hast – oder hättest ...

GENIA Bemüh' dich nicht weiter. Da lies. *Sie zieht einen Brief aus ihrem Gürtel.*

FRIEDRICH Was soll ich ...?

GENIA Lies.

FRIEDRICH Was ist ... Ein Brief? Von ihm ein Brief? An dich ein Brief von ihm? – Ah, behalt ihn. Ich will ihn nicht. Das säh' ja aus ... Ich danke. Wenn es nicht deine Absicht war, mir diesen Brief zu zeigen, – so behalt ihn dir freundlichst!

GENIA Lies!

FRIEDRICH Warum soll ich ihn denn lesen? Du kannst mir ja sagen, was drin steht. Ist er nicht vielleicht russisch? Und die kleine Schrift. Da verdirbt man sich ja die Augen.

GENIA Lies.

FRIEDRICH *auf die Veranda. Er dreht das Licht auf, Wandarm, stellt sich darunter, setzt den Zwicker auf, beginnt für sich zu lesen.*

GENIA *folgt ihm langsam, bleibt auf der untersten Stufe stehn.*

FRIEDRICH *lesend* »Leben Sie wohl, Genia.« *Liest für sich weiter. Blickt auf zu ihr, erstaunt* Was? Du hast keine Ahnung gehabt, daß er ... Wann hast du denn den Brief bekommen?

GENIA Eine Stunde, bevor du mir die Nachricht gebracht hast, daß er tot ist.

FRIEDRICH Du hast's also schon gewußt, wie ich nach Haus gekommen bin? Man ist doch ... Also auf die Gefahr hin, daß du mich für einen Idioten hältst, ich hab' dir nichts angemerkt, nicht das geringste ... *Liest weiter für sich, dann schaut er wieder wie überrascht auf, dann liest er halblaut* »Sie hatten ja vielleicht recht, daß Sie sich meinem vermeßnen Wunsch versagten. Wir waren beide nicht geschaffen in Lüge ... Ich vielleicht; Sie nicht ... trotz allem ...« Trotz allem ... Du hast dich wohl sehr beklagt über mich?

GENIA *fragender Blick.*

FRIEDRICH *lesend* »Daß Sie Ihn« – mit großem I, sehr schmeichelhaft – »daß Sie Ihn nicht verlassen wollen, trotz allem, das versteh' ich in dieser Stunde. Sie lieben ihn, Genia, Sie lieben Ihren Gatten noch immer, das ist die Lösung des Geheimnisses. Und vielleicht ist das, was ich mit dem törichten Wort« ... das kann ich absolut nicht lesen ...

GENIA »Was ich mit dem törichten Wort Treue bezeichne« ...

FRIEDRICH Ah, du kennst ihn ja auswendig. »Was ich mit dem törichten Wort Treue bezeichne, nichts als die Hoffnung, daß er Ihnen doch einmal zurückkehrt.«

GENIA Seine Auffassung. Du weißt, daß ich nichts hoffe – und nichts wünsche.

FRIEDRICH *sieht sie an; dann* »Als ich Sie gestern sprach, war ich schon entschlossen« Gestern? ... War er denn am Sonntag da? Ja, richtig, ihr seid in der Allee hinten auf und ab gegangen miteinander ... ja ... *Liest* »Als ich Sie gestern sprach, war ich schon fest entschlossen, alles weitere von Ihrem ja oder nein abhängig zu machen. Ich habe Ihnen ja nichts davon gesagt, denn ich fürchtete, wenn Sie geahnt hätten, daß es mir vollkommen unmöglich ist, ohne Sie weiterzuleben ...« Etwas ausführlich schreibt er, der Herr Alexei Iwanowitsch ... *Musik vom Kurpark her, gedämpft* »Ich wollte mein Glück nicht einem Zwang, nicht einer Art von Erpressung verdanken.

Darum« . . . Hättest du ja gesagt, wenn du gewußt hättest, daß es um Leben und Tod geht?

GENIA Wenn ich gewußt hätte . . . ? Wie kann man sich so was . . . Ich hätt's ja nicht geglaubt. Das hätt' ich ja doch nicht geglaubt.

FRIEDRICH Ich will dich anders fragen.

PAUL KREINDL *elegant, jung, angestrengt fesch, erscheint am Tor* Guten Abend! Küss' die Hand, gnädige Frau.

FRIEDRICH Wer ist denn? . . . Ah, Paul, Sie! *Herunter.*

PAUL Bitte. *Er tritt näher* Ich will nicht stören. Ich komme nämlich als Abgesandter aus dem Kurpark; von Frau Wahl und Fräulein Erna und Herrn Fähnrich von Aigner und dem Herrn Oberleutnant Stanzides . . .

FRIEDRICH Der geht schon aus?

PAUL Ob die Herrschaften nicht auch zur Musik kommen möchten?

GENIA Wir danken sehr, aber wir haben einen Gast zum Nachtmahl, den Doktor Mauer.

PAUL So bringen Sie ihn doch mit, gnä' Frau!

FRIEDRICH Sie bleiben ja gewiß alle lang im Park.

PAUL Bis ausgelöscht wird.

FRIEDRICH Also schön, – vielleicht kommen wir nach . . . ohne Verpflichtung.

GENIA Wir lassen jedenfalls bestens danken.

PAUL O bitte. Man würde allerseits sehr beglückt sein. Küss' die Hand, gnädige Frau, adieu, Herr Hofreiter, bitte tausendmal um Entschuldigung, wenn ich gestört habe. *Geht.*

FRIEDRICH *und* GENIA *im Garten.*

Pause.

FRIEDRICH Ich will dich anders fragen. Ich meine: Wenn du ihn von den Toten wieder aufwecken könntest, – dadurch, daß du dich bereit erklärtest . . . seine Geliebte zu werden.

GENIA Ich weiß nicht.

FRIEDRICH Du vergißt, was du früher gesagt hast. »Er war leider nicht mein Geliebter«. Wenn du selbst es bedauerst, daß du's nicht warst, so kann doch nicht so viel dazu gefehlt haben. Und jetzt zweifelst du daran, daß du seine Geliebte würdest, selbst wenn du ihn damit wieder von den Toten . . . Warum gibst du's nicht zu? Er hätte nur noch ein paar Tage Geduld haben müssen, dann wärst du doch ... du hast ihn ja geliebt.

GENIA Nicht genug, wie du siehst.

FRIEDRICH Du sprichst das aus, als wenn du mir einen Vorwurf ... Ich kann ja nichts dafür.

GENIA Nur ich. Ich weiß.

FRIEDRICH Und jetzt bereust du ... daß du ... ihn in den Tod getrieben hast?

GENIA Es tut mir sehr weh, daß er gestorben ist. Aber zu bereuen, zu bereuen hab' ich doch nichts?! Hätt' er mir gesagt, was er vorhat – hätt' er mir ... Oh, ich hätt' ihn schon zur Vernunft gebracht ...

FRIEDRICH Wie denn –?

GENIA Ich hätt' ihm das Wort abgenommen ...

FRIEDRICH Was denn? Aber red' nicht! Du hättest ihm kein Wort abgenommen; – du wärst einfach seine Geliebte geworden ... selbstverständlich.

GENIA Ich glaub' nicht.

FRIEDRICH Aber ich bitt' dich!

GENIA O, nicht deinetwegen. Nicht einmal wegen Percy.

FRIEDRICH Ja, warum?

GENIA Um meinetwillen!

FRIEDRICH Das versteh' ich nicht.

GENIA Ich hätt' nicht können. Weiß Gott warum. Ich hätt' nicht können. *Pause.*

FRIEDRICH Da hast deinen Brief, Genia.

GENIA *nimmt ihn.*

Mauer kommt.

MAUER Guten Abend, meine Herrschaften. Ich hab' euch hoffentlich nicht zu lange warten lassen.

FRIEDRICH *ihm entgegen* Servus, Mauer. Na, dem Stanzides scheint's ja schon sehr gut zu gehn. Er sitzt im Kurpark bei der Musik.

MAUER Ja, ich hab' ihn selber bis hin begleitet.

FRIEDRICH Der Paul Kreindl war g'rad da, wir sollen auch nach dem Nachtmahl hinkommen.

GENIA Ich will sehen, ob noch nicht ...

FRIEDRICH Du, Genia, ich hätt' eine Idee ... Gehn wir doch gleich hinüber in den Park. Weiß der Teufel, ich hab' so eine Lust auf Musik und viel Leut'. Dir ist's doch egal, Mauer, was?

MAUER Mir? Es kommt nur auf deine Frau an.

GENIA Ich will euch nicht stören, aber ich für meine Person möcht' lieber zu Haus bleiben.

FRIEDRICH Nein, das hat keinen Sinn. Komm nur mit, Genia, es wird dir auch ganz gut tun.

GENIA Ich müßt' mich umkleiden ...

FRIEDRICH So kleid' dich halt um, wir warten indes da im Garten.

GENIA Liegt dir so viel daran?

FRIEDRICH *zu Mauer* Was sagst du?! *Nervös* Also bleiben wir alle schön zu Haus ... Schluß.

GENIA Ich komm' gleich ... Ich setz' nur meinen Hut auf. *Ab.*

MAUER, FRIEDRICH

FRIEDRICH *nach einer Pause* Ja, lieber Mauer, ja, ja ...

MAUER Ich begreif' dich eigentlich nicht ... Das muß doch einer Hausfrau unangenehm sein.

FRIEDRICH Na, im Kurpark kriegst du auch ganz gut zu essen. *Pause* Übrigens – daß du heute hineinfahrst, ist vielleicht doch ganz gut. – Die Chancen für Geistererscheinungen in diesem Haus haben sich nämlich beträchtlich gesteigert.

MAUER Was?

FRIEDRICH Du verdienst eigentlich mein Vertrauen nicht, weil du alles mögliche ausplauschst, sogar was ich dir nicht einmal erzählt hab' ...

MAUER Was heißt das?

FRIEDRICH Na, daß die Geschichte mit der Adele Natter aus ist, woher weiß die Genia das?

MAUER Du solltest froh sein, daß man einmal auch etwas Vernünftiges von dir erzählen kann.

FRIEDRICH Na, ob gerade das so besonders vernünftig war ... Ach Gott, Mauer, das Leben ist schon eine komplizierte Einrichtung! ... Aber interessant ... sehr interessant!

MAUER Was hast du denn früher gemeint mit den gesteigerten Chancen für Geistererscheinungen?

FRIEDRICH Ja so. – Na, was glaubst du, warum sich der Korsakow umgebracht hat? – Na, rat einmal!! – Aus unglücklicher Liebe – zu meiner Frau. Was, da schaust du?! Aus unglücklicher Liebe! ... Das gibt's! ... Einen Brief hat er ihr hinterlassen. Den hat sie mir zum Lesen gegeben ... Einen sehr merkwürdigen Brief ... gar nicht schlecht geschrieben ... für einen Russen!

GENIA *kommt mit Hut. Man hört jetzt die Musik wieder deutlicher* Da bin ich. Also, lieber Doktor, jetzt will ich's Ihnen sagen: Nur Ihretwegen lass' ich unser gutes Nachtmahl im Stich. Die Erna ist nämlich im Kurpark . . .

FRIEDRICH Ah? Die Erna! *Zu Mauer* Ja, das wär' was. Na, Mauerl, nimm dich zusammen. Die gönn' ich nicht jedem. Obwohl sie mich, wie es scheint, für einen herzlosen Schuften hält, und mir nicht einmal zutraut, daß der Tod eines Freundes . . .

Sie verlassen alle den Garten und treten auf die Straße.

Vorhang

ZWEITER AKT

Villa Hofreiter; entsprechende Partie des Gartens.

Links die hintere Fassade des Hauses. Türe, die direkt in den Garten führt. Rechts und links von der Türe je zwei Fenster, zum Teil offen. Im ersten Stockwerk ein kleiner Balkon. Mitte Rasen. Weiter rechts ein großer Nußbaum, darunter Bank, Tisch, Sessel. Weiter rückwärts Mitte eine Baumgruppe, durch die der im Hintergrund liegende Tennisplatz zum Teil gedeckt wird. Um den Tennisplatz hohes Drahtgitter. Außerhalb des Tennisgitters, sowohl links als rechts, je eine Bank. Zwei kleine Bänke zu seiten der Haustür unter den Parterrefenstern. – Heißer, sonniger Sommertag.

FRAU GENIA *unter dem Nußbaum im weißen Sommerkleid. Ein Buch in der Hand, nicht lesend.*

Auf dem Tennisplatz ist eine Partie im Gang. Links Friedrich Hofreiter und Adele Natter, rechts Erna Wahl und Paul Kreindl. Die weißen Kostüme schimmern her, doch die Gesichter sind kaum zu erkennen. Zuweilen hört man die Rufe: »fifteen, thirty, fourty, out, deuce, second« usw.

Bald nachdem der Vorhang aufgegangen ist, kommt OTTO VON AIGNER, *diesmal in Zivil, Tennisanzug, Panamahut, Rakett in der Hand, hinter dem Hause hervor und will sich auf den Tennisplatz begeben. Er gewahrt Genia, die seine Schritte gehört hat, und geht auf sie zu. Sie begrüßt ihn mit freundlichem Kopfnicken.*

OTTO Guten Tag, gnädige Frau – Sie spielen nicht?

GENIA Wie Sie sehen, Herr Fähnrich. In der Gesellschaft komm' ich ja doch nicht auf.

Ein Ball fliegt vor Otto hin, er schleudert ihn zurück.

STIMMEN VOM TENNISPLATZ Danke!

OTTO Auch nicht lauter Meister ... abgesehen vom Herrn Gemahl natürlich. Verzeihen Sie, gnädige Frau, ich habe Sie in Ihrer Lektüre gestört ... *Will zum Tennisplatz.*

GENIA Sie stören mich gar nicht. Ich hab' wohl zu lesen versucht, aber eigentlich war ich nah' daran einzuschlummern. Diese Luft ...

OTTO Ja, warm ist's wohl. Aber dafür sind's auch schöne Tage! Man kann die heimatlichen Wälder so recht genießen!

GENIA Sie haben heut' gewiß schon einen größeren Spaziergang hinter sich?

OTTO Ja; ich war in aller Früh' bis zur »Waldandacht«, mit meiner Mutter.

GENIA Die muß aber glücklich sein, daß sie Sie endlich wieder in ihrer Nähe hat.

OTTO Und ich erst ... Umsomehr als es auf lange Zeit hinaus mein letzter Urlaub ist. Ich bin auf ein Schiff kommandiert, das für drei Jahre nach der Südsee geht.

GENIA *konventionell* Oh!

OTTO Unser Schiff ist vom Kriegsministerium aus einer wissenschaftlichen Expedition attachiert.

GENIA Sie beschäftigen sich gewiß in Ihren freien Stunden auch mit allerlei Studien, Herr Fähnrich?

OTTO Warum glauben Sie das, gnädige Frau?

GENIA Ich kann mir nicht recht denken, daß das militärische Leben an sich Sie völlig befriedigen sollte.

OTTO *lächelnd* Ich darf mir vielleicht die Bemerkung erlauben, daß wir bei der Marine allerlei zu betreiben haben, was man, ohne Überhebung, als Wissenschaft bezeichnen kann.

GENIA Natürlich – daran hab' ich nicht gezweifelt. Ich meinte nur, daß Sie auch außerhalb Ihres Berufes noch ernste Interessen haben dürften.

OTTO Es bleibt einem nicht allzuviel Zeit dazu. Auf meiner bevorstehenden Reise hoff' ich ja allerdings in ein Gebiet näheren Einblick zu gewinnen, in dem ich mich bisher einigermaßen dilettantisch umgetan habe ... Die Expedition, der wir uns anschließen, ist nämlich für Tiefseeforschung ausgerüstet; und da ich überdies mit einem der Assistenten befreundet bin ... Oh, da kommt Frau von Wahl.

GENIA *sich erhebend* Davon müssen Sie mir noch mehr erzählen, Herr Fähnrich ... von diesen Tiefseegeschichten.

FRAU WAHL *aus dem Haus in den Garten.*

FRAU WAHL Grüß' Sie Gott, liebe Genia, guten Tag, Herr Fähnrich. *Lorgnon ans Auge führend* Die Jugend ist ja schon fleißig bei der Arbeit –?

GENIA Wenn Sie den Friedrich auch zur Jugend zählen –

FRAU WAHL Den ganz besonders. Na überhaupt die Männer! Möchten Sie glauben, Herr Fähnrich, daß wir ungefähr im selben Alter stehen, der Herr Hofreiter und ich? Wahrhaftig, die Natur hat sich gegen uns Frauen jammervoll benommen. *Auf ein Lächeln Genias* Na nett keineswegs. Wer ist denn noch bei der Partie? Adele Natter jedenfalls. Ich habe nämlich das Automobil draußen stehen gesehen, das scharlachrote. Hier auf dem Lande im Grünen macht es sich ja nicht übel. Jedenfalls besser als an einer Friedhofmauer ...

GENIA *matt lächelnd* Den Eindruck können Sie ja gar nicht vergessen, wie es scheint, Frau von Wahl?

FRAU WAHL Es ist ja noch nicht so lang her; vierzehn Tage kaum.

FRIEDRICH *und* ERNA *vom Tennisplatz mit Raketts in der Hand.* GENIA, FRAU WAHL

FRIEDRICH *in seiner lachend boshaften Art* Küss' die Hand, Mama Wahl. Grüß' Sie Gott, Otto! Was ist denn vierzehn Tage her?

FRAU WAHL Daß sie den armen Korsakow begraben haben.

FRIEDRICH So ... Ist es schon so lang –? Wie kommt man übrigens auf dieses schwarzgeränderte Thema?

GENIA Frau von Wahl hat das Nattersche Automobil draußen stehen sehen – das scharlachrote – wie damals ...

FRIEDRICH Ah so ...

ERNA Wer spräche sonst an einem so schönen Sommertag von einem toten Klavierspieler.

FRAU WAHL Haben Sie je ein so tiefsinniges Mädchen gesehen, meine Herrschaften. Das ist wieder eine ihrer Pirouetten auf dem philosophischen Drahtseil, wie ihr seliger Vater zu sagen pflegte.

FRIEDRICH Sie muß nur Obacht geben, daß sie nicht einmal abstürzt, die Erna ...

FRAU ADELE, PAUL KREINDL *mit Raketts vom Tennisplatz.* GENIA, OTTO, FRAU WAHL, FRIEDRICH, ERNA. *Begrüßung.*

ADELE *hübsch, rundlich, weiß gekleidet, roter Gürtel, roter Schlips* Was ist denn, spielen wir nicht weiter?

PAUL KREINDL *küßt Frau Wahl die Hand.*

FRIEDRICH Ihr hättet ja indes singeln können.

ADELE Aber ich spiel' ihm ja zu schlecht, diesem Menschen da.

PAUL Wieso denn, gnä' Frau? *Weinerlich* Mir wird ja bald niemand mehr zu schlecht spielen. Ich spiel' ja wirklich schon wie ein Schwein. O Pardon. Aber es ist wirklich wahr. Ich weiß überhaupt nicht mehr, was das ist mit mir. Rein, wie wenn ich verhext wär'. Oder ist es vielleicht nur, weil ich ein neues Rakett hab' ... Die Herrschaften entschuldigen – ich geh' geschwind nach Haus und hol' mir mein altes. *Empfiehlt sich. Die anderen lachen.*

FRIEDRICH Warum lachts ihr eigentlich? Er nimmt's wenigstens ernst, der Paul. Darauf kommt's an. Ob es nun Tennis ist oder Schlittschuhlaufen oder Malen oder Leut' kurieren. – Ich find', ein guter Tennisspieler ist ein viel edleres Menschenexemplar als ein mittelmäßiger Dichter oder General. Na, hab' ich nicht recht? – *Zu Otto.*

ADELE *zu Genia* Also wann kommt denn eigentlich der Percy zurück, Frau Genia?

FRAU GENIA In vierzehn Tagen soll er da sein. Und dann müssen Sie auch einmal Ihre Kinder mitbringen, ja?

ADELE Wenn Sie erlauben, gern. Aber ob der große Bub' sich überhaupt noch herablassen wird, mit den Fratzen zu spielen –

DOKTOR MAUER *kommt, zugleich mit ihm* STANZIDES *in Uniform.*

Begrüßung.

GENIA *zu Stanzides* Das ist schön, daß wir Sie auch wieder einmal bei uns sehen.

FRIEDRICH Wie geht's dem Arm?

STANZIDES Danke der Nachfrage. Soeben hat ihn mein hochverehrter Herr Doktor zum letzten Mal massiert ... *Legt Mauer den Arm freundschaftlich um die Schulter* Aber mit dem Tennisspielen ist's noch nichts.

MAUER Wird auch wieder werden.

STANZIDES *zu Adele* Sie auch kampfbereit, gnädige Frau? Soeben habe ich das Vergnügen gehabt, im Park dem Herrn Gemahl zu begegnen.

FRIEDRICH No Mauer, was ist denn mit dir, du laßt dich ja überhaupt nicht mehr anschaun. Ich hab' geglaubt, du bist schon über alle Berge.

MAUER Ich komm' heut nur her Abschied nehmen. Morgen reise ich ab.

GENIA Wohin denn?

MAUER Nach Toblach. Von dort aus begeb' ich mich auf eine Paßwanderung. Falzarego – Pordoi –

FRIEDRICH Nimmst mich mit, Mauer?

MAUER Ja, kannst du denn und willst du?

FRIEDRICH Ja – warum sollt' ich denn nicht ...? Morgen fahrst du?

MAUER In der Früh', mit dem Schnellzug.

ERNA *zu Mauer* Und wann werden wir das Vergnügen haben, Sie am Völser Weiher zu begrüßen?

MAUER In acht Tagen ungefähr, wenn's erlaubt ist.

FRIEDRICH *ehrlich entrüstet* Ah ... da geben sich die Herrschaften Rendezvous ...

ERNA Ohne Sie um Erlaubnis zu fragen, Friedrich!

FRAU WAHL Wir fahren übermorgen – ganz direkt. *Während des folgenden stehen Otto mit Genia und Adele abseits* Der Gustl ist schon dort. Übrigens was er mir schreibt! Wissen Sie, wer der Direktor von dem neuen Hotel ist? Der Doktor von Aigner.

FRIEDRICH Ah, der Aigner!

FRAU WAHL Und soll dort sämtlichen Damen den Kopf verdrehen, trotz seiner grauen Haare.

FRIEDRICH Ja, dem sind die Weiber immer hineingefallen. Also Obacht geben, Mama Wahl.

PAUL *kommt* So da wär' man wieder! *Das Rakett hochhaltend* Das ist wieder mein altes! Man hat doch gleich was rechtes in der Hand.

FRIEDRICH Also gehen wir's an? – *Zu Paul* Aber jetzt gibt's keine Ausred' mehr! Sonst heißt's eben einen andern Beruf erwählen ... Advokat ... oder Raseur ... *Im Abgehen.*

Friedrich, Erna, Adele, Otto, Paul zum Tennis. Frau Wahl und Stanzides folgen.

GENIA, MAUER

GENIA Wollen wir nicht zuschauen? Das Tennisspielen, das steht der Erna nämlich besonders gut zu Gesicht!

MAUER *stehen bleibend* Haben Sie nicht den Eindruck, gnädige Frau, daß ich ihr vollkommen wurst bin?

GENIA Das ist möglicherweise der beste Anfang für eine glückliche Ehe.

MAUER Ja, wenn die Gleichgültigkeit gegenseitig wäre, aber so – *abbrechend* Glauben Sie übrigens, Frau Genia, daß es dem Friedrich ernst ist mit seinen Reiseabsichten?

GENIA Ich – ich weiß nicht recht. Ich war selbst ein wenig überrascht. Freilich, er hat die letzten Tage so rasend viel gearbeitet, daß ihm ein paar Tage Erholung wohl zu gönnen wären. Aber dazu müßt' er am Ende nicht – Es war wohl nicht so ernst gemeint. Eigentlich glaub' ich nicht, daß er mit Ihnen fahren wird.

MAUER Und wie steht denn die Sache mit Amerika?

GENIA Friedrich geht hinüber, das ist sicher.

MAUER Und Sie, Frau Genia?

GENIA Vielleicht auch. *Lächelnd* Ja, lieber Freund. Vielleicht!

MAUER Sie fahren zusammen? – Na, das ist schön, das freut mich.

GENIA Warum denn so feierlich ...?! Vielleicht, hab' ich gesagt! ...

MAUER Ah, es wird schon gewiß werden. Es wäre ja auch gar zu dumm, wenn der arme Korsakow ganz umsonst gestorben wäre.

GENIA *befremdet* Wenn Korsakow –? Wie meinen Sie das? – Wenn Korsakow umsonst gestorben wäre?

MAUER Ich habe nämlich die Überzeugung, daß Korsakow von der Vorsehung bestimmt war, gleichsam als Opfer zu fallen.

GENIA *immer befremdeter* Als Opfer?

MAUER Für Sie – und Ihr Glück.

GENIA Als Opfer für mein Glück –? Sie glauben an solche Dinge?

MAUER Man muß ja nicht gleich im allgemeinen an solche Dinge glauben. Aber hier spüre ich so etwas wie einen geheimnisvollen Zusammenhang. Sollten Ihnen nicht auch schon ähnliche Gedanken gekommen sein?

GENIA Mir? Um die Wahrheit zu gestehen, ich denke an diese

traurige Geschichte überhaupt sehr wenig.

MAUER Das – scheint Ihnen nur so.

GENIA Und wenn ich – zuweilen daran denke, so ist das Ganze so merkwürdig blaß und fern ... Ich versichere Sie – ganz fern! Es ist eine milde Trauer – nicht mehr. Ich kann mich nun einmal nicht besser oder gefühlvoller machen als ich bin. Vielleicht wird das später noch anders. Wenn der Herbst kommt, vielleicht. Die Tage sind jetzt wahrscheinlich zu sommerlichhell zum Traurigsein – und überhaupt zum Schwernehmen. Es ist nicht nur damit so. Die meisten Dinge kommen mir viel leichter vor. Ich kann zum Beispiel auch dieser guten Adele absolut nicht böse sein. Vorhin habe ich sie sogar gebeten, nächstens ihre Kinder mitzubringen; ich konnte gar nicht anders. Es schiene mir geradezu lächerlich, ihr oder sonst wem etwas nachzutragen. Sie hat eher was Rührendes für mich. Wie ein Wesen kommt sie mir vor, das längst gestorben ist und es gar nicht weiß. –

MAUER *sie lang anschauend* Na ja. *Pause* Und Friedrich wird ja nun hoffentlich endgültig zur Vernunft gekommen sein. Was am Ende nicht schwer sein sollte, wenn die Vernunft dem Glück so zum Verwechseln ähnlich sieht, wie in diesem Falle. – Aber wenn er es jetzt nicht festzuhalten versteht, dann –

GENIA *rasch* Es gibt vorläufig nichts festzuhalten. Sie haben mich früher offenbar mißverstanden, Doktor. Es hat sich nicht das geringste zwischen uns verändert – bisher.

MAUER Aber es wird sich verändern. Auf die Dauer kann man ihm ja nicht böse sein, dem Friedrich! Mir geht's ja geradeso mit ihm. Ich mag mich über ihn noch so rasend geärgert haben, – sobald er seine Charmeurkünste spielen läßt, bin ich ihm doch wieder ausgeliefert auf Gnade und Ungnade.

GENIA Das bin ich nicht, Doktor! Um mich muß man werben, lange werben.

Vom Tennisplatz her Otto, Friedrich, Adele, Stanzides, Frau Wahl, Paul, Genia, Mauer.

PAUL *während sie sich nähern, zu Erna* Wirklich, Fräulein, alles was wahr ist! Ihr Service – first class.

FRIEDRICH Na – und der Schlag? – Dafür hat sie aber auch bei mir gelernt! –

ERNA Was manchmal – entschuldigen schon, Herr Lehrer – ein zweifelhaftes Vergnügen gewesen ist!

FRIEDRICH ... Oh ...?! –

ERNA *zu den andern, insbesondere Paul* Sekiert hat er einen nämlich – bis aufs Blut! – Wenn man nur einmal ein bißl nachgelassen hat – sofort ist man behandelt worden wie eine vollkommen hoffnungslose Erscheinung – wie eine ganz miserable Person überhaupt –

FRIEDRICH *beiläufig* – Ja – die Sachen hängen auch sehr mit dem Charakter zusammen – meiner Ansicht nach ...

GENIA *die indes vom Stubenmädchen eine Meldung erhielt* Wenn ich bitten darf, meine Herrschaften ... der Tee! Auch Eis ist vorhanden. Zwang wird keiner ausgeübt ... Bitte.

Frau Wahl mit Stanzides, Genia mit Otto, Paul, Erna, Mauer ins Haus. Es bleiben als letzte zurück Friedrich und Adele.

FRIEDRICH, ADELE

FRIEDRICH *zu Adele, wie sie eben ins Haus hineingehen will* Ich habe leider heute noch gar keine Gelegenheit gehabt, mich nach dero geschätztem Befinden zu erkundigen. Wie geht's dir denn eigentlich?

ADELE Mir geht's famos. Und Ihnen?

FRIEDRICH Nicht schlecht. Viel zu tun halt. Wir bauen wieder. Im nächsten Jahr haben wir sechshundert Arbeiter. Und im Herbst fahr' ich hinüber nach Amerika.

ADELE So.

FRIEDIRCH Besonders zu interessieren scheint dich das nicht.

ADELE Hat mir ja schon alles mein Mann erzählt. Und dann möcht' ich dir vorschlagen, daß wir uns endgültig »Sie« sagen. Aus ist aus. Ich bin für klare Verhältnisse.

FRIEDRICH Daß sie auch klar sein müssen, hab' ich gar nicht gewußt.

ADELE Ich bitte dich! Mach' jetzt keine Witze ... Sein wir lieber froh, daß es so gut ausgegangen ist. Die Zeit der Jugendtorheiten ist vorbei. Für uns beide, denk' ich. Meine Kinder wachsen heran. Und Ihr Bub' auch.

FRIEDRICH Ja, das ist schon nicht anders.

ADELE Und wenn Sie mir erlauben wollen, Ihnen einen guten Rat zu geben ...

FRIEDIRCH Ich höre.

ADELE *anderer Ton* Also im Ernst, – ich finde, daß du mit dieser kleinen Wahl in einer geradezu unverschämten Weise kokettierst. Halt das um Gottes willen nicht für Eifersucht! Ich denke da wirklich nicht an dich ... Sondern vielmehr an deine Frau –

FRIEDRICH *belustigt* Ah!!

ADELE – Die wirklich das entzückendste, rührendste Geschöpf ist, das mir jemals vorgekommen ist. Wie sie mich früher gebeten hat, nächstens die Kinder mitzubringen – hast du's gehört? ... ich bin in die Erde gesunken!

FRIEDIRCH Das hab' ich gar nicht bemerkt.

ADELE Hätt' ich sie früher so gut gekannt – na –! Wahrhaftig, du verdienst sie nicht.

FRIEDRICH Da kann ich dir nicht einmal unrecht geben. Aber wenn es auf Erden nach Verdienst ginge ...

ADELE Und was Erna anbelangt – so nimm dich in acht. Ein Bruder ist was anderes wie ein Gatte. Ein Bruder merkt zuweilen was.

FRIEDRICH Der Gustl! Ich bitt' dich – dem wäre das doch ganz egal! ... Das ist ein Philosoph ... Und ich weiß überhaupt nicht, was dir da durch den Kopf fährt. Du bringst einen wirklich erst auf Ideen. Ein Mädel, das ich auf den Knien geschaukelt hab'.

ADELE Das beweist nichts. Solche Mädeln gibt's wahrscheinlich in den verschiedensten Altersklassen.

FRIEDRICH Ja, ja, Adele ... ohne gerade an die freundlichst von dir vorgeschlagene Erna zu denken ... es wär' schon schön!

ADELE Was wär' schön? –

FRIEDRICH Noch einmal jung zu sein!

ADELE Du bist es lang genug gewesen.

FRIEDRICH Ja, aber ich war's zu früh ... Jetzt verstünd' ich's ja erst jung zu sein! ... Es ist überhaupt dumm eingerichtet auf der Welt. Mit vierzig Jahren sollt' man jung werden, da hätte man erst was davon. Soll ich dir was sagen, Adele? Mir ist eigentlich doch, als wäre alles Bisherige nur Vorstudium gewesen. Und das Leben und die Liebe fing' erst jetzt an.

ADELE Ich versteh' dich wirklich nicht. Es gibt doch noch was anderes auf der Welt als – uns.

FRIEDRICH Ja, – die Pausen zwischen der einen und der andern. Die sind ja auch nicht uninteressant. Wenn man Zeit hat, und in der Laune ist, baut man Fabriken, erobert Länder, schreibt Symphonien, wird Millionär ... aber glaube mir, das ist doch alles nur Nebensache. Die Hauptsache – seid ihr! – ihr – ihr! ...

ADELE *kopfschüttelnd* Wenn man denkt, daß es Leute gibt, die dich für einen ernsten Menschen halten!

FRIEDRICH Ah, hältst du das für so besonders lustig, was ich dir da mitgeteilt habe?

HERR NATTER *kommt. Ein großer, etwas starker Herr in sehr elegantem Sommeranzug, Bartkoteletts, Monokel* Guten Tag, Adele! Grüß' Sie Gott, lieber Hofreiter.

FRIEDRICH *ihm die Hand reichend* Warum so spät?

ADELE *sehr freundlich* Wo treibst du dich denn herum?

NATTER Ich bitte um Verzeihung, mein Kind. Ich bin im Kurpark gesessen und hab' gelesen, sonst komm' ich ja gar nicht dazu. Sagen Sie, Hofreiter, gibt's was Schöneres als so im Freien unter einem Baum sitzen und lesen?

FRIEDRICH Kommt darauf an ... Was war's denn?

NATTER Sie werden lachen. Ein neuer Sherlock Holmes! Aber wirklich großartig! In einer Weise spannend! –

Mauer und Erna kommen aus dem Hause. – Begrüßung.

ERNA *zu Friedrich* Wird noch weiter gespielt?

FRIEDRICH Selbstverständlich. *Zu Natter* Nehmen Sie mit uns einen Tee? Wir wollten eben ...

NATTER Gern ... Ist übrigens der Oberleutnant Stanzides noch hier?

FRIEDRICH Ja, natürlich.

NATTER Ich will ihn nämlich einladen mit uns ins Theater zu gehn. *Zu Adele* Wenn du nichts dagegen hast. Ich hab' eine Loge genommen für heut in die Arena. *Mauer und Erna nach rechts.*

FRIEDRICH Macht Ihnen das denn Spaß, sich so eine Schmierenvorstellung anzusehn?

NATTER Warum denn nicht?

ADELE Es gibt nichts auf der Welt, was ihm nicht Spaß macht. Es gibt kein dankbareres Publikum als meinen Mann! –

NATTER Ja, das ist wahr. Ich finde das Leben höchst amüsant. Ich unterhalte mich königlich. Immer. Bei jeder Gelegenheit!

Friedrich, Adele, Natter ins Haus.

MAUER, ERNA, *die schon im Gespräch waren.*

ERNA Und wie ist das Unglück damals geschehn?

MAUER Offenbar dadurch, daß sich unter seinen Füßen ein Stein losgelöst hatte ... Es war beim Abstieg vom Aignerturm.

Friedrich war voran. Da hört er das gewisse unheimliche Gepolter über sich. Gleich darauf sausen mächtige Blöcke an ihm vorbei und nach ihnen, knapp neben Friedrich, der arme Bernhaupt selbst. Friedrich spricht nicht gern davon. Wenn er nämlich auch tut, als wenn er über alles erhaben wäre, die Sache hat damals doch einen furchtbaren Eindruck auf ihn gemacht.

ERNA Sie glauben?

MAUER Der beste Beweis ist doch, daß er seither keine Bergtouren mehr unternommen hat.

ERNA Also – der Aignerturm wird heuer gemacht.

MAUER Das werden Sie sich wohl überlegen, Fräulein Erna.

ERNA Überlegt ist es schon. Das kommt bei mir nämlich immer vor dem Reden.

MAUER Ich werd' Ihrem Bruder schreiben.

ERNA Aber, lieber Doktor! Sie glauben doch nicht, daß das hilft, wenn ich mir einmal was in den Kopf gesetzt hab'! Höchstens kann ich Ihnen versprechen zu warten, bis Sie auch bei uns am Völser Weiher sind.

MAUER Soll ich denn hinkommen?

ERNA Gewiß sollen Sie. Ich engagiere Sie als Führer, gegen die übliche Taxe natürlich.

MAUER Ich hab' mir nie eingebildet, daß ich auf mehr Anspruch erheben dürfte.

ERNA Hat das wehmütig sein sollen, Doktor Mauer, oder nur geistreich?

MAUER Soll ich an den Völser Weiher kommen, Fräulein Erna, ja oder nein?

ERNA Ich seh' keinesfalls einen Grund, daß Sie Ihren ursprünglichen Reiseplan ändern.

MAUER Ist es Ihnen wirklich unmöglich, Fräulein Erna, mir geradeaus zu antworten?

ERNA Nicht leicht, Doktor. *Sie sitzt unter dem Nußbaum* Sie wissen, daß Sie mir sehr sympathisch sind. Hinkommen sollten Sie jedenfalls. Es wäre die beste Gelegenheit, einander besser kennen zu lernen. Aber verpflichtet dürfen Sie sich so wenig fühlen als ich, selbstverständlich.

MAUER Das ist sehr klug, Fräulein Erna.

ERNA Es kommt noch klüger. Hören Sie mich nur an. Sie haben doch gewiß so irgend etwas wie eine Liebste oder einen Schatz – wie alle unverheirateten Herren. Also übereilen Sie sich nicht. Ich meine: Bilden Sie sich nicht am Ende ein, daß Sie mir nach unserm heutigen Gespräch schon Treue schuldig geworden sind.

MAUER Diese freundliche Mahnung kommt leider zu spät. – Ich kann natürlich nicht leugnen, daß ich wie alle Männer und so weiter ... Aber ich habe ... Schluß gemacht. Ich bin nämlich kein Freund von Herzensschlampereien. Da würd' ich mir zuwider werden.

ERNA Sie sind wirklich ein anständiger Mensch, Doktor Mauer! Man hat so das Gefühl, wenn man Ihnen einmal sein Schicksal anvertraut ... da ist man dann im Hafen. Da kann einem nichts mehr geschehn.

MAUER Hoffentlich ...

ERNA Nur weiß ich nicht recht, ob dieses Gefühl der Sicherheit etwas so besonders Wünschenswertes bedeutet. Wenigstens für mich. Wenn ich ganz aufrichtig sein soll, Doktor Mauer, mir ist manchmal, als hätt' ich vom Dasein auch noch andres zu erwarten oder zu fordern als Sicherheit – und Frieden. Besseres oder Schlimmeres – ich weiß nicht recht.

MAUER Halten Sie mich für keinen Tropf, Fräulein Erna, wenn ich mir einbilde, daß Ihnen – nicht gerade das Beste, das es auf Erden gibt, aber doch manches Gute auch an meiner Seite beschieden sein könnte. Das Leben besteht ja noch aus allerlei anderm als aus Abenteuern einer gewissen Art.

ERNA Hab' ich denn –?

MAUER Sie haben es nicht gesagt, Fräulein Erna, aber es ist Ihre Empfindung. Kein Wunder, – in dieser Atmosphäre! da rings um uns! Aber ich versichere Sie, es gibt eine kräftigere, reinere – und ich traue mir zu, Sie auch dort ein frisches und freies Atmen zu lehren.

ERNA Sie haben Courage, Doktor. Sie gefallen mir überhaupt ganz besonders. Kommen Sie an den Völser Weiher. Man wird ja sehen.

Aus dem Hause: Adele, Natter, Stanzides, ihnen folgen allmählich Genia, Otto, Paul, Friedrich, Frau Wahl, Mauer, Erna.

STANZIDES In früherer Zeit hab' ich mir die Vorstellungen manchmal gar nicht vom Zuschauerraum aus angesehn, sondern von oben – aus der Vogelperspektive, von dem Hügerl aus hinter der Arena.

ADELE Das muß lustig sein.

STANZIDES Lustig – weiß ich nicht. Sonderbar ist es. Man sieht natürlich nur ein kleines Stück von der Dekoration. Ein Eck von einem Felsen oder eine Ofenfigur oder so was. Und von den Schauspielern sieht man natürlich so gut wie gar nichts, nur gelegentlich hört man ein abgerissenes Wort ... Aber das eigentümlichste ist, wenn dann plötzlich unter all diesen Stimmen eine heraufklingt, die man kennt, – zum Beispiel von einer bekannten Dame, die da unten mitspielt. Da kann man plötzlich auch die Worte verstehn. Von dem, was die andern reden, nichts – und nur, was die Bekannte redet, versteht man ganz genau.

ADELE *lachend* Die Bekannte!

FRIEDIRCH Statt Geliebte sollte man nicht Bekannte sagen Stanzides – sondern Unbekannte ... Stimmt eher, Stanzides! –

ADELE Oder Freundin, wenn man diskret sein will.

FRIEDRICH Oder Feindin.

ERNA Wenn man indiskret ist.

FRAU WAHL Erna! – – –

NATTER Es wird spät, wir müssen uns empfehlen, wenn wir überhaupt noch was von der Vorstellung sehn wollen. Bitte sehr, sich nicht stören zu lassen.

Natter, Adele und Stanzides gehen.

PAUL *zu Otto* Im vorigen Jahr hab' ich einmal hintereinander neun Stunden gespielt, mit dem Doktor Herz. Zuerst vier Stunden, dann haben wir eine Eierspeis' gegessen, und dann... *Spricht weiter mit Otto.*

MAUER *sich empfehlend* Auch meine Stunde hat geschlagen. *Zu Genia* Gnädige Frau ...

FRIEDRICH Na, was hast du's denn so eilig? Wenn du dich eine Viertelstunde geduldest, so fahr' ich gleich mit dir hinein.

MAUER Wie – es ist also dein Ernst?

FRIEDRICH Natürlich ... Also wartest du?

GENIA Du willst mit dem Doktor – du willst noch heute in die Stadt hinein – ?? –

FRIEDRICH Ja, es ist doch das gescheiteste. Meine Sachen hab' ich alle drin, die ich fürs Gebirge brauch', packen kann mir der Josef in einer Stund'; und da fahr' ich gleich morgen in der Früh' mit dem Mauer weg.

MAUER Das wär' ja famos.

FRIEDRICH Also du wartest auf mich? Eine Viertelstunde!

MAUER Ja, ich warte.

FRIEDRICH *rasch ins Haus.*

Erna, Paul, Otto, Frau Wahl stehen zusammen.

ERNA *hat manchmal hingehört.*

GENIA *sieht Friedrich nach.*

MAUER Er ist der Mann rascher Entschlüsse.

GENIA *antwortet nicht.*

PAUL Also benützen wir die letzten Strahlen der Abendsonne . . .

Erna, Otto, Paul, Frau Wahl gegen den Tennisplatz.

MAUER *folgt nach kurzem Besinnen.*

GENIA *steht noch immer regungslos, plötzlich will sie ins Haus hinein, da tritt ihr Frau Meinhold entgegen.*

FRAU MEINHOLD, GENIA

FRAU MEINHOLD *etwa vierundvierzig, nicht jünger aussehend, Züge etwas verlebt, Gestalt noch jugendlich* Guten Abend.

GENIA Oh, Frau Meinhold, so spät? Ich fürchtete schon, Sie kämen heute gar nicht mehr. Nun freue ich mich doppelt, daß Sie da sind. Kommen Sie doch, liebe Frau Meinhold. Vielleicht dorthin *zum Nußbaum weisend* es ist doch Ihr Lieblingsplatz.

FRAU MEINHOLD *Genias Zerstreutheit merkend* Danke, danke.

GENIA Oder wollen wir zum Tennisplatz? Es wird noch fleißig gespielt, und Sie sehen ja ganz gerne zu, nicht wahr?

FRAU MEINHOLD *lächelnd* Ich komme ja zu Ihnen, liebe Frau Genia. *Mit ihr zum Nußbaum* Aber habe ich Sie nicht gestört, Sie scheinen mir ein wenig – wollten Sie nicht eben ins Haus?

GENIA Nein, durchaus nicht. Es ist nur – mein Mann fährt dann in die Stadt hinein mit Doktor Mauer. Morgen reist er nämlich mit ihm ab. Sie machen zusammen eine Fußtour. Denken Sie, vor einer Stunde wußte er selbst noch nichts davon. Der Doktor kam uns Adieu sagen, sprach natürlich von seinen Reiseplänen – und Friedrich war sofort hingerissen von der Idee, wieder einmal über die Berge zu wandern wie in früherer Zeit. Und nun fährt er auch schon davon. *Blickt zum Balkon.*

FRAU MEINHOLD Da komme ich Ihnen doch wohl ungelegen. Sie werden gewiß noch mit Ihrem Gatten zu sprechen haben, da er so plötzlich abreist.

GENIA Ach nein, es ist ja nur auf kurze Zeit. Und sentimental sind wir nicht, nein, wahrhaftig. –

FRAU MEINHOLD Und nun haben Sie auch Ihren Percy bald wieder da.

GENIA Oh, da wird mein Mann wohl noch früher zurück sein. Percy kommt erst in vierzehn Tagen.

FRAU MEINHOLD Sie sehnen sich schon sehr nach ihm, wie?

GENIA Das können Sie sich denken, Frau Meinhold. Nun hab' ich ihn seit Weihnachten nicht gesehen. Kein leichtes Los, seinen Einzigen so in der Fremde haben. Aber Sie wissen ja auch was davon zu erzählen, Frau Meinhold.

FRAU MEINHOLD Einiges, ja.

GENIA Nun verläßt Sie Ihr Herr Sohn gar auf mehrere Jahre?

FRAU MEINHOLD Ja, drei Jahre sollen es werden. Und weit, weit.

GENIA In die Südsee, er hat mir früher davon erzählt. Ja, das ist freilich – Und doch kommt mir vor, als wären Sie besser dran als ich, Frau Meinhold. Sie haben einen Beruf, einen so schönen! Einen, der Sie so ganz erfüllt! Das hilft gewiß über viel hinweg.

FRAU MEINHOLD Über manches.

GENIA Nicht wahr? Wenn Frauen nur Mütter sind, das ist doch wohl nicht das Richtige, scheint mir manchmal. Sie hätten es gewiß nicht zugegeben, daß Ihr Otto zur Marine ging, wenn Sie nichts anderes gewesen wären als Mutter.

FRAU MEINHOLD *einfach* Und wenn ich's nicht zugegeben hätte . . .?

GENIA So wär' er bei Ihnen geblieben. O, davon bin ich ganz überzeugt. Wenn Sie es gewünscht, wenn Sie es verlangt hätten?! Er liebt Sie ja so sehr. Er hätte ja auch was anderes werden können. Ich kann mir ihn sehr gut als Gutsbesitzer vorstellen . . . oder – oh ja . . . auch als Gelehrten.

FRAU MEINHOLD Es ist nur die Frage, liebe Frau Genia, ob ich ihn dann mehr hätte als jetzt, da er aufs Meer hinaussegelt.

GENIA Oh . . .!

FRAU MEINHOLD Ich glaub' nicht. *Nicht schwer* Nämlich von diesem Wahn, Frau Genia, kann man sich nicht früh genug freimachen, daß wir unsere Kinder jemals besitzen könnten. Besonders Söhne! Sie haben u n s, aber wir haben sie nicht. Ich glaube sogar, das müßte einem noch schmerzlicher zum Bewußtsein kommen, wenn man mit ihnen immer unter einem Dache wohnte. Solang sie klein sind, verkaufen sie uns um ein Spielzeug, und später . . . später um noch weniger.

GENIA *kopfschüttelnd* Das ist doch ... nein das . . . Darf ich was sagen, Frau Meinhold?

FRAU MEINHOLD *lächelnd* Warum denn nicht? Wir plaudern

doch. Jede sagt, was ihr eben durch den Kopf geht.

GENIA Ich hab' mich nämlich schon neulich gefragt, als Sie auch so eine – verzeihen Sie – eine so düstere Bemerkung machten – so über die Menschen im allgemeinen – ob das nicht vielleicht irgendwie mit den Rollen zusammenhängt, die Sie spielen, daß Ihnen das Leben manchmal so tragisch erscheint?

FRAU MEINHOLD *lächelnd* Tragisch ... Finden Sie?

GENIA Denn ich habe offenbar eine leichtere Lebensauffassung als Sie, Frau Meinhold. Ich bilde mir zum Beispiel fest ein, daß ich niemals aufhören werde, Percy viel, – unendlich viel zu bedeuten. Und auch Sie, Frau Meinhold, hätten meiner Ansicht nach alles Recht dazu ... ja gerade Ihr Sohn scheint mir ein besonders zärtlicher, ein – ich bin überzeugt, daß er Sie geradezu anbetet.

FRAU MEINHOLD *lächelnd* Nennen wir's so!

GENIA Und wenn er Sie einmal »verkaufen« sollte, wie Sie sagen, so wird es gewiß um nichts Unwürdiges geschehn. Und nur in einem solchen Fall denke ich, könnte sich in den Beziehungen zwischen Mutter und Kind etwas ändern. *Nach kurzem Besinnen* Und da eigentlich auch nicht.

FRAU MEINHOLD *nach einer kleinen Pause* Er ist ein Mann, vergessen Sie das? Wie läßt sich da etwas vorhersehen ... Auch Söhne werden Männer. *Mit Bitterkeit* Sie sollten doch auch, denk' ich, eine Ahnung davon haben, was das heißt.

GENIA *schlägt wie betroffen die Augen nieder.*

FRIEDRICH *erscheint oben auf dem Balkon, sich eben die Krawatte knüpfend, sieht mit kurzsichtig verkniffenen Augen herab* Ich höre da eine wohlbekannte, edle Stimme ... Hab' mir's ja gleich gedacht ... Küss' die Hand, Frau Meinhold.

FRAU MEINHOLD Guten Abend, Herr Hofreiter.

GENIA Brauchst du was, Friedrich?

FRIEDRICH O nein, dank' schön, bin gleich fertig. Dann komm' ich herunter. Ich fahr' nämlich weg.

FRAU MEINHOLD Ja, Frau Genia sagte mir eben.

FRIEDRICH Also auf Wiederschaun. *Verläßt den Balkon. Pause.*

GENIA Darf ich Ihnen etwas erwidern, Frau Meinhold?

FRAU MEINHOLD *lächelnd* Aber warum bitten Sie mich denn immer um Erlaubnis, Frau Genia –

GENIA Sie imponieren mir nämlich so, Frau Meinhold. Was Sie sagen, das klingt immer so bestimmt, so unwidersprechlich. Und man hat die Empfindung, Ihnen bleibt nichts verborgen, nichts ... Und Sie kennen die Menschen, ja ... Aber sind Sie nicht doch ... sind Sie nicht doch ein bißchen ungerecht?

FRAU MEINHOLD Mag sein, Frau Genia ... Aber Ungerechtigkeit ist ja schließlich unsere einzige Revanche. *Auf einen fragenden Blick Genias* Die einzige Revanche für ein Unrecht ... das irgend einmal an uns begangen wurde.

GENIA Aber ewige Ungerechtigkeit gegenüber einem ... verjährten Unrecht – ist das nicht zu viel?

FRAU MEINHOLD *bitter* Es gibt Dinge, die nicht verjähren. Und es gibt Herzen, in denen nichts verjährt. *Pause* Kommt Ihnen das wieder tragisch vor, liebe Frau Genia? Sie denken sich wohl, was erzählt sie mir da für Geschichten, diese alte Komödiantin. Was will sie denn eigentlich? Vor einer Ewigkeit hat sie sich von ihrem Mann getrennt, hat nachher, wie man hört, ihr Leben völlig nach eigenem Belieben eingerichtet ... nachgeweint zu haben scheint sie ihm keinesfalls ... was will sie ...? Nicht wahr, Frau Genia, das denken Sie sich?

GENIA *etwas verlegen* Kein Mensch wird bestreiten, daß Sie das Recht hatten zu leben, wie es Ihnen gefiel ...

FRAU MEINHOLD Natürlich hatt' ich das. Das ist eine Sache für sich. Und ich will auch niemandem einreden, daß ich wegen jener längst vergangenen Geschichte heute noch irgend etwas wie Schmerz empfände. – Oder Groll! – Nur – vergessen hab' ich's eben nicht ... das ist alles. Mehr sag' ich auch nicht. Aber denken Sie nur, wieviel habe ich seither vergessen! Heitres und Trauriges ... vergessen – als wäre es nie gewesen! Und gerade das, was mir vor mehr als zwanzig Jahren mein Mann angetan hat, nicht! ... So muß es doch wohl was bedeutet haben! Ohne Groll, ohne Schmerz denk' ich dran – ich weiß es eben nur – das ist alles! Aber ich weiß es, wie am ersten Tag – gerade so klar, so fest – so unwidersprechlich – das ist es, liebe Frau Genia ...

FRIEDRICH *kommt im grauen Reiseanzug, sehr montiert. Küßt Frau Meinhold die Hand* Ich freu' mich sehr, Ihnen noch adieu sagen zu können, gnädige Frau.

FRAU MEINHOLD Bleiben Sie lange fort?

FRIEDRICH Das ist ungewiß. Hängt auch davon ab, ob ich hier dringend benötigt werde. In der Fabrik, mein' ich.

Vom Tennisplatz Otto, Paul, Erna, Frau Wahl, Mauer. Begrüßung.

OTTO Guten Abend, Mutter. *Küßt ihr die Hand*

FRAU MEINHOLD Guten Abend, Otto! –

FRIEDRICH Na, wie ist's gegangen, Paul?

PAUL Bitt' schön, nicht fragen. Von morgen an spiel' ich wieder mit dem Trainer.

MAUER Also, bist du bereit?

FRIEDRICH Selbstverständlich. – Meine Herrschaften . . . *allen die Hand reichend* – liebe Genia . . .

GENIA Entschuldigen Sie, lieber Doktor, auf ein paar Minuten darf ich mir noch meinen Herrn Gemahl von Ihnen ausbitten?

MAUER Oh . . .

Mauer, Erna, Frau Meinhold, Otto, Frau Wahl, Paul entfernen sich.

FRIEDRICH Du hast mir noch was zu sagen, Genia?

GENIA Eigentlich nichts, als daß ich mich ein bißchen über deinen Entschluß wundre. Ich hab' nämlich keine Ahnung gehabt, daß du heute fortfahren willst.

FRIEDRICH Ich doch auch nicht, mein Kind.

GENIA Wirklich, keine Ahnung?

FRIEDRICH Daß es gerade heute abend sein wird – absolut nicht. Wenn der Mauer nicht zufällig gekommen wäre . . . Aber daß ich Lust hätt', auf ein paar Tage ins Gebirge zu gehen – das war dir ja nicht unbekannt. Ob ich nun heut' fahr', – oder morgen oder übermorgen . . . Also zum Wundern ist doch kein Anlaß.

GENIA *sich über die Stirn streichend* Gewiß, du hast ja recht. Nur weil eben so gar keine Rede davon war.

Bange Pause.

FRIEDRICH Also, ich telegraphier' natürlich täglich, sowohl hierher als ins Bureau. Und schreib' auch. Bitte gleichfalls um regelmäßige Berichterstattung. Und wenn von Percy was kommt, so schick' mir's nach . . . Auch wenn's nur an die dear mother gerichtet ist . . . Ja, mein Kind. Also jetzt heißt's . . . der Mauer wird wirklich schon ungeduldig werden.

GENIA Warum – warum – fährst du fort?

FRIEDRICH *etwas ungeduldig, aber nicht heftig* Du, Genia, mir scheint als hätt' ich dir darauf schon geantwortet.

GENIA Du weißt sehr gut, daß du mir noch nicht geantwortet hast.

FRIEDRICH Jedenfalls ist diese Art zu inquirieren etwas ganz neues – in unserm Haus.

GENIA Du bist nicht verpflichtet mir Rede zu stehn, gewiß nicht. Aber ich seh' eigentlich auch keinen Grund, warum du mir die Antwort direkt verweigern solltest.

FRIEDRICH Ja, mein liebes Kind, wenn du wirklich findest, daß es erst ausdrücklich festgestellt werden muß ... also schön: Ich fühle mich seit einiger Zeit nicht besonders wohl. Das wird ja wieder vorübergehn – wahrscheinlich ... gewiß. Aber in den nächsten Tagen brauch' ich eben eine andere Luft, eine andre Umgebung. Sicher ist jedenfalls, daß ich von hier fort muß.

GENIA Von hier!? ... Von mir!!

FRIEDRICH Von dir – Genia –? Das hab' ich doch nicht – Aber wenn du's absolut hören willst – gut, von dir! Ja, Genia.

GENIA Aber warum? Was hab' ich dir denn getan?

FRIEDRICH Nichts ... Wer sagt denn, daß du mir was getan hast.

GENIA So erklär' dich doch, Friedrich ... Ich bin ja ganz ... Auf alles war ich eher gefaßt, als daß du jetzt ... so plötzlich ... Von einem Tag zum andern – von einer Stunde zur andern hab' ich erwartet, daß wir uns ... aussprechen werden ... daß wir ...

FRIEDRICH Ja. Diese Erwartung hab' ich dir schon angemerkt, Genia. Ja. Aber ... ich glaube, dazu ist es noch zu früh, – zum – Aussprechen ... Ich muß mir noch über mancherlei klar werden ...

GENIA Klar –? Ja ... wo gibt's denn eine Unklarheit? Du hast doch ... den Brief in der Hand gehabt? Du hast ihn doch gelesen? Wenn du vorher gezweifelt hast ... was ich ja gar nicht glaube ... seit dem Abend – um Himmels willen, Friedrich – seit dem Abend muß dir doch eine Ahnung aufgegangen sein – Friedrich, was – was du mir ... Gott ... ist es denn wirklich notwendig, das erst mit Worten zu sagen! ...

FRIEDRICH Nein, gewiß nicht ... Das ist es ja eben. Der Abend. Ja. Mir ist nämlich schon die ganze Zeit her, verzeih – es ist natürlich nicht deine Absicht – aber ich hab' halt den Eindruck, als wenn du diese Affäre ... *zögert.*

GENIA Nun – nun –?

FRIEDRICH Als wenn du den Selbstmord von Korsakow gegen mich irgendwie ausspieltest ... Innerlich natürlich ... Und das – das macht mich halt ... ein bissel nervös ...

GENIA Friedrich! Ja, bist du denn ... Ich spiele den Selbstmord ... Nein – ist es möglich! ... Das! ...

FRIEDRICH Ich sag' ja schon, du kannst nichts dafür. Du meinst es nicht so. Du bist gewiß nicht stolz darauf, daß er deinetwegen ... daß du ihn sozusagen in den Tod – du bildest dir gewiß nichts ein, auf deine Standhaftigkeit, das weiß ich ja alles ...

GENIA Nun also, wenn du das weißt ...

FRIEDRICH Ja, aber daß es überhaupt geschehen ist ...

GENIA Was, was?

FRIEDRICH Daß er sich hat umbringen müssen ... das ist das Furchtbare ... darüber komm' ich nicht weg.

GENIA Was ... das ... *greift sich an den Kopf.*

FRIEDRICH Na, ja, bedenk doch nur, man kann's drehn und wenden, wie man's will ... daß der arme Korsakow jetzt unter der Erde liegt und verwest ... die Ursache davon bist ja doch du! ... Natürlich ... unschuldig – in doppeltem Sinn. – Ein andrer als ich würde vielleicht vor dir auf den Knien liegen, dich anbeten – wie eine Heilige – gerade deswegen! ... Ich bin halt nicht so ... Mir bist du gerade dadurch ... gleichsam fremder geworden.

GENIA Friedrich!! ... Fremder ... Friedrich! –

FRIEDRICH Ja, wenn er dir zuwider gewesen wäre – ja, dann, dann wär' es die natürlichste Sache von der Welt. Aber nein, ich weiß ja, er hat dir sogar sehr gut gefallen ... Man kann schon sagen, du warst ein bissel verliebt in ihn. Oder – wenn ich's ... um dich verdient hätte ... wenn du mir gegenüber zu der sogenannten Treue verpflichtet gewesen wärst ... Aber ich hab' doch wirklich kein Recht gehabt ... na ... davon müssen wir doch nicht erst reden. – Also ich frag' mich halt immer und immer wieder: Warum hat er sterben müssen?

GENIA Friedrich!

FRIEDRICH Und, verstehst du, dieser Gedanke ... daß irgend etwas, das doch in Wirklichkeit gar nicht ist – ein Schemen, ein Phantom, ein Nichts, wenigstens einem so furchtbaren Ding gegenüber, einem so irreparabeln wie der Tod – daß d e i n e T u g e n d – einen Menschen in den Tod getrieben hat, das ist mir einfach unheimlich. Ja ... Ich kanns' nicht anders sagen ... Ja ... Es wird ja wohl wieder vergehn ... mit der Zeit ... im Gebirg ... und wenn wir ein paar Wochen nicht beieinander sind ... Aber jetzt ist es nun einmal da – und da kann man nichts machen ... Ja, liebe Genia ... So bin ich einmal ... Andre wären halt anders ...

GENIA *schweigt.*

FRIEDRICH Ich hoffe, du nimmst mir's nicht übel, daß ich – auf deinen Wunsch hin – alles das so deutlich ausgesprochen habe. So deutlich, daß es schon wieder beinah nicht wahr geworden ist . . .

GENIA Es ist schon wahr geblieben, Friedrich . . .

Die andern kommen allmählich näher.

MAUER *zuerst* Verzeih, Friedrich, aber es ist die höchste Zeit. Ich hab' nämlich in der Stadt noch was zu tun . . . Du kannst ja vielleicht mit einem späteren Zug . . .

FRIEDRICH Ich bin schon bereit . . . *Hinaufrufend* Also Kathi – geschwind! Meinen Überzieher und meine kleine, gelbe Tasche, die liegt auf dem Diwan in meinem Zimmer.

FRAU WAHL Also glückliche Reise und hoffentlich auf Wiedersehn.

ERNA Am Völser Weiher.

FRAU WAHL Wissen Sie, was hübsch wär', Frau Genia? Wenn Sie auch hinkämen.

ERNA Ja, Frau Genia! –

GENIA Geht leider nicht! Der Percy kommt ja –

FRIEDRICH Aber doch nicht so bald. *Zu Mauer* Wann sind wir denn dort?

MAUER So in acht bis zehn Tagen, denk' ich.

FRIEDRICH Ja, Genia, das wär' wirklich eine Idee. Du solltest dir's überlegen, Genia. –

GENIA Ich . . . werd' mir's überlegen.

STUBENMÄDCHEN *kommt mit Überzieher und Tasche.*

MAUER Also adieu, Frau Genia. *Verabschiedet sich auch bei den andern.*

FRIEDRICH Adieu, meine Herrschaften. Na, was macht ihr denn eigentlich heute noch alle?

PAUL Ich hätte eine Idee. Man könnte eine Mondscheinpartie machen nach Heiligenkreuz.

ERNA Ich wär' gleich dabei.

FRAU WAHL Zu Fuß –?

FRIEDRICH Aber das ist ja nicht nötig. Ich schick' euch das Auto von der Bahn zurück.

PAUL Hoch der edle Spender!

FRIEDRICH Keine Ovationen, wenn ich bitten darf. Also adieu. Gute Unterhaltung allerseits. Adieu, Genia. *Nimmt noch einmal Genias Hand, die sie dann schlaff fallen läßt.*

FRIEDRICH *und* MAUER *durchs Haus ab.*

GENIA *steht starr.*

PAUL, ERNA, FRAU WAHL *stehen nebeneinander.*

OTTO *und* FRAU MEINHOLD *haben einen kurzen Blick der Verständigung gewechselt.*

OTTO *zu Genia, Abschied nehmend* Gnädige Frau, wir werden uns auch – –

GENIA *rasch, erregter* Sie wollen gehen? Und Sie, gnädige Frau? Aber warum denn? Wir haben ja im Auto ganz bequem alle Platz.

ERNA Natürlich. Der Herr Kreindl sitzt vorne beim Chauffeur.

PAUL Mit Wonne.

OTTO Ich möchte mir nur die Bemerkung erlauben, daß es mit der Mondscheinpartie einige Schwierigkeiten haben dürfte, da wir uns unterm Neumond befinden.

ERNA Uns genügen zur Not auch die Sterne, Herr Fähnrich.

FRAU MEINHOLD *zum Himmel schauend* Ich fürchte, Sie werden heute auch auf die verzichten müssen.

ERNA So sausen wir kühn ins Dunkel hinein.

GENIA Ja, Erna, das ist vielleicht das Allerlustigste. *Sie lacht auf.*

Vorhang

DRITTER AKT

Halle des Hotels Völser Weiher.

Vorn links Eingang (Glastourniquet). Rechts dem Eingang gegenüber Lift, daneben beiderseits Treppen, die aufwärts führen. Hintergrund großer, weiter Erker mit hohen Glasfenstern. Blick auf Wald-, Berg- und Felsenlandschaft. Rechts hinten Portiere vor einem Gang, der zum Speisesaal führt. Am Eingang großer, langer Tisch erhöht, mit Prospekten, Fahrplänen usw., dahinter praktikable Holzwand mit kleinen Fächern für Briefe und Zimmerschlüssel. In der Halle, auch im Erker, Tische und Sitzgelegenheiten. – Auf einigen Tischen Zeitungen. – Schaukelstühle. – Mäßige Bewegung in der Halle, die ohne den Fortgang der Handlung zu stören, mit entsprechenden Unterbrechungen, während des Aktes andauert.

Touristen und Sommergäste, die von draußen hereinkommen, Gäste, die sich im Lift fahren lassen, andere, die die Stiege hinauf- und hinunter gehn, gelegentlich ein Kellner, Herren und Damen, die an einem der Tische Zeitung lesen oder plaudern. – Am Lift ein Boy. Hinter dem Tisch am Eingang der PORTIER ROSENSTOCK, *rotbäckiger ziemlich junger Mensch, kleiner, schwarzer Schnurrbart, schwarzes Haar, schlaue, gutmütige Augen, zuvorkommend und überlegen. Er gibt eben einem Boy Zeitungen, der Boy entfernt sich mit diesen und läuft über die Stiege hinauf. Zwei Herren im Gebirgsanzug kommen von draußen, gehn gleich nach hinten dem Speisesaal zu. Rosenstock macht Notizen in ein Geschäftsbuch. – Über die Stiege* DOKTOR MEYER, *kleiner, etwas schüchterner Herr in nachlässigem Sommeranzug, nähert sich dem Portier. Er hat ihn der Hand eine zusammengefaltete Landkarte.*

MEYER *nachdem er eine kleine Weile gewartet hat* Herr Portier ...

ROSENSTOCK *liebenswürdig, aber nicht ohne eine gewisse Überlegenheit* Bitte, Herr Doktor?

MEYER Ich wollte mir nur die Frage erlauben, Herr Portier ... ich habe nämlich die Absicht, morgen eine Tour zu machen, und da wollte ich mir die Frage erlauben, ob man zur Hofbrandhütte einen Führer benötigt.

ROSENSTOCK O, gewiß nicht, Herr Doktor. Der Weg ist nicht zu fehlen, gut markiert.

MEYER Und wenn ich dann von der Hütte eine Spitze mitnehmen würde? Zum Beispiel den Aignerturm.

ROSENSTOCK *lächelnd* Aignerturm?! ... Aignerturm ist die schwerste Tour in der ganzen Gegend, wird sehr selten gemacht. Nur von ausdauernden, schwindelfreien Kletterern. Heuer ist er überhaupt noch nicht gemacht worden.

MEYER Pardon, ich meinte nicht den Aignerturm. *Mit der Karte* Die Rotwand meinte ich. – Die ist doch nicht so schlimm?

ROSENSTOCK Gewiß nicht. Da kann jedes Kind hinauf.

MEYER Noch nie was geschehn?

ROSENSTOCK Ja, gelegentlich sind auch schon von der Rotwand Leute heruntergefallen.

MEYER Wie! –

ROSENSTOCK Das ist schon nicht anders im Gebirge. Es gibt eben überall Dilettanten ...

MEYER Hm. Also ich danke vorläufig bestens, Herr Portier.

ROSENSTOCK Bitte sehr.

Doktor Meyer entfernt sich, setzt sich im Erker an einen Tisch und studiert seine Karte, später geht er fort.

Zwei JUNGE TOURISTEN, *Rucksack, Havelock, Bergstöcke, kommen von draußen.*

ERSTER TOURIST *sehr forsch* Guten Morgen. Guten Abend vielmehr.

ROSENSTOCK Habe die Ehre.

ERSTER TOURIST Sagen Sie, haben Sie ein Zimmer mit zwei Betten, oder zwei Zimmer mit je einem Bett?

ROSENSTOCK Wie ist der werte Name?

ERSTER TOURIST So – muß man sich hier vorstellen? Bogenheimer, candidatus juris aus Halle. Gebürtig aus Merseburg, evangelisch ...

ROSENSTOCK *sehr höflich und ganz wenig lächelnd* Ich wollte nur fragen, ob die Herren bestellt haben.

ERSTER TOURIST Ne, bestellt ham ma nich.

ROSEENSTOCK *sehr höflich* Dann bedaure ich sehr, wir haben leider gar nichts frei.

ERSTER TOURIST Gar nichts? Das ist aber böse. Auch kein Strohlager ... an das man sich klammern könnte?

ROSENSTOCK Leider, nein.

DER ZWEITE TOURIST *hat hintereinander auf zwei Sesseln Platz genommen, die ihm beide nicht bequem genug zu sein scheinen. Endlich läßt er sich in einen Schaukelstuhl fallen.*

ERSTER TOURIST *zum zweiten* Was machen ma nu? *Zu Rosenstock* Wir haben nämlich vierzehn Stunden Marsch in den Beinen.

ROSENSTOCK *mitfühlend* Das ist viel.

ZWEITER TOURIST Ich rühr' mich nicht vom Fleck.

ERSTER TOURIST Haben Sie gehört, Herr Cerberus? Mein Kollege, der rührt sich nicht vom Fleck.

ROSENSTOCK Bitte sehr. Raum für alle hat die Halle.

ERSTER TOURIST Ah, sind wohl Dichter?

ROSENSTOCK Nur in dringenden Fällen.

ERSTER TOURIST Also was sollen ma machen? ...

ROSENSTOCK Wenn die Herren vielleicht zur Alpenrose schauen wollten ...

ERSTER TOURIST Ist das auch ein Hotel?

ROSENSTOCK Sozusagen.

ERSTER TOURIST Glauben Sie, daß es dort was gibt?

ROSENSTOCK Die haben immer was.

ERSTER TOURIST Na, versuchen ma die Alpenrose zu pflücken. *Zum andern* Auf, mein Sohn.

ZWEITER TOURIST Ich rühr' mich nicht. Schicken Sie eine Sänfte um mich, Bogenheimer, wenn Sie was gefunden haben ... Oder einen Maulesel.

Er setzt sich zurecht und schlummert bald ein.

ERSTER TOURIST *zu Rosenstock* Also passen Sie nur gut auf meinen

Kollegen, daß er ja nicht im Schlummer gestört wird. *Im Abgehen* Das Wandern ist des Müllers Lust ...

Ab.

EIN EHEPAAR *kommt. Ein Boy hinter ihnen mit Handgepäck.*

ROSENSTOCK *begrüßt sie.*

HERR Das Zimmer bereit?

ROSENSTOCK Selbstverständlich, Herr Hofrat. Numero siebenundfünfzig.

Glocke. Ehepaar mit dem Boy zum Lift, fahren hinauf.

PAUL KREINDL *kommt, eleganter Reiseanzug, weiter Mantel, grüner Hut mit Gemsbart, rote Handschuhe, Rakett mit der Tasche in der Hand. Boy mit Handgepäck hinter ihm.*

PAUL Guten Tag.

ROSENSTOCK Habe die Ehre, Herr von Kreindl.

PAUL Ah, was seh' ich ...! Sie, lieber Rosenstock ...? Sie sind jetzt da? Was wird denn der Semmering ohne Sie anfangen?

ROSENSTOCK Man steigt eben immer höher, Herr von Kreindl. Von tausend ... auf eintausendvierhundert ...

PAUL Also haben S' was für mich?

ROSENSTOCK Selbstverständlich. Leider nur im vierten Stock. Wenn Herr von Kreindl nur um einen Tag früher telegraphiert hätten ...

PAUL Meinetwegen im sechsten. Ihr habt's ja Lift.

ROSENSTOCK Wenn er nicht grad ruiniert ist ... Ja ... Herr von Kreindl werden zahlreiche Bekannte hier finden. Herr von Hofreiter ist da, die Frau von Wahl mit Herrn Sohn und Fräulein Tochter, Herr Doktor Mauer, der Dichter Rhon, der hier auf seinen Lorbeern ausruht.

PAUL *nach jedem Namen* Weiß ... weiß ... weiß. *Nach Rhon* Ah, der auch ... *Zum Boy* Schaffen Sie das Zeug da hinauf. *Da der Boy sein Rakett nehmen will* Ah nein, das behalt' ich in der Hand. Ja, richtig, Sie, lieber Rosenstock, nichts sagen dem Herrn Hofreiter, daß ich angekommen bin. Überhaupt niemandem. Ich will die Leut' nämlich überraschen.

ROSENSTOCK Herr Hofreiter befindet sich seit gestern auf einer Partie.

PAUL Was Großes?

ROSENSTOCK O nein. Herr Hofreiter hat ja die großen Touren aufgegeben – bekanntlich – seit dem Unglücksfall vor sieben Jahren auf dem Aignerturm. Auf die Hofbrandhütte sind die Herrschaften gegangen. Sind auch Damen dabei. Die Frau

Rhon und das Fräulein von Wahl. Da kommt grad die Frau Mama von dem Fräulein.

FRAU WAHL *die Stiege herunter in etwas zu jugendlichem Sommerkleid.*

PAUL *ihr entgegen* Küss' die Hand, gnä' Frau.

FRAU WAHL Ah, grüß' Sie Gott, lieber Paul. *Zu Rosenstock* Sind sie denn noch immer nicht zurück?

ROSENSTOCK Bisher noch nicht, gnädige Frau.

FRAU WAHL *zu Paul* Ich bin nämlich in Verzweiflung ... Also nicht gerade in Verzweiflung ... aber ernstlich besorgt bin ich ... Die Erna ist seit gestern auf einer Partie. Zum Lunch hätte sie zurück sein sollen, jetzt ist's fünf, grad war ich oben in ihrem Zimmer, sie wohnt nämlich in nächster Nähe des Himmels ... immer hat sie solche Sachen! und sie ist noch nicht da. Ich bin außer mir.

PAUL Es ist doch eine große Gesellschaft, wie ich höre.

FRAU WAHL Das schon. Der Gustl ist natürlich mit und der Friedrich Hofreiter, und der Doktor Mauer und die Frau Rhon.

PAUL Na, da wird schon nichts g'schehn sein. Also bitte, gnädige Frau, niemandem sagen, daß ich da bin. Wenn die Herrschaften vielleicht zurückkommen sollten, während ich mich umzieh'. Ich möcht' nämlich gern als Überraschung wirken. *Gekränkt* Bei Ihnen ist mir das ja leider nicht gelungen, gnädige Frau.

FRAU WAHL Da müssen Sie mich heute wirklich entschuldigen, lieber Paul, bei der Aufregung. Was gibt's denn übrigens Neues in Baden? Kommt die Genia nicht her?

PAUL Frau Hofreiter? Sie hat nichts derartiges geäußert. Und ich hab' sie noch vorgestern gesprochen. Da waren wir nämlich alle zusammen, eine größere Gesellschaft, in der Arena. Also ich werde dann schon so frei sein, ausführlich zu berichten. Vorläufig muß ich meinen äußern Menschen in Ordnung bringen. Wenn man so eine Nacht gefahren ist auf der Eisenbahn und dann noch sechs Stunden im Wagen ... *zu Rosenstock* Überhaupt eine Verbindung!

ROSENSTOCK In spätestens drei Jahren haben wir eine Bahn herauf, Herr von Kreindl. Unser Herr Direktor fährt in den nächsten Tagen nach Wien in dieser Angelegenheit zum Minister.

PAUL Das ist g'scheit. Meine Sachen sind schon oben, nicht wahr, Rosenstock?

ROSENSTOCK Jawohl, Herr von Kreindl.

PAUL Na schön. Also küss' die Hand, gnä' Frau, und nichts sagen. *Zum Lift, hinauf.*

ROSENSTOCK *zur Frau Wahl* Gnädige Frau brauchen sich wirklich nicht aufzuregen. Die Herrschaften haben doch sogar einen Führer mitgenommen.

FRAU WAHL Einen Führer zur Hofbrandhütte? Davon hab' ich ja gar nichts gewußt. Hören Sie, das kommt mir aber sonderbar vor.

ROSENSTOCK Es ist ja nur wegen der Rucksäcke. Man braucht doch wen zum Tragen. Und übrigens ist ja das Fräulein Tochter eine so vorzügliche Touristin ...

FRAU WAHL Das war der Bernhaupt auch ...

ROSENSTOCK Ja ... rasch tritt der Tod den Menschen an. Es ist ihm keine Frist gegeben ...

FRAU WAHL Na – sein S' so gut! ...

ROSENSTOCK Oh bitte ... das bezieht sich selbstredend nicht auf Fräulein Tochter.

FRAU WAHL Ich hab' übrigens da ein Buch bei Ihnen liegen lassen, lieber Rosenstock, geben Sie mir's her ... in gelbem Einband ... von Rhon ... Ja, das ist es schon ... Ich werd' mich da ein bissel hersetzen und lesen ... Wenn ich nur kann.

ROSENSTOCK O, dieses Buch wird gnädige Frau jedenfalls zerstreun. Herr Rhon schreibt ja so gewandt.

FRAU WAHL *setzt sich an einen der Tische.*

DOKTOR MEYER *stand in der Nähe mit der entfalteten Karte, wagt sich jetzt hin* Ich wollte mir nur die Frage erlauben, Herr Portier, ich finde nämlich die Bemerkung im Baedeker, daß die Tour sehr beschwerlich ist, und da wollte ich fragen, ob es sich nicht empfehlen würde, wenn ich zwei Führer ...

ROSENSTOCK Bitte, können auch zwei Führer haben, Herr Doktor.

SERKNITZ *kommt von der Stiege herunter. Groß, stark, Lodenanzug, nachlässig gekleidet, Touristenhemd mit Quasten. Zu Rosenstock, ohne sich um Meyer zu kümmern* Briefe schon da?

ROSENSTOCK Noch nicht, Herr von Serknitz. In einer halben Stunde etwa.

SERKNITZ Zustände! Die Post ist doch längst heroben.

ROSENSTOCK Aber bis sortiert wird, Herr von Serknitz.

SERKNITZ Sortiert!! Setzen Sie mich da hinunter, ich sortier' Ihnen den ganzen Einlauf in einer Viertelstunde. Wenn ich in meinem Bureau daheim so lange brauchte, um zu sortieren! –

Das ist so die österreichische Schlamperei. Da klagt ihr dann über den schlechten Fremdenverkehr.

ROSENSTOCK Wir klagen nicht, Herr von Serknitz. Wir sind überfüllt.

SERKNITZ Ihr verdient die Gegend nicht, sag' ich.

ROSENSTOCK Aber wir haben Sie, Herr von Serknitz.

SERKNITZ Ich erlasse Ihnen den Adel, Herr Portier. Ich fall' Ihnen ja auf diesen Schwindel doch nicht hinein. Übrigens komm' ich gar nicht wegen der Post. Ich komme wegen der Wäsche.

ROSENSTOCK Bitte, Herr Serknitz, damit hab' ich nichts ...

SERKNITZ Sie oder wer andrer. Das Mädchen oben weist mich ans Bureau, seit drei Tagen wart' ich auf meine Wäsche.

ROSENSTOCK Ich bedaure wirklich sehr. Übrigens kommt hier der Herr Direktor.

SERKNITZ Nicht allein – wie gewöhnlich.

DOKTOR VON AIGNER *kommt eben von draußen mit einer sehr schönen Spanierin, von der er sich jetzt empfiehlt.*

DIE SPANIERIN *zum Lift, fährt hinauf.*

DOKTOR VON AIGNER, *ein Mann von über fünfzig Jahren, noch sehr gut aussehend. Eleganter Gebirgsanzug mit Stutzen, schwarz-grau meliertes Haar, Knebelbart, Monokel, liebenswürdig, nicht ohne Affektation. Kein Hut.*

SERKNITZ Her Direktor ...

AIGNER *bezwingend höflich* Sofort ... *Zu Rosenstock* Lieber Rosenstock. Exzellenz Wondra trifft schon morgen ein, statt am Donnerstag und braucht, wie Sie wissen, vier Zimmer.

ROSENSTOCK Vier Zimmer, Herr Direktor, für morgen ... Wie soll ich denn das machen? Da müßt' ich ja die Leute ... Verzeihn, Herr Direktor, da müßt' ich ja die Leute umbringen.

AIGNER Gut, lieber Rosenstock, aber möglichst ohne Aufsehn. *Zu Serknitz, stellt sich vor* Doktor von Aigner ... Womit kann ich dienen?

SERKNITZ *nicht ohne Verlegenheit, die er hinter gespielter Sicherheit zu verbergen sucht* Serknitz ... Ich habe eben ... ich muß meine Entrüstung oder mindestens meine Mißbilligung ausdrücken, – *losbrechend* Kurz und gut, es ist eine fürchterliche Wirtschaft in Ihrem Hotel.

AIGNER Das täte mir leid. Worüber haben Sie sich zu beklagen, Herr Serknitz?

SERKNITZ Ich kann nämlich meine Wäsche nicht bekommen. Seit drei Tagen urgiere ich. Ich befinde mich bereits in der größten Verlegenheit.

AIGNER Das seh' ich. Aber wollen Sie sich nicht an das Zimmermädchen ...

SERKNITZ Sie sind der Direktor! An Sie wend' ich mich. Es ist immer meine Art gewesen, an die höchste Instanz zu appellieren. Es macht mir wahrhaftig nicht viel Spaß, in diesem Aufzug unter Ihren Gräfinnen und Dollarprinzessinnen zu erscheinen.

AIGNER Verzeihn Sie, Herr Serknitz, es herrscht bei uns keinerlei Zwang, was die Kleidung anbelangt.

SERKNITZ Keinerlei Zwang! ... Meinen Sie, man merkt nicht, wie verschieden die Gäste hier behandelt werden?

AIGNER Oh ...

SERKNITZ Ich sag' es Ihnen auf den Kopf zu, Herr Direktor, wenn hier, statt eines einfachen Herrn Serknitz aus Breslau, ein Lord Chamberlain oder eine Exzellenz Bülow stünde, Sie würden einen andern Ton anschlagen. Jawohl, Herr Direktor. Und es wäre sehr angezeigt, wenn Sie draußen vor dem Tore ein Plakat anheften ließen: In diesem Hotel fängt der Mensch erst beim Baron oder beim Bankdirektor oder beim Amerikaner an.

AIGNER Das würde der Wahrheit nicht entsprechen, Herr Serknitz.

SERKNITZ Meinen Sie, weil ich nicht im Auto hier vorgefahren bin, hab' ich nicht den Anspruch auf die gleiche Rücksicht wie irgend ein Trustmagnat oder ein Minister? Der Mann ist noch nicht geboren, der es sich erlauben dürfte, mich von oben herab zu behandeln. Ob er nun ein Monokel trägt oder keins.

AIGNER *immer ruhig* Wenn Sie, Herr Serknitz, etwas an meiner Haltung persönlich kränken sollte, so steh' ich selbstverständlich in jeder Weise zur Verfügung.

SERKNITZ Haha! Ich soll mich wohl mit Ihnen duellieren? Das ist das Allerneueste. Das müssen Sie sich patentieren lassen. Man beklagt sich, daß einem die Hemden und – sonstiges nicht geliefert wird, und dafür soll man noch totgeschossen werden. Hören Sie, Herr Direktor, wenn Sie glauben, daß Sie damit den Zuspruch Ihres Hotels besonders fördern werden, so befinden Sie sich in einem gewaltigen Irrtum. Auf der Stelle würde ich dieses lächerliche Lokal, dieses Eldorado von Snobs, Hochstaplern und Börsenjuden mit Extrapost verlassen, wenn ich Lust hätte, Ihnen meine Wäsche zum Geschenk zu machen. Vorläufig sehe ich einmal nach, ob sie indes gekommen ist. Ich habe die Ehre, Herr Direktor.

AIGNER Guten Tag, Herr Serknitz. *Zu Frau Wahl hin, die er schon einmal während des Gesprächs durch ein Kopfnicken gegrüßt hat* Guten Tag, gnädige Frau.

FRAU WAHL Ich bewundere Ihre Geduld, Herr Direktor.

AIGNER Das lernt sich.

FRAU WAHL Ich wollte, ich hätte etwas von Ihrer Selbstbeherrschung.

AIGNER Was gibt's denn?

FRAU WAHL Ich bin in einer grenzenlosen Aufregung. Unsere Kompagnie ist noch immer nicht zurück.

AIGNER Aber ich bitte Sie, gnädige Frau ... Von der Hofbrandhütte ist noch jeder zurückgekommen. Das ist ja ein Spaziergang ... Erlauben Sie? *Er setzt sich.*

FRAU WAHL Ob ich erlaube? Man muß es immer dankbar annehmen, wenn Sie einmal nicht anderweitig beschäftigt sind ... exotisch ... erotisch ...

AIGNER Exotisch ... erotisch ...? Das ist nicht von Ihnen, gnädige Frau. So boshaft sind Sie nicht, schöne Frau.

FRAU WAHL Nein ... es ist von Rhon.

AIGNER Ja ... ich dacht' es ... Ein Dichter, der Herr Rhon ... ja ... Was Sie da wieder für eine reizende Brosche haben, gnädige Frau! Bauernbarock. Wirklich famos.

FRAU WAHL Ja, ganz hübsch, nicht wahr? Und gar nicht teuer. Na, billig ist sie grad auch nicht. Der Swatek in Salzburg hebt mir immer die Sachen auf. Er kennt schon meinen Geschmack.

ALBERT RHON *mittelgroßer, dicker Herr, mit schwarzem, graumeliertem, etwas ungeordnetem Haar, bequemer Sommeranzug, die Treppe herunter* Grüß' Sie Gott, gnädige Frau. Guten Abend, Direktor. Na, sind unsere Hochtouristen noch nicht zurück?

FRAU WAHL Was sagen Sie!? Nein!

RHON Sie werden schon kommen ... werden vielleicht etwas solenn gefrühstückt haben ... Meine Gattin jedenfalls.

EINE SEHR SCHÖNE ENGLÄNDERIN *tritt in die Nähe, zu Aigner, mit englischem Akzent* Herr Direktor, darf ich bitten, auf ein Wort.

AIGNER Bitte ... *Zu ihr, mit ihr nach rückwärts.*

RHON *zur Frau Wahl* Wissen Sie, wer das ist? Seine neueste Eroberung.

FRAU WAHL Die? Gestern haben Sie mir ja eine andre gezeigt.

RHON Gestern war's auch eine andre. Ja, das ist ein Mensch! Haben Sie denn eine Ahnung, wie der in der Gegend hier gehaust hat? Sagen Sie, gnädige Frau, ist Ihnen zum Beispiel noch nicht die Ähnlichkeit unseres Oberkellners mit Aigner aufgefallen?

FRAU WAHL Sie glauben? Sie halten diesen Oberkellner für seinen Sohn?

RHON Mindestens für seinen Neffen. Ja, das ist so ein Wüstling, – daß ihm auch die Neffen ähnlich sehn.

FRAU WAHL Daß Sie überhaupt in der Laune sind, Späße zu machen! Zum Lunch wollten sie da sein. Jetzt ist es halb sechs. Ich mache mir wirklich Vorwürfe, daß ich nicht mitgegangen bin.

RHON Da tun Sie unrecht, gnädige Frau. Was hätten Sie zur Rettung beitragen können? Wir hätten nur ein Opfer mehr zu beweinen.

FRAU WAHL Schauderhaft find' ich Ihre Witze. Sie scheinen zu vergessen, daß Ihre Frau auch dabei ist. Wie kann man seine Frau überhaupt auf so lange fortlassen?

RHON Sie wissen, Frau von Wahl, daß mir das Bergsteigen kein Vergnügen macht. Mir fehlt überhaupt das Talent – für das Manuelle sozusagen. Und ferner schreib' ich eine Tragödie.

AIGNER *ist wieder hervorgetreten.*

RHON Jetzt sollten sie ja allerdings schon zurück sein. Wenigstens meine Frau. Ich bin gewohnt von ihr, beim Wiedereintritt ins Alltagsleben empfangen zu werden. Wir verbringen die Zwischenakte miteinander.

AIGNER Meistens beim Büfett.

RHON *ihm auf die Schulter klopfend, gutmütig* Ja, ja, Direktor. Sagen Sie übrigens, ist das wirklich eine so ungefährliche Sache, diese Hofbrandhütte?

AIGNER Ich sagt' es eben früher: Ein Spaziergang. Die Hofbrandhütte trau' ich mir sogar noch zu.

FRAU WAHL Warum sind Sie nicht mitgegangen, Direktor? Es wäre doch eine Beruhigung.

AIGNER Ja, ich habe hier leider einiges zu tun, wie Sie ja früher bemerkt haben, gnädige Frau. Und dann, da ich eben nicht vor, – nicht einmal bis dahin zu gehn.

RHON Das ist ganz fein. Aber hören Sie, Direktor, da fällt mir eben ein, ist von der Hütte aus nicht der Anstieg zu Ihrem Turm? Zum Aignerturm, mein' ich?

AIGNER Ja, es war einmal meiner! Jetzt gehört er mir nicht mehr ... Andern freilich auch nicht.

RHON Das muß doch ein recht eigentümliches Gefühl sein, so zu Füßen eines Turmes zu sitzen, den man als erster bestiegen hat und selbst nicht mehr in der Lage zu sein ... Man könnte hier einen Vergleich wagen ... den ich aber lieber unterlassen will. Nebstbei bin ich überzeugt, Sie bilden sich nur ein, daß Sie nicht mehr hinauf können, Direktor. Ich habe so meine Gedanken über Sie. Ich halte Sie nämlich für einen Hypochonder.

AIGNER Wollen wir dieses Thema nicht lieber fallen lassen, Herr Rhon?

FRAU WAHL *stößt einen leichten Schrei aus.*

RHON Was haben Sie denn, gnädige Frau?

FRAU WAHL Am Ende sind sie auf dem Aignerturm.

RHON *auch etwas erschrocken* Was fällt Ihnen ein?

FRAU WAHL Selbstverständlich. Sonst müßten sie ja schon zurück sein. Sie haben auch einen Führer mit. Kein Zweifel. Herr Direktor, Sie sind mit im Komplott, gestehn Sie's lieber gleich ein.

AIGNER Ich kann es beschwören, daß mit keinem Wort ...

RHON Dort steht ein Führer.

FRAU WAHL Wo? Das ist ja der Penn. Vielleicht war's der ...

DER FÜHRER PENN *steht beim Portier.*

RHON *und* FRAU WAHL *rasch zu ihm hin.*

FRAU WAHL Waren Sie mit der Hofreiter-Partie, Penn? ...

PENN Freili.

Sehr schnell

FRAU WAHL Wo ist meine Tochter?

RHON Wo ist meine Frau?

FRAU WAHL So reden Sie doch.

RHON Wann sind Sie denn überhaupt zurückgekommen?

FRAU WAHL Wo sind denn die andern? Wieso sind Sie allein? Was ist geschehn ...?

PENN *lächelnd* Gnädig' Frau, mir sein schon alle wieder da. Brav hat sich das gnädig' Fräulein gehalten.

FRAU WAHL Was heißt das?

RHON Wo waren Sie denn?

PENN Auf dem Aignerturm sind wir g'wesen.

FRAU WAHL *mit leichtem Schrei* Also doch! Also doch! Es ist furchtbar.

AIGNER Aber, gnädige Frau, da sie doch alle glücklich wieder zurück sind ...

RHON Auch meine Frau war auf dem Aignerturm? Das ist doch nicht möglich?

PENN Nein, die kleine Dicke ist nicht mit oben g'wesen. Nur das Fräul'n Erna und der Hofreiter und der Doktor Mauer.

RHON Und meine Frau?

FRAU WAHL Und mein Sohn?

PENN Die haben g'wartet auf uns in der Hütten, bis wir wieder zurück waren.

FRAU WAHL Aber wo sind sie denn?

PENN Die Herrschaften sind alle durch die Schwemm 'einagangen, damit s' kein Aufsehn machen.

FRAU WAHL Ich muß hinauf, ich muß Erna sehn. *Zu Aigner* O, Sie ... *zum Lift hin; da er eben oben ist, klingelt sie verzweifelt. Zu Aigner* Warum sich Ihr Lift meistens im vierten Stock oben aufhält! Das ist auch so eine geheimnisvolle Eigentümlichkeit Ihres Hotels. *Zu Rhon* Fahren Sie nicht mit?

RHON Ich kann warten.

Der Lift herunter mit dem Boy.

RHON *zieht Frau Wahl beiseite* Sehn Sie sich einmal den Boy an. Sonderbare Ähnlichkeit –!

FRAU WAHL Mit wem?

RHON Na ... *weist auf Aigner.*

FRAU WAHL Auch ein Sohn von ihm ...?

RHON Wohl schon ein Enkel.

FRAU WAHL Ach Gott, Sie ... *fährt mit dem Lift hinauf.*

AIGNER *zu Penn* Also ihr wart richtig auf dem Turm?

PENN Ja, Herr Direktor. Leicht ist's nicht gewesen.

AIGNER Das kann ich mir denken.

PENN Wissen S', Herr Direktor, ich hab' mir schon denkt, daß das Unwetter vor acht Tagen wird was ang'stellt haben. Ein paarmal haben wir uns fein ducken müssen. Und dann die letzten hundert Meter, weiß der Teufel ... was da g'schehn ist seit dem vorigen Jahr. Da hat man doch noch einen Tritt g'habt und g'wußt, wo man das Seil sichern kann, diesmal ham mir schier fliegen müssen ...

AIGNER Aber oben war's schön.

PENN Sell wissen ja der Herr Direktor. Oben is immer schön. Und gar auf dem Aignerturm.

DOKTOR MEYER *mit der gänzlich entfalteten Landkarte, schüchtern zum Portier hin.*

ROSENSTOCK Da war' grad ein Führer, Herr Doktor.

MEYER Danke bestens. *Zu Penn hin* Wenn ich mir erlauben dürfte...

GUSTL WAHL *kommt in einem eleganten Sommeranzug, spricht mit einer gewissen affektierten Schläfrigkeit, zuweilen wieder absichtlich bedeutungsvoll. Immer mit Humor* Grüß' Gott, Direktor. Guten Abend, Meister Rhon. Beglückwünsche Sie zu Ihrer Gattin. Sie spielt großartig Domino.

RHON Sie haben Domino mit ihr gespielt? Warum sind Sie denn nicht oben auf dem Aignerturm gewesen? Sie sind doch ein so großer Tourist. Im vorigen Jahr waren Sie doch auf dem Himalaja oder ...

GUSTL Das Klettern habe ich längst aufgegeben, jetzt bin ich nur mehr ein Hüttenwanderer. Auch nicht schlecht.

RHON Und die ganze Zeit haben Sie Domino gespielt? Während die andern in Lebensgefahr geschwebt haben? Von meiner Frau wundert's mich nicht. Frauen haben keine Phantasie. Aber Sie ...

GUSTL Die ganze Zeit haben wir nicht gespielt. Zuerst hab' ich versucht, mit Ihrer Frau Gemahlin ein Gespräch zu führen.

RHON Über buddhistische Philosophie wahrscheinlich.

GUSTL Größtenteils.

RHON Meine Frau interessiert sich nicht für Buddha.

GUSTL Ja, den Eindruck hab' ich auch gehabt. Und darum hab' ich dann lieber mit ihr Domino gespielt. Im Freien bitte! Auf einer herrlichen, mit den seltensten Alpenpflanzen übersäten Wiese!

AIGNER Seit wann haben denn die da oben ein Dominospiel?

GUSTL Das findet sich immer. Diesmal war's in meinem Rucksack. Ich entferne mich nie auf längere Zeit ohne ein Dominospiel von Hause.

AIGNER Sonderbarer Geschmack.

GUSTL Es ist das schwerste Spiel, das es gibt. Schwerer als Schach. Wissen Sie, wie viel Kombinationen es in dem Spiel gibt?

RHON Woher soll ich das wissen?

GUSTL Ich aber weiß es ... Ich habe mich jahrelang mit der Philosophie der Spiele beschäftigt.

RHON Und Sie haben nicht gezittert?

GUSTL Warum denn? Mir liegt nichts am Verlieren.

RHON Während Ihre Schwester zwischen Himmel und Erde...

GUSTL Aber, bitt' Sie, meiner Schwester g'schieht doch nichts, die wird vierundachtzig Jahre alt.

RHON Das wissen Sie ganz bestimmt?

GUSTL Ich hab' ihr das Horoskop gestellt. Sie ist unter dem Skorpion geboren... die darf noch mit dreiundachtzig Jahren eine Gletscherwanderung wagen, wenn's ihr Spaß macht.

RHON Sie werden mir doch nicht einreden, daß Sie an solche Sachen glauben?

GUSTL Warum nicht? – Ich erkenn' sogar den meisten Leuten auf den ersten Blick an – unter welchem Sternbild sie geboren sind...

FRAU ROHN *kommt. Kleine, hübsche, ziemlich dicke Frau, stürzt ihrem Gatten an den Hals* Da bin ich wieder.

GUSTL *zu Aigner* Schaun Sie sich zum Beispiel die Frau Rhon an...

AIGNER Nun –?

GUSTL Ausgesprochener Steinbock!...

RHON Na, laß nur, wir sind ja nicht allein.

AIGNER Bitte, genieren Sie sich gar nicht.

RHON *kühl* Na, ist's schön gewesen, Kind?

FRAU RHON Aber prachtvoll.

RHON Ich höre, ihr habt Domino gespielt.

FRAU RHON Du bist bös'? Ich hab' gewonnen.

RHON Ist mir jedenfalls lieber, als wenn du auch versucht hättest herumzuklettern.

FRAU RHON Du, einen Moment hab' ich wirklich daran gedacht. Sie haben mich nur durchaus nicht mitnehmen wollen.

RHON Na, höre, das fehlte mir noch, daß du auf solche Ideen kommst. Ich habe keine Lust, mir durch die Sorge um dich die Wonne des Alleinseins verderben zu lassen. Wenn du nicht bei mir bist, will ich überhaupt nicht an dich denken müssen.

GUSTL Dafür hat sie auch nicht an Sie gedacht, Meister Rhon, das versichere ich Sie. Es wird Ihnen schon einmal schlimm ergehn. Ich war nur zufällig nicht das Genre von Ihrer Frau.

RHON Sagen Sie, Gustl, warum sind Sie denn so taktlos?

GUSTL Wissen Sie nicht, daß ich darauf reise? Und überhaupt – was ist Takt! Eine Tugend dritten Ranges. Das Wort sogar ist ziemlich neu. Findet sich weder bei den Römern, noch bei den Griechen, noch – höchst charakteristisch – im Sanskrit.

FRAU RHON *zu Rhon* Na, und du, was hast du denn gemacht indes? Bist du weiter gekommen?

RHON Schluß des dritten Aktes, das Publikum stürmt tief ergriffen ins Restaurant ...

FRAU RHON Da bin ich also grad recht zurückgekommen.

RHON Ja, nur dauert der Zwischenakt diesmal nicht lang. Von morgen früh an sperr' ich mich wieder ein und bleibe unsichtbar. Werde sogar, wenn du nichts dagegen hast, nicht an der Table d'hôte essen, sondern in der Schwemm', damit ich durch den unerwünschten Anblick blöder Gesichter nicht aus der Stimmung gerissen werde. Du kannst dann wieder Domino spielen.

GUSTL Gnädige Frau, lassen Sie sich scheiden von ihm. Wie kann man überhaupt einen Dichter heiraten? Das sind Unmenschen. Früher war's viel besser, wo man sich einen Dichter gehalten hat, wie einen Sklaven oder einen Friseur. Übrigens bestehn jetzt noch ähnliche Zustände auf den Azoren. Aber Dichter frei herumrennen lassen, das ist ja ein Blödsinn.

FRIEDRICH *kommt in einem eleganten Touristenanzug* Guten Abend, meine Herrschaften, küss' die Hand, schöne Dichtersfrau. Wie, auch schon umgekleidet? Das ist aber g'schwind gegangen.

AIGNER *der eben beim Portier steht* Grüß' Sie Gott, Hofreiter.

FRIEDRICH Guten Abend, Direktor. *Zu Rosenstock* Nichts da für mich? Kein Telegramm? Kein Brief? Merkwürdig. *Zu Aigner* Also ich kann Ihnen mitteilen, daß sich da oben nicht das geringste geändert hat, auf der Spitze wenigstens. Die Wegverhältnisse sind allerdings wieder ein bißchen schlimmer geworden. Oder ist man nur älter? Jetzt ist es Lebensgefahr, hinaufzuklettern, – aber wenn das mit dem Abbröckeln so weiter geht, ist es der sichere Selbstmord.

AIGNER Ja, der Penn hat mir berichtet.

FRIEDRICH Wissen Sie, Aigner, wenn man in diese Rinne kommt, ungefähr dreihundert Meter unterm Gipfel ...

AIGNER *unterbricht ihn* Bitte, erzählen Sie mir nichts. Abgetan ist abgetan. Wie hat sich denn die Kleine gehalten?

FRIEDRICH Erna? Einfach prachtvoll.

AIGNER Daß Sie sie da mirgenommen haben... ich muß sagen...

FRIEDRICH Sie hat uns mitgenommen. Ich hatte überhaupt nicht die Absicht, den Turm noch einmal in meinem Leben zu machen. Wo ist denn übrigens der Mauer?

AIGNER Ich hab' ihn noch nicht gesehn.

RHON Sagen Sie, Herr Hofreiter, wie war's Ihnen eigentlich zumute, als Sie an der gewissen Stelle vorbeikamen?

FRIEDRICH An der gewissen Stelle? Mein Gott, sieben Jahre sind eine lange Zeit. Ich habe Dinge beinahe vergessen, die viel kürzere Zeit zurückliegen. Ich vergesse sehr rasch... wenn ich will.

RHON Nun ja... man kommt wahrscheinlich öfters an Stellen wieder vorüber, wo jemand neben uns hinabgestürzt ist, nur erkennt man sie manchmal nicht wieder. Glauben Sie nicht –?

FRIEDRICH Wenn Sie eine Ahnung hätten, wie wenig ich zum Philosophieren aufgelegt bin, Meister Rhon...

PAUL KREINDL *kommt rasch die Treppe herunter* Habe die Ehre, Herr Hofreiter.

FRIEDRICH *ziemlich gleichgültig* Ah – Paulchen? Grüß' Sie Gott.

PAUL Guten Tag, Herr Rhon. Ich hatte schon einmal das Vergnügen... Also vor allem habe ich eine Menge Grüße zu überbringen. Zuerst von Frau Gemahlin, ferner vom Oberleutnant Stanzides, dann vom Natternpaar, dann von Frau Meinhold-Aigner, dann vom jungen Herrn von Aigner...

FRIEDRICH Erlauben Sie, daß ich vorstelle... Herr Paul Kreindl – Herr Direktor von Aigner.

PAUL Ah... sehr angenehm... *Er schweigt betroffen, dann zu Aigner, gefaßt* Ich habe nämlich das Vergnügen, Ihren Herrn Sohn zu kennen.

AIGNER *ruhig* Ich leider nicht.

FRIEDRICH Also was gibt's Neues in Baden? *Ruhig* Wissen S' nicht – kommt meine Frau vielleicht her?

PAUL Bedaure, mir hat die gnädige Frau nichts gesagt.

FRIEDRICH Amüsiert man sich gut?

PAUL Glänzend! Neulich waren wir alle zusammen in der Arena. Die Frau Gemahlin wird Ihnen ja geschrieben haben.

FRIEDRICH Ja, natürlich.

PAUL Und vorher waren wir auf der Hauswiese, wo so eine Art Volksfest stattgefunden hat. Wir haben uns auch unter das Volk gemischt. Haben sogar getanzt.

FRIEDRICH Meine Frau auch?

PAUL Ja, natürlich, mit dem Herrn Fähnrich... Und in der Arena, da war eine große Sensation, wie nämlich die Schauspieler von der Bühne plötzlich die berühmte Frau Meinhold in einer Loge entdeckt haben. Sie haben dann eigentlich nur mehr für uns gespielt.

RHON Was ist denn gegeben worden?

PAUL Entschuldigen, darauf hab' ich nämlich gar nicht aufgepaßt.

RHON Für diese Menschen vergießt man sein Herzblut.

PAUL *zu Rhon* Ah, ist da nicht Ihre Frau Gemahlin? Die Herren entschuldigen. *Zu Frau Rhon und Gustl, die an einem Tisch sitzen.*

RHON *folgt ihnen.*

FRIEDRICH, AIGNER

FRIEDRICH *zündet sich eine Zigarette an und setzt sich.*

AIGNER Ich wußte gar nicht, daß meine einstige Familie so viel in Ihrem Hause verkehrt?

FRIEDRICH Ja, man sieht sich zuweilen. Insbesondere hat sich Ihre einstige Gattin sehr mit meiner Frau angefreundet. Und mit Otto spiel' ich manchmal Tennis. Er spielt famos. Überhaupt – zu Ihrem Sohn kann man Ihnen gratulieren. Man prophezeit ihm eine große Zukunft. Er soll sehr beliebt sein bei seinen Vorgesetzten. Vielleicht ist er der künftige Admiral von Österreich.

AIGNER Sie erzählen mir Geschichten von einem fremden jungen Mann.

FRIEDRICH Sagen Sie, Aigner, Sie haben wirklich nicht die geringste Sehnsucht, ihn wiederzusehn?

AIGNER Wiederzusehn? Sie könnten höchstens sagen, ihn kennen zu lernen. Denn der Fähnrich von heute hat wohl mit dem jungen Herrn, dem ich vor ungefähr zwanzig Jahren den letzten Vaterkuß auf die Stirne drückte, weder äußerlich noch innerlich mehr die geringste Ähnlichkeit.

FRIEDRICH Also nicht Sehnsucht, ihn wiederzusehn – aber Interesse, ihn kennen zu lernen –? Es wäre jetzt eine famose Gelegenheit. Sie haben nächstens in Wien zu tun –?

AIGNER Ja, ich muß zum Minister. Wir wollen hier eine Bahn bauen, wie Ihnen bekannt ist. Über Atzwang Völs direkt hier herauf. Sie werden zugeben, daß hier noch drei Hotels stehen könnten.

FRIEDRICH Ich mache Ihnen einen Vorschlag, Aigner. Steigen Sie bei uns in Baden ab. In unserer Villa ist Platz genug. Wir haben ein schönes Fremdenzimmer. Ja. Ein sehr gemütliches. In dem nur manchmal die Geister von verstorbenen Freunden erscheinen, die früher dort übernachtet haben. Das geniert Sie doch nicht?

AIGNER Gegen Geister von Verstorbenen habe ich nichts einzuwenden, nein. Aber lebendige Gespenster sind mir unsympathisch.

FRIEDRICH Es würde mir wirklich verdammt viel Spaß machen, Aigner, Sie mit Ihrem Sohn bekannt zu machen. Man könnte das so hübsch arrangieren – in unserm Garten, wir spielen Tennis, Sie erscheinen plötzlich ... als vornehmer Fremder ...

AIGNER Danke schön, mein guter Hofreiter. – Ich sag' ja nicht, daß ich einen Zufall dieser Art vermeiden würde, aber – eine arrangierte Begegnung, – das hätte einen fatalen Beigeschmack von Sentimentalität.

FRIEDRICH *beiläufig* Warum denn ...?

AIGNER Auch vergessen Sie, daß ich bei dieser Gelegenheit doch auch wieder meiner verflossenen Gemahlin begegnen müßte – und das möchte ich lieber vermeiden.

FRIEDRICH Wie Sie glauben.

Pause.

AIGNER Es gibt übrigens wirklich sonderbare Zufälle ...

FRIEDRICH Wie meinen Sie das?

AIGNER Daß Sie mir gerade heute ... von meinem Sohn zu sprechen anfangen ... bei Ihrer Rückkehr von dort oben ...

FRIEDRICH Es fügte sich so ... Wenn nicht Paul Kreindl begonnen hätte ...

AIGNER Wissen Sie, wann ich die Erstbesteigung dieses Turmes unternahm, von dem Sie eben herunterkommen? – Es war sehr bald, nachdem ich mich von ... meiner Frau getrennt hatte.

FRIEDRICH Wollen Sie damit sagen, daß da – ein Zusammenhang bestand?

AIGNER Gewissermaßen ... Ich will ja nicht eben behaupten, daß ich den Tod gesucht habe – der wäre einfacher zu haben gewesen – aber viel am Leben lag mir damals nicht. Vielleicht auch, daß ich eine Art Gottesurteil herausfordern wollte.

FRIEDRICH Hören Sie, wenn alle Ehemänner in einem solchen Fall auf Felsen klettern wollten ... die Dolomiten würden einen possierlichen Anblick bieten. Sie haben doch schließlich nichts Schlimmeres getan als mancher andere auch.

AIGNER Es kommt immer nur darauf an, wie so etwas von dem andern Teil empfunden wird ... Meine Gattin hatte mich sehr geliebt.

FRIEDRICH Das hätte ein Grund mehr für sie sein sollen, nicht unversöhnlich zu bleiben.

AIGNER Möglich. Aber auch ich hatte sie sehr geliebt. Hier liegt das Problem! – Unendlich ... Wie keine früher und keine... na, lassen wir das. Sonst wär' es ja zu reparieren gewesen. Aber gerade, daß ich sie so sehr liebte – und trotzdem fähig war, sie zu betrügen ... sehen Sie, mein lieber Hofreiter, das machte sie irre an mir und an der ganzen Welt. Nun gab es überhaupt keine Sicherheit mehr auf Erden ... keine Möglichkeit des Vertrauens, verstehen Sie mich, Hofreiter –? – Nicht, daß es geschehn, nein, daß es überhaupt möglich gewesen war, das war's, was sie von mir forttrieb. Und ich mußte es begreifen. Ich hätte es sogar vorhersehen können.

FRIEDRICH Ja, da muß ich allerdings fragen, warum ...

AIGNER Warum ich sie betrogen habe –? ... Sie fragen mich? Sollt' es Ihnen noch nicht aufgefallen sein, was für komplizierte Subjekte wir Menschen im Grunde sind? So vieles hat zugleich Raum in uns –! Liebe und Trug ... Treue und Treulosigkeit ... Anbetung für die eine und Verlangen nach einer andern oder nach mehreren. Wir versuchen wohl Ordnung in uns zu schaffen, so gut es geht, aber diese Ordnung ist doch nur etwas Künstliches ... Das Natürliche ... ist das Chaos. Ja – mein guter Hofreiter, die Seele ... ist ein weites Land, wie ein Dichter es einmal ausdrückte ... Es kann übrigens auch ein Hoteldirektor gewesen sein.

FRIEDRICH Der Hoteldirektor hat nicht so unrecht ... ja. *Pause* Das Malheur war im Grunde nur, daß Ihre Gattin Ihnen draufgekommen ist. Sonst wären Sie vielleicht heute noch die glücklichsten Eheleute.

AIGNER Ein Malheur – ja ...! –

FRIEDRICH Wie hat sie's denn eigentlich erfahren?

AIGNER ... Wie? Auf die einfachste Art von der Welt ... Ich hab' es ihr gestanden ...

FRIEDRICH Wie –? Sie haben ihr –?

AIGNER Ja. Das war ich ihr schuldig – gerade weil ich sie anbetete. Ihr und mir. Ich wäre mir recht feig vorgekommen, wenn ich's ihr verschwiegen hätte. So leicht darf man sich die Dinge doch eigentlich nicht machen. Finden Sie nicht...?

FRIEDRICH Das war ziemlich großartig gedacht – wenn es nicht eben nur eine Art Affektation war. Oder Raffinement ... Oder Bequemlichkeit ...

AIGNER Oder alles zugleich, was auch möglich wäre. Denn die Seele – und so weiter.

FRIEDRICH Und trotz dieser fabelhaften Aufrichtigkeit – und trotz aller Liebe hat Ihre Frau sich nicht entschließen können, Ihnen zu –

AIGNER Sagen Sie um Gottes willen nicht »verzeihn«. Worte dieser Art passen hier durchaus nicht her. Es gab auch niemals eine Szene zwischen uns oder dergleichen. Es war nur zu Ende, mein guter Hofreiter, zu Ende, unwiderruflich zu Ende. Sofort ... Das fühlten wir beide. Es mußte zu Ende sein ...

FRIEDRICH Es mußte –?

AIGNER Mußte. Ja. Nun, lassen wir – die Lebenden ruhn. Die Toten besorgen das im allgemeinen auch ohne unser Zutun.

FRAU WAHL *kommt von oben* Ah, da ist er ja –!

FRIEDRICH Küss' die Hand, Mama Wahl.

FRAU WAHL Mit Ihnen, Friedrich, red' ich überhaupt niemals ein Wort mehr. Und wenn sie abgestürzt wäre? Wie ständen Sie da? Könnten Sie mir je wieder unter die Augen treten? Auch mit dem Doktor Mauer bin ich fertig. Wo ist er denn? Es ist ja ungeheuerlich. Ich könnte euch beiden ...

FRIEDRICH Aber, Mama Wahl, die Erna wär' auch ohne uns hinaufgeklettert.

FRAU WAHL Ihr hättet sie anbinden müssen.

FRIEDRICH Das war sie, Mama Wahl. Das waren wir alle. An einem und demselben Seil.

FRAU WAHL Ein Narrenseil gehört für euch.

ERNA *kommt im weißen Sommerkleid* Guten Abend.

AIGNER Gott grüße Sie, Erna. Gott grüße Sie. *Er nimmt sie bei den Händen und küßt sie auf die Stirn* Sie erlauben.

FRIEDRICH Wie der alte Liszt die jungen Klavierspielerinnen.

ERNA *küßt Aigner die Hand* Und wie eine ganz junge Klavierspielerin dem noch nicht besonders alten Liszt.

AIGNER Aber Erna ...

FRAU WAHL Das auch noch.

ERNA Es war die schönste Stunde, Herr von Aigner, die ich je erlebt habe.

AIGNER Ja, dort oben! ... Und doch hoff' ich, Sie werden noch schönere erleben, Erna.

ERNA Das halt' ich für schwer möglich. Daß das Leben einem wieder einmal geradeso schön vorkommt, das könnte sich ja viel-

leicht ereignen. Aber daß einem der Tod zu gleicher Zeit so vollkommen gleichgültig ist, das passiert einem gewiß nur bei solchen Gelegenheiten. Und das ... das ist das Wundervolle! ...
Indes ist die Post angelangt. Rosenstock ordnet Briefe, Hotelgäste kommen, empfangen ihre Korrespondenz usw.

PAUL Fräulein Erna, gestatten Sie auch mir, Ihnen meine Bewunderung zu Füßen zu legen.

ERNA Grüß' Sie Gott, Paul, wie geht es Ihnen?

PAUL Ja, zum Teufel, pardon ... wundert sich denn niemand, daß ich da bin?

FRIEDRICH *der sitzt* Hören Sie, Paul, es ist ein viel größeres Wunder, daß w i r da sind.

AIGNER *steht mit einer schönen Französin etwas abseits.*

RHON *zu Frau Wahl* Sehen Sie doch, gnädige Frau, das ist die morgige. Er sammelt Vorräte ...

ERNA *zu Frau Wahl, die sich von Rosenstock ihre Briefe hat geben lassen* Na, Mama ...?

FRAU WAHL Von Haus. Ah, da ist eine Karte von Ihrer Frau. *Zu Friedrich* Sie läßt Sie schön grüßen, Friedrich.

FRIEDRICH Daß sie kommt – schreibt sie Ihnen nicht?

ROSENSTOCK Da sind auch Briefe für Sie, Herr Hofreiter.

FRIEDRICH *steht auf* So? Ah, da ist ja auch einer von Genia.

GUSTL *legt sich Briefe auf die Stirne.*

FRAU RHON *zu Gustl* Was machen Sie denn da?

GUSTL Ich lese nämlich Briefe schon lange nicht mehr. Ich leg' sie mir einfach auf die Stirne und weiß, was drin steht.

FRAU WAHL *zu Friedrich* Also kommt sie vielleicht doch?

FRIEDRICH Nein. Sie schreibt, daß Percy seine Ankunft verschoben hat, er ist zu Freunden nach Richmond geladen, bleibt acht Tage dort. So ein Lausbub', – und hat schon Freunde in Richmond.

RHON *sitzt und liest seine Korrespondenz* Ha ...

FRAU RHON Was ist denn?

RHON Es ist unglaublich. Diese Rundfragen! – Man muß sagen, die Leute werden immer neugieriger. Früher haben sie sich begnügt zu fragen, ob man Makkaroni oder Pfirsichkompott lieber ißt, ob Wagner gekürzt oder ungekürzt aufgeführt werden soll. Aber was sie jetzt schon von einem wissen wollen ... Hören Sie sich das einmal an, Hofreiter.

FRIEDRICH *sitzt am Nachbartisch und schaut seine Briefe durch.*

RHON Da fragt eine Frauenzeitschrift: a) in welchem Alter man zuerst das Glück der Liebe genossen, b) ob man jemals perverse Neigungen verspürt habe.

AIGNER *zu Hofreiter* Eben erhalte ich eine Anfrage, ob man in unserm Weiher auch baden kann.

RHON Bei fünf Grad ... brr! –

AIGNER Ja, wenn sich das noch machen ließe – da wäre die Schweiz einfach tot ...

RHON Hören Sie, ich habe eine Idee. Sie müssen mich natürlich am Gewinn beteiligen. Sie haben doch da ungeheure Wasserkräfte, die Fälle, die von den Bergen herabstürzen ... wie wär's, wenn Sie Ihren See elektrisch durchwärmen ließen?

AIGNER *lacht.*

RHON Sie lachen ... Natürlich! Aber wenn ich nur was vom Technischen verstünde – ich würde euch die ganze Anlage selber baun ... so deutlich seh' ich's innerlich vor mir! Nur das Manuelle fehlt mir. Wenn ich auch das hätte, ich glaube, ich hätte nie eine Feder angerührt.

FRIEDRICH Ich denk' mir überhaupt manchmal, ob die Dichter nicht meistens nur aus gewissen innern Mängeln ... Dichter werden –?

RHON Wie meinen Sie das –?

FRIEDRICH Ich stell' mir vor, viele Dichter sind geborene Verbrecher – nur ohne die nötige Courage – oder Wüstlinge, die sich aber nicht gern in Unkosten stürzen ...

RHON Und wissen Sie, was Fabrikanten von Glühlichtern gewöhnlich sind, Herr Hofreiter? ... Glühlichterfabrikanten – sonst nichts.

FRIEDRICH Wär' gut, wenn's wahr wär' ...

EIN BOY *bringt Friedrich einen Brief.*

FRIEDRICH *macht ihn auf, lächelt und beißt sich in die Lippen.*

ERNA *hat es gesehn.*

FRAU WAHL Adieu, ich muß mich noch umkleiden, adieu, kleine Dichtersfrau, adieu, großer Dichter.

GUSTL *öffnet eben einen seiner Briefe.*

FRAU RHON Sie machen ihn ja doch auf.

GUSTL Das ist nur zur Kontrolle. Die Leut' schreiben einem ja manchmal das Unrichtige.

Frau Rhon und Gustl nach rückwärts, dann ab. Aigner zu Rosenstock, dann ab. Rhon entfernt sich gleichfalls. Es wird beinahe ganz leer in der Halle.

ERNA *über Friedrichs Schulter schauend* Liebesbrief?

FRIEDRICH Raten Sie von wem? Von Mauer ...

ERNA Oh ...

FRIEDRICH Er hat soeben ein dringendes Telegramm aus Wien erhalten. Mußte sofort abreisen ... Ist schon fort ... Ich möchte ihn allseits bestens empfehlen.

ERNA Ich dachte mir so was.

FRIEDRICH Ich auch. Schon diese Lustigkeit gestern abend, beim Nachtmahl in der Hütte! Und dann seine Stimmung heute beim Anstieg. Beim Zurückgehn hat er überhaupt kein Wort mehr gesprochen ... Ja, Erna, auf einer freiliegenden Wiese, fünfzig Schritte von einer Hütte mit zwanzig Fenstern, sollte man sich eben nicht um den Hals fallen.

ERNA Sie glauben, daß er das gesehn hat?

FRIEDRICH Wahrscheinlich.

ERNA Und glauben Sie, wenn das auf der Wiese nicht passiert wäre, er wäre nicht abgereist? Da sind Sie im Irrtum. Wir hätten einander gar nicht ansehn müssen und er hätte es bemerkt, geradeso wie die andern es merken ...

FRIEDRICH Was sollen denn die andern merken?

ERNA Wie es mit uns zweien steht.

FRIEDRICH Aber Erna, wie sollen denn diese Leute ...

ERNA Wir haben vielleicht so eine Art Schein um den Kopf.

FRIEDRICH *lacht.*

ERNA Ja, so etwas Ähnliches muß es sein. Das hab' ich mir schon manchmal gedacht. Wieso wissen denn gleich alle Leute so was ...

FRIEDRICH Ich hätte abreisen sollen, Erna.

ERNA Das wäre aber gescheit gewesen!!

FRIEDRICH Sie sollten nicht kokett sein, Erna.

ERNA Das bin ich wirklich nicht.

FRIEDRICH Also was sind Sie denn?

ERNA Ich bin, wie ich eben bin.

FRIEDRICH Das ist Ihr Vorteil mir gegenüber. Ich bin nämlich nicht mehr, der ich war. Ich bin toll seit dem Kuß gestern, toll. Kommen Sie doch näher, Erna. *Faßt ihre Hand* Setzen Sie sich hier mir gegenüber.

ERNA Was sind Sie denn so grob ...!

FRIEDRICH Erna, ich hab' kein Auge zugetan diese Nacht.

ERNA Das tut mir leid. Ich hab' wundervoll geschlafen.

FRIEDRICH In dieser dumpfen Hüttenluft geht's mir übrigens meistens so.

ERNA Sie hätten's machen sollen wie ich. Ich hab' mir meinen Plaid auf die Wiese hinausgeholt – auf unsere Wiese und hab' mich im Freien hingelegt.

FRIEDRICH Haben Sie nicht gefroren?

ERNA Nein. Ich hab' mir aus der Wirtsstube Ihren Mantel geholt und mit dem hab' ich mich zugedeckt.

FRIEDRICH Also Hexenkünste auch noch? Es ging auch ohne die, Erna!

ERNA So hab' ich von zehn bis drei herrlich geschlafen, unter den Sternen, und dann bin ich erst zurück ins Zimmer zur guten dicken Frau Rhon.

FRIEDRICH Erna, Erna! Ich wär' imstande, eine rasende Dummheit zu begehn. Plötzlich versteh' ich allen Unsinn, über den ich mich früher lustig gemacht habe. Ich verstehe Fensterpromenaden, Serenaden. *Geste* Ich versteh', daß man mit gezücktem Messer auf einen Rivalen losgehn, aus unglücklicher Liebe in einen Abgrund springen kann.

ERNA Warum Sie von unglücklicher Liebe reden?

FRIEDRICH *ernst* Wozu sich täuschen, Erna! Das gestern abend... überhaupt diese ganze Partie, der Augenblick auf dem Gipfel oben, der Händedruck, dieser Wahn des Zusammengehörens, dieses ungeheure Glücksgefühl, es war wohl alles nur eine Art von Rausch, von – Bergrausch. Wenigstens für Sie. Hängt mit den dreitausend Meter Höhe zusammen, mit der dünnen Luft, mit der Gefahr. Aber ich persönlich habe wohl die geringste Rolle gespielt in Ihrer Stimmung.

ERNA Warum sagen Sie das? Ich liebe Sie ja schon seit meinem siebenten Jahr. Allerdings mit Unterbrechungen. Aber in der letzten Zeit ist es wieder sehr schlimm geworden. Ich mache keinen Spaß. Und gar gestern und heut' – und da oben – und jetzt! . . . Ach Gott, Friedrich, ich möcht' Ihnen so gern in die Haare fahren und sie verstruweln.

FRIEDRICH Geben Sie doch acht. Es ist ja nicht notwendig. Hören Sie, Erna, – ich will Sie was fragen.

ERNA Also fragen Sie.

FRIEDRICH Also – Wie dächten Sie darüber . . . Hören Sie mich gut an! – Ich bin nämlich jetzt wieder ganz vernünftig. Also Erna, Sie wissen ja – meine Ehe, darüber muß ich Ihnen ja nichts weiter erzählen. Die Schuld lag ja größtenteils an mir. Immerhin – wir passen doch nicht so recht zusammen, Genia und ich. Und besonders seit der sonderbaren Geschichte mit

Korsakow, die ich Ihnen ja erzählt habe ... Ach Gott, warum mach' ich soviel Worte. Ich möcht' mich von Genia scheiden lassen ... und Sie heiraten, Erna.

ERNA *lacht.*

FRIEDRICH Na ...?

ERNA Weil Sie früher gesagt haben, Sie wären imstande, eine rasende Dummheit zu begehen.

FRIEDRICH Es wäre vielleicht keine, wenn man's gleich nähme, wie es zu nehmen ist. Ich weiß, Erna, Sie werden mich nicht ewig lieben.

ERNA Aber Sie mich!!!

FRIEDRICH Eher ... Übrigens, Ewigkeit! Man steigt im nächsten Jahr wieder auf so ein Türmchen hinauf, und es ist aus mit der Ewigkeit. Oder sie fängt erst recht an. Also was das anbelangt! Ich weiß nur, das weiß ich mit absoluter Sicherheit, daß ich ohne Sie nicht existieren kann. Ich vergehe vor Sehnsucht nach Ihnen, ich werde nichts mehr denken können, nichts mehr arbeiten, überhaupt mich mit nichts mehr Vernünftigem beschäftigen, eh' Sie ... eh' ich Sie in den Armen halte, Erna.

ERNA Warum haben Sie nicht Ihren Mantel geholt, heut nacht?...

FRIEDRICH Ich bitte Sie dringend, spielen Sie nicht mit mir, Erna. Ich bin doch ehrlich genug mit Ihnen. Sagen Sie einfach n e i n und die Sache ist erledigt. Mauer wird noch einzuholen sein. Zum lächerlich werden hab' ich keine Anlage. Wollen Sie meine Frau werden?

ERNA Frau? – Nein.

FRIEDRICH Na, gut.

ERNA Vielleicht später einmal.

FRIEDRICH Später –?

ERNA Lesen Sie Ihre Briefe weiter.

FRIEDRICH Wozu? Die Fabrik kann von mir aus in die Luft gehn. Alles kann in die Luft gehn. Was heißt das: später! Das Leben ist nicht gar so lang. Frist gewähr' ich keine. Ein Kuß wie der von gestern verpflichtet. Entweder zu sofortigem Abschied oder zu einem bedingungslosen Ja. Warten kann ich nicht. Werd' ich nicht. Sagen Sie nein, und ich fahre noch heute ab.

ERNA Ich spiele nicht mit Ihnen. Ich weiß, wozu mich unser Kuß verpflichtet.

FRIEDRICH Erna ...

ERNA Haben Sie es denn nicht immer gewußt, daß ich Ihnen gehöre?

FRIEDRICH Erna . . . Erna!

Tamtam ertönt.

Der Tourist, der zu Beginn des Aktes eingeschlafen ist, wacht aus einem Traum auf, erhebt sich, schreit auf, heult geradezu und stürzt über die ganze Bühne, endlich hinaus.

FRAU WAHL *kommt herunter.*

AIGNER *trifft mit ihr zusammen* Ah, das ist ja eine Schnalle, die ich noch gar nicht kenne! Entzückend . . .

FRIEDRICH O, da haben wir uns nett verplaudert. Ich hab' nicht einmal mehr Zeit, mich umzukleiden.

FRAU WAHL Sie sind auch so schön genug. Wo ist denn übrigens der Doktor Mauer?

FRIEDRICH Ja, richtig, er läßt sich bestens empfehlen, er hat ein Telegramm bekommen, er mußte plötzlich abreisen.

FRAU WAHL Ein Telegramm, Doktor Mauer? Das ist doch . . . Kinder, man verschweigt mir was. Er ist abgestürzt! . . . Er ist . . . tot!

FRIEDRICH Na, hören Sie, Mama Wahl, glauben Sie, da könnten wir hier so gemütlich . . .

FRAU WAHL Na, bei euch kann man das nicht wissen.

FRIEDRICH Ich hätte wenigstens schwarze Handschuhe genommen.

SERKNITZ *kommt in Frack, weißer Krawatte, zu Aigner hin* Ich habe die Ehre mich gehorsamst zu melden, Herr Direktor. Die Wäsche ist angelangt, und ich war so frei, mich sofort in eine den Ansprüchen Ihres Hotels entsprechende Toilette zu werfen.

AIGNER Sie sehn geradezu verführerisch aus, Herr von Serknitz.

SERKNITZ *in den Speisesaal.*

FRAU WAHL *und* AIGNER *gleichfalls.*

Frau Rhon und Gustl, Rhon, Meyer, verschiedene andere, die von der Treppe herunterkommen, in den Speisesaal.

ERNA *und* FRIEDRICH *zusammen.*

FRIEDRICH *laut* Kommen Sie, Erna. *Leise* Weißt du noch, was du früher gesagt hast?

ERNA Ja.

FRIEDRICH Da drin wird also heute unser Hochzeitsdiner serviert.

ERNA Und es wird, Gottseidank, keiner einen Toast halten.

FRIEDRICH Und du gehörst mir.

ERNA Ja.

FRIEDRICH Erna, überleg' dir gut, was du sagst. Wenn heute nacht deine Tür versperrt sein sollte, so schlag' ich sie ein und es ist um uns beide geschehn.

ERNA Es wird nicht um uns geschehn sein.

FRIEDRICH Erna . . .!

ERNA Und ich ahne, es gibt noch schönre Stunden, als die dort oben war auf dem Aignerturm.

FRIEDRICH Erna . . .

ERNA *erst jetzt mit dem vollen Ton der Wahrheit* Ich liebe dich! – *Sie gehn in den Speisesaal.*

Vorhang

VIERTER AKT

Dekoration des zweiten Aktes. – Sommernachmittag.

Unter dem Nußbaum die zwei Kinder der Frau Natter, ein neunjähriges Mädel und ein siebenjähriger Bub' mit ihrer Miß, die ihnen die Bilder in einem Buche zeigt.

Aus dem Hause kommen nach und nach GENIA, NATTER, FRAU WAHL, DEMETER STANZIDES, GUSTL, PAUL, ERNA, OTTO, FRAU ADELE NATTER.

NATTER Das Diner zu Ehren der Rückkehr unseres geschätzten Hausherrn war vorzüglich. Nur schade, daß er selbst nicht dabei war.

GENIA Jedenfalls ist er in der Fabrik aufgehalten worden.

NATTER Kein Wunder nach einer dreiwöchentlichen Abwesenheit.

FRAU WAHL Haben Sie ins Bureau hineintelephoniert, Genia?

GENIA Dazu war doch kein Anlaß, ich hatte ihn sicher für Mittag erwartet, nach dem gestrigen Telegramm aus Innsbruck. *Sie ist jetzt drüben bei den Kindern* Gefallen euch die Bilder, ja? . . .

KINDER Oh ja.

GENIA Ihr müßt eure Mama bitten, daß sie euch am nächsten Sonntag wieder mit herausbringt, da ist dann der Percy sicher schon da. Also was wollt ihr denn jetzt machen?

GUSTL Kinder, ich werd' euch ein wunderschönes Spiel zeigen, das die braven Hindukinder spielen an den Ufern des Ganges. Paßt nur gut auf. Bitt' schön, Fräulein, geben Sie mir Ihren Sonnenschirm. Danke sehr. Also da zeichne ich drei konzentrische Kreise in den Sand, der eine hat einen Durchmesser von einem Meter, der mittlere von dreiviertel, der innere einen halben. *Zu den andern, die nahestehen, lachen, zu Frau Wahl, Paul, Adele, Genia* Also bitte, das treffen die Hindukinder mit mathematischer Genauigkeit auf einen Millimeter. Jetzt paßt gut auf. Dann wird eine Tangente gezogen, längs des äußern Kreises, eine zweite senkrecht darauf, längs des mittleren. Eine dritte, wieder parallel zur ersten, längs des innern. Dadurch entstehn selbstverständlich Segmente. Jetzt setzt man in das äußerste Segment östlich – *Er nimmt aus seiner Westentasche einen kleinen Kompaß, zu den andern, die wieder lachen* Hab' ich immer bei mir. Ich begreif' überhaupt nicht, wie ein anständiger Mensch ohne Kompaß herumgehn kann. Also dort ist Osten. In das äußerste Segment kommt eine kleine Schildkröte ... in das westliche ein Skorpion, dem man natürlich schon den Stachel ausgezogen hat ... Also was werden wir da in Europa nehmen statt dem Skorpion? *Der siebenjährige Bub' fängt an zu weinen.*

ADELE Jetzt hören Sie aber auf, Gustl! Miß ... will you – ah was! ... *Sie gibt das Englisch auf* Bitt' Sie Miß, gehn S' mit den Kindern da hinten auf die Wiese, da ist Platz zum Spielen ... *Zu den Kindern* Und da erzählt euch niemand so grausliche Geschichten von Skorpionen und Tangenten.

Das Fräulein mit den Kindern ab.

Demeter Stanzides hat sich auf die kleine Bank neben dem Eingang gesetzt und eine Zeitung in die Hand genommen, die dort lag. Stellung von links nach rechts: Stanzides links auf der Bank. In seiner Nähe Frau Wahl und Otto. Dann Paul, Erna. Ganz rechts Gustl, Adele, Genia.

STANZIDES Hört, hört! *Er liest* »Wie uns vom Hotel Völser Weiher berichtet wird, hat dort vor wenigen Tagen eine junge Dame aus Wien, Fräulein Erna Wahl, in Begleitung zweier Wiener Touristen, des Fabrikanten Hofreiter und des bekannten Arztes Doktor Mauer den Aignerturm bestiegen, eine durch ihre Gefährlichkeit ...«

ERNA Kommen Sie, Paul, gehn wir Tennis spielen.

PAUL Sehr einverstanden. *Zu Adele* Gnädige Frau? Herr Fähnrich?

ADELE Ich spiel' nicht gleich nach dem Essen.

OTTO Mir gestatten Sie wohl auch noch meine Zigarette zu rauchen.

PAUL Gut. Wir werden heute überhaupt lauter Singles spielen. Ein Singletournier. Hoffentlich kommt der Herr Hofreiter noch zurecht, damit er sich daran beteiligen kann. Heute muß das Verhältnis nämlich endgültig klar gestellt werden...! *Ab mit Erna.*

FRAU WAHL Wie heißt's denn weiter?

STANZIDES *liest weiter* »Eine durch ihre Gefährlichkeit berüchtigte Felsenspitze in den südwestlichen Dolomiten. Dieselbe wo vor sieben Jahren ein junger Arzt, Doktor Bernhaupt, durch Absturz . . .«

FRAU WAHL Ja, Frau Genia, auf solche Berge haben sie die Erna hinaufgeschleppt. So bös' bin ich in meinem ganzen Leben nicht gewesen, wie auf den Doktor Mauer und auf Ihren Gatten.

GUSTL Aus lauter Angst vor der Mama sind die beiden Herren sofort abgefahren.

GENIA *mit Blick auf Erna, lächelnd* Ja, es scheint, den Friedrich hat das böse Gewissen ganz ruhelos gemacht. Jeden Tag hab' ich von anderswoher eine Karte bekommen, aus Caprile, Pordoi und Gott weiß noch woher.

FRAU WAHL *hat die Zeitung in die Hand genommen und blättert* Was ist denn das eigentlich für eine Zeitung?

NATTER Jetzt sind gnädige Frau doch stolz auf den Ruhm von Fräulein Erna . . .

FRAU WAHL Stolz – ich?

GENIA *ist hinübergekommen, ungefähr bis zur Mitte, wo Frau Wahl steht* Was ist das für ein Blatt? Ich kenn's gar nicht . . . wie kommt das her?

FRAU WAHL Da ist ja was rot angestrichen.

STANZIDES Was rot angestrichen ist in so einem Blatt, das soll man lieber nicht lesen.

FRAU WAHL Das ist aber merkwürdig.

ADELE
GUSTL
GENIA } Was denn?

FRAU WAHL *liest* »Seit einigen Tagen tritt mit immer größerer Bestimmtheit in Wiener Gesellschaftskreisen ein sonderbares Gerücht auf, das wir hier – selbstverständlich mit der gebotenen Reserve – wiedergeben. Es handelt sich um den Selbstmord eines weltberühmten Virtuosen, der zu Beginn dieses Sommers großes Aufsehn erregt hat und in ein Dunkel gehüllt war, das auch durch die beliebte Phrase von der plötzlichen Sinnesverwirrung eine genügende Aufklärung nicht erhalten hat. Das oben erwähnte Gerücht will nun wissen, daß die Ursache jenes Selbstmords ein amerikanisches Duell gewesen, daß aber die Entscheidung in diesem Duell nicht etwa, wie sonst, durch eine weiße und eine schwarze, sondern durch zwei weiße und eine rote Kugel herbeigeführt worden sei.« – Zwei weiße und eine rote, – was heißt denn das?

Bange Pause.

GENIA *ruhig* Die Billardpartie, auf die hier angespielt wird, gegen Korsakow, hat mein Mann verloren. Wenn es also ... ein amerikanisches Duell gewesen wäre ... so hätte Friedrich sich erschießen müssen – nicht? *Pause.*

STANZIDES Es ist doch unglaublich, daß man gegen solche Infamien so gut wie wehrlos ist. Insbesondere, da kein Name genannt ist.

NATTER Die werden sich wohl hüten.

FRAU WAHL *versteht endlich* Ah, diese Billardpartie ... natürlich, Frau Genia, Sie haben uns ja erzählt. Ihr Mann hat dem Korsakow in der Früh' die Zigarren ins Hotel geschickt ... aber freilich! Da könnte ich Zeugin sein vor Gericht!

GUSTL Mama, du brauchst nicht Zeugin zu sein. Kein Mensch kümmert sich um so was.

Adele und Stanzides sind schon auf dem Wege zum Tennisplatz und verschwinden allmählich von der Szene.

FRAU WAHL Es ist aber doch ... Wie kommt nur so was in die Zeitung ...? Und weswegen sollt' sich denn der Friedrich mit dem Korsakow ...

Frau Wahl, Gustl, ihnen gleich nach Herr Natter auch gegen den Tennisplatz zu.

Otto und Genia bleiben allein zurück.

OTTO, GENIA

GENIA Sie glauben es?

OTTO Diese unsinnige Duellfabel? Was fällt Ihnen ein!

GENIA Aber daß diese Fabel vielleicht nicht ganz ohne Grund entstanden ist –! ... Mit einem Wort, daß ich – auch Korsakows Geliebte war.

OTTO Nein. Ich glaub' es nicht.

GENIA Warum sollten Sie's nicht glauben ... Weil ich es leugne? Das ist kein Gegenbeweis. Ich an Ihrer Stelle ... ich würde es glauben. *Als wenn sie zum Tennisplatz gehn wollte.*

OTTO Ich glaub' es nicht, Genia. Ich schwör' Ihnen, daß ich's nicht glaube. Wozu reden wir darüber. Bitte, bleiben Sie! Bitte! – Wer weiß, ob sich noch ein ungestörter Augenblick findet. Morgen in aller Früh' muß ich in die Stadt hineinfahren. Ich habe noch eine Menge drin zu tun ... Abmeldung ... Einkäufe ... und mit dem Nachtzug fahr' ich nach Pola.

GENIA *sieht ihn an* Morgen schon ...

OTTO Auf welche Art darf ich Ihnen Nachrichten zukommen lassen?

GENIA Sie können mir ruhig schreiben. Meine Briefe werden nicht geöffnet. Und wenn Sie besonders vorsichtig sein wollen, so schreiben Sie mir eben – so wie Sie jetzt zu mir reden – wie einer guten Freundin.

OTTO Das ist zu viel verlangt. Das kann ich nicht durchführen.

GENIA Es gäbe noch eins. – Nicht schreiben, gar nicht schreiben.

OTTO Genia ...

GENIA Wär' es nicht das klügste? Man sieht sich ja doch nie wieder.

OTTO Genia! In zwei Jahren bin ich wieder da.

GENIA In zwei Jahren!

OTTO Wenn du mir doch vertrautest, Genia. Auch früher könnt' ich wieder da sein. Viel früher. Es gibt ja andre Möglichkeiten für mich ... Du weißt es ... Ich müßte gar nicht fort, Genia.

GENIA Du mußt. Vielmehr du sollst, das ist ein stärkeres Gebot.

OTTO Wie soll ich leben – ohne dich!

GENIA Du wirst es können. Es war schön. Lassen wir's daran genug sein. Glück auf die Reise, Otto, und Glück fürs weitere Leben.

Pause.

OTTO Was wirst du tun, wenn ich fort bin?

GENIA Ich weiß es nicht. Heute weiß ich's nicht. Was wußten wir zwei vor wenigen Wochen, vor Tagen! ... Man gleitet. Man gleitet immer weiter, wer weiß wohin.

OTTO Wie kannst du ... Oh, ich verstehe dich! Du redest heute so, um mir das Scheiden leichter zu machen. Genia ... Erinnere dich doch, Genia ...

GENIA Ich erinnere mich. O ja, ich erinnere mich. *Bitter* Aber das

Vergessen fängt auch nicht anders an.

OTTO Tut es dir sehr wohl, mir Schmerz zu bereiten?

GENIA Warum hältst du mich für besser als ich bin? Ich bin nicht besser als andere sind. Merkst du's denn nicht? Ich lüge, ich heuchle. Vor allen Leuten spiel' ich Komödie, – vor Herrn Natter und vor Frau Wahl ... vor deiner Mutter so gut wie vor meinem Stubenmädchen. Ich spiele die anständige Frau – und nachts lass' ich das Fenster offen stehn für meinen Liebhaber. Ich schreibe meinem Sohn, er möge sich länger bei seinen Freunden aufhalten, meinem geliebten Sohn schreib' ich das ... nur damit er mein Abenteuer nicht störe, – und ich schreibe meinem Gatten, daß Percy durchaus noch in Richmond bleiben will, nur damit er selber länger fortbleibt. Und wenn er heute zurückkommt und dir die Hand reichen wird, werde ich daneben stehn, lächeln und mich wahrscheinlich meiner Geschicklichkeit freun. Findest du das alles sehr schön? Denkst du – ich bin eine, der man trauen darf –? Ich bin wie die andern, Otto, glaub' es mir.

OTTO Du bist nicht wie die andern. Kein Mensch würde dich anklagen. Du, du warst frei. Du warst ihm keine Treue schuldig. Niemand würde dich geringer achten.

GENIA Niemand ...

OTTO Niemand – – Ich weiß, was dir durch den Sinn geht. Niemand. Auch meine Mutter nicht, wenn sie's ahnte.

GENIA Warum ist sie heute nicht dagewesen?

OTTO Weil sie größere Gesellschaften nicht liebt. Das ist der einzige Grund. Sie ahnt nichts. Gestern war sie doch hier. Was sollte sie gerade heute abgehalten haben.

GENIA Das will ich dir sagen. Sie dachte, Friedrich werde schon da sein. Und es wäre ihr peinlich gewesen, dich, ihren Sohn... es wäre ihr unerträglich gewesen, uns drei beisammen zu sehen ... den Mann ... die Frau ... und den Liebhaber – – Davor fürchtete sie sich. Darum kam sie nicht her. O, ich kann sie verstehn. Wie gut kann ich sie verstehn.

FRIEDRICH *erscheint auf dem Balkon, spricht gleich* Habe die Ehre, meine Herrschaften.

Genia und Otto sind am Schlusse des Gespräches beinahe unter dem Balkon.

GENIA *nicht erschrocken* Friedrich!

OTTO Guten Tag, Herr Hofreiter.

FRIEDRICH Grüß' Sie Gott, Otto.

GENIA *heiter* Seit wann bist du denn da?

FRIEDRICH Vor zehn Minuten gekommen. *Er grüßt zum Tennisplatz hinüber, wo man ihn bemerkt hat* Guten Abend, guten Abend – *Zu Genia* Ich hab' mich nur gleich umgekleidet. *Zu Otto* Es freut mich, daß ich Sie noch antreffe. Ich hab' gefürchtet, daß Sie schon wieder in Pola sind ... oder gar schon draußen im Weltmeer.

OTTO Morgen reis' ich, Herr Hofreiter.

FRIEDRICH So ... morgen ... –? Na, ich komm gleich herunter.

Verschwindet vom Balkon.

Otto und Genia hinüber. Das nächstfolgende sehr rasch.

OTTO Du kannst nicht hier bleiben.

GENIA Sei vernünftig, Otto.

OTTO Jetzt fühl' ich es. Du bist nicht geschaffen, zu lügen. Du würdest dich verraten. Oder gar freiwillig gestehn!

GENIA Das wäre möglich.

OTTO *mit einem plötzlichen Entschluß* So lass' mich mit ihm reden.

GENIA Was fällt dir ein!

OTTO Ja! Es ist ja das einzig Mögliche. Du fühlst es selbst, alles andre wäre unwürdig, schmählich –

GENIA Ich werd' es ihm sagen, sobald du fort bist. Morgen. Vielleicht noch heute ...

OTTO Und was wird geschehn?

GENIA Nichts, wahrscheinlich. Und du wirst hierher nicht wiederkommen, nie. Versprich mir ... nie ... auch in zwei Jahren nicht ... : nie ...

OTTO *wie erleuchtet* Du liebst ihn – du liebst ihn wieder! – Dahin, dahin gleitest du.

Es kommen Frau Wahl, Natter, Frau Natter, Stanzides und Gustl vom Tennisplatz. Erna und Paul spielen weiter.

FRIEDRICH *erscheint im Tenniskostüm* Grüß' dich Gott, Genia. *Küßt sie auf die Stirn. Er begrüßt auch die andern. Zu Frau Wahl, die ihm nicht die Hand gibt* Na, Mama Wahl, noch immer bös' auf mich?

FRAU WAHL Ich rede kein Wort mit Ihnen. Ich werde auch mit Doktor Mauer kein Wort reden.

FRIEDRICH Das wird sich zeigen.

GENIA Der hat sich überhaupt noch nicht sehen lassen.

FRIEDRICH So? – Heut wird er hoffentlich kommen, ich hab' ihm geschrieben. Na, der Paul und die Erna, die lassen sich natürlich nicht stören.

GENIA Sag' doch, wann bist du denn eigentlich in Wien angekommen?

FRIEDRICH Gestern abend. Ja. – Ich wär' sehr gern schon zu Tisch heraußen gewesen, aber es war leider absolut nicht möglich.

GENIA Wir hatten ein Empfangsdiner dir zu Ehren.

GUSTL Großartig haben wir gegessen.

FRIEDRICH So ...? Vielleicht bist du so gut, Genia, und laßt mir wenigstens noch einen schwarzen Kaffee bringen. *Er setzt sich unter den Baum und zündet sich eine Zigarette an.*

NATTER Sie sind länger fortgeblieben, als Sie beabsichtigt hatten, lieber Hofreiter?

FRIEDRICH Ja. *Fixiert ihn scharf* Ja. Sind das nicht Ihre Kinder, die da draußen auf der Wiese herumhüpfen?

ADELE Ich hab' gedacht, der Percy wär' schon da. *Stanzides und Frau Wahl sind indes gegen rückwärts gegangen.*

FRIEDRICH Na, wann kommt er denn endlich. Laßt sich auf englische Schlösser einladen ... der Lump!

GENIA Ich glaub', er überrascht uns noch heut oder morgen mit meiner Schwester Mary ... weil schon drei Tage keine Nachricht von ihnen da ist.

Erna und Paul vom Tennisplatz.

PAUL Mein Kompliment, Herr Hofreiter.

ERNA Guten Abend, Friedrich. *Händedruck.*

FRIEDRICH Na, wie geht's denn?

PAUL Ja, das Fräulein Erna hat mich schon wieder geschlagen.

FRIEDRICH Na, war's noch schön am Völser Weiher?

ERNA Ja, denken Sie sich, sehr schön, auch ohne Sie. Nett war das übrigens wirklich nicht, so plötzlich zu verschwinden. Ja richtig, danke für die Karten ... Sie haben ja noch sehr schöne Partien gemacht.

FRIEDRICH Heut' ist ja Ihr Ruhm verkündet in der Zeitung, Erna.

FRAU WAHL Wir haben schon gelesen.

FRIEDRICH So, Sie haben schon – Ist dieses Blatt auch hierher gelangt? – Eine interessante Zeitung – nicht wahr? *Pause. Ihn amüsiert die Verlegenheit der andern* Es war übrigens schön auf dem Aignerturm. Ja, richtig, Otto. Wo ist er denn ...? *Otto steht etwas abseits mit Frau Natter* Ihnen hab' ich Grüße zu überbringen, das heißt Grüße sind es wohl nicht. Ich habe nämlich Ihren Vater gesprochen.

OTTO Ihre Frau Gemahlin erzählte mir.

FRIEDRICH Schade, daß Sie schon morgen fortfahren. Ihr Vater wollte nämlich in ein paar Tagen nach Wien kommen.

OTTO Sie wissen doch, Herr Hofreiter, daß zwischen meinem Vater und mir niemals Beziehungen bestanden haben.

FRIEDRICH Könnten sich noch immer entwickeln. Sollten sich sogar. Daß Sie jetzt da ins Weltmeer hinaussegeln auf so lange ... ohne Ihren Vater gesehn zu haben ... es sollt' nicht sein ... glauben Sie nicht?

OTTO Ja, Sie mögen vielleicht recht haben – aber nun ist es wohl zu spät.

PAUL *der mit Erna und Frau Wahl stand, tritt her* Also, Herr Fähnrich, unser Single, wenn's gefällig ist. *Zu Friedrich* Wir spielen nämlich heute lauter Singles. Sie dürfen sich nicht ausschließen, Herr Hofreiter, der Herr Fähnrich reist morgen ab, und da muß heute das Verhältnis endgültig festgestellt werden.

FRIEDRICH Aber natürlich. Ich stehe zur Verfügung. Bitte sich nicht stören zu lassen. – Ich trink' nur meinen Kaffee aus.

Herr Natter, Stanzides, Genia – nach den ersten Worten Friedrichs an Otto über Aigner – und Gustl sind schon etwas früher weggegangen, jetzt folgen Paul, Adele und Otto.

ERNA, FRIEDRICH

ERNA *ist hinter seinem Sessel stehn geblieben.*

FRIEDRICH O Erna ... *bleibt sitzen.*

ERNA Ich bin so froh, daß du wieder da bist.

FRIEDRICH Im Ernst? *Er küßt ihre Hand über die Lehne* Ich auch.

ERNA Und jetzt möcht' ich so geschwind als möglich den wahren Grund wissen, warum du fort bist.

FRIEDRICH Du bist aber komisch, Erna. Ich hab' dir's ja gesagt. Du warst doch drauf vorbereitet. Wär' ich dort geblieben, in wenigen Tagen, ach Gott – am selben Tag hätt' es das ganze Hotel gewußt. Das ist schon so. Du weißt ja ... Der Schein um den Kopf. Wir haben ihn uns ja redlich verdient.

ERNA Und wenn man ihn gesehn hätte!

FRIEDRICH Kind ... So was soll man der Welt nicht verraten. Umsoweniger, je mehr man sie verachtet. Die Welt versteht's ja doch nicht. Oder auf ihre Weise – was noch schlimmer ist! Du kannst mir dankbar sein, daß ich dich nicht »kompromittiert« habe. Später hättest du mir's doch übel genommen.

ERNA Später? ... ach so! ... Ich werde nicht heiraten, Friedrich.

FRIEDRICH Nicht von der Zukunft sprechen, Kind. Man soll nichts vorhersagen, für sich nicht und für andre. Nicht für die nächste Minute! Glaub' mir.

ERNA Und denkst du, wenn ich wirklich einen lieb hätte nach dir – ich könnt' ihm verschweigen ...

FRIEDRICH Gewiß könntest du. Hättest auch recht. Ich versichere dich, wir verdienen nichts andres ...

ERNA »Wir« ... Es gibt doch auch – bessre als du.

FRIEDIRCH Glaubst du? *Steht auf.*

ERNA Was hast du denn? Warum bist du so zerstreut? Was guckst du immer zur Tür hin? Erwartest du wen?

FRIEDRICH Ja, den Doktor Mauer.

ERNA Den Doktor Mauer? Was willst du von ihm?

FRIEDRICH Es handelt sich um geschäftliche Dinge.

ERNA Mauer ist doch kein Advokat ...

FRIEDRICH Aber ein Freund.

ERNA Glaubst du, er ist es noch immer?

FRIEDRICH Ja. Solche Dinge hängen nämlich nie von dem ab, was man miteinander ... für Erfahrungen macht. Sonst täten ja Enttäuschungen nicht weh ... wenn damit die innern Beziehungen einfach aus wären. Aber daß man doch immer aneinander hängen bleibt ... das ...! ... Es gibt nur ewige Liebe und ewige Freundschaft. Und der Mauer ist und bleibt mein einziger Freund. Das steht fest ... Auch wenn er mich einmal erschießen sollte, es wird nicht anders.

ERNA Was hast du denn so Wichtiges mit ihm zu besprechen?

FRIEDRICH Es hängt mit meiner Reise nach Amerika zusammen.

ERNA Du fährst also hinüber?

FRIEDRICH Ja ... Und da gibt es eben manches zu ordnen – aus früherer Zeit, wozu ich nur den Mauer brauchen kann.

ERNA Aus ... früherer Zeit ...?

FRIEDRICH Aber Kind! Eine Gattin könnte nicht neugieriger sein. Sind übrigens lauter sehr langweilige Geschichten.

ERNA Die dich doch sehr nervös zu machen scheinen.

FRIEDRICH Mach' ich den Eindruck? Keine Spur, ich bin nur etwas übernächtig vielleicht.

ERNA Wieso? Du bist doch nicht die Nacht durchgefahren?

FRIEDIRCH Nein, aber geschlafen hab' ich auch nicht viel. Ich hab' eine Fensterpromenade gemacht.

ERNA Heute nacht?

FRIEDRICH Ja, heute nacht. Warum wunderst du dich denn? Ich

hab' dir ja gesagt, an einem gewissen Abend ... daß ich alle diese Dinge plötzlich begreife – Fensterpromenaden, Serenaden – Totschlag ... Selbstmord – –

ERNA Ich versteh' dich nicht. Wem hast du ... eine Fensterpromenade ...

FRIEDRICH Na dir, selbstverständlich.

ERNA Mir? Was sind das für ...

FRIEDRICH Du glaubst mir nicht? Also hör' gut zu! Ich bin nämlich gestern abend noch herausgefahren. Gleich nach meiner Ankunft in Wien. Es war beinah Mitternacht, wie ich unter deinem Fenster war. Du hast noch Licht brennen gehabt. Ich habe deinen Schatten an den Vorhängen vorbeigleiten gesehn. Wenn dein Zimmer ebenerdig läge ... wer weiß.

ERNA Du warst vor meinem Fenster?! – Und dann?

FRIEDRICH Dann bin ich eben wieder fort. Ich hatte deinen Schatten gesehn, war in deiner Nähe gewesen. Danach hatt' ich mich gesehnt.

ERNA Du hast dich ... Friedrich ...! Und wohin bist du dann?

FRIEDRICH Nach Wien zurück. Mein Auto hat auf dem Pfarrplatz gewartet. Ich hab' nämlich heute früh um acht Uhr schon im Bureau zu tun gehabt.

ERNA Du warst vor meinem Fenster ... Friedrich!

FRIEDRICH Warum sollt' ich dir denn so was erzählen, wenn's nicht wahr wär' ... Wobei soll ich dir schwören? Beim heiligen Weiher von Völs?

ERNA Du warst vor meinem Fenster! ... Mein Geliebter!

FRIEDIRCH Still, still. *Er geht zur Türe des Hauses.*

MAUER *tritt aus dem Haus* Grüß' dich Gott, Friedrich. Guten Tag, Fräulein Erna.

FRIEDRICH Servus, Mauer.

ERNA *ruhig* Guten Tag, Doktor.

MAUER *ganz unbefangen* Schon lang zurück, Fräulein Erna?

ERNA Erst seit zwei Tagen ... *Zu Friedrich* Sie haben mit dem Herrn Doktor zu sprechen. Auf Wiedersehn. *Ab zum Tennisplatz.*

MAUER, FRIEDRICH

MAUER Du hast mir geschrieben, ich bin da.

FRIEDRICH Ich danke dir nochmals, daß du gekommen bist. Hoffentlich hab' ich dich von nichts Wichtigem abgehalten.

MAUER Du schreibst, daß du meines Rats bedarfst. Ich nehme an, du fühlst dich krank.

FRIEDRICH *sieht ihn an* Ah so! Nein, ich habe nicht den Arzt zu mir gebeten, sondern den Freund.

MAUER Den Freund, so . . . Nun, ich bin da.

FRIEDRICH Es handelt sich nämlich um ein blödsinniges Gerücht, von dem du vielleicht schon gehört oder gelesen hast.

MAUER Welches Gerücht?

FRIEDRICH Daß Korsakow . . .

MAUER Nun?

FRIEDRICH Daß Korsakow als Opfer eines amerikanischen Duells gefallen ist.

MAUER Ah.

FRIEDRICH Du hast gelesen?

MAUER Gehört, um die Wahrheit zu sagen.

FRIEDRICH Also, ich frage dich: Was soll ich tun?

MAUER Was du tun sollst? Du hast ja den Gegenbeweis in der Hand. Der Brief Korsakows an deine Frau . . .

FRIEDRICH Was hilft mir der? Den kann ich doch nicht . . . das wäre doch geschmacklos . . .

MAUER Ja, dann . . . kümmere dich einfach nicht darum. Das Gerücht wird verschwinden, wie es gekommen ist. Es ist nicht wahrscheinlich, daß vernünftige Leute so was von dir im Ernst glauben könnten.

FRIEDRICH Wenn auch – etwas wird hängen bleiben. Und einer muß diese Infamie als erster ausgesprochen haben. Wenn man sich an den halten könnt'.

MAUER Der Mann wird kaum zu eruieren sein.

FRIEDRICH Für mich ist er eruiert. Es ist Natter.

MAUER Du glaubst?

FRIEDRICH Es ist seine Rache . . . Er hat nämlich alles . . .

MAUER *rasch* . . . gewußt?

FRIEDRICH Ja. – Es gibt überhaupt weniger betrogene Ehemänner, als die Gattinnen und manchmal sogar die Liebhaber glauben.

MAUER Hast du Beweise, daß das Gerücht von ihm ausgeht?

FRIEDRICH Beweise, nein.

MAUER Da kannst du nichts machen.

FRIEDRICH Ihn stellen.

MAUER Er wird natürlich leugnen.

FRIEDRICH Ihn züchtigen.

MAUER Damit besserst du nichts.

FRIEDRICH Vielleicht meine Laune.

MAUER Dazu wäre der aufgewandte Apparat doch etwas zu groß.

FRIEDRICH Find' ich nicht. Gute Laune ist die Hauptsache auf Erden.

MAUER Ich ließe die Angelegenheit auf sich beruhn. Einen andern Rat kann ich dir nicht geben, beim besten Willen nicht. – So, nun will ich deiner Frau guten Abend sagen und dann meiner Wege gehn.

FRIEDRICH Mauer ... du bist mir böse?

MAUER Ich dir böse? Nein. Aber mein Verlangen, mich hier aufzuhalten, ist gering.

FRIEDRICH Du Mauer ... Du weißt doch, daß ich sehr bald nach dir vom Völser Weiher abgereist bin?

MAUER »Sehr bald« ist gut.

FRIEDRICH Gleich! ... am Tag drauf! ... Weißt du, warum? Ich habe die Flucht ergriffen.

MAUER Ah! –

FRIEDRICH Ja, vor mir, vor mir selbst. Denn daß ich sehr verliebt war in die Erna, das gesteh' ich dir ohne weiteres zu.

MAUER Du hast mir keine Rechenschaft abzulegen.

FRIEDRICH Gewiß nicht. Tu' ich auch nicht. Ich seh' nur nicht ein, warum ich deine falschen Vermutungen...

MAUER Was immer ich vermutet habe, ob mit Recht oder mit Unrecht, die Sache ist für mich erledigt. – Darf ich deiner Frau guten Abend sagen?

FRIEDRICH Später darfst du. Jetzt wirst du freundlichst hier bleiben. Wir müssen uns aussprechen. Ich versichere dich, daß du dich irrst. – Ich habe sie geküßt, ja. Einmal ... Das leugne ich nicht. So eine Umarmung im Freien, bei schönem Wetter, in zweitausend Meter Höhe hat gar nichts zu bedeuten. Das nenn' ich ... Höhenrausch ...

MAUER Na ... wenn du's nur so nennst ... dann ist ja alles gut.

FRIEDRICH Glaubst du, es laufen viele ungeküßte Mädeln auf der Welt herum? Auch in der Ebene soll's manchmal passiert sein! Sich deswegen einbilden, daß man zu gut für eine ist ... das ist, mit Verlaub, Größenwahn.

MAUER Es macht dir viel Spaß zu lügen, was?

FRIEDRICH Manchmal schon. Aber diesmal tu' ich's nicht einmal. Und jetzt werd' ich dir noch was sagen. Selbst wenn mehr vorgefallen wäre ... als dieser Kuß ...

MAUER Ich habe dich nicht gefragt. Und ich versichere dich, mir ist es heute im Grunde ziemlich gleichgültig, wie weit es zwischen euch gekommen ist.

FRIEDRICH Daran, mein lieber Mauer, tust du unrecht.

MAUER Ah ...

FRIEDRICH Die Sache stünde vielleicht besser für dich, wenn sie meine Geliebte gewesen wäre. Es wäre eine abgetane Sache ... Da wärst du gewissermaßen sicherer.

MAUER Du fängst an, mich zu amüsieren.

FRIEDRICH Das freut mich. Das ist doch das Wichtigste bei jeder Unterhaltung. Ob man die Wahrheit zu hören kriegt, weiß man ja doch nie.

MAUER Von Erna selbst würde ich sie erfahren.

FRIEDRICH Du glaubst?

MAUER Lügen, das ist wirklich das einzige, dessen ich sie nicht für fähig halte.

FRIEDRICH Da könntest du recht haben. Und darauf kommt es doch am Ende an. Ich halte es überhaupt für sehr einseitig, die Frauen nur aufs Erotische hin zu beurteilen. Wir vergessen immer wieder, daß es im Leben jeder Frau, auch wenn sie Liebhaber hat, eine Menge Stunden gibt, in denen sie an ganz andre Dinge zu denken hat als an die Liebe. Sie liest Bücher, musiziert, sie veranstaltet Wohltätigkeitsakademien, sie kocht, sie erzieht ihre Kinder, – sie kann sogar eine sehr gute Mutter sein, ja manchmal auch eine vortreffliche Gattin. Und hundertmal wertvoller – als eine sogenannte anständige Frau. Denk' nur an Adele Natter.

MAUER Du hast mich hoffentlich nicht hergebeten, um mir deine philosophischen Ansichten vorzutragen.

FRIEDRICH Nein, das ergibt sich nur so. Aber weil wir schon bei diesem Thema sind, ich möcht' dich doch fragen, ob dir schon etwas von der Affäre zwischen meiner Gattin und dem Herrn Fähnrich zu Ohren gekommen ist?

MAUER *überrascht* Von deiner Frau und ... Kein Wort ... Woher hätt' ich auch ... ich bin ja seit drei Wochen nicht hier gewesen.

FRIEDRICH Also hörst du die Neuigkeit von mir. Na, was sagst du dazu?

MAUER Es ist vielleicht nicht wahr. Und wenn es wahr sein sollte ...

FRIEDRICH So gönnst du mir's von Herzen. Ich weiß. Aber ich will dir nur sagen, daß deine Schadenfreude gegenstandslos ist. Denn dazu müßte ich die Sache ja als etwas Schmerzliches oder mindestens als ärgerlich empfinden. Und das ist absolut nicht der Fall. Im Gegenteil. Es ist mir eher wie eine innere Befreiung. Ich gehe nicht mehr als Schuldiger in diesem Hause herum. Ich atme wieder auf. Es ist gewissermaßen, als hätte sie Sühne getan für den Tod Korsakows, und zwar in einer höchst vernünftigen und schmerzlosen Weise. Sie fängt an mir wieder menschlich nah zu sein. Wir leben wieder sozusagen – auf demselben Stern.

MAUER Du bist sehr gefaßt. Mein Kompliment. Offenbar glaubst du's nicht. Da man ja so was doch nie mit absoluter Bestimmtheit wissen kann ...

FRIEDRICH Ah, manchmal schon. Zum Beispiel, wenn man den Liebhaber nachts, halb zwei aus dem Fenster seiner Frau steigen sieht.

MAUER Wie?

FRIEDRICH Na, was sagst du dazu? Heute nachts um halb zwei hab' ich Herrn Otto von Aigner, Fähnrich in Sr. Majestät Marine, aus dem Fenster der Fabrikantensgattin Genia Hofreiter steigen gesehen. Gerichtlich zu beeiden!

MAUER Heute Nacht, halb zwei?

FRIEDRICH Ich war nämlich schon gestern abend heraußen.

MAUER So –? Und wo warst du bis halb zwei, wenn man fragen darf.

FRIEDRICH Haha, mir scheint, du denkst schon wieder an Erna. Na, also damit ich dich beruhige, ich bin mit dem letzten Zug herausgefahren von Wien; von der Bahn zu Fuß hierherspaziert und bin, wie ich das manchmal tue, durch das kleine Türl von der Wiese aus in den Garten herein. Und da hab' ich zu meiner Überraschung Stimmen gehört. Ich schleiche mich näher und sehe einen Herrn und eine Dame hier unter dem Baum sitzen. Genia und Otto. Um Mitternacht hier im Garten. Was sie gesprochen haben, das hab' ich natürlich nicht verstehen können. Ich bleibe in gemessener Entfernung, nach wenigen Minuten schon erheben sich beide und verschwinden im Haus. Ich verlasse rasch den Garten, wieder durch die Hintertür, gehe rund um die Villa und postiere mich so, daß ich sehn muß, wenn wer aus dem Haustor herauskommt. Es kommt niemand. Eine halbe Stunde lang niemand. Die Lichter im Haus verlöschen. Ich geschwind wieder um das Gitter herum auf die Wiese, wo ich das Fenster von Genias Schlafzimmer im Auge habe. Es war dunkel. Die Nacht war wunderschön, ich lege mich auf die Wiese hin, in den Schatten der Bäume, die am Gitter stehn. Und warte. Bis halb zwei hab' ich gewartet. Um halb zwei öffnet sich das Fenster, ein Herr steigt heraus, verschwindet auf eine Weile für mich im Dunkel des Gartens, ich höre die Gartentüre gehn, und gleich darauf direkt an mir vorüber, schwebt die schlanke Gestalt des Herrn Fähnrich Otto von Aigner.

MAUER So. Und was hast du dann getan?

FRIEDRICH Ich hab' mich auf die Wiese hingelegt.

MAUER Du bist ja schon gelegen.

FRIEDRICH Richtig. Aber bequemer als vorher hab' ich mich hingelegt, weil ich ja nicht mehr hab' aufpassen müssen. Und hab' prachtvoll geschlafen, bis sieben Uhr früh. Es ist wirklich herrlich, im Freien zu schlafen in schönen Sommernächten. Erst neulich hat mir wer davon vorgeschwärmt.

MAUER Du denkst hoffentlich nicht daran, es Genia oder ihn entgelten zu lassen. Das einzige, was du jetzt tun kannst und darfst, – das ist ein klares Ende machen.

FRIEDRICH Wer spricht von Ende?

MAUER Selbstverständlich. Es könnte jetzt auch ohne besonderes Aufsehn geschehn. Du brauchst nur etwas früher nach Amerika zu fahren als deine Absicht war.

FRIEDRICH Nach Amerika wird Genia mit mir reisen.

MAUER So –?

FRIEDRICH Ja.

MAUER *achselzuckend* Du erlaubst mir diese Mitteilung bis auf weiteres als den letzten Beweis deines Vertrauens entgegenzunehmen. Jetzt ...

NATTER *kommt* O, guten Abend, Doktor Mauer, wie geht's? Lieber Hofreiter, ich wollte Sie nämlich fragen, da wir leider nicht mehr lange bleiben können ...

MAUER Du erlaubst also, daß ich deiner Frau guten Abend sage ...

FRIEDRICH Sie wird sich sehr freuen.

MAUER *zum Tennisplatz.*

FRIEDRICH, NATTER

NATTER Ich wollte Sie fragen, lieber Hofreiter, ob ich Sie morgen im Bureau sprechen kann. Ich habe Ihnen viel mitzuteilen. Das bewußte Konsortium hat sich wieder gemeldet. Man bietet ...

FRIEDRICH Morgen die Geschäfte, Herr Natter.

NATTER Wie Sie wünschen.

FRIEDRICH Heute wollen wir plaudern.

NATTER Gern.

FRIEDRICH Sagen Sie mir, Natter, was halten Sie von Demeter Stanzides?

NATTER Stanzides? – Ein ganz sympathischer Mensch. Etwas sentimental für einen Husarenoberleutnant. Aber im ganzen ein netter Kerl.

FRIEDRICH Hat er nicht Schulden?

NATTER Nicht, daß ich wüßte.

FRIEDRICH Mißhandelt er nicht seine Untergebenen?

NATTER Mir nichts davon bekannt.

FRIEDRICH Ist er nicht etwa Falschspieler?

NATTER Glauben Sie das, Hofreiter?

FRIEDRICH Nein. Ich will es Ihnen nur erleichtern, etwas über ihn zu erfinden, für später, wenn die Geschichte zwischen ihm und Ihrer Frau Gemahlin zu Ende sein sollte.

Sie stehn Aug' in Aug'.

NATTER Es freut mich, daß Sie mich für keinen Dummkopf halten, Hofreiter.

FRIEDRICH Nein, für einen ...

NATTER Ich warne Sie davor, mich einen Schuften zu heißen. Es würde mir wahrscheinlich nicht konvenieren, die Angelegenheit durch eine Karambolpartie zu erledigen.

FRIEDRICH Aber auf andere Art.

NATTER Wenn ich dazu Lust gehabt hätte ... vor nicht allzulanger Zeit war bessere Gelegenheit dazu.

FRIEDRICH Warum haben Sie's nicht getan? Man wird doch nicht mit einemmal ... Ich weiß doch, daß Sie als junger Mensch um weniger Ihr kostbares Leben in die Schanze geschlagen haben.

NATTER Um weniger? Um andres.

FRIEDRICH Wenn es Ihnen so nahe ging' – warum bleiben Sie mit Ihrer Frau zusammen?

NATTER Das will ich Ihnen erklären. Weil mir eine Existenz ohne Adele als vollkommener Unsinn erschiene. Ich bin nämlich rettungslos verliebt in sie. Das kommt vor, Hofreiter. Dagegen hilft nichts. Ahnen Sie denn, was ich alles versucht habe, um innerlich von ihr loszukommen –? Vergeblich ... Alles vergeblich ... Ich liebe sie ... trotz allem –! Ungeheuerlich, wie? – Es ist nun einmal nicht anders.

FRIEDRICH Und Sie rächen sich an mir, indem Sie eine Ungeheuerlichkeit erfinden?

NATTER Vielleicht indem ich die Wahrheit verbreite.

FRIEDRICH Mensch, Sie glauben wirklich? ... daß ich ... ein amerikanisches Duell ...

NATTER Beweisen Sie mir das Gegenteil.

FRIEDRICH Das könnt' ich ... Ich kenne den Grund von Korsakows Selbstmord. Ich weiß, daß ... O, wo gerat' ich hin? Mich vor Ihnen zu rechtfertigen, Sie ... Sie ...

NATTER Hüten Sie sich.

FRIEDRICH Ich schwöre Ihnen, daß Sie sich irren. Ich schwöre Ihnen ...

NATTER Bei der Tugend Ihrer Frau Gemahlin, ja?

FRIEDRICH Herr ... *auf ihn zu.*

NATTER *packt seinen Arm* Ruhe, kein Aufsehn. Ich werde mich nicht mit Ihnen schlagen. Aber noch ein Wort und ...

FRIEDRICH Gerade gegen Sie sollt' ich wehrlos sein?

NATTER Zuweilen ist man's eben.

FRIEDRICH Ja ... gegen einen ...

NATTER Gegen einen, der das Leben fabelhaft amüsant findet ... lieber Hofreiter – und nur das.

PAUL *vom Tennisplatz* Bitte sehr um Entschuldigung, wenn ich störe. Herr Hofreiter, – Ihr Single mit dem Herrn Fähnrich wäre an der Reihe.

FRIEDRICH Ja ... ja ... bin schon bereit – Das Verhältnis muß endgültig klargestellt werden ... ich weiß ...

NATTER O bitte, lassen Sie sich nicht stören. *Leise* Etwa auch auf Tod und Leben?

FRIEDRICH Vielleicht.

MAUER *und* GENIA *kommen eben von rückwärts.*

MAUER *will sich verabschieden* Also, lieber Freund.

FRIEDRICH Nein, du darfst einfach nicht gehn. Du mußt ihn zurückhalten, Genia – mit allen deinen Verführungskünsten. *Friedrich, Paul, Natter zum Tennisplatz.*

MAUER, GENIA

GENIA Ich fürchte, daß meine Künste versagen werden.

MAUER Ich muß leider fort, gnädige Frau.

GENIA Und es ist wohl anzunehmen, daß man Sie in der nächsten Zeit hier nicht sehn wird . . .

MAUER Es ist anzunehmen, gnädige Frau.

GENIA *sieht ihn an* Es tut mir leid, daß ich einen Freund verloren habe. Auch ich, die wahrhaftig ohne Schuld ist, wenigstens gegen Sie. Warum antworten Sie mir nicht, Doktor? Ich will mich nicht in Ihr Vertrauen drängen, umsoweniger, als ich mir ja denken kann, was Sie von hier forttreibt.

MAUER Es ist diesmal kein Anlaß, Ihnen über Ihren Scharfblick ein Kompliment zu machen. Sie gestatten mir jetzt, gnädige Frau, mich zu entfernen.

GENIA Ich habe Ihnen nichts zu gestatten und nichts zu verbiten. Besonders als . . . gnädige Frau. Leben Sie wohl, lieber Doktor! – Und – bitte lassen Sie mich Ihnen noch eine Mahnung mit auf den Weg geben! – Nehmen Sie's nicht gar zu schwer. Es wäre doch lächerlich, wenn Sie, ein Mensch, der das Leben von seiner ernstesten Seite kennt, dergleichen Spielerei und Spiel wichtig nähme. Liebessachen sind nichts andres, Doktor, glauben Sie mir. Und wenn man erst drauf gekommen ist, sehr lustig anzusehn – und mitzumachen.

MAUER Wenn man drauf gekommen ist . . .

GENIA Werden Sie auch, lieber Freund. Die dummen schweren Worte, die Ihnen durch den Sinn gehn, die blasen Sie nur gefälligst in die Luft. Und Sie werden sehn, wie leicht sie eigentlich sind. Sie fliegen . . . alle . . . sie verwehn, diese schweren dummen Worte . . .

MAUER Es gibt vielleicht wirklich nur ein schweres auf der Welt – und das heißt Lüge.

GENIA Lüge? Gibt's denn das in einem Spiel? List oder Spaß heißt es da.

MAUER Spiel –?! Ja, wenn es so wäre! . . . Ich versichere Sie, Genia, nicht das geringste hätt' ich einzuwenden gegen eine Welt, in der die Liebe wirklich nichts andres wäre als ein köstliches Spiel . . . Aber dann . . . dann ehrlich, bitte! Ehrlich bis zur Orgie. . . . Das ließ' ich gelten. Aber dies Ineinander von Zurückhaltung und Frechheit, von feiger Eifersucht und erlogenem Gleichmut – von rasender Leidenschaft und leerer Lust, wie ich es hier sehe – das find' ich trübselig und grauenhaft – ... Der Freiheit, die sich hier brüstet, der fehlt es am Glauben an sich selbst. Darum gelingt ihr die heitre Miene nicht, die sie so gerne annehmen möchte ... darum grinst sie ... wo sie lachen will.

GENIA Sie sind ungerecht, Doktor. Wir geben uns ja alle Mühe. So rasch geht das freilich nicht. Aber wir haben die beste Absicht. Merken Sie's nicht? Adele Natter, zum Beispiel, bringt ihre Kinder mit in unser Haus, ich plaudre mit Erna, als wäre der Weiher von Völs das harmloseste Wasser von der Welt, Friedrich spielt seine Tennispartie mit dem Herrn Fähnrich von Aigner ...

MAUER Warum sollte er nicht?

GENIA O, Doktor! ...

MAUER Ja, ich weiß ... auch das ...

GENIA Wer hat es Ihnen gesagt?

MAUER Wer –? Geben Sie acht, Genia. Friedrich selbst.

Die Tennispartie ist zu Ende. Die Teilnehmer kommen allmählich näher.

GENIA Friedrich ...?! Natürlich ahnt er. Ich hab' es gleich in seinem Blick gelesen ... als er uns vom Balkon aus begrüßte. ... Aber wozu dies warnende »Geben Sie acht« –? Er wird es mir nicht übel nehmen. – Vielleicht hätte sich Otto auch umgebracht – wie jener andre. Und man darf doch einen jungen Menschen einer solchen Kleinigkeit wegen nicht in den Tod treiben. Friedrich wird zufrieden mit mir sein. Morgen, wenn ... mein Geliebter fort ist ... werd' ich ihm die ganze Geschichte selbst erzählen.

MAUER Das dürfte nicht mehr notwendig sein. Er ahnt nicht, er w e i ß ... Er hat den Herrn Fähnrich heute nacht gesehn ... um halb zwei ...

GENIA *zuckt zusammen, faßt sich rasch.*

PAUL, GUSTL, ERNA, STANZIDES, ADELE, FRAU WAHL, NATTER, OTTO *und* FRIEDRICH *vom Tennisplatz.*

GENIA Nun, wer war Sieger?

PAUL Die alte Garde lebt noch. Herr Hofreiter hat gewonnen. Neun zu acht.

STANZIDES Schade, daß Sie nicht zugesehn haben, gnädige Frau. Es war eine schöne Partie.

FRIEDRICH Na, Mauer, du bist ja doch geblieben. Das ist nett von dir!

PAUL Jetzt käme noch das Match Fräulein Erna und Herr Hofreiter.

ERNA Es ist schon zu dunkel, das verschieben wir auf morgen. Und wir telegraphieren dem Herrn Fähnrich das Endresultat des Tourniers.

OTTO Meine Herrschaften, ich muß mich nun leider wirklich empfehlen. *Er beginnt sich zu verabschieden.*

FRIEDRICH *folgt ihm mit den Blicken* Schade, daß wir nicht morgen noch eine Partie spielen können, Otto! – Ich hab' heut gar keine rechte Freude an meinem Sieg.

PAUL Warum denn? Der Herr Fähnrich hat famos gespielt, und Sie, Herr Hofreiter noch besser.

FRIEDRICH Ich weiß nicht. Sie waren nicht recht in Form, Otto. Einen Schlag haben Sie gehabt, wie ich ihn von Ihnen gar nicht gewohnt bin. So einen zerstreuten, so einen undezidierten, so einen ängstlichen Schlag... Abschiedsstimmung wahrscheinlich.

OTTO Vielleicht Befangenheit einem so starken und ausgeruhten Gegner gegenüber. Nun, wenn ich wiederkomme, in drei Jahren, sollen Sie mehr Freude an meinem Gegenspiel haben, Herr Hofreiter.

FRIEDRICH Ja, wenn man das so sicher wüßte, daß man sich wiedersieht! ... Ich rede nie von so fernliegenden Dingen ... drei Jahre! ... Denken Sie, was indessen alles passieren kann. Man hat doch nicht alles so in der Hand. Es gibt Ereignisse, denen gegenüber alle Voraussicht versagen kann ... und alle Vorsicht.

NATTER Und gerade diese dürfte nicht eine Haupteigenschaft des Herrn Fähnrich sein.

OTTO Das fürcht' ich selbst, Herr Natter.

FRIEDRICH Das können Sie selber gar nicht wissen, Otto, ob Sie von Natur aus vorsichtig sind oder nicht ... In einem Beruf, der so ganz auf Haltung und Disziplin gestellt ist, wie der Ihre, hat man sozusagen keine Gelegenheit, sich selbst kennen zu lernen. Glauben Sie nicht?

MAUER Genug Psychologie für die späte Abendstunde, denk' ich. *Zu Otto* Wir gehn vielleicht gleich zusammen.

FRIEDRICH *kümmert sich gar nicht darum* Ich zweifle natürlich nicht, daß Sie jederzeit bereit wären, für Kaiser und Vaterland und auch für viel geringere Dinge Ihr Leben hinzugeben, aber da spielt doch der äußere Zwang eine gewisse Rolle. In der Tiefe Ihrer Seele, ganz in der Tiefe, Otto, sind Sie feig.

Große Pause.

OTTO Ich habe nicht recht verstanden, nicht wahr?

FRIEDRICH Ich weiß nicht, was Sie verstanden haben. Ich werde es auf alle Fälle wiederholen: feig.

OTTO *einen Schritt auf ihn zu.*

FRIEDRICH *ihm rasch entgegen.*

OTTO Sie werden von mir hören.

FRIEDRICH Hoff' ich, *leise* und bald. In einer Stunde, im Park ...

OTTO *ab.*

PAUL *sagt leise etwas zu Gustl, folgt mit ihm dem Otto.*

ERNA *steht regungslos.*

GENIA *regungslos.*

FRAU WAHL *sieht sich ratlos um, wendet sich an Adele.*

NATTER Wir wollen nun nicht weiter stören.

FRIEDRICH O nein, das tun Sie nicht – im Gegenteil. *Zu Mauer abseits* Auf dich hoff' ich zählen zu können.

MAUER Nein. Dabei tu' ich nicht mit.

FRIEDIRCH Als Arzt, Mauer. Das darfst du mir nicht verweigern, das ist deine Pflicht.

MAUER *zuckt die Achseln* Bitte.

FRIEDRICH Danke. Lieber Stanzides.

STANZIDES Ich bitte über mich zu verfügen.

FRIEDRICH Ich danke Ihnen. Natter, darf ich Sie bitten?

NATTER Lieber Hofreiter ...

FRIEDRICH *zieht Natter nach vorn* Ich denke, wir sind einig in unserer Ansicht über das Leben, nicht wahr? Zum Totlachen.

NATTER Ich hab' es immer gesagt.

FRIEDRICH Der neueste Spaß hätte eine Würze mehr für mich, – wenn Sie mein Sekundant sein wollten.

NATTER Gern. Der Herr Fähnrich schießt gewiß nicht schlecht.

GENIA *mit einem plötzlichen Entschluß zu Friedrich hin* Friedrich ...

FRIEDRICH Später.

GENIA Jetzt.

FRIEDRICH *zu den andern* Sie entschuldigen. *Mit ihr nach vorn.*

FRAU WAHL *zu Erna hin, will sie zum Fortgehen veranlassen.*

ERNA *weist sie ab, steht an der Mauer des Hauses.*

FRAU WAHL *wendet sich zu Adele, die unter dem Nußbaum sitzt und ihrem Gatten nachsieht.*

NATTER *und* STANZIDES *gehn nach rückwärts.*

MAUER *steht allein.*

FRIEDRICH *zu Genia* Nun?

GENIA Was ist dir denn eingefallen? Wie durftest du ...

FRIEDRICH Na, fürcht' dich nicht. Ich werd' ihm nicht viel tun, wahrscheinlich gar nichts.

GENIA Warum also? Wenn dir an mir noch das geringste läge ... wenn es Haß wäre ... Wut ... Eifersucht ... Liebe ...

FRIEDRICH Na ja, von all dem verspür' ich allerdings verdammt wenig. Aber man will doch nicht der Hopf sein. *Wendet sich von ihr ab, folgt Natter und Stanzides.*

GENIA *steht vorn regungslos.*

ERNA *steht an der Mauer des Hauses.*

Die Blicke der beiden Frauen begegnen sich.

Vorhang

FÜNFTER AKT

Zimmer in der Villa, das an die aus dem ersten Akt bekannte Veranda stößt. Licht und freundlich. Eine große Glastüre, die auf die Veranda führt, steht offen. Rechts und links von der Glastür Schränke. In der Mitte ein großer Tisch, Decke darauf, Zeitschriften, Bücher. – Sessel. An der linken Wand ein Kamin, davor ein kleines Tischchen, Stühle usw. Bilder an den Wänden, rechts eine zweite Türe. Standuhr links vorn. Etagère rechts vom Kamin mit Büchern.

GENIA *kommt von rechts im Morgenkleid. Sehr blaß und erregt. Zur Verandatür, tritt auf die Veranda hinaus, wieder zurück, setzt sich an den großen Tisch, nimmt eine der dort liegenden Zeitschriften, starrt hinein, dann wieder vor sich hin.*

ERNA *ohne Hut, im Sommerkleid, sehr rasch von der Veranda herein.*

GENIA *auf, rasch gefaßt* Erna? ... Was gibt's?

ERNA Sie sind noch nicht zurück? Ist noch keine Nachricht da?

GENIA Wie sollte denn eine Nachricht da sein? Kommen Sie doch zu sich, Erna. Vor heute nachmittag – kann's ja gar nicht sein. Wahrscheinlich erst morgen früh. In dieser Stunde finden wohl die Vorbesprechungen statt.

ERNA *sieht sie an* Ja, natürlich. Verzeihn Sie, daß ich weiterfrage. Ich weiß, daß ich kein Recht habe, aber die seltsamen Umstände ...

GENIA Sie haben so gut ein Recht, um jemanden zu zittern, wie ich es hätte.

ERNA Ich zittre nicht, Frau Genia. Das ist nicht meine Art. Ich wollte nur fragen, ob Sie Ihren Herrn Gemahl heute schon gesehn haben?

GENIA Mein »Herr Gemahl« ist schon gestern abend in die Stadt gefahren. Allerlei bei seinem Advokaten zu ordnen jedenfalls. Das ist ja nun einmal üblich, auch wenn es ganz überflüssig ist. Er wird Verfügungen treffen. Vielleicht sogar irgendwelche Briefe und Papiere verbrennen. Kurz sich geradeso benehmen, als wenn es eine ungeheuer ernste Sache wäre, obwohl es nichts ist als eine lächerliche Eitelkeits- und Ehrenkomödie, wie wir ja alle wissen.

ERNA Ich bin davon nicht überzeugt, Frau Genia.

GENIA Ich bin es. Kommen Sie, Erna, wir wollen in den Garten gehn, der Tag ist so schön. Wir wollen plaudern. Sie haben mir ja noch gar nichts von Ihrer Reise erzählt. Sie haben interessante Dinge erlebt ... am Völser Weiher ...

ERNA Ist es möglich, daß Sie in dieser Stunde spotten können, Genia?

GENIA Ich spotte nicht. Ah, ich bin fern davon ... Sie lieben ihn wohl sehr ... meinen »Herrn Gemahl«, nicht wahr –?! Nun ja, es ist kein Wunder. Der erste – das ist doch immerhin ein Erlebnis. Oder bedeutet das auch nichts mehr? Sie müssen mir darüber Aufschluß geben, Erna. Ja! – Ich finde mich nämlich nicht mehr zurecht. Das Leben ist um so viel leichter geworden in der letzten Zeit. Als ich so jung war wie Sie, nahm man gewisse Dinge noch furchtbar ernst. Es sind nicht viel mehr als zehn Jahre seither vergangen, aber mir scheint, die Welt hat sich seitdem sehr verändert.

STUBENMÄDCHEN *mit einem Telegramm von rechts. Geht gleich wieder.*

GENIA *öffnet es rasch* Von meiner Schwester Mary. Sie kommt heute mittag mit Percy an. Hier. *Sie gibt Erna das Telegramm* Es wird ein lustiges Wiedersehen werden. Aber wollen wir nicht doch in den Garten, Erna? Oder machen wir eine kleine Spazierfahrt. Ja? Der Tag ist so schön. Die Luft wird Ihnen wohltun. Sie sind blaß ... Sie haben vielleicht nicht sehr gut geschlafen.

ERNA Nein. Ich habe gewacht. Und um fünf Uhr früh hab' ich meinen Bruder fortgehn sehn. In jedem Augenblick können wir erfahren, wie es ausgegangen ist. Denn während wir hier reden, ist alles längst vorüber.

GENIA Erna – ich sagte Ihnen doch, Friedrich ist in die Stadt gefahren, zu seinem Advokaten ... wahrscheinlich.

ERNA Er ist nicht zum Advokaten gefahren. Ich weiß es. Ich habe meinen Bruder gesprochen heut früh, als er fortging. Gestern abend noch ist alles abgemacht worden. Heut morgen um acht hat das Duell stattgefunden. Ich nehme an – nicht gar weit von hier. Im Heiligenkreuzerwald wahrscheinlich. Und jetzt ist alles ... vorbei.

GENIA Nun, so ist es eben vorbei ... Jetzt ist nichts mehr zu ändern, nicht wahr? Im Heiligenkreuzerwald, glauben Sie? – So sitzen sie jetzt alle zusammen im Stiftsgarten, unter dem schattigen Laub und feiern die Versöhnung ... Das Frühstück war schon vorher bestellt von den Herren Sekundanten. Und versöhnt ist man ja schnell, wenn man einander nie wirklich böse war. Was denken Sie, Erna, trinken sie auf unser Wohl? Warum nicht. Das Leben ist ja so lustig. Vielleicht erscheinen sie zusammen hier, Arm in Arm. Ja ... Wir sollten ihnen entgegengehn.

ERNA Ich will nach Hause ... Vielleicht ist mein Bruder schon zurück ...

GENIA Gut – gehn Sie nach Hause, Erna ... Ich warte hier ...

ERNA *scheint nach draußen zu lauschen.*

GENIA Was haben Sie? – Ja, es sind Schritte.

ERNA *zur Verandatür* Es ist Frau Meinhold.

GENIA *zuckt zusammen* Wie ...?

ERNA Sie kommt ganz ruhig heran. Sie weiß nichts.

GENIA Was will sie so früh ...

ERNA Sie weiß sicher nichts. Sie geht langsam. Ihre Züge scheinen mir ganz unbewegt. Wenn sie nur die leiseste Ahnung hätte, sähe sie anders aus. Woher sollte sie auch. Fassen Sie sich, Frau Genia!

FRAU MEINHOLD *kommt* Guten Morgen.

ERNA Guten Morgen, gnädige Frau.

GENIA Sie sind es, Frau Meinhold? Ah ... *sie steht auf.*

ERNA Auf Wiedersehen!

FRAU MEINHOLD Sie gehn schon? Hoffentlich bin ich es nicht, die Sie davontreibt?

ERNA Durchaus nicht, gnädige Frau. Ich hatte mich gerade empfohlen. Adieu, Frau Genia. *Ab.*

GENIA, FRAU MEINHOLD

GENIA *mit ungeheurer Selbstbeherrschung* Ich freue mich sehr, Sie wiederzusehn, Frau Meinhold. Es hat mir sehr leid getan, daß Sie gestern gefehlt haben.

FRAU MEINHOLD Sie hatten ja größere Gesellschaft, da tu' ich nicht gern mit. Heute bin ich um so früher da, wie Sie sehn, Frau Genia.

GENIA Es ist gar nicht so früh. *Auf die Standuhr sehend* Richtig, erst zehn Uhr! Ich dachte, es müßte bald Mittag sein. Friedrich ist schon längst in die Stadt gefahren. Sie wissen ja, Frau Meinhold, er ist gestern angekommen.

FRAU MEINHOLD Natürlich weiß ich das. *Lächelnd* Otto hat mir ja abends seine Grüße überbracht.

GENIA So. – Ihr Herr Sohn verläßt Sie schon heute . . .?

FRAU MEINHOLD Mein Herr Sohn ist sogar schon fort. Noch gestern mit dem letzten Zug ist er hineingefahren. Und heute abend fährt er nach Pola.

GENIA Heute abend schon? Ah!

FRAU MEIHHOLD Sollten Sie das wirklich erst von mir erfahren?

GENIA O, das wußt' ich wohl. Ich dachte mir aber, den heutigen Tag wollte er ganz seiner Mutter widmen.

FRAU MEINHOLD Er hat heute in der Stadt noch eine Menge zu tun, so haben wir uns schon gestern abend adieu gesagt . . . Es ist besser so.

GENIA Gewiß ist das besser.

FRAU MEIHHOLD Können Sie sich denken, Frau Genia, wie mir das heute morgen war, als ich nun wieder so ganz allein in meiner Laube beim Frühstück saß. Nun ist mein kleines Haus mit einem Mal so leer . . . wie ich's lange nicht gewohnt war. Ich bin nun eine Zeitlang doch recht verwöhnt gewesen – trotz allem. Und der Gedanke, daß er diesmal auf so lange fort ist und so weit, das macht das Haus noch leerer und trauriger. Drum bin ich lieber fortgegangen . . .

GENIA Ich versteh's.

FRAU MEINHOLD Nicht mit der Absicht, Sie so früh zu stören, Frau Genia, das muß ich Ihnen gestehn. Durchaus nicht. Ich wollte einen Spaziergang machen . . . einen einsamen Waldspaziergang. Und nun bin ich doch da. Weiß Gott, wie das kommt. Es muß mich wohl irgend was hergetrieben haben. *Sieht sie lange an.*

GENIA *erwidert ihren Blick* Ich danke Ihnen.

FRAU MEINHOLD Danken Sie mir nicht. Ich hatte nur die Wahl, Ihnen sehr böse – oder sehr gut zu sein. Und als ich meine Wohnung verließ, war es noch lange nicht entschieden. Denn in diesen letzten Tagen, jetzt, da er fort ist, darf ich's Ihnen wohl sagen, Genia – ist mir manchmal recht bang gewesen ...

GENIA Bang –?

FRAU MEINHOLD Ich kenne ja meinen Sohn ... Und ich hab's ihm angesehn, wieviel er gelitten hat in dieser letzten Zeit. Er ist so gar nicht geschaffen ... in unwahren Beziehungen zu leben ... Ich hatte ... Angst um ihn ... Sie haben ihm so viel bedeutet, Genia! Mehr als sein Beruf, als seine Zukunft, als ich, als sein Leben. O Gott, was hab' ich alles gefürchtet. Und habe geschwiegen. Mußte schweigen. Und sogar begreifen mußt' ich's. Ich hab' es ja kommen gesehn, vom ersten Tag an, da Otto Ihr Haus betrat. In all meinem Groll, meiner Angst, meiner Eifersucht, mußte ich es doch begreifen. Sie waren ja so allein, Genia, und so schwer gekränkt ... durch lange Jahre! Auch wenn am Ende ein Schlechterer gekommen wäre als Otto – ich hätte es Ihnen nicht übelnehmen können. Und nun – da er fort ist, ist all mein Groll und meine Eifersucht dahin und ich frage mich nur: Wie wird sie es tragen? Sie – die ihn doch geliebt hat!

GENIA Frau Meinhold, ich bin wahrhaftig so viel Teilnahme gar nicht wert. –Ich werde versuchen, ihn zu vergessen. Und es wird mir gelingen. Das ist gewiß, – so gewiß, als es ihm gelingen wird. Ich habe den festen Willen, ihn zu vergessen. Wie sehn Sie mich denn an, Frau Meinhold? Glauben Sie mir denn nicht? Sie müssen keine Angst haben. Es ist nichts verabredet zwischen uns. Ich schwör' es Ihnen ... Wir werden uns nicht einmal schreiben. Das steht fest.

FRAU MEINHOLD Sie sind sehr gut, Genia.

GENIA Ich bin nur ... klug, Frau Meinhold. Nur klug ... *plötzlich bricht sie in ein heftiges Schluchzen aus. Sinkt mit dem Kopf auf den Tisch.*

FRAU MEINHOLD Genia, Genia. *Sie streicht ihr über die Haare* Weinen Sie nicht. Genia! Es ist freilich ein geringer Trost, – aber wir werden es gemeinsam tragen, daß er fort ist ... Sie sehen ja doch, daß meine Wahl getroffen ist, und daß ich mich entschlossen habe, Sie ... nicht zu hassen. Kind, Kind, – beruhigen Sie sich doch. Wir wollen Freundinnen sein, Genia.

Es geht ja wohl nicht anders. Genia ... Genia!

GENIA Frau Meinhold... *sie faßt ihre Hand, als wollte sie sie küssen.*

FRAU MEINHOLD Finden Sie wirklich keinen andern Namen für mich? Ich bin seine Mutter.

GENIA *schüttelt wild den Kopf* Nein, nein, nein, ich kann nicht mehr ...

FRAU MEINHOLD *sieht sie lange an* Ich will Sie nun doch lieber allein lassen ... Leben Sie wohl. Aber wenn Sie des Alleinseins müde sind, – so kommen Sie zu mir. Sie finden mich immer bereit Sie zu empfangen. Adieu, Genia. –

FRIEDRICH *von der Terrasse aus herein. Dunkler Paletot über dem schwarzen Gehrock. Schließt rasch den Paletot, spannt seine Züge.*

GENIA *starrt ihn wie fragend an.*

FRIEDRICH *lächelt starr ohne zu nicken. Zu Frau Meinhold in seiner lachend boshaften Art, die nun wie eine Maske wirkt* Küss' die Hand, gnädige Frau. *Er nimmt ihre dargebotene Hand mit einem kaum bemerklichen Zögern* Wie geht's?

FRAU MEINHOLD Danke. Schon so früh aus der Stadt zurück?

FRIEDRICH Aus der Stadt? Nein. Ich fahre jetzt erst hinein. Ich hab' nur meinen Morgenspaziergang gemacht. Ein ... herrlicher Tag ...

FRAU MEINHOLD Sie haben eine schöne Reise gehabt.

FRIEDRICH Ja, sehr schön. Sehr schön. Ich bin höchst befriedigt. Gutes Wetter, interessante Menschen, was will man mehr.

FRAU MEINHOLD Ja richtig, ich habe Ihnen einen Gruß zu bestellen.

FRIEDRICH Einen Gruß? Mir?

FRAU MEINHOLD Sie werden sich ein wenig wundern. Einen Gruß von Herrn von Aigner.

GENIA Von Ihrem Gatten?

FRAU MEINHOLD Ja, heute früh. Eh' ich von Hause fort ging, ist nämlich ein Brief von ihm gekommen, nach vielen, sehr vielen Jahren der erste. Und in wenig Tagen kommt er selbst. Eine Konferenz mit dem Minister, wie er schreibt.

FRIEDRICH Ja, natürlich, wegen der neuen Bahn. Wird großartig werden, die neue Bahn. Übrigens wird er auch noch einmal Minister werden, Ihr Herr Gemahl. Überhaupt ein merkwürdiger Mensch, ein höchst merkwürdiger Mensch. Er hat noch eine große Zukunft.

FRAU MEINHOLD Glauben Sie das wirklich?

FRIEDRICH Warum denn nicht?

FRAU MEINHOLD Er spricht nämlich in dem Brief auch von seiner schwachen Gesundheit ...

FRIEDRICH Schwache Gesundheit! ... Auf Felsen klettern kann er allerdings nicht mehr, aber Minister werden, das strengt ja weniger an. Und der Absturz ist weniger gefährlich. Er ist übrigens gar nicht krank. Er ist das Leben selbst. Der überlebt uns alle. Pardon, ich kann natürlich nur von mir sprechen, wir können ja alle immer nur von uns sprechen ... *Lacht* Ein sehr interessanter Mensch ... wir haben viel miteinander geredt ... in den paar Tagen ... Ich hab' ihn gern.

FRAU MEINHOLD Er scheint Sie auch sehr ins Herz geschlossen zu haben. Ja, es ist ein sonderbarer Brief. Rührend beinah. Und ein bißchen affektiert. Das wird er sich wohl nicht mehr abgewöhnen.

FRIEDRICH Nein, das kaum mehr ...

FRAU MEINHOLD Also auf Wiedersehn.

FRIEDRICH Auf Wiedersehn, gnädige Frau. Und wenn Ihr Herr Gemahl hierher kommt, unser Haus ist natürlich ... Les amis de nos amis ... und so weiter ... Adieu, gnädige Frau.

GENIA *begleitet sie ein paar Schritte.*

FRAU MEINHOLD Bleiben Sie doch, bleiben Sie doch, liebe Frau Genia. Auf Wiedersehn. *Ab.*

GENIA *rasch zurück.*

GENIA, FRIEDRICH

FRIEDRICH *stand regungslos.*

GENIA Nun? ... Alles ... gut –?

FRIEDRICH *sieht sie an* Na ...! –

GENIA Er ist verwundet?! Friedrich! ...

FRIEDRICH Tot ist er!

GENIA Friedrich, treib es nicht zu weit! Hier hört der Hohn auf.

FRIEDRICH Er ist tot. Ich kann's nicht anders sagen.

GENIA Friedrich, Friedrich ... *auf ihn zu, packt ihn bei den Schultern* Du hast ihn umgebracht, Friedrich ... Und – seiner Mutter die Hand gedrückt.

FRIEDRICH *zuckt die Achseln* Ich habe nicht gewußt, daß sie da ... bei dir ist. Was hätt ich tun sollen?

GENIA Tot ... tot! ... *Plötzlich auf ihn zu* Mörder!

FRIEDRICH Es war ein ehrlicher Kampf, ich bin kein Mörder.

GENIA Warum, warum ...

FRIEDRICH Warum –? Offenbar ... hat's mir so beliebt.

GENIA Es ist ja nicht wahr! Mach' dich nicht fürchterlicher als du bist. Du hast nicht wollen. Ein entsetzlicher Zufall war's! ... Du hast nicht wollen ... es ist nicht wahr ...

FRIEDRICH In dem Augenblick, da er mir gegenübergestanden ist, da ist es wahr gewesen.

GENIA Grauenhafter Mensch! Und hast seiner Mutter die Hand gedrückt. Hast ihn nicht einmal gehaßt und ihn doch umgebracht. Bösewicht, eitler, grauenhafter Bösewicht.

FRIEDRICH So einfach ist das nicht. Hineinschaun in mich kannst du doch nicht. Kann keiner. Die arme Frau Meinhold tut mir leid. Auch mein guter, alter Herr von Aigner. Aber ich kann ihnen nicht helfen. Nein. Auch dir nicht. Und ihm nicht. Und mir. Es hat sein müssen.

GENIA Müssen? –

FRIEDRICH Wie er mir gegenübergestanden ist mit seinem frechen, jungen Blick, da hab' ich's gewußt ... er oder ich.

GENIA Du lügst, er hätte dich nicht ... er nicht ...

FRIEDRICH Du irrst dich. Es war auf Leben und Tod. Er wollte es so gut wie ich. Ich hab's in seinem Aug' gesehn, wie er in meinem. Er ... oder ich ...

ERNA *und* MAUER *aus dem Garten.*

ERNA *bleibt an der Tür stehen.*

MAUER *rasch zu Genia, drückt ihr die Hand.*

FRIEDRICH Ah, Mauer, du, schon da?

MAUER Ich habe nichts weiter zu tun gehabt.

GENIA Wo ist seine Leiche?

MAUER Auf dem Weg.

GENIA Wohin?

MAUER In das Haus seiner Mutter.

GENIA Weiß sie ... wer wird ihr ...?

MAUER Es hat's noch keiner gewagt.

GENIA Ich will es ihr sagen. Es ist meine Pflicht. Ich geh' zu ihr.

FRIEDRICH Genia ... Einen Augenblick. Wenn du zurückkommst, bin ich kaum mehr da. Ich kann nicht von dir verlangen, daß du mir die Hand reichst, aber – wir sagen uns halt adieu.

GENIA *sich erinnernd* Percy kommt. Noch in dieser Stunde.

FRIEDRICH Percy? Den erwart' ich noch ... Dann ... die übrigen ... na ...

GENIA Was hast du vor?

FRIEDRICH In die Stadt hinein. Das beste wird wohl sein, ich stell' mich selbst. Geschehn wird mir ja nichts. Ich hab' ja nur meine Ehre gerettet. Vielleicht daß sie mich gegen Kaution ... allerdings Fluchtverdacht ist vorhanden.

GENIA Daran denkst du! Und der andere liegt erschossen –!

FRIEDRICH Ja, der hat's freilich leichter als ich. Für den ist alles erledigt. Aber ich – ich bin auf der Welt. Und ich gedenke weiter zu leben ... Man muß sich entscheiden. Entweder – oder.

GENIA *starrt ihn an* Aus ... *will gehen.*

MAUER Frau Genia ... Sie dürfen diesen Weg nicht allein gehn. Erlauben Sie mir, Sie zu begleiten.

GENIA *nickt* Ich danke Ihnen. Kommen Sie.

Mauer und Genia ab.

ERNA, FRIEDRICH

FRIEDRICH *steht noch starr wie früher.*

ERNA *an der Türe, bewegungslos* Was wirst du tun?

FRIEDRICH Wie immer es ausfällt, Verurteilung oder Freisprechung, selbstverständlich fort aus der Gegend ... aus dem Weltteil.

ERNA Und – wo immer du hingehn willst, Friedrich, – ich folge dir.

FRIEDRICH Danke. Wird nicht angenommen.

ERNA Ich fühl' es stärker als je, Friedrich, wir gehören zusammen.

FRIEDRICH Irrtum. Du stehst jetzt unter dem Eindruck dieser Sache. Wahrscheinlich imponiert's dir sogar, daß ich ... aber das ist Täuschung. Alles ist Täuschung. Nächstens schnapp' ich doch zusammen. Aus Erna, auch zwischen uns. Du bist zwanzig, du gehörst n i c h t zu mir.

ERNA *immer auf demselben Platz* Du bist jünger als alle.

FRIEDRICH Still! Ich weiß, was Jugend ist. Es ist noch keine Stunde her, da hab' ich sie glänzen gesehn und lachen in einem frechen, kalten Aug'. Ich weiß, was Jugend ist. – Und man kann doch nicht jeden ... Bleib, wo du bist, amüsier' dich gut und ...

ERNA *lauscht* Ein Wagen.

FRIEDRICH *bleibt starr* Percy.

ERNA *jetzt etwas näher zu ihm* Glaube mir, Friedrich, ich liebe dich, ich gehöre dir.

FRIEDRICH Ich niemandem auf der Welt. Niemandem. Will auch nicht ...

KINDERSTIMME IM GARTEN Mutter! Vater!

FRIEDRICH Percy. *Er wimmert einmal leise auf* Ja, Percy, ich komm' schon. Da bin ich. *Rasch hinaus auf die Veranda.*

ERNA *bleibt stehen.*

Vorhang

PROFESSOR BERNHARDI

Komödie in fünf Akten

Personen

DR. BERNHARDI, *Professor für interne Medizin, Direktor des Elisabethinums*

am Elisabethinum:

DR. EBENWALD, *Professor für Chirurgie, Vizedirektor*

DR. CYPRIAN, *Professor für Nervenkrankheiten*

DR. PFLUGFELDER, *Professor für Augenkrankheiten*

DR. FILITZ, *Professor für Frauenkrankheiten*

DR. TUGENDVETTER, *Professor für Hautkrankheiten*

DR. LÖWENSTEIN, *Dozent für Kinderkrankheiten*

DR. SCHREIMANN, *Dozent für Halskrankheiten*

DR. ADLER, *Dozent für pathologische Anatomie*

DR. OSKAR BERNHARDI, DR. KURT PFLUGFELDER – *Assistenten Bernhardis*

DR. WENGER, *Assistent Tugendvetters*

HOCHROITZPOINTNER, *Kandidat der Medizin*

LUDMILLA, *Krankenschwester*

PROFESSOR DR. FLINT, *Unterrichtsminister*

HOFRAT DR. WINKLER, *im Unterrichtsministerium*

FRANZ REDER, *Pfarrer der Kirche zum Heiligen Florian*

DR. GOLDENTHAL, *Verteidiger*

DR. FEUERMANN, *Bezirksarzt in Oberhollabrunn*

KULKA, *ein Journalist*

EIN DIENER *bei Bernhardi*

EIN DIENER *im Elisabethinum*

EIN DIENER *im Unterrichtsministerium*

Wien um 1900

Ein mäßiger Vorraum, der zu einem Krankenzimmer führt. Rechts eine Türe auf den Gang. Im Hintergrund Türe ins Krankenzimmer. Links ein ziemlich breites Fenster. In der Mitte mehr links ein länglicher Tisch, auf dem ein dickes Protokollbuch liegt, außerdem Mappen mit Krankengeschichten, Aktenstücke und allerlei Papiere. Neben der Eingangstüre ein Kleiderrechen. In dem Winkel rechts ein eiserner Ofen. Neben dem Fenster eine breite Etagère, zu oberst ein Ständer mit Eprouvetten; daneben einige Medizinflaschen. In den unteren Fächern Bücher und Zeitschriften. Neben der Mitteltüre beiderseits je ein geschlossener Schrank. An dem Kleiderrechen hängt ein weißer Kittel, ein Mantel, ein Hut. Über der Etagère eine ziemlich alte Photographie, das Professorenkollegium darstellend. Einige Sessel nach Bedarf.

SCHWESTER LUDMILLA, *etwa 28, leidlich hübsch, blaß, mit großen, manchmal etwas schwimmenden Augen, eben an der Etagère beschäftigt. Aus dem Krankensaal kommt* HOCHROITZPOINTNER, *25jähriger junger Mensch, mittelgroß, dick, kleiner Schnurrbart, Schmiß, Zwicker, blaß, das Haar sehr geschniegelt.*

HOCHROITZPOINTNER Der Professor ist noch immer nicht da? Lang' brauchen die heut' unten. *An den Tisch, eine der Mappen aufschlagend* Das ist jetzt die dritte Sektion in acht Tagen. Alles mögliche für eine Abteilung von zwanzig Betten. Und morgen haben wir wieder eine.

SCHWESTER Glauben Herr Doktor? Die Sepsis?

HOCHROITZPOINTNER Ja. Ist übrigens die Anzeige gemacht?

SCHWESTER Natürlich, Herr Doktor.

HOCHROITZPOINTNER Nachweisbar ist ja nichts gewesen. Aber es war sicher ein verbotener Eingriff. Ja, Schwester, da draußen in der Welt kommen allerlei Sachen vor. *Er bemerkt ein geöffnetes Paket, das auf dem Tisch liegt* Ah, da sind ja die Einladungen zu unserm Ball. *Liest* Unter dem Protektorate der Fürstin Stixenstein. Na, werden Sie auch auf unsern Ball kommen, Schwester?

SCHWESTER *lächelnd* Das wohl nicht, Herr Doktor.

HOCHROITZPOINTNER Ist es Ihnen denn verboten zu tanzen?

SCHWESTER Nein, Herr Doktor. Wir sind ja kein geistlicher Orden. Uns ist gar nichts verboten.

HOCHROITZPOINTNER *mit pfiffigem Blick auf sie* So, gar nichts?

SCHWESTER Aber es möcht' sich doch nicht schicken. Und außerdem, man hat doch nicht den Kopf drauf in unserm Beruf.

HOCHROITZPOINTNER Ja, warum denn? Was sollten denn dann wir sagen, wir Ärzte! Schaun Sie sich zum Beispiel den Doktor Adler an. Der ist gar pathologischer Anatom und ein sehr fideler Herr. Übrigens, ich bin auch nirgends besser aufgelegt als im Seziersaal.

DR. OSKAR BERNHARDI *von rechts, 25 Jahre, recht elegant, von zuvorkommendem, aber etwas unsicherem Benehmen.* HOCHROITZPOINTNER, SCHWESTER

OSKAR Guten Morgen.

HOCHROITZPOINTNER UND SCHWESTER Guten Morgen, Herr Assistent.

OSKAR Der Papa wird gleich da sein.

HOCHROITZPOINTNER Also schon aus unten, Herr Assistent? Was ist denn konstatiert worden, wenn man fragen darf?

OSKAR Von der Niere ist der Tumor ausgegangen und war ganz scharf umgrenzt.

HOCHROITZPOINTNER Also hätt' man eigentlich noch operieren können?

OSKAR Ja, können. –

HOCHROITZPOINTNER Wenn der Professor Ebenwald auch daran geglaubt hätte –

OSKAR – hätten wir die Sektion um acht Tage früher gehabt. *Am Tisch* Ah, da sind ja die Drucksorten von unserm Ball. Warum einem die Leute das daherschicken . . .?!

HOCHROITZPOINTNER Der Ball des Elisabethinums verspricht heuer eines der elegantesten Karnevalsfeste der Saison zu werden. Steht schon in der Zeitung. Herr Assistent haben ja dem Komitee einen Walzer gewidmet, wie man hört. –

OSKAR *abwehrend* Aber – *zum Krankensaal hin* Was Neues da drin?

HOCHROITZPOINTNER Mit der Sepsis geht's zu Ende.

OSKAR Na ja . . . *bedauernd* Da war nichts zu machen.

HOCHROITZPOINTNER Ich hab' ihr eine Kampferinjektion gegeben.

OSKAR Ja, die Kunst, das Leben zu verlängern, die verstehen wir aus dem Effeff.

Von rechts PROFESSOR BERNHARDI, *über fünfzig, graumelierter*

Vollbart, schlichtes, nicht zu langes Haar, im Gehaben mehr vom Weltmann als vom Gelehrten. DOKTOR KURT PFLUGFELDER, *sein Assistent, 27, Schnurrbart, Zwicker, lebhaft und zugleich etwas streng im Wesen.* HOCHROITZPOINTNER, SCHWESTER, OSKAR. *Begrüßung.*

BERNHARDI *noch an der Türe* Aber –

SCHWESTER *nimmt ihm den Überzieher ab, den er umgehängt trägt, und hängt ihn an einen Haken.*

KURT Also, ich kann mir nicht helfen, Herr Professor, dem Doktor Adler wäre es ja doch lieber gewesen, wenn die Diagnose des Professor Ebenwald gestimmt hätte.

BERNHARDI *lächelnd* Aber, lieber Doktor Pflugfelder! Überall wittern Sie Verrat. Wo werden Sie noch hinkommen mit Ihrem Mißtrauen?

HOCHROITZPOINTNER Guten Morgen, Herr Professor.

BERNHARDI Guten Morgen.

HOCHROITZPOINTNER Höre eben von Herrn Doktor Oskar, daß wir recht behalten haben.

BERNHARDI Ja, Herr Kollege. Aber wir haben doch zugleich unrecht behalten? Oder hospitieren Sie nicht mehr bei Professor Ebenwald?

OSKAR Der Doktor Hochroitzpointner hospitiert ja beinahe auf allen Abteilungen.

BERNHARDI Da müssen Sie viele Patriotismen auf Lager haben.

HOCHROITZPOINTNER *bekommt schmale Lippen.*

BERNHARDI *ihm die Hand leicht auf die Schulter legend, freundlich* Na, also was gibt's denn Neues?

HOCHROITZPOINTNER Der Sepsis geht's recht schlecht.

BERNHARDI So lebt also das arme Mädel noch?

KURT Die hätten sie sich auch auf der gynäkologischen Abteilung behalten können.

OSKAR Sie haben vorgestern grad kein Bett freigehabt.

HOCHROITZPOINTNER Was werden wir denn eigentlich als Todesursache angeben?

OSKAR Na, Sepsis natürlich.

HOCHROITZPOINTNER Und Ursache der Sepsis? Weil's ja doch wahrscheinlich ein verbotener Eingriff war –

BERNHARDI *der unterdessen am Tisch einige Schriftstücke unterzeichnet hat, die ihm die Schwester vorlegte* Das konnten wir nicht nachweisen. Eine Verletzung war nicht zu konstatieren. Die Anzeige ist erstattet, damit ist für uns die Sache erledigt. Und für die arme Person drin ... war sie's schon früher.

Er steht auf und will sich in den Krankensaal begeben.

PROFESSOR EBENWALD *kommt, sehr großer, schlanker Mensch, gegen 40, umgehängter Überzieher, kleiner Vollbart, Brille, redet bieder und mit einem zuweilen etwas übertriebenen österreichischen Akzent.* HOCHROITZPOINTNER, SCHWESTER, OSKAR, PROF. BERNHARDI, KURT

EBENWALD Guten Morgen. Ist vielleicht – Ah, da sind Sie ja, Herr Direktor.

BERNHARDI Guten Tag, Herr Kollege.

EBENWALD Haben Herr Direktor eine Minute Zeit für mich?

BERNHARDI Jetzt?

EBENWALD *näher zu ihm* Wenn es möglich wäre. Es ist nämlich wegen der Neubesetzung der Abteilung Tugendvetter.

BERNHARDI Eilt das gar so? Wenn Herr Kollege mich vielleicht in einer halben Stunde in der Kanzlei –

EBENWALD Ja, wenn ich da nicht grad meinen Kurs hätte, Herr Direktor.

BERNHARDI *nach kurzer Überlegung* Ich bin drin bald fertig. Wenn Sie sich vielleicht hier gedulden wollen, Herr Kollege.

EBENWALD Bitte, bitte.

BERNHARDI *zu Oskar* Hast du dem Doktor Hochroitzpointner das Sektionsprotokoll schon gegeben?

OSKAR Ja, richtig. *Nimmt es aus seiner Tasche* Sie sind vielleicht so gut, Herr Kollege, und tragen es gleich ein.

HOCHROITZPOINTNER Bitte.

Bernhardi, Oskar, Kurt, Schwester in den Krankensaal.
Ebenwald, Hochroitzpointner.

HOCHROITZPOINTNER *setzt sich und macht sich bereit zu schreiben.*

EBENWALD *ist zum Fenster gegangen, schaut hinunter, wischt sich die Brille*

HOCHROITZPOINTNER *beflissen* Wollen Herr Professor nicht Platz nehmen.

EBENWALD Lassen Sie sich nicht stören, Hochroitzpointner. Na, wie geht's denn immer?

HOCHROITZPOINTNER *sich erhebend* Danke bestens, Herr Professor. Wie's halt geht, ein paar Wochen vor dem letzten Rigorosum.

EBENWALD Na, es wird Ihnen schon nix g'schehn – bei Ihrem Fleiß.

HOCHROITZPOINTNER Ja, praktisch fühle ich mich leidlich sicher, aber die graue Theorie, Herr Professor.

EBENWALD Ah so. Na, war auch nie meine starke Seite. *Näher zu ihm* Wenn es Sie beruhigt, bin seinerzeit aus der Physiologie sogar durchgesaust. Sie sehen, es schad't der Karriere nicht besonders.

HOCHROITZPOINTNER *der sich niedergesetzt hat, lacht erfreut.*

EBENWALD *Hochroitzpointner über die Schulter schauend* Sektionsprotokoll?

HOCHROITZPOINTNER Jawohl, Herr Professor.

EBENWALD Große Freude in Israel – wie?

HOCHROITZPOINTNER *unsicher* Wie meinen, Herr Professor?

EBENWALD Na, weil die Abteilung Bernhardi triumphiert hat.

HOCHROITZPOINTNER Ah, Herr Professor meinen, daß der Tumor abgegrenzt war.

EBENWALD Und ist ja tatsächlich von der Niere ausgegangen.

HOCHROITZPOINTNER Aber mit absoluter Sicherheit war das doch eigentlich nicht zu konstatieren, Es war doch mehr, wenn ich so sagen darf, ein Raten.

EBENWALD Aber Hochroitzpointner, raten –! Wie können Sie nur –! Intuition heißt man das! Diagnostischen Scharfblick!

HOCHROITZPOINTNER Und zu operieren wär's doch keinesfalls mehr gewesen.

EBENWALD Ausgeschlossen. Das können sich die drüben im Krankenhaus erlauben, solche Experimente, aber wir, in einem verhältnismäßig jungen, sozusagen privaten Institut – Wissen S', lieber Kollega, es gibt so Fälle, wo immer nur die Internisten fürs Operieren sind. Dafür operieren wir ihnen dann immer zuviel. – Aber schreiben S' nur weiter.

HOCHROITZPOINTNER *beginnt zu schreiben.*

EBENWALD Ja richtig, entschuldigen Sie, daß ich Sie noch einmal störe. Sie hospitieren doch natürlich auch auf der Abteilung Tugendvetter?

HOCHROITZPOINTNER Jawohl, Herr Professor.

EBENWALD Ich möcht Sie nämlich im Vertrauen fragen. Wie tragt denn eigentlich der Doktor Wenger vor?

HOCHROITZPOINTNER Der Doktor Wenger?

EBENWALD Na ja, er suppliert doch den Alten öfters, wenn der grad dringend auf die Jagd fahren muß oder zu einem ang'steckten Fürsten geholt wird.

HOCHROITZPOINTNER Ja freilich, da tragt dann der Doktor Wenger vor.

EBENWALD Also, wie tragt er denn vor?

HOCHROITZPOINTNER *unsicher* Eigentlich ganz gut.

EBENWALD So.

HOCHROITZPOINTNER Vielleicht etwas zu – zu gelehrt. Aber recht lebendig. Freilich – aber, ich darf mir vielleicht nicht erlauben, über einen künftigen Chef –

EBENWALD Wieso künftiger Chef? Das ist noch gar nicht entschieden. Sind auch andere da. Und im übrigen, das ist doch ein Privatgespräch. Wir könnten grad so gut im Riedhof drüben miteinander sitzen und plaudern. Na, reden Sie nur. Was haben Sie gegen den Doktor Wenger? Volkes Stimme, Gottes Stimme.

HOCHROITZPOINTNER Also, gegen seinen Vortrag hab ich eigentlich weniger, aber so seine ganze Art. Wissen, Herr Professor, so ein bißchen präponderant ist er halt in seinem Wesen.

EBENWALD Aha. Das, worauf Sie da anspielen, ist wahrscheinlich identisch mit dem, lieber Kollege, was mein Vetter neulich im Parlament so zutreffend den Jargon der Seele genannt hat.

HOCHROITZPOINTNER Ah, sehr gut. Jargon der Seele. *Couragiert* Den andern hat er aber auch, der Doktor Wenger.

EBENWALD Das möcht nix machen. Wir leben schon einmal in einem Reich der Dialekte.

Bernhardi, Oskar, Kurt und Schwester aus dem Krankenzimmer.

BERNHARDI So, da bin ich, Herr Kollega.

SCHWESTER *legt ihm ein Blatt zum Unterschreiben vor.*

BERNHARDI Was ist denn? Noch was? Ah so. Also, entschuldigen Sie noch einen Moment, Herr Kollega. *Während er unterschreibt* Es wirkt doch immer wieder erstaunlich. – *Zu Ebenwald* Da haben wir nämlich drin eine Sepsis liegen. Achtzehnjähriges Mädel. Vollkommen bei Bewußtsein. Möcht aufstehen, spazieren gehen, hält sich für ganz gesund. Und der Puls nicht mehr zu zählen. In einer Stunde kann's aus sein.

EBENWALD *fachlich* Das sehen wir öfters.

HOCHROITZPOINTNER *beflissen* Soll ich ihr vielleicht noch eine Kampferinjektion geben?

BERNHARDI *ihn ruhig ansehend* Sie hätten sich die frühere auch schon ersparen können. *Ihn beruhigend* Vielleicht übrigens, daß Sie ihr die glücklichste Stunde ihres Leben verschafft haben. Na, ich weiß, auch das war nicht Ihre Absicht.

HOCHROITZPOINTNER *irritiert* Ja, warum denn, Herr Direktor? Man ist ja am End auch kein Fleischhacker.

BERNHARDI Ich erinnere mich nicht, Ihnen einen Vorwurf dieser Art gemacht zu haben.

Blick zwischen Hochroitzpointner und Ebenwald.

BERNHARDI *zur Schwester* Hat sie Verwandte?

SCHWESTER Es ist in den drei Tagen niemand dagewesen.

BERNHARDI Auch ihr Liebhaber nicht?

KURT Der wird sich hüten.

OSKAR Sie hat ihn nicht einmal genannt. Wer weiß, ob sie ihn beim Namen kennt.

BERNHARDI Und so was hat dann auch einmal Liebesglück geheißen. *Zu Ebenwald* Also, ich stehe zur Verfügung, Herr Kollega.

OSKAR Pardon, Papa, kommst du dann noch einmal herauf? Weil sie dich ja so gebeten hat.

BERNHARDI Ja, ich schau noch einmal her.

KURT *ist zu der Etagère gegangen, hat sich dort mit zwei Eprouvetten zu schaffen gemacht.*

OSKAR *tritt zu ihm hin, sie sprechen miteinander, gehen bald darauf wieder ins Krankenzimmer.*

SCHWESTER *zu Hochroitzpointner* Ich geh jetzt hinüber, Seine Hochwürden holen.

HOCHROITZPOINTNER Ja gehen S' nur. Wenn S' zu spät kommen, ist's auch kein Malheur.

SCHWESTER *ab.*

HOCHROITZPOINTNER *nimmt sich einige Krankengeschichten aus einem Faszikel und begibt sich in das Krankenzimmer.*

Ebenwald, Bernhardi

EBENWALD *der sehr ungeduldig geworden ist* Also, die Sache ist nämlich die, Herr Direktor. Ich habe von Professor Hell aus Graz einen Brief bekommen, er wäre geneigt, eine Wahl als Nachfolger von Tugendvetter anzunehmen.

BERNHARDI Ah, er wäre geneigt.

EBENWALD Jawohl, Herr Direktor.

BERNHARDI Hat ihn wer gefragt?

EBENWALD Ich war so frei – als alter Freund und Studienkollege.

BERNHARDI Sie haben aber doch privat an ihn geschrieben?

EBENWALD Selbstverständlich, Herr Direktor. Da ja vorläufig kein Beschluß vorliegt. Immerhin hielt ich mich für berechtigt, um so mehr, da mir bekannt ist, daß auch Professor

Tugendvetter der Kandidatur von Hell mit einiger Sympathie gegenübersteht.

BERNHARDI *etwas scharf* Professor Tugendvetter tritt seine neue Stellung am Krankenhaus erst zu Beginn des Sommersemesters an. Unsere Unterhaltung über diesen Gegenstand – und wenn ich mir eine Bemerkung erlauben darf, auch Ihr Briefwechsel, Herr Kollega, mit Professor Hell erscheint mir daher ein wenig verfrüht. Und wir brauchen um so weniger uns in dieser Angelegenheit zu überstürzen, als der bisherige Assistent von Tugendvetter, Doktor Wenger, schon einigemal seine Eignung, die Stelle wenigstens zu supplieren, in vorzüglicher Weise dargetan hat.

EBENWALD Ich möchte nicht verfehlen, in diesem Zusammenhange meiner prinzipiellen Abneigung gegen Provisorien Ausdruck zu geben.

PROF. TUGENDVETTER *von rechts, etwa fünfzig, grau, Bartkoteletten, im Gehaben etwas Joviales, absichtlich Humoristisches, dabei Unsicheres und Beifallhaschendes, sieht im ganzen weniger einem Gelehrten als einem Börsenmann ähnlich. Kommt mit dem Hut auf dem Kopf, den er erst nach einigen Sekunden abnimmt.* EBENWALD, BERNHARDI

TUGENDVETTER Guten Morgen. Servus, Bernhardi. Grüß Sie Gott, Ebenwald. Ich hab dich schon oben gesucht, Bernhardi.

EBENWALD Ich störe vielleicht –

TUGENDVETTER Aber gar keine Idee. Keine Geheimnisse.

BERNHARDI Also, was gibt's denn? Du hast mich zu sprechen?

TUGENDVETTER Die Sache ist nämlich die. Seine Exzellenz, der Unterrichtsminister, hat bei mir angefragt, ob ich in der Lage wäre, die Klinik drüben unverzüglich zu übernehmen.

BERNHARDI Unverzüglich?

TUGENDVETTER Sobald als möglich.

BERNHARDI Es hieß doch, daß Brunnleitner die Klinik bis zu Beginn des Sommersemesters weiterführt.

TUGENDVETTER Hat um Urlaub angesucht. Armer Teufel. Sechs Perzent Zucker. Letze Tage von Pompeji. Wie?
Er hat die Gewohnheit, manchen Sätzen, insbesondere Zitaten, ein solches gedankenlos fragendes Wie anzufügen.

BERNHARDI Woher weißt du das? Ist das authentisch?

TUGENDVETTER Authentisch? Wenn es mir Flint selber gesagt hat. Ich war nämlich gestern im Ministerium. Sie sollen mir doch einen neuen Pavillon bauen. Ich krieg ihn auch. Er läßt dich übrigens schön grüßen.

BERNHARDI Wer läßt mich grüßen?

TUGENDVETTER Flint. Wir haben viel über dich gesprochen. Er hält große Stücke auf dich. Er erinnert sich noch mit Vergnügen der Zeit, wo ihr zusammen bei Rappenweiler Assistenten wart. Seine Worte. Ipsissima verba. Was, das ist eine Karriere. Der erste Fall seit Menschengedenken, wenigstens in Österreich, daß ein klinischer Professor Unterrichtsminister wird!

BERNHARDI Er war immer ein guter Politiker, dein neuester Freund Flint.

TUGENDVETTER Er interessiert sich sehr für unser, für euer, nein, vorläufig noch für unser Institut.

BERNHARDI Das ist mir nicht unbekannt. Er hat's doch einmal aus lauter Interesse ruinieren wollen.

TUGENDVETTER Das war nicht er. Das war das ganze Kollegium. Es war der Kampf der Alten gegen die Jungen. Und das ist doch alles längst vorbei. Ich versichere dich, Bernhardi,er steht dem Elisabethinum mit der größten Sympathie gegenüber.

BERNHARDI Worauf wir ja zur Not heute schon verzichten könnten, Gott sei Dank.

TUGENDVETTER Stolz lieb ich den Spanier, wie?

BERNHARDI Im übrigen, mich interessiert ja vorläufig nur, wie du dich seiner Anfrage gegenüber verhalten hast.

TUGENDVETTER Ich habe mich da gar nicht zu verhalten. *Humoristisch* Herr Direktor haben hierüber zu entscheiden. Erst wenn du mir privatim deine Zustimmung zu erkennen gibst, werde ich bei der Direktion mein Gesuch einbringen. Auch was Geschriebenes forderst du, Pedant, wie?

BERNHARDI Wir werden dich natürlich nicht einen Tag länger halten, als du bleiben willst. Ich verspreche dir, die Angelegenheit kurzerhand zu erledigen. Glücklicherweise hast du ja einen sehr tüchtigen Assistenten, der bis auf weiteres deine Abteilung in deinem Geiste weiterführen wird.

TUGENDVETTER Der kleine Wenger, ja. Tüchtiger Bursch. Ja. Aber lang werdet ihr ihn doch nicht supplieren lassen?

EBENWALD Ich habe mir eben auch zu bemerken erlaubt, daß ich Provisorien im allgemeinen für eine ungesunde Sache halte, und war so frei, von einem an mich gelangten Brief des Professor Hell aus Graz Mitteilung zu machen, der bereit wäre –

TUGENDVETTER So. Mir hat er auch schon geschrieben.

BERNHARDI Na, er scheint ja ein ganz rühriger Herr zu sein.

TUGENDVETTER *mit kurzem Blick auf Ebenwald* Du, Bernhardi, mit Hell würde euer Institut eine famose Akquisition machen.

BERNHARDI Da scheint er sich ja in Graz glänzend entwickelt zu haben. Solang er in Wien war, hat man ihn für einen recht unfähigen Patron gehalten.

TUGENDVETTER Wer?

BERNHARDI Du zum Beispiel. Und wir wissen doch alle, wem er die seinerzeitige Berufung nach Graz verdankt hat. Nur gewissen Einflüssen von oben.

EBENWALD Es ist ja schließlich auch keine Schand, wenn einer einen Prinzen gesund gemacht hat.

BERNHARDI Ich nehm's ihm auch nicht übel. Aber die ganze Karriere sollte nicht von solch einem Einzelfall abhängen. Und seine wissenschaftlichen Leistungen –

TUGENDVETTER Entschuldige, auf dem Gebiet dürfte ich doch besser orientiert sein. Er hat einige vorzügliche Arbeiten veröffentlicht.

BERNHARDI Mag sein. Jedenfalls entnehme ich aus dem allen, daß du selbst für deine Nachfolge lieber Hell in Vorschlag brächtest, als deinen Assistenten und Schüler Wenger.

TUGENDVETTER Wenger ist zu jung. Ich bin überzeugt, er selber denkt nicht daran.

BERNHARDI Da hätte er unrecht. Seine letzte Serumarbeit macht allgemeines Aufsehen.

EBENWALD Sensation, Herr Direktor. Das ist nicht dasselbe.

TUGENDVETTER Er hat Talent. Gewiß hat er Talent. Aber was die Verläßlichkeit seiner Experimente anbelangt –

EBENWALD *einfach* Es gibt Leute, die ihn – sagen wir für einen Phantasten halten.

TUGENDVETTER Das geht zu weit. Übrigens kann ich niemanden hindern, seine Kandidatur anzumelden. Weder Hell noch Wenger.

BERNHARDI Aber, ich mache dich aufmerksam, für einen von beiden wirst du dich entscheiden müssen.

TUGENDVETTER Von mir hängt es doch nicht ab? Ich ernenne doch nicht meinen Nachfolger.

BERNHARDI Aber du wirst dich an der Abstimmung beteiligen. Das Schicksal deiner einstigen Abteilung und unseres Institutes wird dich hoffentlich noch so weit interessieren.

TUGENDVETTER Das will ich glauben. Das wär wirklich nicht schlecht. Wir haben es doch gegründet, das Elisabethinum, *zu Ebenwald* Bernhardi, ich und Cyprian. Es ritten drei Reiter zum Tore hinaus, – wie? Wie lang ist es jetzt her?

BERNHARDI Fünfzehn Jahre sind es, lieber Tugendvetter.

TUGENDVETTER Fünfzehn Jahre, eine schöne Zeit. Beim Himmel, leicht wird es mir nicht werden. Du, Bernhardi, ließe es sich nicht vielleicht machen für den Anfang, daß ich zugleich hier und im allgemeinen Krankenhaus –

BERNHARDI *bestimmt* Absolut nicht. An dem Tag, wo du drüben deine Stelle antrittst, werde ich selbstverständlich deinen bisherigen Assistenten mit der Supplierung betrauen.

EBENWALD Dann werde ich aber bitten, die Beratung über die definitive Neubesetzung in den allernächsten Tagen anzuberaumen.

BERNHARDI Weshalb, wenn ich fragen darf? Das sähe ja beinahe aus, als wollten wir Wenger geradezu verhindern, durch ein paar Monate hindurch seine Lehrfähigkeit zu erproben.

EBENWALD Ich bezweifle, daß das Elisabethinum als Vortragsschule für junge Dozenten gegründet worden ist.

BERNHARDI Wollen Sie alles weitere getrost mir überlassen, Herr Kollega Ebenwald. Sie werden ja zugeben, daß bisher in unserm Institut noch nichts überflüssig aufgeschoben, aber auch noch nichts leichtfertig überstürzt worden ist.

EBENWALD Die Insinuation, als wäre vielleicht von meiner Seite zu Überstürzung oder gar zu leichtfertiger Überstürzung aufgefordert worden, gestatte ich mir als unzutreffend zurückzuweisen.

BERNHARDI *lächelnd* Ich nehme es zur Kenntnis.

EBENWALD *auf die Uhr sehend* Muß auf meine Abteilung. Habe die Ehre, meine Herren.

BERNHARDI Ich muß ja auch endlich in die Kanzlei. *Läßt Ebenwald den Vortritt* Bitte sehr, Herr Kollega, Ihre Hörer warten schon.

TUGENDVETTER Ich sei, gewährt mir die Bitte – wie?

EBENWALD *trifft in der Türe mit dem Dozenten Adler zusammen* Habe die Ehre. *Ab.*

Dr. ADLER *kommt, klein, schwarz, frisch, lebhaft, glühende Augen, Schmiß, etwa dreißig Jahre alt, in weißem Seziermantel.* BERNHARDI, TUGENDVETTER

ADLER Habe die Ehre.

BERNHARDI Was führt Sie in das Bereich der Lebendigen, Doktor Adler?

ADLER Ich wollte wegen Ihres Falles noch in der Krankengeschichte etwas nachsehen, Herr Direktor.

BERNHARDI Steht Ihnen alles zur Verfügung.

ADLER Schade übrigens, Herr Direktor, daß Sie jetzt nicht unten waren. Ein Fall von der Abteilung Cyprian. Denken Sie, abgesehen von der Tabes, die diagnostiziert war, ein beginnender Tumor im Kleinhirn, der gar keine Erscheinungen gemacht haben soll.

BERNHARDI Nein, wenn man denkt, daß manche Leute sozusagen gar nicht dazu kommen, alle ihre Krankheiten zu erleben, man möchte an der Vorsehung irre werden.

OSKAR *aus dem Krankensaal, zu Tugendvetter* Habe die Ehre, Herr Professor.

TUGENDVETTER Servus, Oskar. Habe schon gehört, Tonkünstler. »Rasche Pulse«. Widmungswalzer.

OSKAR Aber ich bitte Sie, Herr Professor –

BERNHARDI Was, du hast schon wieder was komponiert, und ich weiß gar nichts davon? *Zieht ihn scherzend am Ohr* Na, kommst du mit?

OSKAR Ja. Ich geh ins Laboratorium.

TUGENDVETTER Väter und Söhne – wie?

Tugendvetter, Bernhardi und Oskar ab. Hochroitzpointner aus dem Krankensaal. Adler, Hochroitzpointner

HOCHROITZPOINTNER Habe die Ehre, Herr Dozent.

ADLER Servus, Herr Kollega. Ich möcht Sie bitten, ob ich nicht noch einen Blick in die Krankengeschichte machen könnt.

HOCHROITZPOINTNER Bitte sehr, Herr Dozent.

Er nimmt das Blatt aus einer Mappe.

ADLER Danke sehr, lieber Doktor Hochroitz – wie? –

HOCHROITZPOINTNER Hochroitzpointner.

ADLER *setzt sich an den Tisch* Einen Namen haben Sie.

HOCHROITZPOINTNER Vielleicht nicht schön?

ADLER *über der Krankengeschichte* Aber prachtvoll. Man denkt gleich an Bergesgipfel, Gletschertouren. Sie sind ja aus Tirol, Herr Doktor, nicht wahr?

HOCHROITZPOINTNER Jawohl. Aus Imst.

ADLER Ah, aus Imst. Von dort aus hab ich als Student eine wunderschöne Tour gemacht. Auf den Wetterfernkogel.

HOCHROITZPOINTNER Da haben s' im vorigen Jahr eine Hütten hinaufgebaut.

ADLER Überall bauen sie jetzt schon Hütten. *Wieder über der Krankengeschichte* Die ganze Zeit kein Albumen?

HOCHROITZPOINTNER Absolut nicht. Es ist täglich untersucht worden.

KURT *ist aus dem Krankenzimmer gekommen* Die letzten Tage ist Albumen aufgetreten. Sogar in beträchtlichen Mengen.

HOCHROITZPOINTNER Jawohl, in den letzten drei Tagen allerdings.

ADLER Aha, da steht es ja.

HOCHROITZPOINTNER Natürlich, es steht ja drin.

ADLER *zu Kurt* Wie geht's denn dem Herrn Papa? Der laßt sich bei uns unten ja gar nicht sehen. *Über der Krankengeschichte* Also bei euch ist er nur acht Tage gelegen?

HOCHROITZPOINTNER Ja. Vorher war er beim Professor Ebenwald. Aber da es ein inoperabler Fall war –

ADLER Als Diagnostiker ist er wirklich ersten Ranges, euer Chef, da kann man sagen, was man will.

KURT *lächelnd* Was will man denn sagen?

ADLER Wieso?

KURT Nun, weil Herr Dozent äußern: Da kann man sagen, was man will.

ADLER *etwas süß* Was sind S' denn so streng mit mir, Doktor Pflugfelder? Ich hab halt gemeint, daß eure Hauptstärke in der Diagnose liegt, nicht so sehr in der Therapie. Da experimentiert ihr doch verdammt viel herum, meiner unmaßgeblichen Ansicht nach.

KURT Ja, Herr Dozent, was sollen wir denn tun auf der Internen? Man muß doch die neuen Mittel versuchen, wenn die alten nicht mehr helfen.

ADLER Und morgen ist das Neue schon wieder das Alte. Ihr könnt's ja nichts dafür. Ich hab ja das auch einmal mitgemacht. Aber es ist schon verstimmend manchmal, daß man so im Dunkeln herumtappen muß. Das war ja der Grund, daß ich mich zur pathologischen Anatomie geflüchtet habe. Da ist man sozusagen der Oberkontrollor.

KURT Entschuldigen, Herr Dozent, es ist doch noch einer über Ihnen.

ADLER Aber der hat keine Zeit, sich um uns zu kümmern. Der ist zu sehr bei einer anderen Fakultät engagiert. *Über der*

Krankengeschichte Also Röntgen auch? Ja, glaubt's ihr denn wirklich, daß das in solchen Fällen –

KURT Wir fühlen uns verpflichtet, alles zu versuchen, Herr Dozent. Besonders, wo nichts mehr zu verlieren ist. Das ist keineswegs Phantasterei oder gar Reklamebedürfnis, wie von manchen Seiten behauptet wird, und man sollte es dem Professor nicht übelnehmen.

ADLER Wer nimmt's ihm denn übel? Ich gewiß nicht.

KURT Ich weiß, Herr Dozent, Sie nicht. Aber es gibt schon Leute.

ADLER Es hat halt jeder seine Widersacher.

KURT Und Neider.

ADLER Natürlich. Wer was arbeitet und was erreicht. Viel Feind, viel Ehr. Bernhardi kann sich ja wirklich nicht beklagen. Praxis in den höchsten Kreisen und in gewissen andern, wo's glücklicherweise mehr trägt, – Professor, Direktor des Elisabethinums –

KURT Na, wer soll's denn sein, wenn nicht er? Er hat sich für das Institut genug herumgeschlagen.

ADLER Gewiß, gewiß. Ich bin der letzte, der seine Verdienste verkleinern möchte. Und daß er so hoch gekommen ist gerade bei den heutigen Strömungen, – – ich hab ja ein gewisses Recht, davon zu reden, da ich selbst aus meiner jüdischen Abstammung niemals ein Hehl gemacht habe, wenn ich auch mütterlicherseits aus einer alten Wiener Bürgerfamilie stamme. Habe sogar Gelegenheit gehabt, in meiner Studentenzeit für die andere Hälfte zu bluten.

KURT Ist bekannt, Herr Dozent.

ADLER Es freut mich eigentlich, Herr Doktor, daß auch Sie unserm Herrn Direktor in gebührender Weise Gerechtigkeit widerfahren lassen.

KURT Warum freut Sie das, Herr Dozent?

ADLER Sie waren ja deutschnationaler Couleurstudent.

KURT Und Antisemit. Jawohl, Herr Dozent. Bin's sogar noch immer, im allgemeinen. Nur bin ich seither auch Antiarier geworden. Ich finde, die Menschen sind im allgemeinen eine recht mangelhafte Gesellschaft, und ich halte mich an die wenigen Ausnahmen da und dort.

PROFESSOR CYPRIAN *von rechts. Älterer kleiner Herr mit langen, fast noch blonden Haaren, etwas gedehnte, singende Redeweise, gerät immer unversehens ins Vortraghalten, spricht wie zu einem Auditorium.* ADLER, KURT, HOCHROITZPOINTNER

CYPRIAN Habe die Ehre, meine Herren. *Gegengrüße* Ist der Doktor Adler vielleicht da? Ah ja, da sind Sie. Ich hab Sie unten gesucht. Kann ich mich darauf verlassen, Doktor Adler, daß mir der Schädel von heut nicht wieder verschwindet, wie neulich der von dem Paralytiker?

ADLER Der Diener ist beauftragt, Herr Professor –

CYPRIAN Der Diener ist nicht zu finden. Wahrscheinlich wieder im Wirtshaus. Sie werden noch erleben, was ich seinerzeit in Prag erlebt habe, wie ich dort bei Heschel gearbeitet habe. Dort war auch so ein Alkoholiker als Diener im pathologisch-anatomischen Institut angestellt. Der Kerl hat uns allmählich den ganzen Spiritus von den Präparaten weggesoffen.

ADLER Der unsere, Herr Professor, zieht vorläufig noch Kümmel vor.

CYPRIAN Also, ich möchte heute abend hinunterkommen. Wann sind Sie denn unten?

ADLER Ich arbeite jetzt gewöhnlich bis gegen Mitternacht.

CYPRIAN So, da komme ich also nach zehn.

Bernhardi und Oskar kommen von rechts.

BERNHARDI Guten Tag. Grüß dich Gott, Cyprian. Suchst du vielleicht mich?

CYPRIAN Ich habe eigentlich etwas mit Doktor Adler zu sprechen gehabt. Aber es ist mir sehr angenehm, daß ich dich treffe. Ich wollte dich nämlich fragen, wann du etwa Zeit hättest, mit mir ins Unterrichtsministerium zu kommen?

BERNHARDI Was gibt's denn?

Sie stehen allein zusammen. Oskar geht gleich in den Krankensaal. Die andern Herren abseits im Gespräch.

CYPRIAN Es gibt gar nichts Besonderes. Aber ich glaube, wir sollten das Eisen schmieden, solange es warm ist.

BERNHARDI Ich verstehe dich wirklich nicht.

CYPRIAN Es ist jetzt der günstigste Moment, für unser Institut was herauszuschlagen. Daß ein Arzt, ein klinischer Professor, sich an leitender Stelle befindet, das ist eine Konstellation, die wir ausnützen müssen.

BERNHARDI Ihr seid ja alle merkwürdig hoffnungsvoll in Hinsicht auf Flint.

CYPRIAN Mit guten Gründen. Ich habe ihm die Karriere prophezeit, wie wir zusammen im Laboratorium bei Brücke vor bald dreißig Jahren gearbeitet haben. Er ist ein administratives Genie. Ich habe schon ein Memorandum skizziert. Was wir verlangen, ist vor allem eine staatliche Subvention, um nicht länger ausschließlich auf die etwas unwürdigen Privatsammlungen angewiesen zu sein. Ferner –

BERNHARDI Ihr seid in einer Weise vergeßlich! Flint ist unser erbittertster Gegner.

CYPRIAN Aber ich bitte dich, das ist ja längst vorbei. Er steht dem Elisabethinum heute mit der größten Sympathie gegenüber. Hofrat Winkler hat es mir gestern wieder gesagt. Ganz spontan.

BERNHARDI Na. –

OSKAR *aus dem Krankenzimmer, rasch zu Bernhardi* Du, Papa, ich glaube, wenn du sie noch sprechen willst –

BERNHARDI Entschuldige mich, lieber Cyprian. Vielleicht geduldest du dich fünf Minuten. *Ab.*

OSKAR *zu Cyprian* Eine Sterbende, Herr Professor.

Folgt seinem Vater in den Krankensaal.

Hochroitzpointner, Kurt, Adler, Cyprian

KURT *beiläufig* Eine Sepsis. Junges Mädel. Abortus.

HOCHROITZPOINTNER *zu Adler* Für morgen, Herr Dozent.

CYPRIAN *in seiner eintönigen Weise* Wie ich noch Assistent war bei Skoda, da haben wir einen Primarius im Spital gehabt, nomina sunt odiosa, der hat uns gebeten, uns Assistenten mein ich, wir sollen ihn, wenn irgend möglich, zu jedem Sterbefall herbeirufen. Er wollte eine Psychologie der Sterbestunden schreiben, angeblich. Ich habe damals gleich zu Bernitzer gesagt, der mit mir zusammen Assistent war, da stimmt etwas nicht. Es geht ihm nicht um die Psychologie. Also, denken Sie sich, eines Tages ist der Primarius plötzlich verschwunden. War ein verheirateter Mann mit drei Kindern. Zu der Nacht darauf findet man in irgendeiner abgelegenen Straße einen zerlumpten Kerl erstochen auf. Na, Sie erraten ja schon die Pointe, meine Herren. Es stellt sich heraus, daß der Primarius und der erstochene Strolch ein und dieselbe Person sind. Durch viele Jahre hindurch hatte er ein Doppelleben geführt. Bei Tag war er der beschäftigte Arzt, nachts war er Stammgast in allerlei verdächtigen Spelunken, Zuhälter. –

DER PFARRER *kommt, ein junger Mann von 28 Jahren, mit energischen, klugen Zügen. Der Mesner, der an der Türe stehen bleibt.* HOCHROITZPOINTNER, KURT, ADLER, CYPRIAN

ADLER *beflissen* Habe die Ehre, Hochwürden.

PFARRER Guten Tag, meine Herren. Ich komme hoffentlich noch nicht zu spät.

KURT Nein, Hochwürden. Der Herr Professor ist gerade bei der Kranken. *Er stellt sich vor* Assistent Dr. Pflugfelder.

PFARRER Die Hoffnung ist also noch nicht ganz aufgegeben?

OSKAR *kommt aus dem Krankenzimmer* Guten Tag, Hochwürden.

KURT Doch, Hochwürden, es ist ein völlig hoffnungsloser Fall.

OSKAR Bitte, wollen Hochwürden –

PFARRER Ich will vielleicht so lange warten, bis der Herr Professor die Kranke verlassen hat.

Der Mesner tritt zurück, die Türe schließt sich.

HOCHROITZPOINTNER *rückt dem Pfarrer einen Sessel hin.*

PFARRER Danke, danke.

Er setzt sich zuerst nicht.

CYPRIAN Ja, Hochwürden, wenn wir nur zu den Kranken gingen, wo wir noch helfen können. Manchmal können wir auch nichts Besseres tun als trösten.

KURT Und lügen.

PFARRER *setzt sich* Sie gebrauchen da ein etwas hartes Wort, Herr Doktor.

KURT Verzeihung, Hochwürden, das bezog sich natürlich nur auf uns Ärzte. Übrigens ist gerade das manchmal der schwerste und edelste Teil unseres Berufes.

Bernhardi wird an der Türe sichtbar, der Pfarrer erhebt sich.

Hochroitzpointner, Adler, Kurt, Cyprian, Oskar, Pfarrer, Bernhardi.

Nach Bernhardi kommt die Schwester aus dem Krankenzimmer.

BERNHARDI *etwas befremdet* Oh, Hochwürden.

PFARRER Wir lösen einander ab, Herr Professor. *Er reicht ihm die Hand* Ich finde die Kranke wohl noch bei Bewußtsein?

BERNHARDI Ja. Man könnte sogar sagen, bei gesteigertem Bewußtsein. *Mehr zu den andern* Es ist absolute Euphorie bei ihr eingetreten. *Wie erklärend zum Pfarrer* Sie befindet sich sozusagen wohl.

PFARRER Nun, das ist ja sehr schön. Wer weiß! – Erst neulich hatte ich wieder die Freude, einem jungen Mann, der ein paar Wochen vorher schon völlig auf den Tod gefaßt von mir die letzte Ölung empfangen hatte, gesund auf der Straße zu begegnen.

ADLER Und wer weiß, ob es nicht gerade Hochwürden waren,

der ihm die Kraft, den Mut zum Leben wiedergegeben haben.

BERNHARDI *zu Adler* Hochwürden hat mich ja mißverstanden, Herr Doktor. *Zum Pfarrer* Ich meinte nämlich, daß die Kranke völlig ahnungslos ist. Sie ist verloren, aber sie glaubt sich genesen.

PFARRER Wahrhaftig.

BERNHARDI Und es ist fast zu besorgen, daß Ihr Erscheinen, Hochwürden –

PFARRER *ganz mild* Fürchten Sie nichts für Ihre Kranke, Herr Professor. Ich komme nicht, um ein Todesurteil auszusprechen.

BERNHARDI Natürlich, aber trotzdem –

PFARRER Man könnte die Kranke vielleicht vorbereiten.

SCHWESTER *von Bernhardi nicht bemerkt, begibt sich auf einen kaum merklichen Augenwink des Pfarrers in das Krankenzimmer.*

BERNHARDI Das würde ja die Sache nicht bessern. Wie ich schon bemerkte, Hochwürden, die Kranke ist völlig ahnungslos. Und sie erwartet alles andere eher als diesen Besuch. Sie ist vielmehr in dem glücklichen Wahn befangen, daß in der nächsten Stunde jemand, der ihr nahe steht, erscheinen wird, um sie abzuholen, und sie wieder mit sich zu nehmen, – ins Leben und ins Glück. Ich glaube, Hochwürden, es wäre kein gutes, fast möchte ich zu behaupten wagen, kein gottgefälliges Werk, wenn wir sie aus diesem letzten Traum erwecken wollten.

PFARRER *nach kleinem Zögern bestimmter* Ist eine Möglichkeit vorhanden, Herr Professor, daß mein Erscheinen den Verlauf der Krankheit in ungünstiger Weise –

BERNHARDI *rasch einfallend* Es wäre nicht unmöglich, daß das Ende beschleunigt wird, vielleicht nur um Minuten, aber immerhin –

PFARRER *lebhafter* Nochmals: Ist Ihre Kranke noch zu retten? Bedeutet mein Erscheinen in diesem Sinne eine Gefahr? Dann wäre ich natürlich sofort bereit, mich zurückzuziehen.

ADLER *nickt beifällig.*

BERNHARDI Sie ist rettungslos verloren, darüber kann kein Zweifel sein.

PFARRER Dann, Herr Professor, sehe ich durchaus keinen Grund –

BERNHARDI Entschuldigen Sie, Hochwürden, ich bin vorläufig hier noch in ärztlicher Funktion anwesend. Und zu meinen Pflichten gehört es, wenn nichts anderes mehr in meinen

Kräften steht, meinen Kranken, wenigstens soweit als möglich, ein glückliches Sterben zu verschaffen.

CYPRIAN *zeigt leichte Ungeduld und Mißbilligung.*

PFARRER Ein glückliches Sterben. – Es ist wahrscheinlich, Herr Professor, daß wir darunter verschiedene Dinge verstehen. Und nach dem, was mir die Schwester mitteilte, bedarf Ihre Kranke der Absolution dringender als manche andere.

BERNHARDI *mit seinem ironischen Lächeln* Sind wir nicht allzumal Sünder, Hochwürden?

PFARRER Das gehört wohl nicht hierher, Herr Professor. Sie können nicht wissen, ob nicht irgendwo in der Tiefe ihrer Seele, die Gott allein sieht, gerade in diesen letzten Augenblicken, die ihr noch vergönnt sind, die Sehnsucht wach ist, durch eine letzte Beichte aller Sünden sich zu entlasten.

BERNHARDI Muß ich es nochmals wiederholen, Hochwürden? Die Kranke weiß nicht, daß sie verloren ist. Sie ist heiter, glücklich und – reuelos.

PFARRER Eine um so schwerere Schuld nähme ich auf mich, wenn ich von dieser Schwelle wiche, ohne der Sterbenden die Tröstungen unserer heiligen Religion verabreicht zu haben.

BERNHARDI Von dieser Schuld, Hochwürden, wird Sie Gott und jeder irdische Richter freisprechen. *Auf seine Bewegung* Jawohl, Hochwürden. Denn ich als Arzt darf Ihnen nicht gestatten, an das Bett dieser Kranken zu treten.

PFARRER Ich wurde hierher berufen. Ich muß also bitten –

BERNHARDI Nicht in meinem Auftrag, Hochwürden. Und ich kann nur wiederholen, daß ich Ihnen als Arzt, dem das Wohl seiner Kranken bis zur letzten Stunde anvertraut bleibt, das Überschreiten dieser Schwelle leider verbieten muß.

PFARRER *vortretend* Sie verbieten es mir?

BERNHARDI *leicht seine Schulter berührend* Ja, Hochwürden.

SCHWESTER *eilend aus dem Krankenzimmer* Hochwürden –

BERNHARDI Sie waren drin?

SCHWESTER Es wird zu spät, Hochwürden.

KURT *rasch ins Krankenzimmer.*

BERNHARDI *zur Schwester* Sie haben der Kranken gesagt, daß Seine Hochwürden da sind?

SCHWESTER Ja, Herr Direktor.

BERNHARDI So. Und – antworten Sie mir ganz ruhig – wie hat sich die Kranke dazu verhalten? Hat sie irgend etwas geäußert? Sprechen Sie. Nun?

SCHWESTER Sie hat gesagt –

BERNHARDI Nun?

SCHWESTER Sie ist halt ein bissel erschrocken.

BERNHARDI *nicht böse* Nun, so sprechen Sie doch, was hat sie gesagt?

SCHWESTER Muß ich denn wirklich sterben?

KURT *aus dem Krankenzimmer* Es ist vorbei.

Kleine Pause.

BERNHARDI Erschrecken Sie nicht, Hochwürden. Ihre Schuld ist es nicht. Sie wollten nur Ihre Pflicht erfüllen. Ich wollte es auch. Daß es mir nicht geglückt ist, tut mir leid genug.

PFARRER Nicht Sie, Herr Professor, sind es, der mir Absolution zu erteilen hat. Das arme Geschöpf da drin ist als Sünderin und ohne die Tröstungen der Religion dahingegangen. Und das ist Ihre Schuld.

BERNHARDI Ich nehme sie auf mich.

PFARRER Es wird sich noch erweisen, Herr Professor, ob Sie das imstande sein werden. Ich empfehle mich, meine Herren.

Er geht.

Die andern bleiben bewegt und in einiger Verlegenheit zurück. Bernhardi sieht sie der Reihe nach an.

BERNHARDI Also morgen früh, lieber Doktor Adler, die Sektion.

CYPRIAN *zu Bernhardi, ungehört von den anderen* Es war nicht richtig.

BERNHARDI Wieso nicht richtig?

CYPRIAN Und nebstbei wird es ein Einzelfall bleiben. Du wirst an der Sache selbst nichts ändern.

BERNHARDI An der Sache? War auch nicht meine Absicht.

ADLER Ich hielte es für unaufrichtig, Herr Direktor, wenn ich nicht schon in dieser Stunde loyal ausspräche, daß ich in dieser Angelegenheit – formell nicht auf Ihrer Seite zu stehen vermag.

BERNHARDI Und es wäre illoyal, Herr Doktor, wenn ich Ihnen nicht versicherte, daß ich mir das gleich hätte denken können.

Cyprian und Adler ab.

OSKAR *beißt sich in die Lippen.*

BERNHARDI Na, mein Sohn, dir wird's ja hoffentlich in der Karriere nicht schaden.

OSKAR Aber Papa.

BERNHARDI *nimmt ihn beim Kopf, zärtlich* Na. Ich hab dich nicht beleidigen wollen.

SCHWESTER Herr Professor, ich hab geglaubt –

BERNHARDI Was haben Sie geglaubt? Na, wozu übrigens, jetzt ist's ja vorüber.

SCHWESTER Es ist doch immer, Herr Direktor, und – *auf Hochroitzpointner weisend* der Herr Doktor –

HOCHROITZPOINTNER Ja, ich hab's ihr natürlich nicht verboten, Herr Direktor.

BERNHARDI Selbstverständlich, Herr Doktor Hochroitzpointner. Sie hospitieren wahrscheinlich auch in der Kirche, was?

HOCHROITZPOINTNER Herr Direktor, wir leben in einem christlichen Staat.

BERNHARDI Ja. *Sieht ihn lange an* Der Herr verzeihe ihnen – – sie wissen verdammt gut, was sie tun.

Ab mit Kurt und Oskar.

Hochroitzpointner, Schwester

HOCHROITZPOINTNER Aber Kinderl, was fallt Ihnen denn ein, sich zu entschuldigen? Sie haben doch nur Ihre Pflicht getan. Aber was haben S' denn – Jetzt fangen S' gar an zu weinen – Daß Sie mir nur nicht wieder einen Anfall kriegen.

SCHWESTER *schluchzend* Aber der Herr Direktor war so bös.

HOCHROITZPOINTNER Und wenn er schon bös war, – der Herr Direktor. Na, lang bleibt er's ja nimmer. Das bricht ihm den Kragen!

Vorhang

ZWEITER AKT

Ordinationszimmer des Professor Bernhardi. Rechts Haupteingang, links Tür ins Nebenzimmer. Ein Medikamentenschrank links, Bücherregale nehmen die ganze Hinterwand ein, zum Teil grün verhängt. Auf dem Ofen, in der rechten Ecke, eine Äskulapbüste. Schreibtisch mit Sessel. Ein kleines Tischchen neben dem Schreibtisch. An dem Schreibtisch gegen den Zuschauerraum ein Diwan. Stühle. Photographien an den Wänden, Gelehrte darstellend.

DR. OSKAR BERNHARDI *sitzt am Schreibtisch, notiert etwas in ein aufgeschlagenes Protokollbuch, dann klingelt er.* DIENER *tritt ein.*

OSKAR Es ist niemand mehr da?

DIENER Nein, Herr Doktor.

OSKAR So werde ich jetzt weggehen. Wenn der Papa nach Hause kommt – *Klingel draußen* Oh, sehen Sie nach.

DIENER *ab.*

OSKAR *schließt das Protokollbuch, bringt den Schreibtisch in Ordnung.*

DIENER *tritt ein, bringt eine Karte.*

OSKAR Will mich sprechen?

DIENER Der Herr fragte zuerst, ob der Herr Professor zu Hause sei. Aber –

OSKAR Aber begnügt sich auch mit mir – Na, – möchte hereinkommen.

DIENER *ab.*

OSKAR, DR. FEUERMANN, *junger, kleiner, schwarzbärtiger, aufgeregter Mensch mit Brille. Hut in der Hand, Gehrock, Handschuhe.*

OSKAR *ihm entgegen.*

FEUERMANN Ich weiß nicht, ob Sie sich meiner noch erinnern werden –

OSKAR Aber Feuermann, ob ich mich deiner noch erinnere! *Reicht ihm die Hand.*

FEUERMANN Es sind immerhin acht Jahre, seit –

OSKAR Ja, wie die Zeit vergeht. Na, willst du nicht Platz nehmen? Du wolltest den Papa sprechen?

FEUERMANN Allerdings –

OSKAR Ich ordiniere heute für ihn, er ist zum Prinzen Konstantin nach Baden berufen worden.

FEUERMANN Ja, er hat eine schöne Praxis, dein Herr Papa. *Er setzt sich.*

OSKAR Na, und wie geht's denn dir? Als Patient kommst du wohl nicht – Wo praktizierst du denn eigentlich?

FEUERMANN In Oberhollabrunn.

OSKAR Ja richtig. Also, was führt dich denn her? Machst du etwa ein Sanatorium auf, oder gehst du irgendwohin als Badearzt? Oder wollt ihr aus Oberhollabrunn einen Luftkurort machen?

FEUERMANN Nichts von alledem. Es ist eine fürchterliche Geschichte. Du weißt noch nichts?

OSKAR *verneinende Geste.*

FEUERMANN Ich habe deinem Herrn Papa schon geschrieben in meiner Angelegenheit.

OSKAR Er bekommt so viele Briefe.

FEUERMANN Wenn du nun auch noch ein Wort für mich einlegen wolltest –

OSKAR Um was handelt es sich denn?

FEUERMANN Du kennst mich, Bernhardi. Wir haben zusammen studiert, du weißt, ich habe es an Fleiß und Gewissenhaftigkeit nie fehlen lassen. So ein Unglück kann jedem passieren, der gleich von der Universität weg in die Praxis hinaus muß. Es hat's nicht jeder so gut wie du zum Beispiel.

OSKAR Na, der Sohn von einem berühmten Vater zu sein, das hat auch seine Schattenseiten.

FEUERMANN Entschuldige, so hab ich's ja nicht gemeint. Aber es ist doch unschätzbar, sich im Spital weiter ausbilden zu können, an den Brüsten der alma mater Kurse zu hören –

OSKAR *etwas ungeduldig* Also, was ist denn eigentlich passiert?

FEUERMANN Ich bin unter Anklage wegen Vergehens gegen die Sicherheit des Lebens. Ich werde vielleicht mein Diplom verlieren. Ein Kunstfehler, ein sogenannter. Ich will ja nicht behaupten, daß ich ganz ohne Schuld bin. Wenn ich noch ein bis zwei Jahre hier an der geburtshilflichen Klinik praktiziert hätte, so wär' mir die Frau wahrscheinlich durchgekommen. Du mußt dir das nur vorstellen in so einem Nest. Keine Assistenz, keine ordentliche Antisepsis. Ach, was wißt ihr denn hier in der großen Stadt. Wie vielen ich das Leben gerettet habe, das rechnet mir keiner nach. Einmal hat man Malheur, und man kann sich eine Kugel durch den Kopf schießen.

OSKAR Aber Feuermann, du mußt doch nicht gleich das Schlimmste – du bist doch noch nicht verurteilt. Die Sachverständigen haben doch auch noch ein Wort zu reden.

FEUERMANN Ja, die Sachverständigen. Also, das ist ja eigentlich der Grund, darum wollt ich deinen Herrn Papa – Er kennt mich ja auch, er wird sich vielleicht meiner noch erinnern, ich habe ja sogar einmal einen Kurs über Herzkrankheiten bei ihm genommen –

OSKAR Nun das –

FEUERMANN Er ist gewiß sehr befreundet mit Professor Filitz, der die gynäkologische Abteilung am Elisabethinum leitet, und Filitz ist als Sachverständiger vorgeschlagen. Und da wollte ich deinen Papa bitten, ob er nicht bei Professor Filitz – Oh, ich will keine Protektion, aber –

OSKAR Ja, ja, mein lieber Feuermann, ob da die Fürsprache

meines Vaters – Er steht nämlich gar nicht so besonders gut mit Filitz, wie du anzunehmen scheinst.

FEUERMANN Dein Vater ist doch Direktor des Elisabethinums –

OSKAR Na ja, aber die Verhältnisse hier liegen nicht so einfach. Da müßt ich dir lange Geschichten erzählen. Von diesen Zuständen könnt wieder ihr in Oberhollabrunn euch wahrscheinlich keinen rechten Begriff machen. Da gibt es Strömungen und Unterströmungen und Gegenstörmungen. – Also, ob eine Intervention meines Papa nicht geradezu die gegenteilige Wirkung –

FEUERMANN Wenn er vielleicht in anderer Weise für mich eintreten könnte! Dein Vater schreibt ja so glänzend. Seine Artikel über ärztliche Standesfragen, die treffen immer den Nagel auf den Kopf. Es käme ja einfach darauf an, meiner Sache einen allgemeinen Gesichtspunkt abzugewinnen. Auf den Grund des Übels hinzuweisen. Auf die unglückseligen materiellen Verhältnisse der jungen Ärzte, auf die Schwierigkeiten in der Landpraxis, auf die Feindseligkeiten, die Rivalitäten und so weiter, und so weiter. – Oh, das wäre ein Thema für deinen Vater, – und ich könnte ihm ein Material zur Verfügung stellen.

Diener tritt ein mit einer Karte.

OSKAR Oh, Fil – *er steht auf* Du mußt so freundlich sein, Feuermann. – Ich lasse bitten.

DIENER *ab.*

FEUERMANN Sagtest du nicht Filitz?

OSKAR Ich –

FEUERMANN Ja, du sagtest es.

OSKAR Du willst doch nicht jetzt – Ich möchte dich sogar bitten, vielleicht durch diese Tür –

FEUERMANN O nein. Das kannst du nicht von mir verlangen. Das ist ein Fingerzeig des Himmels.

FILITZ *tritt ein. Vierzig Jahre, schöner blonder Mann, Zwicker.* OSKAR, FEUERMANN

FILITZ Guten Morgen, Herr Kollega.

FEUERMANN Möchtest du so freundlich sein, mich dem Herrn Professor vorzustellen, lieber Freund?

OSKAR *in Verlegenheit lächelnd* Der Herr Professor wird wohl mit mir –

FEUERMANN *stellt sich vor* Doktor Feuermann. Ich sehe es nämlich als einen Fingerzeig des Himmels an, Herr Professor, daß Sie in dieser Stunde – daß ich das Glück habe – Ich bin praktischer Arzt in Oberhollabrunn – Doktor Feuermann. Es ist eine Anklage gegen mich erhoben.

FILITZ Feuermann. Ach ja. Ich weiß schon. *Liebenswürdig* Sie haben eine hinüberspediert, – eine Lehrersgattin –

FEUERMANN *entsetzt* Herr Professor sind falsch berichtet. Wenn Sie den Fall erst – wenn Sie die große Güte haben werden, den Fall genau – Es war eine Reihe von unglückseligen Zufällen.

FILITZ Ja, das ist dann immer so. Aber solche Zufälle würden eben nicht eintreten, wenn die jungen Leute nicht so ohne alle Vorbildung hinaus in die Praxis drängten. Da macht man mit Ach und Krach seine paar Prüfungen und denkt, Gott wird schon weiterhelfen. Aber zuweilen hilft er eben nicht und hat seine triftigen Gründe.

FEUERMANN Herr Professor, wenn Sie mir erlauben wollten – ich habe alle meine Prüfungen mit Auszeichnung bestanden, sogar in Geburtshilfe. Und in die Praxis mußt ich hinaus, weil ich sonst verhungert wäre. Und daß diese arme Frau nach der Geburt verblutet ist, ich wage es kühn zu behaupten, es hätte ihr auch bei einem Professor passieren können.

FILITZ Es gibt allerlei Professoren.

FEUERMANN Aber wenn's ein Professor gewesen wäre, dann hätte man ihn nicht angeklagt, sondern – sondern es wäre Gottes unerforschlicher Ratschluß gewesen.

FILITZ Ah, meinen Sie. Na ja. *Stellt sich vor ihn hin und fixiert ihn* Sind wohl auch einer von den jungen Herren, die es ihrer wissenschaftlichen Würde schuldig zu sein glauben, die Atheisten zu agieren? –

FEUERMANN Oh, Herr Professor, es ist mir wahrhaftig –

FILITZ Ganz nach Ihrem Belieben, Herr Doktor. Aber ich versichere Sie, Glaube und Wissenschaft vertragen sich sehr gut. Ich möchte meine Ansicht sogar dahin formulieren, daß Wissenschaft ohne Glauben immer eine etwas unsichere Angelegenheit bleiben wird, schon weil in diesem Falle die sittliche Grundlage, das Ethos, fehlt.

FEUERMANN Gewiß, Herr Professor. Ich bitte, meine frühere Äußerung –

FILITZ Wohin der nihilistische Hochmut führt, daran mangelt es ja nicht an Beispielen. Und ich hoffe, es wird nicht Ihr Ehrgeiz sein, Herr Doktor Feuerstein –

FEUERMANN *schüchtern* Feuermann –

FILITZ – der staunenden Mitwelt ein neues Beispiel zu bieten. Übrigens habe ich Ihren Akt bei mir zu Hause. Kommen Sie vielleicht morgen früh um acht zu mir, wir wollen weiter über die Sache reden.

FEUERMANN *wie berauscht von dieser neuen Wendung* Herr Professor erlauben mir also? Oh, ich bin Ihnen unendlich dankbar. Ich werde so frei sein, an der Hand des Materials – Meine Existenz steht nämlich auf dem Spiel. Ich habe eine Frau und zwei Kinder. Es bliebe mir nichts übrig, als mich umzubringen.

FILITZ Es wäre mir erwünscht, Herr Doktor, wenn Sie derlei sentimentale Bemerkungen unterließen. Wenn Sie sich wirklich nichts vorzuwerfen haben, bedarf es derartiger Mätzchen, wenigstens mir gegenüber, nicht. Also, auf Wiedersehen, Herr Doktor.

OSKAR Du verzeihst, wenn ich dich nicht begleite, lieber Feuermann.

FEUERMANN Oh. Ich danke dir sehr. *Ab.*

OSKAR Ich möchte Sie, Herr Professor, noch in seinem Namen um Entschuldigung bitten wegen seiner etwas taktlosen Bemerkungen. Er war begreiflicherweise in einiger Aufregung.

FILITZ Studienkollege?

OSKAR Jawohl, Herr Professor. Und wie ich gleich bemerken möchte, ein sehr fleißiger und gewissenhafter Student. Es ist mir bekannt, daß er in den ersten Jahren von fünfzehn oder zwanzig Gulden monatlich leben mußte, die er sich durch Lektionen verdiente.

FILITZ Das beweist noch nichts, lieber Kollega. Mein Vater war ein Millionär, und es ist auch etwas ganz Tüchtiges aus mir geworden. Na ja. Ihr Papa ist verreist?

OSKAR Nicht verreist, Herr Professor, er ist nur in Baden beim Prinzen Konstantin.

FILITZ Ah.

OSKAR Er wollte eigentlich schon zur Ordination zurück sein.

FILITZ *auf die Uhr sehend* Na, warten kann ich leider nicht mehr lange. Vielleicht sind Sie so freundlich und bestellen Ihrem Herrn Papa, was ja auch für Sie einiges Interesse haben dürfte, daß meine Frau heute von der Fürstin Stixenstein nicht empfangen wurde.

OSKAR *nicht ganz verstehend* So. Die Fürstin war vielleicht nicht zu Hause?

FILITZ Meine Frau war für ein Uhr hinbeschieden, lieber Kollega, in ihrer Eigenschaft als Präsidentin des Ehrenballkomitees zur Patronesse und Gattin des Kuratoriumspräsidenten, der Fürstin Stixenstein. Ich glaube, diese Tatsache spricht Bände. *Er fixiert nach seiner Gewohnheit Oskar.*

OSKAR *etwas verlegen.*

DIENER *mit Karte.*

OSKAR Verzeihen Sie, Herr Professor. Es ist Professor Löwenstein.

FILITZ Lassen Sie sich nicht stören. Ich muß ja ohnedies –

OSKAR *zum Diener* Ich lasse bitten.

FILITZ *macht sich anscheinend zum Fortgehen bereit.*

LÖWENSTEIN *kommt. Gegen vierzig, mittelgroß, etwas hastig, kleine Augen, die er manchmal weit aufreißt. Brille. Er bleibt gern mit abfallender linker Schulter und leicht gebogenen Knien seinem Gesprächspartner gegenüber stehen und fährt sich manchmal durch die Haare.* FILITZ, OSKAR

LÖWENSTEIN Guten Tag. Oh, Professor Filitz. Sie wollen schon gehen? Bleiben Sie noch einen Moment. Die Sache wird Sie interessieren. Da, Oskar, lesen Sie. *Er gibt ihm einen Brief* Entschuldigen Sie, Herr Professor Filitz, er muß ihn früher lesen als Mitglied des Ballkomitees. Die Fürstin Stixenstein hat das Protektorat über den Ball niedergelegt.

OSKAR *hat den Brief rasch durchflogen, reicht ihn dem Professor Filitz* Ohne jede Angabe von Gründen?

LÖWENSTEIN Das hielt sie nicht für nötig.

FILITZ Besonders, wenn die Gründe für jedermann so klar auf der Hand liegen.

OSKAR Ist denn – diese Geschichte schon so publik geworden? Innerhalb von acht Tagen?

LÖWENSTEIN Lieber Oskar, daran hab ich keinen Augenblick gezweifelt. Wie man mir die Szene rapportiert hat, sagte ich sofort: das ist ein Fressen für gewisse Leute, das wird aufgebauscht werden.

FILITZ Entschuldigen Sie, lieber Doktor Löwenstein, hier ist nichts aufgebauscht worden, hier brauchte auch nichts aufgebauscht zu werden, der ganze Vorfall in seiner schlichten und faktiösen Deutlichkeit – Aber ich ziehe es vor, meine

Ansicht hierüber meinem Freunde Bernhardi persönlich vorzutragen.

OSKAR Ich brauche wohl nicht erst zu bemerken, Herr Professor, daß ich in dieser ganzen Angelegenheit durchaus auf der Seite meines Vaters stehe.

FILITZ Natürlich, natürlich, das ist nur Ihre Pflicht.

OSKAR Es ist auch meine Überzeugung, Herr Professor.

LÖWENSTEIN Ebenso wie die meine, Herr Professor. Und ich erkläre ausdrücklich, daß nur böser Wille versuchen kann, aus einem vollständig unschuldigen Vorfall so irgend etwas wie eine Affäre zu machen. Und um ganz deutlich zu sein, daß kein Mensch den Versuch machen würde, wenn Bernhardi nicht zufällig ein Jude wäre.

FILITZ Also, da seid ihr ja glücklich wieder bei eurer fixen Idee. Bin ich etwa auch ein Antisemit? Ich, der ich immer mindestens einen jüdischen Assistenten habe? Gegenüber anständigen Juden gibt es keinen Antisemitismus.

LÖWENSTEIN So, so, ich behaupte gerade –

FILITZ Wenn ein Christ sich so benommen hätte wie Bernhardi, wäre gleichfalls eine Affäre daraus geworden. Das wissen Sie sehr gut, lieber Löwenstein.

LÖWENSTEIN Gut. Möglich. Aber dann wären hinter diesem Christen Tausende oder Hunderttausende gestanden, die sich jetzt nicht rühren oder sich sogar gegen ihn stellen werden.

FILITZ Wer?

LÖWENSTEIN Die Deutschnationalen und natürlich die Juden, – eine gewisse Sorte mein ich, die keine Gelegenheit vorübergehen läßt, sich in den Schutz der herrschenden Mächte zu begeben.

FILITZ Sie verzeihen, lieber Löwenstein, das grenzt an Verfolgungswahn. Und ich möchte es hier einmal aussprechen, daß gerade Leute wie Sie, lieber Löwenstein, in ihrer lächerlichen Antisemitenriecherei die Hauptschuld an der bedauerlichen Verschärfung der Gegensätze tragen. Und es stünde hundertmal besser –

BERNHARDI *tritt ein.* FILITZ, LÖWENSTEIN, OSKAR

BERNHARDI *in offenbar guter Stimmung, mit seinem leicht ironischen Lächeln, begrüßend und handreichend* Oh, meine Herren. Was gibt es denn? Sind wir abgebrannt? Oder hat uns jemand eine Million geschenkt?

OSKAR *ihm den Brief reichend* Die Fürstin hat das Protektorat über unsern Ball niedergelegt.

BERNHARDI *den Brief durchfliegend* Na, so wird man sich eben eine andere Patronesse suchen. *Zu Oskar scherzend* Oder legst du vielleicht auch deine Präsidentschaft nieder, mein Sohn?

OSKAR *etwas beleidigt* Papa. –

LÖWENSTEIN Lieber Bernhardi, dein Sohn hat eben feierlich erklärt, daß er vollkommen auf deiner Seite stehe.

BERNHARDI *Oskar zärtlich über das Haar streichend* Na, selbstverständlich. Du nimmst es mir hoffentlich nicht übel, Oskar. Und du, Löwenstein, da brauch ich wohl nicht erst zu fragen. Aber was ist denn mit dir, Filitz? Du machst ja wirklich ein Gesicht, als wenn wir abgebrannt wären.

OSKAR Ich werde mich jetzt empfehlen. *Lächelnd* Um sechs haben wir nämlich eine Sitzung des Ballkomitees. Guten Tag, Herr Professor, guten Tag, Herr Dozent. *Beide reichen ihm die Hand* Ja, richtig, Papa, Herr Doktor Feuermann war hier. Er hätte dir geschrieben.

BERNHARDI Ach ja.

FILITZ Wegen dieses Feuerstein macht euch keine Sorgen. Wenn es irgend möglich ist, reiß ich ihn heraus, *mit triumphierendem Blick auf Löwenstein*, trotzdem er Jude ist.

OSKAR Ich glaube wirklich, Herr Professor, daß Sie da keinem Unwürdigen –

FILITZ Gewiß, gewiß. Guten Tag, lieber Kollega.

OSKAR *ab.*

Filitz, Löwenstein, Bernhardi

BERNHARDI Bist du vielleicht wegen dieses Feuermann –

FILITZ O nein. Ich bin ihm nur zufällig hier begegnet. Ich kam her, um dir mitzuteilen, daß meine Frau heute mittag von der Fürstin Stixenstein nicht empfangen wurde.

BERNHARDI Nun?

FILITZ Nicht empfangen wurde! Die Fürstin hat nicht nur ihr Protektorat niedergelegt, sie hat auch meine Frau nicht vorgelassen.

BERNHARDI Wirklich, deswegen kommst du zu mir?

FILITZ Was spielst du denn den Unschuldigen, mein lieber Bernhardi! Du weißt doch sehr gut, daß all das, so bedeutungslos es an sich sein mag, sehr symptomatisch für die Auffassung ist, die eine dir nicht ganz unbekannte Angelegenheit in maßgebenden höheren Kreisen findet.

BERNHARDI *sehr heiter* Ich für meinen Teil kann wieder mit ganz andern Symptomen aus vielleicht noch höheren Kreisen dienen. Soeben komme ich vom Prinzen Konstantin, der natürlich von der Geschichte auch schon gehört hat, und der ganz anders über sie zu denken scheint als Ihre Durchlaucht die Fürstin Stixenstein.

FILITZ Ich bitte dich, Bernhardi, komme mir doch nicht mit dem Prinzen Konstantin. Für den ist das Liberalsein ein Sport, wie für andere seiner Standesgenossen das Taubenschießen.

BERNHARDI Immerhin –

FILITZ Und was mich anbelangt, so ist mir die Ansicht des Prinzen Konstantin in dieser Angelegenheit vollkommen gleichgültig. Ich für meinen Teil gestatte mir über dein Vorgehen, respektive dein Benehmen, in der zur Rede stehenden Angelegenheit durchaus anders zu denken.

BERNHARDI Ach so. Hat dich deine Frau Gemahlin hergeschickt, um mir eine Zurechtweisung zu erteilen?

FILITZ *sehr ärgerlich* Ich bin keineswegs berechtigt, und es liegt mir auch völlig fern. – Kurz und gut, ich bin da, um dich zu fragen, was du zu tun gedenkst, um meiner Frau Genugtuung für den ihr angetanen Affront zu verschaffen.

BERNHARDI *wirklich erstaunt* Ah. Na! Du meinst wohl nicht im Ernst –

CYPRIAN *kommt.* FILITZ, LÖWENSTEIN, BERNHARDI

CYPRIAN Guten Abend, meine Herren. Bitte um Entschuldigung, daß ich so ohne weiteres ... Aber ich kann mir ja denken – *reicht allen die Hände.*

BERNHARDI Du kommst am Ende auch, weil die Fürstin Stixenstein das Protektorat über unsern Ball niedergelegt?

CYPRIAN Die Ballsache steht in zweiter Linie.

FILITZ *auf die Uhr sehend* Ich habe leider keine Zeit mehr. Du wirst mich entschuldigen, Cyprian. Ich wiederhole nur noch einmal meine Frage an dich, Bernhardi, in welcher Weise du meiner Frau Genugtuung dafür zu verschaffen gedenkst *mit einem Blick auf Cyprian,* daß sie von der Fürstin Stixenstein nicht empfangen wurde.

LÖWENSTEIN *blickt auf Cyprian.*

BERNHARDI *sehr ruhig* Sage deiner verehrten Gemahlin, lieber Filitz, ich hielte sie für zu klug, um annehmen zu dürfen, sie kränke sich nur eine Sekunde ernstlich darüber, daß ihr der Salon einer durchlauchtigsten Gans verschlossen blieb.

FILITZ Diese Art der Beantwortung überhebt mich ja allerdings alles weiteren. Ich habe die Ehre, meine Herren. *Rasch ab. Löwenstein, Bernhardi, Cyprian*

CYPRIAN Das hättest du nicht sagen sollen, Bernhardi.

LÖWENSTEIN Warum hätte er nicht sollen?

CYPRIAN Ganz abgesehen davon, daß man gewisse Leute nicht überflüssigerweise reizen soll, er ist im Unrecht. Die Fürstin ist alles eher als eine Gans. Sie ist sogar eine sehr kluge Person.

BERNHARDI Klug? Babette Stixenstein?

LÖWENSTEIN Beschränkt, kleinlich, bigott ist sie.

CYPRIAN Es gibt Dinge, über die die Fürstin nicht einmal nachdenken darf, sonst wäre sie gerade so eine Entartete wie du, wenn du nicht über diese Dinge nachdächtest. Wir müssen diese Leute verstehen, das gehört zu unserem Wesen, und sie dürfen uns gar nicht verstehen, das gehört wieder zu ihrem Wesen. Im übrigen ist das ja nur der Anfang. Selbstverständlich wird auch der Fürst seine Konsequenzen ziehen, – das heißt, das Kuratorium wird wahrscheinlich in corpore demissionieren.

LÖWENSTEIN Das wäre ja eine Ungeheuerlichkeit.

BERNHARDI *der hin und her gegangen, vor Cyprian stehen bleibend* Entschuldige, Cyprian. Das Kuratorium besteht aus dem Prinzen Konstantin, dem Bischof Liebenberg, dem Fürsten Stixenstein, dem Bankdirektor Veith und dem Hofrat Winkler. Und außer dem Fürsten, das garantiere ich dir –

CYPRIAN Garantier lieber nichts.

BERNHARDI Vor einer Stunde habe ich den Prinzen gesprochen.

CYPRIAN Er hat dir wohl seine Anerkennung ausgesprochen?

BERNHARDI Er war die Liebenswürdigkeit selbst. Und daß er mich gerade heute rufen ließ, sagt mehr als alles, denn es fehlt ihm nicht das Geringste, und es war offenbar nur, um über die Sache mit mir zu reden.

CYPRIAN Er hat davon begonnen?

BERNHARDI Natürlich.

LÖWENSTEIN Was hat er gesagt?

BERNHARDI *etwas geschmeichelt lächelnd* Daß ich vor ein paar hundert Jahren wahrscheinlich auf dem Scheiterhaufen geendet hätte.

CYPRIAN Und das hast du als Zustimmung aufgefaßt?

BERNHARDI Du weißt noch nicht, was er hinzugesetzt hat: »Ich wahrscheinlich auch.«

LÖWENSTEIN Ha!

CYPRIAN Was ihn nicht hindert, regelmäßg die Messe zu besuchen und im Herrenhaus gegen die Eherechtsreform zu stimmen.

BERNHARDI Ja, es gibt offizielle Verpflichtungen.

CYPRIAN Na, und hast du dich vielleicht gleich beim Prinzen erkundigt, wie die andern Herren des Kuratoriums über die Sache denken?

BERNHARDI Der Prinz hat mir ungefragt eine Äußerung des Bischofs mitgeteilt.

LÖWENSTEIN Nun?

BERNHARDI »Der Mann gefällt mir.«

LÖWENSTEIN Der Bischof gefällt dir?

BERNHARDI Nein, ich gefalle ihm.

CYPRIAN Ja, diese Äußerung ist mir auch schon mitgeteilt worden, nur hat man mir nicht die zweite Hälfte unterschlagen.

BERNHARDI Die zweite Hälfte?

CYPRIAN Vollständig lautet die Äußerung des Bischofs nämlich: Dieser Bernhardi gefällt mir nicht übel, aber er wird's bereuen.

BERNHARDI Und von wem weißt du denn das so genau?

CYPRIAN Vom Hofrat Winkler, aus dessen Bureau ich eben komme, und der mir auch angedeutet hat, daß das Kuratorium demissionieren wird.

BERNHARDI Aber ich bitte dich. Der Hofrat ist doch selber im Kuratorium, und der wird uns doch nicht im Stich lassen.

CYPRIAN Es würde ihm nichts anderes übrigbleiben. Er kann nicht als einziger Kurator sitzenbleiben, wenn die andern alle gehen.

BERNHARDI Warum nicht? Wenn er der Mann ist, für den wir ihn immer gehalten haben. –

LÖWENSTEIN Ich bitte dich, ein Hofrat –

CYPRIAN Was wäre denn damit geholfen, wenn er als einziger deine Partei nähme? Kannst du von ihm verlangen, daß er deinetwegen –

BERNHARDI Es handelt sich nicht um mich, das weißt du sehr gut.

CYPRIAN Sehr richtig, nicht um dich. Du sagst es selbst. Es

handelt sich um das Institut. Um unser Institut. Und wenn das Kuratorium geht, so ist es aus mit uns.

BERNHARDI Aber, aber!

LÖWENSTEIN Wieso denn? Dein Prinz Konstantin und auch Seine Eminenz haben sich nie durch besondere Noblesse ausgezeichnet.

CYPRIAN Aber dafür nenn' ich euch ein Dutzend Juden, die uns überhaupt nur was geben, weil ein Prinz und ein Bischof im Kuratorium sitzen. Und wenn wir kein Geld mehr kriegen, so können wir einfach zusperren.

BERNHARDI Und alles das sollte passieren, weil ich meine Pflicht als Arzt erfüllt habe –

LÖWENSTEIN Es ist ungeheuerlich, ungeheuerlich. So soll es zusammenbrechen, unser Institut. Wir gründen ein anderes, ein besseres, ohne die Filitze und Ebenwalds und Konsorten. Ah, Bernhardi, wie hab ich dich gewarnt vor diesen Leuten. Aber du mit deiner Vertrauensseligkeit. Nun wirst du hoffentlich gewitzigt sein.

CYPRIAN *der vergeblich versucht hat, ihn zu beschwichtigen* Möchtest du einen nicht endlich zu Worte kommen lassen. Vorläufig steht ja das Institut noch. Und vorläufig haben wir sogar noch das Kuratorium. Bisher hat es nicht demissioniert. Und es wird sich möglicherweise ein Modus finden lassen, um diese immerhin etwas peinliche Sache zu verhindern.

BERNHARDI Ein Modus?

CYPRIAN Auch der Hofrat, wie du nicht leugnen wirst, ein sehr kluger, aufgeklärter und dir wahrhaft wohlgesinnter Mensch, ist der Ansicht –

BERNHARDI Welcher Ansicht? Drück dich doch etwas klarer aus, Cyprian.

CYPRIAN Daß du dir nicht das Geringste damit vergäbest, Bernhardi, wenn du in einer angemessenen Form –

LÖWENSTEIN *dreinfahrend* Er soll sich entschuldigen?

CYPRIAN Wer redet von Entschuldigen. Er soll ja nicht Buße tun im härenen Gewand an der Kirchentür. Er soll ja nichts widerrufen oder irgendein Dogma beschwören. *Zu Bernhardi* Es wird vollkommen genügen, wenn du dein Bedauern aussprichst –

BERNHARDI Ich habe nichts zu bedauern.

LÖWENSTEIN Im Gegenteil.

CYPRIAN Also nicht dein Bedauern. Wir wollen uns nicht um

Worte streiten. Aber du kannst doch erklären, ohne dir damit das Geringste zu vergeben, daß es dir ferne lag, irgendwelche religiösen Gefühle zu verletzen. Das hast du doch wirklich nicht tun wollen.

BERNHARDI Das wissen ja die Leute.

CYPRIAN Als wenn es darauf ankäme. Du redest immer, als wenn du es ausschließlich mit ehrlichen Leuten zu tun hättest. Natürlich wissen es die Leute und die, die dir einen Strick aus der Sache drehen wollen, wissen es am allerbesten. Aber trotzdem sehe ich voraus, und es sind schon Anzeichen dafür vorhanden, daß man versuchen wird, dich als einen bewußten Religionsstörer hinzustellen, und dir aufbringen wird, du habest ein heiliges Sakrament verhöhnt.

BERNHARDI Aber!

CYPRIAN Verlaß dich drauf. Und es wird niemand da sein, niemand, der für dich eintritt.

BERNHARDI Niemand? –

CYPRIAN Und du wirst die ganze Affäre nicht nur unter dem böswilligen Geheul deiner geborenen und neuerworbenen Feinde, sondern überdies unter dem verlegenen Schweigen oder dem mißbilligenden Gemurmel der Gleichgültigen, und sogar deiner Freunde, durchzuführen haben. Und natürlich wird es auch an dem Vorwurf nicht fehlen, daß gerade du dich vor einer solchen Unvorsichtigkeit hättest hüten müssen, weil dir gewisse Vorbedingungen fehlen, die die Menschen erst fähig machen, das tiefste Wesen der katholischen Sakramente zu erfassen.

BERNHARDI Ja, sag mir nur –

CYPRIAN Alles das hab ich schon gehört. Von Wohlwollenden, mein Lieber, von sogenannten Aufgeklärten. Und du magst dir darnach einen Begriff machen, was du von den andern zu erwarten hast.

LÖWENSTEIN Und wegen dieses Gesindels –

CYPRIAN So kommt mir doch nicht immer mit eurer moralethischen Entrüstung. Ja, die Menschen sind ein Gesindel – aber wir müssen damit rechnen. Und – *zu Bernhardi*, da es doch weder deine Absicht, noch deine Sache ist, dich mit dem Gesindel einzulassen, und du an den Menschen und Dingen durch Halsstarrigkeit nicht das Geringste ändern wirst, so rate ich dir noch einmal auf das allerdringendste das Möglichste zu tun, um den drohenden Sturm zu beschwichtigen und vorläufig einmal eine Erklärung abzugeben, wie ich sie dir früher vorgeschlagen habe. Die Gelegenheit bietet sich von selbst. Morgen haben wir eine Sitzung wegen der Neubesetzung der Tugendvetterschen Abteilung.

BERNHARDI Richtig, richtig. Darüber wäre eigentlich wichtiger zu reden, als über diese ganze verdammte –

CYPRIAN Das denk ich mir auch. Du sollst ja nicht deine Überzeugung verleugnen, Bernhardi. Wie ich schon sagte: Eine einfache Erklärung wäre ausreichend.

BERNHARDI Und du glaubst, daß damit –

LÖWENSTEIN Du willst doch nicht wirklich, Bernhardi? Wenn du das tust, dann nehm ich's auf mich. Dann trete ich für die Sache ein. Als hätte ich selbst Seine Hochwürden –

CYPRIAN Laß dich von diesem Menschen nicht aufhetzen, Bernhardi. Überlege doch nur! Würdest du nur einen Moment zögern, ein so kleines Opfer deiner Eitelkeit zu bringen, wenn es sich zum Beispiel um die Zukunft deines Oskar handelte? Und so ein Werk wie das Elisabethinum ist am Ende auch nichts viel Geringeres als ein Kind. Es ist ja doch hauptsächlich dein Werk, wenn ich auch an deiner Seite gestanden bin. Bedenke doch nur, gegen welche Anfechtungen du es verteidigt, wie du dafür gearbeitet, gekämpft hast.

BERNHARDI *immer hin und her* Das hat allerdings seine Richtigkeit. Es waren wahrhaftig Kampfjahre, besonders die ersten. Es war keine Kleinigkeit, das muß ich schon sagen, was ich –

CYPRIAN Und jetzt, wo wir das Institut so weit gebracht haben, soll es wegen einer solchen Bagatelle ernstlich gefährdet sein, gar am Ende zugrunde gehen? Nein, Bernhardi, das darf nicht geschehen. Du hast Besseres zu tun, als deine Kraft in einem unfruchtbaren und etwas lächerlichen Kampf aufzureiben. Du bist Arzt. Und ein gerettetes Menschenleben ist mehr wert als ein hochgehaltenes Banner.

LÖWENSTEIN Sophisterei!

CYPRIAN Wir stehen an einem Wendepunkt. Es hängt nur von dir ab, Bernhardi, und unser Institut geht einer glänzenden Zukunft entgegen.

BERNHARDI *bleibt erstaunt stehen.*

CYPRIAN Das Wichtigste weißt du nämlich noch gar nicht. Ich habe auch Gelegenheit gehabt, mit Flint zu sprechen.

BERNHARDI Du hast mit ihm über diese Angelegenheit –?

CYPRIAN Nein, über die kein Wort. Ich habe es absichtlich

vermieden, und er auch. Ich war bei ihm wegen der kriminalanthropologischen Ausstellung, die im Herbst stattfinden soll. Aber natürlich kamen wir auch auf das Elisabethinum zu reden, und ich kann dich versichern, Bernhardi, daß er seine Stellung zu uns wirklich ganz entschieden geändert hat.

LÖWENSTEIN Flint ist ein Streber, ein Schwätzer.

CYPRIAN Er hat seine Fehler, das wissen wir alle, aber er ist ein administratives Genie; er hat große Dinge vor, plant Reformen auf allen möglichen Gebieten, insbesondere auf dem des medizinischen Unterrichts und der Volkshygiene, und dazu, es sind seine eigenen Worte, braucht er Menschen, nicht Beamte. Menschen wie mich und dich –

BERNHARDI So? – Menschen braucht er – Er hat es vielleicht sogar geglaubt in dem Augenblick, da er mit dir darüber sprach.

CYPRIAN Ja, er ist leicht entzündet, das wissen wir. Aber es kommt eben nur darauf an, ihn warm zu halten. Dann wird auch viel von ihm zu erreichen sein. Und dich schätzt er wirklich, Bernhardi. Er war geradezu gerührt, als er von eurer gemeinsamen Assistentenzeit bei Rappenweiler sprach. Es ist ihm aufrichtig leid, daß ihr auseinandergekommen seid, und er hofft, dies seine eigenen Worte, daß ihr euch auf der Höhe des Lebens wiederfinden werdet. Was für einen Anlaß hätte er, so etwas zu sagen, wenn er es nicht empfände?

BERNHARDI Empfände – Im Moment. Ich kenn ihn ja. Wärst du eine Viertelstunde länger bei ihm geblieben, so hätte er sich eingebildet, ich sei sein bester Freund gewesen. Und geradeso ist vor zehn Jahren das Elisabethinum, erinnere dich nur, ein Seuchenherd mitten in der Stadt gewesen, und wir – eine bedenkliche Clique allzu strebsamer junger Dozenten.

CYPRIAN Er ist seither älter geworden und reifer. Er weiß heute, was das Elisabethinum bedeutet, und wir hätten einen Freund an ihm. Glaub mir, Bernardi.

BERNHARDI *nach einer kleinen Pause* Wir müssen ja heute jedenfalls noch einmal zusammenkommen, schon wegen der Besetzungssache.

CYPRIAN Ja, natürlich. Ich werde auch an Tugendwetter telephonieren.

LÖWENSTEIN Der kommt nicht.

BERNHARDI Also, wenn's euch recht ist, wollen wir uns um halb zehn im Riedhof treffen, und bei dieser Gelegenheit können wir ja noch ein Wort über die Form der sogenannten Erklärung –

LÖWENSTEIN Bernhardi –

BERNHARDI Ich habe nämlich wirklich gar keine Lust, den Helden um jeden Preis zu spielen. Daß ich im Ernstfalle der Mann bin, durchzusetzen, was ich will, das habe ich ja schon etliche Male bewiesen. Und so wird sich vielleicht eine Form finden lassen –

CYPRIAN Um die Form ist mir nicht bange. Du findest gewiß das Richtige so in deiner Art, leicht ironisch, wenn du willst, aber eben nur l e i c h t. Am Ende würde wohl dein Lächeln genügen, das man ja der Fürstin nicht hinterbringen müßte.

LÖWENSTEIN Ihr seid mir Männer.

CYPRIAN Ruhig, Löwenstein, du bist ja doch nur der Kiebitz, dem kein Spiel zu hoch ist.

LÖWENSTEIN Ich bin kein Kiebitz, ich bin ein Vogel auf eigene Faust.

CYPRIAN Also auf Wiedersehen, Bernhardi, um halb zehn. Und du bringst ein Konzept mit.

BERNHARDI Ja, das auch deine religiösen Gefühle nicht beleidigen wird, Löwenstein.

LÖWENSTEIN Das hab ich gar gern.

BERNHARDI *reicht beiden die Hände, und sie gehen.*

Bernhardi allein geblieben, geht ein paarmal hin und her, dann sieht er auf die Uhr, schüttelt den Kopf, nimmt sein Notizbuch hervor, schaut nach, steckt es wieder ein, mit einer Geste, als wollte er sagen: Das kann warten, dann setzt er sich an den Schreibtisch, nimmt aus einer Mappe einen Bogen Papier, beginnt zu schreiben, anfangs ernst, bald geht ein ironisches Lächeln über seine Lippen, er schreibt weiter, der Diener tritt ein.

DIENER *eine Karte überreichend.*

BERNHARDI *befremdet, zögernd – dann* Ich lasse bitten.

EBENWALD *tritt ein.* BERNHARDI

EBENWALD Guten Abend.

BERNHARDI *ihm entgegengehend und die Hand reichend* Guten Abend, Herr Kollega, was verschafft mir das Vergnügen?

EBENWALD Wenn es Ihnen recht ist, Herr Direktor, so möchte ich ohne weitere Einleitung gleich in medias res –

BERNHARDI Selbstverständlich, – bitte. *Lädt ihn zum Sitzen ein.*

EBENWALD *setzt sich auf einen Sessel neben dem Schreibtisch.*

BERNHARDI *setzt sich auf seinen Schreibtischstuhl.*

EBENWALD Ich halte es nämlich für meine Pflicht, Herr Direktor, Ihnen mitzuteilen, daß sich etwas gegen Sie, respektive gegen unser Institut, vorbereitet.

BERNHARDI So, ist es das? Da glaube ich, Sie beruhigen zu können, Herr Kollega, die Sache wird applaniert werden.

EBENWALD Welche Sache, wenn ich fragen darf?

BERNHARDI Sie sprechen doch jedenfalls von der in der Luft schwebenden Demission des Kuratoriums?

EBENWALD So, das Kuratorium will demissionieren? Na ja, das ist ja ziemlich – aber das erfahre ich eben von Ihnen, Herr Direktor. Ich komme wegen was ganz anderm. Wie ich aus parlamentarischen Kreisen erfahre, soll demnächst eine Interpellation in einer gewissen, Ihnen nicht unbekannten Angelegenheit eingebracht werden.

BERNHARDI Oh –! Nun, es ist anzunehmen, daß auch diese Interpellation unterbleiben wird.

EBENWALD Also, Herr Direktor, ich bitte um Entschuldigung, ich weiß ja nicht, was Sie vorhaben, um die unerwünschte, wenn auch nicht unbegreifliche Stellungnahme gewisser Persönlichkeiten in der leidigen Affäre in günstigem Sinn für uns alle zu beeinflussen; aber, ob die Gefahr dieser Interpellation so ohne weiteres von Ihrem, das heißt von unserm Haupte abzuwenden sein wird, darüber kann ich leider nicht so optimistisch denken wie Sie, Herr Direktor.

BERNHARDI Wir müssen es eben abwarten.

EBENWALD Das ist auch ein Standpunkt. Aber es handelt sich ja da nicht um Sie allein, Herr Direktor, sondern um unser Institut.

BERNHARDI Ist mir bekannt.

EBENWALD Und so wäre es immerhin empfehlenswert, über einen Modus nachzudenken, durch welchen diese Interpellation verhindert werden könnte.

BERNHARDI Das stelle ich mir allerdings nicht so einfach vor. Denn die betreffenden Herren werden doch jedenfalls aus Überzeugung interpellieren, – im Namen der von mir beleidigten Religion. Und was in aller Welt könnte gesinnungstüchtige Männer veranlassen, von einem als gerecht und notwendig empfundenen Vorsatz wieder abzustehen?

EBENWALD Was diese Leute veranlassen könnte wieder abzustehen? Nun, wenn sie zur Einsicht gelangten, daß keine Schuld, daß sie wenigstens nicht in dem Ausmaße vorhanden ist, wie ursprünglich angenommen wurde, wenn sie die Überzeugung gewännen, daß nicht etwa eine gewisse Neigung vorhanden ist, a tout prix einen, wie soll ich sagen – antikatholischen Standpunkt zu betonen –

BERNHARDI Muß das diesen Leuten wirklich erst gesagt werden?

EBENWALD Nein, gesagt nicht, denn gesagt ist ja leicht was. Man müßte es beweisen.

BERNHARDI Das fängt ja an interessant zu werden. Wie stellen Sie sich denn einen solchen Beweis vor, Herr Kollega?

EBENWALD Wenn man sich etwa einem konkreten Fall gegenüberbefände, aus dem die von mir angedeutete Folgerung gewissermaßen unzweideutig resultieren würde.

BERNHARDI *ungeduldig* So einen Fall müßte man ja direkt konstruieren.

EBENWALD Gar nicht notwendig. Der Fall liegt schon vor.

BERNHARDI Wieso?

EBENWALD Morgen, Herr Direktor, soll über die Neubesetzung der Tugendvetterschen Abteilung entschieden werden.

BERNHARDI Ah!

EBENWALD *kühl* Jawohl. Es stehen sich zwei Kandidaten gegenüber.

BERNHARDI *sehr bestimmt* Einer, der die Stelle verdient und einer, der sie nicht verdient. Ich weiß keinen andern Unterschied, der in Betracht käme.

EBENWALD Es wäre ja möglich, daß beide Kandidaten sie verdienen, und ich weiß nicht, Herr Direktor, ob Sie sich genügend mit Dermatologie befaßt haben, um in diesem Fall –

BERNHARDI Ich habe selbstverständlich im Laufe der letzten Wochen die Arbeiten von beiden Kandidaten durchstudiert. Es ist einfach lächerlich, – und Sie wissen das so gut wie ich, Herr Kollega –, die beiden Leute miteinander nur in einem Atem zu nennen. Ihr Doktor Hell hat ein paar Krankengeschichten geschrieben, in ziemlich fragwürdigem Deutsch nebstbei, die Arbeiten von Wenger sind außerordentlich, richtunggebend.

EBENWALD *sehr ruhig* Dagegen steht die Meinung anderer, daß die Hellschen Krankengeschichten vorzüglich und für den Praktiker von enormer Bedeutung sind, während die Wengerschen Arbeiten wohl geistreich, aber nach der Ansicht von Fachleuten nicht als besonders verläßlich gelten können. Und was seine Persönlichkeit anbelangt, so erfreut sich sein präponderantes und auch sonst nicht sehr angenehmes Wesen selbst bei seinen Freunden nur geringer Sympathie. Und meiner Ansicht nach sollte bei einem Arzt, insbesondere bei dem Leiter einer Abteilung –

BERNHARDI *immer ungeduldiger* Diese Diskussion erscheint mir gegenstandslos. Nicht ich habe zu entscheiden, sondern das Plenum.

EBENWALD Aber bei Stimmengleichheit, Herr Direktor, entscheiden Sie. Und Stimmengleichheit ist mit Sicherheit vorauszusehen.

BERNHARDI Wieso?

EBENWALD Also für Wenger werden sein: Cyprian, Löwenstein, Adler und natürlich der bewährte altliberale Pflugfelder.

BERNHARDI Und Tugendvetter.

EBENWALD Das glauben Sie selbst nicht, Herr Direktor.

BERNHARDI Hat er Ihnen schon versprochen?

EBENWALD Das wäre kein Beweis. Aber Sie wissen ja so gut wie ich, Herr Direktor, er wird n i c h t für Wenger sein. Und daß der eigene Lehrer ihm die Stimme verweigern dürfte, das sollte auch Sie, Herr Direktor, etwas bedenklich –

BERNHARDI *nach seiner Gewohnheit hin und her* Sie wissen doch ganz gut, Herr Professor Ebenwald, warum Tugendvetter gegen seinen Schüler ist. Einfach, weil er Angst hat, durch ihn an seiner Praxis einzubüßen. Dabei ist Ihnen geradeso gut bekannt wie uns allen, daß die letzten Arbeiten Tugendvetters nicht von ihm sind, sondern von Wenger.

EBENWALD Bitte, Herr Direktor, wollen Sie das nicht dem Herrn Professor Tugendvetter persönlich sagen?

BERNHARDI Das lassen Sie meine Sorge sein, Herr Professor, es ist immer meine Gewohnheit gewesen, den Leuten ins Gesicht zu sagen, was ich denke. Und so sage ich Ihnen, Herr Professor, daß Sie nur darum für Hell agitieren, weil er – kein Jude ist.

EBENWALD *sehr ruhig* Mit demselben Recht könnte ich Ihnen erwidern, Herr Direktor, daß Ihre Stellungnahme für Wenger –

BERNHARDI Sie vergessen, daß ich vor drei Jahren für Sie gestimmt habe, Herr Professor Ebenwald.

EBENWALD Aber mit einiger Selbstüberwindung, nicht wahr? Und so ging's mir auch mit dem Wenger, Herr Direktor. Und darum tu ich's nicht. So was bereut man immer. Und selbst, wenn ich eine höhere Meinung von Wenger hätte, ich versichere Sie, Herr Direktor, in einer Korporation kommt es nicht allein auf das Talent des Einzelnen an –

BERNHARDI Sondern auf den Charakter.

EBENWALD Auf die Atmosphäre, hab ich sagen wollen. Und hier sind wir wieder bei dem Ausgangspunkte unserer Unterhaltung angelangt. Es ist ja wirklich schrecklich, daß bei uns in Österreich alle Personalfragen auf politischem Gebiete endigen. Aber damit muß man sich schon einmal abfinden. Schaun Sie, Herr Direktor, wenn der Hell ein Idiot wär, so möcht ich natürlich nicht für ihn stimmen und es Ihnen nicht zumuten. Aber schließlich, er macht die Leute grad so gesund wie der Wenger. Und wenn Sie bedenken, Herr Direktor, daß durch eine Stellungnahme Ihrerseits möglicherweise auch alle die unbequemen Folgen vermieden würden, die durch jene andere Affäre – Eine Garantie kann ich natürlich nicht übernehmen. Denn es ist ja nur ein Einfall von mir.

BERNHARDI Ah!

EBENWALD Selbstverständlich. Aber es wäre jedenfalls der Mühe wert, Herr Direktor, wenn Sie sich die Sache einmal sine ira et studio überlegten. Wir können ja morgen vor der Sitzung noch einmal darüber sprechen.

BERNHARDI Das dürfte überflüssig sein.

EBENWALD Wie Sie meinen, Herr Direktor. Aber wenn ich mir eine Bemerkung erlauben darf, Sie sollten nicht durch einen falschen Stolz – es bleibt ja natürlich alles unter uns –

BERNHARDI Ich habe keinerlei Anlaß, Sie um Ihre Diskretion zu ersuchen, Herr Professor. Sagen Sie den Herren, die Sie hergeschickt haben, –

EBENWALD Oho!

BERNHARDI Daß ich auf Geschäfte solcher Art nicht eingehe und –

EBENWALD Pardon, es hat mich niemand hergeschickt; Bestellungen entgegenzunehmen, bin ich also nicht in der Lage. Mein Besuch bei Ihnen, Herr Direktor, war ein durchaus inoffizieller. Das bitte festzuhalten. Ich bin weder als Abgesandter gekommen noch in meinem Interesse, da ich mich ja keineswegs geneigt finde, die Verantwortung für Ihre Haltung gegenüber Seiner Hochwürden mitzutragen, – sondern in dem Interesse unseres Institutes und in dem Ihren, Herr Direktor. Sie haben die dargebotene Freundeshand verschmäht –

BERNHARDI Und Sie gehen als Feind. Mir lieber. Es ist die ehrlichere Rolle.

EBENWALD Nach Belieben, Herr Direktor. – Ich habe die Ehre.

BERNHARDI Guten Abend.

Begleitet ihn zur Türe, Ebenwald ab. Bernhardi allein, einige Male auf und ab, ergreift das Blatt, auf das er früher zu schreiben begonnen, liest es durch, dann nimmt er es und reißt es auseinander. Sieht wieder auf die Uhr, macht sich fertig. Der Diener tritt ein.

BERNHARDI Was gibt's denn?

DIENER *überreicht ihm eine Karte.*

BERNHARDI Wie? Persönlich? Ich meine, Seine Exzellenz selbst ist hier?

DIENER Jawohl, Herr Professor.

BERNHARDI Ich lasse bitten.

DIENER *ab. Gleich darauf tritt Flint ein.*

BERNHARDI. FLINT, *groß, schlank, fünfzig vorüber, kurzgeschnittenes Haar, kleine Bartkoteletten, eine nicht ganz unbeabsichtigte Diplomatenmaske, sehr liebenswürdig, oft mit echter Wärme.*

BERNHARDI *noch an der Türe* Exzellenz? *Mit seinem leicht ironischen Lächeln.*

FLINT *ihm die Hand reichend* Wir haben uns lange nicht gesehen, Bernhardi.

BERNHARDI Doch erst neulich, – in der Gesellschaft der Ärzte.

FLINT Ich meine, so privat.

BERNHARDI Ja, das freilich. – Willst du nicht Platz nehmen?

FLINT Danke, danke. *Er setzt sich, Bernhardi bald nach ihm. Absichtlich leicht* Es wundert dich, mich bei dir zu sehen?

BERNHARDI Ich bin – angenehm überrascht, und will die Gelegenheit nicht versäumen, dir zu deiner neuen Würde Glück zu wünschen.

FLINT Würde! Du weißt wohl, daß ich meine neue Stellung nicht so auffasse. Aber nichtsdestoweniger nehme ich deinen Glückwunsch mit ganz besonderer Befriedigung entgegen. Freilich bin ich nicht ausschließlich gekommen, um mir diesen Glückwunsch persönlich einzukassieren, wie du dir wohl denken kannst.

BERNHARDI Allerdings.

FLINT *einsetzend* Also, mein lieber Bernhardi, ich brauche dir nicht erst zu sagen, daß ich nicht beabsichtige, mein Portefeuille als Ruhekissen zu benützen, sondern daß ich entschlossen bin, die möglicherweise nur karg bemessene Spanne Zeit, die mir auf meinem Posten gegönnt ist, zur Durchführung von allerlei Reformen zu benützen, die mir, wie du dich vielleicht erinnern kannst, von Jugend auf am Herzen liegen. Reformen auf dem Gebiete des medizinischen Unterrichtes, der sozialen Hygiene, der allgemeinen Volksbildung, na, und so weiter. Hierzu genügen selbstverständlich die braven, aber doch in ihrer Weltauffassung etwas schablonenhaften Leute nicht, die mir die Regierung zur Verfügung stellt. Hierzu brauche ich gewissermaßen einen Stab, einen freiwilligen Stab natürlich, von selbständig denkenden, vorurteilslosen Männern. An tüchtigen Beamten ist ja kein Mangel in Österreich und speziell bei uns im Unterrichtsministerium; aber was ich zur Durchführung meiner Pläne brauche, sind Menschen. Und ich komme dich fragen, lieber Bernhardi, ob ich auf dich rechnen kann.

BERNHARDI *nach einem leichten Zögern* Du wirst vielleicht die Güte haben, dich etwas präziser zu fassen.

FLINT Noch präziser? – hm – Nun – ich war ja darauf vorbereitet, dich spröde zu finden.

BERNHARDI Nein, gewiß nicht. Ich wünsche nur, daß du dich näher erklärst. Früher kann doch ich nicht – ich muß doch wissen, auf welchem Gebiet du meine Mitwirkung brauchst. *Mit seinem ironischen Lächeln* Auf dem des medizinischen Unterrichtes, der sozialen Hygiene, der Volksbildung. – Hab ich noch etwas vergessen?

FLINT Immer der Alte noch. Aber gerade darum gestatte ich mir, auf dich besondere Hoffnungen zu setzen. Es liegt ja vielleicht noch manches zwischen uns, obwohl ich wirklich nicht recht weiß –

BERNHARDI *ernst* Ich will es dir sagen, Flint; die Freundschaft einer Jugend und – was dann daraus wurde.

FLINT *herzlich* Aber was wurde denn daraus, Bernhardi? Man kam eben ein wenig auseinander mit der Zeit. Das lag in den Verhältnissen, vielleicht selbst ein wenig in den Gesetzen unserer inneren Entwicklung.

BERNHARDI Ganz meine Ansicht.

FLINT Solltest du nachträgerisch sein, Bernhardi?

BERNHARDI Ich habe nur ein gutes Gedächtnis.

FLINT Das kann auch ein Fehler sein, Bernhardi, wenn es die

klare Auffassung gegenwärtiger Verhältnisse behindert. Ich dachte eigentlich, die Streitaxt zwischen uns wäre tief begraben, und die Jahre des Kampfes vergessen.

BERNHARDI Kampf? Das ist ein recht edles Wort für eine nicht sonderlich edle Sache.

FLINT Bernhardi!

BERNHARDI Nein, mein Lieber, es war nicht schön! Und es erschiene mir wie eine Treulosigkeit gegen meine eigene Vergangenheit, wenn ich so leicht darüber hinweggehen könnte. *Er ist aufgestanden* Oh, mit welchen Waffen habt ihr uns damals bekämpft, du und die andern Ordinarii; mit welchen Mitteln habt ihr versucht, unser junges Unternehmen zu untergraben! Was habt ihr alles aufgebracht, um uns in der Meinung der Leute herabzusetzen, wie habt ihr uns verdächtigt und verfolgt! Wir gründen unser Institut, um den praktischen Ärzten das Geld abzujagen. Wir verseuchen die Stadt, wir wollen eine zweite medizinische Fakultät gründen –

FLINT *ihn unterbrechend* Mein lieber Bernhardi, alle diese Vorwürfe wären in gewissem Sinn auch heute aufrecht zu erhalten, wenn nicht das Gute, das ihr auf wissenschaftlichem und humanitärem Gebiete leistet, die weniger positiven Seiten eures Unternehmens längst wettgemacht hätte. Das haben wir eingesehen, ich vor allen, lieber Bernhardi, und aus diesem Grund, nur aus diesem Grunde haben wir unsere Haltung gegen euch geändert. Und du darfst mir glauben, daß das Elisabethinum heute keinen wärmeren Freund besitzt als mich – wie es ja überhaupt niemals persönliche Motive waren, die mich in meiner Stellung gegenüber euch beeinflußt haben, und ich nur aus meiner Überzeugung heraus –

BERNHARDI Ja, das suggeriert man sich dann immer in der wachsenden Erbitterung des Kampfes. Die Überzeugung!

FLINT Entschuldige, Bernhardi. Unsere Fehler haben wir ja alle. Du wahrscheinlich so gut wie ich. Aber wenn ich irgend etwas behaupten kann, so ist es, daß ich niemals, auch nur im kleinsten, gegen meine Überzeugung gesprochen oder gehandelt habe.

BERNHARDI Du weißt das ganz bestimmt?

FLINT Bernhardi!

BERNHARDI Denke einmal genau nach.

FLINT *etwas unsicher* Ich mag geirrt haben in meinem Leben wie wir alle, aber gegen meine Überzeugung – Nein! –

BERNHARDI Also, mir ist ein Fall bekannt, in dem du ganz erweislichermaßen gegen deine Überzeugung gehandelt hast.

FLINT Da muß ich aber doch –

BERNHARDI Und daß du so gehandelt hast, das hatte sogar damals den Tod eines Menschen zur Folge.

FLINT Das ist doch etwas stark. Nun muß ich aber darauf bestehen –

BERNHARDI Bitte, bitte. *Er geht einige Male im Zimmer hin und her, bleibt plötzlich stehen, sehr lebhaft* Wir waren damals Assistenten bei Rappenweiler. Da lag ein junger Mensch auf der Klinik, ich sehe ihn noch vor mir, ich weiß sogar noch seinen Namen, Engelbert Wagner, Diurnist, bei dem unser Chef und übrigens wir alle eine falsche Diagnose gestellt hatten. Als es zur Sektion kam, da stellte sich heraus, daß der Kranke durch eine andere (antiluetische) Behandlung zu retten gewesen wäre. Und wie wir da unten standen und die Sache klar wurde, da hast du mir zugeflüstert: Ich hab's ja gewußt. Erinnerst du dich? Du hattest gewußt, was dem Kranken fehlt, du hattest die richtige Diagnose gestellt –

FLINT Als einziger.

BERNHARDI Ja, als einziger. Hast es aber sorgfältig vermieden, bei Lebzeiten des Kranken etwas davon verlauten zu lassen. Und warum du es vermieden hast, das ist eine Frage, die du dir selbst beantworten magst. Aus Überzeugung dürfte es wohl nicht gewesen sein.

FLINT Donnerwetter, du hast ein gutes Gedächtnis. Auch ich erinnere mich dieses Falles, und es stimmt, ich habe es tatsächlich für mich behalten, daß ich eine andere Behandlung für erfolgversprechend, sogar für geboten erachtete. Und es sei dir ohne weiteres zugestanden, ich hatte nur deshalb geschwiegen, um Rappenweilers Empfindlichkeit nicht zu verletzen, der, wie du weißt, es nicht gerne sah, wenn seine Assistenten klüger waren als er. Und so machst du mir vielleicht ganz mit Recht den Vorwurf, daß ich ein menschliches Leben hingeopfert habe. Nur in den Gründen, in den tieferen Gründen, die du mir unterschiebst, bist du im Irrtum. Dieses eine Opfer, Bernhardi, mußte fallen zugunsten von Hunderten anderer Menschenleben, die später sich meiner ärztlichen Kunst anvertrauen sollten. Ich konnte damals Rappenweilers Protektion noch nicht völlig entbehren, und die Professur in Prag stand in nächster Aussicht.

BERNHARDI Du glaubst, daß dich Rappenweiler fallen gelassen hätte, wenn du –

FLINT Es ist sehr wahrscheinlich. Du bist ein Überschätzer der Menschheit, Bernhardi. Du ahnst nicht, wie kleinlich die Leute sind. Meine Karriere hätte es mich natürlich nicht gekostet, aber einen Aufschub hätte es immerhin bedeuten können. Und mir lag daran, schnell vorwärtszukommen, um für meine Begabung, die auch du nicht leugnen wirst, den nötigen Spielraum zu gewinnen. Darum, mein lieber Bernhardi, habe ich den Diurnisten Engelbert Wagner sterben lassen, und ich fühle mich sogar außerstande, es zu bereuen. Denn es will nicht viel besagen, lieber Bernhardi, sich in irgendeinem unbeträchtlichen Einzelfall korrekt oder, wenn du willst, überzeugungstreu zu benehmen, es handelt sich darum, der immanenten Idee seines eigenen Lebens mit Treue zu dienen. Es ist mir in vieler Hinsicht interessant, daß du im Verlaufe unserer heutigen Unterredung den armen Engelbert Wagner aus seinem Grabe wieder emporzitierst, denn geradezu blitzhaft erkenne ich nun den tiefern inneren Unterschied zwischen dir und mir, und – du wirst vielleicht staunen, Bernhardi – unsere Fähigkeit einander zu ergänzen. Du bist vielleicht das, Bernhardi, und mehr als ich, was man einen anständigen Menschen nennt. Sentimentaler bist du in jedem Fall. Aber ob du imstande wärest, für das Wohl eines großen Ganzen mehr zu leisten als ich, das erscheint mir sehr fraglich. Was dir fehlt, Bernhardi, das ist der Blick fürs Wesentliche, ohne den alle Überzeugungstreue doch nur Rechthaberei bleibt. Denn es kommt nicht aufs Rechthaben an im Einzelnen, sondern aufs Wirken im Großen. Und solche Möglichkeit des Wirkens hinzugeben für das etwas ärmliche Bewußtsein, in irgendeinem gleichgültigen Fall das Rechte getan zu haben, erscheint mir nicht nur klein, sondern im höheren Sinne unmoralisch. Jawohl, mein lieber Bernhardi. Unmoralisch.

BERNHARDI *sich besinnend* Wenn ich den Ton deiner Worte recht deute, hast du jetzt offenbar etwas ganz Bestimmtes im Auge.

FLINT Es hat sich sozusagen, während ich sprach, in mein Gesichtsfeld geschoben.

BERNHARDI Und sollten wir nun nicht ganz unversehens dem eigentlichen Zwecke deines Besuches nähergeraten sein?

FLINT Nicht dem eigentlichen, aber immerhin einem nicht ganz nebensächlichen.

BERNHARDI Und deswegen bemühst du dich –

FLINT Auch deswegen. Denn die Angelegenheit, an die wir jetzt beide denken, dürfte, wie ich mit einiger Sicherheit voraussehe, weitere Kreise ziehen. Du hast das selbstverständlich nicht geahnt. Du hast, wie es deine liebenswürdige, aber manchmal unglückliche Eigenschaft ist, in der gewiß edlen Erregung des Augenblicks unterlassen weiterzublicken. Und so hast du in deinem Auftreten gegenüber Seiner Hochwürden eine Kleinigkeit vergessen, nämlich, daß wir in einem christlichen Staate leben. – Ich weiß nicht, was es da zu lächeln gibt.

BERNHARDI Du wirst dich wieder einmal über mein gutes Gedächtnis wundern. Ich erinnere mich eines Artikels, den du als junger Mensch schreiben wolltest. Er sollte den Titel führen: Gotteshäuser – Krankenhäuser.

FLINT Hm!

BERNHARDI Du wolltest dahin wirken, daß man statt der vielen Kirchen lieber mehr Spitäler baue.

FLINT Ach, einer von den vielen Artikeln, die ich schreiben wollte und nicht geschrieben habe.

BERNHARDI Und nie schreiben wirst.

FLINT Den gewiß nicht. Heute weiß ich, daß sie sehr gut nebeneinander bestehen können, die Gotteshäuser und die Krankenhäuser, und daß in den Gotteshäusern manches Leid geheilt wird, dem wir in den Spitälern, lieber Bernhardi, vorläufig machtlos gegenüberstehen. Aber wir wollen uns nicht in politische Diskussionen verlieren, nicht wahr?

BERNHARDI Um so weniger, als ich dir auf dieses Gebiet kaum folgen könnte.

FLINT Nun ja, das dürfte stimmen. Also, beschränken wir uns lieber auf den speziellen Fall.

BERNHARDI Ja, tun wir das. Ich bin sehr neugierig, was für einen Vorschlag mir Seine Exzellenz der Minister für Kultus und Unterricht zu überbringen hat.

FLINT Vorschlag? Ich habe keinen bestimmten. Ich kann dir nur nicht verhehlen, daß die Stimmung gegen dich überall, wo man hinhören kann, auch in Kreisen, wo du es gar nicht vermuten würdest, eine höchst ungünstige ist, und ich es um deinet- und um eures Institutes willen von Herzen wünschte, daß man die ganze Affäre, soweit es noch möglich ist, aus der Welt schaffen könnte.

BERNHARDI Das wünschte auch ich.

FLINT Wie?

BERNHARDI Ich hätte nämlich allerlei viel Wichtigeres zu tun, als mich mit dieser Sache noch lange zu beschäftigen.

FLINT Sprichst du im Ernst?

BERNHARDI Wie kannst du daran zweifeln. Ich kann dir sogar sagen, daß ich vor kaum einer Stunde mit Cyprian und Löwenstein über eine Erklärung beraten habe, mit der sich die angeblich beleidigten Faktoren sicher zufrieden geben würden.

FLINT Das wäre ja – das wäre ja ausgezeichnet. Aber ich fürchte, unter den gegenwärtigen Umständen kämen wir damit nicht ganz aus.

BERNHARDI Wieso? Was sollte ich denn?

FLINT Wenn du vielleicht – du würdest dir meiner Ansicht nach nicht das Geringste vergeben, um so weniger, als meines Wissens noch keinerlei offizielle Anzeige erstattet worden ist, wenn du durch einen persönlichen Besuch bei Seiner Hochwürden –

BERNHARDI Wie?

FLINT Es würde den vortrefflichsten Eindruck machen. Da du nun doch einmal, sagen wir, die Unvorsichtigkeit begangen hast, Seine Hochwürden gewissermaßen mit Gewalt zu verhindern –

BERNHARDI Mit Gewalt?

FLINT Das ist natürlich ein zu starkes Wort. Aber immerhin, du hast ihn doch von der Türe, so wird wenigstens erzählt, –

BERNHARDI Was wird erzählt?

FLINT – einigermaßen heftig weggedrängt.

BERNHARDI Das ist eine Lüge. Du wirst mir doch glauben –

FLINT Also du hast ihn nicht fortgestoßen?

BERNHARDI Ich habe ihn kaum berührt. Wer von Anwendung einer Gewalt spricht, ist ein bewußter Lügner, Oh, ich weiß ja, wer die Leute sind. Aber das soll ihnen nicht – Jetzt werde ich selbst –

FLINT Aber Ruhe, Bernhardi. Offiziell liegt ja nicht das Geringste vor. Wenn du nun doch schon entschlossen bist, eine Erklärung abzugeben, so wäre es doch das einfachste, bei dieser Gelegenheit ausdrücklich zu erwähnen, daß alle diese Gerüchte –

BERNHARDI Pardon, lieber Flint, du befindest dich in einem

Irrtum. Ich habe allerdings eine Erklärung im Sinne gehabt, die ich vorerst in der morgigen Sitzung abgeben wollte, aber es sind indes Umstände eingetreten, die mir die Abgabe einer solchen Erklärung absolut unmöglich machen.

FLINT Was ist denn das wieder? Welche Umstände?

BERNHARDI Zwingende, du kannst es mir glauben.

FLINT Hm. Und du kannst mir nichts Näheres darüber verraten? Es würde mich in hohem Grade interessieren. –

BERNHARDI *wieder lächelnd* Sage, mein lieber Flint, solltest du wirklich nur gekommen sein, um mir aus einer Verlegenheit zu helfen?

FLINT Wenn es mir gleichgültig wäre, wie die Sache für dich – und euer Institut ausgeht, so brauchte sie mich wahrhaftig nicht weiter zu kümmern. Du hast dich zum mindesten so unrichtig benommen, daß ich mir wenig Gewissen daraus machte, dich deine Suppe einfach selber auslöffeln zu lassen, wenn es mir nicht um dich und euer Institut leid täte.

BERNHARDI Also kurz und gut, du möchtest um meinet willen, daß ich dir – eine Interpellation im Parlament erspare.

FLINT Allerdings. Es ist nicht viel in der Sache zu holen. Du hast dich nun einmal dem Pfarrer gegenüber nicht absolut korrekt benommen. Und als ehrlicher Mann wäre man verpflichtet, das wenigstens zuzugeben, wenn man auch im übrigen für die Reinheit deiner Intentionen, für deine Bedeutung als Mann der Wissenschaft –

BERNHARDI Mein lieber Flint, du ahnst wohl nicht, wie sehr du deine Macht überschätztest.

FLINT Hm –

BERNHARDI Du bildest dir offenbar ein, daß es überhaupt noch in deinem Belieben liegt, eine solche Interpellation zu verhindern.

FLINT Bei dir liegt es. Ich kann dich versichern.

BERNHARDI Bei mir, ja. Du weißt gar nicht, wie recht du hast. Bei mir allein. Vor einer halben Stunde hatte ich es in der Hand, die Gefahr dieser Interpellation von meinem und deinem Haupte abzuwenden.

FLINT Du hattest –

BERNHARDI Ja, auf die einfachste Art von der Welt. Die Abteilung Tugendvetter ist bei uns neu zu besetzen, wie du weißt. Morgen haben wir eine Sitzung. Wenn ich mich verpflichtet hätte, im Falle von Stimmengleichheit nicht für Wenger, sondern für Hell zu stimmen, wäre alles in Ordnung.

FLINT Verpflichtet? Wieso? Wem gegenüber?

BERNHARDI Ebenwald war eben bei mir. Er hat mir diesen Antrag überbracht.

FLINT Hm. Glaubst du wirklich? –

BERNHARDI Jedenfalls hatte ich den Eindruck, als wenn Ebenwald zum Abschluß dieses Handels ausreichende Vollmacht besäße, wenn er es auch geleugnet hat. Vielleicht hätte ich auch nur hineinfallen sollen, und die Interpellation wäre jedenfalls erfolgt, auch wenn ich für Hell meine Stimme abgegeben hätte.

FLINT *hin und her* Unser Kollege Ebenwald ist sehr befreundet mit seinem Vetter, dem Abgeordneten Ebenwald. Der ist ein Führer der Klerikalen, und wenn der nicht will, würde die Interpellation gewiß unterbleiben. Ich glaube schon, daß unser Kollege Ebenwald in diesem Fall sozusagen ehrlich vorgegangen ist. Nun, wie hast du dich seinem Antrag gegenüber verhalten?

BERNHARDI Flint!

FLINT Nun ja, du hältst Wenger wohl für den bedeutenderen Dermatologen.

BERNHARDI Du doch auch. Du weißt so gut wie ich, daß Hell eine Null ist. Und selbst wenn die beiden gleichberechtigt wären, so hätte es mir Ebenwald doch einfach durch sein Ansinnen unmöglich gemacht, für einen andern als für Wenger zu stimmen.

FLINT Ja, sehr schlau hat das Ebenwald allerdings nicht angestellt.

BERNHARDI Nicht schlau –?! und das ist alles, was du zu sagen hast? Ich finde dich etwas mild, mein lieber Flint.

FLINT Mein guter Bernhardi, die Politik –

BERNHARDI Was geht mich denn die Politik an?

FLINT Sie geht uns alle an.

BERNHARDI Und du meinst, weil derartige Infamien alle Tage vorkommen in eurer sogenannten Politik, soll ich diese neueste lächelnd als selbstverständlich hinnehmen und den schmählichen Handel überhaupt in Erwägung ziehen?

FLINT Es wäre ja möglich, daß die Frage gar nicht an dich herantritt, daß keine Stimmengleichheit vorliegt und Hell oder Wenger ohne dein Zutun gewählt würden.

BERNHARDI Oh, mein lieber Flint, so bequem wird dir die Sache nicht gemacht.

FLINT Mir? Ich denke –

BERNHARDI *warm* Flint, wenn du heut auch Minister bist, du bist doch am Ende auch Arzt, ein Mann der Wissenschaft, ein Mann der Wahrheit. Wie sagtest du doch früher selbst? Auf den Sinn für das Wesentliche käme es an. Nun, wo ist hier das Wesentliche? Siehst du es nicht? Daß der Fähigste die Abteilung bei uns bekommt, der, dem dann die Möglichkeit gegeben ist, für die kranken Menschen und für die Wissenschaft was Ordentliches zu leisten. Darauf kommt es an, nicht wahr? Das ist das Wesentliche. Nicht daß mir oder dir die Unbequemlichkeit einer Interpellation erspart bleibt, auf die sich ja nötigenfalls eine nicht üble Antwort finden ließe.

FLNT Hm. Um eine Antwort wäre mir freilich nicht bange.

BERNHARDI Das denke ich mir auch.

FLINT Sag einmal, Bernhardi, wärst du imstande, es schriftlich niederzulegen – ich meine, ob du mir einen Brief schreiben könntest, der diese ganze Angelegenheit kurz und schlagend darstellt, damit ich erforderlichenfalls –

BERNHARDI Erforderlichenfalls?

FLINT Jedenfalls will ich es schwarz auf weiß in der Hand haben. Vielleicht würde es nicht notwendig werden, diesen Brief zu verlesen. Man könnte anfangs ziemlich reserviert erwidern, wenn sie interpellieren, mein ich. Aber dann, wenn sie nicht Ruhe geben, dann käme man mit deinem Brief.

Geste, wie wenn er den Brief aus der Brusttasche zöge.

BERNHARDI Da wird dir deine parlamentarische Erfahrung wohl den richtigen Weg zeigen.

FLINT Erfahrung? Vorläufig wohl mehr Intuition. Aber ich glaube, es würde gar nicht bis dahin kommen, – bis zur Verlesung deines Briefes, meine ich. Schon aus meinen ersten Worten würden sie merken, aus meinem Tonfall, daß ich noch etwas im Hinterhalt habe. Alle würden es merken. Denn ich habe sie, Bernhardi, sobald ich zu reden anfange, habe ich sie alle. Geradeso wie ich meine Hörer auf der Klinik gehabt habe, geradeso habe ich die Herren im Parlament. Da war neulich eine kleine Debatte über die neue Schulgesetznovelle, ich habe nur ganz beiläufig eingegriffen, aber du kannst dir kaum eine Vorstellung machen von der atemlosen Stille im Haus, Bernhardi. Ehrlich gestanden, ich habe gar nichts Besonderes gesagt. Aber sofort hatte ich ihr Ohr. Und darauf kommt es an. Sie hören mir zu. Und wenn man einem nur wirklich zuhört, kann man ihm nicht mehr ganz unrecht geben.

BERNHARDI Gewiß.

FLINT Und auf die Gefahr hin, daß du es für Eitelkeit hältst, Bernhardi, ich fange beinahe an zu wünschen, daß die Kerle interpellieren.

BERNHARDI Flint!

FLINT Denn bei dieser Gelegenheit könnte man sehr ins Allgemeine gehen. Ich sehe nämlich in diesem Einzelfall ein Symbol für unsere ganzen politischen Zustände.

BERNHARDI Ist's wohl auch.

FLINT Das geht mir immer so, – auch scheinbar ganz bedeutungslosen Einzelfällen gegenüber. Jeder wird irgendwie für mich zum Symbol. Das ist's wohl, was mich für die politische Laufbahn prädestiniert.

BERNHARDI Allerdings.

FLINT Und darum meine ich, man könnte bei dieser Gelegenheit ins Allgemeine gehen.

BERNHARDI Aha, Gotteshäuser – Krankenhäuser.

FLINT Du lächelst. – Mir ist es leider nicht gegeben, solche Dinge leicht zu nehmen.

BERNHARDI Ja, mein lieber Flint, nach all dem, was du jetzt gesagt hast, müßte man ja beinahe den Eindruck haben, daß du geneigt wärst, in der Angelegenheit auf meiner Seite zu stehen.

FLINT Da gehört wohl nicht viel Scharfsinn dazu. Ich will es dir gestehen. Anfangs war ich nicht so vollkommen, – denn dein Vorgehen gegen den Pfarrer find ich nach wie vor nicht sonderlich korrekt. – Aber dieser Ebenwald-Handel, der rückt doch alles in eine ganz andere Beleuchtung. Wichtig ist natürlich nur, daß vorläufig all das ein Geheimnis zwischen uns beiden bleibt. Ich meine, daß du auch deinen Freunden von dieser Ebenwaldsache kein Wort mitteilst. Denn wenn die Leute Wind davon bekommen, was ich vorhabe, so könnten sie sich's am Ende überlegen und von der Interpellation abstehen. Also du behältst dir natürlich eine Abschrift von dem Brief zurück, aber der Inhalt bleibt geheim bis zu dem Augenblick, da ich ihn auf den Tisch des Hauses niederlege. *Geste ohne Übertriebenheit.*

BERNHARDI Es ist mir ja höchst erfreulich, daß du so – aber – ich will dir doch noch etwas zu bedenken geben. Die Partei, gegen die du aufzutreten hättest, ist sehr stark, sehr rücksichtslos, – und es ist die Frage, ob du imstande sein wirst, ohne sie zu regieren.

FLINT Es käme auf die Probe an.

BERNHARDI Immerhin, wenn dir dein Amt lieber sein sollte –

FLINT Als du –

BERNHARDI Als die Wahrheit, – nur auf die kommt es an, dann rühre lieber nicht an die Sache, dann setz dich lieber nicht für mich ein.

FLINT Für dich? Tu ich ja gar nicht. Für die Wahrheit, für die gerechte Sache.

BERNHARDI Und bist du denn nun auch ganz überzeugt, Flint, daß diese unbeträchtliche Affäre den Einsatz wert ist?

FLINT Diese unbeträchtliche Affäre? Bernhardi! – Merkst du denn noch immer nicht, daß hier viel höhere Werte zur Diskussion stehen, als es auf den ersten Blick den Anschein hat? Daß es sich in gewissem Sinne hier um den ewigen Kampf zwischen Licht und Dunkel – Aber das klingt nach Phrase.

BERNHARDI Ein Kampf jedenfalls, mein lieber Flint, dessen Ausgang unter den heutigen Verhältnissen ziemlich unsicher ist, und in dem deine ganze Ministerherrlichkeit –

FLINT Laß das meine Sorge sein. Wie immer es kommt, ich kann mir keinen schöneren Tod denken als für eine gerechte Sache und – zugunsten von einem, der – gestehe es nur – noch vor einer Stunde mein Feind war.

BERNHARDI Dein Feind bin ich nicht gewesen. Und jedenfalls werde ich gerne bereit sein, dir abzubitten, wenn ich dir unrecht getan haben sollte. Aber das will ich dir gleich sagen, Flint, selbst für den Fall, daß die Sache für dich kein ganz gutes Ende nimmt, Gewissensbisse werde ich keine haben. Denn du weißt, wo das Recht ist in diesem Falle, und ich lehne es von vornherein ab, dich etwa zu bewundern dafür, daß du im Ernstfall deine Pflicht tun wirst.

FLINT Das sollst du auch nicht, Bernhardi. *Er reicht ihm die Hand* Leb wohl. *Möglichst leicht* Ich habe einen Menschen gesucht, ich habe ihn gefunden. Auf Wiedersehen!

BERNHARDI Auf Wiedersehen, Flint! *Zögernd* Ich danke dir.

FLINT Oh! Auch das darfst du niemals tun. Unsere Sympathie soll auf festerem Grunde ruhen. *Er geht.*

BERNHARDI *bleibt eine Weile sinnend stehen* Nun, wir werden ja sehen.

Vorhang

Sitzungssaal im Elisabethinum. In der üblichen Weise eingerichtet. Langer grüner Tisch in der Mitte, Schränke, zwei Fenster rückwärts, Mitte. Photographien von berühmten Ärzten, ein Porträt der Kaiserin Elisabeth über der Eingangstüre links. Es ist Abend, künstliche Beleuchtung. Lüster mit großem grünen Schirm. Anfangs noch nicht alle Flammen aufgedreht. Seite rechts an der Wand kleinerer Tisch.

HOCHROITZPOINTNER, *sitzend über einem großen Protokollbuch, von einem andern Blatt abschreibend.*

Dozent Dr. SCHREIMANN *tritt ein. Er ist groß, glatzköpfig, schwarzer martialischer Schnurrbart, Schmiß über der Stirn, Brille. Auffallend tiefes, biederes Bierdeutsch, betont österreichischer Dialekt mit plötzlich durchschlagenden jüdischen Akzenten.*

HOCHROITZPOINTNER *springt auf* Habe die Ehre, Herr Regi – Herr Dozent.

SCHREIMANN Servus. Na, ausg'schlafen vom Ball, Hochroitzpointner?

HOCHROITZPOINTNER Ich habe mich gar nicht niedergelegt, Herr Dozent. Es war nimmer der Müh wert.

SCHREIMANN *da Hochroitzpointner noch immer in einer Habachtstellung steht* Aber bequem, bequem.

HOCHROITZPOINTNER *in gemütlicherer Stellung* Bis sieben habe ich getanzt, um acht war ich schon auf der internen Abteilung, um zehn auf der chirurgischen, um zwölf –

SCHREIMANN *ihn unterbrechend, setzt sich an den Tisch* Hören S' schon auf, ich weiß ja, daß Sie überall sind. Und jetzt haben Sie das Protokoll von der letzten Sitzung ins Reine g'schrieben?

HOCHROITZPOINTNER Bin leider nicht früher dazu gekommen, Herr Dozent.

SCHREIMANN Aber, aber, ist ja überhaupt nicht Ihre Pflicht. Ich spreche Ihnen in meiner Eigenschaft als Schriftführer den Dank aus. Haben S' nur alles gut lesen können? *Zu ihm hin, im Protokoll lesend, murmelnd* Abstimmung – Vier Stimmen für den außerordentlichen Professor an der Grazer Universität Hell, vier für den Doktor S. Wenger – *zu Hochroitzpointner gewandt* Samuel –

HOCHROITZPOINTNER Das wird aber doch nicht ausgeschrieben.

SCHREIMANN Möcht wissen, warum. Mein Großvater zum Beispiel hat Samuel geheißen und hat sich immer ausgeschrieben, und ich heiße Siegfried und schreib mich auch immer aus.

HOCHROITZPOINTNER *dumm* Jawohl, Herr Regimentsarzt.

SCHREIMANN Aber ich bin doch nimmer Ihr Regimentsarzt. *Er liest weiter* Der Direktor machte von seinem statutengemäßen Recht Gebrauch, bei Stimmengleichheit zu dirimieren, und entschied für Dozenten Doktor Wenger, womit dieser als Chef der Abteilung für Dermatologie und Syphilis gewählt erscheint. *Kleine Pause* Na, sind Sie zufrieden mit Ihrem neuen Chef?

HOCHROITZPOINTNER *unwillkürlich die Hacken zusammenschlagend* Gewiß.

SCHREIMANN *lachend, ihm die Hand auf die Schulter legend* Aber was machen S' denn, Hochroitzpointner? Sie sind doch nimmer militärischer Eleve unter mir.

HOCHROITZPOINTNER Leider, Herr Dozent. Waren schöne Zeiten.

SCHREIMANN Ja, jünger waren wir halt. Aber sagen Sie mir, Hochroitzpointner, weil wir schon dabei sind, wann gedenken Sie eigentlich Ihr letztes Rigorosum zu machen?

EBENWALD *tritt ein.* SCHREIMANN, HOCHROITZPOINTNER

EBENWALD Ja, das frag ich ihn auch immer.

HOCHROITZPOINTNER Habe die Ehre, Herr Professor.

EBENWALD Servus, Schreimann.

SCHREIMANN Servus.

EBENWALD Wissen S' was, Hochroitzpointner, Sie sollten nächstens einmal Urlaub nehmen von den verschiedenen Abteilungen und büffeln. Verstehn S', büffeln, damit Sie endlich fertig werden. Was machen Sie übrigens da im Sitzungszimmer?

SCHREIMANN Der Doktor war so freundlich und hat mir das Protokoll ins Reine geschrieben.

EBENWALD Also das auch noch. Nein, was das Elisabethinum ohne den Hochroitzpointner anfangen möcht! – Und gestern auf dem Ball waren Sie doch Vortänzer?

HOCHROITZPOINTNER *dumm* Vor- und Nachtänzer, Herr Professor.

SCHREIMANN Und hat sich nicht einmal niedergelegt.

EBENWALD Ja, die jungen Leut! – Na, wie war's denn?

HOCHROITZPOINTNER Riesig voll. Sehr animiert.

EBENWALD *zu Hochroitzpointner* Wissen Sie, wo Sie heut nacht getanzt haben, Hochroitzpointner? Auf einem Vulkan.

HOCHROITZPOINTNER Es war auch sehr heiß, Herr Professor.

EBENWALD *lacht* Ha! Also Urlaub nehmen, Prüfungen machen und nicht mehr auf Vulkanen tanzen! Auch auf keinem ausgekühlten. Servus! *Reicht ihm verabschiedend die Hand.*

SCHREIMANN *tut dasselbe.*

HOCHROITZPOINTNER *schlägt wieder die Hacken zusammen.*

EBENWALD Wie ein Leutnant! –

SCHREIMANN Hab's ihm grad g'sagt.

HOCHROITZPOINTNER *ab.*

Schreimann, Ebenwald

EBENWALD Also, Seine Exzellenz der Unterrichtsminister ist auch dort gewesen?

SCHREIMANN Ja, und hat sogar mindestens eine halbe Stunde mit Bernhardi konversiert.

EBENWALD Es ist doch sonderbar.

SCHREIMANN Ich bitte dich, auf einem Ball.

EBENWALD Aber er muß doch wissen, daß das Kuratorium demissioniert hat.

SCHREIMANN Und wenn auch, war doch sogar ein Mitglied des Kuratoriums auf dem Ball.

EBENWALD Wer?

SCHREIMANN Der Hofrat Winkler.

EBENWALD Der ist immer so ein Frondeur.

SCHREIMANN Übrigens, offiziell ist ja die Sache noch nicht.

EBENWALD So gut wie offiziell. Die Sitzung ist doch heute jedenfalls wegen der Demission anberaumt. Na – *zögernd* kann ich mich auf dich verlassen, Schreimann?

SCHREIMANN *leicht* Ich erlaube mir diese Frage etwas sonderbar zu finden.

EBENWALD Na, hör auf, wir sind doch keine Studenten mehr.

SCHREIMANN Du kannst dich immer auf mich verlassen, wenn ich deiner Ansicht bin. Und da ja das glücklicherweise meistens der Fall ist –

EBENWALD Es könnte aber vielleicht doch Fragen geben, in denen dir ein Zusammengehen mit mir gewisse Bedenken verursachen würde.

SCHREIMANN Ich habe dir schon einmmal gesagt, lieber Ebenwald, diese ganze Affäre ist meiner Ansicht nach überhaupt nicht von irgendeinem religiösen oder konfessionellen Standpunkt, sondern vielmehr von dem des Taktes aus zu betrachten. Also, auch wenn ich Nationaljude wäre, ich würde in diesem Falle gegen Bernhardi Stellung nehmen. Aber abgesehen davon, erlaube ich mir, dich wieder einmal darauf aufmerksam zu machen, daß ich Deutscher bin, geradeso wie du. Und ich versichere dich, wenn sich einer von meiner Abstammung heutzutage als Deutscher und Christ bekennt, so gehört dazu ein größerer Mut, als wenn er das bleibt, als was er auf die Welt gekommen ist. Als Zionist hätt ich's leichter gehabt.

EBENWALD Schon möglich. Eine Professur in Jerusalem wär dir sicher gewesen.

SCHREIMANN Öde G'spaß.

EBENWALD Na, Schreimann, du weißt doch, wie ich zu dir stehe, aber du mußt doch andererseits begreifen, wir leben in einer so konfusen Zeit – und in einem so konfusen Land –

SCHREIMANN Du, komm mir nicht vielleicht wieder mit den anonymen Briefen.

EBENWALD Ah, denkst du noch daran? Übrigens, die waren gar nicht anonym. Die waren mit vollem Namen unterschrieben, von guten alten Freunden aus der Studentenzeit. Natürlich haben die sich gewundert, daß ich mich für dich so engagiert hab. Du darfst ja nicht vergessen, lieber Schreimann, auf der Universität und noch später als alter Herr war ich ein Führer der Deutschnationalen strengster Observanz. Und du weißt, was das heißt: Wacht am Rhein – Bismarckeiche – Waidhofner Beschluß – Juden wird keine Satisfaktion gegeben, auch Judenstämmlingen –

SCHREIMANN Ist doch manchmal nicht anders gegangen trotz der strengsten Observanz. Den Schmiß da hab ich noch als Jud gekriegt.

EBENWALD Na, leben wir nicht in einem konfusen Land? Auf deinen jüdischen Schmiß bist du heut noch stolzer als auf dein ganzes Deutschtum.

PROFESSOR PFLUGFELDER *kommt.* SCHREIMANN, EBENWALD

PFLUGFELDER, *65, Gelehrtenphysiognomie, Brille* Guten Abend, meine Herren. Wissen Sie schon? das Kuratorium hat demissioniert!

EBENWALD Darum sind wir ja da, verehrter Herr Professor.

PFLUGFELDER Also, was sagen Sie dazu?

EBENWALD Sie scheinen erstaunt zu sein. Man war doch allgemein darauf gefaßt.

PFLUGFELDER Erstaunt? Keine Idee. Oh, das Erstaunen, wissen Sie, das habe ich mir lange abgewöhnt. Aber, den Ekel leider nicht. Nein, der geht mir bis daher.

SCHREIMANN Ekel?

PFLUGFELDER Sie werden mir doch zugeben, meine Herren, daß die Hetze, die jetzt gegen Bernhardi inszeniert wird, jeder inneren Berechtigung entbehrt.

EBENWALD Mir ist von einer Hetze nichts bekannt.

PFLUGFELDER Ah! – Ihnen ist nichts bekannt? So, so – Und daß Ihr Vetter, der Ottokar Ebenwald, der Hauptmacher ist, das wissen Sie auch nicht?

EBENWALD Ich muß sehr bitten –

PFLUGFELDER Aber ich will Sie selbstverständlich nicht mit Ihrem Herrn Vetter identifizieren. Sie werden mit Recht jede Gemeinsamkeit ablehnen. Denn es stellt sich ja jetzt heraus, gerade bei dieser Gelegenheit, daß Ihr Herr Vetter, der so herrlich als Deutschnationaler begonnen, sich einfach dazu hergibt, die Geschäfte der Klerikalen zu besorgen. Und Sie sind doch nicht klerikal, Ebenwald. Sie sind doch deutsch, ein alter deutscher Student. Und was sind denn die deutschen Tugenden, Ebenwald? Mut, Treue, Gesinnungsfestigkeit. Habe ich noch eine vergessen? Macht nichts. Wir kommen ja vorläufig mit denen aus. Und daher hoffe ich, daß Sie mit mir einer Meinung sind: wir werden heute unserem Bernhardi eine solenne Genugtuung bereiten.

EBENWALD Genugtuung? Wofür denn? Was ist ihm denn passiert? Bisher nichts anderes, als daß das Kuratorium demissioniert hat. Und wir können zusperren, weil wir nicht wissen, woher wir Geld kriegen sollen. Ob das gerade der richtige Anlaß ist, dem Herrn Direktor eine Ovation zu bringen, der uns durch sein nicht sehr taktvolles Benehmen in die Situation gebracht hat –

PFLUGFELDER Ach so, – na ja. Sie sind halt, wie Sie sind, Ebenwald. Operieren ließ ich mich ja doch nur von Ihnen. Denn das können Sie, ja. Aber Sie, Schreimann? Sie schweigen?

Auch gegen Bernhardi? Auch empört, daß er den Herrn Pfarrer gebeten hat, ein armes, krankes Menschenkind ungestört sterben zu lassen? – Begreiflich, begreiflich. So ganz frische religiöse Gefühle, die müssen besonders geschont werden.

EBENWALD *ruhig* Laß dich nicht hetzen, Schreimann.

SCHREIMANN *ganz ruhig* Hab's grad früher zu Kollegen Ebenwald gesagt, Herr Professor, nicht in meinen religiösen Gefühlen, sondern in meinem guten Geschmack bin ich verletzt. Ich finde nämlich, ein Krankenzimmer ist nicht der richtige Ort, um Politik zu machen.

PFLUGFELDER Politik! Bernhardi hat Politik gemacht! Sie werden mir doch nicht einreden, daß Sie das selber glauben. Das ist doch –

FILITZ *tritt ein.* SCHREIMANN, EBENWALD, PFLUGFELDER. *Begrüßung.*

FILITZ Guten Abend, meine Herren. Ich will Ihnen gleich sagen, was ich zu tun gedenke. Sie können ja das halten, wie Sie wollen. Ich für meinen Teil folge dem guten Beispiel des Kuratoriums und demissioniere.

EBENWALD Wie?

PFLUGFELDER He!

FILITZ Ich wüßte nicht, was man korrekterweise anderes tun kann, wenn man nicht direkt die Absicht hat, sich mit dem hier nicht näher zu bezeichnenden Benehmen unseres Herrn Direktors solidarisch zu erklären, und –

EBENWALD Verzeihen Sie, Herr Professor, ich bin durchaus nicht Ihrer Ansicht. Es gibt sicher eine andere Art zu beweisen daß wir keineswegs daran denken, uns mit dem Direktor solidarisch zu fühlen. Wir dürfen das Institut jetzt nicht im Stich lassen, gerade jetzt nicht. Wir müssen das Kuratorium vielmehr zu bewegen suchen, die Demission wieder zurückzuziehen.

FILITZ Das wird niemals geschehen, solange Bernhardi an der Spitze steht.

SCHREIMANN Sehr richtig, – solang er an der Spitze steht.

FILITZ Solang er –

PFLUGFELDER Ah, sind Sie schon so weit, meine Herren! Das übertrifft ja –

ADLER *tritt ein.* PFLUGFELDER, EBENWALD, SCHREIMANN, FILITZ

ADLER Guten Abend, meine Herren, haben Sie schon gelesen?
EBENWALD Was denn?
ADLER Die Interpellation.
SCHREIMANN In der Affäre Bernhardi?
FILITZ Ist schon erfolgt?
ADLER Steht ja im Abendblatt.
EBENWALD *klingelt* Nichts haben wir gelesen. *Zu Filitz* Ich hab geglaubt, erst morgen.
SCHREIMANN Wir Praktiker haben nämlich keine Zeit, uns nachmittag ins Kaffeehaus zu setzen.
DIENER *tritt ein.*
EBENWALD Sein S' so gut, gehn S' hinüber in die Trafik und kaufen S' ein Abendblatt.
FILITZ Bringen Sie drei.
SCHREIMANN Sechs!
EBENWALD *zum Diener* Bringen S' gleich ein Dutzend. Aber g'schwind!
DIENER *ab.*
SCHREIMANN *zu Adler* Ist sie sehr scharf, die Interpellation?
PFLUGFELDER Sollte hier niemand sein, dem der Wortlaut schon bekannt ist?

DR. WENGER *tritt ein.* PFLUGFELDER, FILITZ, ADLER, SCHREIMANN, EBENWALD

WENGER *kleiner Mensch, gedrückt, unsicher und dabei manchmal überlaut, mit Brille* Guten Abend, meine Herren.
SCHREIMANN Geben S' her, Doktor Wenger. *Zieht ihm aus der Brusttasche ein Abendblatt* Der hat ja eins.
WENGER Aber, Herr Dozent!
EBENWALD Das ist schön, daß Sie uns das gleich mitgebracht haben.
WENGER Was hab ich mitgebracht? Ah so! Ist das der Usus, daß der Benjamin immer in die Sitzungen das Abendblatt mitbringt?
EBENWALD *mit der Zeitung* Da steht's!
Die andern, außer Adler und Wenger, versuchen mit Ebenwald in die Zeitung zu sehen.
ADLER *zu Wenger* Was sagst du dazu?
WENGER Ja, was soll ich sagen? Ich versteh nichts von Politik. Und ich war ja nicht dabei.

SCHREIMANN *zu Ebenwald* So sehn wir keiner was. Lies vor.

EBENWALD Also, meine Herren, die Interpellation hat folgenden Wortlaut: »Die Unterfertigten halten es für ihre Pflicht –«

PFLUGFELDER Es verschlagt Ihnen ja die Red! Professor Filitz soll lesen! Er ist sonor und rhetorisch und hat den Brustton der Überzeugung.

EBENWALD Den hätt ich auch, aber Professor Filitz liest gewiß schöner. Also bitte.

FILITZ *liest* »Die Unterfertigten halten es für ihre Pflicht, der Regierung folgenden Vorfall zur Kenntnis zu bringen, der sich am 4. Februar im Elisabethinum« – und so weiter, und so weiter. »Seine Hochwürden Franz Reder, Pfarrer an der Kirche zum Heiligen Florian, wurde von der weltlichen Schwester Ludmilla an das Sterbebett der schwer erkrankten ledigen Philomena Beier gerufen, um ihr das heilige Sakrament der letzten Ölung zu erteilen. Im Vorraum des Krankensaales fand Seine Hochwürden einige Ärzte versammelt, darunter Herrn Professor Bernhardi, Chef der betreffenden Abteilung, Direktor des Institutes, welch letzterer Seine Hochwürden in barscher Weise aufforderte, von seinem Vorhaben abzustehen, mit der Begründung, daß die Sterbende durch die Aufregung eventuell Schaden an ihrer Gesundheit erleiden könnte.«

PFLUGFELDER Nein, nein!!

DIE ANDERN Ruhe!

FILITZ *liest weiter* »Herr Professor Bernhardi, als Bekenner der mosaischen Konfession, wurde von Seiner Hochwürden dahin belehrt, daß er in Erfüllung einer heiligen Pflicht erschienen sei, die in diesem Fall um so dringender geboten war, als die Kranke an den selbstverschuldeten Folgen eines verbrecherischen Eingriffes darniederlag, worauf Professor Bernhardi in höhnischer Weise seine Hausherrnrechte in den natürlich vom Gelde edler Spender erbauten und erhaltenen Räumen betonte. Als Seine Hochwürden nun, weitere Diskussionen ablehnend, sich in das Krankenzimmer begeben wollte, verstellte Herr Professor Bernhardi ihm die Türe, und in dem Augenblick, da Seine Hochwürden die Klinke ergriff, um in Ausübung seiner heiligen Pflicht das Krankenzimmer zu betreten, versetzte ihm Herr Professor Bernhardi einen Stoß –«

ADLER Eine absolute Unwahrheit!

PFLUGFELDER Infam!

SCHREIMANN Waren Sie denn dabei?

FILITZ Als wenn es auf den Stoß ankäme.

EBENWALD Es gibt ja Zeugen.

PFLUGFELDER Ihre Zeugen kenn ich.

ADLER Ich war auch dabei.

PFLUGFELDER Aber Sie hat man nicht vernommen.

WENGER Vernommen?

PFLUGFELDER In der gewissen Kommission. Sollte Ihnen auch von der Kommission nichts bekannt sein, Herr Professor Ebenwald?

SCHREIMANN Weiterlesen!

FILITZ *liest* »Während dieser Szene im Vorraum verschied die Kranke, ohne der Tröstungen der Religion, nach denen sie, wie die Schwester Ludmilla bezeugt hat, dringend verlangte, teilhaftig geworden zu sein. Indem wir diesen Vorfall der Regierung zur Kenntnis bringen, richten wir an die Regierung, insbesondere an Seine Exzellenz den Herrn Minister für Kultus und Unterricht, die Frage, was er vorzukehren gedenkt, um den durch diesen Vorfall aufs schwerste verletzten religiösen Gefühlen der christlichen Bevölkerung Wiens Genugtuung zu verschaffen, ferner welche Maßnahmen Seine Exzellenz zu ergreifen gedenkt, um der Wiederholung solch empörender Vorfälle vorzubeugen, und endlich, ob es Seiner Exzellenz mit Hinblick auf diesen Vorfall nicht angezeigt erscheint, künftighin bei Besetzung öffentlicher Stellen ein für allemal von Persönlichkeiten abzusehen, die durch Abstammung, Erziehung und Charaktereigenschaften nicht in der Lage sind, den religiösen Gefühlen der angestammten christlichen Bevölkerung das nötige Verständnis entgegenzubringen.« Unterschrieben ... *Bewegung.*

EBENWALD Na, jetzt stehen wir schön da.

WENGER Wieso wir? Gegen das Institut ist doch kein Wort gesagt.

SCHREIMANN Sehr richtig!

EBENWALD Bravo, Wenger!

WENGER *ermutigt* Das Elisabethinum steht fleckenlos und rein da.

PFLUGFELDER Und der Direktor?

WENGER Natürlich auch, wenn es ihm gelingt, woran ich natürlich keinen Augenblick zweifle, die in der Interpellation enthaltenen Anwürfe zu entkräften.

PFLUGFELDER Anwürfe? – Das nennen Sie Anwürfe? – Aber, lieber Herr Kollega, diese Interpellation, – muß man Ihnen das wirklich erst sagen –, daß diese Interpellation nichts anderes bedeutet als ein politisches Manöver der vereinigten klerikalen und antisemitischen Parteien.

FILITZ Unsinn!

EBENWALD Der alte Achtundvierziger!

WENGER Pardon, für mich gibt es überhaupt keine religiösen und keine nationalen Unterschiede. Ich bin ein Mann der Wissenschaft. Ich perhorresziere –

SCHREIMANN Wir alle perhorreszieren!

BERNHARDI *und* CYPRIAN *treten ein.* ADLER, SCHREIMANN, EBENWALD, FILITZ, PFLUGFELDER, WENGER

BERNHARDI *sehr aufgeräumt, seine Art zu reden noch etwas humoristischer, ironischer gefärbt also sonst, aber nicht ganz unbefangen. Er nimmt dem Diener, der ihm die Türe öffnet, die Abendblätter aus der Hand* Guten Abend, meine Herren. Hier, bitte, sich zu bedienen. Ich bitte um Entschuldigung, daß ich mich ein wenig verspätet habe, die Herren haben sich ja hoffentlich indes gut unterhalten.

Allgemeine Begrüßung. Bernhardi nimmt sofort seinen Platz ein am oberen Tischende, die andern nehmen allmählich Platz, einige rauchen.

BERNHARDI Ich erkläre die Sitzung für eröffnet. Bevor ich zur Tagesordnung schreite, erlaube ich mir im Namen des Elisabethinums unser neues Mitglied, das heute zum erstenmal einer Sitzung unseres Kollegiums beiwohnt, und gleich einer außerordentlichen, aufs herzlichste zu begrüßen. Lassen Sie mich zugleich die Hoffnung aussprechen, daß Herr Dozent Doktor Wenger sich in unserer Mitte wohlfühlen, in seiner neuen verantwortlicheren Stellung weiterhin Gelegenheit finden möge, seine bewährte Pflichttreue zu beweisen, sein Talent auszubilden und sich zu dem zu entwickeln, was jeder einzelne von uns ist, eine Zierde unseres Institutes. *Der Scherz findet keinen Widerhall* Herr Doktor Wenger, ich heiße Sie in unser aller Namen nochmals herzlich willkommen.

WENGER Hochverehrter Herr Direktor, meine hochverehrten Herren Kollegen! Es wäre unbescheiden, Ihre kostbare Zeit durch eine längere Rede in Anspruch zu nehmen –

EBENWALD und SCHREIMANN Sehr richtig!

WENGER So will ich mich denn begnügen, meinen innigsten Dank für die hohe Ehre – *Unruhe.*

SCHREIMANN *erhebt sich* In Anbetracht der vorgerückten Stunde beantrage ich, daß unser verehrter Herr Kollege Doktor Wenger seine zweifellos sehr gehaltvolle Dankrede auf die nächste Sitzung verschieben möge, damit wir sofort zur Tagesordnung schreiten können.

DIE ANDERN Einverstanden! Richtig!

SCHREIMANN *drückt Wenger die Hand, einige folgen seinem Beispiel.*

BERNHARDI Meine Herren, ich habe mir erlaubt, Sie zu einer außerordentlichen Sitzung einzuberufen, ich muß vor allem um Entschuldigung bitten, daß es in so später Stunde geschah, um so mehr darf ich meiner Befriedigung Ausdruck geben, daß die Herren vollzählig erschienen sind.

ADLER Löwenstein fehlt.

BERNHARDI Wird hoffentlich noch kommen. – Ich sehe darin einen neuen Beweis für das große, ich möchte sagen patriotische Interesse, das Sie alle unserm Institute entgegenbringen, einen Beweis für unser aller kollegiales Zusammenhalten, das nun einmal besteht, unbeschadet gelegentlicher Differenzen in Einzelheiten, wie sie schließlich in keiner größeren Körperschaft ganz zu vermeiden sind, um so weniger, aus je prominenteren Persönlichkeiten diese Körperschaft sich zusammensetzt. *Unruhe* Aber daß wir in allen wesentlichen Fragen eines Sinnes sind, das hat sich schon mehr als einmal gezeigt und wird sich hoffentlich auch in Zukunft erweisen zur Freude unserer wahren Gönner und zum Ärger unserer Feinde! Wir haben nämlich auch solche. Meine Herren, ich glaube den Vorwurf nicht fürchten zu müssen, daß ich Ihre Neugier auf die Folter spanne. Denn Sie wissen ja alle, warum ich mir erlaubt habe, Sie einzuberufen. Immerhin ist es meine Pflicht, den Brief zur Verlesung zu bringen, der mir heute morgen rekommandiert mit Retourrezepisse zugestellt wurde.

FILITZ Hört!

BERNHARDI *liest* »Hochverehrter –« usw. usw. »Ich beehre mich Ihnen mitzuteilen, daß die Mitglieder des Kuratoriums –« usw. usw. – »den einstimmigen Beschluß gefaßt haben, ihre Ehrenstellen zurückzulegen. Indem ich Ihnen, hochverehrter Herr Direktor, diesen Beschluß zur Kenntnis bringe, richte ich das Ersuchen an Sie, die verehrten Mitglieder des Direktoriums und des Lehrkörpers davon in Kenntnis zu setzen. Genehmigen Sie –« usw. usw. – »Hofrat Winkler als Schriftführer.«

EBENWALD *beugt sich über den Brief.*

BERNHARDI Bitte. *Der Brief zirkuliert, Bernhardi lächelt* Meine Herren, Sie werden sich hoffentlich überzeugen, daß ich Ihnen keine Silbe dieses interessanten Schreibens unterschlagen habe. Das Kuratorium hat demissioniert, und die Tagesordnung unserer heutigen Sitzung lautet logischerweise: Stellungnahme des Direktoriums und des Plenums zu dieser Tatsache. Herr Professor Ebenwald wünscht das Wort.

EBENWALD Ich stelle die Anfrage an den Herrn Direktor, ob ihm die Ursache bekannt ist, die das Kuratorium zur Demission veranlaßt hat, eine Anfrage, die umso berechtigter ist, als das Kuratorium sich in seinem Schreiben so gründlich darüber ausschweigt.

PFLUGFELDER *angewidert* Eh!

BERNHARDI Ich könnte hierauf mit der Frage erwidern, ob diese Ursache Herrn Professor Ebenwald oder einem der anderen Herren nicht bekannt ist. Aber da wir ja alle auch außerhalb dieses Saales noch mancherlei zu tun haben –

CYPRIAN Sehr richtig!

BERNHARDI – und die Verhandlung nicht überflüssig in die Länge gezogen werden soll, so erwidere ich die Anfrage des Herrn Vizedirektors Professor Ebenwald mit gebotener Kürze: Ja, die Ursache ist mir bekannt. Die Ursache liegt in demselben Vorfall, von dem Sie eine Schilderung soeben in den Abendblättern, mit größerem oder geringerem Vergnügen, unter der Form einer sogenannten Interpellation gelesen haben.

SCHREIMANN Die Interpellation gehört nicht her.

BERNHARDI Sehr richtig. Sie gehört meiner Ansicht nach nicht einmal ins Parlament –

PFLUGFELDER Sehr gut.

BERNHARDI Da diese Interpellation einen Vorfall, meine Herren, von dem Zeugen auch hier anwesend sind, und für den ich die volle Verantwortung trage, in einer faktiösen, den Zwecken einer gewissen Partei –

FILITZ Welcher Partei?

PFLUGFELDER Der antisemitisch-klerikalen Partei –

FILITZ Unsinn!

BERNHARDI Einer gewissen Partei, über deren Wesen wir alle hier nicht im Zweifel sind, mit so verschiedenen Gefühlen wir ihr auch gegenüberstehen –

PFLUGFELDER Sehr gut!

BERNHARDI – in einer faktiösen Weise entstellt. Übrigens bin ich nicht hier, um mich zu rechtfertigen, vor wem es auch sei, sondern ich stehe vor Ihnen als Direktor dieser Anstalt, um Sie zu fragen, wie wir uns der Tatsache der Kuratoriumsdemission gegenüber zu verhalten haben. Herr Professor Cyprian hat das Wort.

CYPRIAN *in seiner eintönigen Weise beginnend* Vor wenigen Jahren, ich befand mich gerade auf einer Erholungsreise in Holland, da stand ich in der Gemäldegalerie – *Unruhe* Was gibt's, meine Herren?

SCHREIMANN In Anbetracht der vorgerückten Stunde möchte ich Herrn Professor Cyprian dringendst ersuchen, heute keine Anekdoten zu erzählen, sondern möglichst sofort zur Sache zu kommen.

CYPRIAN Es wäre keine Anekdote gewesen, es hätte im tiefsten Sinne – Aber wie Sie wollen, meine Herren. Also, das Kuratorium hat demissioniert. Den Grund, oder vielmehr den Vorwand, kennen wir alle. Denn wir wissen alle, daß Bernhardi, als er dem Priester den Eintritt in das Krankenzimmer verweigerte, ausschließlich in Ausübung seiner ärztlichen Pflicht gehandelt hat. Wir alle hätten uns im gleichen Falle genau so benommen wie er.

FILITZ Oho!

EBENWALD Sie haben's ja doch noch nie getan.

SCHREIMANN Auch bei Herrn Direktor Bernhardi war es unseres Wissens das erstemal.

FILITZ Sehr wahr.

CYPRIAN Wenn wir es noch nie getan haben, meine Herren, so lag es einfach daran, daß die Situation, in welcher sich Herr Professor Bernhardi neulich befand, in ihrer Schärfe sich selten darbieten mag. Niemandem fällt es ein, in Abrede zu stellen, daß schon zahllose gläubige Gemüter, die dem Tod entgegensahen, im Sakrament der letzten Ölung – und daß selbst Zweifler in den Trostesworten gütiger Priester Beruhigung und Stärkung gefunden haben; und in allen Fällen, wo ein Priester von dem Sterbenden oder dessen Verwandten gewünscht wird, hat auch nie ein Arzt ihm den Eintritt verweigert.

FILITZ Das wär nicht übel!

CYPRIAN Aber das Erscheinen des Priesters am Krankenbett gegen den Willen des Sterbenden oder gegen die wohlbegründeten Bedenken desjenigen, der in der letzten Stunde für ihn verantwortlich ist, muß als ein zum mindesten unstatthafter Übergriff kirchlicher – Fürsorge bezeichnet werden, den abzuwehren in bestimmten Fällen nicht nur erlaubt ist, sondern zur Pflicht werden kann. Und solch ein Fall, meine Herren, ist es, dem wir hier gegenüberstehen. Und darum wiederhole ich aus voller Überzeugung: Wir hätten alle getan wie Bernhardi, – auch Sie, Professor Ebenwald – auch Sie, Professor Filitz. –

FILITZ Nein!

CYPRIAN Oder richtiger gesagt: wir hätten so tun müssen, mindestens, wenn wir einem ursprünglichen Gefühl nachgegeben hätten. Erst die sekundäre Rücksicht auf die eventuell möglichen Folgen hätte uns dazu veranlaßt, dem Priester den Eintritt zu gestatten. Bernhardis Fehler, wenn wir ihn überhaupt so nennen wollen, bestand also nur darin, daß er die Folgen nicht bedachte, daß er seiner ärztlich-menschlichen Eingebung gefolgt ist, die wir alle als Ärzte und Menschen gutheißen müssen; somit gibt es eine einzige Antwort, die dem Briefe des Kuratoriums gegenüber geboten erscheint, nämlich unserem Direktor, Herrn Professor Bernhardi, unser vollstes Vertrauen einmütig auszusprechen.

PFLUGFELDER Bravo!

ADLER *nickt, aber etwas unentschlossen.*

WENGER *blickt zu Adler, dann zu den andern.*

BERNHARDI Herr Vizedirektor Ebenwald hat das Wort.

EBENWALD Meine Herren, täuschen wir uns nicht, die Demission des Kuratoriums ist unter den heutigen Umständen so ziemlich das Schlimmste, was unserem Institute passieren konnte. Ich stehe nicht an, sie als eine Katastrophe zu bezeichnen. Jawohl, meine Herren, als Katastrophe. Ob das Kuratorium im ethischen Sinne berechtigt war, zu demissionieren, möchte ich ununtersucht lassen. Wir sind nicht hier versammelt, um religiöse Fragen zu behandeln, wie Professor Cyprian es notwendig fand, – um Kritik zu üben am Prinzen Konstantin oder an Seiner Eminenz oder am Bankdirektor

Veith und so weiter, wir stehen einfach vor der Tatsache, daß die Förderer unseres Institutes, denen wir materiell und ideell so viel verdanken, und auf deren materielle und ideelle Weiterunterstützung wir angewiesen sind, *Einwürfe* – wir sind es, meine Herren –, daß diese Förderer sich von uns abgewendet haben; – und stehen vor der weiteren unbezweifelbaren Tatsache, daß für dieses Mißgeschick unser verehrter Direktor, Herr Professor Bernhardi, die alleinige Verantwortung trägt.

BERNHARDI Ich trage sie.

EBENWALD Und ich finde, es wäre nicht nur im höchsten Grade undankbar gegen das Kuratorium, sondern geradezu schnöde gegen unser Institut gehandelt, wenn wir uns in einem Augenblick, wo der Herr Direktor, gewiß ohne böse Absicht, aber doch höchst unbedachterweise, das Elisabethinum an den Rand des Abgrundes gebracht hat, mit seinem Vorgehen solidarisch erklärten. *Entsprechende Unruhe* Ich widerhole, an den Rand des Abgrundes. Daher bin ich, im Gegensatz zu Herrn Professor Cyprian, nicht nur gegen das von ihm vorgeschlagene Vertrauensvotum für Herrn Professor Bernhardi, sondern stelle vielmehr den Antrag, unserm Bedauern über den bekannten Vorfall geziemenden Ausdruck zu verleihen und zu betonen, daß wir das Vorgehen des Herrn Direktors Seiner Hochwürden gegenüber aufs schärfste mißbilligen. *Er überschreit die wachsende Unruhe* Ich stelle den weiteren Antrag, daß diese Resolution dem Kuratorium in angemessener Weise zur Kenntnis gebracht und diesem auf Grund dessen die Bitte unterbreitet wird, die Demission zurückzuziehen. *Große Unruhe.*

BERNHARDI Meine Herren! *Unruhe. Er beginnt aufs neue* Meine Herren! – Um jedem Mißverständnis vorzubeugen, will ich gleich bemerken, daß mich Mißtrauenskundgebungen um so weniger berühren, je leichter sie vorauszusehen waren, daß ich aber auch in der angenehmen Lage bin, auf offizielle Vertrauenskundgebungen zu verzichten. Immerhin, um Sie vor Schritten zu bewahren, die Sie nachher doch bereuen könnten, möchte ich Ihnen verraten, daß wir in absehbarer Zeit ein Kuratorium wahrscheinlich nicht mehr nötig haben werden. Schon für die nächste Zeit ist uns eine staatliche Subvention von beträchtlicher Höhe ziemlich sicher, und, was wohl noch von weitertragender Bedeutung ist, die Verstaatlichung unsereres Institutes wird von den maßgebenden

Faktoren, wie Seine Exzellenz mir erst gestern wieder angedeutet hat, in allerernsteste Erwägung gezogen.

EBENWALD Ballgespräche.

CYPRIAN *steht auf* Ich muß bemerken, daß Seine Exzellenz vor wenigen Tagen auch mir gegenüber –

FILITZ Das gehört ja alles nicht hierher.

SCHREIMANN Zukunftsmusik!

EBENWALD Eine Subvention jetzt nach der Geschichte!

FILITZ Nach dieser Interpellation! *Große Unruhe.*

BERNHARDI *stark* Sie vergessen, meine Herren, daß diese Interpellation auch ihre Antwort finden wird. Und wie diese Antwort ausfallen wird, daran ist ein Zweifel wohl unzulässig, oder würde vielmehr eine Verdächtigung des Unterrichtsministers bedeuten, der über die Vorgänge, die dieser Interpellation vorhergegangen sind, informiert sein dürfte.

FILITZ Hoffentlich nicht einseitig.

SCHREIMANN Die Interpellation steht nicht zur Debatte.

FILITZ Ganz richtig. Es liegt ein Antrag vor.

SCHREIMANN Abstimmen lassen!

CYPRIAN *zu Bernhardi, leise* Ja, laß zuerst einmal abstimmen.

BERNHARDI Meine Herren! Es liegen zwei Anträge vor. Der eine von Professor Ebenwald dahin gehend –

LÖWENSTEIN, DIE VORIGEN

LÖWENSTEIN Meine Herren, ich komme aus dem Parlament. *Bewegung* Die Interpellation ist beantwortet worden.

EBENWALD Ich bitte abstimmen zu lassen, Herr Direktor.

CYPRIAN Wir haben doch die Parlamentsspielerei verschworen, meine Herren. Wir wünschen doch alle zu wissen –

SCHREIMANN *der Löwensteins verstörtes Gesicht wohl bemerkt hat* Ich glaube im Sinne aller Anwesenden zu sprechen, wenn ich an den Herrn Direktor das Ersuchen stelle, die offizielle Sitzung auf ein paar Minuten zu unterbrechen, damit Herr Kollega Löwenstein Gelegenheit erhält, uns nähere Mitteilungen über die Beantwortung der Interpellation zu machen.

BERNHARDI Die Herren sind alle einverstanden? So unterbreche ich die Sitzung auf einige Zeit. *Humoristisch* Löwenstein, du hast das Wort.

LÖWENSTEIN Es ist – es wird eine Untersuchung wegen Religionsstörung gegen dich eingeleitet. *Entsprechende Bewegung.*

PFLUGFELDER Das ist doch nicht möglich!

CYPRIAN Löwenstein!

SCHREIMANN Oh!

ADLER Religionsstörung?

CYPRIAN Erzähl uns doch.

EBENWALD Herr Kollega Löwenstein wird vielleicht die Liebenswürdigkeit haben, uns etwas genauer zu informieren.

BERNHARDI *steht regungslos.*

LÖWENSTEIN Was ist da viel zu informieren? Die Untersuchung wird eingeleitet! Eine Schmach! Ihr habt es erreicht.

FILITZ Keine Invektiven, lieber Löwenstein.

CYPRIAN So sprich doch endlich!

LÖWENSTEIN Was kann die Herren daran noch weiter interessieren? Sie werden ja das Genauere morgen früh in der Zeitung lesen. Das Wesentliche der ganzen Rede war der Schluß, und den kennen Sie jetzt. Daß Seine Exzellenz im Anfang offenbar auf etwas ganz anderes hinauswollte, das ist ja nebensächlich.

CYPRIAN Wo anders hinaus?

SCHREIMANN Lieber Kollega Löwenstein, versuchen Sie doch möglichst im Zusammenhang –

LÖWENSTEIN Also, ich versichere Sie, meine Herren, im Anfang mußte man absolut den Eindruck haben, daß die Herren Interpellanten eine schmähliche Niederlage erleben werden. Der Minister sprach von den großen Verdiensten unseres Direktors und betonte ausdrücklich, daß von irgendeiner Absicht seinerseits absolut nicht die Rede gewesen sein konnte, daß Professor Bernhardi dem politischen Getriebe vollständig fernstünde, daß kein Anlaß vorliege, öffentliche Stellen anders zu besetzen als nach Würdigkeit und Verdienst. Und bei dieser Gelegenheit gab es schon Zwischenrufe: »Ja, wenn es so wäre!« und »Verjudung der Universität!« und dergleichen. Da kam dann der Minister irgendwie von seinem Thema ab, wurde, wie es scheint, ärgerlich und verwirrt. Dann kam er irgendwie auf die Notwendigkeit der religiösen Erziehung, auf eine Verbindung von christlicher Weltanschauung und Fortschritt der Wissenschaft, und er endete plötzlich, – ich bin überzeugt, zu seiner eigenen Überraschung –, wie ich schon erzählt habe, mit der Mitteilung, daß er sich mit seinem Herrn Kollegen von der Justiz ins Einvernehmen setzen werde, *höhnend*, ob dieser sich nicht veranlaßt sehe, die Vorerhebungen gegen Herrn Professor Bernhardi wegen Vergehens der Religionsstörung einzuleiten, um auf diese Weise – so ungefähr sagte er – eine Klarstellung des von den Herren Interpellanten gerügten Einzelfalles in einer vollkommen einwandfreien, alle Parteien des Hauses und die Bevölkerung in gleichem Maße befriedigenden Weise durchzuführen.

PFLUGFELDER Pfui Teufel!

FILITZ Oho!

CYPRIAN Und wie benahm sich denn das Haus?

LÖWENSTEIN Ziemlich viel Beifall, kein Widerspruch, soviel ich gehört habe, – Redner wurde beglückwünscht.

ADLER Es ist unmöglich, daß Sie sich verhört haben, Löwenstein?

LÖWENSTEIN Bitte, Sie brauchen mir ja nicht zu glauben.

CYPRIAN Es geht uns ja auch im Grunde nichts an.

FILITZ Na!

EBENWALD Ich denke, man könnte die Sitzung wieder aufnehmen.

BERNHARDI *gefaßt* Ich glaube im Sinne aller Anwesenden zu sprechen, wenn ich Herrn Doktor Löwenstein für seinen freundlichen Bericht unseren Dank ausspreche, bitte die Herren, sich zu beruhigen, und nehme die für kurze Zeit unterbrochen gewesene Sitzung wieder auf. Meine Herren, wie Sie früher richtig bemerkt haben, die Interpellation steht nicht zur Debatte, ihre Beantwortung ebensowenig; es liegen zwei Anträge vor.

EBENWALD Ich ziehe meinen Antrag zurück.

Bewegung. Adler flüstert Löwenstein Erklärungen zu.

EBENWALD Respektive, ich lasse ihn aufgehen in einem andern Antrag, der mir im Hinblick auf die durch die Antwort des Ministers geschaffene Sachlage im Interesse unseres Institutes geboten erscheint.

CYPRIAN Die Antwort des Ministers gehört nicht hierher.

PFLUGFELDER Gar nichts geht uns diese Antwort an.

EBENWALD Also, ich beantrage: Suspendierung unsereres verehrten Herrn Direktors von der Leitung des Elisabethinums bis zum Abschluß der gegen ihn eingeleiteten strafrechtlichen Untersuchung. *Große Unruhe.*

PFLUGFELDER Schämen Sie sich, Ebenwald!

CYPRIAN Sie wissen ja noch nicht einmal, ob die Anklage erhoben wird.

LÖWENSTEIN Unerhört!

CYPRIAN Wenn Sie Ihren ersten Antrag zurückziehen, so bleibt doch der meine aufrecht, daß wir nämlich Herrn Direktor Bernhardi unseres Vertrauens –

PFLUGFELDER *unterbricht* Was geht uns die Interpellation und ihre Beantwortung überhaupt an? Es ist eine externe Angelegenheit.

EBENWALD *brüllend* Bedenken Sie doch, daß wir in Gefahr stehen, uns vor der ganzen Welt lächerlich zu machen, wenn wir hier weiterberaten und beschließen – im Angesichte der Möglichkeit, daß alle unsere Beschlüsse von einer höheren Instanz bei nächster Gelegenheit annulliert werden.

CYPRIAN Entschuldigen Sie, Ebenwald, das ist ein Unsinn.

ADLER Wer hat denn das Recht, unsere Beschlüsse zu annullieren?

LÖWENSTEIN Profesor Bernhardi ist und bleibt Direktor des Elisabethinums. Kein Mensch kann ihn absetzen.

FILITZ Für mich ist er es schon heute nicht mehr!

CYPRIAN *zu Bernhardi* Laß über meinen Antrag abstimmen. *Bewegung.*

BERNHARDI Ich werde der Ordnung gemäß – *Unruhe.*

ADLER *sehr erregt* Meine Herren, gestatten Sie mir nur ein paar Worte. Wenn die vom Minister für Kultus und Unterricht in Aussicht gestellte Untersuchung zu einer Verhandlung führen sollte, wird unter anderm auf meine Aussage nicht verzichtet werden können, da ich bei jenem Vorfall anwesend war. Und nicht nur ich, sondern alle hier Anwesenden wissen, daß der in Rede stehende Vorfall von den Herren Interpellanten in einer der Wahrheit nicht völlig entsprechenden Weise geschildert worden ist. Aber gerade weil ich von der Unschuld des Professors Bernhardi in tiefster Seele überzeugt bin, ja sie bezeugen kann –

BERNHARDI Ich danke.

ADLER – gerade darum begrüße ich es – und wir alle ohne Unterschied der Parteirichtung müssen es begrüßen –

SCHREIMANN Es gibt keine Parteirichtung!

ADLER – daß jene Angelegenheit vor der gesamten Öffentlichkeit durch eine ordnungsgemäße Untersuchung klargestellt werde. Es soll auch nicht der Eindruck erweckt werden, als wenn wir hier durch eine vorzeitige Parteinahme vor Abschluß der gerichtlichen Untersuchung der endgültigen

Entscheidung, die ja für Herrn Professor Bernhardi nicht anders als günstig ausfallen kann, vorgreifen würden. Wenn ich also dem Antrage des Herrn Vizedirektors, Professor Ebenwald, auf Suspendierung des Herrn Direktors zustimme – *Bewegung.*

FILITZ Bravo!

ADLER – so bitte ich Sie alle, und vor allem den verehrten Herrn Professor Bernhardi, darin einen Beweis meines Vertrauens für ihn – und die Überzeugung zu erblicken, daß Herr Professor Bernhardi aus der gegen ihn eingeleiteten Untersuchung rein hervorgehen wird.

CYPRIAN Aber, Doktor Adler, damit geben Sie ja die Berechtigung zu, daß eine solche Untersuchung überhaupt eingeleitet wird.

FILITZ Wer gibt das nicht zu?

LÖWENSTEIN Auf eine solche Denunziation hin –

FILITZ Das wird sich ja herausstellen.

PFLUGFELDER Liebedienerei des Ministers! Er kriecht vor den Klerikalen!

LÖWENSTEIN Es ist ja nicht das erstemal!

CYPRIAN *zu Bernhardi* Laß über meinen Antrag abstimmen!

BERNHARDI Meine Herren! *Unruhe.*

SCHREIMANN Ist denn das überhaupt noch eine Sitzung! Kaffeehaus ohne Billard!

FILITZ Der Antrag des Professors Ebenwald ist der weitergehende, über ihn muß zuerst abgestimmt werden.

BERNHARDI Meine Herren! Ich habe eine Anfrage an den Herrn Vizedirektor Professor Ebenwald zu richten.

SCHREIMANN. Was heißt denn das?

FILITZ Das ist nach der Geschäftsordnung nicht zulässig.

PFLUGFELDER Kindische Parlamentsspielerei!

BERNHARDI Es wird Sache des Herrn Professors Ebenwald sein, meine Frage zu beantworten oder nicht.

EBENWALD Bitte.

BERNHARDI Ich frage Sie, Herr Professor Ebenwald, ob Ihnen bekannt ist, daß ich die Interpellation, deren Beantwortung durch den Minister Sie zu dem Antrag auf meine Suspendierung veranlaßt, ob Ihnen bekannt ist, daß ich diese Interpellation hätte verhindern können?

LÖWENSTEIN Hört!

SCHREIMANN Nicht antworten!

BERNHARDI Wenn Sie ein Mann sind, Herr Professor Ebenwald, so werden Sie antworten. *Bewegung.*

EBENWALD Meine Herren, die Frage des Herrn Professors Bernhardi kommt mir nicht überraschend. Ich habe sie eigentlich schon im Laufe dieser ganzen sonderbaren Sitzung erwartet. Aber man wird es mir nicht übelnehmen, wenn ich bei dem eigentümlichen Ton, den der Herr Direktor mir gegenüber anzuschlagen beliebt, verzichte, ihm direkt zu antworten, sondern Ihnen allen darüber Aufschluß gebe, was es mit dieser etwas insinuösen Anfrage des Herrn Direktors für eine Bewandtnis hat. *Unruhe, Spannung* Also, meine Herren, bald nach jenem Vorfall, der unser Institut in eine so unangenehme Situation gebracht hat, habe ich mir erlaubt, bei dem Herrn Direktor vorzusprechen, um ihm die Befürchtung auszudrücken, daß das Parlament vielleicht Gelegenheit nehmen dürfte, sich in einer für die Interessen unseres Institutes sehr unvorteilhaften Weise mit diesem Vorfall zu beschäftigen. Sie wissen, unser Institut hat immer Feinde gehabt und es hat heute noch mehr, als manche von Ihnen ahnen. Denn es gibt ja noch immer einige unter Ihnen, meine Herren, die mit Zeit -und Volksströmungen nicht zu rechnen wissen, und bei öffentlichen Anstalten muß man damit rechnen, ob man diese Strömungen von einem philosophischen Standpunkt aus für berechtigt hält oder nicht. Es gibt halt viele Leute, die es nicht richtig finden, daß in einem Institut, wo ein Prinz Kurator ist und ein Bischof, und wo statistisch fünfundachtzig Perzent der Patienten Katholiken sind, die behandelnden Ärzte zur überwiegenden Anzahl einer anderen Konfession zugehören. Das macht nun einmal böses Blut in gewissen Kreisen.

LÖWENSTEIN Aber das Geld, das wir kriegen, stammt zu achtzig Perzent auch von der andern Konfession.

EBENWALD Das ist Nebensache, die Patienten sind die Hauptsache. – Also, da hat sich's neulich darum gehandelt, wie Sie wissen, wer die Abteilung vom Herrn Professor Tugendvetter kriegen soll. Der Professor Hell aus Graz oder der Dozent Wenger. Ich darf wohl davon sprechen, trotz der Anwesenheit unseres verehrten Kollegen, der es ja selber weiß. Der Hell ist ein tüchtiger Praktiker vor allem, unser Kollega Wenger hat hauptsächlich auf theoretischem Gebiete gearbeitet, so viel Praxis wie der Hell hat er natürlich noch nicht haben können; wird auch schon kommen. Also, jetzt stellen Sie sich vor, meine Herren, es kommt ein guter Freund zu einem –

PFLUGFELDER Oder ein Vetter –

EBENWALD – kann auch ein Vetter sein – und sagt einem: Du, das wird auffallen, daß ihr ins Elisabethinum schon wieder einen Juden wählt, besonders jetzt nach dem peinlichen Vorfall, von dem schon ganz Wien spricht. Und es könnte euch passieren, daß das Parlament über euch herfallt. Ja, meine Herren, finden Sie es gar so tadelnswert, wenn man da zum Direktor geht, wie ich's getan habe, und ihm sagt, nehmen wir doch lieber den Hell, der ja schließlich auch kein Hund ist, um eventuellen Unannehmlichkeiten zu entgehen?

WENGER Sehr richtig! *Heiterkeit.*

EBENWALD Na, Sie hören! Vielleicht hätt ich lieber zum Doktor Wenger gehen sollen und ihn ersuchen, daß er seine Kandidatur zurückzieht. Aber ich liebe keine Winkelzüge. Und so bin ich geraden Wegs zum Herrn Direktor gegangen. Also, darauf bezieht sich die Anfrage des Herrn Professors Bernhardi an mich, die mich wahrscheinlich in Grund und Boden hätte bohren sollen. Und es stimmt, daß uns die Interpellation vielleicht erspart geblieben wäre, wenn der Hell heute dasäße statt dem Wenger. Also, ich will nicht sagen, es wär zu schön gewesen, aber, es hat nicht sollen sein. Und jetzt sitzen wir in der Tinten. Dixi.

PFLUGFELDER Bravo, Bernhardi!

BERNHARDI Meine Herren, Professor Ebenwald hat meine Frage nach berühmten Mustern mehr populär als sachlich beantwortet. Aber jeder von Ihnen wird wissen, wie er über die Angelegenheit zu denken hat. Mich zu verteidigen, daß ich auf den mir vorgeschlagenen Handel nicht eingegangen bin –

SCHREIMANN Oho!

BERNHARDI Ich gestatte mir, das einen Handel zu nennen, zumindest mit demselben Recht, mit dem man mein Vorgehen gegenüber Seiner Hochwürden eine Religionsstörung nennt.

PFLUGFELDER Sehr gut.

BERNHARDI Aber wie immer, ich muß mich schuldig bekennen, – schuldig, daß ich als Direktor des Instituts nicht das Möglichste getan habe, eine Interpellation zu verhindern, die geeignet scheint, das Ansehen unseres Institutes bei allen

Heuchlern und Dummköpfen herabzusetzen. Und um selbst die richtigen Konsequenzen zu ziehen, sowie um weiteren Aufschub zu verhindern, lege ich hiermit die Leitung des Institutes nieder!

Große Bewegung.

CYPRIAN Was fällt dir denn ein!

LÖWENSTEIN Das darfst du nicht!

PFLUGFELDER Es muß abgestimmt werden.

BERNHARDI Wozu? Für die Suspendierung sind Professor Ebenwald, Professor Filitz, die Dozenten Schreimann und Adler –

LÖWENSTEIN Das sind erst vier.

BERNHARDI Und Herrn Doktor Wenger möchte ich einen seelischen Konflikt ersparen. Er würde vielleicht aus Dankbarkeit für mich stimmen, weil ich neulich für ihn entschieden habe, und einem solchen Motiv will ich nicht am Ende die noch dazu nicht ganz zweifellose Ehre zu verdanken haben, fernerhin Ihr Direktor zu sein.

SCHREIMANN Oho!

FILITZ Das geht zu weit!

CYPRIAN Aber was tust du denn?

PFLUGFELDER Das ist Ihre Schuld, Adler.

LÖWENSTEIN Es muß abgestimmt werden.

PFLUGFELDER Es wäre Fahnenflucht!

BERNHARDI Flucht?

CYPRIAN Du müßtest die Abstimmung abwarten.

LÖWENSTEIN Abstimmen!

BERNHARDI Nein, ich lasse nicht abstimmen, ich unterwerfe mich keinem Urteil.

FILITZ Besonders, da es schon gesprochen ist.

SCHREIMANN Hat Herr Professor Bernhardi die Direktion niedergelegt oder nicht?

BERNHARDI Ja.

SCHREIMANN Somit hat Herr Professor Ebenwald statutengemäß als Vizedirektor die Leitung des Institutes und vor allem auch die Leitung dieser Sitzung zu übernehmen.

LÖWENSTEIN Unerhört!

FILITZ Selbstverständlich.

PFLUGFELDER Man muß sich das gefallen lassen?

CYPRIAN Bernhardi! Bernhardi!

EBENWALD Da Herr Professor Bernhardi zu unserm Bedauern die Direktorstelle niedergelegt hat, übernehme ich nach § 7 unserer

Statuten die Leitung des Elisabethinums und zugleich den Vorsitz dieser noch im Gang befindlichen Sitzung. Ich bitte Sie, meine Herren, um das gleiche Vertrauen, das Sie dem scheidenden Direktor in so reichem Maße entgegengebracht haben, hoffe mich desselben würdig zu erweisen und erteile Herrn Professor Filitz das Wort.

LÖWENSTEIN Infam!

PFLUGFELDER Sie sind nicht Direktor, Herr Professor Ebenwald, noch nicht! *Unruhe.*

FILITZ Wir stehen nun vor der Frage, wer die Leitung von Professor Bernhardis Abteilung zu übernehmen hat.

CYPRIAN Ja, was fällt Ihnen denn ein?

BERNHARDI Meine Herren, ich bin wohl nicht mehr Direktor, aber ich bin Mitglied des Institutes, so gut wie Sie alle, und Leiter der Abteilung.

ADLER Das ist ja selbstverständlich.

WENGER Gewiß.

CYPRIAN Darüber kann es überhaupt keine Diskussion geben.

SCHREIMANN Es würde zweifellos zu Unzukömmlichkeiten führen, wenn der suspendierte Direktor des Institutes –

LÖWENSTEIN Er ist nicht suspendiert.

CYPRIAN Er hat die Leitung des Institutes niedergelegt.

FILITZ Nicht ganz freiwillig.

PFLUGFELDER Er hat sie euch hingeschmissen!

EBENWALD Ruhe, Ruhe, meine Herren!

BERNHARDI *der nun ganz die Fassung verloren hat* Es hat natürlich niemand das Recht, mich von der Leitung meiner Abteilung zu entheben, aber ich nehme Urlaub bis zur Erledigung meiner Angelegenheit.

CYPRIAN Was tust du denn?

BERNHARDI – nehme Urlaub –

EBENWALD Ist erteilt.

BERNHARDI Danke! Und betraue für die Dauer meiner Abwesenheit mit der provisorischen Leitung meiner Abteilung meine bisherigen Assistenten, die Doktoren Kurt Pflugfelder und Oskar Bernhardi.

EBENWALD Dagegen finde ich nichts einzuwenden.

BERNHARDI Und nun, meine Herren, trete ich meinen Urlaub an und habe die Ehre, mich zu empfehlen.

LÖWENSTEIN Ich desgleichen.

CYPRIAN *nimmt seinen Hut.*

BERNHARDI Das wäre ja den Herren eben recht. Ich bitt euch, bleibt!

PFLUGFELDER Und vor allem bleib du!

BERNHARDI Hier?

ADLER *zu Bernhardi* Herr Professor, ich wäre unglücklich, wenn Sie mein Benehmen mißdeuteten. Es liegt mir daran, Ihnen in dieser Stunde vor allen Anwesenden meine besondere Verehrung auszudrücken.

BERNHARDI Ich danke bestens. Wer nicht für mich ist, ist wider mich. Guten Abend, meine Herren. *Ab.*

PFLUGFELDER *spricht unter wachsender Unruhe, die er oft überschreien muß* Und Sie lassen ihn gehen, meine Herren? Ich bitte Sie ein letztes Mal, kommen Sie doch zur Besinnung. Sie dürfen Bernhardi nicht gehen lassen. Lassen Sie doch alles Persönliche beiseite. Verzeihen Sie auch mir, wenn ich früher zu heftig gewesen bin. Werfen Sie doch einen Blick zurück, denken Sie, wie diese ganze unglückselige Geschichte angefangen hat, – und Sie müssen zur Besinnung kommen. Ein armes Menschenkind liegt todkrank im Spital, ein junges Geschöpf, das das bißchen Jugend und Glück und Sünde, wenn Sie wollen, teuer genug mit Todesangst und Qual und mit dem Leben selbst bezahlt. In den letzten Stunden kommt es zu Euphorie. Sie fühlt sich wohl, sie ist wieder glücklich, sie ahnt nicht den nahen Tod. Genesen glaubt sie sich! Sie träumt davon, daß ihr Geliebter kommen wird, sie abzuholen, sie hinauszuführen aus den Räumen des Elends und des Leids ins Leben und ins Glück. Es war vielleicht der schönste Augenblick ihres Lebens, ihr letzter Traum. Und aus diesem Traum wollte Bernhardi sie nicht mehr zur furchtbaren Wirklichkeit erwachen lassen. Das ist seine Schuld! Dieses Verbrechen hat er begangen! Dies und nichts mehr. Er hat den Pfarrer gebeten, das arme Mädel ruhig hinüberschlummern zu lassen. Gebeten. Sie wissen es alle. Wenn er auch minder höflich gewesen wäre, jeder müßte es ihm verzeihen. Was für eine ungeheuere Verlogenheit gehört dazu, um den ganzen Fall anders anzusehen als rein menschlich. Wo existiert der Mensch, dessen religiöse Gefühle durch das Vorgehen Bernhardis in Wahrheit verletzt worden wären? Und gibt es einen, wer anders ist daran schuld als diejenigen, die diesen Fall, boshaft entstellt, weiterverbreitet haben? Wer anders als diejenigen, meine Herren, in deren Interesse es eben lag, daß religiöse Gefühle verletzt werden sollten, in deren Interesse es liegt, daß es Leute gibt, die religiöse Gefühle verletzen? Und gäbe es nicht Strebertum, Parlamentarismus, menschliche Gemeinheit – Politik mit einem Wort, wäre es jemals möglich gewesen, aus diesem Fall eine Affäre zu machen? Nun, meine Herren, es ist geschehen, denn es gibt Streber, Schurken und Tröpfe. Aber wir wollen doch zu keiner dieser Kategorien gehören, meine Herren. Welche Verblendung treibt uns, Sie dazu, Ärzte, Menschen, gewohnt an Sterbebetten zu stehen, uns, denen ein Einblick in wirkliches Elend, in das Wesentliche aller Erscheinungen gegönnt ist, welche Verblendung treibt Sie dazu, diesen jämmerlichen Schwindel mitzumachen, eine lächerliche Parlamentsparodie aufzuführen, mit Für und Wider, mit Anträgen und Winkelzügen, mit Hinauf- und Hinunterschielen, mit Unaufrichtigkeiten und Schönschwätzerei – und Ihren Blick beharrlich vom Kern der Dinge abzuwenden, und aus kleinlichen Rücksichten der Tagespolitik einen Mann im Stich zu lassen, der nichts weiter getan hat als das Selbstverständliche! Denn ich bin weit davon entfernt, ihn darum zu preisen und ihn als Helden hinzustellen, einfach weil er ein Mann ist. Und von Ihnen, meine Herren, verlange ich nichts anderes, als daß Sie dieses bescheidenen Ruhmestitels gleichfalls würdig wären, die Entschlüsse und Beschlüsse dieser heutigen Sitzung einfach als nicht erfolgt betrachten und Herrn Professor Bernhardi bitten, die Stellung wieder anzunehmen, die keinen besseren, keinen würdigeren Vertreter haben kann als ihn. Rufen Sie ihn zurück, meine Herren, ich beschwöre Sie, rufen Sie ihn zurück.

EBENWALD Ich erlaube mir die Anfrage, ob Herr Professor Pflugfelder mit seinem Couplet zu Ende ist? Es scheint. Somit, meine Herren, gehen wir zur Tagesordnung über.

PFLUGFELDER Habe die Ehre, meine Herren!

CYPRIAN Adieu!

LÖWENSTEIN Sie sind nicht mehr beschlußfähig, meine Herren.

SCHREIMANN Wir werden das Institut nicht im Stich lassen.

FILITZ Wir werden es verantworten, ohne Sie unsere Beschlüsse zu fassen.

PFLUGFELDER *die Türe öffnend* Ah, das trifft sich ja gut! Herr Doktor Hochroitzpointner, bitte nur hereinzuspazieren.

LÖWENSTEIN Exkneipe, Herr Vizedirektor!

PFLUGFELDER So, nun sind die Herrschaften unter sich. Ich wünsche gute Unterhaltung!

Cyprian, Pflugfelder, Löwenstein ab.

EBENWALD Wünschen Sie was, Herr Doktor Hochroitzpointner?

HOCHROITZPOINTNER Oh! *Er steht an der Türe.*

EBENWALD Also Türe zu! *Geschieht* Die Sitzung dauert fort, meine Herren.

Vorhang

VIERTER AKT

Salon bei Bernhardi. Türen im Hintergrund. Türe rechts.

PFLUGFELDER, *gleich nach ihm* LÖWENSTEIN *von rechts.*

LÖWENSTEIN *noch hinter der Szene* Professor Pflugfelder!

Herein.

PFLUGFELDER Ah, Löwenstein! – Sie sind ja ganz außer Atem.

LÖWENSTEIN Schon von der Straße aus lauf ich Ihnen nach. *Fragend* Also was ist –?

PFLUGFELDER Waren Sie denn nicht im Gerichtssaal?

LÖWENSTEIN Während der Beratung über das Strafausmaß bin ich weggeholt worden. Wieviel –?

PFLUGFELDER Zwei Monate.

LÖWENSTEIN Zwei Monate, trotz der Aussage des Pfarrers? Ist das möglich?

PFLUGFELDER Diese Aussage! Die war nur für den Pfarrer selbst von Vorteil. Bernhardi hat nicht den geringsten davon gehabt.

LÖWENSTEIN Das ist aber doch – Wieso für den Pfarrer –?

PFLUGFELDER Ja, haben Sie denn das Plädoyer des Staatsanwaltes nicht angehört?

LÖWENSTEIN Nur den Anfang. Viermal bin ich heute weggeholt worden während der Verhandlung. Sonst kann man tagelang warten, bis es einem Patienten einfällt –

PFLUGFELDER Na, na, Sie haben sich nicht zu beklagen –

LÖWENSTEIN Also, was war mit dem Staatsanwalt?

PFLUGFELDER Nun, daß der Pfarrer keinen Stoß, sondern nur eine leichte Berührung an der Schulter verspürt haben wollte, das gab dem Staatsanwalt willkommenen Anlaß, Seine Hochwürden als ein Musterbild christlicher Langmut und Milde zu preisen und bei dieser Gelegenheit dem ganzen Priesterstand, der ja zur Not darauf verzichten könnte, ein Loblied zu singen.

LÖWENSTEIN Da ist also Bernhardi tatsächlich nur auf die Zeugenaussagen von dieser hysterischen Schwester Ludmilla und von diesem sauberen Herrn Hochroitzpointner hin verurteilt worden?! Denn alle anderen Aussagen haben ihn doch vollständig entlastet. Adler muß ich direkt Abbitte leisten. Er hat sich famos benommen. Und Cyprian! Von Ihrem Herrn Sohn gar nicht zu sprechen!

CYPRIAN *tritt ein.* LÖWENSTEIN, PFLUGFELDER *Begrüßung.*

PFLUGFELDER Wo bleibt Bernhardi?

LÖWENSTEIN Haben sie ihn vielleicht gleich dort behalten?

CYPRIAN Er wird wohl mit Doktor Goldenthal kommen.

PFLUGFELDER So? Den bringt er sich gar mit?

CYPRIAN *befremdet* Auf den Verteidiger können wir bei unserer Beratung heut wohl nicht verzichten.

PFLUGFELDER Wir hätten von Beginn an auf ihn verzichten sollen.

LÖWENSTEIN Sehr wahr.

CYPRIAN Was habt ihr denn gegen ihn? Er hat vorzüglich gesprochen. Nicht sehr schneidig vielleicht –

PFLUGFELDER Das kann man allerdings nicht behaupten.

LÖWENSTEIN Goldenthal hat sich benommen wie ein Schubjack, wie übrigens nicht anders zu erwarten war.

CYPRIAN Wieso nicht anders zu erwarten?

LÖWENSTEIN Ein Getaufter! Seine Frau trägt so ein Kreuz. Seinen Sohn läßt er in Kalksburg erziehen! Das sind schon die Richtigen.

CYPRIAN Du machst einen wirklich schon nervös mit deiner fixen Idee.

LÖWENSTEIN Ich bin kein Vogel Strauß, sowenig als ich ein Kiebitz bin. Herr Doktor Goldenthal ist einer von denen, die immerfort Angst haben, man könnte doch vielleicht glauben – Mit einem andern Advokaten wär die Sache anders ausgegangen.

CYPRIAN Das bezweifle ich sehr. Mit einem andern A n g e k l a g t e n vielleicht.

PFLUGFELDER Wie?

CYPRIAN Wir wollen Bernhardi ja nachträglich keine Vorwürfe machen, meine Lieben, gewiß nicht heute. Aber daß er sich besonders klug benommen hätte, das können ihm seine glühendsten Verehrer nicht nachsagen.

LÖWENSTEIN Wieso? Ich habe ihn geradezu bewundert. Daß er sogar während der Aussage dieses Lumpen Hochroitzpointner die Ruhe bewahrte –

CYPRIAN Ruhe nennst du das? Trotz war es.

LÖWENSTEIN Trotz? Wieso Trotz?

PFLUGFELDER *zu Cyprian* Er war wahrscheinlich nicht dabei, als Bernhardi die Vorladung Ebenwalds verlangte.

LÖWENSTEIN Ah!

CYPRIAN Das weißt du nicht? – Auch den Minister Flint wollte er vorladen lassen.

LÖWENSTEIN Großartig!

CYPRIAN Das war nichts weniger als großartig. Was haben Flint und Ebenwald mit der Prozeßsache zu tun?

LÖWENSTXIN Na, hörst du –

CYPRIAN Absolut nichts. Es sah geradezu nach Sensationshascherei aus.

PFLUGFELDER Na –

CYPRIAN Wenn man die Dinge so weit an ihre Wurzeln verfolgen wollte, was für Leute hätte man heute noch vor Gericht laden müssen! Es wäre eine illustre Gesellschaft gewesen, sag ich euch.

LÖWENSTEIN Schad, schad!

KURT *tritt ein.*

PFLUGFELDER Kurt!

Auf ihn zu, umarmt ihn.

LÖWENSTEIN *zu Cyprian* Was ist denn das für eine rührende Familienszene?

CYPRIAN Weißt du denn nicht? Kurt hat Herrn Hochroitzpointner vor Gericht einen Lügner genannt.

LÖWENSTEIN Was –

CYPRIAN Und wurde im Disziplinarwege zu zweihundert Kronen Geldstrafe verurteilt.

LÖWENSTEIN Lieber Doktor Pflugfelder, darf ich Ihnen auch einen Kuß geben?

KURT Danke bestens, Herr Dozent, ich betrachte ihn als genossen.

LÖWENSTEIN So lassen Sie mich wenigstens was zu den zweihundert Kronen beitragen.

PFLUGFELDER Die zahlen schon wir. *Zu Kurt* Aber das sag ich dir, Kurt, wenn du dir's vielleicht einfallen läßt, dich mit dem Menschen zu schlagen –

KURT Er soll's nur versuchen, mich zu fordern. Dann bring ich die Sache vor einen Ehrenrat. Und da wollen wir sehen –

LÖWENSTEIN Er wird sich hüten.

KURT Das fürcht ich auch. Aber wie immer, abgeschlossen ist die Affäre Hochroitzpointner noch nicht, auch wenn es die Affäre Bernhardi sein sollte.

CYPRIAN Was wir nicht hoffen wollen.

LÖWENSTEIN Was haben Sie vor, Doktor Kurt?

DR. GOLDENTHAL, *beleibter Herr von 45 Jahren, graumeliertes krauses Kopfhaar; schwarze Bartkoteletten; würdig, etwas salbungsvoll und nasal, kommt.* CYPRIAN, PFLUGFELDER, LÖWENSTEIN, KURT

GOLDENTHAL Guten Abend, meine Herren.

CYPRIAN Wo ist Bernhardi?

GOLDENTHAL Ich habe dem Professor geraten, sich durch eine Seitentüre aus dem Gerichtsgebäude zu entfernen.

LÖWENSTEIN Um den ihm zugedachten Ovationen zu entgehen?

GOLDENTHAL Nur Geduld, meine Herren, auch das könnte noch kommen.

CYPRIAN Na –

GOLDENTHAL Denn wenn wir auch diesmal keinen Sieg erfochten haben –

LÖWENSTEIN Das kann man allerdings nicht sagen.

GOLDENTHAL Es war doch eine ehrenvolle Niederlage.

PFLUGFELDER Zum mindesten für die, die nicht eingesperrt werden.

GOLDENTHAL *lacht* Sollten Sie den Verteidiger meinen, Herr Professor? Nun, das ist eine der wenigen Ungerechtigkeiten, gegen die einzuschreiten ich bisher noch niemals eine Nötigung empfunden habe. *Neuer Ton* Aber nun, meine Herren, lassen Sie uns ein ernstes Wort sprechen. Es trifft sich vielleicht ganz gut, daß der Professor noch nicht hier ist. Ich wollte Sie nämlich dringend bitten, bei der nun bevorstehenden Beratung mich nach besten Kräften zu unterstützen.

CYPRIAN Inwiefern?

GOLDENTHAL Unser verehrter Professor Bernhardi ist – wie soll ich nur sagen – ein wenig eigensinnig. Es hat sich ja heute auch leider im Laufe der Verhandlung gezeigt. Diese Idee mit der Vorladung des Ministers und sein obstinates Schweigen nachher – es machte keinen günstigen Eindruck! – Wir wollen nicht weiter davon reden. – Aber nun scheint Professor Bernardi die Rolle des Beleidigten weiterspielen zu wollen und beabsichtigt, auf alle Rechtsmittel gegenüber dem Urteil von vornherein zu verzichten – und das –

CYPRIAN So etwas habe ich vorausgesehen.

LÖWENSTEIN Und Sie wollen die Nichtigkeitsbeschwerde einbringen, Herr Doktor?

GOLDENTHAL Selbstverständlich.

LÖWENSTEIN Wäre ja aussichtlos.

PFLUGFELDER Ich weiß, was jetzt zu tun wäre. An die Öffentlichkeit müßte man appellieren.

GOLDENTHAL Entschuldigen Sie, Herr Professor, der Prozeß hat nicht hinter verschlossenen Türen stattgefunden.

PFLUGFELDER Zum Volk müßte man reden. Das mein ich. Der Unsinn war, daß wir bisher das Maul gehalten haben. Schaut euch die Gegenpartei an! Die klerikalen Blätter haben gehetzt, soviel sie nur konnten. Die haben es doch überhaupt dahin gebracht, daß die Anklage nicht wegen Vergehens, sondern gleich wegen Verbrechens, gegen Bernhardi erhoben worden ist, und man ihn so vor die Geschworenen bringen konnte. Die haben nicht erst den Ausgang der Verhandlung abgewartet, um über die Affäre zu schreiben, wie es unsere liberalen Zeitungen offenbar für nötig hielten.

LÖWENSTEIN Die sind halt vornehm.

PFLUGFELDER Ja, man könnte es zuweilen auch anders nennen. Aber es ist eben gegangen, wie leider so oft in der Welt. Was der Unbedenklichkeit und dem Haß der Feinde vielleicht doch nicht ganz gelungen wäre, das hat die Laxheit und die Feigheit der sogenannten Freunde besorgt.

CYPRIAN Zum Volk willst du sprechen? Zu unserer Bevölkerung! Die Geschworenen heute könnten dir doch als Kostprobe dienen.

PFLUGFELDER Man hat heute vielleicht nicht die richtigen Worte gefunden, um auf sie zu wirken.

GOLDENTHAL Oh!

PFLUGFELDER Haltet mich für einen Narren, wenn es euch

beliebt, ich glaube an ein elementares Rechtsgefühl in juridisch unverbildeten Köpfen, an den ursprünglich gesunden Sinn des Volkes.

LÖWENSTEIN Pflugfelder hat recht! Man muß Versammlungen einberufen und die Leute über den Fall Bernhardi aufklären.

CYPRIAN Versammlungen zur Besprechung des Falles Bernhardi dürften nicht gestattet werden.

PFLUGFELDER Es bieten sich andere Gelegenheiten. Die Landtagswahlen stehen vor der Tür.

CYPRIAN Kandidierst du vielleicht?

PFLUGFELDER Nein, aber reden werde ich. Und werde nicht ermangeln, den Fall Bernhardi –

CYPRIAN Was wirst du reden? Du wirst genötigt sein, Selbstverständlichkeiten zu sagen.

PFLUGFELDER Meinethalben. Wenn unsere Gegner die Frechheit haben, diese Selbstverständlichkeiten zu leugnen, bleibt uns nichts übrig, als sie immer wieder in die Welt hinauszuschreien. Die Angst, daß uns die Snobs bei dieser Gelegenheit Phrasendrescher heißen könnten, darf uns nicht verleiten, den Paradoxen und Lügen das Feld zu räumen.

LÖWENSTEIN Und es wäre sehr zu überlegen, ob im Interesse der Sache Bernhardi nicht jedenfalls seine zwei Monate absitzen sollte. *Gelächter.*

PFLUGFELDER Gewiß würde die Infamie, die an ihm verübt wurde, augenfälliger.

BERNHARDI *und* OSKAR *treten ein.* PFLUGFELDER, CYPRIAN, KURT, LÖWENSTEIN, GOLDENTHAL

BERNHARDI *sehr aufgeräumt, da er die andern eben noch lachen hört* Da geht's ja hoch her. Bin auch dabei. Bitte um Entschuldigung, daß ich habe warten lassen. *Händedrücke.*

CYPRIAN Also, ist es dir gelungen, dich den Ovationen zu entziehen?

BERNHARDI Nicht so ganz. An der Seitentür haben vorsichtshalber auch einige – Herren – gewartet und mir einen gebührenden Empfang bereitet.

LÖWENSTEIN Hat man dir die Pferde ausgespannt?

BERNHARDI Nieder mit den Juden! haben sie geschrien. Nieder mit den Freimaurern!

LÖWENSTEIN Hört ihr!

BERNHARDI Sie machen mir doch das Vergnügen zum Abendessen, meine Herren. Willst du nicht nachsehen, Oskar, ob genügend vorgesorgt ist? Meine Wirtschafterin hat mir nämlich gekündigt. Ihr Beichtvater hat ihr erklärt, daß sie unmöglich in so einem Hause bleiben dürfe, ohne größte Gefahr für ihr Seelenheil! – Es wird natürlich etwas frugal sein, wie es sich für die Tafel eines angehenden Sträflings geziemt. Aber Oskar! Mir scheint gar, der Bub hat Tränen im Auge. *Leiser* Nicht sentimental sein.

OSKAR Ich bin nur wütend. *Ab, kommt bald wieder.*

ADLER *tritt ein.*

BERNHARDI Seien Sie mir gegrüßt, Doktor Adler. Ein reuiger Sünder ist meinem Angesicht wohlgefälliger als zehn Gerechte.

ADLER *leicht* Ich war niemals ein Sünder, Herr Professor. Ich betone nochmals, dieser Prozeß erschien mir von allem Anfang an als eine Notwendigkeit. Allerdings konnte ich nicht voraussehen, daß Herr Hochroitzpointner vor Gericht mehr Glauben finden würde als Professor Cyprian und ich.

CYPRIAN Wir können uns nicht beklagen. Dem Herrn Pfarrer selbst ist es nicht anders ergangen.

GOLDENTHAL Ja, meine Herren. Der Herr Pfarrer! – Das war ein merkwürdiger, in gewissem Sinn vielleicht sogar ein historischer Moment, als Seine Hochwürden Zeugenschaft ablegte, und – freilich erst auf meine Frage hin – seiner Überzeugung Ausdruck verlieh, daß Professor Bernhardi keine feindselige Demonstration der katholischen Kirche gegenüber beabsichtigt hätte. Man kann ermessen, wie stark gewisse Strömungen in unserer Bevölkerung heute sein müssen, wenn nicht einmal die Aussage des Herrn Pfarrers imstande war, unserer Sache zu nützen.

BERNHARDI Wenn Seine Hochwürden das hätte befürchten müssen, so hätte er jedenfalls anders ausgesagt.

GOLDENTHAL Oh, Herr Professor! Wie können Sie annehmen, daß ein Diener der Kirche jemals wissentlich eine Unwahrheit aussprechen würde.

PFLUGFELDER Soll schon vorgekommen sein.

ADLER Ich glaube, Herr Professor, Sie tun dem Pfarrer unrecht. Aus seinen Worten, aus seiner ganzen Haltung sprach geradezu eine Art von Sympathie für Sie. Das ist kein ganz gewöhnlicher Mensch. Schon damals im Krankenzimmer hatte ich den Eindruck.

BERNHARDI Sympathie! An die glaube ich nur, wenn es mit einigem Risiko verbunden ist, sie zu beweisen.

GOLDENTHAL Ich bezweifle, daß Seiner Hochwürden die heutige Aussage in seiner weiteren Karriere von besonderem Vorteile sein dürfte. Wir wollen übrigens hoffen, daß er noch einmal in die Lage versetzt sein wird, Zeugenschaft abzulegen; – und dann, Herr Professor, wenn Ihnen Gerechtigkeit widerfahren sein wird, werden auch Sie gerechter urteilen.

BERNHARDI Ich sagte Ihnen schon, Herr Doktor, daß ich auf jedes Rechtsmittel verzichte. Der Prozeß heute war eine Farce. Ich werde mich nicht noch einmal vor diese Leute oder ihresgleichen hinstellen. Nebstbei wissen Sie so gut wie ich, Herr Doktor, daß es vollkommen aussichtslos wäre.

GOLDENTHAL Pardon! – wie sich die obersten Instanzen verhalten werden, das läßt sich durchaus nicht –

PFLUGFELDER Je höher hinauf, um so schlimmer.

GOLDENTHAL Meine Herren, es wird auch Ihnen nicht entgangen sein, daß sich gerade im Laufe der letzten Monate gewisse Veränderungen in der politischen Konstellation vorbereiten.

LÖWENSTEIN Ich merke nichts davon. Immer ärger wird es.

GOLDENTHAL Verzeihen Sie, ich fühle, wie durch unser Vaterland allmählich wieder ein freiheitlicherer Zug zu wehen beginnt, – und ein nächster Prozeß könnte sich schon unter einem minder verhängten Himmel abspielen.

BERNHARDI Und was wäre schon das Höchste, was ich erreichen könnte? Ein Freispruch. Das genügt mir nicht mehr. Wenn ich nur zu meinem Recht komme, so bin ich noch lange nicht quitt mit den Herren Flint, Ebenwald und Konsorten.

GOLDENTHAL Verehrter Herr Professor, ich sagte Ihnen schon, für das, was Sie diesen Herren vorzuwerfen haben, gibt es keine gerichtlichen Beweise.

BERNHARDI Man wird mir glauben – auch ohne gerichtliche Beweise.

GOLDENTHAL Aber eine Schuld dieser Herren im juridischen Sinn ist überhaupt nicht zu konstruieren.

BERNHARDI Darum verzichte ich eben auf weitere juridische Behandlung des Falles.

GOLDENTHAL Es ist meine Pflicht, Herr Professor, Sie vor Übereilungen zu warnen. Ich tue es hier vor Zeugen. Ich verstehe ja, daß das an Ihnen verübte Unrecht Ihr Blut in Wallung bringt. Aber auf dem Wege, der Ihnen jetzt vorzuschweben scheint, liegen nur neue Prozesse –

CYPRIAN Und wahrscheinlich neue Verurteilungen.

BERNHARDI Man wird wissen, wo die Wahrheit ist, geradeso wie man's heute weiß.

PFLUGFELDER Was immer du vorhast, auf mich kannst du zählen.

LÖWENSTEIN Auch auf mich. Und ich behaupte, das ganze System muß getroffen werden.

PFLUGFELDER Flint müßte man zum Teufel jagen.

GOLDENTHAL Aber meine Herren!

LÖWENSTEIN Ja, dieser Flint, auf den ihr so große Hoffnungen gesetzt habt, und der jetzt einfach der Handlanger der Klerikalen geworden ist. Dieser sogenannte Mann der Wissenschaft, unter dem die Pfaffen frecher geworden sind als je. Wenn es so weitergeht, liefert er der schwarzen Brut die ganze Schule aus, dieser Minister für Kultus und Heuchelei!

GOLDENTHAL Pardon, es ist eine bekannte Tatsache, daß zweifellos liberale Journalisten im Unterrichtsministerium aus und ein gehen. Und was gewisse Maßnahmen des Herrn Ministers anbelangt, meine Herren, auf die Sie offenbar anspielen, so muß ich sagen, auf die Gefahr hin, mir Ihr Mißfallen zuzuziehen, daß ich sie nicht so durchaus verwerflich finde.

PFLUGFELDER Wie, Sie sind für den Beichtzwang bei Schulkindern? Sie sind für die Gründung einer katholischen Universität, Herr Doktor?

GOLDENTHAL Ich will ja nicht sagen, daß ich meine Söhne dort studieren ließe.

LÖWENSTEIN Warum, Herr Doktor? Man wird von Kalksburg aus ohne Umsteigen hingelangen.

GOLDENTHAL Kalksburg, meine Herren, ist eine der vorzüglichsten Schulen, die Österreich besitzt. Und ich konstatiere bei dieser Gelegenheit gern, daß auch unter den von mancher Seite so sehr verlästerten Klerikalen Männer von geistiger Bedeutung, ja sogar, wie es sich heute wieder gezeigt hat, tapfere und edle Menschen zu finden sind. Und mein Prinzip war immer, auch im erbittertsten Kampf: Respekt vor der Überzeugung meiner Gegner.

LÖWENSTEIN Die Überzeugungen des Ministers Flint!

GOLDENTHAL Er schützt eben alle Überzeugungen. Und das ist seine Pflicht auf der Warte, wo ihn die Vorsehung hingestellt hat. Glauben Sie mir, meine Herren, es gibt Dinge, an die man nicht rühren – und nicht rühren lassen soll.

PFLUGFELDER Warum, wenn ich fragen darf? Die Welt ist überhaupt nur dadurch weitergekommen, daß irgend jemand die Courage gehabt hat, an Dinge zu rühren, von denen die Leute, in deren Interesse das lag, durch Jahrhunderte behauptet haben, daß man nicht an sie rühren darf.

GOLDENTHAL In dieser allgemeinen Form dürfte Ihre geistreiche Behauptung kaum aufrecht zu erhalten sein, und jedenfalls kann sie auf unsere Affäre keine Anwendung finden, da ja unserem verehrten Freunde Bernhardi, wie er ohne weiteres zugeben wird, gewiß die Absicht ferngelegen war, die Welt weiterzubringen.

LÖWENSTEIN Es wird sich vielleicht einmal zeigen, daß er es getan hat.

BERNHARDI Oh! Oh! Wohin geratet ihr!

PFLUGFELDER Wie die Dinge heute stehn, ist deine Angelegenheit nur von einem allgemeinen Standpunkt aus zu behandeln. Deine Gegner haben ja den Anfang gemacht. Auch der Staatsanwalt hat sich nicht geniert. Sollten Sie das nicht bemerkt haben, Herr Doktor?

GOLDENTHAL Auf dieses Gebiet konnte ich dem Herrn Staatsanwalt nicht folgen. Meine Aufgabe ist es nicht, Politik zu machen, sondern zu verteidigen.

PFLUGFELDER Wenn Sie wenigstens diese Aufgabe erfüllt hätten.

BERNHARDI Aber, Pflugfelder, ich werde nicht gestatten –

GOLDENTHAL Oh, lassen Sie doch, Herr Professor, die Sache beginnt mich zu interessieren. – Also, Sie finden, daß ich meinen Klienten nicht verteidigt habe?

PFLUGFELDER Meiner unmaßgeblichen Ansicht nach – nein. Denn wenn man Ihnen zugehört hat, Herr Doktor, mußte man ja wirklich glauben, daß sämtliche religiösen Gefühle der katholischen Welt, von denen Seiner Heiligkeit des Papstes an bis zu denen des Betbruders im entlegensten Dorf, durch Bernhardis Vorgehen gegen den Pfarrer aufs tiefste verletzt worden seien. Und statt einfach zu erklären, daß jeder Arzt so handeln müßte, wie Bernhardi tat, und daß jeder, der das bestreitet, nur ein Tropf oder ein Schurke sein kann, haben Sie es für nötig gefunden, als einen Akt der Unbesonnenheit zu entschuldigen, was einfach seine ärztliche Pflicht gewesen ist. Die böswilligen Idioten auf der Geschworenenbank, die vom ersten Augenblick an entschlossen waren, Bernhardi schuldig zu sprechen, haben Sie behandelt wie die erlesensten Köpfe der Nation – und die Richter, die die Kerkerstrafe für Bernhardi sozusagen in der Aktentasche mitgebracht hatten, als Musterbilder von Scharfsinn und Gerechtigkeit. Sogar den Lumpen Hochroitzpointner und die Schwester Ludmilla haben Sie mit Glacéhandschuhen angefaßt und sind so weit gegangen, diesen falschen Zeugen den guten Glauben zuzubilligen. Und Sie haben sich nicht anders gebärdet, als glaubten Sie, Sie, Herr Doktor Goldenthal, im Innersten Ihrer Seele selbst an die Unerläßlichkeit und Kraft jenes Sakramentes, gegen das sich Bernhardi angeblich vergangen, und ließen durchblicken, daß unser Freund Bernhardi im Grunde doch sehr unrecht täte, nicht auch daran zu glauben. Immer zuerst ein höfliches Neigen des Kopfes gegen den Herrn Klienten, und dann ein tiefes Buckerl nach der Seite, wo seine Feinde standen, vor der Dummheit, der Verleumdung, der Heuchelei. Wenn Bernhardi damit zufrieden ist, so ist das seine Sache, ich, Herr Doktor Goldenthal, vermag für diese Art Verteidigung das nötige Verständnis nicht aufzubringen.

GOLDENTHAL Und ich, Herr Professor, muß es begrüßen, daß Sie Ihre großen Gaben der Medizin und nicht dem Jus gewidmet haben, denn zweifellos wäre es Ihnen gelungen, bei Ihrem Temperament und Ihrer Auffassung von der Würde des Gerichtssaales, auch den Unschuldigsten ins Kriminal zu bringen.

LÖWENSTEIN Das treffen Sie ja auch, Herr Doktor, trotz Ihres erfreulichen Mangels an Temperament.

BERNHARDI Aber jetzt ist es wahrhaftig genug. Ich muß euch bitten –

Die Türe ins Speisezimmer wurde geöffnet.

GOLDENTHAL *abwehrend* Verehrter Herr Professor, glücklich der Mann, der solche Freunde sein eigen nennt. Ich für meinen Teil lasse gern den Vorwurf auf mir sitzen, daß ich nicht zu den gewissenlosen Verteidigern gehöre, die einem rednerischen Effekt zuliebe ihren Klienten der Erbitterung seiner Richter preisgeben. – Aber selbstverständlich, Herr Professor, denke ich nicht daran, Ihnen meinen Rat weiterhin aufzudrängen, und stelle anheim –

CYPRIAN *zu Pflugfelder* Siehst du!

BERNHARDI Was fällt Ihnen ein, Herr Doktor.

PFLUGFELDER Wenn sich hier einer zu entfernen hat, so bin das selbstverständlich ich. Ich muß dich auch um Verzeihung bitten, lieber Bernhardi, daß ich mich habe hinreißen lassen; zurücknehmen kann ich selbstverständlich nichts. Kein Wort mehr, Bernhardi, ich bin hier überflüssig.

DIENER *kommt, flüstert Bernhardi etwas zu.*

BERNHARDI *sehr betreten, zögert eine Weile, er will sich an Cyprian wenden, läßt es wieder sein.*

PFLUGFELDER *hat sich indessen entfernt.*

BERNHARDI Verzeihen Sie, meine Herren, ein Besuch, den ich unmöglich abweisen kann. Er wird mich hoffentlich nicht allzulange – Bitte fangen Sie nur an zu essen. Oskar, sei so gut –

CYPRIAN *zu Bernhardi* Was ist denn?

BERNHARDI Später, später.

Oskar, Kurt, Löwenstein, Adler, Cyprian, Goldenthal ins Speisezimmer.

BERNHARDI *zum Diener* Ich lasse bitten.

DIENER *ab.*

BERNHARDI *schließt die Portiere zum Speisezimmer.*

PFARRER *tritt ein.* BERNHARDI *und* PFARRER

BERNHARDI *ihn an der Türe empfangend* Ich bitte –

PFARRER Guten Abend, Herr Professor.

BERNHARDI Eine Beileidsvisite, Hochwürden?

PFARRER Nicht eben das. Aber es war mir ein unabweisbares Bedürfnis, noch heute mit Ihnen zu sprechen.

BERNHARDI Ich bin zu Ihrer Verfügung, Hochwürden.

Bietet ihm einen Stuhl an, beide setzen sich.

PFARRER Trotz des für Sie ungünstigen Ausganges des Prozesses, Herr Professor, dürfte Ihnen klar sein, daß ich an Ihrer Verurteilung keine Schuld trage.

BERNHARDI Wenn ich Ihnen dafür dankte, Hochwürden, daß Sie unter Ihrem Zeugeneid die Wahrheit gesprochen haben, müßte ich fürchten, Sie zu verletzen. Also –

PFARRER *schon etwas verstimmt* Ich bin nicht gekommen, mir Ihren Dank zu holen, Herr Professor, obwohl ich mehr getan habe, als einfach die Antwort zu erteilen, zu der ich als Zeuge verpflichtet war. Denn, wenn Sie sich freundlichst erinnern wollen, gab ich auf eine Frage Ihres Herrn Verteidigers hin ohne Zögern meiner Überzeugung Ausdruck, daß Sie bei Ihrem Verhalten gegen mich damals an der Türe des Krankenzimmers keineswegs von ostentativ feindlichen Absichten gegen die katholische Kirche geleitet waren.

BERNHARDI Damit sind Hochwürden gewiß über das Maß Ihrer Verpflichtungen hinausgegangen, aber vielleicht belohnt Sie hierfür die Wirkung, die Sie mit Ihrer Aussage erzielt haben.

PFARRER Ob diese Wirkung, Herr Professor, auch überall außerhalb des Gerichtssaales als eine mir günstige bezeichnet werden darf, das wollen wir dahingestellt sein lassen. Aber Sie können sich wohl denken, Herr Professor, daß ich nicht gekommen bin, um meine Aussage vor Gericht privatim vor Ihnen zu rekapitulieren. Was mich dazu veranlaßt, noch heute zu so später Stunde bei Ihnen vorzusprechen, ist der Umstand, daß ich Ihnen ein – noch weiter gehendes Zugeständnis zu machen habe.

BERNHARDI Ein weiter gehendes Zugeständnis?

PFARRER Ja. Vor Gericht gab ich meiner Überzeugung Ausdruck, daß Sie nicht in feindlicher Absicht gegen mich oder gegen – das, was ich zu repräsentieren habe, vorgegangen sind. Ich sehe mich aber nun veranlaßt, Ihnen zuzugestehen, Herr Professor, daß Sie in dem speziellen Fall – verstehen Sie mich wohl, Herr Professor – in dem speziellen Fall, um den es sich hier handelt, in Ihrer Eigenschaft als Arzt vollkommen korrekt gehandelt haben, daß Sie innerhalb Ihres Pflichtenkreises, geradeso wie ich innerhalb des meinen, nicht anders handeln konnten.

BERNHARDI Habe ich Sie recht verstanden? Sie gestehen mir zu, daß ich vollkommen korrekt – daß ich nicht anders handeln konnte?

PFARRER Daß Sie als Arzt nicht anders handeln konnten.

BERNHARDI *nach einer Pause* Wenn dies Ihre Meinung ist, Hochwürden, dann muß ich allerdings sagen, daß sich vor wenigen Stunden für dieses Zugeständnis eine bessere, ja vielleicht die einzig richtige Gelegenheit geboten hätte.

PFARRER Daß es nicht Mangel an Mut war, der mir die Lippen verschloß, brauche ich Ihnen nicht zu versichern. Wäre ich sonst hier, Herr Professor?

BERNHARDI Was also –

PFARRER Das will ich Ihnen sagen, Herr Professor. Was mich vor Gericht verstummen ließ, das war die mit der Kraft göttlicher Erleuchtung in mir hervorbrechende Einsicht, daß ich durch ein Wort mehr einer wahrhaft heiligen, ja, der mir heiligsten Sache unermeßlichen Schaden zugefügt hätte.

BERNHARDI Ich kann mir nicht denken, daß es für einen so mutigen Mann, wie Hochwürden es sind, eine heiligere Sache geben könnte als die Wahrheit.

PFARRER Wie? Keine heiligere, Herr Professor, als die geringfügige Wahrheit, die ich etwa in jenem Einzelfall bis zu Ende hätte vertreten dürfen? Das werden Sie wohl selbst nicht behaupten wollen. Hätte ich Ihnen öffentlich nicht nur Ihre gute Absicht zugestanden, worin ich schon weiter ging, als mir manche Wohldenkende verzeihen werden, sondern es überdies als Ihr Recht erkannt, mich von dem Bett einer Sterbenden, einer Christin, einer Sünderin, fortzuweisen, so hätten die Feinde unserer heiligen Kirche eine solche Erklärung weit über das Maß ausgenützt, für das ich die Verantwortung hätte übernehmen können. Denn wir haben nicht nur loyale Feinde, Herr Professor, wie Ihnen gewiß nicht unbekannt sein wird. Und die geringfügige Wahrheit, die ich ausgesprochen hätte, wäre dadurch in einem höheren Sinne Lüge geworden. Und was wäre das Resultat gewesen? Nicht etwa als ein allzu Nachsichtiger, nein, als ein Abtrünniger, als ein Verräter wäre ich vor denjenigen gestanden, denen ich Rechenschaft und Gehorsam schuldig bin, – und vor meinem Gotte selber. Darum habe ich nicht gesprochen.

BERNHARDI Und warum, Hochwürden, tun Sie es jetzt?

PFARRER Weil ich in dem Augenblick, da jene Erleuchtung über mich kam, sofort das Gelübde tat, Ihnen persönlich als dem einzigen, dem ich es vielleicht schuldig bin, ein Bekenntnis abzulegen, das die Öffentlichkeit mißverstanden und mißdeutet hätte.

BERNHARDI Hierfür danke ich Ihnen, Hochwürden. Und lassen Sie mich hoffen, daß Sie niemals in die Lage kommen werden, öffentlich in einer Sache auszusagen, wo mehr auf dem Spiele stünde als – mein geringes Schicksal. Denn es könnte sich ja fügen, daß Sie auch dann, was mir als Ihr höchst persönliches Bedenken erscheint, als göttliche Erleuchtung empfänden, und daß damit eine noch höhere Wahrheit zu Schaden käme als die ist, die Sie glauben vertreten und schützen zu müssen.

PFARRER Eine höhere als die meiner Kirche vermag ich nicht anzuerkennen, Herr Professor. Und meiner Kirche höchstes Gesetzt heißt Einordnung und Gehorsam. Denn bin ich aus der Gemeinschaft ausgestoßen, von deren Wirken so unendlicher Segen über die Welt ausstrahlt, so ist für mich, anders als bei Männern, die in einem freien Berufe stehen, wie Sie, Herr Professor, die Möglichkeit jeden Wirkens und damit der ganze Sinn meines Daseins aufgehoben.

BERNHARDI Mir ist, Hochwürden, als hätte es Priester gegeben, denen der Sinn des Daseins erst damit begann, daß sie sich aus ihrer Gemeinschaft lösten und ohne jede Rücksicht auf Unannehmlichkeit und Gefahr verkündeten, was sie für Recht und Wahrheit hielten.

PFARRER Wenn ich zu diesen gehörte, Herr Professor –

BERNHARDI Nun?

PFARRER – so hätte Gott mich wohl heute schon vor Gericht aussprechen lassen, was Sie nun erst in diesen vier Wänden vernehmen durften.

BERNHARDI Gott also war es, der Ihnen dort die Lippen verschloß? Und nun schickt Gott Sie zu mir, auf daß Sie mir unter vier Augen zugestehen, was vor Gericht auszusprechen Ihnen verwehrt war? Man muß sagen, er macht es Ihnen recht bequem, Ihr Gott!

PFARRER *sich erhebend* Verzeihen Sie, Herr Professor, meinem Zugeständnis, das Sie sonderbarerweise als ein Bekenntnis eines an Ihnen begangenen Unrechtes aufzufassen scheinen, habe ich nichts hinzuzufügen. Keineswegs war es in meinem Gelöbnis mit einbegriffen, mit Ihnen ein Gespräch über Dinge zu führen, in denen wir uns kaum verstehen können.

BERNHARDI Und so schlagen Sie mir die Türe vor der Nase zu, Hochwürden –? Als einen Beweis dafür, daß Sie drin sind und ich draußen, vermag ich das allerdings nicht anzuerkennen. Immerhin bleibt mir nun nichts anderes mehr übrig als zu bedauern, Hochwürden, daß Sie sich vergeblich herbemüht haben.

PFARRER *nicht ohne Ironie* Vergeblich?

BERNHARDI Da ich es doch nicht vermag, Sie so völlig zu absolvieren, als Sie nach einem so ungewöhnlichen Schritt vielleicht erwarten durften.

PFARRER Absolution? Um die war es mir wohl nicht zu tun,

Herr Professor. Vielleicht um Beruhigung. Und die ist mir geworden, sogar in weit höherem Maße, als ich hoffen durfte. Denn jetzt, Herr Professor, beginne ich diese ganze Angelegenheit in neuem Lichte zu sehen. Es wird mir allmählich offenbar, daß ich mich über den wahren Grund meines Hierherkommens, meines Hierher*gesandtseins* im Irrtum befunden habe.

BERNHARDI Oh!

PFARRER Kein Bekenntnis hatte ich Ihnen abzulegen, wie ich anfangs glaubte, sondern von einem Zweifel mich zu befreien. Von einem Zweifel, Herr Professor, der mir selbst als solcher noch nicht bewußt war, als ich hier eintrat. Nun aber hat er sich gelöst, Klarheit dringt in meine Seele, und was ich Ihnen früher zugestanden habe, Herr Professor, ich bedauere sehr, ich muß es wieder zurücknehmen.

BERNHARDI Sie nehmen es zurück? Ich habe es nun einmal empfangen, Hochwürden.

PFARRER Es gilt nicht mehr. Denn jetzt weiß ich es, Herr Professor, Sie waren *nicht* im Recht, als Sie mich von dem Bett jener Sterbenden fortwiesen.

BERNHARDI Ah!

PFARRER Sie nicht! Andere im gleichen Falle wären es vielleicht gewesen. Sie aber gehören nicht zu diesen. Jetzt weiß ich es. Es ist bestenfalls eine Selbsttäuschung, wenn Ihnen als ärztliche Fürsorge, als menschliches Mitleid erscheint, was Sie veranlaßt hat, mir den Eintritt in jenes Sterbezimmer zu verweigern. Dieses Mitleid, diese Fürsorge, sie waren nur Vorwände; nicht völlig bewußte vielleicht, aber doch nichts anderes als Vorwände.

BERNHARDI Vorwände? Sie wissen mit einemmal nicht mehr, Hochwürden, was Sie noch vor wenigen Minuten wußten und mir zugestanden, daß mir eine Verantwortung auferlegt war – wie Ihnen!?

PFARRER Das gestehe ich Ihnen auch weiterhin zu. Was ich bestreite, ist nur, daß Sie aus diesem Gefühl der Verantwortung heraus mir den Eintrtitt in das Sterbezimmer verweigert haben. Der wahre Grund Ihrer Haltung gegen mich lag nicht in Ihrem Verantwortungsgefühl, auch nicht in der edlen Aufwallung eines Momentes, wie Sie sich vielleicht einbilden, wie sogar ich selbst zu glauben nahe war, sondern er lag viel tiefer, in den Wurzeln Ihres Wesens selbst. Jawohl, Herr

Professor, der wirkliche Grund war, – wie soll ich sagen –, eine Antipathie gegen mich – eine unbeherrschbare Antipathie – vielmehr eine Feindseligkeit –

BERNHARDI Feindseligkeit –?

PFARRER – gegen das, was dieses Gewand hier für Sie – und Ihresgleichen bedeutet. Oh, im Laufe dieser Unterredung haben Sie mir genugsam Beweise gegeben, daß es sich so verhält. Und nun weiß ich auch, daß geradeso wie heute auch damals schon aus Ihrer ganzen Haltung, aus jedem Ihrer Worte mir doch nur jene Feindseligkeit entgegenklang, jene unbezwinglich tiefe, die Männer Ihrer Art gegen meinesgleichen nun einmal nicht überwinden können.

BERNHARDI Feindseligkeit! wiederholen Sie immer wieder. Und wenn es so wäre! Was mir im Laufe dieser letzten Wochen widerfuhr, diese ganze Hetze gegen mich, die Sie ja selbst als verlogen und unwürdig empfinden, könnte die nicht noch nachträglich rechtfertigen, was Sie Feindseligkeit nennen, wenn so etwas wirklich schon vorher bei mir bestanden hätte? Und ich will nicht leugnen, daß ich, trotz einer angeborenen beinahe ärgerlichen Neigung zur Gerechtigkeit, im Laufe dieser letzten Wochen von einer solchen – Feindseligkeit eine Ahnung in mir aufsteigen gefühlt habe – nicht so sehr gegen Ihre Person, Hochwürden – als gegen die – Gesellschaft, die sich um Sie geschart hat. Aber das kann ich beschwören, in dem Augenblick, Hochwürden, da ich Ihnen den Eintritt in jenes Krankenzimmer verweigerte, da war von dieser Feindseligkeit kein Hauch in mir. So reinen Herzens stand ich Ihnen dort gegenüber in meiner Eigenschaft als Arzt – wie nur je irgendein Angehöriger Ihres Standes am Altar eine kirchliche Handlung verrichtet hat. Nicht weniger reinen Herzens, als Sie mir gegenüberstanden, – der gekommen war, meiner Kranken die letzten Tröstungen der Religion zu bringen. Das wußten Sie, als Sie vorhin in mein Zimmer traten. Das gestanden Sie mir zu. Sie sollten diese Erkenntnis nicht plötzlich wieder von sich weisen, – weil Sie fühlen – was ja auch ich fühle – und vielleicht nie stärker gefühlt habe als in dieser Stunde, daß irgend etwas uns trennt, – über dessen Vorhandensein wir auch unter freundlicheren Umständen uns nicht hinwegtäuschen könnten.

PFARRER Und Sie fühlten es nie stärker als in d i e s e r Stunde?

BERNHARDI Ja, – in d i e s e r Stunde, da ich doch wohl einem der –

Freiesten Ihres Standes gegenüberstehe. Aber für das, was uns trennt, und wahrscheinlich für alle Zeiten trennen muß, Hochwürden, – dafür scheint mir – Feindseligkeit ein zu armes und kleines Wort. Es ist von etwas höherer Art, denk ich – und – von hoffnungsloserer.

PFARRER Da mögen Sie recht haben, Herr Professor. Hoffnungslos. Gerade diesmal – gerade zwischen Ihnen und mir will es sich erweisen. Denn schon manchmal ward mir Gelegenheit zu ähnlichen bis an eine gewisse nicht unbedenkliche Grenze führenden Unterredungen mit Männern aus Ihren Kreisen, mit – Gelehrten, mit Aufgeklärten *etwas spöttisch* niemals aber schien jede Verständigung so außer dem Bereich der Möglichkeit zu liegen wie hier. Allerdings hätte ich es vielleicht gerade am Abend des heutigen Tages vermeiden sollen, – Ihnen im Gespräch bis zu diesen Grenzen zu folgen.

BERNHARDI Ich hoffe, Hochwürden, Sie erweisen mir so viel – Respekt, um nicht etwa eine durch persönliche Erlebnisse des heutigen Tages verursachte üble Laune für meine Art der – Weltbetrachtung verantwortlich zu machen.

PFARRER Das liegt mir fern, Herr Professor – Wenn es sich so unüberbrückbar – so abgrundtief auftut zwischen zwei Männern wie – Sie und ich, die ja vielleicht beide – ohne *lächelnd* Feindseligkeit sein mögen, dann muß das wohl seine tieferen Ursachen haben. Und ich sehe diese Ursache darin, daß immerhin zwischen Glaube und Zweifel eine Verständigung möglich sein dürfte, – nicht aber zwischen Demut und, – Sie werden das Wort nicht mißverstehn, wenn Sie sich mancher Ihrer früheren Äußerungen erinnern –, zwischen Demut – und Vermessenheit.

BERNHARDI Vermessenheit –?! Und Sie, Hochwürden, dem sich für das, was Sie auf dem Grund meiner Seele vermuten, kein – milderes Wort darbietet, Sie glauben sich frei von – Feindseligkeit gegen – Männer meiner Art?

PFARRER *will zuerst etwas heftiger werden, nach kurzer Sammlung, mit kaum merklichem Lächeln* Ich weiß mich frei. Mir, Herr Professor, gebietet meine Religion, auch die zu lieben, die mich hassen.

BERNHARDI *stark* Und mir die meine, Hochwürden, – oder das, was an ihrer Stelle in meine Brust gesenkt ist –, auch dort zu verstehen, wo ich nicht verstanden werde.

PFARRER Ich zweifle nicht an Ihrem guten Willen. Aber das

Verstehen, Herr Professor, hat seine Grenzen. Wo der menschliche Geist waltet, – Sie haben es gewiß selbst oft genug erfahren –, gibt es Trug und Irrtum. Was nicht trügt, – Menschen meiner Art nicht zu trügen vermag, – ist – *zögert* ich will lieber gleich ein Wort wählen, gegen das auch Sie nichts werden einzuwenden haben, Herr Professor, ist – das innere Gefühl.

BERNHARDI Wollen wir's denn so nennen, Hochwürden. Diesem inneren Gefühl, wenn es auch in meine Seele aus andern Quellen fließen dürfte, – dem versuche ja auch ich zu vertrauen. Was bleibt uns – allen am Ende anderes übrig? Und wenn es – unsereinem nicht so leicht wird wie Männern Ihrer Art, Hochwürden, Gott, der Sie – so demütig schuf, und mich – so vermessen, dieser – unbegreifliche Gott wird schon seine Gründe dafür haben.

PFARRER *sieht ihn lang an; dann, mit einem plötzlichen Entschluß streckt er ihm die Hand entgegen.*

BERNHARDI *zögernd, ganz wenig lächelnd* Über – den Abgrund, Hochwürden?

PFARRER Lassen Sie uns – nicht hinabschauen – für einen Augenblick!

BERNHARDI *reicht ihm die Hand.*

PFARRER Leben Sie wohl, Herr Professor! –

Er geht.

Bernhardi allein, eine Weile wie unentschlossen, sinnend, gefaltete Stirn, die sich wieder glättet, Bewegung, wie wenn er etwas von sich abschüttelte, dann schiebt er die Portiere zurück und öffnet die Türe. Man sieht die andern bei Tisch sitzen, zum Teil schon stehen und rauchen.

CYPRIAN Endlich!

ADLER Wir halten schon bei der Zigarre.

CYPRIAN *aus dem Zimmer tretend, zu Bernhardi kommend* Was hat's gegeben? Heute – so spät noch ein Patient?

BERNHARDI – Das ist schwer zu beantworten.

OSKAR *auch aus dem Zimmer kommend* Da sind ein paar Telegramme für dich gekommen, Papa.

BERNHARDI *öffnet eines* Ah, das ist nett.

CYPRIAN Darf man wissen?

BERNHARDI Ein einstiger Patient, der mich seiner Sympathie versichert. Ein armer Teufel, der ein paar Wochen bei uns im Elisabethinum gelegen ist.

GOLDENTHAL Darf man sehen? Florian Ebeseder?

LÖWENSTEIN Ebeseder? Florian? Das scheint ja ein Christ zu sein.

PFLUGFELDER *ihn an der Schulter berührend* Kommt vor!

BERNHARDI *ein anderes Telegramm öffnend* O Gott! *Zu Cyprian* Da, sieh einmal.

ADLER Vorlesen, vorlesen!

CYPRIAN *liest* »Wir versichern den mannhaften Kämpfer für Freiheit und Aufklärung unserer herzlichsten Verehrung und Teilnahme und bitten ihn zu glauben, daß er uns im Kampf gegen die Dunkelmänner stets an seiner Seite finden wird. Doktor Reiß, Walter König –«

BERNHARDI Namen, die ich gar nicht kenne.

GOLDENTHAL Das ist eine höchst erfreuliche Kundgebung. Es ist anzunehmen, daß sie nicht vereinzelt bleiben wird.

BERNHARDI Und dagegen kann man nichts machen?

GOLDENTHAL *lachend* Wie? Das fehlte noch, daß man dagegen –

OSKAR Papa, willst du dich nicht endlich zu Tisch setzen?

DIENER *bringt eine Karte.*

BERNHARDI Was gibt's denn schon wieder?

OSKAR *liest* Der Vorstand des Vereines der Brigittenauer Freidenker.

BERNHARDI Die Freidenker aus der Brigittenau –? Ich bin nicht zu Hause. Bitte sagen Sie das den Herren.

GOLDENTHAL Aber warum denn?

BERNHARDI Ich bin schon im Kerker – Ich bin hingerichtet.

Geht ins Speisezimmer, ebenso die andern außer Goldenthal und Löwenstein.

Dann DOKTOR KULKA

GOLDENTHAL *zum Diener, den er noch bei der Türe erwischt* Sagen Sie den Herren, der Herr Professor sei jetzt etwas abgespannt, es wird ihm aber – Wann hat der Professor Ordination?

DIENER Von zwei Uhr an.

GOLDENTHAL Also, es wird dem Herrn Professor morgen um dreiviertel zwei ein Vergnügen sein, die Herren zu empfangen.

DIENER *ab.*

LÖWENSTEIN Ein Vergnügen? Sind Sie davon überzeugt?

GOLDENTHAL Überlassen Sie es doch mir, die Interessen meines Klienten zu wahren.

LÖWENSTEIN *achselzuckend ins Speisezimmer.*

DIENER *kommt mit Karte.*

GOLDENTHAL *wendet sich um* Was gibt's denn? Lassen Sie sehen. Oh!

DIENER Der Herr will sich nicht abweisen lassen.

GOLDENTHAL Führen Sie den Herrn nur herein.

DIENER *ab.*

GOLDENTHAL *räuspert sich, macht sich irgendwie bereit.*

KULKA *tritt ein* Oh, Herr Doktor Goldenthal? – wenn ich nicht irre.

GOLDENTHAL Der bin ich. Wir kennen uns ja, Herr Doktor Kulka – Sie müssen schon für heute mit mir vorliebnehmen. Der Professor ist etwas müde, wie Sie sich wohl denken können –

KULKA Müde? – Hm – Da werde ich wohl noch einmal – Ich könnte vor meinem Chef nicht verantworten –

GOLDENTHAL Aber Sie hören doch, Herr Doktor –

KULKA Ja, freilich höre ich. Ich verstehe auch, aber was hilft mir das? Wenn ich den Herrn Professor nicht persönlich sprechen kann, vor meinem Chef hab doch nur ich die Schuld.

GOLDENTHAL Vielleicht bin ich in der Lage, Ihnen Rede zu stehen.

KULKA *zögernd* Wenn Sie so liebenswürdig sein wollen – Darf ich vielleicht fragen, Herr Doktor, ob es richtig ist, daß Herr Professor Bernhardi keine Nichtigkeitsbeschwerde einzubringen gedenkt?

GOLDENTHAL Wir haben uns der Form wegen Bedenkzeit vorbehalten.

KULKA *hat ein Notizbuch herausgenommen.*

GOLDENTHAL *hiervon beeinflußt, in rednerischem Ton* Denn wenn es uns auch fernliegt, in die Gesetzeskenntnis und die Weisheit österreichischer Richter den geringsten Zweifel zu setzen, oder gar dem gesunden Sinn der Wiener Bürger auf der Geschworenenbank Mißtrauen entgegenzubringen, so können wir uns doch der Vermutung nicht verschließen, daß die faktiöse Haltung einer gewissen, hier nicht näher zu bezeichnenden Presse geeignet schien, den Boden für einen Rechtsirrtum vorzubereiten und –

BERNHARDI *kommt herein.*

KULKA Oh, Herr Professor.

BERNHARDI Was ist denn das?

GOLDENTHAL Ich war so frei, Herr Professor, da Sie ja nicht gestört sein wollten, – und glaube ganz in Ihrem Sinne –

BERNHARDI Mit wem habe ich denn das Vergnügen?

KULKA Kulka von den Neuesten Nachrichten. Mein Chef, der

die Ehre hat, persönlich von Ihnen gekannt zu sein, läßt sich bestens empfehlen und –

GOLDENTHAL Es sind Gerüchte verbreitet, denen man am besten gleich entgegentreten sollte.

KULKA Es heißt nämlich, daß Herr Professor auf jedes Rechtsmittel verzichten –

GOLDENTHAL Ich habe den Herrn Doktor schon aufgeklärt, daß wir uns Bedenkzeit vorbehalten haben.

BERNHARDI Das stimmt. *Allmählich kommen aus dem Nebenzimmer Löwenstein, Cyprian, Adler, Kurt, Oskar.*

KULKA Für diese Aufklärung bin ich sehr dankbar. Aber nun, Herr Professor, habe ich Ihnen noch eine spezielle Bitte meines Chefs vorzutragen. Herr Professor haben heute im Laufe der Verhandlung die Vorladung des Unterrichtsministers beantragt. Es geht daraus zur Evidenz hervor, daß in dieser Angelegenheit noch Momente mitspielen, die im Laufe des Prozesses nicht zur Sprache gekommen sind oder nicht kommen durften. Mein Chef würde sich nun eine besondere Ehre daraus machen, Herr Professor, Ihnen die Spalten unseres Blattes zur Verfügung zu stellen –

BERNHARDI *abwehrend* Danke, danke.

KULKA Es ist Ihnen gewiß nicht unbekannt, Herr Professor, daß unser Blatt, wenn es auch Seiner Exzellenz im Beginn seiner Amtstätigkeit mit dem größten Vertrauen entgegenkam, sich neuerdings genötigt sah, gegen gewisse überraschende fortschrittsfeindliche, ja geradezu reaktionäre Maßnahmen des Ministers in energischer Weise Front zu machen, wobei stets jene maßvolle Form gewahrt wurde, die uns seit jeher als die Vorbedingung eines gedeihlichen Wirkens auch auf politischem Gebiete erschienen ist. Und so wäre es uns höchst willkommen in unserm Kampf für Fortschritt und Freiheit, einen Mann wie Sie an unserer Seite zu wissen, dessen durch Geschmack gezügelte Leidenschaft uns die Gewähr bietet, einen Bundesgenossen –

BERNHARDI Verzeihen Sie, ich bin kein Bundesgenosse.

KULKA Aber wir sind die Ihren, Herr Professor.

BERNHARDI Das kommt Ihnen heute so vor. Meine Angelegenheit ist eine rein persönliche.

LÖWENSTEIN Aber –

KULKA Manche persönliche Affären tragen eben den Keim von politischen in sich. Die Ihrige –

BERNHARDI Das ist ein Zufall, für den ich keine Verantwortung übernehme. Ich gehöre keiner Partei an und wünsche von keiner als der ihrige in Anspruch genommen zu werden.

KULKA Herr Professor werden nicht vermeiden können –

BERNHARDI Ich will nichts dazu tun. Wer für mich eintritt, tut es auf seine eigene Gefahr. *Immer leicht und jetzt mit dem ihm eigenen ironischen Lächeln* So wie ich heute beschuldigt wurde, die katholische Religion gestört zu haben, könnte es mir nächstens passieren, als Feind einer andern, Ihnen vielleicht näherstehenden, verdächtigt zu werden. –

KULKA Ich bin konfessionslos, Herr Professor. Wir sind es alle, wenigstens innerlich. Unser Standpunkt, der Standpunkt unseres Blattes, wie männiglich bekannt, ist derjenige der absoluten Gewissensfreiheit. Wie sagt Friedrich? – Jeder soll nach seiner Fasson selig werden.

BERNHARDI Also, dann bitte ich Sie auch bei mir nach diesem Grundsatz zu handeln. Danken Sie Ihrem Herrn Chef für seine freundliche Einladung, es wäre einfach ein Mißbrauch seines Vertrauens, eine Art Falschmeldung, wenn ich ihr folgte.

KULKA Ist das wirklich Ihr letztes Wort, Herr Professor?

BERNHARDI Die unterscheiden sich selten von meinen ersten.

KULKA Mein Chef wird unendlich bedauern – ich weiß wirklich nicht – Aber bitte, Herr Professor, falls Sie sich doch noch entschließen sollten, Ihren Gefühlen gegenüber Seiner Exzellenz publizistischen Ausdruck zu verleihen, können wir wenigstens darauf rechnen, daß kein anderes Blatt –

BERNHARDI Sie können sich darauf verlassen, daß ich mich, was immer ich unternehmen sollte, nicht in den Schutz irgendeiner Zeitung zu stellen gedenke. Meine beste Empfehlung Ihrem Herrn Chef.

KULKA Ich danke, Herr Professor. Ich habe die Ehre, meine Herren.

Ab. Kleine unbehagliche Pause.

CYPRIAN Notwendig war das nun gerade nicht.

GOLDENTHAL Ich muß eigentlich auch sagen, Herr Professor –

BERNHARDI Ja, verstehen Sie denn noch immer nicht, meine Herren, daß ich mit den Leuten absolut nichts zu tun haben will, die eine politische Affäre aus meiner Angelegenheit machen wollen.

LÖWENSTEIN Aber es ist doch nun einmal eine.

GOLDENTHAL Gewiß, wie die Dinge sich gestaltet haben, stehen Sie mitten im politischen Kampf. Und eigentlich müßten wir es begrüßen –

BERNHARDI Ich bitte, lieber Herr Doktor, begrüßen Sie nichts! Ich führe keinen politischen Kampf. Das lächerliche Kriegsgeschrei, das sich von einigen Seiten erheben will, wird mich nicht zu einer Rolle verführen, die mir nicht behagt, zu der ich mich gar nicht tauglich fühle, weil es eben nur eine Rolle wäre. Und was die Bedenkzeit anbelangt, Herr Doktor, ich bitte Sie hiermit, sie als abgelaufen zu betrachten.

GOLDENTHAL Ich verstehe nicht –

BERNHARDI Ich wünsche meine Strafe anzutreten, und zwar so bald als möglich. Am liebsten morgen.

CYPRIAN Aber –

BERNHARDI Ich will die Sache hinter mir haben. Das ist das Einzige, worauf es mir jetzt ankommt. Diese ganzen letzten Monate waren für meine Arbeit, meinen Beruf schon so gut wie verloren. Nichts als Konferenzen und Vernehmungen. Und was ist dabei herausgekommen? Als Rechtsfall war die Sache schon unerquicklich genug; nun soll sie gar ein Politikum werden, davor flücht' ich mich, und wär' es ins Gefängnis. Meine Sache ist es, Leute gesund zu machen, – oder ihnen wenigstens einzureden, daß ich es kann. Dazu will ich so bald wieder Gelegenheit haben, als es nur angeht.

LÖWENSTEIN Und deine Rache?

BERNHARDI Wer spricht von Rache?

LÖWENSTEIN Nun, Flint, Ebenwald. Die Herren willst du so einfach laufen lassen?

BERNHARDI Keine Rache soll es werden, – eine Abrechnung. Auch dazu wird es kommen. Aber es soll doch nicht plötzlich mein Lebensinhalt sein, mich mit diesen Leuten herumzuraufen. Das will ich nebstbei erledigen. Aber keine Angst. Geschenkt wird ihnen nichts bleiben.

CYPRIAN Ob du nun die Sache politisch oder juridisch oder ganz privatim weiterführen willst, ich bleibe dabei, es war nicht notwendig, diesem Herrn Kulka gewissermaßen die Türe zu weisen.

GOLDENTHAL Auch ich möchte nochmals betonen, daß die Freundschaft des Blattes, als dessen Vertreter Herr Kulka hier erschien –

BERNHARDI *ihn unterbrechend* Verehrter Herr Doktor, seine Feinde muß man nehmen, wie und wo man sie findet; meine Freunde kann ich mir aussuchen – glücklicherweise –

Vorhang

FÜNFTER AKT

Ein Kanzleiraum in Ministerium. Entsprechend eingerichtet, nicht ganz ohne Behaglichkeit.

HOFRAT WINKLER, *etwa 45, jünger aussehend, schlank, frisches Gesicht, kleiner Schnurrbart, kurzes blondes graumeliertes Haar, blitzende blaue Augen, allein, mit Akten beschäftigt. Er steht eben auf und ordnet die Akten in einen Schrank ein. Telephonzeichen.*

HOFRAT *an den Tisch zurück, ins Telephon* Hier kaiserlich und königliches Ministerium für Kultus und Unterricht. – Nein. Hofrat Winkler. Oh, Herr Professor Ebenwald. – Er ist noch nicht da. – Vielleicht in einer halben Stunde. – Ins Parlament begibt sich Seine Exzellenz gewiß nicht vor halb zwei. – Ja, darüber bin ich leider nicht in der Lage Auskunft zu geben, jedenfalls nicht auf telephonischem Wege. – Wird mir ein Vergnügen sein. Habe die Ehre, Herr Professor. *Klingelt ab; fährt in seiner früheren Beschäftigung fort.*

AMTSDIENER *tritt ein, bringt die Post und eine Visitenkarte.*

HOFRAT Doktor Kulka?

DIENER Möchte aber Seine Exzellenz persönlich sprechen.

HOFRAT Soll halt später wiederkommen.

DIENER Es waren auch schon früher zwei Herren von Zeitungen da. Die kommen auch wieder.

HOFRAT Also, die Herren von der Zeitung brauchen Sie überhaupt nicht bei mir zu melden. Die wollen ja alle Seine Exzellenz persönlich sprechen.

DIENER *ab.*

Wieder Telephonzeichen.

HOFRAT Hier kaiserlich und königliches Ministerium für Kultus und Unterricht. – Hofrat Winkler, ja. – Ah, die Stimm sollt ich ja kennen. Küß die Hand, gnädige Frau. – Heut abend? – Ja, wenn's mir möglich ist, gern. – Gar nix sag ich zu den Wahlen. – Nein. – Weil ich das nicht mag, daß sich schöne

Frauen auch schon mit Politik beschäftigen. – Von Politik versteht keine was. – Bis dahin haben Sie noch mindestens zwanzig Jahre Zeit, gnädige Frau. – Also auf Wiedersehen, gnädige Frau. Schöne Empfehlungen dem Herrn Gemahl. *Klingelt ab.*

AMTSDIENER *mit einer Karte.*

HOFRAT Schon wieder einer? Ah, Doktor Feuermann. – Also, ich lasse bitten. *Diener ab.*

DOKTOR FEUERMANN *tritt ein.*

FEUERMANN *verbeugt sich tief.*

HOFRAT Habe die Ehre, Herr Doktor. – Was verschafft uns denn das Vergnügen?

FEUERMANN Ich komme in einer sehr ernsten Angelegenheit, Herr Hofrat.

HOFRAT Oh, Herr Doktor, hoffentlich nicht wieder ein Malheur passiert, nachdem erst, dank der Einsicht der braven Bürger von Oberhollabrunn –

FEUERMANN Allerdings, Herr Hofrat, hat man mich freigesprochen. Aber was hilft es mir? Kein Patient läßt sich mehr sehen. Wenn ich als Bezirksarzt in Oberhollabrunn bleiben soll. müßt ich einfach verhungern. Daher bin ich so frei, um meine Versetzung anzusuchen und – *Telephonzeichen*

HOFRAT Entschuldigen Sie, Herr Doktor. *Ins Telephon* Jawohl. Hofrat Winkler. – Oh, Herr Sektionsrat. – Wie? Was? *Sehr erstaunt* Aber gehen Sie! – Im Ernst? Die Schwester Ludmilla? Das wäre ein merkwürdiges Zusammentreffen. – Na, weil er ja heute herauskommt. – Natürlich der Professor Bernhardi. – Heute, ja. – Sie kommen selbst? – Ja. – Nein, hören Sie. – Selbstverständlich sage ich Seiner Exellenz vorläufig nichts, wenn Sie's wünschen. – Habe die Ehre! – *Klingel. – Zuerst sehr bewegt, dann zu Feuermann* Also, bitte.

FEUERMANN Und wollte mir besonders Ihre Unterstützung erbitten, Herr Hofrat, – der Sie immer –

FLINT *tritt ein.* FEUERMANN, HOFRAT

FLINT Guten Tag, Herr Hofrat. *Bemerkt Feuermann* Ah –

FEUERMANN *sich tief verbeugend* Exzellenz, mein Name ist Doktor Feuermann.

FLINT Ah natürlich. – Ich habe ja schon – Von der Montagszeitung? – – –

HOFRAT *leise* Zufällig kein Journalist, Exzellenz. – Herr Doktor Feuermann aus Oberhollabrunn.

FLINT Ach ja, – Doktor Feuermann.

HOFRAT *wie oben* Der wegen eines sogenannten Kunstfehlers angeklagt war und freigesprochen wurde.

FLINT Aber ich weiß ja. Professor Filitz hat ein lichtvolles Gutachten abgegeben. Zehn Stimmen gegen zwei. –

FEUERMANN Neun gegen –

HOFRAT *winkt ihm ab.*

FLINT Ich gratuliere Ihnen, lieber Herr Doktor Feuermann.

FEUERMANN Ich bin sehr gerührt, Exzellenz, daß Exzellenz sich für meine geringfügige Angelegenheit –

FLINT Es gibt für mich keine geringfügige Angelegenheit. Es darf für unsereinen gar keine geben. In einem höheren Sinn ist alles gleich wichtig. *Er schaut flüchtig, aber Beifall suchend zum Hofrat* Und es wird Ihnen vielleicht eine gewisse Genugtuung gewähren, wenn Sie erfahren, daß nicht zum geringsten unter dem Eindruck Ihrer »geringfügigen« Affäre eine gründliche Reform der medizinischen Studienordnung in Erwägung gezogen wird. Hoffentlich wird es möglich sein, diese auf Verordnungswege durchzuführen. Überhaupt, wenn man nicht immer erst das Parlament fragen müßte – *Blick zum Hofrat* wie einfach ließe sich regieren.

HOFRAT Jedenfalls g'schwinder, und das ist doch die Hauptsache.

FEUERMANN Ich war so frei, Exzellenz –

HOFRAT Ich nehme an, Sie haben alles in Ihrem Gesuche angeführt, Herr Doktor.

FEUERMANN Ich möchte nur noch erwähnen –

HOFRAT Das steht ja wahrscheinlich auch drin–

FEUERMANN Jawohl.

HOFRAT Also, geben Sie's nur her, Herr Doktor, wird so rasch als möglich erledigt werden. Habe die Ehre, Herr Doktor.

FLINT *der indes vom Diener einige Zeitungen bekommen hat* Guten Tag, Herr Doktor. *Reicht ihm die Hand, Feuermann geht.*

Flint, Hofrat

FLINT *über eine Zeitung* Was will er denn eigentlich?

HOFRAT Gesuch um Versetzung, Exzellenz. Der arme Teufel wird natürlich in Oberhollabrunn boykottiert trotz des Freispruches. –

FLINT Na ja, Sie ließen sich wahrscheinlich auch nicht von ihm behandeln.

HOFRAT Keineswegs, wenn ich ein Kind kriegen sollte.

FLINT *Zeitung ärgerlich hinwerfend* Was gibt es sonst Neues?

HOFRAT Professor Ebenwald hat telephoniert. Er wird im Laufe des Vormittags vorsprechen.

FLINT Schon wieder? Er war doch erst vorgestern da.

HOFRAT Sie brauchen halt dringend Geld im Elisabethinum. Die Schulden wachsen ihnen über den Kopf.

FLINT Das Kuratorium hat doch seine Demission zurückgezogen nach Bernhardis Entfernung.

HOFRAT Ja. es zeigt sich eben, daß der einzige, der das Kuratorium ein bisserl aufgemischt hat, der Bernhardi war. Seither schlafen sie alle. Sogar ich.

FLINT Eine Subvention müssen sie bekommen. Das habe ich schon seinerzeit dem Bernhardi versprochen.

HOFRAT Wir haben diesmal einen riesigen Voranschlag, mehr als dreitausend drücken wir nicht heraus, Exzellenz. Der Finanzminister ist schon so bös auf uns. Ich bin noch nicht einmal sicher, ob wir das Geld für den Neubau des physiologischen Institutes kriegen werden. Und das ist ja doch noch –

FLINT Wenn wir's im Budgetausschuß nicht durchsetzen – und noch einiges andere, so verlange ich im Parlament einen Separatkredit.

HOFRAT Oh!

FLINT Man wird ihn mir nicht verweigern. Die Liberalen und die Sozialdemokraten können es doch nicht tun, die schnitten sich ja ins eigene Fleisch, wenn sie plötzlich beim Bau wissenschaftlicher Institute von der Regierung Sparsamkeit fordern würden. Und was die Herren Christlichsozialen anbelangt, so habe ich wohl ein Recht, von ihnen zu erwarten, daß sie mir keine Unannehmlichkeiten bereiten. Finden Sie nicht?

HOFRAT Die Herrschaften hätten zum mindesten alle Ursache, Exzellenz dankbar zu sein.

FLINT Der Hieb sitzt nicht, lieber Hofrat. Nicht auf Dankbarkeit kommt es an im öffentlichen Leben, sondern auf korrekte Buchführung. Warten Sie die Bilanz ab. – Im übrigen muß ich Ihnen ja noch zu den gestrigen Landtagswahlen gratulieren. Zehn neue sozialdemokratische Mandate, das war nicht vorauszusehen.

HOFRAT Exzellenz, ich werde erst nach den Parlamentswahlen

in der Lage sein, Glückwünsche entgegenzunehmen.

FLINT Die Parlamentswahlen dürften anders ausfallen. Übrigens waren die Majoritäten auch gestern nicht überwältigend. Also triumphieren Sie nicht zu früh, mein verehrter Herr Anarchist.

HOFRAT Exzellenz lassen mich aber geschwind avancieren. Eben erst wurde ich durch den Titel eines Sozialdemokraten ausgezeichnet.

FLINT Kein so großer Unterschied.

HOFRAT Im übrigen will auch ich nicht versäumen, zu der gestrigen Rede meinen Glückwunsch abzustatten.

FLINT Rede? – Ich bitte Sie, die paar improvisierten Worte. Aber sie haben gewirkt.

HOFRAT Wird allgemein konstatiert. *Auf die Zeitungen weisend.*

FLINT Jedenfalls, Herr Hofrat, zeugt es von rühmenswerter Objektivität, daß auch Sie sich den Gratulanten anschließen. Vor Ihnen hab ich ja geradezu Angst gehabt.

HOFRAT Zu schmeichelhaft, Exzellenz.

FLINT Denn daß Sie, lieber Hofrat, für eine Vermehrung der Religionsstunden eingenommen sein sollten, war mir vorerst unwahrscheinlich.

HOFRAT Und Exzellenz selbst?

FLINT Mein lieber Hofrat, wie ich privat zu diesen und anderen Fragen stehe, das ist ein Extrakapitel. So glattweg seine Ansichten daherplappern, das ist die Art politischer Dilettanten. Der Brustton der Überzeugung gibt einen hohlen Klang. Was wirkt, auch in der Politik, ist der Kontrapunkt.

HOFRAT Bis einer kommt, Exzellenz, dem wieder einmal eine Melodie einfällt.

FLINT Ganz fein. Aber um aus unserm metaphorischen Dialog wieder ins Reale hinabzusteigen, glauben Sie denn wirklich, lieber Hofrat, daß das Volk heute reif ist, oder jemals reif sein wird, ohne Religion zu existieren?

HOFRAT Was ich unter Religion verstehe, Exzellenz, kann man in jeder andern Stunde besser lernen, als in der sogenannten Religionsstunde.

FLINT Na, sind Sie ein Anarchist, lieber Hofrat, oder nicht?

HOFRAT Ja, es scheint, Exzellenz, – als Beamter, da hat man nur die Wahl – Anarchist oder Trottel. –

FLINT *lachend* Na, einige Zwischenstufen werden Sie doch konzedieren. Aber glauben Sie mir, lieber Hofrat, der Anarchismus ist ein unfruchtbarer Seelenzustand. Ich habe auch einmal so ein Stadium durchgemacht. Das ist überwunden. Jetzt läßt sich meine Weltanschauung in einem Wort ausdrücken, mein lieber Hofrat: Arbeiten, Leisten! Alles übrige tritt dieser gebieterischen Forderung gegenüber in den Hintergrund. Und da ich, wie Ihnen nicht unbekannt ist, allerlei vorhabe, wobei ich die Mitwirkung des Parlamentes nicht entbehren kann, leider, so bin ich eben genötigt, was man so nennt, Konzessionen zu machen. Auch die Anarchisten machen Konzessionen, lieber Hofrat, sonst könnten sie nicht Hofräte werden. *Ernster* Aber Sie irren sich, wenn Sie glauben, daß es immer eine leichte Sache ist, Konzessionen zu machen. Oder meinen Sie, lieber Hofrat, es hat für mich kein Opfer bedeutet, diesen Leuten meinen alten Freund Bernhardi in den Rachen zu werfen? Und doch, es war notwendig. Die Zusammenhänge werden einmal klar werden. Es ist alles aufbewahrt. Und sollte einmal die Zeit kommen, wo ich gewisse Leute von meinen Rockschößen abschütteln werde, na, ich will nichts weiter sagen, – aber man wird einmal begreifen, daß ich nicht ein Minister für Kultus und Konkordat bin, wie mich heute irgendein Reporter in einem sogenannten Leitartikel zu nennen beliebt.

HOFRAT Ah!

FLINT Doch ganz nach Ihrem Herzen, was? Dabei ist es nicht einmal von ihm. Das Wort stammt von dem biedern Pflugfelder, der es neulich in einer dieser höchst überflüssigen Wählerversammlungen lanciert hat, wo er es notwendig fand, die Affäre Bernhardi aufzurollen. Ich finde überhaupt, lieber Hofrat, die Regierungsvertreter haben es in einigen dieser Versammlungen an der nötigen Energie fehlen lassen.

HOFRAT Aber die Versammlung, Exzellenz, in der Pflugfelder gesprochen hat, ist ja aufgelöst worden, mehr kann man doch nicht verlangen.

FLINT Aber wann? Erst als Pflugfelder den Erzbischof angriff, weil der den Pfarrer, der für Bernhardi so günstig ausgesagt hat, irgendwohin an die polnische Grenze versetzte.

HOFRAT Ja, die Erzbischöfe genießen natürlich eines höheren Schutzes bei der Regierung als die Minister.

FLINT Überhaupt diese Affäre Bernhardi! Es scheint, die Leute wollen sie nicht zur Ruhe kommen lassen. Es war ein absolut perfider Artikel, der neulich in der »Arbeit« erschienen ist, in Ihrem Leiborgan, Herr Hofrat.

HOFRAT Er war nicht schlecht geschrieben. Aber ich hab kein Leiborgan. Ich bin gegen alle Zeitungen.

FLINT Und ich erst! Und jetzt fangen gar die liberalen Blätter an, die sich doch bisher zurückgehalten haben, Bernhardi als eine Art Märtyrer hinzustellen, als ein politisches Opfer klerikaler Umtriebe, als eine Art medizinischen Dreyfus. Haben Sie heute den Artikel in den »Neuesten Nachrichten« gelesen? Ein förmlicher Festgruß an Bernhardi, anläßlich seiner Haftentlassung. Es ist wirklich stark.

HOFRAT Bernhardi ist jedenfalls unschuldig daran.

FLINT Nicht so ganz. Er behagt sich offenbar in seiner Rolle. Daß ihm nahegelegt wurde, schon in der dritten Woche seiner Haft ein Gnadengesuch an Seine Majestät zu richten, das wahrscheinlich nicht abschlägig beschieden worden wäre, dürfte Ihnen auch bekannt sein, da Sie ja die Güte hatten, diese Mission bei ihm zu übernehmen.

HOFRAT Exzellenz wissen ja, ich hab ihm zugeredet. Aber es hat mir doch ganz gut gefallen, daß er von Gnade nichts hat wissen wollen.

FLINT Nun, es wäre bedauerlich, wenn er sich von seinen Freunden noch weiter in eine Sache hineinhetzen ließe, in der er doch immer den kürzeren ziehen müßte. Denn ich bin keineswegs geneigt, – und der Justizminister, mit dem ich gestern über die Sache gesprochen habe, steht durchaus auf meiner Seite –, gewissen Umtrieben noch weiter ruhig zuzusehen. Wir stehen vor einer Res judicata und sind entschlossen, erforderlichenfalls ohne jede Rücksicht vorzugehen. Und, wenn das notwendig werden müßte, es täte mir leid um Bernhardis willen. Denn so unklug er sich auch bisher benommen hat, und so viele Unannehmlichkeiten er mir auch schon bereitet hat, da drin – *auf sein Herz deutend* steckt noch immer eine gewisse Sympathie für ihn. So was, scheint's, wird man nie ganz los.

HOFRAT Ja, Jugendfreundschaften –

FLINT Freilich, das ist's. Aber unsereiner sollte von derlei Sentimentalitäten ganz frei sein. Was hat es am Ende mit der ganzen Angelegenheit zu tun, daß wir vor fünfundzwanzig Jahren gemeinsam Assistenten bei Rappenweiler waren? Daß wir im Garten des Krankenhauses miteinander spazierengegangen sind und einander unsere Zukunftspläne anvertraut haben? Man sollte keine Erinnerungen haben in unserer Stellung, kein Herz womöglich; über Leichen müßten wir gehen – ja, lieber Hofrat.

DIENER *tritt ein, bringt eine Karte.*

HOFRAT Professor Ebenwald.

FLINT Lasse bitten.

DIENER *ab.*

FLINT Wieviel, haben Sie gesagt, könnten wir für das Elisabethinum verlangen?

HOFRAT Dreitausend. –

EBENWALD *tritt ein.*

EBENWALD, FLINT, HOFRAT

EBENWALD *verbeugt sich.*

FLINT Guten Morgen, lieber Herr Professor. Oder Herr Direktor vielmehr.

EBENWALD Noch nicht, Exzellenz, nur stellvertretend. Es ist keineswegs unmöglich, daß Herr Professor Bernhardi in den nächsten Tagen wiedergewählt wird. Er ist ja nur suspendiert.

HOFRAT Mit dieser Wiederwahl würde es hapern. Denn nach dem augenblicklichen Stand der Dinge ist Bernhardi weder Professor noch Doktor.

EBENWALD Nun ist es ja zweifellos, daß ihm die Rechtsfolgen seiner Strafe bald nachgesehen werden. Dank den Bemühungen einiger Freunde und einer gewissen Presse scheint sich ja ein Umschwung in der Stimmung vorzubereiten. Exzellenz wissen doch wohl auch schon, daß er soeben im Triumphe aus dem Kerker nach Hause geleitet worden ist.

FLINT Wie?

EBENWALD Ja, meine Hörer haben es mir eben erzählt.

FLINT Im Triumph, was heißt das?

EBENWALD Nun, eine Anzahl von Studenten soll ihn an der Kerkerpforte mit Hochrufen begrüßt haben.

FLINT Jetzt fehlt nur noch der Fackelzug.

HOFRAT Wenn Exzellenz vielleicht wünschen, daß dahin gehende Weisungen erteilt werden –

EBENWALD Wenn ich mir eine Bemerkung erlauben darf, ich halte es für sehr wahrscheinlich, daß diese Demonstrationen mit dem Ausfall der gestrigen Wahlen in Zusammenhang stehen.

FLINT Glauben Sie? Es wäre nicht unmöglich. Ja, ja, sehen Sie, lieber Hofrat, man soll das nicht unterschätzen. Womit ich nicht sagen will, daß ich diesen Demonstrationen eine besondere Bedeutung beimessen möchte. Es werden Zionisten gewesen sein.

EBENWALD Haben ja bei uns auch schon eine gewisse Macht.

FLINT Na. – *Ablenkend* Sie kommen in Angelegenheit der Subvention, lieber Professor?

EBENWALD Jawohl, Exzellenz.

FLINT Wir werden Ihnen leider nur einen Bruchteil der von Ihnen erwarteten Summe zur Verfügung stellen können. Aber dafür kann ich Ihnen die Mitteilung machen, daß die Verstaatlichung Ihres Institutes in ernste Erwägung gezogen wird.

EBENWALD Exzellenz wissen ja so gut wie ich, ein wie weiter Weg leider noch von Erwägungen bis zu Entschlüssen zurückzulegen ist.

FLINT Sehr wahr, lieber Professor. Aber Sie dürfen nicht vergessen, daß wir uns hier nicht nur mit dem Elisabethinum und nicht nur mit der medizinischen Fakultät, sondern mit dem ganzen ungeheuren Gebiet des Kultus und Konkor – und Unterrichts zu befassen haben.

EBENWALD Und wir Mitglieder des Elisabethinums wagen eben zu hoffen, daß Exzellenz, selbst aus unserm Stande hervorgegangen, überdies als akademischer Lehrer eine Zierde unserer Fakultät, gerade dem unter dem früheren Minister so arg vernachlässigten Zweig des medizinischen Unterrichts besondere Förderung würden angedeihen lassen.

FLINT *zum Hofrat* Dieser Mann weiß mich an meiner schwachen Seite zu packen. Lieber Professor, daß ich Arzt und Lehrer bin, habe ich nicht vergessen. Nämlich, alles kann man aufhören zu sein, Arzt – nie. Und soll ich Ihnen was sagen, lieber Professor, aber verraten Sie's nicht, sonst würde man es im Parlament gegen mich ausnützen, ich hab manchmal eine Art Heimweh nach dem Laboratorium und nach dem Krankensaal. Es ist ein ruhigeres und schöneres Arbeiten, ich kann Sie versichern. Und wenn man etwas leistet, so merken's die andern. Eine Tätigkeit wie die unsere, die des Politikers meine ich, deren Resultate manchmal erst einer späteren Generation offenbar werden –

DIENER *bringt wieder eine Karte.*
HOFRAT Professor Tugendvetter.
FLINT Den überlasse ich Ihnen, lieber Hofrat. Bitte, Herr Professor – *Flint und Ebenwald ab.*

TUGENDVETTER, HOFRAT

TUGENDVETTER Habe die Ehre, Herr Hofrat. Ich will nicht lange stören. Wenn muntre Reden sie begleiten, so fließt die Arbeit munter fort – wie? Also, ich erlaube mir wieder einmal anzufragen, wie denn eigentlich meine Angelegenheit steht.
HOFRAT Sie ist auf dem besten Wege, Herr Professor.
TUGENDVETTER Ich brauche Ihnen nicht erst zu sagen, Herr Hofrat, daß mir persönlich an dem Titel nicht viel läge. Aber, Herr Hofrat, Sie wissen ja, wie die Frauen sind. –
HOFRAT Woher soll ich das wissen, Herr Professor?
TUGENDVETTER Ach ja. Einsam bin ich, nicht allein – wie? Also, wir sind ja hier unter uns. Meine Frau ist wie verrückt auf den Hofratstitel. Sie kann es gar nicht mehr erwarten. Und wenn es zu ermöglichen wäre, daß die Ernennung schon vor dem ersten Juni erfolgte – das ist nämlich der Geburtstag meiner Gattin. Ich möcht ihr gern meinen Hofratstitel als Angebinde bringen.
HOFRAT Jedenfalls ein praktisches und billiges Geburtstagsgeschenk.
TUGENDVETTER Also, wenn Sie etwas für die Beschleunigung meiner Angelegenheit tun könnten, Herr Hofrat –
HOFRAT *im forcierten Beamtenton* Das Unterrichtsministerium ist leider nicht in der Lage, bei Verleihung von Titeln auf private Beziehungen, insonderheit auf Familienverhältnisse der Herren Professoren irgendeine Rücksicht zu nehmen, sofern eine solche nicht etwa durch spezielle Bestimmungen gewährleistet worden wäre.
DIENER *bringt eine Karte.*
HOFRAT *erstaunt* Ah.
DIENER Der Herr möchte Seine Exzellenz persönlich sprechen.
HOFRAT Es wird gewiß kein Hindernis obwalten, aber es soll mir ein besonderes Vergnügen sein, den Herrn Professor vorher in meinem Bureau zu begrüßen.
DIENER *ab.*

TUGENDVETTER Ich störe wohl.

HOFRAT Es ist ein guter Bekannter.

BERNHARDI *tritt ein.*

HOFRAT, TUGENDVETTER, BERNHARDI

TUGENDVETTER *etwas erstaunt.*

BERNHARDI Oh, Sie sind nicht allein, Herr Hofrat.

TUGENDVETTER Bernhardi!

HOFRAT *sehr warm ihm die Hand schüttelnd* Ich freue mich sehr, Sie wiederzusehen, Herr Professor.

BERNHARDI Auch ich freue mich sehr.

TUGENDVETTER Sei mir gegrüßt, Bernhardi. *Streckt ihm die Hand entgegen.*

BERNHARDI *reicht sie ihm kühl* Seine Exzellenz nicht zu sprechen?

HOFRAT Es wird nicht lange dauern. Wollen Sie nicht Platz nehmen, Herr Professor?

TUGENDVETTER Du – Du siehst famos aus. Ich – ich – ja weißt du, daß ich total daran vergessen hatte, – seit wann bist du denn eigentlich –

HOFRAT *zu Bernhardi* Ich muß Sie noch beglückwünschen zu den Ovationen, die Ihnen heute früh dargebracht worden sind.

TUGENDVETTER Ova -

BERNHARDI Ah, man ist hier schon informiert. Aber Ovationen, das ist doch ein etwas übertriebener Ausdruck.

HOFRAT Man spricht sogar von einem Fackelzug, der heute abend vor Ihrem Fenster stattfinden soll, – von einer Serenade des Brigittenauer Freidenkervereins.

TUGENDVETTER Weißt du, lieber Bernhardi, ich hatte total vergessen, daß deine Kerkerstrafe heute abläuft. Nein, wie rasch eigentlich zwei Monate vergehen.

BERNHARDI Besonders unter freiem Himmel.

TUGENDVETTER Aber du siehst wirklich geradezu glänzend aus. Ist's nicht wahr, Herr Hofrat? Wenn er an der Riviera gewesen wäre, könnte er auch nicht besser aussehen. Erholt geradezu.

HOFRAT Vielleicht entschließen sich Herr Professor zu einer kleinen Gotteslästerung, da könnte ich für so einen billigen Erholungsurlaub garantieren.

TUGENDVETTER *lachend* Danke, danke.

BERNHARDI Mir ist es übrigens wirklich nicht übel ergangen.

Ein Engel hat über mir gewacht: das schlechte Gewissen der Leute, die mich hineingebracht haben.

TUGENDVETTER Ich freue mich, Gelegenheit zu haben, dir zu sagen, daß meine Sympathien in dieser Affäre unentwegt auf deiner Seite waren.

BERNHARDI Hast du endlich Gelegenheit? Das freut mich.

TUGENDVETTER Ich hoffe, du hast nie daran gezweifelt, daß ich –

BERNHARDI Wäre es nicht möglich, mich bei Seiner Exzellenz zu melden? Es ist nämlich eine ziemlich dringende Angelegenheit.

HOFRAT Seine Exzellenz wird gewiß gleich erscheinen.

TUGENDVETTER Weißt du, was ich neulich gehört habe? Daß du die Absicht hast, eine Geschichte deiner ganzen Affäre zu schreiben.

BERNHARDI So, erzählt man das?

HOFRAT Das könnte ein interessantes Buch werden. Sie haben Gelegenheit gehabt, die Menschen kennenzulernen.

BERNHARDI Die meisten, lieber Hofrat, hat man ja doch schon früher gekannt. Und darüber, daß sich Leute schäbig gegen einen benehmen, den sie nicht mögen, oder weil sie persönlich aus ihrer Haltung einen gewissen Vorteil ziehen, darüber kann man sich doch am Ende nicht wundern. Eine Sorte ist mir ja allerdings immer rätselhaft geblieben –

TUGENDVETTER Nämlich?

BERNHARDI Die Leute mit der selbstlosen Gemeinheit, weißt du. Die, die sich gemein benehmen, ohne daß sie den geringsten Vorteil davon haben, nur aus Freude an der Sache sozusagen.

FLINT *und* EBENWALD *kommen.*

TUGENDVETTER, HOFRAT, BERNHARDI, FLINT, EBENWALD

FLINT *rasch gefaßt* Oh, Bernhardi!

EBENWALD *auch gleich gefaßt* Habe die Ehre, Herr Professor.

BERNHARDI Guten Tag. Herr Professor sind wohl in Angelegenheit des Elisabethinums hier?

EBENWALD Jawohl.

FLINT Es handelt sich um die Subvention. –

BERNHARDI Ich habe mir immer gedacht, daß die Interessen meines Werkes bei Ihnen gut aufgehoben sein werden – für die Dauer meiner Abwesenheit.

EBENWALD Ich danke für die freundliche Anerkennung, Herr Professor.

FLINT *zu Bernhardi* Du hast mit mir zu sprechen, Bernhardi?

BERNHARDI Ich werde dich nicht lang in Anspruch nehmen.

HOFRAT *zu Ebenwald und Tugendvetter* Darf ich die Herren vielleicht bitten. – *Ab mit den beiden Herren.*

BERNHARDI, FLINT

FLINT *rasch entschlossen* Ich nehme gern Anlaß, lieber Bernhardi, dir zu deiner Entlassung aus der Haft meinen Glückwunsch abzustatten. In meiner offiziellen Stellung war es mir leider nicht möglich, dich in angemessener Form wissen zu lassen, wie peinlich mich der Ausgang deines Prozesses überrascht hat; – um so mehr wird es mich freuen, dir nun, nachdem die Affäre erledigt ist, in irgendeiner Weise gefällig sein zu können.

BERNHARDI Du bist wirklich sehr liebenswürdig, lieber Flint. Ich komme tatsächlich, dich um eine Gefälligkeit ersuchen.

FLINT Ich höre.

BERNHARDI Die Sache ist nämlich die: Prinz Konstantin ist schwer erkrankt und hat mich rufen lassen.

FLINT So? – Aber ich wüßte nicht –

BERNHARDI Als Arzt rufen lassen. Ich soll wieder seine Behandlung übernehmen.

FLINT Nun ja, was hindert dich daran?

BERNHARDI Was mich daran hindert? Ich will mich nicht eines neuen Vergehens schuldig machen.

FLINT Eines Vergehens?

BERNHARDI Du weiß ja. Es wäre Kurpfuscherei, wenn ich die Behandlung des Prinzen Konstantin wieder übernähme. Da ich mich dazu habe hinreißen lassen, die Religion zu stören und darum verurteilt worden bin, habe ich ja mein Diplom und damit das Recht zur Ausübung der ärztlichen Praxis verloren. Und daher bin sich so frei, hier persönlich mein Gesuch um Nachsicht der Rechtsfolgen meiner Strafe zu überbringen. Ich komme zu dir, meinem alten Freunde, der, wie sich ja schon in andern Fällen gezeigt hat, in der Lage ist, auf die Entschlüsse des Justizministers einigen Einfluß zu nehmen, und bitte zugleich um tunlichste Beschleunigung, um, für den Fall, daß mein Gesuch bewilligt würde, den Prinzen nicht lange warten zu lassen.

FLINT Ach so. Ach so. Du kommst her, um dich über mich lustig zu machen.

BERNHARDI Wieso denn? Ich gehe nur korrekt vor. Ich habe absolut keine Lust, noch einmal zu sitzen, so gut es mir verhältnismäßig gegangen ist. Also, wenn du so freundlich sein willst – *überreicht ihm das Gesuch.*

FLINT Bewilligt. Ich trage jede Verantwortung. Es liegt kein Anlaß vor, daß du dem Ruf des Prinzen Konstantin nicht auf der Stelle Folge leisten könntest. Ich verbürge mich mit meinem Wort, daß keinerlei Folgen strafrechtlicher Natur für dich daraus resultieren werden. Genügt dir das?

BERNHARDI Es könnte diesmal wohl genügen, da ja in diesem Fall das Worthalten mit keinerlei Unannehmlichkeiten für dich verbunden sein dürfte.

FLINT Bernhardi!

BERNHARDI Exzellenz?

FLINT *gleich gefaßt* Nun, kenn ich dich, mein Lieber? Wußt' ich nicht sofort, daß du nicht um des Prinzen Konstantin willen gekommen bist? Aber es ist gut so. Wir wollen einmal von der Sache reden, auf die du anspielst. Ich hätte dir's ohnehin nicht ersparen können. Also, des Wortbruches zeihst du mich.

BERNHARDI Jawohl, mein lieber Flint.

FLINT Und weißt du, was ich dir erwidere? Daß ich niemals ein Wort gebrochen habe. Denn ich hatte dir nie ein anderes gegeben als dies: für dich einzutreten. Und das konnte ich nicht besser tun, als indem ich die prozessuale Klarheit deines Falles anstrebte und durchsetzte. Ferner: selbst wenn ich das getan hätte, was du nennst »ein Wort zu brechen«, wäre es töricht von dir, mir daraus einen Vorwurf zu machen, denn du warst verloren, auch für den Fall, daß ich mein Wort gehalten hätte. Schon lag eine private Anzeige vor, und die Untersuchung gegen dich war nicht mehr aufzuhalten. Endlich aber – begreif es doch, daß es Höheres gibt im öffentlichen Leben, als ein Wort zu halten oder was du so nennst. Und das ist: sein Ziel im Aug behalten, sein Werk sich nicht entwinden lassen. Das aber habe ich niemals tiefer gefühlt als in jenem merkwürdigen Augenblick, da ich, im Begriff deine Partei zu nehmen, den Unmut, das Mißtrauen, die Erbitterung des Parlamentes immer näher an mich heranbrausen fühlte, und es mir gelang, mit einer glücklichen Wendung den drohenden Sturm zu beschwichtigen, die Wogen zu glätten und Herr der Situation zu sein.

BERNHARDI Wendung, das stimmt.

FLINT Mein bester Bernhardi, ich hatte nur die Wahl, wie ich in jenem Augenblick blitzartig erkannte, mit dir in einen Abgrund zu stürzen, also eine Art von Verbrechen an mir, meiner Mission, vielleicht an dem Staat zu begehen, der meiner Dienste bedarf, oder – einen Menschen preiszugeben, der ohnedies verloren war; dafür aber in der Lage zu sein, neue wissenschaftliche Institute zu bauen, die Studienordnung der verschiedenen Fakultäten in einer dem modernen Geist entsprechenden Weise umzugestalten, die Volksgesundheit zu heben und auf den verschiedensten Gebieten unseres Geisteslebens Reformen durchzuführen oder wenigstens vorzubereiten, die, wie du mir selbst später einmal zugeben wirst, mit zwei Monaten eines nicht sonderlich schweren Kerkers nicht zu teuer bezahlt sein dürften. Denn du wirst hoffentlich nicht glauben, daß dein Märtyrertum mir besonders imponiert. Ja, wenn du für irgend was Großes, für eine Idee, für dein Vaterland, für deinen Glauben all die verschiedenen Unannehmlichkeiten auf dich genommen hättest, die nun durch allerlei kleine Triumphe schon längst aufgewogen sind, dann vermöchte ich Respekt vor dir zu empfinden. Aber ich sehe in deinem ganzen Benehmen, – als alter Freund darf ich es dir wohl sagen –, nichts als eine Tragikomödie des Eigensinns, und erlaube mir überdies zu bezweifeln, daß du sie mit der gleichen Konsequenz durchgeführt hättest, wenn heute noch in Österreich die Scheiterhaufen gen Himmel lohten.

BERNHARDI *sieht ihn eine Weile an, dann beginnt er zu applaudieren.*

FLINT Was fällt dir ein?

BERNHARDI Ich dachte, es würde dir fehlen.

FLINT Und anders als mit diesem mäßigen Spaß vermagst du mir nicht zu erwidern?

BERNHARDI Was dir zu entgegnen wäre, weißt du geradesogut als ich selbst; ich glaube sogar, – als alter Freund darf ich dir das wohl sagen –, du vermöchtest das mit bessern Worten als ich. Also, welchen Sinn hätte es, dir zu erwidern, hier unter vier Augen?

FLINT Ach so. So, so. Nun, du darfst nicht etwa glauben, daß es im Ministerium nicht bekannt ist, mit welchen Absichten du dich trägst. Ich frage mich nur, was dich unter diesen Umständen veranlassen konnte, mich durch die Ehre deines persönlichen Besuches auszuzeichnen? Denn wegen des Prinzen Konstantin –

BERNHARDI Vielleicht war ich etwas zu gründlich, mein Lieber. Es mußte mich begreiflicherweise interessieren, was du zur Erklärung deines Verhaltens mir gegenüber vorbringen könntest. Und diese Unterhaltung zwischen der Exzellenz und dem entlassenen Kerkersträfling gäbe ein ganz wirksames Schlußkapitel für ein gewisses Buch, wenn es der Mühe wert wäre, es zu schreiben.

FLINT Oh, ich hoffe, du läßt dich nicht abhalten. Es könnte ja gleich als deine Kandidatenrede gelten.

BERNHARDI Kandidatenrede?

FLINT Ach, es ist gewiß nur eine Frage von Tagen oder Stunden, daß man dir ein Mandat anbietet.

BERNHARDI Mein lieber Flint, die Politik gedenke ich auch weiterhin dir ganz allein zu überlassen.

FLINT Politik! Politik! Wenn ihr mich nur endlich damit in Ruhe ließet. Der Teufel hole die Politik. Ich habe das Portefeuille angenommen, einfach weil ich weiß, daß kein anderer da ist, der das heute in Österreich machen kann, was endlich gemacht werden muß. Aber wenn es mir vielleicht auch bestimmt ist, eine neue Epoche einzuleiten, in meiner Existenz werden diese paar Ministerjahre – oder -monate nur eine Episode bleiben. Das hab ich immer gewußt und fühle es stärker von Tag zu Tag. Ich bin Arzt, Lehrer, ich sehne mich nach Kranken, nach Studenten. –

HOFRAT *tritt ein.* FLINT, BERNHARDI

HOFRAT Ich bitte vielmals um Entschuldigung, Exzellenz, daß ich so frei bin, – aber ich erhalte soeben eine äußerst wichtige Mitteilung aus dem Justizministerium, – und da sie überdies auf die Affäre des Herrn Professor Bezug hat –

BERNHARDI Auf meine?

HOFRAT Jawohl. Nämlich, die Schwester Ludmilla, die Kronzeugin in ihrer Affäre, hat eine Eingabe gemacht, in der sie sich selbst der falschen Zeugenaussage in Ihrem Prozeß bezichtigt.

BERNHARDI Sich selbst –

FLINT Ja, was ist denn da – – –

HOFRAT Herr Sektionsrat Bermann vom Justizministerium wird sich in kürzester Zeit hier einfinden, um persönlich genauen Bericht zu erstatten. An der Tatsache ist ein Zweifel keineswegs mehr zulässig. Die Eingabe der Schwester liegt vor.

FLINT Liegt vor?

HOFRAT Und Herr Professor werden selbstverständlich sofort eine Wiederaufnahme des Verfahrens verlangen.

BERNHARDI Wiederaufnahme?

HOFRAT Natürlich.

BERNHARDI Ich denke nicht daran.

FLINT Ah!

BERNHARDI Wozu denn? Soll ich den ganzen Schwindel noch einmal mitmachen? Jetzt in anderer Beleuchtung? Alle vernünftigen Menschen wissen doch, daß ich unschuldig gesessen bin, und die zwei Monate, die nimmt mir ja doch keiner ab.

FLINT Die zwei Monate! Immer diese zwei Monate! Als wenn es darauf ankäme. Hier stehen höhere Werte zur Frage. Du hast kein Rechtsgefühl, Bernhardi.

BERNHARDI Offenbar.

FLINT Wissen Sie schon etwas Näheres, Herr Hofrat?

HOFRAT Nicht sehr viel. Das Sonderbarste an der Sache ist, wie mir der Sektionsrat telephoniert, daß die Schwester Ludmilla, wie sie in ihrem Bericht angibt, das Geständnis ihrer falschen Zeugenaussage zuerst *in der Beichte* abgelegt hat, und der Beichtvater selbst habe ihr auferlegt, ihre schwere Sünde, soweit es in ihren Kräften steht, wieder gutzumachen.

FLINT Der Beichtvater?

HOFRAT Offenbar hat er keine Ahnung gehabt, um was es sich handelt.

FLINT Warum? Woher wissen Sie das so genau?

BERNHARDI Ich soll noch einmal vor Gericht? Ich bin imstande und stelle der Schwester Ludmilla ein Gutachten aus, daß sie schwer hysterisch und unzurechnungsfähig ist.

FLINT Das sähe dir ähnlich.

BERNHARDI Was ich schon davon habe, wenn diese Person nachträglich eingesperrt wird. – –

HOFRAT Aber das könnte auch noch wem andern passieren bei dieser Gelegenheit. Es gibt da einen gewissen Herrn Hochroitzpointner, dem dürfte es übel ergehen, um so mehr, als über diesen Herrn auch von anderer Seite das Schicksal hereinzubrechen droht.

BERNHARDI In diesem Fall heißt das Schicksal wohl Kurt Pflugfelder?

HOFRAT Ich glaube.

FLINT Sie sind ja auffallend gut unterrichtet, Herr Hofrat.

HOFRAT Meine Pflicht, Exzellenz.

BERNHARDI Dieser Jämmerling ist doch wirklich nicht so viel Aufwand an Zeit wert. Daß der gute Kurt, der wahrhaftig auch was Besseres zu tun hätte –

FLINT *der hin und her gegangen ist* In der Beichte. – Das sollte gewisse Leute doch wohl stutzig machen. Es wird sich vielleicht herausstellen, daß die katholischen Gebräuche zuweilen auch für Andersgläubige von ziemlich wohltätigen Folgen begleitet sein könnten.

BERNHARDI Ich verzichte auf die wohltätigen Folgen. Ich will meine Ruhe haben!

HOFRAT Es ist nicht anzunehmen, Herr Professor, daß der weitere Verlauf der Angelegenheit von Ihnen allein abhängen dürfte. Die wird jetzt ihren Weg gehen, auch ohne Sie.

BERNHARDI Es wird ihr nichts anderes übrigbleiben.

FLINT Ich möchte mir doch erlauben, dich aufmerksam zu machen, Bernhardi, daß es sich in dieser Sache nicht ausschließlich um deine Bequemlichkeit handelt. Und es würde einen kuriosen Eindruck machen, wenn du jetzt, wo dir der korrekte Weg vorgezeichnet ist, zu deinem Recht zu gelangen, einen andern, deiner vielleicht weniger würdigen einschlügest und dich mit Leuten aller Art einließest, Reportern und –

BERNHARDI Ich schlage überhaupt keinen Weg mehr ein. Ich habe genug. Für mich ist diese Angelegenheit erledigt.

FLINT Ei, ei.

BERNHARDI Vollkommen erledigt.

FLINT So plötzlich? Und es hieß doch sogar, du wolltest über die Angelegenheit eine Broschüre schreiben oder gar ein Buch. Nicht wahr, Hofrat, man erzählte doch –

BERNHARDI Ich sehe ein, daß es nicht mehr notwendig ist. – Und wenn es zu einem zweiten Prozeß kommt, meine Aussage aus dem ersten liegt vor, ich habe ihr nichts hinzuzufügen. Auf die Vorladung des Herrn Ministers verzichte ich.

FLINT Ach so. Aber du wirst schwerlich etwas dagegen tun

können, wenn ich selbst es für richtig erachten sollte, vor Gericht zu erscheinen. Man wird es verstehen, sogar du, Bernhardi, wirst es am Ende verstehen müssen, daß meine Tendenz von Anfang an nach keiner andern Richtung ging, als Klarheit zu schaffen. Der erste Prozeß war eine Notwendigkeit; – denn wie konnten wir sonst zum zweiten gelangen, der erst völlige Klarheit bringen wird. Und es ist vielleicht ganz gut, mein lieber Bernhardi, sein Pulver nicht allzufrüh zu verschießen.

Deutet auf seine Brusttasche.

BERNHARDI Was ist das?

FLINT Ein Brief, mein Lieber. Ein gewisser Brief, der vielleicht noch seine Dienste tun wird in dem Kampf, der uns bevorsteht. Dein Brief!

BERNHARDI Ah, mein Brief. Ich dachte schon, es wäre – dein Artikel.

FLINT Was für –

BERNHARDI Nun, der berühmte aus deiner Assistentenzeit – »Gotteshäuser – Krankenhäuser« –

FLINT Ah so –

HOFRAT *fragende Gebärde.*

FLINT Ja, lieber Hofrat, einer aus meiner – revolutionären Zeit. Wenn er Sie interessiert, so will ich ihn gern einmal hervorsuchen und –

BERNHARDI Er existiert?

FLINT *sich an die Stirne greifend* Nein, was es für Erinnerungstäuschungen gibt, – ich habe ihn ja nie geschrieben, – aber wer weiß, vielleicht komme ich demnächst in die Lage, – ihn zu sprechen.

DIENER *tritt ein* Herr Sektionsrat Bermann möchte Seine Exzellenz persönlich –

FLINT Ah! *Zu Bernhardi* Willst du vielleicht die Freundlichkeit haben, dich noch ein wenig zu gedulden?

BERNHARDI Ja, der Prinz Konstantin –

FLINT Hat zwei Monate auf dich gewartet. Es wird ihm nicht auf die halbe Stunde ankommen. Halten Sie ihn mir zurück, bester Herr Hofrat. Es könnte sich vielleicht die Notwendigkeit ergeben, über ein gemeinsames Vorgehen zu beraten. Also, Bernhardi, die kleine Gefälligkeit kann ich wohl von dir verlangen. *Ab.*

HOFRAT, BERNHARDI

HOFRAT Herr Professor sind zum Prinzen Konstantin berufen worden? Heut schon? Das sieht ihm ähnlich!

BERNHARDI Ich werde nur hingehen, ihn bitten, auf meinen ärztlichen Rat für die nächste Zeit zu verzichten. Vor dem, was sich jetzt zu entwickeln scheint, ergreife ich die Flucht.

HOFRAT Ich fürchte nur, da werden Sie länger ausbleiben müssen, als Ihren zahlreichen Patienten angenehm sein dürfte. Denn jetzt fängt die Geschichte erst an, Herr Professor, – und sie kann lang dauern!

BERNHARDI Ja, was soll ich nur tun?

HOFRAT Man gewöhnt's. Mit der Zeit wird man sogar stolz darauf.

BERNHARDI Stolz? Ich? Sie können sich ja gar nicht vorstellen, Herr Hofrat, wie lächerlich ich mir eigentlich vorkomme. Heute früh schon, – der Empfang an der Kerkertür! und der Artikel in den Neuesten Nachrichten –, haben Sie ihn gelesen? Ich habe mich wahrhaftig geschämt, – und allerlei Pläne sind in diesem lauen Gefühl des Lächerlichwerdens verronnen.

HOFRAT Pläne –? Ah, Sie meinen – Ihr Buch.

BERNHARDI Nicht gerade das. – Mit dem ist es mir schon in einem früheren Stadium der Angelegenheit ähnlich ergangen. Als ich mich daranmachte, es zu schreiben, in der beschaulichen Zurückgezogenheit meiner Haft, da habe ich noch einen ganz tüchtigen Zorn in mir gehabt, aber im Lauf der Arbeit verrauchte der mehr und mehr. Aus der Anklageschrift gegen Flint und Genossen wurde allmählich, – ich könnte selber gar nicht recht sagen wie –, vielleicht in der Erinnerung an ein ganz bestimmtes Erlebnis –, so was wie ein philosophischer Traktat.

HOFRAT Davon wird Ihr Verleger weniger Freud' haben.

BERNHARDI Das Problem war nicht mehr österreichische Politik oder Politik überhaupt, sondern es handelte sich plötzlich um allgemein ethische Dinge, um Verantwortung und Offenbarung, und im letzten Sinn um die Frage der Willensfreiheit. –

HOFRAT Ja, darauf läuft's am Ende immer hinaus, wenn man den Dingen auf den Grund geht. Aber 's ist besser, man bremst früher, sonst passiert's einem eines schönen Tags, daß man anfangt, alles zu verstehen und zu verzeihen, – und wenn man nicht mehr lieben und hassen darf, – wo bleibt dann der Reiz des Lebens?

BERNHARDI Man liebt und haßt doch weiter, lieber Hofrat! Aber jedenfalls können Sie sich denken, daß in meinem Buch für Seine Exzellenz den Minister Flint nicht mehr viel Raum übrig war. Und da habe ich mir vorgenommen, wenn er schon nicht zu lesen bekommt, was ich gegen ihn auf dem Herzen habe, so soll er's doch wenigstens hören.

HOFRAT Darum also haben wir das Vergnügen?

BERNHARDI Ja, es war meine Absicht, ihm ins Gesicht zu sagen – na, Sie können sich ungefähr denken, was. Noch heute früh, als ich zum letztenmal im Gefängnis erwachte, war es meine Absicht. Aber da kam die Ovation und der Leitartikel und Briefe, die ich zu Hause fand, und da hab ich nur getrachtet, meinem alten Freund möglichst rasch wieder gegenüberzutreten, um wenigstens für die große Abrechnung noch den nötigen Ernst zur Verfügung zu haben. Aber wie ich ihm endlich gegenüberstand, da ist auch der letzte Rest von Groll in mir verlöscht. Sie hätten ihn nur hören sollen –! Ich konnte ihm unmöglich böse sein. Fast glaub ich, ich bin's ihm nie gewesen.

HOFRAT Der Minister hat Sie auch immer gern gehabt. Ich versichere Sie!

BERNHARDI Und jetzt noch die Geschichte mit der Schwester Ludmilla – und die in Aussicht stehende Revision, also, Sie werden begreifen, Herr Hofrat, daß ich, um überhaupt zu mir selbst zu kommen und wieder Respekt vor mir zu kriegen, vor all dem Lärm entfliehen muß, der sich jetzt rings um mich erhebt, einfach – weil die Leute allmählich drauf kommen, daß ich recht gehabt habe.

HOFRAT Aber Herr Professor, was fallt Ihnen denn ein? Vom Rechthaben ist noch keiner populär geworden. Nur wenn es irgendeiner politischen Partei in den Kram paßt, daß er recht hat, dann passiert ihm das. Und nebenbei, Herr Professor, ist das ja nur eine Einbildung von Ihnen, daß Sie recht gehabt haben.

BERNHARDI Was, Herr Hofrat? Einbildung, daß ich – Habe ich Sie richtig verstanden?

HOFRAT Ich glaub schon.

BERNHARDI Sie finden, Herr Hofrat –? Das müssen Sie mir doch gefälligst erklären. Ihrer Ansicht nach hätt' ich Seine Hochwürden –

HOFRAT Allerdings hätten Sie, mein verehrter Herr Professor! Denn zum Reformator sind Sie ja wahrscheinlich nicht geboren.

BERNHARDI Reformator –? Aber ich bitte Sie –

HOFRAT So wenig wie ich. – Das dürfte wohl daran liegen, daß wir uns doch innerlich nicht bereit fühlen, bis in die letzten Konsequenzen zu gehn – und eventuell selbst unser Leben einzusetzen für unsere Überzeugung. Und darum ist es das Beste, ja das einzig Anständige, wenn unsereiner sich in solche – G'schichten gar nicht hineinmischt. –

BERNHARDI Aber –

HOFRAT Es kommt nichts heraus dabei. Was hätten Sie denn am End damit erreicht, mein lieber Professor, wenn Sie der armen Person auf dem Sterbebett einen letzten Schrecken erspart hätten? – Das kommt mir grad so vor, wie wenn einer die soziale Frage lösen wollte, indem er einem armen Teufel eine Villa zum Präsent macht.

BERNHARDI Sie vergessen nur das eine, lieber Herr Hofrat, wie die meisten übrigen Leute, daß ich ja nicht im entferntesten daran gedacht habe, irgendeine Frage lösen zu wollen. Ich habe einfach in einem ganz speziellen Fall getan, was ich für das Richtige hielt.

HOFRAT Das war eben das Gefehlte. Wenn man immerfort das Richtige täte, oder vielmehr, wenn man nur einmal in der Früh, so ohne sich's weiter zu überlegen, anfing, das Richtige zu tun und so in einem fort den ganzen Tag lang das Richtige, so säße man sicher noch vorm Nachtmahl im Kriminal.

BERNHARDI Und soll ich Ihnen etwas sagen, Herr Hofrat? Sie in meinem Fall hätten genau so gehandelt.

HOFRAT Möglich. – Da wär ich halt, – entschuldigen schon, Herr Professor –, grad so ein Viech gewesen wie Sie.

Vorhang

INHALT